감정과 사회

감정의 렌즈를 통해 본 한국사회

감정과 사회

감정의 렌즈를 통해 본 한국사회

김왕배 지음

EMOTION AND SOCIETY
KOREAN SOCIETY THROUGH THE LENS OF EMOTION

한울
아카데미

감사의 글

　타자의 분노와 비애, 시대와 역사의 아픔, 그 고통을 연구자로서 해부하고 분석하는 것이 타당한 일인가? 감정을, 그것도 매우 미묘하고 복잡다단한 타자의 감정을 소위 과학의 시선과 유희에 가까운 개념으로 설명하는 것이 과연 온당한 일일까? 이러한 질문들이 이 책을 쓰는 내내 떠나지 않았다. 이 책의 출판이 더디어진 이유이기도 하다. 그러나 나는 경쟁과 파편화되는 관계들 속에 분노, 슬픔, 혐오, 냉소, 허구적 친밀성이 침윤되어가는 한국사회를 감정의 렌즈를 통해 들여다보고자 했다. 아울러 구조의 수인(囚人)이 되는 것이 아니라 감정의 에너지를 통해 운명을 개척하고 거머쥐는, '힘없는 자들의 힘'의 가능성을 타진해보고자 했다. 이 책의 머리글은 내가 살아오면서 느낀 감정의 경험에 대한 고백 에세이라 할 것이며 본문의 어느 장은 시대적 사건의 기록으로, 어느 장은 자료 분석으로, 어느 장은 다소 어설픈 윤리적인 제안으로 되어 있다. 또한 이 책의 일부에서 나는 감정연구자들을 위해 교과서처럼 아주 밋밋하게 기존 논의들을 정리하고 소개하기도 했다. 이 책에는 특별한 결론이 없다. 굳이 있다면 대부분 회색지대에 살고 있는 우리들이 십시일반의 느슨한 연대를 통해 공화주의의 이상을 실현해보자 하는 희망 정도. 나의 감정과 내가 재현하고자 하는 타자(사회)의 감정, 그리고 독자의 감정이 시대의 사건들과 삶 속에서 서로 교감되기를 원할 뿐이다.

이 책이 나오는 데 많은 사람들의 도움이 컸다. 인문학과 예술, 이공계와 의학교수들로 구성되었던 연세대학교 융합감성연구단장직을 수행하면서 어깨너머로 심리학, 뇌과학 등의 조류를 배울 수 있었다. 주제넘은 일이기는 하지만 이 책의 일부에 그 논의들을 거칠게나마 소개할 수 있었던 배경을 가진 셈이다. 또한 한국연구재단 '거시감정사회학' 연구 분야의 책임자로서 동학들과의 지적 교류를 통해 감정에 대한 폭넓은 이해를 도모할 수 있었다. 박형신 박사를 비롯해 하홍규, 김명희, 정수남, 최유준 박사 등 거시감정사회학팀의 동료들에게 감사를 드린다. 연세대학교 사회학과 대학원에서 인권담론으로 학위를 준비하고 있는 김종우 박사과정 학생의 도움이 없었다면 이 책의 발간은 힘들었다고 해도 과언이 아니다. 그는 몇몇 절의 자료 분석을 도왔고, 수시로 의견조율을 통해 이 책의 틀을 잡는 데 기여했다. 정치생태학을 전공하고 있는 김준수 군은 수차례에 걸쳐 묵묵히 지난한 교정 작업을 담당해주었고, 윤석영, 홍단비 등 대학원 학생들은 일일이 오자와 탈자를 잡아주었다. 전문서적 시장의 형편을 잘 알면서도 기꺼이 두터운 서적을 출간해준 한울엠플러스(주) 관계자 분들, 특히 편집을 맡은 배유진 팀장에게 감사를 드린다.

나의 생활세계를 채워준 친지들과 이웃들에게도 감사의 마음을 전한다. 누구보다도 수많은 감정의 굴곡을 겪으며 내 삶의 힘이 되어준 두 아들 종서, 종윤, 그리고 아내 혜경에게 고마울 뿐이다.

나에게 상처를 주었던 사람들과, 내가 상처를 주었던 모든 이들에게 이 책을 드립니다.

2019년 3월
위당관에서
김왕배

차례

감사의 글 _ 4

머리글 감정사회학 서설 _ 8

제1부 감정의 세계

제1장 감정의 의미와 유형 · 26
   1. 감정에 관한 동서고금의 관심 _ 26
   2. 감정에 대한 다양한 정의 _ 33
   3. 감정의 유형: 얼마나 많은 감정이 존재하는가? _ 41

제2장 감정에 대한 다양한 접근들 · 48
   1. 사회생물학적 접근 _ 49
   2. 심리학적 접근 _ 57
   3. 정신분석학적 접근 _ 61
   4. 사회학적 접근 _ 64
   5. 문화론적 접근 _ 72

제3장 감정의 현상학: 시간, 기억, 신체화된 아비투스 · · · · · · · · · · · · · · · · · 76
   1. 감정, 자아의식, 몸 _ 76
   2. 감정의 아비투스 _ 82
   3. 시간과 감정의 기억 _ 87

제2부 분노, 불안, 고통, 혐오 속의 한국사회

제4장 분노 · 108
   1. 분노에 대한 이해 _ 108
   2. 상대적 박탈감과 분노 _ 115
   3. 구조조정과 정리해고 _ 122
   4. 국가폭력과 분노 _ 146

제5장 불안과 두려움 · 167

1. 불안과 두려움의 이해 _ 167
2. 전쟁과 두려움의 기억 그리고 반공 보수성의 고착 _ 177

제6장 슬픔, 비애, 고통의 트라우마 · · · · · · · · · · · · · · · · 208

1. 슬픔과 비애 _ 208
2. 고통과 트라우마, 그 치유의 문법 _ 218
3. 가부장주의, 지워지지 않는 시대의 상처 _ 245
4. 우국(憂國)과 애국(愛國) 사이에서 _ 268

제7장 수치, 모멸 그리고 혐오 · 286

1. 수치와 모멸의 이해 _ 286
2. 혐오 _ 302
3. 한국 보수우파 개신교의 혐오 _ 318
4. 혐오 혹은 메스꺼움과 배제의 생명정치 _ 342

제3부 진정성과 냉소주의, 친밀성, 도덕감정

제8장 언어, 감정, 집합행동 · 368

1. 감정, 집합행동, 언어 _ 368
2. 탄핵 반대 '태극기 집회'의 사례 _ 378

제9장 진정성과 냉소주의 · 407

1. 왜 우리는 진정성을 말하는가? _ 407
2. 냉소주의 _ 413

제10장 친밀성과 감정노동 · 427

1. 친밀성과 조형적 감정 _ 427
2. 감정노동 담론의 경합과 공존 _ 443

제11장 이방인과 공화주의 도덕감정 · · · · · · · · · · · · · · 467

1. 이동의 시대와 이방인의 도래 _ 467
2. 공화주의와 시민열정 _ 474
3. 타자성찰과 공감의 힘, 도덕감정 _ 493

참고문헌 _ 508   찾아보기 _ 537

머리글
감정사회학 서설

1. 왜 감정인가?

뒷목을 끌어당기는 듯한 정체 모를 불안의 정조(情調)가 커튼처럼 드리워져 있다. 그 실체를 알아보기 위해 뒤를 돌아다보기도 하고, 손으로 잡아보려 하지만 그것은 유령처럼 사라졌다가 다시 돌아와 내 주위를 배회한다. 탈피하고 싶지만 내 신체에 흡착되어 떨어지지 않는 그것, 불안은 죽음만이 말소시킬 수 있기에 역설적으로 내가 살아 있다는 존재의 증상일 터. 불안이 다소 불투명한 것이라면 비교적 실체가 뚜렷한 것이 두려움이고 두려움 중에서도 나의 발을 얼어붙게 하는 절망적 상황에 이르게 하는 것이 공포일 것이다.[1] 두려움은 자신의

---

[1] 나는 어린 시절 인적이 거의 없던 황혼녘 바닷가에서 시퍼런 파도를 타고 수영을 하다가 문득문득 눈앞에 나타나는 우뚝 솟은 바위가 나를 채갈 것 같은 두려움으로 물속에서 허둥대던 기억을 잊을 수 없다. 마을 사람들은 그 바위를 매바위라 불렀다. 유년 시절 읍내의 장터에 들렀다가 버스가 막 출발하려는 순간 어머니가 타지 않은 것을 알고는 소스라치게 놀라 울음을 터뜨렸던 두려움의 기억 또한 아직도 생생하다. 철권통치 시절 광화문 앞에서 시위를 벌이던 중 바로 앞에서 우리를 포위한 채 저벅저벅 돌진해오던 로마 병정 같은 전투경찰의 위력 앞에서 온몸이 굳어버린 듯했던 공포의 기억 또한 사라지지 않는다.

안녕을 위협하는 대상에 대한 반응이다. 이 안녕이 파멸될 것 같은 긴장이 일상의 걱정과 근심의 형태로 우리의 삶의 근방을 배영(背泳)하고 있다. 환경재앙으로부터 인공지능의 역습, 이질적인 것들을 안고 오는 이방인의 도래, 설마 하면서도 삶의 파괴가능성을 상징하는 원자로 폭발의 위험, 심지어 우리와 거리가 먼 듯한 IS의 테러에 대한 두려움이 불안의 안개 속으로부터 다가오는 것 같은 느낌도 지울 수 없다. 그러나 무엇보다도 매우 현실적인 것들, 예를 들어 자신의 노후와 건강, 입시, 취업, 수입 등에 대한 근심과 걱정은 가히 '염려증'이라는 진단을 받기에 충분하다.

고가의 의료장비의 보급과 함께 장기 하나하나에 내려지는 수없이 다양하고 세밀한 건강진단과 행복담론은 건강에 대한 두려움과 염려를 통해 의료시장을 무한정 넓혀가고 있다. 시장에 의해 과잉화되고 왜곡된 측면도 있지만 실제로 이 두려움은 이웃의 불행을 통해 확인되어가고 있다. 살인 가습기, 라돈 침대, 후쿠시마 원전의 파괴와 방사능 유출 등······. 그런데 이 모두가 아이러니하게도 인류 세계의 진보를 선도했다는 과학기술과 문명의 발달에 의한 것이었다. 이미 오래전 일군의 학자들이 과학기술과 제도의 발달에 따른 인류 문명의 암울하고도 음습한 미래에 대해 예고한 바 있지 않은가? 지그문트 프로이트(Sigmund Freud)는 생의 본능인 에로스와 함께 문명사회의 죽음의 본능인 타나토스를 보았고, 핵폭발과 생태파괴, 금융자본주의의 위기를 목도한 현대 사회학자들은 이른바 '위험사회'와 '존재론적 불안'을 심각하게 논의했다.

불안과 두려움의 배경 속에 우리의 일상은 매우 다양하고도 미세한, 때로는 거친 감정의 파고 속에 놓여 있다. 당신은 하루하루를 분노하지 않고 살아간 날이 얼마나 있는가? 짜증을 내지 않고 화를 내지 않는 시간이 얼마나 되는가? 분노는 자신이 수용할 수 없는 부당한 대우, 즉 인정의 부재로부터 발생한다. 욕망이 좌절되는 것, 세상사가 불공정하지 못하다고 판단되는 것, 지위를 인정받지 못하는 것 등 모두가 분노의 원천이다. 사회는 온갖 희망의 언표로 미화되어 있지만, 사회는 결코 우리를 배신하지 않는다고 말하지만, 누구는 엄청난 부를 상속받거나 투기를 통한 무임승차의 운을 누리고 있고 누군가는 빈곤과 실업의 나락에서 허덕인다. 분배정의에 대해 의문을 제기하는 이 시대의 상황은 분명

어긋나 있다. 사람들은 타자와의 비교 속에서 자신의 욕망의 실현이 결핍되어 있음을 불만스러워 한다. 무언가를 누군가에게 빼앗긴 듯한 피해의식 때문에 '상대적 박탈감'은 항상 불만과 분노를 들끓게 한다. 상대적 박탈감이 높은 사회는 노력과 실력으로 성취한 지위에 대해서조차 좀처럼 그 정당성을 인정하지 않으려 한다. 하물며 눈에 뻔히 보이는 불공정한 불평등임에랴.

그런데 최근 삶의 형편에 대해 상대적 박탈감으로만 설명하기 어려운 매우 복합적인 감정군(群)이 한국사회를 뒤덮고 있다. 치솟는 주택가격과 부동산 임대료, 정규직과 비정규직의 차이, 졸업 후 마주하는 청년실업, 가당치도 않게 나를 속이고 기만하는 정치인, 신의 이름으로 신을 능멸하는 세습교회, 주체를 무시하고 한반도의 운명을 흥정하는 제국들, 캡슐 안에 있는 자와 그렇지 않은 자의 균열이 봉합되지 않을 정도로 커지고 있는 사회에 대한 분노의 감정이다. 상대적으로 사회적 안전망은 취약하여 자칫 삶의 나락으로 추락하지 않을까 불안하고 근심스러운 '절벽사회', 피가 나도록 눈을 부라리고 경쟁을 해도 뒤처질 것 같은 신(新)약육강식의 사회에서 과연 '사회정의'의 담론이 설득력을 가질 수 있을까? 자유와 평등한 사회가 도래할 것이라는 희망의 주장이 과연 '씨가 먹힐까'? 요령과 운에 의해 삶의 조건이 너무나 달라지는 사회의 저변에는 억울함과 차가운 분노 그리고 냉소주의가 들끓는다. 우리는 분노군(群)의 감정에 주목해야 한다. 숙명적으로 불안한 존재자들이 개인적으로나 집단적으로 분출하는 분노, 예컨대 일상생활의 짜증이나 미움, 또는 가히 혁명적이라 할 격분, 누구도 비난할 수 없는 운명에 대한 진노 등 분노는 사방팔방에 흩어져 있다. 사회가 타자와 자신을 향한 분노를 적절히 방출해주지 못할 때, 개인들의 울화가 '분노의 은행'으로 저축될 때, 이윽고 누군가가 불씨를 지필 때 분노의 폭발이 일어난다. 개별적으로 흩어진 분노는 힘없이 사그라들지만 그 분노들이 조직화되어 공분이 되거나 집합흥분으로 표출될 때 사회를 변화시키는 운동의 에너지가 된다.

누군가로부터 억울한 누명을 쓰고 그 누명을 벗을 길이 없다면 분노는 복수의 원한으로 응어리진다. 잘못을 하지 않았는데도 죄에 대해 소명(疏明)을 요청받는 상황, 억울함을 표현하기는커녕 억울하게 살기를 강요당하고, 외려 사회로부터 비난과 단죄의 대상이 된다면 그 억울함은 저주의 망령으로 살아날 것이다. 진실을 은폐하며 기만하는 파렴치한들이 축배를 들고 웃음을 흘리는 사회라면 억울한 자들의 분노는 그 사회의 판을 갈기 위한 화학반응을 일으키지 않을 수 없다. 역사의 유산으로 구조화되어 있는 억울한 자들의 울부짖음과 분노, 그들의 원한과 저주는 오늘날 우리가 풀어야 숙제 아닌가? 당신은 타자가 겪는 억울함과 분노를 보고 공감하는 자인가, 아니면 침묵하고 외면하는 방관자인가? 조작된 간첩사건으로 누군가의 아버지는 형장의 이슬로 사라졌고 남은 가족들 역시 '빨갱이'의 식구라는 낙인을 받으며 이웃들로부터 온갖 모멸과 무시, 수치 속에 살아야 했다.[2] 국가권력을 장악했던 신군부 정권은 한국의 정론지라 자처하는 보수언론과 지식인들을 앞세워 광주항쟁은 남파된 북한군과 소위 '불순불만분자'의 소행으로서 권력쟁취의 기회를 상실한 재야 잔당세력의 외곽 때리기 전술에 의해 놀아난 폭도들의 광란이었다고 규정했다. 온당치 못하게 해고를 당한 노동자들이 연이어 자살을 하고 있는데도 국가와 사회는 그들에게 오히려 법질서를 문란하게 하고 사유재산을 손괴시킨 책임을 지라고 닦달한다. 억울하고 분하지 않은가? 그들의 억울함과 분노를 바라보는 당신은 또한 분하고 억울하지 않은가? 억울함의 분노가 해소되지 않으면 이 억울함은 가슴에 울울하게 박힌 한(恨)으로 남아 복수를 호명한다. 억울한 자들의 분노와 좌절을 보고도 그 감정을 공명하지 못하는 자들은 이 땅에서 주인의 행세를 하고 있지만 역사의 이방인에 지나지 않는다. 타자의 억울함을 보고도 외면하는 자들은 무심한 방관자들이다. 알면서도 말하지 않는 자, 말하지 못하는 자, 요령 있게 목숨을 부지하고 출세한 자들은 '분연히 일어나 폭력에 맞서다 죽은 자'들에게 일생의 부채를 지녀야 하는 것 아닌가?

비극적 사건으로 사랑하는 사람을 상실했을 때 우리는 슬픔과 비통에 잠긴다. 특히 그 죽음이 도저히 받아들일 수 없는 '느닷없는 사건'으로 다가올 때 걷잡을 수 없는 고통이 따라오고, 가슴속 깊은 트라우마로 새겨져 좀처럼 지워지지 않는다. 시간은 비(非)가역적으로만 흐르는 것이 아니다. '그때의 지금'은 우

---

[2] 최근에 이르러서야 수십 년 전 간첩으로 몰려 사형을 당하거나 고문, 옥살이를 경험하고 국가와 사회의 냉대 속에 살아온 사람들이 무죄를 선고받았다.

리의 몸속에 남아 기억을 통해 '현재의 지금'으로 떠오른다. 죽음을 예상치 못하고 가스실로 들어간 유태인들의 후손들은 그 역사의 트라우마를 대를 이어 전승하고 있다. 이유와 설명이 용납되지 않는 좌절, 분노, 모멸, 수치가 뒤엉켜진 고통, 그중에서도 피를 토하듯 분단의 상처를 괴로워했던 신생(新生)철학자 윤노빈의 고통은 어떠했을까? 나는 또한 온 신체로 고통을 지고 살았던 우리 시대의 어머니의 삶을 주목한다. 가부장적 억압을 벗어나기 위해서 '죽거나 혹은 순종하거나' 둘 중의 하나를 택해야 했던 당대 여인들의 한(恨). 나는 또한 고요한 아침 바다, 삼백여 명의 어린 학생들이 서서히 물에 잠겨 숨져가는 모습이 온 나라에 생중계될 때 한반도를 뒤덮었던 슬픔과 비애를 잊을 수 없다. '죽게 내버려둔' 것이나 다름없는 국가의 생명 통치를 보고 우리는 죄책감과 분노를 참지 못했다. 국가란 무엇이고 무엇이어야 하며 사회란 무엇이고 무엇이어야 하는지에 대한 질문의 전초가 되었을 그 슬픔.

'예의 바른 무관심'조차 무시와 모멸로 비쳐지는 사회, 타자로부터의 인정이 각박하여 자신만이라도 스스로를 인정해야 자존심이 확보되는 사회에서 냉소주의가 피어난다. 타자를 비웃지 않고는 내가 살 수 없는 열등한 자긍심! 오늘날 이러한 냉소주의 감정이 특히 젊은 세대의 저변에 안개처럼 확산되고 있다. 입시와 입사의 무한 경쟁, 취업과 결혼의 불투명한 미래, 만족스럽지 못한 현실은 기성세대가 남겨준 '어느 욕된 왕조의 유물' 아닌가? 생존을 이념으로 무장해야 하는 '생존주의 세대'에게는 더욱 그렇다. '행복은 성적순이 아니다'라고 말해 보아야 성적이 곧 행복임을 아는 세대로서는 알면서도 모르는 척하고 고개를 끄덕이거나 알면서도 속는다. 냉소주의자들은 옳은 것, 지고한 것, 자비와 사랑, 우애를 외치는 사람들로부터 역겨움을 감지한다. '이웃을 네 몸처럼 사랑하라'고 설법하면서 정작 세습과 권력을 옹위하는 대형교회의 목사들은 참으로 역겹다. 어느 철학자의 말처럼 그들의 '입모양은 진리를 말하지만 입은 거짓을 말한다'. 타자의 눈에 낀 티를 대들보처럼 극대화하여 타자 비난을 일삼고, 정치권력과 밀착한 언론인 주필이 마치 언론의 자유를 수호하기 위해 일생을 투쟁한 자인 양 칭송을 받을 때 참으로 역겹고 메스껍다. 사회정의의 깃발을 흔들면서 정작 개인의 공명을 쌓기에 여념이 없는 어느 진보주의자 역시 역겹고 메스껍다.

이 역겨움 속에서 냉소가 피어난다.

행복전도사의 메시지, 자기계발서, 성공신화, 사회정의, 무사심(無私心), 이 모든 담론이 진실을 은폐하고 있다. 냉소주의자들은 진실이 존재하지 않는다는 신념을 가지고 있다. 그래서 진리 운운하는 자들을 코웃음 치며 경멸한다. 그들은 때로 '비판'이라는 이름으로 타자를 '비난'하고, 사회정의의 수행자인 양 타자를 무시하려 든다. 그러나 설령 냉소주의자들의 언어가 옳다 하더라도 그들과 마주하는 것은 편안하지 않다. 우리의 과실을 따스하고 친절하게 너그럽게 받아주는 이웃, 유머와 가십, 농담을 주고받을 수 있는 관계가 그립지 않은가? 냉소주의의 감정은 특히 SNS를 통해 쉽게 전파되고 감염된다. 무한공간의 지대로 자신의 감정을 유포시킬 수 있는 장치 SNS에는 때로 과잉되고 왜곡된, 조작된 거짓 정보가 표현의 자유라는 이름으로 아무런 장애 없이 흘러 다닌다. 자신의 '감정 동지'를 찾아 헤매는 유목집단들에게 언어의 문법인 랑그와 언어의 표현인 파롤은 더 이상 중요하지 않다. 그들에겐 단순한 이모티콘과 응축된 욕설이면 소통의 기호로 충분하다. 근거 없는 비난과 진실의 이름으로 과장되고 왜곡된 요설(妖說)들로 가득찬 소통의 장. 대상을 저주하고 증오하며 혐오하는 감정들이 풍부한 그곳엔 매우 거칠고 천박하며 랑그를 상실한 불구의 표현들이 판을 친다. SNS는 단순히 소통의 도구가 아니라 소통을 변형시키는 요술 상자가 되어 있다. 저널리즘과 미디어 종사자들은 광고의 확보와 자신의 공명을 위해 평범한 '사건'을 특종으로 둔갑시키고, 뉴스특보의 이름으로 긴박성과 절박성을 강조한다. 자신의 정체를 드러내지 않으며 비난을 일삼는 자들은 익명의 뒤에 숨어 상대를 공격하고, 관음증 병자처럼 타자의 상처와 고통을 즐긴다. 디지털 미디어 시대의 감정이 우리 앞에 등장하고 있는 것이다.

역겨움과 메스꺼움을 가벼운 혐오라고 하자. 그러나 오늘날 한국사회에는 타자의 악마화를 통해 강렬한 혐오를 분출함으로써 자신들의 존재감을 과시하려는 집단들이 존재한다. 타자에 대한 미움과 증오, 혐오를 통해 그들을 소멸시키려는 움직임들이 비단 한국뿐 아니라 전 세계적인 우익집단들에 의해 발생하고 있다. 살아 있는 오염된 유기체, 번식과 증식을 통해 우리의 안녕과 질서를 파괴하는 위험한 신체로 누군가를 낙인찍고, 그들에 대한 혐오와 증오발언을 서

숨지 않는 집단들이 벌건 대낮에 거리를 활보한다. 마치 나치즘하의 독일인들이 유태인을 '거머리' 같은 '오염된 생물체'로 간주한 후 절멸시키려 했던 위험스러운 혐오, 그와 유사한 감정이 우리 사회의 곳곳에 여러 모습으로 등장하고 있다. 무시와 멸시는 타자의 존재를 비하하는 태도이다. 타자 인정이 각박하고 이미 인정된 것조차 인정하지 않으려는 사회에서는 상호간의 무시로 인한 모멸, 수치, 혐오와 분노가 악순환을 그린다.[3] 나의 존재를 폄하하는 모멸과 수치의 기억은 '그때의 지금'과 '현재의 지금'이 교차하는 시간 속에서 여전히 살아 움직인다. 나의 신체 속에 각인되고 침전된 모멸감과 수치심, 나에게 씻을 수 없는 모멸과 수치를 주었던 자들에 대한 분노감정은 관념 속의 복수로 이어진다.

우리는 여러 곳에서 가식적인 인사들을 나눈다. 백화점 종업원의 상냥한 미소, 상담소 직원의 '사랑합니다, 고객님'이라는 인사말 속에서 당신은 진정성을 느낄 수 있는가? 가식과 조형 감정이 지배하는 자본주의 사회. 진정성이 사라진, 규격화되고 상품화된 감정을 주고받는 조형화된 사회! 은밀하게 우리를 유혹하는 상품처럼 친밀성은 과장되어 있거나 조장되어 있다. 하지만 진정성 없는 접대와 원치 않는 선물, 과잉화된 친절과 웃음은 불편함을 넘어 모멸감을 느끼게 한다. 하물며 인위적 감정을 수행하도록 강요받는 감정노동자들은 어떠랴. 그것이 설령 직업윤리라 하더라도 진정한 자기 존재와의 괴리와 소진으로부터 모멸과 수치, 차가운 분노를 느낀다면. 그러나 친밀성은 오늘날 '사회의 윤리'가 되어 있다. 스튜디스나 상담소 직원, 음식점 종업원뿐 아니라 병원의 의사, 대학의 교수 역시 소비자, 환자, 학생에게 친절해야 한다. 심지어 무서운 칼

---

[3] 한국사회는 과거와 미래의 역사를 무시하는 세대 간의 인정갈등이 유독 큰 사회이다. 전통에 대한 멸시의 구조 속에서 쉽게 주변화되어가는 노인들, 그러나 그들은 식민지로부터 분단, 전쟁, 가난과 거친 산업화의 파고를 넘어 생존을 위해 사력을 다해온 세대이다. 초근목피의 삶과 골육상잔의 비극으로 인한 슬픔과 고통을 뼛속까지 체화한 세대. 비록 그 세대가 남겨준 유산이 아직 극복하지 못한 가난과 독재였을지 모르나, 그들이 전쟁을 하고 삽을 들어 '조국'을 수호했다. 치명적인 역사의 사건들을 몸소 체험했고 신체화된 두려움을 안고 있는 노인들은 미래세대의 도전과 응전, 저항과 변화를 위한 시도를 매우 위험스럽게 바라본다. 이들은 진보주의자들이나 젊은 세대로부터 모멸과 무시의 대상이 되어 있다.

날을 갈고 있는 독재자조차 겉으로는 국민들에게 친절한 척해야 한다. 가끔 이들은 역사의 짐을 짊어지고 고뇌하는 엄숙하고도 계몽주의적인 지도자의 모습을 보이기도 하지만 말이다. 감정노동은 오늘날 자본주의 시장은 물론 행정 관료제의 조직 곳곳에 발견된다. 이미 가족생활의 영역까지 광범위하게 확산되어 있다고 할 수 있을 듯하다.

상냥함과 미소 속에 사회는 더욱 부드럽고 연약해져야 한다. 아픈 사람들이 많은 사회. 누구는 우리 모두가 '희생을 당한 상처받은 자'들이라고 말한다. 사회적 약자의 희생자 정서가 곳곳에 습윤(濕潤)되기 시작하고, 여기저기에서 신음소리가 들린다. 지식인들은 앞다투어 한국사회가 아픈 사회라고 진단한다. 피로사회, 잉여사회, 불안증폭사회, 트라우마 사회 등 수많은 '아픈 담론'이 우리를 지배한다. 이 와중에 희생자를 옹호하는 사람들은 희생의 개념을 더욱 확장시키고, 자신들도 그 희생자의 범주에 넣어 세를 과시하려 든다. 사회운동가들의 전략이다. 그들의 일부는 사회정의의 이름으로 국가와 사회에 대해 자원 동원을 요구하고, 시민들의 참여를 독려하며, '행동하는 양심'이 되기 위해 흑과 백의 진영논리를 매몰차게 내세운다. 동지 아니면 적! 그들은 권위주의적인 기존의 질서에 저항하지만 목적 달성을 이루어야 한다는 강박관념으로 카를 슈미트(Carl Schmitt)가 말한 것처럼 '적과 동지'의 이분법적 분열공간의 전략을 구사한다.[4] 사회적 피해라는 희생자 개념을 누가, 왜 확장시키는가?[5] 무한 경쟁, 무한 압박, 그리고 불평등과 불투명한 존재론적 불안, 그 심연 속으로 빨려들어 가는 느낌으로 인해 취약해진 현대인의 희생자 문화는 역설적으로 누구나 다 희

---

[4] 푸레디(Frank Furedi)는 이들을 도덕사업가로 칭하면서 도덕사업가들의 남용사례를 지적한다. 예컨대 낙태 반대운동가들은 낙태를 홀로코스트로 묘사하면서 '권리혁명'과 소송을 부추겨 그들의 시장을 넓히기도 한다. 그들은 의학적 명칭을 통한 수많은 질병단체를 만들어 각종 치료요법을 동원하기도 하고 사회복지, 서비스, 보상 등을 이끌어낸다. 이른바 희생자 정체성 담론의 확장과 함께 비난과 고발을 부추기는 '새로운 고발산업'이 치유산업과 함께 어깨를 나란히 하면서 급팽창하고 있다(푸레디, 2015).
[5] 웨스터벨트(S. D. Westervelt)는 사회적 피해라는 개념을 "개인들이 신체적 학대, 무시, 사회경제적 박탈, 차별을 겪은 경우"로 정의한다(Westervelt, 1998).

생자이기 때문에 누구에게도 책임을 묻기가 힘들다. 사회적 비난과 냉소주의는 여기에서 다시 풍성해진다. 좌절, 무관심, 소외감, 권태 또는 일부 사회운동가들의 진노에 동조하는 분노와 증오, 혐오 등의 감정이 충만해진다. 더 많이 비난하고 분노하라! 더 많이 증오하고 혐오하라! 사회적 약자와 희생자 담론과 함께 곧 '치유의 담론'이 무대 위로 오르고 피해의식과 박탈감에 사로잡힌 사람들에게 세로토닌과 상담, 종교적 은총 등 매우 부드러운 처방으로부터 가해자를 심판하기 위한 강력한 처방전이 제공되고 있다. 특히 치유사를 자처한 사회운동가들이 동원하는 수단은 '사회정의'이다. '죄 없는 자, 저 여인에게 돌을 던지라'는 예수의 명령 앞에 모두 머뭇거리듯, 도덕과 정의 앞에 당당할 수 있는 사람은 거의 없다. 자유와 평등, 정의의 이름은 희생과 아픔에 싸인 이 세속의 사회현실에 메스를 가할 수 있는 무기이다. 이 정의의 처방을 누가 선취하고 동원할 것인가? 사회정의는 개혁을 원하는 시민단체나 정당, 때로 종교 등의 지도자들에 의해 형성되고 유포되지만, 정의의 원칙과 변통에 대해, 정의의 상대성과 개방성에 대해, 정의의 한계에 대해 말하는 사람은 찾아보기 힘들다. 더구나 정의의 깃발로 자신들의 공명과 이해관계를 포장한 사람들의 역겨운 행보는 우리를 더욱 분노하게 만든다. 정의의 강박증에 걸린 사람들의 권세는 또 하나의 리바이어던처럼 두렵다. 사회정의는 너무나 쉽게 그들에 의해 호명되고 동원된다. 심지어 오늘날 '정의'는 교환가치로 전환되어 상품으로 변신하기도 한다.[6] 정의가 이데올로기가 되어버린 시대, 자신의 욕망을 은폐하기 위해 정의를 동원하는 자들의 전략이 매우 정교하게 이루어지는 시대.[7]

---

[6] 정의란 무엇인가를 쓴 마이클 샌델(Michael Sandel)의 특강료 행보와 저작권료를 생각해보라. 또한 드라마 〈블랙미러(Black Mirror)〉의 "화이트베어" 편에 나오는 정의테마파크를 참고해보라.

[7] 마치 양의 탈을 쓴 늑대가 양이라고 우기다가 끝내 자신을 양으로 착각하듯, 자신의 욕망이 곧 정의라고 혹은 그 정의가 곧 자신의 욕망이라고 일체화시키는 일군의 집단들이 존재한다.

2. 회색인과 도덕감정, 무엇을 할 것인가?

　무수히 많은 감정을 소유하고 살아가는 현대인의 색깔은 어떨까? 이 세상의 가장 아름다운 색은 흑색이나 백색 같은 투명한 순도의 색이 아니라 그것이 섞인 불투명한 회색이라고 말해진다.[8] 흑과 백만이 존재하는 사회는 독선과 아집의 세계관들이 대립하고 갈등하는 사회이다. 회색지대는 많고 많은 사연, 우울, 부채감, 죄의식의 편린(片鱗)들이 쌓여 있는 공간이다. 회색의 지대에는 선명한 혁명의 꿈보다는 작은 부와 명예, 지위와 안전을 고대하며 그것들을 위해 점을 쳐보거나 손금을 재어보는 행위로 가득차 있다. 회색인은 아파트의 넓이를 한 평 더 넓히고 뱃살을 한 뼘 더 줄이는 데 더 많은 신경을 쓴다. 회색인은 삶의 으스스한 불안의 정조의 숲에서 짜증, 미움, 냉소, 권태를 드러내고, 가까운 것들로부터 다가오는 감각의 기쁨을 찾는다. 회색인은 시대적인 사회의 모순에 분노하기보다 식당의 불친절함과 국물이 짠 것에 화를 내기도 한다. 그러나 이 회색의 지대에 많은 진실들이 숨어 있다. 흑백으로 나뉜 분단의 나라에서 소설가 최인훈은 평생을 회색인의 삶에 대해 고민했다. 결국 자신의 설 곳을 찾지 못하고 죽음의 바다를 선택했지만 『광장』의 주인공 이명준은 남과 북이 아닌 제3의 지대를 찾아 떠났다. 『회색인』의 독고준은 사회모순을 타파하기 위한 혁명보다는 '사랑과 시간'의 은신처를 향해 떠난다. '독고준'의 모습으로 대변되는 우리 시대의 많은 지식인들은 헤겔의 변증법적 지양을 온전하게 이루어내지 못한 채 반쪽의 지경에 머물러 있는 자들이지만, 그러나 회색의 지대 속에서 삶의 현실을 포용한다. 회색인은 사회정의의 흑백 강박증으로부터 벗어나 조화와 융통을 부려보기도 하고, 때로 이방인에 대해 관용과 환대를 보이기도 한다. 회색인은 욕망을 부인하지 않고 조심스럽게 욕망을 피력한다. 회색인이 추구하는 철학의 지점은 초역사적이고 상황적인 보편역사가 아니라 상황적 맥락에 상대

---

[8] 회색은 오래전부터 화려한 색채의 굉음을 내심 꿈꾸어 오던 시대의 근본 색조이다. 문제는 오히려 제때에 분노할 줄 모르는 무능력, 표현하지 못하고 염려의 무거운 분위기를 깨지 못하는 무능력, 축제를 즐길 줄 모르는 무능력, 헌신하지 못하는 무능력이다(슬로터다이크, 2017: 248).

적으로 대처하는 과유불급(過猶不及)의 적정함이다. 그들은 혁명의 앞줄에 서지 않는다. 적당히 눈치를 보는 것에 익숙하다. 존재의 철학보다는 존재자의 삶을 더 귀하게 여긴다. 물론 한때 혁명의 문지방에 섰던 회색의 사람들은 정의를 위해 산화한 이들이나 조국 영령들에게 부채감과 죄의식, 우울함을 느끼고 그 감정을 운명처럼 지니고 살기도 한다. 하지만 이 회색인들의 삶이 진정한 혁명의 진원지임을 알라. 서로 눈치를 보다가도 마침내 집단으로 뭉치는 사람들, 느슨한 연대와 십시일반의 행동을 통해 '발현적 에너지'를 뿜어내는 사람들, 그들 하나하나에 스며든 분노가 저장고에 쌓이고 폭발할 때 사회를 변혁시키는 대노(大怒)가 발생한다.

그렇다면 그 회색의 반경은 어디까지일까? 양가감정으로 이루어지는 회색감정은 다원주의자의 감정인가, 절충주의자의 감정인가? 이분법적 사고방식과 복제화된 다양성, 고정된 출발지점과 미래를 확정하는 단선적 사유방식을 거부하고 존재자의 단독성과 다중(多衆)에게 눈을 돌렸던 들뢰즈(Gilles Deleuze)와 가타리(Felix Guattari)의 '분열성'에 대해 잠시 생각해보자. 그들은 나무와 뿌리로 비유되는 이분법적 사고 틀을 거부하고, 줄기와 뿌리가 뒤엉킨 리좀적 현상과 사유를 강조한다. 리좀(rhizome)은 구조, 나무, 뿌리와 같이 지정된 지점이나 위치가 없고 선(線, 도주선)만이 존재한다. 이 리좀에는 처음과 끝이 존재하지 않는다. 리좀은 언제나 중간에 있으며, 사물들 사이에 있고, '사이-존재'이고, 간주곡이다. 나무는 '이다(etre)'라는 동사를 부과하지만 리좀은 '그리고 그리고 그리고'라는 접속사를 조직으로 갖는다. 이 접속사 안에는 '이다'라는 동사를 뒤흔들고 뿌리 뽑기에 충분한 힘이 있다. 리좀적 사유는 "천 개의 고원"에서처럼 항상 중간에서 시작하고, 음악처럼 변이의 궤도를 걸으며, 총체성이라는 신비화를 거부한다. 한마디로 '다양성'은 리좀 사고의 핵심이다(들뢰즈·가타리, 2003: 54~55).

얼마나 익명적이고 자유로우며 '단독성(singularity)'을 지닌 주체들의 향연인가? 서구에는 이른바 '68혁명'을 전후로 사상계의 큰 변화가 있었다. 계몽, 진리, 본질, 총체성 등의 거대담론을 구사하며 역사의 진보를 주장했던 계몽주의적인 엄숙주의, 전체주의적 마르크스주의, 거대서사적인 모더니즘에 신물이 난 사회이론가들이 반기를 들고 일어났다. 소위 '네오' 혹은 '포스트 ~주의'들이다. 자본주의 산업사회가 비약적인 속도로 발전하면서 이미 포스트산업사회의 논의가 대두되었지만 '68혁명'을 전후로 유럽의 마르크스주의자들을 비롯한 자유주의 사상가들은 전체주의로 경직된 소련과, 소비사회로 성장한 서구자본주의에 대해 본격적인 진단을 내리기 시작했다. 이즈음 이론, 사상, 철학이 다시 꽃을 피우기 시작했다. 이들은 소비자본주의와 대중, 복지국가와 환경생태의 위기, 전체주의적이고 교조주의적인 사회주의 체제에 비판을 가하면서, 다양한 시민사회 운동(인권, 환경, 여성, 소수자 등)에 주목했다. 자유롭고 창의적인 사유방식을 질식시켰던 '본질주의로서의 총체성'에 대한 대안으로 다원성과 개방성, 이론의 오류가능성과 이를 넘어선 '리좀'적 사유를 주장한다. 존재론적 불안을 아예 삶의 분해 요소로 수용하면서 타자와 단독성의 불확실한 연계와 카오스적 사유와 질서를 받아들이자는 주장들이 힘을 받기 시작했다.

역사시대적인 맥락은 달랐지만 그때 그네들의 고민을 보면 무언가 오늘날 한국사회의 문제를 진단하고 대안을 말해줄 수 있는, 그리고 한국사회의 사회이론과 철학의 갈증을 해소시켜줄 수 있는 유용한 개념과 시사점이 발견된다. 그러나 여전히 그들의 사유의 옷을 입기는 왠지 부담스럽다. 회고해보건대, 그들이 한창 이론과 사상을 쏟아내던 그때 우리는 여전히 분단과 독재정권, 급속한 산업화로 인한 갈등과 모순에 주목할 수밖에 없었고, 따라서 이미 '한물갔거나 전(前)과학적인 것으로 치부되기도 하는 민중론과 사회구성체론'을 공부하고 실천해야 했다. 시대가 지나기는 했지만 오랫동안 자유주의와 개인주의의 문화 속에서 성장한 서구의 다중, 혹은 리좀과 같은 탈(脫)계몽주의적 사유를 하기는 아무래도 이른 것 같다. 특히 부분과 전체의 변증법적 총체성 개념을 쉽게 파기하기는 어려워 보인다. 그러나 사유의 오류가능성을 드러내는 개방성, 즉 타자와의 공감에 기초한 대화는 아무리 강조해도 지나침이 없으리라. 이 개방성과 공감이 교차되는 곳이 회색지대이다. 회색의 지대에서는 다양하고도 이질적인 삶의 궤적들과 무수히 많은 감정들이 교감된다. 수치와 모멸, 슬픔과 비애, 두려움과 분노, 혐오와 적대의 감정들이 공감적 소통을 통해 완화되고 다시 일어난다. 인정투쟁과 인정승인이 순환적으로 일어나는 곳이다.

공동체에 태어난 나의 존재는 하이데거(M. Heidegger)가 말한 대로 피투(彼投)

된 존재, 즉 세계-내에 던져진 존재로서 그 세계의 운명과 유산을 벗어날 수 없다. 언어와 욕망, 나의 삶의 원초성이 지향된 생활세계는 역사와 미래의 '지금'의 시간들과 무수히 많은 관계들, 업보(業報)의 인연들이 교차된 곳이다. 공동체에는 무수히 많은 이질성과 '정상적-비정상적인 것'들이 혼재하고 있다. 공동체로부터 소외된 이질성과 비정상성을 지닌 이방인들이 국가와 지역의 경계, 내 삶의 터전인 공동체의 울타리를 넘어 다가온다. 이주민, 난민, 여행자, 소수자, 주변인 등 이 시대의 이방인들과의 조우는 피할 수 없게 되었다. 이들이 수반하는 이질성, 이질성과 혼합된 '혼종'의 것들을 배제할 것인가, 관용할 것인가, 관용을 넘어 환대할 것인가? 환대한다면 이방인의 신원을 묻지 않고 절대적으로 환영할 것인가? 기독교적인 무조건적 사랑, 묵자의 범애, 불가의 무한량의 자비가 과연 현실적으로 가능한 것인가? 아니, 외부의 이질성은 그렇다고 치고 우리 내부의 이질성은 어떻게 할 것인가? 민주주의 완성을 외치는 '광화문의 촛불집단'과 조국수호를 외치는 '시청 앞의 태극기 부대' 사이의 매우 상반되고 낯선 이질성…… 다양한 이념과 이해관계를 가진 집단들의 협치를 강조하는 공화주의 국가라면 이러한 이방인들의 이질성을 어떻게 조합할 것인가? 차이의 정치, 관용의 정치, 나아가 환대의 정치가 가능할까? 그런데 사실 알고 보니 그 이방인의 실체가 바로 나 자신이라면 어떻게 할 것인가? 그렇다면 나와 모든 이방인의 공동체를 어떻게 '구성'해 나갈까? 이방인들을 묶어줄 신뢰와 연대, 즉 '사회적인 것(the social)'의 힘을 어디에서 구할 것인가? 이러한 질문들이 꼬리에 꼬리를 물고 이어진다. 나는 이질적인 것들과 이방인들이 공존하는 삶을 가능하게 하는 감정, 즉 공공의 영역에서 교감과 소통을 가능하게 하는 도덕감정으로부터 가느다란 대안의 실마리를 찾고 있다. 도덕감정은 숙명적으로 '공동체의 관계망'을 달고 태어난 현존재가 가질 수밖에 없는 부채의 감정이다. 도덕감정은 타자와 나 사이에, 인간과 비(非)인간(자연 및 동물) 사이에, 문명과 나 사이에 적정함과 조화를 이룰 수 있는 감정이다. 과잉으로 헌신하거나 배려하지 않고, 십시일반을 통해 호혜성(互惠性)을 가능하게 함으로써 우리 모두가 '느슨한 연대를 통해' 든든하게 존속할 수 있게 해주는 공화주의의 힘이다.

   물론 이 공화주의의 기획에는 이성의 조력이 필요하다. 이성은 합리적으로 명료하게 대상을 바라보고 분석하는 의식일 뿐 아니라 이상과 현실을 냉정히 바라보고 조화시키는 작의(作意)를 말한다. 이성은 또한 세상의 이치를 따르는 도덕적 명령을 의미하기도 한다. 정확하게 표현할 수 없고 불가능하기조차 하지만, 유교의 성(性)과 이(理)일 수도 있고, 칸트가 정립한 바로 그 이성일 수 있다. 서구에서는 바로 그 이성이 오늘날 사회진보의 초석이었다고 보는 경향이 강했다. 혹자는 서구사회의 이성이 오늘날 도구적으로 전락했다고 탄식하면서 역사진보의 기획을 완수하기 위해 계몽을 주도했던 합리적 이성을 복원하자고 말한다. 그러나 일부에서는 이러한 이성의 시대에 종말을 고하면서 감정 혹은 직관 등을 호명하고자 한다. 그래서 일부 서구의 학자들은 감정철학의 토대를 마련했던 흄(David Hume)으로 돌아간다.[9] 이성이 정태적 분석과 합리적 판단의 상태에 머물러 있다면 감정은 이러한 이성을 현장의 실천으로 몰아붙이는 힘이 있다는 것이다. 서구의 이론가들이 주목하는 이성적 사유가 동양사회, 특히 지난 1세기 동안 한국사회의 저변에 얼마나 깔려 있었는지는 모르겠다. 식민지, 분단, 전쟁, 산업화, 민주화 투쟁의 기간 동안 우리는 이성의 시대에 산 것이 아니라 '거친 감정'의 시대에 살았다. 합리적 사유보다는 계산적이고 효율적이며 이기주의적인 공리주의적 사고와, 때로 예측이 불가하고 몰지각한 감정으로 살아

---

[9] 나는 실재론과 현상학의 사유와 접근에 관심을 두고 있다. 난해한 내용을 두루 살필 여력은 없지만 실재론자로부터 현상의 배후에 놓여 있는, 때로 의식적 경험을 넘어서는 실체의 메커니즘, 인과력, 또는 매개요인이라 불리는 그 무엇들에 대해 주목함으로써 감정현상을 두텁게 해석하고 설명하는 방법론적 함의를 얻어낼 것이다. 이러한 실재론적 접근은 때로 구조주의와 밀접한 연관을 맺기도 한다. 그러나 구조주의자들이 의식, 경험, 주체 등 인간의 행위를 대수롭지 않거나 종속변인 정도로 취급하는 것에 대해 나는 동의하지 않는다. 구조와 행위는 얽혀 있다. 구조는 주체 속에 사회화 과정을 통해 내면화되고 실재화되지만 동시에 주체들의 해석과 실천에 의해 변형의 가능성을 갖는다. 나는 현상학으로부터 신체성과 생활세계, 그리고 의식의 지향성 등의 개념을 빌려와 감정연구에 조합시키고자 한다. 후설은 에포케를 통한 초월적 의식의 순수관념적 작용을 강조하면서 이 의식이 돌아오는 공간이 신체라고 말한다. 후에 메를로퐁티(M. Merleau-Ponty)가 이를 이어 행위구조와 이른바 신체도식을 강조했다. 현상학은 기억을 통해 '그때 지금'의 시간을 호명하고, 신체화된 감정 아비투스를 작동시킨다는 나의 사유에 큰 영향을 주었다. 감정 역시 의식처럼 그 무엇을 '지향'한다. 그리고 자연과학적 지식과 앎 이전에 우리의 감정이 지향하고 있는 곳은 우리가 태어나 살고 죽는 원초적 생활세계이다.

온 삶들이다. 오늘날 우리가 감정에 주목을 하는 이유는 서구사회처럼 이성의 한계 때문이 아니라, 감정에 살았고 감정을 통해 사회를 변혁시켜왔기 때문이다.

우리는 숙명적으로 분단국가의 유산을 고스란히 안고 태어난 '존재자'이다. 우리는 누구도 피할 수 없는 공동체의 관습과 역사의 지평 속에서 태어났으며, 우리의 선대가 만들어놓은 구조와 관계성으로부터 자유로울 수 없는 존재이다. 한숨, 부채, 후회, 증오, 투정, 걱정, 죄책감과 미안함, 청년실업, 허술한 안전망과 무한대적이고 눈물 나는 경쟁, 이기주의, 파편화된 개인주의(개별주의), 투기, 불공정 등 이 모든 것이 응어리지고 융해된 사회 속의 존재자이다. 한편 우리 사회에는 '축소되고, 취약한 자아, 상처받기 쉬운 사람들'이 넘쳐나고 있다. 바틀비(Bartleby)처럼 "나는 안 하렵니다(I would prefer not to~)"라고 하며 살거나, '케세라 세라(될 대로 되라)'라고 하며 살거나, 범생이처럼 순종하며 성실하게 살거나, 반역적 주체로 살거나 어떻게든 강하게 견디어내야 되는 것 아닌가? 욕망과 현실 사이의 간극이 점점 넓어진 이 시대에 햄릿의 유령이 여기까지 다가와 배회하는 것은 아닌지 모를 일이다. "시간은 어긋나 있다(The Time is Out of Joint)!" 그러나 싫다고 해서 그 구조와 관계의 대상을 피할 수 있을까? 내 마음 저편에는 민족과 국가, 사회와 타자 등의 관념체들을 깡그리 부숴버리고 싶은 아나키스트에 대한 동경과, 크리스테바(J. Kristeva)가 말한 것처럼 쓰레기, 폐기물, 고름, 기형, 몰(沒)양심자와 같이 질서를 파괴하는 괴물들에 대한 경멸과 묘한 매력을 동시에 느끼는 양가적인 경험, 즉 '아브젝시옹(abjection)'이 꿈틀거린다. 니체가 말한 대로 '가볍게 춤추는 자가 되어 법과 신에 의탁하지 않는 운명의 개척자로서 민족이니 국가니 하는 따위의 거추장스러운 외투를 벗어버리고 아모르 파티(amor fati, 운명을 사랑하라)를 외치는 자'가 되고 싶기도 하다. 장자(莊子)의 소망대로 구만리 하늘로 솟아올라 삼천리 파도를 일구는 거대한 붕(鵬)처럼 자유자재한 힘의 소유자, 또는 진정한 자아(眞我, atman)마저도 무화시켜 해탈의 경지에 이르는 붓다(佛陀)의 인간을 상상해본다. 이러한 인간이 되어 세속을 초탈하려는 것이 아니라 긴장과 갈등의 삶의 조건들로 가득찬 이 세계의 운명을 바꾸고자 한다. 감정은 이러한 노력에 방해꾼이 될 수도 있고 실천적 에너지가 될 수도 있다. 인간의 욕망이 다양한 감정으로 나타난다면 차라리 그 감정을 은폐하고 억압하기보다 적절하게 표현하고 교감하는 사회가 인간적이다. 가능하다면 인간적인 것을 드러나게 하는 사회! 도덕, 초자아, 윤리, 신독(愼獨), 정언명령, 계율, 중용 등의 계몽적 이성주의보다는 일탈, 가벼움, 고뇌, 즐거움, 욕망, 두려움, 공포, 미움, 슬픔, 분노를 허용할 수 있는 사회! 그러나 때때로 '감정'이 발생시키는 음험한 파멸성을 주목하지 않을 수 없다. 타자에 대한 차별과 억압을 정당화하고, 타자를 공격하는 혐오와 증오, 모멸과 수치의 감정이 이 세상에 차고 넘치지 않는가? 감정론은 삶과 행위에 대한 폭넓고 두터운 해석을 통해 인간다움이란 무엇인가를 되짚고, 그 감정이 공론장에서의 민주주의와 사회변동에 어떤 에너지를 가져다줄 수 있을지에 대한 오랜 고민의 재현이기도 하다. 감정론은 정당하지 못한 무시와 모멸, 차별, 적대, 증오로 점철되어온 인류 역사 속에서 '사람다움'을 회복해보고자 하는 바람의 표현이며 무엇보다도 '나'의 삶에 대한 반추이며 성찰이기도 하다. 감정은 생과 역사, 시대에 대한 해석학적 접근의 렌즈이며 내용이다. 우리가 감정에 대해 주목하는 이유이다.

제1부

감정의 세계

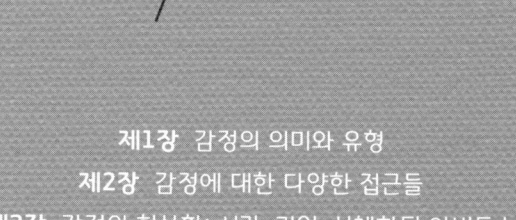

제1장 감정의 의미와 유형
제2장 감정에 대한 다양한 접근들
제3장 감정의 현상학: 시간, 기억, 신체화된 아비투스

제1장

감정의 의미와 유형

1. 감정에 관한 동서고금의 관심

동서고금을 막론하고 사상가 대부분은 감정을 이성과 대비되는 것, 이성에 비해 하등한 지위를 차지하는 본성으로 보았다. 이성은 사물이나 대상의 본질을 명료히 인식하고 도덕적 실천에 이르는 길잡이 역할을 하는 것으로 간주하는 반면, 감정은 대상의 본질을 왜곡하거나 편견 혹은 오염된 관념을 불러일으키게 하는 것, 나아가 인간을 동물적 본성의 담지자에 지나지 않는 비도덕적 존재로 타락시키는 것으로 간주하는 경향이 있었다. 감정은 '교정되거나 절제되고 길들여야 할' 본능, 욕망 등과 동일시되기도 했다. 유교 이념에서 감정은 다스려져야 할 대상이었다. 인간의 마음은 삼라만상의 이치인 도(道)를 이어받은 성(性)과, 외부의 자극에 감응하는 정(情)으로 구성되어 있는데 마음은 성과 정을 주재한다(心統性情). 명석하고 합리적이며 도리를 실천할 수 있는 존재자가 되기 위해서는 감정을 잘 다스리기 위한 함양성찰을 단행해야 한다는 것이 유교의 주된 논점이다. 리(理)는 마음 중에서도 성(性)을 이루는 부분 혹은 성 그 자체로서(性卽理) 존재론적인 우주 만물의 이치이며 동시에 윤리론적으로 실현해야 할 당위적 가치였다. 반면 감정은 자칫 리의 본성을 흐리게 하거나 왜곡시킬 수 있으므로 항상 절제하며 조화롭게 다스려야 했다. 『중용』의 장구에서 나오는 화(和)는 이를 잘 반영하고 있다. 또한 사단칠정론(四端七情論)[1]에서 보여주듯 욕망을 포함하는 다양한 유형의 감정은 부덕의 원천으로 간주되기도 했기에 경계의 대상이 되었다.[2] 불교에서 감정은 욕망의 처소이거나 욕망이 발현된 현상이다. 욕망은 집착과 독선으로 인해 진리를 가리는 마음의 상태, 즉 무명(無明)의 업(業)을 낳고, 결국 생노병사(生老病死) 모든 생애과정에 걸쳐 감당해야 하는 고통의 씨앗이 된다. 욕망은 더 잘살고, 더 잘 먹고, 더 잘 지내려는 탐욕과 어리석음을 낳는다(貪瞋痴). 갈애(渴愛)로 인한 욕구와 고통, 집착의 멸도(滅度)를 통해 참된 자아(眞我, atman)에 이르고, 마침내 그 자아마저 소멸시키는 해탈(解脫)의 경지에 이르기까지 매우 정치한 감정극복론이 전개되었다.[3]

서구 유럽의 철학적 전통 속에서도 감정은 이성보다 매우 열등한 것으로 취급되었다. 감정은 이성을 위협하는 것, 충동적이고 위험한 것, 비지성적이며 원초적인 야만성으로서 통제되고 절제되어야 하는 본성이었다. 감정은 공적인 것이라기보다 사적이며, 욕망과 이기주의적인 성질 때문에 합리적인 신념이나 판단을 내릴 수 없게 만든다. 더욱이 기독교의 종교적 전통 속에서 감정은 아예 '죄'의 원천으로 간주되었다. 성스러움과 감정의 관계는 주인과 노예의 관계로 은유되기도 했다(Solomon, 2008).

근세에 이르러 정신과 육체의 이분법적 사고와 함께 육체를 열등한 것으로

---

[1] 중용의 다음 구절을 보라. "喜怒哀樂之未發 謂之中 發而皆中節 謂之和 中也者 天下之達道也 致中和 天地 位焉 萬物 育焉(기쁘고 노엽고 슬프고 즐거운 감정이 움직이지 않았을 때를 중이라 하고, 움직여 절도에 맞는 것을 화라고 하니, 중이라는 것은 천하의 근본이며 화라는 것은 세상 어디에나 통하는 도이다. 중과 화를 지극히 하면 천지가 제자리를 잡고 만물이 잘 길러지게 된다)"(이세동, 2011: 153~154).

[2] 물론 이(理)와 기(氣), 성(性)과 정(情)에 대한 다양한 해석이 유교 내에서도 벌어진다. 특히 주자학(朱子學)이 이성의 중요성을 강조했다면 상대적으로 감정의 중요성을 강조한 양명학(陽明學)은 인간의 욕망을 반드시 부정적으로 본 것은 아니다.

[3] 이성과 감정 모두를 무화(無化)시키려 한다는 점에서 불교의 논의는 좀 더 다른 차원일 수도 있다.

보려는 철학적 사조는 감정이 육체의 정욕을 불러일으킨다고 봄으로써 감정에 대한 부정적 사고를 더욱 강화했다.[4] 데카르트(R. Descartes)의 이성적 사유 중심의 전통은 감정을 이성적 판단의 오류로 이끄는 것으로 보았다. 물론 데카르트 자신은 지각, 감정, 느낌(동요)으로 구성되는 정념을 부정적으로만 본 것이 아니었다. 그는 삶의 감동이나 즐거움은 정념을 제대로 사용할 때 발생한다고 말한다. 그러나 다른 한편 정념, 특히 왜곡된 감정은 성찰적 사유나 삶에 부정적 영향을 미칠 수 있다고 경고했다(데카르트, 2013).[5] 육체와 분리된 의식의 명료성, 즉 이성을 강조하는 서양철학의 사조는 칸트(I. Kant)에게서 집대성되었다. 칸트는 정념에 대해 이성적 주체를 심각히 위협하는 '영혼의 병'으로까지 묘사할 정도로 부정적인 입장을 보였다. 자연적 인과율을 분석해내는 순수이성과 윤리, 자율성, 보편입법자로서의 도덕의무를 강조하는 실천이성, 미추(美醜) 판단으로서의 판단력 비판에 대한 그의 철학은 이성론의 집대성이라고 해도 과언이 아니다(칸트, 2009). 변증법적인 인식을 통해 역사발전의 추동력으로 이성을 강조한 헤겔(Georg W. F. Hegel)은 칸트에 비해 정념이나 감정의 능동적 역할을 상대적으로 강조했던 것으로 평가되기도 하지만 "이성적인 것이 현실적이고, 현실적인 것은 이성적"이라는 그의 유명한 테제에서도 볼 수 있듯이 역사 계몽의 정점에 이성을 놓아두었다(소병일, 2010). 인간의 절대정신(Geist)의 실현체로서 국가를 기대한 헤겔이나 합리적 판단과 분석, 이른바 객관적 지식의 확립, 사회나 국가설계의 가능성을 타진했던 계몽주의 철학자들 모두 이성주의의 범주에 속해 있다. 특히 근대 이후 형이상학을 배제하고 '사실'을 명료히 밝히는 과학적 지식탐구와 이를 토대로 '세계의 설계'를 추구했던 합리주의, 공리주의, 실증주의 과학의 지배적인 영향력으로 인해 '감정'은 아예 사고의 대상으로부터

---

[4] 물론 오늘날 이러한 사유를 인지심리학이나 철학 등에서 강하게 비판하고 있다. 육체와 정신을 구분하고 전자를 열등하게 보는 견해를 비판하는 일군의 학자들이 신체화된 마음 혹은 감정 등의 개념을 동원하고 있는데 이에 대해서는 후술할 것이다.
[5] 데카르트가 이성을 강조하기는 했지만 그는 『정념론』을 통해 매우 다양한 감정들을 논의하고 있는데 결국 경이, 사랑, 미움, 욕망, 기쁨, 슬픔 등 여섯 가지 감정이 기본적이며 나머지는 이들의 조합이거나 일종이라고 말한다(데카르트, 2013).

멀어졌다.

간단히 말하자면 동서양 철학에서 감정은 이성의 뒤편에 서 있거나, 심지어 이성의 빛을 가리는 장막으로서 절제와 통제의 대상이 되었다. 노장사상이나 불교, 그리고 유교의 양명학 분야에서 마음이라는 부분에 주목하기는 했지만, 주지주의 입장에 몰입해 있던 조선의 성리학자들에게 감정은 함양의 대상이 아니라 다스려야 하는 대상이었다.[6] 앞서 잠깐 말한 바와 같이 서구에서도 데카르트 이후 칸트 그리고 실증주의 과학관에 걸쳐 이성중심적 사고방식이 지배했다. 물론 흄, 니체 등에 의해 감정에 대한 성찰이 일어나기도 하고, 존재의 바탕을 으스스한 불안의 정조(情操)로 파악했던 하이데거 등의 현상학 분야에서 감정이 되살아나기도 했다.

서양철학의 전통 속에서 오늘날 철학, 사회학, 정치학 등의 감정연구자들이 주목하고 있는 학자는 감정에 대해 상대적으로 긍정적 평가를 했던 데이비드 흄(David Hume)이다. 경험철학자로서 그는 미신이나 비합리적인 것들을 배척하고 이성의 중요성을 강조했지만 옳고 그른 행위를 동기화하는 것은 감정이라고 보았다. 그가 보건대 신체적 자극과 감각 때문에 발생하는 인상(impression)으로서의 기본적 감정은 쾌락과 고통이다. 예를 들어, 자긍심은 좋은 감정(快)이고 모멸감은 나쁜 감정(不快)이다. 감정은 인상과 관념의 복합체로서 자긍심과 같은 긍정적 인상은 의미 있는 일을 수행했다고 판단하는 관념에 의해 발생하고, 이 인상은 다른 인상이나 관념에 다시 영향을 준다. 감정은 동물적 영혼, 인지적인 성질을 갖고 있으며 동시에 윤리적인 속성을 가지고 있다. 여기에서 흄의 감정론을 상술할 여지는 없지만 다만 그의 감정론에는 감정이입, 인정과 불인정, 도덕, 그리고 주관적이고 제한적이지만 다른 한편으로는 보편적이고 일반적인 공감의 가능성에 대한 논의들이 풍부히 담겨 있다는 점을 지적해두자(Hume, 2008).

감정이 인간의 도덕적 기반이 될 수도 있다고 하는 흄의 입장을 더욱 강하게

---

[6] 흔히 동양사상을 하나의 조류로 묶어 서양은 이성과 합리성, 동양은 감정과 비합리성(직관, 초월) 등으로 이분화하는 사고가 지배적이지만 필자의 생각으로는 전혀 그렇지 않다.

밀어붙인 애덤 스미스(Adam Smith)는 아예 그의 저서를 『도덕감정론』이라고 명명해버렸다. 그에게 도덕감정의 근간은 상상력을 동원하여 타자의 입장을 헤아릴 수 있는 타자와의 공감(역량), 즉 제3자의 입장에서 나의 행위나 태도를 성찰할 수 있는 역량으로서 단순히 동정심과는 다른 것이다(스미스, 2009).

니체(F. W. Nietzsche)는 아이러니 속에 존재하는 열정이야말로 이성보다 더 이성답다고 주장한다. 물론 모든 열정이 현명한 것은 아니어서 어리석음을 이끌기도 하고, 원한과 같은 노예 도덕의 감정은 기만적이고 영리하지만 파괴적인 것이라고 말하면서 덕스러운 열정과 평범한 열정에 두루 주목하고 있다(니체, 2009). 독일의 낭만주의 철학과 예술, 기독교 교리와 이성주의에 반발하는 사조 역시 오늘날 감정연구의 선구적 뿌리가 된다고 할 것이다.

최근 인문사회과학계에서는 감정이 사고와 평가, 인지의 작용을 한다고 하는, 보다 적극적이고 능동적인 견해가 등장했다. 감정은 단순한 감각이나 외적 자극에 대한 반응물이 아니라 매우 복잡한 인지과정을 거쳐 주변 환경이나 생활세계의 타자 등을 인지하고 판단하는 힘으로 작용한다는 것이다. 감정은 현상학자들의 핵심개념인 지향성(intentionality)을 갖는다.[7] 사고(thinking)가 대상에 대한 지향성(in, about, of)을 갖듯이 감정 역시 사물이나 타자를 '지향'하고 있다는 것이다. 예를 들어, '분노'의 감정은 '무엇에 대한', '누구에게'라는 지향성을 갖고 있다. 감정은 의도와 신념, 요구와 태도 등을 포함하고 있으므로 이 지향성은 실재하지 않는 상상적 대상도 포함한다. 감정은 또한 도덕적 실천과도 밀접히 연관되어 있다.[8] 감정은 행위의 저변에 깔려 있는 동기, 즉 실천의 힘이 되기도 하는데 감정이 인지적이란 말은 사건이나 대상에 대한 사회적, 정치적, 윤리적인 평가나 실천적 의도를 가진다는 것을 의미한다. 즉, 감정과 도덕은 깊은 연관이 있다(Calhoun, 1984). 예컨대 사회적인 불의를 보고 공분을 금치 못하는

---

[7] 솔로몬(Robot Solomon)은 모든 감정은 자신이나 세계(타자)에 대한 의도적인 방향을 갖는다고 말한다(Solomon, 1993: 196).
[8] "세상에 대한 판단, 평가, 신념 등이 없다면 공포, 분노와 같은 감정 그 자체는 실제로 분노, 공포를 구성하지 않는다"(Solomon, 2008: 10).

것은 이성의 힘보다는 사태를 인지, 판단하고 실천하는 감정의 힘이다.[9]

감정에 더욱 적극적이고 능동적이며 복합적인 지위를 부여하려는 일군의 학자들은 요컨대 감정과 이성이 대립과 긴장 관계에 있기도 하지만 다른 한편 서로 상보적이라고 보며, 감정은 그 스스로 인지와 판단, 도덕적 실천을 수행하기도 한다고 말한다.[10]

흄의 감정론을 적극적으로 재해석하여 현대 시민사회의 정치윤리로 조명하려는 크라우제(R. Krause)의 논의를 잠깐 살펴보자. 오늘날 롤스(John Rawls)나 하버마스(Jürgen Habermas)와 같은 정치철학자들은 시민들이 정치 의제를 스스로 발굴하고 참여하여 민주주의를 완성하는 '심의민주주의'를 강조한다. 이들 이론가는 시민들은 매우 합리적으로 판단하고 실천하는 이성의 소유자—하버마스는 칸트의 이성 외에 인간은 소통적 이성을 소유한다고 말하고 있지만—임을 전제하고, 대신 감정을 비합리적인 것, 비이성적인 것으로 배제하는 경향이 있다고 주장했다. 그러나 크라우제는 감정은 스스로 인지와 판단, 실천을 동기화(motivational)하므로 '심의'의 동력을 발생시키는 속성을 지니고 있다고 주장한다. 왈저(M. Walzer) 역시 감정이 실린 이성을 강조한다(Walzer, 2006). 왈저는 옳고 그름, 선악 등의 판단은 이성만큼이나 감정에 의존한다고 말한다. 특히 도덕적 판단과정에서 감정은 매우 중요한 역할을 담당하는데 사회정의로서의 공정성(impartiality)은 고통에 대한 성찰적 감각, 타자의 기쁨과 존중 등의 감정적 가치와 밀접히 연관되어 있기 때문이다. 물론 공정성에 대한 감정과 이성적 규범이 서로 부딪힐 수 있는 딜레마 상황이 벌어지기도 하는데, 오히려 시민적 열정이

---

9 감정의 기능이나 역할에 대해 적극적 판단을 내리려는 일군의 학자들은 감정을 생물학적이고 태생적인 요소가 아니라 사회적으로 '구성'된 특정한 문화양식이라는 생각을 하게 되었다(Averill, 1985).
10 감정의 능동적인 동기적 역할을 강조하는 시각도 있었다. 예를 들어 쇼트(S. Shott)는 성찰적 역할 담당의 감정인 수치심이라든가, 죄의식, 당혹감, 혹은 자긍심이나 기쁨(vanity) 등의 감정은 자기 행위를 통제하는 동기적 기능을 한다고 말한다(Shott, 1979). 사람들이 타자들의 반응에 대한 상상을 통해 수치심, 죄의식 등을 느낄 때 일탈적 행위를 스스로 억제하기도 하고, 수치심을 없애기 위해 타자로부터 인정을 받을 수 있는 이타적 행동을 수행함으로써 자긍심(자존감)을 회복하려 한다는 것이다. 타자에 대한 동정적 감정은 다른 사람의 상황에 자신을 자리매김해 봄으로써, 즉 역지사지(易地思之)의 과정을 통해 발생한다.

이런 딜레마를 해소할 수 있다. 즉, 시민 열정이 이성적 규범을 강제화할 수 있거나 실천 가능한 판단과 심의를 가능하게 한다는 것이다(Krause, 2008: 6).[11] 크라우제는 관심(concern)의 개념을 끌어들여 동기성을 설명하려 하는데, 어떤 행동을 거부하거나 수행하기 위한 것으로 실질적인 행위동기에 가장 큰 영향을 미치는 것이 바로 이 '관심'이다.[12] 관심은 자신의 상황을 반추하거나 미래를 예측하려 하고, 항상 어떤 결정 성향을 포함한다. 예를 들어, 정의에 관한 관심은 공정한 대우에 대한 욕구를 불러일으키며 동시에 어떤 정의의 규범과 공정성의 원리가 타당하고 정당한지를 명료히 성찰할 수 있게 해준다. 열정은 관심으로서의 정동이다. 크라우제는 바로 흄이 쾌락과 고통을 대비시키면서 감정과 관심에 주목했다고 본다. 정동적 관심은 열정으로서의 판단인 것이다(Krause, 2008: 8).

허쉬만(A. Hirschman)에 따르면 감정은 이성에 의해 극복되는 것이 아니라 감정 그 자체로 극복되거나 교체된다고 한다. 작은 열정이 큰 열정에 의해 정복되듯이 말이다. 그는 계산과 공리, 효율과 예측 등 합리성을 바탕으로 발전한 자본주의도 따지고 보면 이성이 아니라 감정에 의해 추동된 것으로 본다. 근대 자본주의는 중세 봉건사회의 명예에 대한 열정이 자본주의의 합리적 이성에 의해 순화된 것이 아니라 이해관계의 추구라는 더 큰 열정으로 대체되었을 뿐이다. 즉, 시장에서 이윤을 추구하려는 열정적 욕망, 좀 더 엄밀히 말하자면 계산을 추구하는 냉정한 열정이 자본주의의 에너지가 되었다(허쉬만, 1992). 감정은 거시적 차원뿐 아니라 개인들 간의 상호작용에서도 매우 중요한 역할을 한다. 개인들은 '문화의 로봇'이 아니라 상황을 전략적으로 해석하고 반응하며 그 표현을 다양하게 '조작'하는 존재이다. 감정은 항상 타자와의 미시적인 권력관계(정

---

11 크라우제는 시민 열정으로 동력화되는 심의민주주의의 가능성을 제기하고 서구사회의 감정정치학의 철학적 연원을 흄에서 찾으려 한다.
12 관심은 이해관계라는 용어로 등치시킬 수 있을 것이다. 베버(M. Weber)의 지식사회학이나 셸러(M. Scheler)의 충동론과도 일맥상통한다. 물론 이러한 관심이 공리주의적 이해관계의 동기만을 의미하지는 않는다.

치)나 이해관계(경제)에 개입한다(Clark, 1997).

의례이론가들도 미시적 상호작용에서 주고받는 다양한 감정 전략에 주목하고 있다. 예를 들어, 특정한 감정은 집단의 상호작용 상징으로 '코드화(codified, 상징화)'되는데 상호작용의 의례 속에서 적절한 감정의 표현이 요구된다는 것이다. 긍정적 감정에너지는 감정의 교환이 성공한 경우에 발생하고 서로의 관계를 역동적으로 만드는 반면, 의례가 실패할 경우 발생하는 부정적 감정에너지는 갈등과 긴장을 유발한다.[13] 오늘날 사회변혁을 추구하고자 하는 다양한 사회운동의 에너지는 어디에서 찾을 수 있을까? 혁명의 열기가 없다면 '혁명'은 완수될 수 없을 것이고, 분노를 느끼는 개인들의 집합 공분이 없다면 집단행동이나 사회운동은 진행될 수 없을 것이다.

이제 감정은 단순한 인간행위의 본질을 넘어 미시적인 상호작용은 물론 정치, 경제 등 거시적인 사회체계의 구성과 변화를 설명하기 위한 변수로 다시 등장했다. '감정'은 이성에 의해 가려진 부수적 본성이라는 수동적 입장을 넘어서, 그리고 대상의 인지, 철학적 판단, 선과 악을 다루는 윤리학이나 미추의 예술영역을 넘어서 정치, 경제, 문화 등 인문사회과학 전반에 걸친 주요 연구의 대상으로서, 그리고 개인은 물론 사회운동과 같은 집합행동의 실천적 동기화의 에너지로서 조명을 받게 된 것이다.

2. 감정에 대한 다양한 정의

감정이란 무엇인가? 감정은 인간의 내면에 본성으로 주어진 것인가, 외적인 사회적 환경의 산물인가, 상호작용적인 것인가? 감정은 여타의 사회심리적 현상들과 어떠한 연관이 있는가? 감정에 대한 언어적 정의가 가능한가? 감정에 대

---

[13] 긍정적 감정과 부정적 감정에 대한 개념 구분이 타당한 것 같지는 않다. 대부분 감정은 특정한 기능이 있기 때문인데, 예를 들어 부정 감정의 하나인 혐오는 해로운 것에 대한 안전을 위해, 분노는 도덕적 규범을 위반한 자들에게 책임을 지우게 하려고 발생하기도 한다.

한 정의나 접근은 너무나 다양해서 추적하기도, 정리하기도 힘들다. 특히 감정과 연관된 용어들도 너무 많아 그 관계성을 명백하게 해명하는 것도 거의 불가능하다. 감정(emotion)은 감성(혹은 정동, affection), 느낌(feeling), 기분(mood) 등과 거의 비슷하거나 중첩적인 개념으로 쓰이기도 하는데 이와 유사한 것으로 또한 감상, 감각, 열정 등이 있다. 많은 논의가 있지만, 감정에 관해 선구자적 논의를 했던 소이츠(P. A. Thoits)의 정의를 소개해보기로 하자. 그는 감정이 대략 다음과 같은 속성을 지니는 것으로 정리하고 있다. 감정은 ① 상황적 맥락이나 자극에 대한 평가(appraisal), ② 신체적 혹은 몸의 감각 안에서의 변화, ③ 표현적 행위의 자유로운 혹은 금지된 전개(the free or inhibited display of expressive gesture), ④ 앞선 요소들의 하나 혹은 그 이상의 결합적 속성에 문화적으로 부여된 이름이다(Thoits, 1989: 318). 또한 감정은 느낌이나 정서(affect), 그리고 감상(sentiment) 등과도 좀 다른데, '느낌'은 감정적 상태뿐 아니라 신체적으로 충동적인 상태(즉 배고픔, 고통, 피로) 등도 포함하고, 정서는 대상이나 행위, 관념 등에 대한 긍정적 혹은 부정적 평가(좋음/싫음) 등을 포함한다. 감정과 비교하면 분위기(mood)는 더욱 만성적이고, 일반적으로 어떤 상황에 대한 강도가 약하거나 다소 느슨한 '무엇'이며, 감상은 사회적으로 구성된 감각, 표현된 동작, 사회적 대상과의 관계를 둘러싸고 조직화된 문화적 의미와 연관되어 있다(Gordon, 1989: 566). 감상의 예는 낭만적 사랑, 충성, 의리, 가부장적 은혜, 사회적 상실에 대한 슬픔, 시기, 긍지, 감사 등이다. 앞서 말한 바와 같이 감정과 관련된 다양한 용어와 개념 등이 동원되고 있는 만큼 기존의 용례를 일단 가능한 대로 정리해보기로 하자.

:: 정서(情緒) 혹은 정동(情動, Affect)

『표준국어대사전』에서 '감정'은 "어떤 현상이나 일에 대하여 일어나는 마음이나 느끼는 기분"으로 정의되어 있다. '감각'은 "① 눈, 코, 귀, 혀, 살갗을 통하여 바깥의 어떤 자극을 알아차림, ② 사물에서 받는 인상이나 느낌"으로 정의된다. 이와 달리 '감성'은 "① 자극이나 자극의 변화를 느끼는 성질, ②[철학] 이성(理性)에 대응되는 개념으로, 외계의 대상을 오관(五官)으로 감각하고 지각하여 표상을 형성하는 인간의 인식 능력"으로 정의된다. '기분'은 "대상·환경 따위에 따라 마음에 절로 생기며 한동안 지속되는, 유쾌함이나 불쾌함 따위의 감정, 주위를 둘러싸고 있는 상황이나 분위기"이며, '느낌'은 "몸의 감각이나 마음으로 깨달아 아는 기운이나 감정"이다. 그리고 '정동'은 "희로애락과 같이 일시적으로 급격히 일어나는 감정, 진행 중인 사고 과정이 멎게 되거나 신체 변화가 뒤따르는 강렬한 감정 상태"이다. 마지막으로 '정서'는 "사람의 마음에 일어나는 여러 가지 감정, 또는 감정을 불러일으키는 기분이나 분위기"이거나 정동과 동일한 용어로 쓰인다.[14]

"The Blackwell Encyclopedia of Social Psychology"에 따르면 '정서(affect)'는 "감정적 경험(emotional experience)이나 분위기(mood)와 같은 정신적 활동 일반을 지칭하는 표현"이다(Manstead and Hewstone et al., 1995). 정서는 인지(cognition), 동기(motivation), 행동(action)과 구분된다. "Encyclopedia of Social Psychology"에서는 좀 더 상세하게 정서를 정의한다. 정서는 "행위자가 반응하거나 느끼는 긍정적, 부정적 감정"을 의미한다(Baumeister et al., 2007: 12). 이는 정서가 분위기나 감정을 포괄하는 용례를 가지고 있으며 각각에 대한 평가적 측면(좋고, 나쁨)이 부여되어 있음을 의미한다. 이러한 맥락에서 정서는 분위기, 감정과 같은 표현을 일반적으로 포괄하는 우산과 같은 개념으로 볼 수 있다.

:: **분위기(Mood)**

"The Blackwell Encyclopedia of Social Psychology"에서는 분위기(mood)를 긍정적이거나 부정적으로 느끼는 상태에 대한 일반화된 표현으로 정의하고 있다. 분위기는 인지(cognition)와 행동(behavior)에 영향을 미치는 상태이기에 특

---

14 한편 '마음'은 매우 복합적인 의미가 있는 용어이다. 마음은 "사람이 본래부터 지닌 성격이나 품성, 사람이 다른 사람이나 사물에 대하여 감정이나 의지, 생각 따위를 느끼거나 일으키는 작용이나 태도, 사람의 생각, 감정, 기억 따위가 생기거나 자리 잡는 공간이나 위치, 사람이 어떤 일에 대하여 가지는 관심, 사람이 사물의 옳고 그름이나 좋고 나쁨을 판단하는 심리나 심성의 바탕, 이성이나 타인에 대한 사랑이나 호의(好意)의 감정, 사람이 어떤 일을 생각하는 힘"으로 정의되어 있다.

정한 대상(reference)을 포함하지 않는다(Manstead and Miles et al., 1995). 앞선 정의와 같이 분위기는 정서처럼 긍정적, 부정적 느낌에 대한 체험이라는 차원을 공유함에도 정서, 감정과는 구분되는 속성이 있다. 'mood'는 'affect'와 달리 긍정적이거나 부정적인 느낌의 원인, 대상을 특정하지는 못하며, 반응이라는 차원도 포함하지 않는다(Baumeister et al., 2007). 예를 들어, 내 책을 훔친 룸메이트에 대해서 내가 룸메이트에게 '나쁜 분위기(bad mood)'를 가졌다고 표현하지 않는다. 이에 비해 '감정'은 매우 구체적인 대상에 대해서 상세하게 구분된 긍정적, 부정적 평가의 차원을 포함한다. 예를 들어, 앞서 내 책을 훔친 룸메이트에 대해 분노를 느낀다(feel angry)고 표현할 수 있다. 분위기와 달리 감정은 무엇에 대한 어떤 느낌이라는 방식으로 사용되고 있다. 이러한 맥락에서 분위기는 감정에 비해 덜 격정적(intense)이며, 상대적으로 오래 지속된다는 특징이 있다.

:: **감정(Emotion)**

"The Blackwell Encyclopedia of Social Psychology"에서는 감정을 개인적으로 유의미한 사건에 대한 중첩적(valenced) 반응으로 정의한다(Manstead and Miles, 1995: 198). '감정(emotion)이 포괄하는 반응에는 심리, 행동, 인지적 반응과 편안함, 불편함과 같은 주관적 느낌(feeling) 등이 포함되어 있다. 여기서 느낌(feeling)은 감정의 반응을 일으키는 중요한 요소이다. "Encyclopedia of Social Psychology"에서는 감정을 생각, 느낌, 심리적 변화, 표현적 행동, 행동 경향 등으로 구성된 심리적 상태로 규정한다(Vohs et al., 2007: 285). 이처럼 감정은 매우 복합적인 성격을 가진다. 두 사전 모두 감정이 발현되는 과정도 매우 복합적임을 설명한다. 감정은 복합적인 상태인 만큼 행위자의 경험뿐만 아니라 경험에 대한 회상 등을 통해서도 발현되는 특징이 있다.

"Encyclopedia of Social Psychology"는 감정이 근원적 대상을 상정한다는 점에서 정서와 다르다고 설명한다. 이 지점에서 경계선에 놓인 심리적 상태(육체적 고통, 불안, 성욕, 지루함, 우울 등)도 감정의 범주로 포함해야 한다는 논의가 점차 힘을 받고 있다. 지금까지는 감정의 범주를 물샐틈없이 촘촘히 구분해왔던 경향이 있지만 실제로는 감정들 사이의 경계가 모호하다는 인식이 높아지면서 여러 심리적 상태의 조합으로 규정하려는 경향으로 변화하고 있다. 감정은 성격의 특성, 행위동기에 대한 느낌을 표현하는 개념이다. 감정은 행위자를 움직인다는 점에서 섭동적(perturbational, 攝動的: 작은 변화를 의미)인 측면을 가진다. 섭동이라는 개념은 인간이 지닌 감정의 주관적(감각을 느낀다는 점에서) 측면과 객관적(심리적 반응) 측면 사이에 이를 매개하는 신체적 동조(somatic accompaniments)를 제시하고 있다는 점에서 중요하다. 이 신체적 동조를 통해서 감정이 몸과 연결되는 기제를 이해할 수 있기 때문이다. 동시에 섭동은 행위자의 행위 동기나 이유가 되기도 한다. 이때 감정은 행위와 의식의 다양한 측면과 연결된다. 감정은 앞서 언급한 바와 같이 성격적 특징이나 행위동기, 이유, 원인이 되기도 하며 욕구, 지식, 믿음, 평가의 기제가 되기도 한다. 감정은 정서, 감각, 분위기 등과 달리 특정한 대상이 존재한다. 이때 감정의 대상과 원인을 잘 구분해야 한다. 예를 들어 '질투의 감정이 드는 것'과 '무엇에 대한 질투'는 다르다(Hacker, 2009).

감정은 구체적인 행위자의 경험에 대한 심리적인 반응의 총체로서, 구체적인 환경적 요인에서 기원한다. 이상의 논의를 종합했을 때 정서가 분위기, 감정 등 행위자의 정서적, 심리적 상태에 대한 개념들을 포괄하는 광의의 개념이라면, '분위기'는 행위자를 둘러싼 심리적 상황, 즉 대상을 특정하지 않은 정서적 상태를 의미한다고 볼 수 있고, 감정은 구체적인 심리적 반응상태를 지칭한다고 볼 수 있다(Manstead and Miles et al., 1995).

정서(정동)와 감정은 자주 혼용된다. 크라우제는 정동(affect)과 감정을 다음과 같이 구별한다. 분노, 슬픔, 기쁨 그리고 욕구, 혐오, 애착 등은 정동으로서 어떤 감정 상태나 신념으로 환원될 수 없다. 감정은 결정을 내리거나 행동을 가능하게 하는 동기적인 힘일 수도 있고 아닐 수도 있다. 즉, 감정은 항상 행동에 대해 지향성을 갖는 것은 아니다. 어떤 것을 해야 할 동기 없이도 나는 슬픔의 감정을 가질 수 있다. 반면 욕구나 혐오, 애착은 우리를 특정한 방향으로 행동하게 하는 동기적 힘을 가지고 있다. 그것들은 특정한 의지와 연관되어 있다. 즉, 세상이 어떻게 변해야 하는가에 대한 나름의 방식을 가진 마음 상태인 것이다(Krause, 2008: 7). 간단히 말해 크라우제에 의하면 감정이 동기적 의지나 애착, 욕구 없이도 존재하는 정적인 형태의 것이라면, 정동(정서)은 환경의 변화를 요구하는 특정한 방향성이나 지향성 등 적극적 의지를 가진 동기적 감정이라고 볼 수 있다는 것이다.

:: 느낌(Feelings)

여기에 '느낌(feeling)'이라는 용어가 가세함으로써 개념상의 중첩성과 혼란이 가중되고 있다. 간단히 논의를 소개해본다. '느낌(feeling)'이란 표현은 매우 복합적이다. 느낌에 대해 이해하기 위해서는 지각(perception)으로서의 느낌과 감각(sensation)으로서의 느낌을 구분할 필요가 있다. 지각은 대상의 온도, 촉감, 냄새 등을 감각기관을 통해서 느끼는 현상이다. 감각은 지각과는 달리 정확함이나 부정확함이라는 범주로 구분할 수 없다. 예를 들어 달궈진 뚝배기를 만졌을 때의 뜨거운 느낌은 지각이지만, 뜨거움에 의한 고통은 감각이다. 감정에 대한 사회심리학적 접근에서 주목하는 것은 감각으로서의 느낌이다. 감각으로서의 느낌은 감정론에서 가장 포괄적인 개념이다. 해커(P. M. S. Hacker)는 느낌을 정서(affection), 욕구(appetite), 감각(sensation), 촉각적 지각(tactile perception)으로 구분하고 정서를 다시 동요(agitation), 감정(emotion), 분위기(moods)로 구분한다(Hacker, 2009). 정서는 우리가 일반적으로 감정이라고 지칭하는 것들의 범주에 해당하지만, 이들 사이에도 일정한 차이가 존재한다. 동요는 예측하지 못한 상황에 대한 즉각적, 일시적인 '반응'이고 분위기는 이와 달리 상대적으로 오래 지속하는 '상태'이다. 이에 비해 감정은 행위의 동기가 되거나 특정한 성격적 특징을 지칭하는 기능을 하는 개념이다(Hacker, 2009).

다마지오(A. Damasio) 역시 느낌의 중요성을 강조한다. 느낌은 감정과 관련이 있기도 하고 그렇지 않기도 하다는 것이 그의 주장이다. 모든 감정은 느낌을 발생시키지만 모든 느낌이 감정으로부터 나오는 것은 아니다. 감정으로부터 발생하지 않는 것을 그는 배경 느낌(background feeling)이라 부른다. 느낌으로 신체의 변화가 일어남에 따라 인간은 그 변화를 알게 되고, 그 변화의 흐름을 계속 주시할 수 있게 된다. 관찰, 주시의 과정인 느낌은 인간의 몸이 수행하는 것의 경험으로서 특정한 몸 상태의 변화를 짧은 시간에 지각하는 것이다. 감정이 특정한 뇌 체계를 활성화하는 정신적 이미지와 관련된 일련의 신체상태의 변화라면, 감정을 느끼는 것은 그 순환을 시작하게 한 정신적 이미지와 함께 그러한 변화들을 경험하는 것이다. 느낌의 실체는 동시적으로 신경화학적 물질에 의해 유도된 인지과정의 변화인 것이다(다마지오, 1999). 느낌의 다양성은 주로 감정에 기초한 것으로, 가장 보편적인 것은 행복, 슬픔, 분노 그리고 환멸이며 신체가 이러한 감정에 순응할 때 기쁨, 슬픔, 분노, 두려움, 환멸을 '느낀다'. 우리가 일생에서 가장 흔하게 경험하는 것은 사실 감정이라기보다는 느낌이다(다마지오, 1999: 141).[15]

그러나 일상 언어에서 감정(emotion)과 느낌(feeling)을 의식적으로 구분하는 경우는 많지 않고, 학술적으로도 두 개념을 구분 지어 다룬 연구는 많지 않다. 감정과 감성(이구형, 1998), 정동(LeDoux, 2000; Russell, 2003), 분위기(Craig, 2002) 등을 구분하는 연구들은 존재하지만, 감정과 느낌을 직접 비교하고 대조하는 경우는 찾기 어렵다. 하지만 많은 경우 우리는 이미 감정과 느낌을 다른 방식으로 사용하고 있다. 인지과학 등 감정을 다루는 연구에서 감정과 느낌은 분명히 구분되는 개념으로 사용된다. 대체로 감정연구에서 '느낌'은 감정의 부산물로 다루어지는 경향이 있다. 일례로 느낌이란 감정에 의해 발생한 생리적 변화를 '느낀다'는 방식으로 사용한다. 감정이 외부의 자극으로 발생하는 '무엇에 대한 것'으로 밖을 향하는 개념이라면, 느낌은 내 안의 심리적 현상으로 감정에 의해 변화된 나의 심리적 상태를 의미한다. 감정과 달리 느낌은 방향성을 가지지 않는다. 감정연구에서 느낌이 핵심개념으로 사용되지 않는 이유는 이러한 감정과

---

15 다마지오는 『스피노자의 뇌』에서 느낌에 대해 더 많은 관심을 둔다. 고통과 쾌락, 그 사이에 존재하는 온갖 느낌들이 우리 마음의 토대를 이루고 있다는 것이다. 느낌은 생명체 내부의 생명의 상태를 드러내준다. 신체 전체의 활동은 신경 지도의 형태로 묘사되는데 스피노자에 주목하는 이유는 스피노자가 느낌이라는 절차를 감정의 원인이 되는 대상의 개념을 떠올리는 절차와 명확히 구분했고(즉, 기쁨과 기쁨을 일으키는 대상을 명확히 구분), 감정의 힘이 매우 강력하여 해로운 감정을 극복하기 위해서는 이보다 더 강력한 감정, 즉 이성이 촉발한 감정을 통해서만 가능하다고 보았기 때문이다. 감정은 오직 그보다 더 강력한 상반된 이성으로 인도된 감정으로만 억제되거나 중화될 수 있다는 것이다.

느낌의 개념상의 차이에서 비롯된다.

최근의 인지과학 및 심리학 분야의 감정연구에서 느낌은 감정에 의해 촉발된 부정적이거나 긍정적인 상태로 표현된다(Ochsner et al., 2002; Grewe et al., 2007; Krumhuber and Manstead, 2009; Shiota et al., 2011; 다마지오, 2007). 이들 연구에서 감정과 느낌을 이론적으로 구분하려는 시도는 나타나지 않는다. 느낌은 감정의 산물로 표현된다고 생각하기 때문이다.[16]

이처럼 감정과 감정 관련 용어상의 개념은 매우 다차원적이고 복잡하다. 럽턴(D. Lupton)은 주로 사회심리학 분야에서 감정, 느낌, 기분, 감각, 감성 등을 더욱 자세히 정의 내리려고 하지만 실상은 그 범주 간의 회색지대를 인지하지 못한 채 '조야한 환원주의'에 빠진다고 주장한다. 이러한 개념적 시도들은 추상적이고 개념적으로 유형화된 감정들이 실제로 광범위한 사회적 맥락 속에서 그 의미를 획득한다는 점을 간과한다. 감정의 변화성, 무형적인 속성뿐 아니라 감정이 변화하는 사회, 역사적 맥락과 뗄 수 없게 뒤얽혀 있다는 점은 감정을 정확하게 범주화하는 것이 불가능하다는 것을 말해준다(럽턴, 2016: 15).

그러므로 일군의 학자들은 감정을 '감정경험(Emotional experience)'으로 명명하자고 주장한다. 개별 감정들이 '조합으로서의 감정'이라는 방식으로 변화되는 과정에서 행위자의 경험이 중요한 요인이 되기 때문이다. 감정에 대한 이와 같은 새로운 경향성은 크게 세 가지 내용을 포함한다(Manstead and Miles et al., 1995). 첫째, 감정(emotion)을 구성하는 수많은 잠재요인은 서로 배타적이지 않다. 감정을 구성하는 중심적, 주변적 요소들은 일종의 규범화된 범주이지 절대적이거나 상호배제적인 경계를 두고 나뉘어 있는 것은 아니라는 것이다. 둘째, 감정의 원인에 대한 수많은 목록은 일종의 기만일 수 있다. 무엇이 특정한 감정의 원인

---

[16] 느낌은 감정의 결과(예: 나쁜 '기분'은 역겹다는 '감정'의 결과)로 보고 심리적인 측면을 강조하는 반면, 감정은 생리적 측면이 강조되는 경향이 있다(예: emotion은 타고난 본능과 연관된 편도체와 직결되고 feeling은 사고와 관련된 신피질과 연관된다). 느낌은 안으로 향하고, 감정은 밖을 향하는 경향이 있다는 것이다. 즉, 감정은 무엇에 대한 것이지만 느낌은 행위자가 느끼는 바 그 자체이다.

이라는 설명은 매우 불명확하다. 셋째, 감정보다도 '감정경험'에 초점을 맞출 필요가 있다. 감정에 대한 상세한 분류보다는 환경에 대한 반응, 즉 경험에 관한 연구에 초점을 맞추면서 감정과 행위자, 환경 사이의 관계에 대해 포괄적인 접근을 할 필요가 있다는 것이다.

이처럼 감정의 개념적 범주를 일반화하기 어려우므로 단일한 정의나 패러다임은 존재하지 않는다. 감정연구를 수행할 때 동물 실험이나 관찰 등을 통해서 얻을 수 있는 지식이 제한되는 것 역시 이러한 다양한 패러다임을 일반화하기 어렵기 때문이다. 특히 인간의 감정은 단지 심리적, 생리적 차원만이 아니라 인간의 삶을 구성하는 사회적, 문화적 맥락성과 깊게 연결되어 있기 때문이다. 필자는 정서(혹은 정동), 감정, 느낌, 분위기 등이 서로 밀접히 연계되어 있고, 개별 감정들이 실제 현실에서는 복합적으로 드러난다는 점에서 때로 '감정군(群)'이라는 용어를 사용할 것이다. 상황적 맥락에 따라 다소간의 차이를 보이는 개념을 선택적으로 사용할 수도 있겠지만, 특별한 경계를 두지 않고 '감정'으로 쓰고자 한다. 너스바움(Martha Nussbaum) 같은 학자는 감정이 어느 하나의 조작적 정의로 환원될 수 없으므로 차라리 '감정다움'이란 단어에 의존할 수밖에 없다고 주장하기도 한다(너스바움, 2015).

3. 감정의 유형: 얼마나 많은 감정이 존재하는가?

인간이 드러낼 수 있는 수많은 감정을 몇몇 특정한 언어범주로 유형화시킬 수 있는가? 이것이 가능한 일이며 또 필요한가? 실제로 감정은 강도와 속성에 따라 그리고 맥락에 따라 너무나 다양한 형태로 나타나고, 또한 중첩되어 드러난다. 감정을 표현하는 어휘나 용어 역시 문화적으로나 사회적으로 매우 다양하다. 예를 들어 '만족(satisfaction)'과 '행복(happiness)'은 같은 감정으로 여겨지기도 하고 차이 나는 감정으로 간주되기도 하며, '우울'은 '슬픔'의 범주로 묶이면서도 일반적인 것에 비해 '높은 강도의 슬픔'을 칭하기도 한다. '수치'라는 단어의 표현도 사회마다 '죄책감'과 '수치심'이 비슷하게 다루어지거나 다르게 사용되기도 하고, '혐오', '메스꺼움', '역겨움', '경멸', '모멸', '굴욕감' 등의 어휘도 내용상 차이가 있는 것 같으면서도 같게 사용되기도 한다. '불안'과 '두려움'도 마찬가지이다. '분노' 역시 '짜증', '화',[17] '격노', '진노', '대노', '분개', '공분' 등 다양한 유형으로 분화되어 있다. 어느 지점에서 서로를 구분할 수 있는가? 기존 연구자들 역시 이 점을 잘 알고 있음에도 불구하고, 몇몇 유형으로 감정의 범주화를 시도해오고 있다. 감정이 수면욕이나 식욕 같은 욕구나 고통, 정신적 욕망을 포함하는지에 따라 그 범위는 더욱 다양해질 수 있겠지만 불교에서는 이미 오래전부터 감정을 세세히 나누어 다루고 있었다.[18] 또한 유교의 성리학자들은 사단칠정론(四端七情論)을 통해 최소 일곱 개의 감정을 나누어 본 바 있다.[19] 흄은 비교적 간단하게 인간들의 기본적인 감정으로 쾌락과 고통을 제시한 후 기쁨, 자긍심 등의 하부 유형으로 나눈 바 있고, 부수적인 것으로 취급하기는 했으나 데카르트 역시 기본적인 여섯 가지의 감정을 언급한 바 있다. 최근 사회과학자들이 시도한 분류방식을 소개한다.

---

[17] '화(火)'는 '한(恨)'과 마찬가지로 한국의 문화적 맥락이 반영된 용어, 개념이기도 하다. '화'는 'anger'와 달리 'hwa'로 표기된다.

[18] 물론 오늘날의 관점에서 보면 감정과 비(非)감정이 혼재되어 있다고도 할 수 있다.

[19] 인의예지(仁義禮智)의 실마리를 이루는 측은지심(惻隱之心), 수오지심(羞惡之心), 사양지심(辭讓之心), 시비지심(是非之心)을 감정으로 볼 것인가, 아니면 독자적 영역으로 볼 것인가에 따른 논쟁이 16세기 조선 성리학자들 사이에 치열하게 전개되었다. 감정의 영역인 칠정(七情)은 희로애락구오욕(喜怒哀樂懼惡慾)인데 이율곡은 칠포사(七包四)라 하여 앞의 사단(四端)을 일곱 개의 감정에 포함되는 것으로 보았고, 이퇴계는 이를 각각 이(理)와 정(情)의 영역으로 구분하여 별개의 영역으로 보았다. 참고로 유영희(2009)를 볼 것. 유교가 7~11가지의 감정유형을 나누어 보았다면 불교는 더욱 복잡하다. 알다시피 불교는 시공간 개념은 물론 심성구조와 의식의 작용에 대해 복잡다단하고 정밀한 범주들을 제시했는데, 이 중에는 오늘날 우리가 감정의 영역으로 분류할 것들이 다수 포함되어 있다. 대표적으로 마음의 거처인 심소(心所) 중 염치, 자책감, 미워하지 않음, 열정 등이나 번뇌(煩惱)의 심소 가운데 3독이라 불리는 탐욕[貪], 성냄[瞋], 거만[癡]은 물론 그 부수적인 것으로 분노, 원한, 괴롭힘, 질투, 기만, 교만, 우울[惛沈] 등이다. 서광스님(2016)을 참조할 것.

원초적 감정(혹은 일차적 감정)과 이차적 감정의 분류

1차 감정(원초적 감정)

선도적으로 감정에 대한 사회학적 접근을 시도한 켐퍼(T. D. Kemper)는 주요 감정을 구분하는 기준을 다섯 가지로 제시한다(Kemper, 1987). 감정이 사회문화적 요인들에 의해 형성된다는 구성주의자들의 입장을 다소 비판적으로 바라보는 켐퍼는 구성주의와 실재론적 입장을 융합하려 노력하면서 많은 감정 중에서도 일차적 감정(혹은 원초적 감정)을 판별해내려고 노력했다. 그는 당시 학자들에 의해 제기되었던 감정에 대한 논의를 일곱 가지의 흐름으로 정리한 후[20] 이들에게서 공통으로 발견되는 감정을 추출한다. 이렇게 추출된 감정은 몇 가지 근거에 의해 원초적 감정이 될 수 있다고 주장했는데, 그 기준은 이들 감정이 진화론적인 가치를 가지고 있고 많은 문화에 걸쳐(cross-cultural) 보편적으로 나타나며, 존재-발생론적인(ontogenetic) 특징을 가지는 동시에 신체적으로나 사회적 관계에서 핵심적이라는 것이다. 이들 감정이 바로 '두려움', '분노', '우울', '만족'이다(FADS; Fear, Anger, Depression, Satisfaction).

이에 기초하여 다양한 상호작용과 사회화 등을 통해 이차적 감정들이 구성되는데 죄의식, 자긍심, 수치와 같은 감정이다. 예를 들어, 죄책감은 두려움이라는 1차 감정으로부터 발흥된다(Kemper, 1987). 부언하건대 켐퍼가 논의한 감정의 기준은 진화적으로 생존에 유의미한 감정으로서 발달과정의 초기에 나타나고, 얼굴을 통해서 공통으로 표현되고 이해될 수 있어야 하며, 독특한 반사적 반응이 나타나고, 모든 유형의 사회관계에서 나타나야 한다는 것이다. 특히 일부 학자들은 1차 감정이 몇 가지 특징적인 표정(facial expression)들을 갖는다는 데 주목하고 있다. 다른 감정과 구분되는 1차 감정의 특징들을 요약하면 [표 1]과 같다.

인간의 1차 감정을 진화론이나 생물학적, 신체적 요인으로 접근하려는 입장

---

20 진화론적 접근, 신경계적 접근, 정신분석학적 접근, 자율적 접근(autonomic approach), 얼굴표정 이론, 경험적 분류접근, 그리고 발달이론이다.

[표 1] 1차 감정 분류의 기준

연번	주요 감정의 공통 특징
1	다른 영장류에게서도 나타나는 주요 감정
2	명확히 구분되는 심리적 반응
3	명확히 구분되는 선행사건의 존재
4	자율신경계의 반사적 반응과 표현적 반응의 일관성이 나타남
5	즉각적인 촉발
6	짧은 발현 시간
7	자극에 대한 반사적 평가를 야기함
8	행위자에게 자신의 통제를 넘어서는 사건으로 경험됨

자료: Turner and Stets(2005: 12~13) 인용 및 재구성.

은 인간의 감정이 문화적 규범과 같은 사회적 요인에 의해 구성되는 측면을 간과하고 있다는 비판에 직면하기도 한다. 특히 자부심, 수치심, 죄책감, 향수, 비통함 등과 같은 감정들은 사회적 구성물로서의 측면이 강하다는 것이다. 물론 1차 감정을 구분한 연구자들 역시 인간의 감정이 문화적 규범에 따라 영향을 받는다는 점은 인정하지만, 이들 연구자는 감정의 진화적이고 생물학적인 측면이 여전히 핵심적인 요소라는 점을 강조한다. 즉, 이들은 모든 인간에게는 공통된 감정이 존재하고, 이러한 공통감정의 조합 속에서 2차 감정이 형성된다는 주장을 펼치면서 인간의 생물학적 토대가 공통된 1차 감정이라는 전제를 하고 있다. 터너(J. Turner)와 스테츠(J. E. Stets) 역시 기본적으로 켐퍼의 분류를 수용하면서 보다 다양한 감정의 내용을 범주화하고 있다. 터너는 일차적 감정을 '만족-행복', '혐오-두려움', '공격(assertion)-두려움', '실망(disappointment)-슬픔'의 영역 범주로 나누고, 이를 강도에 따라 보다 다양하게 분류한다. 예컨대 '혐오-두려움'의 일차적 감정이 높은 강도로 나타나는 감정은 테러, 공포, 높은 수준의 걱정 등이고 중간 단계의 강도는 걱정, 긴장, 패닉, 의구심, 불안 등이며 낮은 강도에는 거리낌, 머뭇거림, 수줍음 등이 있다(Turner and Stets, 2007: 16의 표를 참조할 것).

그들의 논의를 좀 더 상세히 들여다보자. 감정을 표현하고 해석하는 방법은 문화에 따라 매우 다양하다. 하지만 우리가 다른 문화권에 가더라도 그곳에 사는 사람들의 표정, 말투 등을 통해서 감정을 유추하는 것이 그다지 어려운 일은 아닙니다. 그들은 다양한 감정들이 몇 가지 공통감정(universal emotion)에서 출발할 것이라는 가정을 던지고 있다. 찰스 다윈(Charles Darwin)이 이미 오래전 여러 동물들의 감정표현의 공통점을 관찰했지만, 본격적으로 공통감정에 관한 연구가 이루어지기 시작한 것은 1970년대 이후이다. 감정에 대한 진화심리학적 접근과 인지론적 접근이 활발히 이루어지는 과정에서 공통감정은 크게 1차 감정(primary emotion)과 2차 감정(secondary emotion)으로 구분된다는 이론이 등장한다. 이들 이론에 따르면 1차 감정은 인간이 공통으로 공유하는 감정으로서 기초 감정(basic emotion)이나 근본 감정(fundamental emotion)으로 불리기도 한다. 1차 감정은 다른 다양한 감정들이 파생될 수 있는 핵심적 토대를 구축하는 역할을 한다. 종(種)으로서의 인간이 공통으로 공유하는 감정인 만큼 1차 감정은 신경생리적 특성과 강하게 연관되어 있다. 다양한 1차 감정에 관한 연구들이 공통으로 꼽고 있는 행복, 공포, 분노, 슬픔의 감정은 인간뿐만 아니라 유사한 신경생리적 체계를 가지고 있는 영장류 등의 포유류에서도 나타난다.[21]

2차 감정: 1차 감정의 조합과 연장

켐퍼는 2차 감정이 1차 감정과 비교하면 사회적인 맥락에 의해 규정되는 특징이 있다는 점을 지적한다. 그렇다고 그가 2차 감정이 오롯이 사회화의 산물이라고 주장하는 것은 아니다(Kemper, 1987). 2차 감정이 사회화의 영향을 받는 것은 맞지만, "반드시 하나 이상의 1차 감정을 경험했다는 맥락성"이 필요하다는 것이다(Kemper, 1987: 276). 여기서 인간의 주요 감정인 1차 감정과 부수적 감정인 2차, 3차 감정 등을 구분하는 기준이 나타난다. 1차 감정은 인간의 반사

---

21 플럿칙(R. Plutchik)은 기능주의 입장에서 감정은 보호, 파괴, 재생산 등 기본적인 적응적 반응으로부터 진화한다고 말한다. 그는 자극을 인지한 후 발생하는 감정과 행위반응 그리고 그 결과의 측면을 고려하면서(예컨대 위험이라는 자극에 위험을 인지하고 두려움을 느끼며 달아남으로써 자신을 보호한다), 8가지의 유형으로 감정체계를 분류한다. 기본감정은 서로 상반되는 위치에 놓여 있는데 예를 들어 분노와 두려움은 공격과 달아남이라는 행위반응 효과의 측면에서 서로 대칭적이며, 기쁨과 슬픔은 소유와 상실이라는 측면에서 서로 대칭적이다(Plutchik, 1980).

[표 2] 1차 감정의 조합과 2차 감정

1차 감정	2차 감정
공포+우울	불안(anxiety)
공포+분노	증오(hate), 질투(jealousy), 시기(envy)
공포+행복	경탄(wonder), 경외(awe), 희망(hope), 수줍음(shyness)
분노+행복	복수심(vengeance), 우월감(snobbery), 경멸(contempt), 고소함(schadenfreude)
우울+행복	향수(nostalgia), 동경(yearning)
공포+분노	비탄(grief)

자료: Kemper(1987: 283) 인용 및 재구성.

적인 생리적 반응으로 촉발된다. 1차 감정이 드러나는 표정은 종(種)으로서의 인간들이 공유하는 생리적 기제에 의해 발현되기 때문에 누구에게나 공통된 방식으로 나타난다. 반면 1차 감정의 조합, 연장으로 발생하는 2차 감정과 같은 부수적 감정은 사회화를 통해 구성된다. 1차 감정의 조합, 연장과 사회화라는 설명이 추가된 것은 2차 감정이 1차 감정과 같은 신경생리적 반사에 의해서만 표현되지 않기 때문이다. 1차 감정의 조합, 연장이라는 점에서 2차 감정은 여전히 신경생리적인 반사적 속성을 가지지만, 동시에 1차 감정이 조합되는 방식과 각각의 감정을 명명하는 방식은 사회적 맥락에 의해 결정된다. 예를 들어, 죄책감과 같은 2차 감정은 공포의 연장선에 있는 감정이다. 하지만 공포가 유아의 발달단계 초기에 나타나는 반면, 죄책감은 후기에 나타나기 시작한다. 이렇게 볼 때 2차 감정은 일정 부분 반사적인 생리적 속성을 포함하지만 사회적 맥락에 의해 구성된다는 것을 알 수 있다. 2차 감정을 이해하기 위해서는 "경험적이고 논리적이며 동시에 생물학적이고 사회구성적인 요소들을 이해"해야 한다는 것이다(Kemper, 1987: 276).

2차 감정을 끌어내는 1차 감정들의 관계는 단순한 우열관계로 파악하기 어렵다. 1차 감정들은 상호 간에 동등하게 연결되기도 하며, 때로는 특정한 1차 감정이 강조되기도 하는데, 2차 감정이 다양하게 나타나는 것은 이러한 1차 감정들의 연장과 조합의 정도에 따라 달라지기 때문이다. 켐퍼는 1차 감정의 연장, 조합에 따른 2차 감정의 유형을 [표 2]와 같이 제안한다(Kemper, 1987). 감정을 주요 감정, 부수적 감정으로 분류했던 플럿칙 역시 인간이 공통으로 드러내는 주요 감정의 다양한 조합이 2차, 3차 감정으로 분화된다고 보고 있다(Plutchik, 1987). 기본감정을 제외한다면 감정의 유형은 행위자가 속한 사회가 감정적으로 얼마나 분화되어 있는지에 달렸다는 것이 켐퍼의 관점이다(Kemper, 1987). 예를 들어, 감정에 대해 억압적이거나 무딘 사회는 그렇지 않은 사회와 비교해 볼 때 더 단순한 유형의 감정만이 존재하리라는 것이다.

    1차 감정과 2차 감정에 대한 구분은 다마지오 같은 학자들에게도 그대로 차용된다. 다마지오는 감정을 배경감정과 일차적 감정 그리고 사회적 감정으로 분류하고 일차적 감정은 두려움, 분노, 혐오, 슬픔, 놀람, 행복 등인데 인간이 아닌 다른 종의 동물에게도 발견된다고 말한다. 사회적 감정은 동정, 당혹감, 수치, 가책, 긍지, 질투, 부러움, 감사, 동경, 분노, 경멸 등과 같은 감정으로서 일차적 감정과 더불어 다양한 요소들이 조합된 유형인데, 이러한 사회적 감정은 생물의 뇌에 깊이 뿌리를 내리고 있다가 적절한 상황을 맞닥뜨리게 될 때 외부적으로 표출되어 전개된다.

제2장

감정에 대한 다양한 접근들

　감정의 유형이 다양한 만큼이나 이에 대한 접근 역시 매우 다양하게 이루어지고 있다. 감정이 본능적으로 주어진 것인가, 혹은 환경에 대한 적응과 반응 과정을 통해 진화한 것인가? 신체적이며 뇌 혹은 자율신경의 통제를 받는가? 감정은 사회문화적으로 '구성'되는 것인가, 인간의 상호작용을 통해 형성되는 것인가? 감정은 무의식적인 욕망의 움직임으로부터 표출되는 것인가? 등 다양한 질문들과 이에 대한 접근들이 존재한다. 어떤 논의들은 서로 상반된 입장으로 부딪히는가 하면 어떤 논의들은 종합과 수렴의 가능성을 보이기도 한다. 필자는 기존 논의에 기대면서 일단 감정에 대한 다양한 접근을 사회생물학적, 심리학적, 정신분석학적, 사회학적, 문화론적 논의로 대별한 후 그 내용을 정리해보기로 하겠다.

1. 사회생물학적 접근

얼굴표정과 감정연구

다윈은 감정이 인간의 생존을 위한 본능적인 기질로서 진화론적인 발현물이라고 본다. 다윈은 그의『인간과 동물의 감정 표현』에서 얼굴표정이 감정을 드러내는 매우 복잡한 기제의 일부이며 신체의 다양한 요소들이 복합적으로 작동하는 과정에서 나타난다고 주장한다. 감정은 환경에 적응하기 위한 인간의 신체변화와 연관되어 있다는 것이다. 다윈은 인간 신체변화를 드러내는 얼굴표정과 감정의 관계를 매우 체계적으로 분석했고, 그의 분석은 오늘날 진화심리학의 기초를 이루고 있다. 예컨대 다음과 같은 다윈의 저술 속에 나타나는 구절들을 참조해보자.

혐오감은 음식을 먹거나 맛보는 것과 관련이 있기 때문에 그 표정이 입 주변의 움직임으로 표출되는 것은 자연스러워 보인다. 그러나 혐오감은 괴로움도 유발하기 때문에 그 원인을 밀어내거나 그것으로부터 자신을 보호하려는 듯한 몸짓이나 찌푸린 얼굴표정이 등장할 수 있다(다윈, 2014: 286).

극도의 혐오감이 엄습하면 욕지기를 할 때와 같은 행동이 나타난다. 윗입술을 강하게 수축한 채 입을 크게 벌리기 때문에 코 주위에 주름이 생기고 아랫입술이 불거져 나오며 최대로 뒤집어진다. 이런 움직임은 입꼬리를 아래로 잡아당기는 근육의 수축에 의존한다(다윈, 2014: 287).

감정이란 기본적으로 환경에 대한 적응의 반응이며, 같은 종 내에서는 근원적인 유사점을 갖고 있다. 이것을 기본감정(fundamental emotion)이라고 한다. 세부적인 감정은 기본감정이 상황에 대한 반응에 따라 조합되는 과정에서 발생한다. 이러한 기본감정이 있으므로 우리는 전혀 모르는 사람의 얼굴표정을 보고도 감정을 유추할 수 있다. 다윈주의적 관점은 많은 비판을 받고 있지만, 다원이 강조했던 얼굴표정 분류에 의한 감정 유형화 작업은 오늘날에도 여전히 많은 연구에서 활용되고 있다(Cornelius, 2000). 표정에 의한 감정이론에 대해 마쓰모토(D. Matsumoto) 등이 정리한 내용을 좀 더 살펴보기로 하자. 표정은 감정을 표현하고 이해할 수 있는 핵심적인 신호이다. 우리는 상대방의 표정을 보고 그 사람의 감정을 이해할 수 있으며 우리의 표정을 통해 감정을 드러내기도 한다. 20세기 감정연구의 주요 전통 중 하나인 다윈주의적 패러다임은 감정은 생물학적인 진화적 적응의 산물로서 정보를 내포한다고 주장한다. 즉, 표정이 감정의 정보로 나타나는 것이다.

다윈주의에 근거한 진화론적 패러다임은 감정에 대한 몇 가지 원리를 포함하고 있다. 첫째, 동일한 종 내에서는 감정의 보편적인 표정이 나타난다. 둘째, 표정은 주관적 경험과 연결된다. 셋째, 감정적 반응과 일관된 특징이 있다. 넷째, 보편적으로 판별할 수 있지만, 동시에 분명히 구분할 수 있다. 다섯째, 중요한 사회적인 기능을 수행한다(Matsumoto et al., 2008: 212). 다섯 가지 공리는 인간이라는 종(種)의 얼굴을 통해서 표현되는 감정이 보편성을 담지하고 있음을 전제한다. 상이한 문화권에 살고 있는 사람이라도 인간의 공통감정을 나타내는 몇 가지 표정을 볼 경우 서로 큰 어려움 없이 이해할 수 있다.[1] 다윈이 인간과 동물의 표정과 감정의 관계에 주목한 이후 다윈주의와 진화생물학은 동일한 종 내에서의 표정이 드러내는 감정의 일관성, 유사성, 보편성에 대한 경험적 연구를 지속적으로 수행했다. 다윈이 감정을 드러내는 얼굴표정과 인식의 보편성에 대해서 조사를 시작한 이후 이를 검증하기 위한 연구가 지속되었다. 이와 관련된 초기의 연구는 에크먼(P. Ekman)과 이자드(C. E. Izard)에 의해 이루어진다. 이들은 보편적으로 인식할 수 있는 감정을 분노, 역겨움, 공포, 행복, 슬픔, 놀람의 여섯 가지로 유형화한 뒤 표정연구를 실시했다(Ekman, 1973; Izard, 1971). 최

---

[1] 예컨대 "지금까지 우리는 모욕, 멸시, 경멸 혹은 혐오의 감정이 다양한 양상으로 표출될 수 있음을 보았다. 그것은 세계적으로 보편적인 것처럼 보인다. 이런 몸짓이나 동작은 우리가 싫어하거나 두려워하는 뭔가를 제거하거나 거부하는 형태로 표현된다. 그러나 이 감정은 분노 혹은 공포로 발전하는 것 같지는 않다. 습관의 원칙과 상호 연관성의 원칙이 여기에도 적용된다"(다윈, 2014: 291).

근에는 인간의 표정뿐만 아니라 영장류의 표정을 유형화하는 등 표정과 감정 사이의 관계에 대한 폭넓은 연구가 진행되고 있다.

표정과 감정은 세 가지 측면에서 사회적 역할을 수행한다(Keltner, 2003). 첫째, 표정은 그것을 표현하는 사람의 감정, 의도, 관계에 대한 정보를 제공한다. 둘째, 표정은 다른 사람의 감정을 유발한다. 셋째, 사회적 상호작용을 조율하고 의도를 파악함으로써 이득을 얻을 수 있다. 얼굴을 통해 드러나는 감정을 정확하게 파악할수록 다양한 사회적 상황 속에서 유리한 위치를 선점할 수 있다. 연구자들은 공통적인 기본감정 외에도 미묘하고 섬세한 감정과 얼굴표현들의 미시적 차원의 관계들로 연구영역을 확대하고 있다.[2]

최근에는 얼굴에 의한 감정표현이 심혈관계뿐만 아니라 신경내분비적으로도 연관되어 있음을 보여주는 연구들이 진행되고 있다. 이 외에도 얼굴로 드러나는 감정표현은 호르몬과 관련되어 있기도 하다. 예를 들어, 공포를 느낄 때 코르티솔(cortisol) 수치가 올라가며 심혈관계가 수축하지만 분노와 역겨움을 느끼는 상황에서는 코르티솔 수치가 내려간다(Mastsumoto et al., 2008).

뇌과학과 감정연구

인간의 감정이 인식되는 방식에 관한 연구는 뇌과학과 영상의학의 발달과 함께 빠르게 성장하고 있다. 뇌파계(electroencephalographic)와 뇌 영상(brain imaging)을 활용한 연구들은 뇌의 활동을 통해서 감정을 분류할 수 있음을 밝혀내고 있다(Matsumoto et al., 2008). 뇌가 타인의 표정을 통해서 감정을 인식할 때, 표정의 종류에 따라 뇌의 다양한 영역들이 복합적으로 활성화된다. 예를 들어, 타자가 공포를 느꼈을 때의 표정을 볼 때 뇌는 좌측편도가 활성화되며, 분노한 표정을 볼 때는 우측 안와전두피질(orbitofrontal cortex)과 대상 피질(cingulate cortex)이 활성화된다. 최근 인체 과학의 발달, 특히 뇌에 관한 연구의 확장에 힘

---

2 Matsumoto et al.(2008) 외에 이와 연관된 연구들로 Ekman(1973), Izard(1978), Keltner(2003) 등을 참조할 것.

입어 감정과 뇌에 대한 관련 연구들이 크게 주목을 받고 있다. 『데카르트의 오류』와 『스피노자의 뇌』를 출간한 다마지오의 연구가 대표적이다. 그는 정신(혹은 의식, 영혼)과 신체를 이원론적으로 분리한 채 의식의 성찰성을 강조한 데카르트를 과감하게 공격한다. 성찰을 통해 나의 본질을 생각하는 의식은 어떤 장소나 물질성을 요구하지 않으며 육체가 없다 해도 존재한다고 말한 데카르트가 중차대한 오류를 범하고 있다는 것이다. 데카르트의 "나는 생각한다, 고로 존재한다"라는 명제는 이성, 도덕적 판단 그리고 감정적인 격랑으로부터 오는 고통이 육체와 분리되어 존재한다는 암시를 던지고 있는데, 특히 가장 정교하게 작동하는 "마음(영혼, 정신, 의식)이 유기적 생물체의 구조와 분리되어 있다는 생각은 아주 치명적인 데카르트의 오류라는 것"이다(다마지오, 1999: 229).[3]

다마지오의 주장을 한마디로 요약하자면, 감정은 뇌 구조의 반응으로서 호르몬과 신체상의 변화 그리고 이에 따른 '느낌'의 관점에서 이해해야 한다는 것이다. 즉, 감정은 신체화된 것으로 신체와 분리되어 설명될 수 없고, 그것의 중심에는 '뇌'의 활동이 존재한다.[4] "사랑과 미움과 고통, 친절함과 잔인함의 본질, 과학적 문제 혹은……계획적 해결 등이 모두 뇌 안에서 일어나는 신경현상에 근거한다. 뇌는 신체와 상호작용해왔고 지금도 그러하다. 혼은 신체를 통하여 숨을 쉬고, 고통은 그것의 시작이 피부든지 혹은 마음의 형상이든지 간에 육체에서 일어난다"(다마지오, 1999: 6).

그는 행동주의 감정론자로 알려진 제임스(William James)가 시대를 앞서 감정과 느낌을 이해하는 데 필수적인 신체적 기전을 파악했다고 말한다. 다마지오

---

[3] "수학, 기하학, 자연학 등의 질서처럼 명석한 정신의 판단이 아니라면 무엇이 진리를 말할 수 있는가? 내가 생각한다는 회의가 가능하기 위해서는 나의 존재가 전제되어야 한다"(데카르트, 『방법론 서설』). 필자가 보기에 다마지오는 데카르트를 좀 오해한 듯하다. 영혼이 신체 없이도 존재한다는 데카르트의 말은 영혼의 정신적 작용이 신체와 상관없이 작동할 수 있다는 의미로 해석되어야 한다. 데카르트는 신체와 정신의 상호성과, 흥미롭게도 특히 뇌의 주요한 역할을 주장한 바 있다. 오히려 필자가 보기에 다마지오의 사상에 초석을 놓아준 것이 아닐까 싶다.
[4] 다마지오는 뇌를 손상당한 사람이 어떤 특정한 반응, 예컨대 기억상실, 판단 장애, 폭력 성향 등을 보이게 된다는 임상학적 결과를 예로 든다. 예컨대 전(前)전두엽의 손상을 입은 환자 피니아스 게이지(Phineas Gage)의 사례를 소개하고 있다.

는 제임스의 다음과 같은 말을 인용한다. "빨라진 심장박동이나 얕은 호흡, 떨리는 입술이나 사지, 또 닭살이 돋거나 내장이 떨리는 것과 같은 신체적 증상 없이 공포의 감정이 발생한다는 것은 불가능하다. 가슴이 끓어오르지 않고, 얼굴이 벌게지지 않으며, 콧구멍이 벌름거리지 않고, 이를 악물지 않고, 또 격렬한 행위의 충동 없는 분노의 상태를 상상한다는 것이 말이 되는가? 이완된 근육, 고요한 숨, 그리고 편안한 얼굴을 상상할 수 있겠는가?"(다마지오, 1999: 123에서 재인용).[5]

다마지오 역시 다른 감정연구자들처럼 일차적 감정과 이차적 감정을 구분하는데, 이들을 각각 뇌의 변화에 연결 지어 설명한다. 인간은 미리 조직된 형태의 감정을 가지고 외부상황에 반응하게끔 되어 있는데, 예를 들어 공포의 감정이 대표적이다. 크기나 폭, 동작 형태(파충류의 움직임), 특정한 소리(으르렁거리는 소리), 몸 상태의 유형(통증) 등과 같은 특성들은 개별적으로 또는 조합적으로 뇌 변연계의 구성요소인 편도에 의해 감지되고, 이어 편도의 신경핵은 공포감정의 특징을 나타내는 신체 상태를 촉발함으로써 공포상태에 맞는 방식으로 인지과정을 변형시킨다는 것이다. 일차적 감정을 토대로 해서 2차 감정이 발생하는데 2차 감정은 전(前)전두엽과 체감각피질의 기능을 필요로 한다. 즉, 2차 감정은 어떤 상황을 의식적으로 사려 깊게 생각하는 경향이나 이미지에 대한 인지적 평가와 연관되어 있고, 이러한 이미지에 대한 전전두엽의 반응은 개인의 경험에 따라 기질적 표상으로부터 나오는데, 후천적 기질 표상들이 구체화하는 것은 바로 인간의 생애 경험이다.

인간 신체의 화학적 항상성(恒常性)과 생명조절 현상은 언제나 직간접적으로 생물의 존재 및 건강과 관련되어 있고, 환경에 적응하기 위한 신체 반응은 뇌 지도에 변화를 일으키며, 이 뇌 지도의 변화가 '느낌'을 일으키게 한다. 한편 다마지오가 지적한 대로 이차적 사회적 감정이라 할 수 있는 사유적 감정, 예컨대 연대의 감정, 연민, 배려 등도 뇌의 기능과 밀접한 연관을 맺고 있다. 이러한 감정

---

5 다만 다마지오는 제임스가 신체에 관련된 과정에만 관심을 두고 인지와 행위 차원에서 감정의 역할에 관해 이야기하지 않았다고 본다.

은 "사회적 상호작용의 친애, 후원 행위들에 의해 활성화된 뇌화학 기제들에 뿌리박고 있는데, 관련 화학물질들은 옥시토신, 프롤랙틴, 그리고 엔도르핀과 같은 내생적 오피니아 계통으로, 뇌의 오피오이드와 옥시토신 회로는 도와주기, 쓰다듬어주기, 옷매무새 만져주기, 털 다듬어주기, 놀아주기, 성교 등 다양한 친(親)사회적 활동으로 활성화된다. 이렇게 해서 이루어지는 뇌 안의 신경화학적 변화들은 어린이들의 경우 안심감을, 성인들의 경우 양육 행동과 성행위, 사랑과 같은 사회적 감정을 촉진한다. 뇌 변화를 인위적으로 일으켜도 동일한 효과가 발생한다. 환원하면 진화는 양육이나 개인적 학습의 '변덕'에 의존하는 것이 아닙니다(Panksepp, 2005; 황태연, 2014: 384에서 재인용).[6] 뇌 기능의 이상으로 정상적인 화학적 호르몬 분비가 이루어지지 않으면 타인의 감정을 공감하지 못하는 소시오패스 경향이나 자폐증이 발생할 수 있다. 사회적 유대를 불러일으키는 유대감이나 신뢰감, 가족의 가치에 대한 감정(의미, 태도), 나아가 전 인류 및 종에 대한 보편적 이타주의도 뇌의 양육 회로와 연관이 깊다는 것이다. 이러한 논의를 바탕으로 『공감과 도덕감정의 해석학』의 저자인 황태연은 뇌의 활성화에 따른 호르몬의 분비가 개인적 감정뿐 아니라 사회적 감정의 형성, 특히 타자에 대한 공감과 연대에 중요한 역할을 하고 있음을 주장한다. 우리는 유전자적 노력을 많이 투자한 사람들(자식들)이나 우리의 성장과 발전을 도운 사람들(부모, 친척, 친구)을 잃었을 때 가장 많이 슬퍼하는데, 이는 포유류에 일찍이 진화한 뇌 내 감정체계로부터 생겨난다. 이러한 슬픔을 분리고통, 공황회로라 부른다. 모든 포유류는 어미를 향한 애착이 존재하는데, 동물의 새끼가 사회적 배려나 유대로부터 분리될 때 불안, 두려움, 뇌의 공황이 발생한다. 사회적 유대형성과 관련된 화학물질은 군생성(gregariousness)과도 밀접하게 연관되어 있어, 오피오이드와 같은 신경화학물질들은 군생성과 사회적 보상을 조절하는 데 중요하다. 오피오이드의 증가는 군생성을 감소시키고, 오피오이드의 감소는 군생(群生)에

---

[6] 판크세프(Jaak Panksepp)는 자신의 연구분야를 정서적 신경과학(affective neuroscience)으로 정의하고 인간과 포유동물의 뇌의 작용과 감정의 관계를 다룬다. 그의 저서 3부가 사회적 감정에 관한 것인데 남녀 간 사랑, 유착, 외로움, 자아에 관해 논의하고 있다(Panksepp, 2005).

대한 욕구를 증가시킨다(황태연, 2014: 394).[7]

다양한 생물학적 요인 중에서도 '뇌'의 역할은 감정분출(혹은 통제)을 일으키거나 억제하는 핵심적인 요인이다. 생물학적 관점에서의 감정은 신체적 변화의 산물로서, 주변 환경의 무엇을 인지했을 때 보이는 본능적인 반응, 즉 즉각적인 신경 시스템과 관련되어 있다.[8] 감정은 네 가지 신체 시스템으로 구성되는데 자율신경계, 뇌전달체계(neurotransmitter), 뇌활성화계(neuroactive system), 그리고 광범위한 호르몬 분비계, 근골격계(musculorskeletal system) 등이다. 뇌 과학자들은 감정과 관련된 뇌의 영역을 크게 두뇌피질(신피질, neocortical)과 하부피질(subcortical)로 나눈다.[9] 하부피질의 편도체는 두려움과 분노와 같은 감정의 산실로 크게 주목을 받아오고 있다(Turner and Stets, 2005: 6~7).[10] 아무리 사회학자들이 감정의 사회문화적 요소를 강조한다 하더라도 감정이 단순히 사회문화적인 요소에 의해 형성되거나 반응하는 것은 아니다.

사회, 문화에 선행하는 감각 자극과 감정 발현[11] 과정을 조금만 더 자세히 살펴보기로 하자. 모든 감각적 자극(오감)은 시상(thalamus)으로 먼저 전해지고, 시상의 각 영역은 각기 다른 유형의 자극을 처리하여 두 가지 신호를 내보낸다. 즉, 피질하 영역으로 보내는 신호(후각망울=후각)와 신피질 영역으로 보내는 신호(후두엽=시각, 측두엽=청각, 두정엽=촉각)인데, 피질하 영역이 신피질보다 먼저

---

[7] 동물들은 약간의 아편만 맞아도 오피오이드가 증가하여 홀로 있으려 하며 개는 꼬리 흔들기를 줄인다고 한다.
[8] 물론 대부분 사회학자는 이러한 생물학적 견해의 수용을 주저하는 것 같다.
[9] 신피질 영역은 상대적으로 진화과정의 후기에 나타나는 영역이고 하부피질 영역은 대다수의 진화한 동물들에게서 나타나는 영역이다.
[10] 감정의 유형과 두뇌의 발현 기제와의 연관성을 좀 더 상세히 기술해보자. 편도체(amygdala)는 원초적이고 가장 오래된 감정적 반응, 기쁨, 공포, 분노를 일으키는 영역이고, 전방대상피질(anterior cingulated cortex)은 행복, 동정심과 같은 타인의 고통에 대한 반응의 감정을, 후방대상피질(posterior cingulated cortex)은 슬픔과 연관된 감정들―호르몬 영향이 크다―을, 편도체에서 전전두엽(prefrontal cortex)에 이르는 피질하 영역은 신피질의 앞쪽에 위치하는데, 이 영역은 이성적 사고와 같이 감정의 계획, 통제를 담당한다. 이 중에서도 인간의 편도체는 이러한 감정을 발생시키는 신경계의 '신경학적 스위치' 역할을 한다(Turner and Stets, 2005: 4~7).
[11] 이 부분은 터너와 스테츠의 *The Sociology of Emotions*(2005), pp.4~7을 정리한 것이다.

[표 3] 감정에 따른 표정, 자율신경계, 뇌 활성화

감정	변화유형	생리적 변화	자율신경계 활동	표정 변화(다원)	뇌 활성화 영역
분노	색상	빨개짐	혈관 확장	콧구멍이 올라감, 입 모양이 압축됨, 이마의 주름, 눈을 크게 뜸, 고개를 올림	우측 안와전두피질 (right orbitofrontal cortex), 대상피질 (cingulate cortex)
	분비물	침 흘림	침샘		
	돌출	털 세움	모낭의 근섬유		
	눈 모양	수축	동공		
		돌출	눈꺼풀 근육		
역겨움	분비물	침 흘림	침샘	아랫입술이 내려감, 윗입술이 올라감, 한숨, 입이 열림, 침뱉음, 숨을 내쉼, 입술이 돌출, 헛기침 소리, 아랫입술과 혀가 돌출	대뇌 기저핵 (basal ganglia), 앞뇌섬 (anterior insula), 전두엽 (frontal lobe)
공포	색상	창백해짐	혈관수축	눈을 크게 뜸, 입을 벌림, 입술을 오므림, 눈썹이 올라감	좌측편도 (left amygdala), 우측 전전두엽 (right prefrontal cortex)
		땀 흘림	땀샘		
	돌출	털 세움	모낭의 근섬유		
	눈 모양	확장	동공		
		돌출	눈꺼풀 근육		
행복	눈 모양	반짝거림	눈물샘, 눈둘레근 수축	눈이 반짝거림, 눈 아래의 주름, 입가가 올라감	두부(scalp region)의 다양한 부위(frontal, midfrontal, anterior temporal, central anterior)
슬픔	분비물	눈물, 울음	눈물샘	입가가 축 처짐, 눈썹 안쪽 가장자리가 올라감	좌측 편도체 (left amygdala), 우측 측두엽(right temporal lobe)
당황	색상	붉어짐	혈관 확장	눈썹이 올라감, 입을 벌림, 눈이 커짐, 입술이 돌출됨	

자료: Mastumoto et al.(2008: 213, 220~224) 인용 및 재구성.

활성화되는 것으로 보고되고 있다. 예를 들어, 뱀을 본다(자극)→공포(감정)→반응을 보일 때 내가 본 것이 뱀이라는 것을 의식하기 전에 이미 자율신경계가 작동하여 심박동이 급격하게 증가하고 근골격계가 작동해서 몸을 움직인다는 것이다. '공포' 감정의 경우 피질하 영역의 공포 중추인 편도체를 통해서 활성화된다. 따라서 우리가 감정에 문화적 이름을 붙이는 것은 이미 감정이 신체를 통해서 발현된 직후이다. 즉, 감정의 발현은 사회에 선행한다. 이상으로 사회생물학적인 감정연구, 즉 얼굴표정과 신경계, 뇌와 호르몬의 반응 등에 대한 연구들의 내용을 [표 3]과 같이 제시해보고자 한다.

이러한 진화생물학적, 뇌과학적 감정연구를 사회학자들은 어떻게 바라볼까? 터너는 사회학자들이 다소 머뭇거리는 경향이 있지만 감정연구에서 생물학적 요소를 고려할 수밖에 없다고 주장한다. 감정발흥에는 너무나 분명히 생물학적 요인이 개입되어 있기 때문이다. 따라서 인간의 행동은 문화나 사회구조 등에 의해서만 설명될 수 없는 하드웨어적인 신체적, 생물학적 속성을 가지고 있다. 게다가 문화적 규범이나 언어 등이 탑재된 두뇌피질, 감정이 발생하는 뇌하수체 등의 복잡한 상호작용 때문에 감정이 발생한다. 특히 뇌과학의 발달로 인해 감정, 인지, 판단, 기억 등 다양한 정신적 활동들이 두뇌활동과 연관되어 있다는 것이 실증적으로 밝혀지면서 최근 사회학에서도 생물학적 감정론과 사회문화론적 구성론의 융합을 모색하고 있다(Kemper, 1990; Turner, 2000).

2. 심리학적 접근

감정이 환경의 변화에 적응하기 위한 진화적인 신체변화의 산물이라는 다윈의 견해는 인간이 자신을 어떻게 이해할 것인가에 대한 심리학적 연구로 이어졌다. 일군의 사회심리학자나 행동심리학자들은 인간은 신체적 감각에 준거하여 상황에 관한 판단과 평가를 하고 감정적 반응을 보인다고 주장하는데, 이런 주장은 감정에 대한 신체의 선행성을 강조한 제임스의 심리학의 원리에 기반을 두고 있다. 앞서 말한 바와 같이 제임스는 현상에 대한 지각을 통해서 신체적 변화가 야기되듯, 우리의 신체적 변화 때문에 감정이 출현한다는 명제를 제시한다. 이 명제에 따르면 감정은 신체적 변화에 뒤따르는 일종의 결과라는 것이다. 제임스는 감정에 대한 신체의 우선성을 강조하고, 자극에 대한 적응적 반응으로서의 감정을 전제한다는 점에서 다윈을 따르기도 하지만, 감정의 표현(expression)을 중시했던 다윈에 비해 감정의 경험성(experience)을 우선시한다.[12]

감정을 환경에 대한 자동적인 반응이라고 정의한 감정의 경험성은 제임스의 감정 이론에서 중요한 위치를 차지한다. 감정을 환경에 적응하는 과정에서 선택된 일종의 진화적 산물로 규정했다는 점에서 그의 이론은 다윈의 이론과 유사하다. 앞서 말한 것처럼 제임스주의적 관점의 특징은 신체의 변화를 감정에 선행하는 것으로 본다는 점에 있다. 예를 들어 울고 있는 아이의 슬픈 감정은 울음에 기인한다는 것이고, 우리가 슬픈 까닭은 우리가 울기 때문이며, 우리가 두려워하는 까닭은 우리가 떨기 때문이다. 감정은 신체적 변화에 대한 재귀적(feedback) 반응이라거나, 표정의 변화가 긍정적, 부정적 정서(affect)에 대한 자율적 반응(automatic activation)이라는 최근의 이론들은 이러한 제임스주의적 관점의 대표적인 사례이다. 제임스주의적 관점을 취하는 최근 연구들은 신체적 감정 반응이 다른 행위자들에게 미치는 전염성 등에 대해서도 연구하고 있다(Cornelius, 2000). 제임스의 이러한 견해는 감정이 신체적 반응을 촉발하는 것이 아니라 신체적 반응이 감정에 선행한다는 것으로, 여전히 감정을 생리적 각성 상태로 취급함으로써 감정을 구성하는 사회적 맥락을 무시하고 있다는 비판에 직면한다(럽턴, 2016: 30).

그러나 제임스주의자들은 역으로 사회구성론자들이 감정의 활성화, 경험, 신체와의 연계성을 무시하고 있다고 비판한다(Wendworth & Yardly, 1994). 감정이 일단 신체의 시스템으로 활성화되고 나면 문화적인 규범이나 언어 등에 의해 전적으로 통제를 받지 않는다는 것이다. 코넬리우스는 심리학적 접근을 인지학적 접근과 사회구성론적 접근으로 나누고 있다. 좀 더 자세히 코넬리우스와 터너 등이 정리한 심리학적 접근에 대한 견해를 살펴보자. 인지적 관점(The cognitive perspective)은 감정에 대한 진화심리학의 관점 중 단연 지배적인 이론 중 하나이다. 현대의 인지적 전통의 시초는 아널드(Magda Arnold)로 알려져 있지만, 감

---

[12] 감정에 대한 제임스주의적 전통은 제임스의 1884년 원고인 "What is an Emotion?"에서 출발한다.

정에 대한 인지적 관점 자체는 그리스 철학까지 거슬러 올라간다. 인지적 관점의 핵심 중 하나인 감정의 불가분성에 대한 논의가 이미 이 시기에 등장하기 때문이다. 아널드는 인지적 관점이 바라보는 감정에 대한 주된 요소를 환경에 대한 평가(appraisal)라고 정의한다.[13] 이는 기존의 다윈주의나 제임스주의적 관점이 전제하는 감정에 선행하는 지각의 모호성에 대한 비판에서 출발한다. 아널드와 같은 인지주의자들은 지각에서 감정으로 연결되는 고리를 일종의 잃어버린 고리(missing link)라고 주장하며, 지각과 감정 사이에 존재하는 주변 환경에 대한 평가의 과정을 강조한다. 지각 자체로는 긍정적이거나 부정적인 감정이 발생하는 것을 설명할 수 없다는 것이다(Cornelius, 2000). 20세기 중반 발달한 인지심리학은 감정이 인지적 과정뿐 아니라 이성의 기능화에 필수적이라는 점을 강조한다. 대상을 지향하는 감정은 합리적인 신념과 숙고를 가능하게 하고 윤리적인 판단을 내리기도 한다는 것이다(Gilbert, 2006: 17).

인지적 관점은 모든 감정이 특정한 유형의 평가와 연결되어 있음을 주장한다. 대상이나 사건에 대한 평가는 행위자들이 설정한 목표를 달성하기 위해, 그들에게 유익하거나 혹은 유해한 것의 정도에 따라 이루어지는데 잠재적으로 득이 된다면 긍정감정, 위해가 된다면 부정감정이 발생하고 부정적 감정을 해소하기 위해 다양한 반응을 한다(Lazarus, 1991; Turner and Stets, 2007: 9에서 재인용). 평가는 지각과 달리 상황에 대한 가치판단적 인지에 기초한다. 환경에 대한 평가가 달라지면 감정 역시 변화한다. 평가의 유형은 우호성(pleasantness), 통제성(control), 확실성(certainty), 책임성(responsibility), 수고(effort) 등과 같은 원초적 평가(primitive appraisal)에 해당하는 요소들의 조합을 통해서 구성된다. 각각의 감정은 이러한 평가적 요소들의 조합을 통해 발생하는데, 예를 들어 죄책감은 어떤 사건을 불편한 상황으로 평가할 때 발생한다. 오늘날 진화심리학 분야에서 감정을 연구하는 연구자들은 많은 경우 인지적 관점 위에서 연구를 진행하

---

[13] 인지이론가들은 어떤 상황적 맥락 속에서 사건 혹은 대상에 대한 평가가 있을 때까지 감정은 형성되지 않는다고 주장한다. 대상에 대한 평가(appraisal)에 따라 감정이 발생한다는 것이다(Arnold, 1960).

고 있다. 따라서 인지론자들은 감정이 외부 환경에 대한 즉각적인 생물학적 반응이라기보다는 상황에 대한 해석과정의 산물이라고 본다. 신체적 반응은 출발점이 아니라 종착지이다. 해석적이고 수행적인 감정들은 그 기저에 깔린 생물학적 메커니즘을 활성화하고, 사고나 반성에 종속된 생물학적 기제들이 활성화되면서 역으로 감정적 경험의 흐름을 전이시키는 것이다(Turner and Stets, 2007: 9).

감정에 대한 심리학적 사회구성주의적 관점(The social constructivism)은 사회학이나 인류학 내에서 상당한 뿌리를 가지고 있는 이론이다. 하지만 진화심리학계에서 구성주의는 매우 새로운 관점으로 취급받고 있다.[14] 사회구성주의는 감정에 대해 다윈주의, 제임스주의, 인지적 관점과는 근본적으로 다른 접근을 취한다. 감정에 대한 주류 이론들이 감정을 생물학적이고 진화적인 적응의 산물로 이해하는 반면, 사회구성주의는 감정을 사회 규범에 따라 학습된 문화적 산물로 바라본다. 감정을 단지 계통발생적 산물처럼 신경생리학적으로 이해해서는 안 된다는 것이다.[15] 사회구성주의자들은 감정을 완전히 이해하기 위해서는 반드시 감정에 대한 분석수준이 사회에까지 이르러야 한다고 지적한다. 예를 들어, 기본감정인 분노는 신경생리학적으로 뇌가 발생시키는 가장 원초적인 계통발생적 감정이라는 것이 주류적 관점이지만 사회구성주의자들은 분노가 원초적이라기보다는 매우 복합적이고 사회적으로 결정된 감정임을 주장한다. 분노는 대개 정의롭지 않거나 사회적 규범(social norm)이 침해되는 상황을 목도할 때 발생한다. 분노가 상황에 대한 도덕적 판단(moral judgment)과 평가(appraisal) 때문에 발생한다는 것이다. 따라서 문화는 사회구성주의자들에게 매우 중요한

---

14 인류학자인 러츠(Catherine Lutz)와 철학자인 아먼-존스(Claire Armon-jones)는 감정연구에 구성주의를 접목한 대표적인 연구자이다.
15 심리학이나 발달심리학 영역에서는 롤모델, 모방, 정체성 등의 사회화 과정이 아이들의 감정적 반응을 형성한다는 점에 주목하고 있다. 감정의 사회화 과정에 주목하는 미시적 심리이론은 주로 어린이들의 성, 나이 등의 변수에 따라 감정이 어떤 학습과정을 통해 형성되는지에 관심을 두었는데 구조적, 문화적 맥락 등을 소홀히 했다는 비판에 직면한다. 이런 심리학적 접근의 한계를 극복하기 위해 다양한 사회심리학들이 등장했다. 하이즈(D. R. Heise)의 통제이론은 실험 관찰 등을 통해 예측할 수 있는 특정한 감정보다 더욱 광범위한 영역에서 감정의 반응을 관찰했다(Heise, 1979).

역할을 하는 개념이다. 문화는 감정을 야기하는 평가가 어떤 내용으로 구성될 것인지를 결정한다. 평가가 생물학적인 반응과 적응의 과정 중 하나임을 인정하더라도, 그것이 어떤 내용으로 구성될 것인지는 문화에 의해 결정된다. 문화는 감정을 위한 각본(script)을 제공한다. 이러한 사회와 문화에 대한 강조로 인해 주류 심리학계 내에서는 사회구성주의에 대한 반발이 심하기는 하지만, 구성주의는 이 분야의 고전인 "Handbook of Emotions"에 한 장으로 수록되기도 할 정도로 영향력이 확대되고 있다(Lewis, Haviland and Barrett, 1993).

감정은 사회적 환경과 밀접한 연관을 맺는다. 럽턴은 감정의 신체적 표현과 반응에 주목하는 시각은 감정이 그 자체로 자연적 산물이 아니라 사회문화적인 환경, 역사적 맥락에 따라 중재되고 형성된다는 점을 강조하면서 특히 감정은 이를 명명하고 그 내용을 지칭하는 담론에 의해 크게 영향을 받는다고 주장한다(Lupton, 1998: 32). 사실상 진화심리학계에서의 구성주의는 뒤에 소개할 사회학의 주류 관점과도 거의 일맥상통한다고 볼 수 있다. 필자는 이러한 입장을 심리학적 사회구성주의라 부를 것이다. 그러나 이러한 심리학적 사회구성주의는 여전히 사회문화적 맥락보다는 감정의 일반성을 강조하고, 집단보다는 개인을 강조하는 경향이 있다(Harding & Pribram, 2009: 8).

3. 정신분석학적 접근

알려진 바와 같이 정신분석학은 무의식의 세계에 대한 접근으로서, 집단심리로서의 감정이라든가, 슬픔, 우울, 수치심, 혐오, 분노 등 기존 감정론에서 다루는 감정들과 그와 유사한 '증상'들에 대해 매우 흥미롭고 설득력 있는 관점들을 제시한다. 정신분석학자들은 기존 감정의 주류 연구가들이 의식적으로 느끼고 표현하는 것에만 치중함으로써 다양한 감정들이 의식적으로 인지하지 못한 채 발현된다는 점을 과소평가하고 있다고 주장한다. 사람들은 사실상 많은 감정을 의식적으로 깨닫지 못하기 때문에 무의식적인 영역에서 발생하는 감정도 사회학적으로 매우 중요하다는 것이다. 정신분석학자들은 무의식세계의 억압된 생각, 충동, 욕망, 동기들이 인간 행위를 틀 짓는다고 본다. 프로이트의 정신분석은 슬픔, 우울, 자책 등에 대한 분석으로 가득차 있는데, 기본적으로 프로이트에 의하면 무의식세계의 욕망체계인 리비도가 억압될 때 타자 혹은 자신에 대한 동일시 내지는 거부감이 다양한 유형의 감정(주로 병리적 현상)으로 드러난다는 것이다(프로이트, 1998, 2014, 2017; 이창재, 2010).[16] 멜라니 클라인(Melanie Klein)은 어머니와의 관계에서 무력할 수밖에 없는 의존적인 유아가 경험하는 불안, 공포, 양가감정에 주목했다. 유아는 사랑하는 어머니의 젖가슴을 소유하는 것과 소유하지 못하는 좌절을 통해 소위 '좋은 젖가슴과 나쁜 젖가슴'을 구분하고 이 젖가슴들의 소유 여부에 따라 사랑, 시기와 질투 등의 감정이 발생한다는 것이다(이매뉴얼, 2003).[17] 프로이트의 리비도에 의존하는 정신분석학자들은 아이가 탄생할 때 어머니와 분리됨으로써 갖게 되는 원초적인 불안과 분노, 오이디푸스 콤플렉스로부터 느끼는 좌절, 그리고 이러한 열등감을 극복하지 못하고 실패하는 과정에서 발생하는 방어 메커니즘으로서의 우울과 같은 다양한 병리적 감정에 대해 주목하고 있다.[18]

프로이트와 라캉(Jacques-Marie-Émile Lacan)을 잇는 정신분석학이론은 감정, 사회문화적 과정, 담론, 개인의 경험, 무의식 간의 상호관계성에 주목하면서 기본적으로 감정을 무의식적으로 작동하는 방어 메커니즘으로 보았다.[19] 예컨대

---

16 프로이트가 주로 주목한 감정은 병리적 현상으로 나타나는 것들이다. 분노에 대한 프로이트의 분석에 대해서는 이창재(2010)를 참조할 것.
17 유아기의 불안의 해소와 방출은 클라인의 이론에서 매우 중요하다. 클라인은 그녀의 글 「시기심과 감사」에서 유아는 어머니의 젖가슴이 자기 자신을 만족시키는 사랑을 간직하고 있다고 느끼는데 이런 사랑의 감정이 불만과 증오의 감정과 합쳐 어머니에 대한 불안한 관계가 등장한다고 말한다(크리스테바, 2006: 46에서 재인용).
18 참고로 프로이트에 대해서는 이 책의 제6장 "슬픔, 비애, 고통의 트라우마"를 볼 것.
19 프로이트와 클라인, 라캉 등으로 이어지는 정신분석학은 불안, 우울과 같은 감정을 분석하는 데 큰 시사점을 준다. 프로이트의 이론을 좇아 무의식의 욕망과 기표 중심의 언어관계를 집대성한 라캉은 '상상적 세계에서의 욕망의 실현을 가로막는 상징적 대타자(도덕, 규범, 질서)'에 순응하는 주체에 대해 논의를 하고 있다. 흥미로우면서도 매우 난해한 라캉의 욕망과 언어에 대한 복잡한 논의를 여기서 다루지는 않겠다. 다만 최원(2016), 마사아끼(2017)의 저서를 추천한다.

"감정적으로 받아들일 수 없는 고통이 자아로부터 제거되어 다른 사람 또는 사물로 전이된다. 분열은 개인의 내적 세계 속에서 좋은 환상의 대상과 나쁜 환상의 대상을 구분하는 것이고, 투사는 내부 세계로부터 발생한 좋은 감정 또는 나쁜 감정을 외부세계의 어떤 것 또는 어떤 사람에게 전가하는 것이다. 내사는 그 반대로 외부세계로부터 온 좋은 것과 나쁜 것을 모두 자아 속으로 내면화하는 것이다(Minsky, 1996: 85~86, 럽턴, 2016: 57~58에서 재인용). 투사적 동일시란 다른 사람 속에 자리 잡게 된 외면화된 자아의 부분들을 다른 사람을 통해 인식하는 것이다. 타자와의 공감으로 이어질 수도 있지만, 최악의 경우 타자의 부정적 측면을 인지하고 공격하거나 자아의식을 상실하는 것으로 이어지기도 한다(Stern, 1985: 10). 부정적 감정으로부터 자신을 보호하기 위한 무의식의 방어 메커니즘에 주목하는 또 다른 예를 들어보자. 타자 앞에서 무기력하게 행동할 경우 우리는 수치감을 느끼며 문화적 가치를 어기면 죄의식을 느낀다. 수치심은 자아를 공격하고 무가치한 것으로 간주하기 때문에 사람들은 이러한 감정을 다양한 방식으로 억압하려 한다(Tangney and Dearing, 2002). 터너(J. H. Turner)는 일단 부정감정이 억압되면 종종 그것들은 새로운 감정으로 변조되는데, 이를테면 수치심의 경우 주기적으로 분노를 일으키거나 아이러니하게 더 많은 양의 억압된 수치심을 불러일으킨다고 말한다(Turner, 2007).

    정신분석학자들은 또한 개인의 감정뿐 아니라 집단감정에도 주목한다. 정신분석학적 접근이 여전히 미시적인 개인의 무의식 현상에 치중하고 있다는 비판도 일리는 있지만, 정신분석학의 일각에서는 사회와 개인, 그리고 집단의 심리와 감정에 대한 연구를 진행해왔다. 프로이트 자신이 이미 '집단심리와 자아'에 대한 글을 출간했고, 집단강박증과 망상으로서의 종교를 『문명 속의 불만』에서 논의한 바 있다. 간단히 말해 그는 대중들의 집단심리는 집단과 지도자 간 리비도의 유대관계 속에서 형성되며, 이는 개인들이 스스로를 집단의 지도자와 동일시하려는 유아기적 퇴행으로서 지적 수준이 원시집단으로 떨어지는 현상이라고 보았다(프로이트, 2013). 프로이트의 논의를 사회적 집단심리 현상으로 확장시킨 연구자들은 파시즘하의 독일 대중의 심리를 거시적인 시대상황과 연계 지어 분석해보거나, 현대 자본주의 기술관료체계의 억압성과 왜곡된 의사소통,

성찰적 해방론 등의 비판이론을 확립하기도 했다.[20] 형제애와 같은 감정은 집단유대를 강화하지만 다른 집단에 대해서는 편집증적인 적대감과 공격성을 수반하기도 한다. 어느 집단의 구성원들은 그들 개개인의 불안과 공포의 감정을 특정 집단에 투사하고 그들을 공격하고 파괴하려 한다. 자신이 속한 집단은 완전하고 비난받을 것이 없다고 생각하는 반면 적은 사악하고 비인간적인 괴물로 상정되어 그 집단에 악, 공포, 유죄 감정을 투사하는 것이다(커니, 2016). 이러한 부정적 집합감정을 가장 분명하게 투사하고 분출하는 행위가 바로 전쟁이다. 집합감정의 투사 역시 방어기제의 과정으로 설명될 수 있는데, 그 방어기제가 외부에 대한 폭력으로 방출될 수 있다는 것이다. 억압된 수치심은 집단적 폭력을 유발하기도 하고, 억압된 수치심이 정치지도자나 대중매체 등에 의해 집단분노로 이전될 때 적으로 간주되는 어떤 특정한 대상에 폭력적으로 표출되기도 한다. 예를 들어, 제1차 세계대전 패배 이후 수치심에 가득차 있던 독일인들이 히틀러와 같은 선동적 지도자들을 만났을 때 수백만의 유태인을 학살하는 결과를 낳기도 했다(Scheff and Retzinger, 1991).[21]

4. 사회학적 접근

사회학자들은 오랫동안 감정을 관심 밖에 두어왔다. 물론 거슬러 올라가 살펴본다면 초기 사회학자들로부터 감정연구의 흔적들을 찾아볼 수 있다. 마르크

---

20 이른바 프랑크푸르트 학파로 호르크하이머(M. Horkheimer)와 아도르노(T. Adorno)가 쓴 『계몽의 변증법』, 마르쿠제(H. Marcuse)의 『에로스와 문명』(2004)과 위르겐 하버마스(J. Habermas)의 다양한 논의를 참고할 것.
21 에리히 프롬(Erich Fromm)은 이를 사도-마조히즘적 증상으로 보았다(프롬, 2012). 한편, 일부 연구가들은 무의식에 관해 정신분석학의 영역에 의존하지 않고도 무의식적으로 발생하는 감정에 주목하기도 한다. 예컨대, 정신분석학자는 아니지만 현상학자인 덴진(N. K. Denzin)은 무의식 세계에서 발생하는 감정을 강조한다. 필자는 이를 다음 장에서 논의할 아비투스적 감정과 연계 지을 것이다.

스가 말한 자본주의에서의 노동자의 소외나 계급의식 등은 현대 자본주의의 감정연구(예컨대 감정자본주의, 집합행동으로서의 노동운동, 감정노동 등)에 의미 있는 관점을 제공한다고 볼 수 있고, 뒤르켐(É. Durkeim)이 주목했던 연대와 집합흥분의 감정은 오늘날 감정연구론자들에게 큰 영향을 주고 있다. 비록 합리성 연구가로 알려졌지만, 베버(M. Weber)가 말하는 프로테스탄트의 종교적 세계관 역시 구원에 대한 열망과 죄의식 등의 감정 차원에서 설명해볼 수 있다. 물론 베버는 이미 '소명으로서의 정치'에서 열정을 정치인의 주된 핵심 덕목으로 강조하고 있다.[22] 쿨리(Charles Horton Cooley)나 미드(George Herbert Mead) 등 상징적 상호작용론자들로 불리는 미시적인 일상생활 연구가들이 감정연구에 중요한 인식론과 방법론을 던져주고 있다. 실증주의와 통계적 양적 방법론이 주도하는 가운데 사회학적 행위의 연구대상은 외적으로 관찰 가능한 표상적인 것에 국한되었고, 그나마 인간은 구조, 혹은 관계 속의 수인(囚人)이거나 구조에 의해 규정되는 수동적 존재로 간주되어왔다. 이와 같은 와중에 상대적으로 인간의 능동적 행위를 강조하는 집합행동이나 사회운동 이론가들이 감정에 주목하기도 했다.[23] 집합행동(사회운동론)의 지류인 네트워크와 자원동원론(Snow et al., 1986), 공동의 저항 및 대응전략을 설명한 프레임 접근(Snow and Benford, 1992), 집합행동 성원들 사이의 유대를 강조하는 집합적 정체성(Polletta and Jasper, 2001) 등의 접근들이 감정의 문제를 부분적으로 다루기도 했다. 전반적으로 감정에 대한 사회학자들의 무관심 속에서도 일부 현대사회이론가들은 인간 행위의 동기 에너지로서 감정에 주목하기 시작했다.

감정에 대한 사회학적 시각은 기본적으로 감정은 행위자와 외재하는 구조 혹은 관계들과의 상호작용의 산물이거나, 감정이 기존 구조나 문화규범에 의해 안내되고 규정된다고 본다. 최근 진화생물학적 입장이나 심리학적 접근이 감정

---

22 예컨대 베버는 열정이야말로 가장 핵심적인 정치가의 자질이라고 말한다. 정치를 소명으로 알고 열의를 다해 책임을 완수하려는 태도가 정치가의 직업윤리인 것이다. 물론 그는 열정 외에 거리두기와 심사숙고, 책임의식 등을 들고 있다(베버, 2017).
23 이 책의 제8장 "언어, 감정, 집합행동"을 참조할 것.

형성의 사회문화적 요인을 강조한다 해도 여전히 그 접근들은 감정과 정치, 문화 등 거시적 사회환경과의 관계를 소홀히 다룸으로써 몰(沒)역사적이라는 비판에서 벗어나기 어렵다. 사회학자들은 주로 문화적 양식이나 개개인의 사회적 지위와 역할, 자원 배분의 권력 구조, 이들 관계성 속에서의 상호작용에 의한 감정적 반응규칙에 주목하기도 하고, 감정이 사회구조의 변화에 미치는 영향, 즉 구조적 효과성 등에 주목하기도 한다. 사회학적 감정연구의 선도자였던 소이츠는 감정이 사회적으로 요구되거나 사회적으로 구조화되어 있다고 주장한다. 사회구성주의자들(Averill, 1980; Gordon, 1989; Harré, 1986)이나 상호작용론자들(Hochschild, 1981; Shott, 1979)은 감정을 상황이나 감정적 어휘, 신념 등에 종속적인 것으로 보고 시간과 공간에 따라 다양하게 변한다는 점을 강조한다. 앞 절에서도 잠깐 소개한 바와 같이 켐퍼처럼 사회구성론적 입장과 실증주의 입장을 융합하려고 시도하는 연구자들은 감정을 계급이나 사회적 자극에 대한 유형화된 반응으로 보려 한다. 켐퍼는 신체적으로 구성된 '일차적 감정'이 존재하며 이러한 신체적인 일차적 감정이 사회적 정의, 낙인, 상호작용의 의미 등을 통해 구체적으로 표출된다고 말한다. 이차 감정은 일차적 감정이 사회화된 결과로서 형성된다고 보는 것이다. 고든(S. L. Gordon)이나 혹실드(J. L. Hochschild) 같은 학자는 감정이 표현되는 과정에 일정한 규칙이 있다는 점에 주목했다. 이데올로기에 대한 충성, 민족주의, 낭만적 헌신이나 신념 등을 표현할 때 특정한 감정의 전개규범이 존재하며(express norm, emotional rule), 일반 사람들은 그 규칙에 따라 감정의 범위나 강도, 행동을 조절하고 통제한다는 것이다. 예를 들어, 장례식장이나 결혼식장에서 슬픔이나 기쁨, 축하를 표출하는 감정의 규칙이 존재한다.[24]

사회구성주의를 대표하는 상징적 상호작용론자들은 감정이 개인들의 다양한 사회적 과정에서 형성된다는 점을 강조한다. 미드가 말한 대로 자아(self)가 생물학적인 것이기보다는 언어와 같은 상징을 통한 사회적 과정을 통해 구축되는

---

24 문화인류학자들의 주장처럼 각각의 문화는 특정한 감정이나 느낌 등에 관련된 어휘를 발달시키기도 하고, 또 그 내용을 규정한다.

것과 같이 감정 역시 다양한 상호작용의 산물이다. 사회구성주의자들은 감정이 어떻게 사회구조나 제도, 권력적 지위에 의해 형성되고 시간을 따라 어떻게 변화하는지에 주목한다. 하지만 감정실재론자들은 뒤르켐이 말한 '사회적 사실'로서의 감정이 이미 규칙의 형태로 구조화되어 있거나(예컨대 감정규칙의 존재), 감정의 담론, 행동, 표준 등이 물적 형태로 설정되어 있다고 전제한다. 감정 표준을 주장하는 스턴(D. N. Stern)과 같은 학자는 역사적으로 특수한 감정들(예를 들어 분노나 질투 등)은 당대의 감정규칙을 가지고 있고, 그 감정규칙을 통해 사람들은 감정을 표현한다고 주장한다(Stern, 1985). 혹실드의 논의 역시 이와 상통한다고 볼 수 있다. 감정노동을 논의한 그녀 역시 감정표현에는 일정한 규칙이 존재하는데, 현대 자본주의에서 감정은 일정한 규칙에 의해 상품화되고 관리된다는 것이다.

럽턴은 감정에 대한 사회구성주의를 '약한' 혹은 '덜 상대주의적'인 사회구성주의(약한 테제)와, '강한' 테제로 구분한다. 전자의 대표적 학자는 켐퍼인데 감정이 진화적 성격에 뿌리를 두고 있지만 순수하게 내적인 또는 사회적 맥락과 무관한 감정은 존재하지 않는다고 주장함으로써 감정이 불가피하게 사회적임을 내비치고 있다. 앞서 말했듯이 켐퍼는 생리적 기능에 근거한 네 가지 일차적 감정(공포, 화, 우울, 만족/행복)을 제시하고(이는 모든 인간에게 보편적인 것으로 진화 초기 생존에 유용한 것이다), 죄책감, 수치심, 자부심, 감사, 사랑, 향수와 같은 감정을 사회화 기관을 통해 획득된 2차 감정으로 본다. 이에 반해 강한 테제는 감정을 전적으로 사회화를 통해 학습되고 구성된, 사회문화적 산물이라고 주장하는 입장이다. 감정은 사회맥락적이며, 별개의 실체로 물화될 수 없고, 감정과 관련된 인식, 느낌, 행동은 사회적인 상황 논리 및 원리와 결합하면서 출현한다(Griffiths, 1995). 따라서 감정은 개인적 현상이라기보다 사람들 간의 관계 속에서 구성되는 상호주관적 현상이다(럽턴, 2016; 33).[25]

---

25 이런 입장의 가장 대표적인 사람이 사회심리학자 하레(R. Harré)이다. 사람들은 감정을 가진 것이 아니라 어떤 감정을 실행한다. 이와 마찬가지로 러츠(C. A. Lutz)는 감정은 문화를 초월하는 불변의 것이 아니라 문화적인 산물이라고 주장한다.

이제 감정사회학의 흐름을 터너와 스테츠의 작업에 근거하여 좀 더 정리해보기로 한다.[26] 아래 소개하는 흐름은 그들의 논의를 요약하여 정리해본 것이다(Stets and Turner, 2008).

(1) 상징적 상호작용

상징적 상호작용은 구성주의의 원류를 이루는 학파라고 볼 수 있다. 인간은 상징의 교환을 통해 의미를 주고받으며, 또한 상황을 해석한다. 감정은 이러한 다양한 구성원들 간의 상호작용과 교류를 통해 구성된 상징으로서 상호작용을 지속시키는 의미전달 작용을 한다. 이들 접근은 감정의 발흥 안에서 생기는 자아나 정체성에 주목한다. 개인은 초상황적(trans-situational)인 일반 개념을 통해 특정 역할을 담당하려는 상황적 정체성을 가지고 있다. 정체성 통제이론은 사회성원들이 의미체계인 정체성 표준(identity standard)에 대해 상황에 알맞게 적응하려 한다고 말한다. 일반적으로 사람들은 상황적 의미와 자신이 그 상황에 내린 의미가 같을 때 긍정감정을 가지는 것으로 나타난다. 즉, 어떠한 상황에 대한 의미를 타자와 함께 공유할 때 즐거움이나 유대감, 친밀감, 감사 등을 느낀다는 것이다. 반면 부정적 감정은 이것들이 불일치할 때 발생한다. 자신의 정체성을 정당화하기 위해 사람들은 타자를 비난하거나 다양한 인지적 전략을 구사한다(Heise, 1979).[27] 한편 상호작용은 의례의 연출이기도 하다. 마치 연극무대에서와 같이 사람들은 인상관리를 통해 상호작용을 하고, 이러한 인상관리는 일종의 규범적 의례를 통해 나타난다. 마찬가지로 우리는 규범적 질서에 의해 감정을 조절하고, 규범화된 감정을 상대에게 전하기도 한다. 연극학파의 감정은 넓게 상징적 상호작용의 범주에 속한다고 볼 수 있다.[28] 이들은 감정이데올

---

26 터너와 스테츠는 감정에 대한 사회학적 접근을 연극학파, 구조주의, 상징적 상호작용, 의례이론, 교환이론 등으로 크게 구분하고, 구조주의는 다시 미시구조적 접근과 거시구조적 접근으로, 상징적 상호작용은 통제이론과 정신분석학 등으로 세분한다.

27 정서적 통제이론은 감정의 영역을 평가(선-악), 잠재성(권력-비권력), 행위(능동-수동) 등으로 구분하고 이를 EPA(Evaluation, Potency, Activity) 영역이라 부른다. 이는 자신과 타자의 정체성에 관한 인지를 강조한다(Heise & Weir, 1999).

로기나 축적된 지식, 언어, 감정규칙 등 문화적 중요성을 강조하면서 어떤 특정한 상황 속에서 감정이 경험되고 표현되는 인지적 지침에 관심을 둔다. 또한 상황에 알맞은 어휘나 몸짓을 제공하는 감정에 주목하는가 하면, 누가 어떤 방식으로 감정을 규율하고 표현하는가 등 사회화를 통해 학습되는 과정에 관심을 둔다. 이 접근방식은 기본적으로 개인들을 사회구조라는 연극무대 위에서 배역을 수행하는 행위자로 간주한다. 고프먼(Erving Goffman)이 말한 대로 인간은 무대 위에서 정해진 룰에 따라 감정을 표현하고 때로 조작하기도 한다. 혹실드의 감정규칙(feeling rule)을 따라 감정을 관리하고 조절하는 감정노동에 대한 고전적 연구 역시 이에 해당한다고 볼 수 있다(이 책의 제10장 "친밀성과 감정노동"을 참고하라).[29]

(2) 구조적 접근

모든 사회학적 접근은 개인들의 관계에 주목하는 미시적 수준의 연구나 고전적으로 거시사회학이라고 불리는 연구 모두 '구조'를 포함하고 있는데, 이를 감정에 대한 연구에 적용하여 미시적 접근과 거시적 접근으로 크게 나눌 수 있다. 전자는 지위나 권력관계에서 발생하는 행위자들의 상호작용에 관심을 두는데 감정에 대한 '지위론적 접근'이라고 불리기도 한다. 일반적으로 높은 지위에 있으면 자긍심이 높은데, 외부적으로 인정받지 못할 때의 두려움이나 근심 등이 적어지며 낮은 지위에 있을수록 그 반대 현상을 보인다는 것이다. 대표적 연구로는 지위와 권력 그리고 이에 따른 상호작용에서의 감정에 대해 주목하고 있는 켐퍼의 연구—소위 권력-지위 관계론이라 불리기도 한다—를 들 수 있을 것이다. 권력이 많을수록 만족, 신념 등의 의식이 높고, 반대일수록 두려움이나 불안이 높으며 지위 자신감이 낮다. 또한 사람들은 지위를 상실할 때 상대를 비난하며 수치와 당혹감을 느끼고, 상실이 크면 더 큰 슬픔과 우울함에 빠진다.

감정에 대한 거시구조적 접근의 대표 연구가는 바바렛(Jack Barbalet)이다. 그

---

28 스테츠와 터너는 연극학파를 따로 분류하고 있다.
29 비애 연구(Charmaz & Milligan, 2007), 공감 연구(Schmitt & Clark, 2006) 등이 대표적이다.

녀는 사회운동이나 집합행동, 정당, 테러리즘, 혁명 등 거시적 사회현상을 집합감정과 관련하여 연구하고 있다. 바바렛은 체계적인 감정연구 이론이나 모델을 제시하지는 않았지만, 불평등, 권력 등과 특정한 감정(원한, 두려움, 자신감, 복수심과 수치심 등)을 연구했다. 불공평하거나 공정하지 못한 자원의 분배, 특히 자격이 없는 사람이 지위를 차지하고 있다고 생각할 때 사람들은 '원한의 공분'을 느낀다. 공정성의 문제 그리고 권력을 가지고 있지 못할 때 그 원인을 자신에게 돌리면 두려움을 느끼고, 외부에 돌리면 분노와 적대감을 느낀다는 것이다. 수치심은 그들이 가치 없는 지위를 부여받았을 때 발생한다. 바바렛의 관점은 지위나 권력의 문제에 초점을 둔다는 점에서 미시적 접근과 유사하기도 하지만 자원이 불공평하게 분배된 거시구조에 초점을 둔다는 점에서 차이가 있다고 볼 수 있다.

(3) 의례적 접근

상호적 의례이론은 뒤르켐의 집합흥분 개념을 끌어들여 다양한 감정 현상을 설명하려 한다. 예를 들어, 호주 원주민들은 조직적으로 모여 축제의례를 통해 집단연대를 도모하는데, 이때 집합흥분을 통해 개인들은 '마나'라고 하는 초월적 권력을 인지하고 경험한다. 의례를 통해 부족민이 섬기는 토템을 전지전능한 신으로 재현시키고 그 신의 힘을 집합흥분을 통해 재점화시킨다는 것이다(Durkheim, 2008). 의례에 대한 이런 접근은 최근 콜린스(Randall Collins)에 의해 계승되고 있다(콜린스, 2009). 콜린스는 자신의 연구의 출발은 개인이 아니라 개인들이 상호작용하는 '상황'이라고 주장하면서 상황에는 나름대로의 법칙과 과정이 있으며 그것이 곧 '상호작용 의례'라고 말한다(예컨대 만남이 만나는 사람들을 만든다!). 종교적 의례를 통해 발현된 집단감정과 집단관념이 구성원들의 유대를 강화시킨다고 본 뒤르켐의 논의가 상호작용 의례이론의 고전이라면, 의례를 세속적인 일상생활 전체에 확대 적용한 고프먼의 논의야말로 현대 의례이론의 보고(寶庫)이다. 콜린스가 보기에 일상생활은 다양한 의례의 사슬로 구성되어 있으며 감정적 에너지가 충만한 곳이다. 그가 주목하고 있는, 상호작용의 의례가 작동하는 기제는 "상호주관성과 정서적 합류가 결합되고 거기에 인지적 상징이 결부되면서 집단 소속감을 강렬하게 탄생시키는 과정이다. 이 기제는 또한 개인 참여자에게 자신감, 열정, 도덕적으로 적절하다고 여기는 행위를 하고 싶다는 갈망을 일으키는 정서적 에너지를 낳는다"(콜린스, 2009: 80).[30] 의례이론은 특히 일상생활에서의 다양한 의례적 교류(악수, 인사 등), 교회예배, 언어나 어휘, 토템, 엠블럼 등을 통한 감정의 교류에 관심을 두기도 한다. 이타적 사회운동이나 조직들에 관한 연구, 즉 가톨릭 노동자들의 공동주거생활이 어떻게 긍정감정을 불러일으키고 집단연대를 강화하는지 등에 대한 연구도 이에 포함될 수 있다.

(4) 교환이론적 접근

교환과정에서 행위자들은 투자와 산출을 비교하고, 만족(효용)을 추구하며, 공정성을 판단하고 이에 따른 상대적 박탈감을 느끼는 등 다양한 태도와 감정을 나타낸다. 기존의 주류경제학인 신고전주의 학파가 합리적이고 효율성을 추구하는 추상화된 경제주의적 인간관(Homo economicus)을 상정하고 교환행위를 연구했다면, 인간과 주변 환경의 관계성을 총체적으로 보려는 제도학파 연구자들이나 교환이론가들은 교환행위를 신뢰와 같은 사회규범이나 문화적인 가치, 의무, 감정의 측면에서 접근하고자 한다. 즉, 교환행위의 동기가 되는 정서, 몰입, 신뢰, 의무와 같은 감정이나 태도에 주목한다(Emerson, 1981).[31] 교환이론가들은 개인들의 행위동기는 기본적으로 가치 있는 자원의 보상, 투자와 비용의 관점에서 발생한다고 보고 있다. 인간의 자원을 둘러싼 교환과정에서 정의로움과 공정성에 대한 인지적 계산이 매우 중요하다. 일반적으로 사람들은 공정한 대가를 지불받았을 때 만족감을 느끼지만 정산(pay-off)이 제대로 이루어지지 않았을 경우 혹은 타자가 부당한 이익을 챙겼을 경우, 그래서 정당하고 공정한

---

30 필자가 보기에는 의례이론은 상징적 상호작용이나 연극학파 이론의 범주에 넣어도 무방하다.
31 에머슨(Richard Emerson)은 두 상대방의 교환관계로부터 제도화된 교환(결혼연결망을 통해 나타나는 일반화된 교환), 쿨라(Kula) 교환에 이르기까지 다양한 유형의 교환관계와 심리적 태도에 대해 논의하고 있다(Emerson, 1981).

교환이 일어나지 않았다고 인지할 경우 부정감정(특히 분노)을 일으킬 확률이 높다. 물론 감정적 발흥의 강도는 교환의 유형, 상대적 권력, 가치에 대한 상대적 의존도 등에 따라 다르다(Lawler, 2001).

교환을 위한 협력 과정에서 집단을 구성하는 행위자들 사이에는 모종의 집합적 감정이 형성되고, 이러한 집합적 감정은 교환행위자들이 왜 협력해야 하고 집합적으로 행동해야 하는지에 대한 협력의 규범과 동기를 제공한다. 협력의 규범이 더욱 구체화되다 보면 보다 추상적이고 거시적인 차원의 사회적 규범(혹은 의례)으로 자리 잡는다. 롤러(E. J. Lawler)와 다이에(S. R. Thye)가 제시한 '포괄감정모델(global emotion model)'은 교환과정에서 형성되는 '좋은 느낌'과 '나쁜 느낌'이라는 총괄적인 감정이 교환행위에 미치는 영향을 분석하고 있다(Lawler & Thye, 2007). 포괄감정은 만족, 불만, 자부심, 수치심 등과 같은 구체적인 특정 감정으로 분화되는데, 집단에 대한 행위자의 애착 수준과 부분 감정들이 교환의 강도나 빈도 등에 영향을 주기 때문에 교환 상대에 대한 몰입수준을 단순히 불확실성의 감소 차원만이 아니라 감정의 차원에서 이해할 필요가 있다는 것이다. 이처럼 감정은 교환관계에서 매우 중요한 역할을 담당한다.

교환이 사회관계를 가능하게 만든다는 레비스트로스(L. Strauss)의 말처럼 사회관계의 대부분은 상호 교환(exchange)행위를 통해 형성된다. 교환은 어떠한 형태로든 '주고-받음'의 관계, 즉 넓은 의미의 호혜관계 속에서 이루어지기 때문에 호혜성(reciprocity)은 모든 교환의 내재적 속성이다. 필자 역시 이 부분에 착안하여 '도덕감정과 호혜교환'의 문제를 논의한 바 있다. 공동체에 대한 집단감정, 즉 타자 지향의 감정으로서의 도덕감정은 인격적 의무를 바탕으로 하는 호혜적 교환을 촉진하는 동기적 역할을 한다(김왕배, 2018b).

5. 문화론적 접근

감정에 대한 문화이론가들의 입장은 사회구성주의와 유사하다. 다만 사회구성주의자들은 여전히 감정을 대상, 소유, 혹은 상태, '사물'로 보려는 경향이 있는 데 반해, 문화론자들은 감정이 많은 경우 명백하게 포착할 수 없고 다만 특정한 환경이나 맥락 속에서 행위를 할 때 드러나는 '축적된 양식'의 형태로 드러난다는 점을 강조한다. 또한 문화이론가들은 언어, 행위, 표현, 신체적 감각 등을 통해 감정이 형성된다고 주장하는 기존의 사회구성주의자들과 입장을 공유하면서도 더욱 구체적인 현장에 충실하고자 한다. 감정은 사회구조나 권력관계, 조직유형 등과 연관된 문화적 축적양식으로서 각 개인에게 적용된다. 윌리엄스(S. Williams)는 감정을 의사소통적이고 상호주관적인 신체적 성향으로 보고자 한다. 즉, 특정한 사회적 아비투스를 갖는 상호소통적 성향으로서의 감정은 육체적 성향과 물적 환경, 사회문화적 요소들과의 상호교차를 통해 형성되고 표출되는 '발현적' 속성을 지니고 있다는 것이다(Williams, 2009; Harding & Pribram, 2009에서 재인용). 감정은 매우 복합적인 요소들이 상호작용을 통해 일정한 성향으로 축적된 것으로서 각 개인의 신체에 습윤되어 있는 것이다.[32]

럽턴은 감정과 언어의 관계에 주목하고 있다. 감정은 그 감정을 유형화하고 내용을 규정하는 언어(담론) 속에서 생산된다. 일반적으로 우리는 특정한 감정에 대해 특정한 언어의 이름을 붙이고(예컨대 분노, 혐오 등) 기술하는 과정에서 일단의 육체적 느낌을 특정한 감정으로 해석한다(럽턴, 2016: 62). 특히 대중매체는 타자의 감정을 해부하여 전달하고, 감정적 중요성이 있는 것으로 인식되는 사건들을 보도하고, 청중으로부터 감정적 반응을 불러일으키는 데 주력한다. 오늘날 미디어는 뉴스나 다큐멘터리, 스포츠저널리즘 등 재난이나 비극의 희생자들의 감정을 여과 없이 보도함으로써 감정적 스펙터클을 연출하기도 한다.[33] 한편, 후기구조주의자들 역시 감정에 영향을 미치는 담론적 관행을 강조하기도 한다. 담론은 세계를 표현할 뿐 아니라 세계를 상징하는, 즉 의미를 통해 세계

---

[32] 프로빈(E. Probyn)은 문화적으로 형성된 감정이 몸과 분리될 수 없다고 주장한다. 감정은 일상생활에서의 다양한 소통과 실천 등에 개입되어 있다. 그녀는 생물학으로서의 감정(정서)과 전기(biography)로서의 감정을 구분하는데, 개인의 삶의 경험과 서사에 기초한 감정의 발흥에 관심을 둔다(Probyn, 2004).

[33] 럽턴(2016: 16)은 "오프라 윈프리 쇼" 같은 토크쇼에서 출연자들은 내밀한 경험과 감정을 여과 없이 드러낸다고 말한다.

[표 4] 감정에 대한 다양한 이론적 접근

구분		주요 내용
사회생물학적 접근	진화생물학	- 다윈의 진화생물학에 계보를 둠 - 표정은 감정을 표현하고 이해할 수 있는 핵심적인 신호 - 상대방의 표정을 보고 그 사람의 감정을 이해할 수 있음 - 우리의 표정을 통해 감정을 드러내기도 함 - 얼굴 신체변화 연구
	뇌과학	- 감정은 뇌 구조의 반응으로서 호르몬과 신체상의 변화에 의함 - 감정은 신체화된 것으로 신체와 분리되어 설명될 수 없고, 그것의 중심에는 '뇌'의 활동이 존재함 - 뇌와 신체상의 변화에 의한 '느낌'의 관점에서 이해해야 함
심리학적 접근	인지학파	- 감정이 인지적 과정뿐 아니라 이성의 기능화에 필수적임 - 대상을 지향한 감정은 합리적인 신념과 숙고를 가능하게 하고, 윤리적인 판단을 내리기도 함 - 감정이 특정한 유형의 평가와 연결되어 있음
	심리학적 사회구성주의	- 감정의 분석수준을 사회로까지 확대, 특히 문화수준을 강조함 - 감정을 사회 규범에 따라 학습된 문화적 산물로 바라봄
정신분석학 접근		- 무의식의 세계에 대한 접근 강조 - 무의식 세계의 억압된 생각, 충동, 욕망, 동기들이 감정을 규정 - 방어 메커니즘으로서의 우울과 같은 다양한 병리적 감정에 대해 주목
사회학적 접근	상징적 상호작용	- 감정의 발흥 안에서 생기는 자아나 정체성에 주목 - 감정이데올로기나 축적된 지식, 언어, 감정규칙 등 문화적 중요성을 강조 - 특정한 상황 속에서 감정이 경험되고 표현되는 인지적 지침
	구조주의	- 지위나 권력관계에서 발생하는 감정에 주목('지위론적 접근') - 사회운동이나 집합행동, 정당, 테러리즘, 혁명 등 거시적 사회현상과 집합감정 등에 관심
	의례적 접근	- 뒤르켐의 집합흥분 개념을 끌어들여 다양한 감정 현상을 설명 - 일상생활에서의 다양한 의례적 교류(악수, 인사 등), 교회예배, 언어나 어휘, 토템, 엠블럼 등을 통한 감정의 교류에 관심
	교환이론	- 교환과정에서 투자와 비용의 관점 도입 - 분배, 정의로움과 공정성에 대한 인지적 계산과 감정 발흥
문화이론		- 감정을 의사소통적이고 상호주관적인 신체적 성향으로 봄 - 현장의 언어, 감정교환에 주목

* 사회학적 접근은 Turner and Stets(2005)를 참조.

를 구성하고 구축하는 관행이다(럽턴, 2016: 49). 언어는 감정을 구성하고 경험하는 데 매우 핵심적인 역할을 담당한다. 연구가들은 감정에 대한 담론으로서의 언어와 감정적 담론 등을 구분하기도 하는데, 여하튼 언어수행 관계의 내부에서 특히 푸코가 주목했던 비대칭적 권력에 의한 감정의 형성에 주목할 필요가 있다고 주장한다. 언어와 담론, 감정 간의 관계는 일상생활에서의 관계뿐 아니라 사회운동이나 집합행동의 전개과정에서도 매우 중요하다(이 책의 제8장 "언어, 감정, 집합행동"을 보라).

제3장

감정의 현상학: 시간, 기억, 신체화된 아비투스

1. 감정, 자아의식, 몸

감정과 몸

감정은 육체의 감각에 대한 해석이다. 메를로퐁티(Maurice Merleau-Ponty)는 신체적 감각은 대인관계와의 맥락 속에서 이해되어야 비로소 감정으로 정의될 수 있으므로 상호주관적 현상이라고 말한다. 몸은 피와 살을 가졌지만 동시에 문화적으로 형성된다. 잠시 덴진(N. K. Denzin)에게 주목해보자. 덴진은 우리가 살아온 몸에 대해 생물학적 몸만을 고려하는 것은 몸을 하나의 사물로 취급하는 것이라고 비판한다(Denzin, 1984: 20). 그는 '의식의 한 형태인 감정이 어떻게 경험되고 표현되는가?'라는 질문을 던지고 있다. 즉, 그는 감정경험의 상호주관적 성격을 강조하는데, 감정은 자신을 지향하는 감정과 다른 사람들을 지향하는 감정 모두를 포함한다. 감정은 자기준거적(self-referent)이다. 어떤 식으로든 자아체계 또는 그것의 준거 대상으로서의 타인의 자아체계가 없는 감정경험은 생각할 수조차 없다. 준거체계로서의 감정은 자신을 인식할 수 있게 하는 수단이다. 감정은 사물이 아니라 과정으로서 그 안에서 관리되고 있는 것은 감정을 느끼고 있는 자아이다(Denzin, 1984: 79).[1] 덴진은 다음과 같이 말한다. "나의 의식의 흐름은 감정의 장소들을 옮겨 다니고 있다. 감정의 기억, 어린 시절의 경험, 반쯤 기억하는 나의 부모들의 이미지 …… 나의 꿈, 환상, 대화들이 그곳에서 드라마처럼 연출되고 있다. 나는 내 가족으로부터 획득된 감정, 표현, 억압, 왜곡, 의미화의 레퍼토리들에 의해 나의 과거를 현재 속으로 재생한다. 감정과 사유의 레퍼토리들이 과거로부터 나에게 다가올 때, 그것들은 오늘 나의 현재의 상황을 통해 재가공된다"(Denzin, 1984: 43).

럽턴은 감정의 신체적 현존이나 표정, 신체동작, 신체적 신호 등이 감정발흥의 필수적 요인임을 강조하면서 "감정의 신체화"를 강조한다(럽턴, 2016). 아메드(S. Ahmed) 역시 현상학자들의 입장에 귀를 기울인다. 현상학자들은 감정의 지향성을 강조하는바, 감정은 "~에 관한 것(about something)이기 때문"이라는 것이다. 그것들은 대상에 대한 지향성과 정향(aboutness)을 포함한다.[2] 현상학이 의식의 학문인 만큼 아메드는 감정의식에 대해 다음과 같은 예를 들고 있다. 곰을 보고 어린아이가 달아난다. 아이는 두렵다. 우둔한 견해(Dumb view)를 가진 사람들은 곰이 어린아이를 두렵게 만들었고, 자동으로 혈압이 오르고, 땀이 나는 등 두려움의 신체적 반응이 발생한다고 말한다. 진화론적 기능이론가들은 공포가 어린아이를 보호해주는 기능을 한다고 주장할 것이다. 이때 두려움은 본능적이라고 간주한다. 그러나 그렇게 단순하지 않다. 왜 어린아이가 곰을 두려워해야 하는가? 아이는 곰이 두렵다는 것을 이미 '알고 있어야 한다'. 물론 이러한 인지는 반드시 과거의 경험(곰과 맞닥뜨렸다거나, 곰에 물렸다거나 등)에 의존하지 않는다. 곰을 만났을 때 도망갈 수 있다. 하지만 무엇에 대한 두려움인가?

---

[1] 덴진의 이 개념은 후설 이후 현상학적 시간 의식을 대변한 듯하다. 그들은 시간을 과거-현재-미래로 보기보다 이전과 지금 그리고 이후로 나눈다. 다음 절을 참조할 것.
[2] 나는 어떤 것을 기억하고, 기억은 느낌을 촉발시킨다. 기억은 내 느낌의 대상일 수 있다. 느낌은 이런 기억과의 접촉으로부터 생겨날 수 있고, 기억된 것을 지향한다. 나는 이것 혹은 저것을 기억할 때 고통을 느끼고, 기억된 것을 고통스러운 것으로 귀속시킨다(Ahmed, 2014).

무엇으로부터 도망치는 것인가? 곰을 보았을 때 어린아이는 정녕 무엇을 본 것일까? 우리는 '무서운 것으로서 곰'의 이미지를 가지고 있다. 즉, 우리는 문화적인 역사적 맥락 속에서, 기억 때문에 형성된 이미지를 가지고 있다는 것이다. 우리가 곰을 만났을 때 우리는 이미 조우(遭遇)했을 때의 위험 인상, 즉 피부의 표면에서 느끼는 인상(impression)을 가지고 있다. 이러한 지식은 신체화를 통해 몸에 각인되어 있기 때문이다(Ahmed, 2014: 7).

지난 반세기에 걸쳐 실증적인 이론이나 모델을 추구해온 주류 사회학은 추상적 인간과 행위를 설정함으로써 '피와 살을 가진 몸', '몸속에 체화된 의식', 즉 정치적, 경제적, 문화적으로 시공간의 생애를 거쳐 형성된 몸과 그 몸들이 수행하는 역할을 무시해왔다. 몸이 중요한 이유는 감정경험이 신체감각과 연결되어 있다는 것이며, 자아관념이 피와 살을 가진 몸에 육화되어 있기 때문이다. 언어 또한 감정을 생산하고 육체적 느낌을 감정으로 해석하는 데 이바지하는데, 이때 신체적 현존이 필수적이다. 물론 필자가 몸의 중요성을 강조한다고 해서 감정에 대한 생득적, 본능적 입장을 지지하는 것은 아니다. 몸은 단지 자연적 산물이 아니라 사회구성주의 측면에서 보는 바와 같이 사회문화적 과정을 통해 구성되고 그것에 의해 매개되는 대상이기도 하다. "우리의 몸을 인식하고 규제하고 장식하고 바꾸고 도덕적으로 평가하는 방식, 그리고 출생, 섹슈얼리티, 죽음과 같은 일을 다루는 방식 모두가 우리가 사는 사회문화적 상황과 역사적 상황을 통해 틀 지어진다"(럽턴, 2016: 63). 또한 "감정경험에서 신체와 사회문화적 맥락 사이에는 긴밀한 상보적 관계가 존재한다. 일련의 육체적인 감각, 예컨대 소리, 심박 증가, 복부 압박, 식은땀, 미소, 소리치기 등의 감각은 감정의 발현과 밀접한 연관이 있다. 신체감각이 감정 상태를 만들어내는 데 매우 중요하다. 후각은 장소와 공간뿐 아니라 사랑, 증오, 고통과 즐거움, 집착과 멀리함이라는 감정의 지리학도 제공하며 냄새와 맛은 사람들의 원기를 북돋고 하루를 미리 준비하게 한다.[3] 신체작용을 감정으로 또는 다른 현상으로 이해하고 경험하는 방

---

[3] 부드럽고 매끄럽고 뽀송뽀송한 것의 질감은 즐거움을, 그러나 흐물거리나 끈적거리고 미끈한 질감은 불쾌감과 혐오를 유발한다. 사랑하는 사람의 촉감은 즐겁지만 다른 사람의 그것은 불쾌하다.

식은 개인의 사회화와 생활경험에 달려 있다"(럽턴, 2016: 63).

메를로퐁티가 말하듯, 몸 자체는 물리적 존재와 지각적 의미를 통해 매개되는 감각력을 가진 존재이다. 인간은 몸의 감각을 통해 세계를 지각하고 현실 관념을 구성하는데 몸이라는 일반적인 수단을 통해 우리가 세계를 지각하기 때문이다. 세계 내 존재는 사고와 신체적 행위뿐 아니라 감정도 포함한다. 감정은 체험이라는 같은 현상의 일부이기에 서로 쉽게 분리할 수 없는 방식으로 연결되어 있다(메를로퐁티, 2002). 레이코프(George Lakoff)는 우리의 개념구조는 신체적 경험에 의존한다고 말한다(Lakoff, 2006). 인간은 육체화된 존재이기 때문이고, 지각, 신체작용, 신체적, 사회적 경험 등 모두가 사유방식의 형식에 이바지한다. 그 자체로 경험에 근거하지 않은 추상적 개념들은 육체화된 경험으로부터 파생된 은유, 환유, 이미지를 이용할 수밖에 없다. 예컨대 화는 뜨거운 것과 관련된 은유적 표현으로 기술된다. 화의 생리적 반응인 체열 증가, 내부압박감 증가, 흥분 등을 표현하는 '열받다', '화가 나서 길길이 뛰었다', '부르르 몸을 떨었다' 등 신체의 작동현상에 대한 표현은 곧 화라는 감정의 은유적 표현인 것이다.

감정의 '표층과 경계'[4]

감정은 특정한 역사적 맥락과 전통 속에서 다양한 상호작용을 통해 형성되고 동시에 사회를 만들어가고 추동하는 힘이지만 실체가 모호하여 언어적인 정의를 내리기가 난해한 '그 무엇'이다. 위에서 소개한 것처럼 감정에 대한 접근은 매우 다양하다. 필자는 사회학적 시각 중에서도 정치, 경제, 문화, 사회운동 등의 거시적인 구조적 연관성 속에서 감정을 파악한 바바렛의 접근에 주목한다.

시각은 우리가 감정과 감각 간의 연관성을 가장 의식적으로 감지하는 감각이다. 추하거나 부조화한 광경은 불안, 초조, 혐오, 공포를 유발하지만 황홀한 정도의 아름다움은 기쁨, 즐거움, 쾌락의 감정을 불러일으킨다.

4 이 용어는 Ahmed(2014)에서 따온 것이다.

그러나 필자는 감정에 대한 다양한 접근들이 그 나름의 장단점이 있다는 점을 인식하고, 통합의 가능성을 배제하지 않으며 어느 하나의 관점에 서기보다 주제의 맥락에 따라 다양한 접근들을 선택적으로 불러오기도 할 것이다.[5] 기존의 사회학적 접근들은 여전히 감정을 이미 생성된 무엇, 그리고 사회구조의 종속변수로 취급하려는 경향이 강하다. 인간 행위의 실천 산물로서의 감정이 사회적 사실로 외재한다고 하더라도 그것들은 내면화된 감정으로 개개인에게 신체화되어 있다.[6] 상호작용을 통해 구성되는 감정은 정태적인 것이 아니라 현재 진행형이며 동시에 변화하기에 동적이다. 감정은 사회문화적인 거시적 차원뿐 아니라 구체적인 상호작용 과정에서 강도와 내용 등이 변화한다(Boiger and Mesquita, 2012). 덴진이 말한 대로 감정은 이미 주어진 사물이 아니라 과정에 의해 형성되는 것이다. 그리고 그 형성된 감정은 사회화 등의 기제를 통해 개개인의 내면에 습득되고 체화되며, 이러한 감정이 다시 기존의 감정을 일으킨 사회구조를 인지하고 판단, 해석하며, 다양한 실천의 동기로 작용한다. 감정은 단순한 종속변인이 아니라 독립된, 또는 매개적인 변수로서 기존 구조와 상호작용의 관계에 다시 영향을 미친다. 이를 필자는 '감정의 구조적 효과성'이라고 부를 것이다.

감정에 대한 아메드의 견해는 매우 매력적이다. 아메드(Ahmed, 2014)는 감정에 대한 기존의 접근을 두 가지로 요약한다. 첫째는 심리학적 감정모델(psychological model of emotion)로서 감정에 대한 일상언어적 표현에 주목하는 견해이다. 이 모델은 감정의 내재성(interiority)을 가정하는데, '감정이 내부로부터 외부로 발산된다는 감정모델('inside out' model of emotion)'을 설정한다. 감정은 내재하기 때문에 그 내면의 감정이 밖으로 표출됨으로써 타자에게 나의 감정을 드러낼 수 있고, 그 결과 내가 어떤 감정을 느낀다고 언어로 표현했을 때 타자가

---

[5] 터너와 스테츠는 사회학과 생물학의 융합적 입장을 강조한다. 진화생물학적 입장에서도 양자는 밀접한 관련을 맺는다.
[6] 뒤르켐의 사회적 사실에 대한 기존의 일면적 해석은 사회적 사실(법, 규범 등)이 개개인에 외재한다고 믿는 것이다. 그러나 사회화의 기제를 통해 외재화된 것은 내면화된 상태로 외재한다. 감정들도 마찬가지이다. 그리고 그 내면화된 감정이 외부 사실들을 해석하고 변형하기도 한다.

그 감정에 동조할 수 있다는 것이다.

두 번째 모델은 감정의 사회성(sociality of emotions)으로, 심리학적 감정모델에 대한 사회학적, 인류학적 비판에서 출발한다. 이 관점은 감정의 속성 그 자체보다는 사회문화적 행위(practice)로서의 감정에 초점을 맞춘다. 감정의 효과에 대해서 더 관심을 가지는 사회학적 감정론은 뒤르켐의 집합감정, 연대 등에 대한 논의에서 그 뿌리를 찾을 수 있다. 심리학적 모델의 내재성 가정과 달리, 사회학적 감정모델에서 감정은 개인의 자기표현, 의식에서 기원하지 않는다. 오히려 감정은 사회적 형식(social form)으로서 사회적 조직을 유지하는 힘이라고 할 수 있다. 사회학적 감정모델은 심리학적인 감정모델의 외면화되는 감정모델(inside out)로부터 내면화하는 감정모델(outside in)로 이행할 필요가 있음을 지적한다. 감정은 개인 안에서 기원하는 것이 아니라 외부로부터 안으로 들어오는 것이라는 인식론적 전환인 것이다. 대중심리학과 군중심리연구는 이러한 사회학적 감정론을 경험적으로 지지하는 사례로 종종 언급된다.

하지만 아메드는 사회학적 감정모델도 결국 개인의 자리에 집합적 행위자를 앉힌 것에 불과하다는 점을 지적한다(Ahmed, 2014). 여기서 그는 주디스 버틀러(Judith Butler)의 여성주의 이론을 빌려 감정의 정치문화적 속성에 대한 몇 가지 개념을 제시한다. 표층(surface)과 경계(boundary)가 그것이다. 아메드는 자신의 대안적 감정모델이 감정을 대상에 대한 경계 형성의 기제, 과정으로서 설명하는 특징을 가지고 있다고 언급한다. 감정은 '나'나 '우리'가 소유하고 있는 무엇이 아니며, 단순히 심리학과 사회학, 개인과 집합이라는 이분화된 대립 구도로 구분될 수 없다. 오히려 감정은 우리와 세계를 구분하는 경계(boundary)를 형성하는 기제이며, 동시에 그러한 경계가 만들어질 수 있는 표층(surface)을 우리가 인식할 수 있도록 만든다. 좀 더 부언해보자. 예컨대 고통은 일반적으로 외부의 자극에 대한 반응으로 설명된다. 하지만 의학적으로 고통은 외부의 자극에 의해서도 발생하지만, 외부의 자극 없이도 내재적으로 구성되는 것이기도 하다. 고통은 자극이라는 원인에 의한 증상이기도 하지만, 만성 통증의 사례와 같이 그 자체가 질환이기도 하다. 고통이 찾아올 때 우리는 비로소 우리의 몸이 거기에 있음을 인식한다. 편안한 상태일 때 인식하지 못하던 몸을 아픔을 느낄 때 느끼게 되는 것이다. 우리가 감정을 통해서 우리의 몸을 인식하는 자리가 바로 표층(surface)이다. 표층은 마치 우리 몸의 피부와 같이 세계와 몸을 구분한다. 이 구분이 경계(boundary)이다. 표층과 경계는 우리와 타자, 세계를 구분하며 분리하지만 동시에 연결하기도 한다. 피부와 같은 표층이 우리를 몸 안으로 가두고 있지만, 피부라는 표층을 통해서 우리는 타자와 세계가 우리에게 가하는 인상, 자극을 인식하고 받아들일 수 있다. 이러한 양면적 속성이 표층과 경계의 특징이다. 아메드는 이러한 표층, 경계의 개념을 주디스 버틀러의 물질화(materialization) 개념으로부터 빌려왔음을 밝힌다. 버틀러의 물질화는 경계와 표면의 효과인데, 경계와 표면을 통해 비로소 우리가 잘 인식하지 못하던 몸이라는 현상이 물질적인 것으로 인식할 수 있게 구성된다는 개념이다(Ahmed, 2014: 24). 표층과 경계의 개념을 통해 감정을 이해하게 될 때, '나'와 '우리'라는 개념 역시 근본적으로 타자와의 관계성이 만들어내는 것이라는 점에 도달하게 된다. 감정은 그 자체로 감정 대상이기도 하며 경계 형성의 메커니즘이기도 하다. 감정은 대상(object)으로서 심리적, 사회적 구조(constitution)를 형성하는 핵심적 실천이기도 하다. 앞서 고통의 사례에서 살펴본 바와 같이 심리적, 사회적 객관성(objectivity)은 원인이 아닌 '효과'이다. 감정 그 자체가 개인적(심리적), 사회적인 것이 아니라, 오히려 감정은 '무엇'이 개인적, 사회적 대상으로 기술될(delineated) 수 있는지를 구분하는 경계를 생산한다.

2. 감정의 아비투스

감정-구조-내면화(신체화)-구조효과로 이어지는 이러한 인식은 구조와 행위의 이분법적 성향을 하나의 개념을 통해 극복하고자 하는 시도들, 예컨대 기든스(A. Giddens)의 구조화론이나 부르디외(P. Bourdieu)의 아비투스 개념과도 유사한 면이 있다. 감정 역시 행위자의 내면에 본능적으로 실재하는가, 아니면 사회적으로 실재하는 대상인가, 개인과 사회의 상호성의 산물인가, 아니면 그 상호성을 만들어내는 매개 혹은 동인인가 등의 이분법적 논의를 해소할 필요로

칼훈(Craig Calhoun)을 따라 '감정 아비투스'라는 개념을 사용해보고자 한다. 실재와 관념, 주체와 객체, 시간과 공간, 구조와 행위에 대한 과학적 논쟁은 아직도 사회과학자들을 괴롭히고 있다. 특히 시간과 공간의 지도 속에서 상호교차하는 구조와 행위에 대한 존재론적, 인식론적, 방법론적 쟁점은 이제는 새롭지 못한 것으로 외면되고 있을 정도이다. 부르디외(P. Bourdieu)가 제시한 아비투스(habitus) 개념은 이러한 문제를 해소하려는 개념으로 등장했다. 부르디외는 "객관적 구조와 주관적 실천을 매개하는 요소로서 오랜 기간을 거쳐 형성된 일정한 성향"을 아비투스라 말하고, 사회를 구성하는 다양하면서도 각각 특유한 조직원리를 지닌 장(場)의 개념을 바탕으로 계급갈등 문제에 접근하고 있다.[7] 사회는 경제, 정치, 교육, 가족 등 다양한 장(공간)으로 구성되어 있으며, 각각의 사회적 장은 일종의 게임이자 투쟁의 장으로서 각각 특유의 이해관계를 가지는 일정한 원칙들과 위계질서가 존재한다. 예컨대 경제의 장, 정치의 장, 종교의 장, 학문의 장, 스포츠의 장 등은 서로 다른 그 내부의 독특한 논리 구조를 갖고 있으며 서로 상대적인 자율성을 지니고 있다. 각 장 안에서 발생하는 투쟁은 일종의 게임 논리인데, 이러한 갈등이나 투쟁은 물질적인 것뿐 아니라 상징적인 것들의 가치를 둘러싸고 발생한다. 예절, 취향, 학력 등의 상징자본은 경제적(금전) 자본과 시간(유한)의 투자결과로 생겨나는 것으로, 각 장 안에서의 지배관계는 주로 '상징적 폭력'에 의해 유지·재생산된다. 상징적 폭력이란 강제적인 것이 아니라 지배자와 피지배자 모두가 받아들여 지배관계의 억압적 성격이 은폐된 "온화하면서, 보이지 않는 형태의 폭력이다"(Bourdieu, 1990; 정선기, 1998; 이상호, 1994; 김왕배, 2001).[8]

칼훈은 부르디외의 아비투스 개념을 따라서 '감정적 아비투스'라는 개념을 사

---

[7] 부르디외는 장(場)의 개념을 도입하여 정치의 장, 종교의 장, 학문의 장, 예술의 장 등 다원화된 차원의 장을 설정하고, 각각의 장이 그 고유한 투쟁목표와 이해 관심들로 구성되어 있다고 본다.

[8] 아비투스는 그 장들 속에서 형성되는 특정한 성향, 직각 틀로서 장 속의 위치에 맞게 재조정되는 것이다. 아비투스와 장의 변증법적 상호작용의 결과로 사회적 실체가 만들어지고 발생한다. 아비투스에 대해 Bourdieu(1989, 1990), Robbins(1991) 등을 볼 것. 그리고 부르디외의 전반적 저작을 평가한 다양한 논문들로 Robbins(2000), 국내 논문으로는 이상호(1994), 윤정로(1991) 참조.

용한다. 감정적 아비투스는 개개인들이 감정을 인지 및 지각과 관련시키는 독특한 행동방식으로서 개인의 내면에 존재하는 것이 아니라 개인이 사회관계에 배태된 결과로 발생한다(칼훈, 2012). 그는 아비투스를 전적으로 개인이 소지하고, 개인의 내부에 존재하는 것이 아니라 개인이 사회관계에 각인된 결과 발생하는 것으로 파악한다(Goodwin et al., 2009).[9]

알베르티(Fay Bound Alberti) 역시 다음과 같이 말하고 있다. "감정은 신에 의해 주어진 것이며 동시에 동물과 공유하는 것이기도 하고, 마음속에 내재한 것이면서 표현들의 코드에 의해 학습된 것이기도 하다. 아비투스는 계급이나 젠더, 인종 등과 연관된 신체화된 느낌, 사고를 말한다. 신체화의 개념은 생물학적이고 보편적인 것으로 감정을 인식하려는 관점의 한계를 극복한다. 부르디외의 아비투스 개념은 정신적이고 신체적인 감정경험을 사회적 과정에 의한 내면화의 산물로 간주하게 한다"(Alberti, 2010). 감정은 시간과 공간, 역사와 문화, 사회화 등에 의해 형성된 사회적 아비투스이며, 의사소통적이고 신체화된 그 무엇인 것이다.[10]

감정은 상호작용하고 있는 개인들의 상호작용과 그 흐름 속에서, 살아 있는 경험으로 연구되어야 한다. 감정을 하나의 동적인 사회적 과정으로 보아야 한다는 것인데 덴진의 주장이 필자의 이러한 입장을 뒷받침한다. 덴진은 감정을 사회적 경험에 대한 하나의 삽화적(episodic)이고 사건적인, 즉흥적인 것으로 간주해서는 안 되며, 특히 감정에 대한 자연주의적 과학의 접근은 지양되어야 한

---

[9] 경험은 의식적 행위나 태도 이상의 것이다. 즉, 경험(erfahrung)은 보다 광범위한 개념으로 인간과 환경이 관련하는 방법 또는 성과의 총체를 의미한다. 일반적으로는 우리는 늘 긴장되어 있고, 스스로 자각하는 의식과 그 의식에 바탕을 둔 경험만을 논하는 경향이 있다. 그러나 사람들 대부분은 일상성을 당연한 것으로 받아들이고, 별달리 의심하지 않는 상태에서 살아가고 있어서 일상생활에서 반복되는 경험은 거의 무의식의 수준에 가깝다. 그리고 어떤 계기가 생긴다면 의식의 세계로 바로 인지되는 삶의 상태가 곧 경험인 것이다. 일상생활에서의 경험은 비교적 장시간에 걸쳐 다양한 사회적 조건들에 따라 형성된 기질에 의해 그 특성이 나타난다. 그리고 그 기질은 대부분 의식과 전의식 속의 통로 속에 묻혀 있다.
[10] 감정은 정적인 것이 아니라 동적이며, 열이나 압력 등과 같은 것과 연관된 문자적, 은유적인 것이다(Lakoff·Kövecses, 1987; Johnson, 2012).

다고 주장한다. 감정에 대한 현상학적 해석을 주장하는 그는 감정을 인과적으로 설명할 수 없고, 기술적이며 이해적인 방법을 동원해야 한다고 말한다. 감정 연구는 감정의 요인들이나 인과적 행위자를 탐구하는 것이 아니다. 이론적 검증이 목적이 아니므로 엄밀한 귀납이나 연역을 요청하지 않는다. "감정은 순진하든 현실적이든, 합리적이든 비합리적이든, 의식적이든 무의식적이든, 신체적이든 사회적·문화적 힘들의 산물이든 모든 것을 포함한다. 감정-과정의 통로, 본질, 핵 등은 매우 신중하게 포착되어야 하고 해석되어야 한다. 감정은 그 자체로 경험 흐름의 현상적 궤도를 갖는 것으로서 그 자체의 거소(居所)를 가지고 있다"(Denzin, 2009: 11~12).

　필자 역시 이러한 덴진의 현상학적 의견에 동조한다.[11] 감정을 인과적으로 연구하기도 어렵고 또 반드시 그래야 할 필요도 없다. 감정을 하나의 텍스트로 본다면, 그 텍스트를 둘러싼 문맥으로의 맥락성, 느슨하거나 결착(結着)된 지점 등에 대해 유기적으로 주목할 필요가 있다. 예를 들어, 친밀성을 자본주의의 교환가치로 상품화하고자 하는 현대 자본주의의 흐름을 이해하지 않고는 감정자본주의나 감정노동의 본질을 이해하기 어렵다. 살아 있는 경험의 사회성, 이는 곧 감정적 상호주관성의 문제이다. 나와 타자의 감정은 사회적 대상 또는 사회적 사실로 존재하고, 어느 특정한 사회적 의미 속에서 작동한다. 감정은 단순히 내적인 본능으로서가 아니라 상호주관적인 과정을 통해 형성, 변형되고 다시 상호주관성에 개입하여 그것에 영향을 주는 사회성을 갖는다. '사회성이 감정적이다.' 그러나 이 사회성의 감정은 우리의 몸속에 오랜 시간적 관습을 거쳐 신체화되고, 신체화된 감정은 일정한 성향으로서의 아비투스로 작용한다. 그리고 아비투스가 비록 '장기구조적 속성(long durée)'을 갖지만, 상황적 맥락에서 약

11　후설 현상학을 이어받아 전형, 상식, 이방인, 사람들이 당연하다고 믿는 생활세계의 상호주관성 등을 사회학적으로 전개시킨 슈츠(Alfred Schutz), 그리고 미시적 주관성에 초점을 두었던 고프먼(Erving Goffman), 객체화된 실재와 주관성 사이의 상호성을 강조한 버거(Peter Berger)와 루크만(Thomas Luckmann) 등의 현상학적 논의는 여기에서 세세히 다루지 못한다. 한편, 마르크스주의의 입장에서 물신화된 상품세계와 주관의식의 변증법적 관계를 강조했던 현상학 역시 감정의 현상학을 체계화하는 데 큰 도움이 될 것이다. Bologh(1979)를 볼 것.

화, 강화, 표출, 잠재되는 성격을 갖는다.

감정적 상호주관성(혹은 감정의 사회성)이란 다른 말로 하면 우리가 느끼는 감정경험 속에서 대상의 인지와 자아 간에 감정적 연계성이 존재한다는 것이다. 이 과정은 상호주관적인 자아들의 신체, 엄밀히 말하면 신체화된 감정들의 경계가 서로 맞닿음을 의미한다(Denzin, 2009: 131). 즉, 감정적 상호주관적 상황은 객관적이고, 관찰 가능하며, 모든 자아가 참여한다(그래서 이 모든 자아의 참여세계가 후설이 말한 대로 생활세계의 지평을 이루는 것이 아니겠는가?). 감정적 상호주관성은 타자의 감정세계를 어떻게 이해하고 해석할지의 문제를 제기하기 때문에 공감, 동감, 상상, 역할취득의 능력, 추론, 이해 등 입체적인 감정의 교류(이를 통한 성찰적 또는 직관적 이해와 판단)를 불러일으킨다. 인간은 자신의 감정을 타자의 감정에 이입시키고, 타자를 이해하려 한다. 즉, 이런저런 방법으로 개인들은 타자의 감정에 대한 정보를 모으고, 자신에게서 발현되는 느낌이나 감정 안에서, 자신들의 감정을 통해 타자에 대한 이해들을 도출해낸다. 즉, 타자의 감정세계에 들어가는 것이다. 감정적 상호작용과 감정적 이해(emotional understanding)는 나와 타자, 그리고 우리가 살아가는 생활세계에서 공유할 수 있는 의미구성을 가능하게 한다.[12]

윌리엄스는 감정에 대한 거시사회적 관점을 밝힌 바바렛이 이성과 감정을 분리된 것이 아니라 서로 융합된 것으로 본다는 점에서 그녀의 이론을 수렴이론 혹은 급진이론으로 명명한다. 그는 '사회적으로 이미 구성된 것'과 '사회적으로 구축(형성)하는 것'의 차이를 지적하고 있는데, 후자는 전자의 한 부분이라는 것이다. 바바렛 같은 학자는 구조에 배태된 개인의 경험 속에 '원한' 같은 감정이 내면화되는 것으로 본다(Barbalet, 1999: 65). 그리고 의사소통과 담론 등은 감정을 사회적으로 형성하는 데 큰 영향을 미친다. 필자는 이 '구성됨'과 '구성함'의 관계를 좀 더 능동적인 개념인 감정 아비투스 개념에 포함하고자 한다. 즉, 이미 습속화된 감정(감정 아비투스)이 언어와 담론 등을 통해 지속적으로 재생산되

---

[12] 필자는 이러한 타자성찰적 감정을 도덕감정으로 보고자 한다. 공감은 도덕감정의 근본적 요인인데, 셸러(Max Scheler)와 덴진의 현상학적 입장이 매우 큰 시사점을 던져준다.

면서 동시에 상황을 해석하고 변형시킨다는 것이다. 사회적 지위에 따른 권력, 불평등, 손익을 강제하는 사회구조는 긍정적 감정(자부심, 성취감, 만족감)이나 부정적 감정(수치심, 불만) 등을 불러일으키고, 이러한 감정은 지위, 계급 간 구별짓기를 공고히 하거나 혹은 이에 저항하는 힘으로 작용한다. 한마디로 감정은 정적이면서도 동적이고, 구조화된 것이면서 구조화하는 것으로 '과정적'이다. 감정은 단순히 구조화된 사물이나 정적인 수동적 속성을 지닌 것이 아니라 그 자체로서의 사회적 효과(effectivity)가 있으며, 동적이면서도 능동적이다. 윌리엄스가 말한 대로 감정은 "전적으로 사회적인 것, 사회적 산물, 사회가 준 선물이 아니다"(Williams, 2000: 568). 즉, 감정은 완전히 사회적인 것도 아니며(사회적 산물이 아니며), 구조화된 사회적 관계 속에 있는 것으로, 시간의 흐름에 따라 정교화된 것이다. 감정은 사회적으로 [이미] 구성된 것이며 [현재] 사회적으로 구축되는 성격을 갖는다. 실재론적 원칙을 가지고 있으면서 동시에 '발현적'인 것이다(Williams, 2000: 569).

요약컨대, 감정은 상호작용의 산물로서 구조화된 실체이기도 하고, 행위를 유발하는 동기이며 중개자—거시-미시의—이자 동시에 그 자체가 하나의 대상, 즉 사회적 자아에 부착된 의미 있는 대상으로서 사회학자들이 주목해야 할 '독자적 대상'이 되어야 한다. 즉, 감정을 단순히 행위유발의 동기나, 행위를 중재하는 매개변수 정도로 간주할 것이 아니라, 그 자체로서의 논리와 실체, 힘을 갖는 '제3의 얼굴'로 간주해야 한다는 것이다(Wasielewski, 1985).

3. 시간과 감정의 기억

시간과 기억

나는 '지금/여기'의 시공간 속에 현존하고 있다. 시공간을 따라 구조화된 아비투스적 감정은 초(超)시간적 경험으로 우리의 신체 속에 어떻게 남아 있는 것일까? 시간이 존재의 필연적 전제라고 한다면 감정의 경험은 초시간적이라기보다 초월적 시간 위에 탑재된 것이다. 이 초월성이란 무엇인가? 필자는 이 절에서 시간에 대한 후설(E. Husserl)의 현상학적 시각을 중심으로 논의해보고자 한다.

내가 '지금' 이 시각에서 바라보고 있는 책상과 책, 컴퓨터, 연필 등은 나의 지각 속에는 어제 보았던 그리고 조금 전 보았던 사물들이고, 그 사물들의 의미는 변하지 않고 지속해왔으며 앞으로도 지속할 것이다. 내 앞에 현전하는 것들은 어제의 시간 그리고 내일의 시간과 엇비슷할 것이다. 내 앞에 놓여 있는 대상의 유사함은, 시간이 흐른다면 적어도 어제보다 아주 미세한 차이가 있기는 하겠지만, 왜 불변으로 남아 있는 것일까? 시간은 흘렀으나 대상이 변하지 않았거나, 대상은 변했지만 시간이 흐르지 않은 것 같았기 때문이다. 즉, 그때 그 시간, '그때의 지금'이 오늘날 현전하기 때문이다. 그때의 시간 속에 발생한 '사건'은 기억으로 재생된다. 엄밀히 말하면 그때 사건의 체험은 기억 속에 저장되어 있고, 지금 이 순간에 기억재생의 활동을 통해 재현된다. 비록 그 재현과 원본의 경험의 간극이 있다 하더라도.[13] 시간은 객관적인 물리적 대상으로만 존재하는 것일까? 절대적이고 불변적이며 비가역적일까? 객관적 대상으로서의 시간, 그리고 심리적인 주관적 시간을 구별해보자. 실재론의 측면에서 본다면 시간은 객체로서, 대상으로 존재한다. 불변적이며 절대적이고 균질적이며 전방을 향해 흘러갈 뿐이다. 균질한 것의 흐름인 것이다. 그러나 시간에 대한 인지와 느낌은 개개인의 주관적 상황에 따라 변할 수 있다. 즐거운 날의 시간은 너무나 빠르고 괴로운 날의 시간은 너무나 길다. 종교적 시간은 어떨까? 고요하고 영원한 시간, 특히 죽음 이후의 영원한 시간에 대한 믿음은 속세의 시간을 덧없이 여기게 한다.[14] 이처럼 시간은 다차원적 속성을 갖는다.

삶, 주기, 순환 혹은 일생, 그때, 지금, 미래, 여유와 급박함 모두 시간을 둘러

---

[13] 시간은 흐르는 것일까? 그러나 시간도 정지한다. 정지한 시간이 무한히 지속한다. 가령 블랙홀에서는 시간이 정지해 있다.

[14] 물론 종교의 시간도 다양하다. 기독교들에게 시간은 종말을 향해 지속하는 비가역적인 단선 진행형(unilinear)의 시간이다. 종말의 시간, 휴거의 시간이 도래하고 나면 영원한 천국의 시대, 그 시간만이 흐를 것이다. 불교에서 말하는 찰나와 겁의 윤회하는 시간은 주기적이고 순환적이다. 그러나 이 순환의 고행을 벗어나면 그 역시 영원한 해탈의 시간을 맞이한다.

싸고 벌어지는 시간상의 일이다. 현대에 우리를 지배하고 있는 시간은 '객관적이고 불변적이며 균질적인 대상으로서, 계량화되고 측정 가능한 시간, 즉 시계의 시간(clock time)'이다. 카오스적인 시간을 넘어 연대기적 시간, 그리고 연대기적 시간으로부터 시, 분, 초로 나눌 수 있는 시계의 시간이다. 이 시간의 개념은 종교적이고 심리적이며 신화적인 시간을 형이상학적인 상상의 영역으로 밀어내고 과학기술의 발달과 함께 더욱더 견고하게 우리의 삶 속에 자리 잡았다.

이 시계의 시간이 출현하기 전에 우리는 몸으로 지각하고 느끼는 시간을 경험했고, 그 시간의 경험에 의미를 부여하고 실천을 할당하는 생물학적 시간, 즉 몸의 시간 혹은 신체의 시간을 보냈다. 시계의 시간에 따른 것이 아니라 자연의 흐름과 순환을 따르는 몸의 활동에 시간을 맞추었다. 별이 지고, 해가 뜨고, 달이 지는 순환으로 주기적 시간(의식)을 가졌으며, "닭이 울고 처마에 해가 걸리면 일어나 밥을 지었다. 자연적 주기에 맞춘 생물학적 리듬이 삶의 시간이 되었다. 하지만 오늘날 시계의 시간이 우리의 실천을 규정짓는다. 배가 고파서 먹기보다 시간이 되었기 때문에 밥을 먹는다. 졸려서 잠을 자는 것이 아니라 시간이 잠을 청하게 한다. 시간표는 더욱 촘촘해지고, 시간을 감지하는 몸은 시간표에 의해 조정된다"(김왕배, 2018b). 산업사회의 새로운 근대조직은 시간에 의해 효율적으로 삶의 방식을 구성하기 시작했다. 시간은 규율(훈육)의 도구로 활용되었다. 학교, 공장, 병원, 국가 등의 근대의 공간 속에서 개인의 신체 규율이 체계적으로 수행되고, 푸코가 말한 것처럼 집단신체인 '인구'에 대한 통치성은 기본적으로 시간을 조율하는 과정이기도 했다(푸코, 2009).

자본주의 사회에서 시간은 '돈'이다. 시간에 의한 공간의 소멸을 예고했던 마르크스는 자본축적의 순환을 높이기 위한 자본가들의 다양한 이윤축적 행위, 즉 도로, 통신, 어음 등의 발달을 논의했다. 노동시간은 절대적 잉여가치이든 상대적 잉여가치이든 이윤축적의 절대적 대상이다. 그리고 오늘날 빛보다도 빠른 이윤사냥의 시대, 빛보다도 빨라야 할 질주의 시대, 특히 경쟁과 도태의 사회에서 시간은 황금 같은 수단이며 목적이다.[15] 시간은 사회적으로 조직되고 있다. 듬성듬성하게 나뉘었던 연대기적 시간은 과학기술의 발달로 더욱 세밀하게 나뉘고, 권력집단의 통치수단으로 시간은 사회적인 것이 되었다. 시간 자체에 사회성이 담보된 '사회적 시간'이 탄생한다. 이제 우리는 절대적이고 불변적이며 물리적인 시간, 그리고 균질하고 균등하게 계량화된 시계의 시간만 소유하는 것이 아니다. 상대적이고 가변적이며 불균등하고 질적으로 다른 역사와 사회의 시간을 동시에 소유하게 되었다. 어느 시간은 순환하고, 어느 시간은 맥락에 따라 매우 가변적이며, 어느 시간은 불연속적이고, 가역적이다.[16]

그렇다면 시간 의식은 어떠한가? '지금'의 시간은 과연 지나간 시간(지나간 지금)과 단절되어 있는가? 후설의 시간현상학으로 돌아가보자. 다양한 국면 속에서 파편화된 것으로 나타나는 대상을 종합적으로 통합된 요소로 지각하는 것은 본성상 시간적이다. 즉, 대상에 대한 시간의 의식이 대상의 지각을 종합하여 완성 짓는 것이다. 대상의 동일성에 대한 경험, 예컨대 앞서 지나간 동료를 보고 그를 기억하며 내일 동일한 그를 볼 것이라는 생각, 수많은 군중과 거리를 걸으면서도 서로를 피해갈 것이라는 생각, 길을 잃지 않고 경험의 흐름을 따라 행동할 수 있는 그 무엇은 시간적인 현상이다. 나는 지금의 대상을 응시하고 지각한다. 그러나 그 지각은 점(点)적인 순간에 존재하는 것의 의식이 아니다. 현전하는 대상을 지금 지각하지만, 그 '지금' 속에서 나는 지난 과거의 시간과 앞으로 다가올 미래의 시간의 지각대상을 통합적으로 지각하고 있다. '지금'이라는 현전의 시간에 작용하고 있는 지각은 지속하는 시간 의식을 내포한다.[17]

후설은 현상학적 시간과 우주적 시간(혹은 객관적 시간)을 구분할 것을 주문한다. 다소 난해한 그의 이야기를 직접 인용해보기로 한다.

---

15 비릴리오(Paul Virilio)는 한비자(韓非子)를 인용하면서 전쟁에서의 승리는 누가 빨리 점령목표에 도달하는가에 달려 있다고 말한다. 즉, 전쟁은 시간과의 싸움이다(비릴리오, 2004).
16 사회학자들은 시간을 통시성, 공간을 공시성으로 파악하려 한다. 시간을 흐름으로 인식하고 그 흐름을 역사로 본다. 그 역사 속에서 형성된 구조를 장기적인 시간을 통해 구조화된 것과 비교적 역사가 짧은 것으로 구분한다. 전통과 습속은 상대적으로 장기지속(long durée)적이다. 시간지리학자들의 시간 할당과 실천행위를 참고하라. 기든스의 구조화 이론 속에서 시간과 공간, 구조와 행위의 네 요소가 교차하는 지점을 볼 수 있다(기든스, 1981).
17 시간에 대한 후설의 의식은 다른 대상에 대한 현상학적 접근과 마찬가지로 단순화된 자연적 태도, 즉 객체 존재에 대한 소박한 믿음을 중단하고 우리가 경험(체험)하는 시간으로 돌아갈 것을 주장한다.

'지금' '이전에' '이후에' 그리고 이것들을 통해 양식상 규정된 '동시에' '잇달아' 등 그 주어짐의 양상을 지닌 체험 그 자체에 본질에 적합하게 속한 그 현상학적 시간은 어떠한 태양의 위치에 의해서도, 어떠한 시계에 의해서도, 어떠한 물리적 수단을 통해서도 측정될 수 없다. …… 이 체험의 지속은 필연적으로 무한한 시간지평을 갖는다. …… 시간성(zeilichkeit)은 모든 개별적 체험뿐 아니라 체험들과 체험들을 결합하는 필연적 형식도 가리킨다. 모든 실체적 체험은 필연적으로 지속하는 체험이다. …… 의식하지 못할지라도, 회상을 통해, 기억을 통해 혹은 무의식으로 머물러 지속하는 체험이다. 그리고 이 지속에 의해 체험은 지속함의 무한한 연속체에 자리를 잡는다. 예를 들어, 시작하며 끝나는…… 지금에 덧붙여진 새로운 지금이 연결되는 방식, 이와 더불어 모든 현실적 지금이 '방금 전'으로 변하고 새롭게 연결되는 모든 지금(후설, 2012: 267, 270).

그의 논의를 쉽게 말하자면 시간 의식은 단절적이 아니라 연속적이며 그 의식 속에서 과거의 체험은 현재 속에 지속하고, 현재 체험의 인상은 과거를 지향한다는 것이다. 그리고 이러한 과거지향의 지평은 다가올 미래, 즉 '이전'에 상응하는 '이후'의 연속체의 방향성도 갖는다. 모든 체험은, 지금은 비록 그것이 새롭게 등장하는 어떤 체험의 시작 국면에 있다 하더라도 필연적으로 자신의 이전의 지평을 갖는다. 필연적으로 그것은 지나가버린 어떤 것, 즉 지나가버린 체험을 포착하는, 지나가버린 지금의 의미를 가지며(지나가버린 지금의 연속), 그리고 또한 이후의 지평을 갖는다. 모든 지금체험은 비록 그것이 최종국면이라 하더라도 곧 새로운 지금으로 변화하며, 지금체험의 지평은 그 이전(과거의 지금)과 이후(미래의 지금)의 지평을 포괄함으로써 충만해진다. 이 지평을 후설은 세 겹의 경험 지평(threefold horizon of experience)이라 부른다. 이 지평은 "변형된 지금의 이전 체험들에 대한 무한한 지평, 즉 동일한 지금에 속하는 모든 것을 포괄하는 지평, 요컨대 동시 지금으로 존재하는 자신의 지평을 내포하고 있다. …… 우리는 순수자아의 체험들에 관해 이전에(before), 이후에(afterward), 동시에(simultaneous), 즉 세 가지 차원에 따라 끝에서 끝까지 측정할 수 있는 순수자아의 현상학적 시간의 장을 갖는다. 우리는 또한 그 자체로 엄밀하게 완결된 시

간적 체험통일체의 흐름을 소유한다"(후설, 2012: 272).[18]

우리는 순간만을 의식하는 것이 아니다. 즉, "의식의 흐름은 진주알 목걸이들의 진주알처럼 단독적인 것에 머물러 있지 않다"(자하비, 2017: 146). 이러한 시간 의식은 곧 기억체험이라고 볼 수 있다. 그때 체험한 기억은 '지금' 시간의 대상 속에 결착되어 현전한다. 즉, 과거는 또는 지나간 과거의 시간경험은 지금의 시간에 내포되어 있다. 이러한 의식체험을 설명하기 위해 후설은 멜로디(다양한 국면에 동시에 존재할 수 없지만 시간을 가로질러 현전하는 대상)에 주목한다. 지금(현재)은 폭을 갖는다. 즉, 현재 도레미라는 멜로디의 흐름 속에서 우리는 "미"라는 음을 들을 때 "미"만을 의식하는 것이 아니라 이미 흘러간 두 개의 음을 의식하고 있는 의식을 발견한다. 즉, 앞선 두 음을 여전히 듣고 있는 의식을 발견한다. 잇따름을 체험하고 있는 것이다(자하비, 2017: 147).[19] 대상의 지금-국면을 근원 인상(primal impression)이라 불렀을 때 이 지금-국면은 잇따른 시간 지평에 놓여 있다. 시간 지평 속에서 지금의 대상은 이미 지난 것(방금)으로서의 파지(把持, retention)를 수반하는데, 사실 지나간 것뿐 아니라 다가올 것으로서의 예지(豫持, protention)를 불러오기도 한다. 전자는 바로 지나간 대상 국면에 대한 의식의 지향이고, 후자는 다소 불명확하지만 예상하는 대상 국면에 대한 지향이다.[20]

흐름의 정지된 상태가 지금이지만 지금은 '혜성의 꼬리처럼' 미끄러져 나간다. 그리고 이러한 시간 의식은 반성 이전의 성찰이다. 후설은 반성철학 이전의 반성(反省)을 논한다. 즉 반성이 시작될 때, 이미 선(先)성찰적인 것이 파지 속에

---

18 본 인용 구절은 필자가 한글 번역본을 일부 수정한 것이다.
19 우리는 지금 어떤 특정한 음 속에 과거에 울렸던 음들의 'have been' 상태를 경험한다. 현재는 칼날의 현재가 아니다. 지금은 이미 지나버린 지금(지금 아님)과 아직 지금 아님의 교차지역이다(갤러거·자하비, 2013: 142).
20 그러므로 자하비가 말한 것처럼 근원 인상은 지금-국면 자체가 아니라 대상의 지금-국면에 대한 의식이고, 그 의식구조는 대상의 파지와 예지를 내포한다. 파지와 예지는 과거-미래가 아니다. 그것은 근원 인상과 동시에 일어난다. 즉, 대상의 지금-국면의 지향은 과거의 국면과 미래국면이 동시에 이루어지는 것이 아니다.

보유되어 나타난다. 파지는 반성의 조건이다(자하비, 2017: 159). 나를 주제화할 수 있는 것은 따라서 이미 존재하고 선반성되었던 것이 시간의 지평 속에 지속해 있어서가 아닌가? 선반성적 자기의식(내적 시간 의식)이 존재하기 때문이다. 필자는 이를 곧 내가 나를 의식할 수 있는 것, 즉 자신의 주제화는 자기가 자신을 반성하기 전에 이미 선(先)반성적 존재이기 때문으로 파악한다. 즉, 나는 현재(지금-국면)의 시간 지평(과거 또는 과거로부터)에 있기 때문이다.[21]

또한 "나는 나의 삶 속에 있는 나"(자하비, 2017: 161 재인용)이다. 내적 시간 의식을 통해 우리는 의식의 흐름을 의식할 뿐 아니라(선반성적 자기의식), 주관 속에서 경계 지어진 시간 대상으로서의 작용들을 의식하고(반성적 자기의식), 객관적 시간 속에서의 초월적 대상들을 의식한다(지향적 의식). 이 절대적 흐름은 반성으로도 환원되지 않은 익명성인 것이다.[22] 그렇다고 이러한 사유가 유아론적 직관주의를 표방하는 것은 아니다. 후설은 현전에 대한 지금의 지각은, 즉 가장 직접적인 경험으로부터 나타나는 것조차 습득된 지식, 이전의 침전된 경험으로부터 나온다고 말한다. 즉, 지나간 지금-통상 과거라고 하는-이 파지로 남아 있다.

후설의 지향 개념은 대상을 종합적이고 유기적, 전체론적 시각으로 볼 수 있음을 의미한다. 현재 지각하는 대상의 초월성을 강조하는 그는 대상이 나의 지각적 작용의 일부가 아니라는 사실, 즉 "내가 사과나무를 볼 때 나타나는 것과 나타남 자체를 구별"해야 한다고 말한다. 왜냐하면 사과나무는 결코 전체로 주어지지 않고 언제나 어떤 제한된 관점으로 주어지기 때문이다. 나에게 주어지는 것은 사과나무의 앞면과 뒷면, 아랫면을 포함한 사과나무 전체가 아니고 일부이며, 심지어 가장 완전한 직관 속에서조차 오직 단일한 음영만이 주어진다. 그런데도 우리가 지향하고 경험하는 것은 나타나는 대상이지 직접 주어진 음영이 아니다. 이것이 어떻게 가능한가?(자하비, 2017: 169). 자하비(Dan Zahavi)는

---

21 주관성 자체가 자기 시간화이다. 지향적 작용은 흐르는 경험 속에서 물결처럼 근원적으로 주어진다(자하비, 2017: 160).
22 따라서 이는 선(先)언어적 경험이기도 하다.

사과나무를 직관적으로 현전하는 것은, 즉 단지 단일한 음영(profile)[23]일 뿐인데도 우리가 사과나무 자체를 전체적으로 지각하는 이유는 후설이 말한 지평지향성(horizontal intentionality)이라고 부른 것 덕분이라 말한다. 후설은 현전하는 대상의 음영에 대한 우리의 직관적 의식은 언제나 부재한 음영들인 대상의 지평에 대한 지향적 의식을 동반한다고 주장한다. 우리가 오직 직관적으로 주어진 것만을 향한다면, 그 대상에 대한 어떠한 지각적 대상의식도 가능하지 않을 것이다. 모든 지각은 '넘어 지시함'을 수반한다. 다시 말해 사과나무는 현전과 부재(직관적으로 주어지지 않은 다양한 음영들) 사이의 지각작용에 의해서만 직관적인 초월적 대상으로 나타날 수 있다(자하비, 2017: 170).[24] 그리고 한 대상의 지각은 '배경'을 갖는다. 책상 위에 놓여 있는 사과는 주변의 사물들, 환경들과 다소간 함께 의식된다. 이 배경의 장이 세계 지평인 것이다(자하비, 2017: 171).

앞서 말한 바와 같이 '지금'은 근원 인상-파지-예지와 함께 삼중의 구조 속에 존재한다. 그런데 이러한 삼중의 구조 속에서 지금이 가능한 것은 기억의 작용 때문이다.[25] 필자는 기억을 의식 작용(노에시스)의 한 과정으로 볼 것이다. 즉,

---

[23] 대상의 음영은 자하비가 영어로 profile로 번역하고 있고, 독일어로 Abschattung이다. 음영은 사물이 직관될 때의 특유한 소여 방식을 나타낸다. 이 용어를 사물의 측면, 면모와 구별하여 이해해 볼 수 있다. 보는 관점에 따라 서로 다르게 나타나는 서로 다른 모습을 면모라고 한다. 그런데 사물의 같은 면모는 그것을 바라보는 주관이 언제 어떠한 상황에서 보는가에 따라, 또다시 시시각각 변하는 모습 속에서 주어진다. 이렇게 바라보는 주관이 처한 특수한 상황 속에서 사물이 시시각각으로 변하며 주어지는 모습을 우리는 음영이라고 한다(자하비, 2017: 63, 역자 각주 25).

[24] 나는 의자를 지각하는 것이지 의자의 앞면, 뒷면, 안쪽 면, 다리와 같이 내가 지금 바라보는 표면을 지각하는 것이 아니다. 의자를 바라보는 시선의 초점을 바꿀 수 있지만, 우리의 지각적 의식은 우리가 대상 그 자체를 파악하기 위해 바라보고 있는 관점의 일면을 계속해서 초월한다는 사실이다. 비록 지각되는 대상의 일부만 직관적으로 주어진다 해도 지각은 온전한 대상의식을 우리에게 제공한다. 이게 어떻게 가능한가? 후설이 말하는 바에 따르면 지평적 지향성 때문이다. 후설은 현전하는 일면에 대한 우리의 직관적 의식에는 항상 대상의 부재한 일면들의 지평(horizon of absent profiles)에 대한 지향적 의식이 동반된다고 주장한다.

[25] 기억은 마음이라는 사진 앨범에 저장된 일련의 가족사진과 같은 것이 아니다(갤러거·자하비, 2013: 156). 기억은 파기될 수도, 왜곡될 수도 있으며 원기억은 손상될 수도 있다. 문화, 언어 등 큰 배경지식에 의해 침투되어 있거나 영향을 받고 있는지도 모른다. 우리는 역사의 관찰자이기 전에 먼저 역사적 존재이며 오직 역사적 존재이기 때문에 역사의 관찰자가 되는 것이다(갤러거·

경험을 재생하고 판단하고, 지속적인 의미를 부여하고 지각하는 과정이 곧 기억의 과정이다. 기억은 먼 과거(그때의 지금)가 '파지'로서 침전되어 현전한다고 하더라도, 그래서 혜성의 꼬리처럼 쇠락해지거나 오래된 필름을 보는 듯 희미할 수 있으나, 또한 내가 직접 체험하지 못한 채 텍스트를 통해 인지된 경험일 수도 있으나, 그것은 지금-국면 속에 요동치고 있다. 후설은 지금의 범주에서 벗어나 있지만 언젠가 그때(거기) 그 시점에서 완결된 사태를 '지금'으로 다시 호출하는 의식의 작용을 파지와 달리 회상이라 부른다. 후설은 기억을 일차적 기억과 이차적 기억(회상, recollection)으로 나누었다. 일차적 기억이 지금의 파지로 드러나는 것이라면 이차적 기억, 즉 회상은 지금 파지의 범위에서 벗어나 있으나 의식의 작용 때문에 지금 안으로 들어오는, 굳이 말하자면 '호출된 파지'이다. '지금'은 지나간 지금 시대의 체험과 함께 존재한다. 파지가 지금과 함께 근원 인상으로 등장하는 기억이라면, 회상은 '과거에 완료된 지금'을 끌어오는 것이다. 그러나 이것은 침전된 것으로 남아 있다. 역사의 시간 속에서 그리고 개인의 평생의 삶의 시간 속에서.[26]

기억에 대한 후설의 논의를 좀 더 상술해보자. 후설에 의하면 "지나가버린 객체에 관한 의식은—비록 이것이 지금은 더는 지각의 의식으로서 혹은 더 적절히 말하자면 오히려 인상적 의식으로 기능하고 있지 않더라도—절대 사라지지 않는다"(후설, 2011: 96). 그리고 "인상에는 과거지향의 일차적 기억이 연결되어 있다. 그때그때의 지금에 연결된 국면의 연속성은 과거지향과 다름이 아니기 때문이다. 지각은 항상 '지금 파악'으로 정립한다. 이러한 '지금 파악'은 비유해서 말하자면 운동의 그 이전의 지금 시점들에 관계된 과거 지향들로 이루어진 혜성의 긴 꼬리의 핵심이다"(후설, 2011: 96). 그리고 마침내 이 과거의 기억들은 끊임없는 '변양(變樣)'[27]과 함께 희박하게 되고, 결국은 감지할 수 없는 것이 되기도 한다. 그

자하비, 2013: 156 재인용).

26 치매와 망각은 이를 잊는 것이고, 치매는 신체의 파괴로 인해 몸에서 상실된 회상이다. 향수는 이와 엇비슷하게 이미지를 호출하는 감정적 과정이다.

27 필자는 변양을 시간의 흐름에 따른 의미의 재생, 재해석, 또 다른 의미부여 등으로 파악하려 한다.

런데 독특한 과거지향이 존재한다. 신선한 기억(조금 전에 존재했던 것이나 조금 전 체험한 것과 연관된 의식)과 지각된 것을 상상 속에서 다시 기억하는 것, 새롭게 나타나게 하는 것이다.[28]

2차 기억은 무엇일까? 후설은 혜성의 긴 꼬리로 비유한 과거지향의 기억을 일차적 기억으로 설명하면서 이를 이차 기억인 회상과 구분하라고 말한다. 흘러간 멜로디를 더는 현재의 멜로디로 갖는 것은 아니지만 여전히 의식 속에 보유하고 있으며 이것은 지향에 의한 지금 지각이다. 그러나 회상은 "시간적 현재가 기억된, 현전화된 현재이다. 즉, 회상은 과거에 지각된 것을 상상 속에서 다시 기억하는 것으로서, 생생하게 지각된 현재(지금)와 직접 관련이 없고, 연상적 동기부여라는 매개를 통해 나타나기 때문에 2차 기억이라 부른다. 이와 마찬가지로 과거는 기억된, 현전화된 과거이지만 그러나 실제로 현재의 지각이나 지각된 과거, 즉 일차적으로 주어지거나 직관된 과거(방금 지나가버린 것)는 아니다"(후설, 2011: 104).

여기서 다시 지평의 개념을 상기해보자.[29] 후설은 이 개념을 의식의 익명성을 밝히기 위해 제임스가 사용한 '언저리(fringe)'라는 용어로부터 받아들였는데, 의식의 모든 작용에는 직접 주어진 국면은 아니지만 기억이나 예상 때문에 지향된 대상에 속하는 국면들이 있으며 이것들이 그 대상의 지평을 구성하여 경험이 발생하는 틀을 형성한다. 이를 마당(hof), 영역(Feld)으로 표현하기도 했다. 인간의 신체뿐 아니라 정신과 결부된 지평은 시간 영역의 한계를 나타내 보이는 것과 보이지 않는 것을 구분하는 경계이다. 지평은 과학적으로 분석하면 존재하진 않지만 그렇다고 단순한 환상이 아니다. 우리는 세계 속에 있는 어떤 객

---

[28] 후설(2011: 역주 19)을 볼 것. 과거지향적 음(音)은 지금 속에서 바로 일차적으로 기억된 음이다. 현재의 음은 과거의 음을 기억하고 표출하고 심상화할 수 있다. 그 어우인 잔상 일반은 과거지향의 본질과 상관이 없다. 기억된 것은 항상 다시 과거 속으로 가라앉아 버리지만, 필연적으로 사라지는 것은 아니다. 그리고 나는 A가 실제로 전혀 일어나지 않은 가운데서도 A에 관한 지각을 가질 수도 있다.

[29] 지평이란 말은 그리스어 'horizen'에서 유래한 것으로 '구분하다', '경계 지우다', '구획을 정하다'의 의미를 가지고 있다.

체를 제거할 수 있지만, 지평 자체를 제거한 세계는 상상할 수가 없다. 지평은 인간이 신체를 움직이거나 정신이 파악해나감에 따라 점차 퍼지고 접근할 수 있는 문화와 역사, 사회적 조망을 지닌 무한한 영역이다. 아울러 인간의 모든 행동에 앞서 일상적 경험 속에서 직접 주어지는, 인간이 자기를 항상 새롭게 이해하고 실현할 수 있는 전제조건이며 미리 제시된 잠재성들이다. 따라서 인간과 세계는 서로 분리할 수 없는 지향적 통일체이다.[30] 그렇게 우리는 시대성과 역사성, 세계성을 갖는다.

과거는 늘 현재의 지평으로 존재한다. 인간실존은 시간 지평이 현재를 형성하고 주조한다는 의미에서 역사성을 지닌다. 역사성은 내가 단순히 역사의 어떤 지점에 있다는 것을 의미하는 것이 아니라 나의 역사를 짊어지고 다닌다는 것을 의미한다. 나의 과거 경험은 내가 세계를 이해하고 세계 속에서 마주치는 사람들을 이해하는 방식에 영향을 준다. 기억하는 한 나는 타자들 가운데 존재해왔으며, 나의 얘기는 전승된 형태의 통각 및 이해와 일치해서 구조화되어 있다. 나는 타자에게 규범을 배우며 일련의 세대들을 거쳐 머나먼 과거로까지 뻗쳐나가는 공통의 전통에 참여한다. 규범성은 한 전통이 정해놓은 일단의 규범들 속에 반영되어 있다. 그러므로 "나는 시대의 자식이다. 나는 넓은 의미에서 우리 공동체의 일원이다. 공동체는 그 자신의 전통을 갖고 있고, 이 전통은 세대적 주체들, 다시 말해 가장 가까운 선조들, 또 가장 먼 선조들과 진기한 방식으로 연결되어 있다. 그리고 이들은 나에게 영향을 미쳐왔다. 나는 계승자로서의 나인 것이다"(겔러거·자하비, 2013: 157).

신체화된 감정

메를로퐁티는 공간과 대상의 종합은 시간의 전개에 기초한다고 말한다. "과거는 지나가 사라져버린 것이 아니라 현재에 끼워져 있다! 시간 덕분에 나는 이

---

[30] 후설(2011: 127)의 역자 주 42를 볼 것.

전의 경험들을 나중의 경험들에 끼워 넣고 복원한다. 미래의 공동(空洞)이 언제나 새로운 현재로 가득 채워지기 때문이다. …… 모든 종합은 시간에 의해 동시에 확장되고 재형성되거니와 시간은 한 번의 운동으로 모든 종합을 의문시하기도 하고 확증하기도 한다. 왜냐하면 시간이 과거를 보유하는 새로운 현재를 산출하기 때문이다"(메를로퐁티, 2002: 366).[31] 그런데 이 지각이 펼쳐지는 시간의 장소가 곧 신체이다. 나의 신체는 현재, 과거, 미래를 동시에 동여매고 시간을 분비하며 더 정확히 말하면 그것은 사건들의 처음으로 서로의 존재를 밀어내는, 현재의 주위에서 과거와 미래의 이중지평을 기투하고 역사적 방향을 받아들이는 장소가 된다. 나의 신체는 시간을 소유하고 현재의 시간에 과거와 미래를 동시적으로 존재시킨다. 그것은 사물이 아니다. 신체는 시간을 수용하는 대신 형성한다(메를로퐁티, 2002: 363). 신체는 기억하는 몸인 것이다.

왜 신체인가? 현대과학에서 인간을 상정할 때 보통 추상적인 개념적 인간을 상정한다. 생물체로서의 인간, 즉 세포와 다양한 기관으로 구성된, 질병과 치유의 대상으로서의, 생물학적이고 의료학적 대상으로서의 인간이 푸코의 통치성 이론과 함께 사회과학자들의 관심을 끈 것은 비교적 최근의 일이다. 특히 '육체자본'이라는 개념이 등장할 정도로 신체는 산업자본주의의 상품 대상이 되거나 사회복지국가 시스템의 통치대상이 됨으로써 더욱 중요한 관심을 받게 되었다(쉴링, 2000; 터너, 2002). 그러나 오랫동안 동서고금을 통해 일반적으로 인간의 신체는 정신과 별개의 대상으로 취급되는 경향이 강했다. 학자들은 피와 살을

---

[31] 메를로퐁티 역시 비(非)반성적인 것을 주장한다. "기본적 사고 혹은 객관적 사고는 비반성적인 것에서 자양분을 취하며, 반성은 명증성, 사실성, 객관성을 주장하지만, 그리고 꿈꾸는 자와 정신분열증 환자가 체험하는 바를 체험하는 그들 자신보다 더 잘 안다고 믿지만, 철학자는 자신이 지각을 통해 아는 것보다 반성을 통해 더 잘 안다고 믿지만, 과연 그런가? 꿈의 공간, 신화의 공간, 정신분열, 지각의 부재, 신화적 현상은 표상이 아니라 참다운 현전이다"(메를로퐁티, 2002: 438). "반성적인 것은 비반성적인 것을 되찾는 것이다. 우리가 검증의 태도와 반성적 작용을 비반성적 경험으로 되돌려놓음으로써, 반성은 오직 나의 존재 가능성의 하나일 뿐이라는 사실을 알아야 한다(필자 역). 훑어보고 철저하게 투시하는 종합적 통각은 다양한 소여가 아니라 세계를 근거로 하는 어떤 지각 장에서 이루어진다. 여기서는 어떤 것도 주제화되지 않고 객관도 주관도 정립되지 않고 있다"(메를로퐁티, 2002: 367).

가진 육체의 소유자이면서 동시에 정신과 의식, 영혼을 지닌 존재인 인간으로부터 그 양자를 분리했다. 특히 인간의 물질적 소재로 구성된 신체는 욕망의 창고라는 점에서 철학과 종교에서는 오히려 이를 경원시하거나 하등한 물질로 간주하는 경향이 컸다. 신체 단련과 수련, 요가, 묵언 등 신체의 수행도 궁극적으로는 맑고 깨끗한 정신, 유교에서는 허령(虛靈)으로 일컫는 마음을 얻기 위한 과정으로서 영혼에 의해 지배되는 것으로 간주했다. 성스러움과 세속의 구분은 곧 영혼과 신체의 분리적 사고에 기인한 것이라 해도 과언이 아닐 터이다.

행위자 인간을 관념적 대상으로 취급했다고 비판한 유물론적 철학에서도 신체와 의식은 여전히 분리되어 있다. 의식은 단순히 신체의 반영일 뿐이다. 피와 살, 뼈, 액체, 유전자(DNA) 등 몇 가지 기본적인 질소, 탄소, 수소, 황 등의 화학물질들로 구성된 인간의 신체는 어떻게 재조명되고 있는 것일까?[32]

후설에 의하면 신체는 단순히 살덩어리(flesh)를 의미하지 않는다. 신체는 삶(Leib)이라는 어떤 의식이 스며든 대상(object)이다. 신체화된 마음, 신체화된 의식, 신체화된 감정이란 이미 몸과 습윤된, 몸으로 습착된 의식, 태도, 감정 등을 의미한다. 이 신체를 현상학자들은 어떻게 보고 있는가? 후설은 모든 주관은 오직 그것이 형체를 가질 때 비로소 공간적 위치를 소유하고, 공간적 대상들은 신체화된 주관들에 의해서만 지각된다고 주장한다. 그에게 신체란 내가 타자체험을 할 수 있는 대상이다. 그는 우리의 움직임(눈, 입, 손의 접촉, 신체의 걸음)이 수행하는 역할에 주목했다. 지각은 신체의 자기 감응인 것이다. 신체는 자기중심적 공간이 펼쳐지는 중심이다. 따라서 신체는 공간의 대상에 대한 지각과 공간적 대상과 상호작용을 할 수 있는 객관적 조건이며 이 모든 세속적 경험은 우리가 신체를 가짐으로써 가능하고 신체를 통해 매개된다고 후설은 주장한다.

---

[32] 오늘날 '몸의 현상학'이라 불리는 지적 흐름은 인간의 신체성을 의식과 함께 융합적으로 파악하려 한다. 몸의 현상학은 데카르트 식의 이분논리를 극복하지만 그렇다고 유물론으로 돌아가는 것이 아니다. 그들은 신체화된 마음 혹은 심화된 몸(minded body)의 개념을 끌어들임으로써 그동안의 철학이 간과했던 신체성을 본격적으로 분석의 대상으로 끌어들였다(바렐라 외, 2013).

무엇보다도 신체(Leib)는 모든 지각의 도구, 즉 지각의 기관이고 모든 지각의 경우 거기에 필연적으로 존재하며 …… 자유롭게 움직인 감각기관의 전체로서 거기에 함께 있고 …… 방향이 정해진(orientierung) 영점(零點)으로서 순수자아가 공간과 감각세계 전체를 직관하는 여기(Hier)와 지금(Jetzt)의 담지자이다. …… 나에게 [사물]이 다가오거나, 멀어지며 나를 향하거나 등지고 돌거나 회전한다. 그것을 향해 있는 것은 내 신체, 나의 눈이다. 방향의 중심이라는 그 특징을 제외하고 신체는 감각들의 구성적 역할에 따라 공간적 세계의 구축에 대한 의미를 획득한다(후설, 2013: 92~93).

또한 후설에게 신체는 상호주관성을 가능하게 하는 객관적 대상이며 조건이다. 영혼이 객관적 현존을 가질 수 있으려면 타자와의 상호주관적인 가능성의 조건들이 충족되어야 하고, 상호주관성은 감정이입을 통해서만 가능한데, 감정이입은 상호주관적으로 경험할 수 있는 신체를 전제로 한다. 신체는 결코 사물이 아니라 정신의 표현이며, 내면적으로 이해되는 영혼적인 것은 신체와 실제로 통일된 것으로 파악되기 때문에 신체적 사건들이 인간 주체의 특유성으로 파악된다는 사실을 이해할 수 있다(후설, 2013: 140~141). 신체성을 강조한 후설은 상호주관적인 의사소통 속에서 사물을 객관적으로 파악할 수 있다고 본다. 이 객관성을 얻기 위해서는 타자와의 감정이입이 전제되어야 하고, 감정이입을 위해서는 나와 상대의 신체가 전제되어야 한다. 서로 교제하는 인간들과의 의사소통, 동료들과의 '함께 정립', 이를 통한 확증과 명료성, 서로 함께 교제하는 많은 인간과의 관련을 통해 어떻게 사물을 객관적으로 파악할 것인가의 문제는 독아론(獨我論)적 경험으로부터 상호주관적 경험으로의 이행을 의미한다. 즉, 신체를 통한 상호주관성 없이는 나의 경험은 아직 입증되지 않았다는 것이다.[33]

---

33 "독아론적 주체는 비록 자신의 신체의 현상과 이에 속한 경험다양체들의 체계를 가졌다 하더라도 그리고 사회적 인간과 정말 똑같이 그것들을 가졌다 하더라도 본래적인 의미에서 어떠한 객관적 신체도 알지 못한다. 우리가 통찰을 통해 정당한 것으로 수행했던 추상화는 고립된 인간 또는 고립된 인간적 인격성을 제공하지 않는다. 우리는 신체파악이 상호주관성에 대한 특별한 역할을 한

신체는 타인 경험에 절대적이고 필수불가결한 요소이다.

후설은 또한 "할 수 있다"라는 인간의 행위가능성을 강조하기 위해서 신체성을 적극적으로 사유했다. 나는 스스로를 '한다'와 '할 수 있다'라는 가동성의 잠재력을 지닌 존재로 경험한다. 타자의 신체화된 주관을 인식하고 경험할 수 있도록 하는 것은 주체이면서 동시에 객체일 수 있는 독특한 지위, 이중감각을 특성으로 하는 자아성과 타자성의 상호작용 때문이다. 예컨대 만져진 손이 만짐을 느낀다. 우리는 신체를 지각한다. 그러나 그것과 더불어 신체에 의해 지각되는 사물들도 함께 지각한다(자하비, 2017: 191).

메를로퐁티는 후설의 골격을 이어받아 신체성에 대한 사유를 정밀하게 다듬었다. 그에 의하면 우리의 몸은 경험하고 느끼고 운동하고 살아 있는 것으로서, 보려는 눈, 감촉의 손, 손을 뻗어 무언가를 잡으려는 활동의 영역이다. 몸은 단순한 객체로서 경험되거나 사물로서의 몸이 아니라 주체로서의 몸, 경험자로서의 몸, 행위자로서의 몸, 즉 살거나 살아지는 몸이다. 몸이 무엇인가를 할 때 몸은 감각, 즉 체위감각, 위치감각, 공간감각을 가지고 있다. 이 감각은 암묵적이며 신체화된 것으로 전(前)반성적 느낌이다. 내가 우울하면 세계는 우울하다. 몸은 새로운 기술과 습관을 습득함으로써 감각운동의 레퍼토리를 확장해나갈 뿐 아니라 심지어 인공적인 기관 및 몸의 환경의 부분들을 체내화함으로써 그 능력을 확대한다. 환경적이고 외재화된 것들, 언어, 관습, 규범, 기술 등이 온전히 몸 안에 체화되고 내장화되어 신체의 곳곳에 스며든다. 이제 나는 할 수 있다는 존재(혹은 가능성의 존재)로 등장한다. 내 몸에 체화된 것들은 신체의 레시피이다(갤러거·자하비, 2013: 245).[34]

메를로퐁티는 공간적 준거 틀로서의 몸에 대한 개념을 신체도식(body schema)

다는 사실을 주목한다. 파악된 각각의 객관성을 입증하는 것은 서로 의사소통하는 많은 주체들의 파악과 관련될 것을 주장한다"(후설, 2013: 120~121).

[34] 살아지는 몸의 인공적 확장이 가능한데 예를 들어 맹인의 지팡이다. 처음에는 외부의 도구로 경험하지만 익숙해질 때 내 신체의 일부로 인지한다. 오늘날 사이버시대를 살고 있는 세대에게 스마트폰은 신체의 외부적 도구가 아니라 신체의 일부라고 볼 수 있다.

혹은 몸 틀이라는 개념으로 정교화한다. 경험이란 것은 세계, 신체, 타인들과의 내부적인 의사소통이고 이들 옆에 있는 대신 이들과 함께 있음이라고 말한다(메를로퐁티, 2002: 164). 신체도식은 기본적으로 외모, 신체운동, 위치, 판단 등과 관련하여 자기 자신의 신체에 대해 가지는 주관적 경험과 신체상이기도 하다(메를로퐁티, 2002: 역주 165). 즉, 경험의 지각은 신체의 일부로 구성되어 신체의 행동을 거의 전(前)성찰적으로 방향 짓는다. 마치 사막의 원주민이 계산해볼 필요도 없이 언제나 단번에 방위를 잡는 것처럼, 자동차의 운전자가 골목길의 폭을 재지 않고도 차가 빠져나갈 수 있는지를 알아채듯이, 혹은 맹인의 지팡이가 도구가 아니라 신체의 일부가 되어 있는 것처럼 신체 속에는 오랜 습관이 배어 있다. 그러나 그 습관은 신체적 노력에 의해서만 체험되는 것으로 우리가 우리의 '세계-로' 존재를 확장할 수 있는 능력, 즉 새로운 도구를 이용함으로써 존재를 변화시킬 수 있는 능력이다.[35]

신체의 공간위상학을 정립시킨 것으로 평가받는 메를로퐁티의 개념들을 갤러거와 자하비는 다음과 같이 정리, 요약하고 있다.

신체상(body image)은 경험, 태도, 믿음의 체계인데 그 체계의 지향적 대상은 자기 자신의 몸이다. 그런데 신체도식(body schema)은 ① 지향적 행위에 기여하기 위해 항상적으로 자세와 움직임을 조절하는 과정이 거의 자동인 체계, ② 우리의 전반성적이고 비대상화하는 몸의 알아차림으로써 지각적 감찰의 필요성 없이도 가능한 감각운동 역량과 활성화의 체계이다. 신체도식은 운동제어를 담당하고 움직임 및 자세유지를 가능하게 하는 감각운동역량, 능력, 습관을 수반한다. 그런 과정은 지각, 믿음, 느낌이 아니라 계속해서 작동하는 감각운동기능이다. 신체도식은 우리의 신체행위에 대한 전반성적이고 고유한 감각적 알아차림을 포함한다(갤러거·자하비, 2013: 260).

---

[35] "신체는 우리가 세계를 소유하는 일반적 수단이다. 때로 신체는 삶의 보존에 필요한 동작들에 만족하는 것으로 그치고, 상관적으로, 우리의 주위에서 생물학적 세계를 정립한다. 최초의 동작들을 연출하다가 이들의 고유한 의미로부터 비유적 의미로 이행하면서 그 동작들을 통해 신체는 새로운 의미의 핵을 드러낸다. 춤과 같은 운동 습관의 경우이다"(메를로퐁티, 2002: 177).

한마디로 신체는 "이해하는 자로서······ 감각 소여를 관념에 포섭하는 것이고, 우리가 겨냥하는 것과 주어진 것 사이에서, 의도와 실행 사이에서 조화를 경험하는 것이며, 신체는 세계에 닻을 내리고 있는 우리의 정박지이다"(메를로퐁티, 2002: 109).

메를로퐁티는 신체성을 사회성과 역사성 속에서 파악할 것을 요청한다. 신체화되어 존재한다는 것은 내가 사는 방식이나 사회적 상호작용, 타자들이 내 몸을 지각하고 파악하는 방식에 영향을 받는다는 것을 의미한다. 사회적 상호작용은 그 자체가 신체화된 실천이다. 신체화는 태어남과 죽음을 수반한다. 우리가 직접 만든 것이 아닌 역사적, 사회적 맥락 속에서 우리를 발견하는 것이다(메를로퐁티, 2002: 347). 역사성, 세대, 성별, 신체화는 생물학적으로 주어진 것이기보다 사회문화적 범주이기 때문이다.

다소 장황하게 필자가 후설과 메를로퐁티의 현상학의 세계를 살펴본 이유는 무엇인가? 필자는 이제 그들의 논의를 상기하면서 아비투스적 감정의 논의로 돌아가보고자 한다. 아비투스는 시간을 따라 형성되고 습득된 성향으로서 감정 아비투스란 바로 시간적으로 신체화된 감정의 성향이다. 이 감정의 성향은 역사적 사건을 공유하고 전승받은 사회구성원 전체에게, 혹은 일부 집단에게 (또는 개인에게) 하나의 잠재력으로, 최소한 무의식의 세계에 침전된 것으로서 존재한다. 기억은 이 감정을 호명하고 감정의 변양을 불러일으킨다. 원래의 경험에 의한 인상과 감정은 시공간의 맥락을 따라 그 의미지향과 강도, 속성 등이 변형될 수 있으나 자아 속에서 사라지는 것이 아니라 '지금'의 시간에 파지로서 지속된다.

잠시 후설로 다시 돌아가보자. 후설은 순수자아 속에 통일체의 형태로 남아 지속하는 사념들에 대해 말한다. '나는 생각한다'라는 인식작용은 동일하게 지속하는 사념들 같은 통일체들을 가지고 있는데, 이는 어떤 의미에서 습득적(habituell)이라고 할 수 있다. 중요한 것은 습성은 경험적 자아가 아니라 순수자아에 속한다는 것이다(후설, 2013: 161). 필자의 해석으로는 이 말은 곧 역사적으로 습득된 경험들이 다시 생생하게 복원될 가능성을 가지고 있다는 것이다. 머물러 지속하는 자아 속의 경험은 여전히 동일하지는 않지만 '나의 것'으로 확신할 수 있는 것으로 등장한다. 왜냐하면 그것은 신체화된 아비투스로 작동하기 때문이다.[36] 그리고 앞서 말한 바와 같이 기억과 회상은 '그때 지금'의 사태에 대한 경험을 호명한다. 이 기억은 자주 실행할 수 있으며 기억된 것과 기억한 것이 거의 동일한 어떤 통일체를 갖는다. 시간이 관통하고 있기 때문이다. 예컨대 전쟁과 학살, 범죄의 트라우마로 인한 원한과 분노는 신체화된 아비투스적 감정으로서, '기억'을 통해 '그때의 지금과 지금의 통일체로 재생된다'.[37]

그런데 과거를 호명하는 일은 그 시간이 현재에 관통하고 있기 때문이고, 결국 미래를 내다보게 하려 하기 때문이다. 과거 사태 체험의 기억과 복원에 대한 메를로퐁티의 사유 역시 감정 아비투스를 이해하는 데 매우 시사적이다. 메를로퐁티의 말을 인용해본다.

> 나의 지각은 시간과 언어의 매개에 의하지 않으면 이전의 지각, 타인의 지각들과 직면할 수 없다. 과거 그 자체를 붙잡은 것은 그 과거 그 자체가 아니다. 그것은 내가 지금 보고 있는, 아마도 변경된 나의 과거일 것이다. 마찬가지로 장래에 내가 겪는 현재를 아마도 달리 인식할 것이다. 현재는 과거를 사라지게 하지 않으며 미래는 현재를 사라지게 하지 않는다. …… 내다봄은 사실상 돌이켜봄이며 미래는 과거의 투사이다. 현재는 곧장 과거가 될 것으로, 그래서 시간의 흐름은 현재에서 과거로의 이동일 뿐 아니라 미래에서 현재로의 이동이다. 모든 돌이켜봄은 역전된 내다봄이다(메를로퐁티, 2002: 618).[38]

---

36 "어떤 특정한 시대 이러저러한 동기들로부터 일어났던 체험은 그때부터 자아의 지속적 소유물로서…… 결정, 노력, 열광, 사랑, 증오 등의 사념 혹은 감정의 통일체도 사정은 마찬가지이다"(후설, 2013: 164).
37 물론 필자는 기억의 동일성에 대해서는, 즉 그때와 지금의 일치성에 대해서는 선뜻 동의하기 어렵다. 기억을 통해 호명되고 재해석된 기억은 원본 그 자체는 아니다. 어딘가에서 후설은 그 차이를 인정하면서도 통일체라는 용어로 우리를 다소 혼란스럽게 하는 것 같다. 다만 기억의 인상은 대략 같다고 볼 수 있지 않을까? 바로 시간이 관통하기 때문이다.
38 "내가 먼 과거를 불러낸다면 나는 시간을 다시 여는 셈이고 그것이 지금은 닫혀 있는 미래의 지평을, 지금은 멀리 있는 직전의 과거의 지평을 포함하는 순간에 다시 자리한다. 미래가 현재와 과거로 미끄러져 간다. 이 세 차원은 분리되어 존재하지 않는다. 나는 나의 하루를 여전히 손아귀에

후설과 메를로퐁티로 이어지는 현상학적 사유는 시간-기억-신체화가 감정 아비투스를 구성하는 핵심적 요소라는 점을 시사해주고 있다. 지나간 지금과 미래의 지금이 현존하는 현재 속에서 시간의 관통을 따라 과거의 감정체험이 기억을 통해 호명된다. 그 감정이 호명되는 근거는 그것들이 신체화된 감정으로 잔존하고 있기 때문이다. 그리고 그 신체는 여전히 우리 삶을 살아가고 지각하며 행위하는 그리고 할 수 있다는 가능성을 지닌 공간적 영역이기 때문이다. 신체는 칠정(七情)의 감정, 혹은 '무명업상(無明業相)'으로 인한 욕망과 갈애(渴愛)를 일으키는, 또는 앞에서 현대 학자들이 논의한 매우 다양한 감정들이 거처하는 곳이다. 그리고 그 신체의 소유자인 우리가 '시대의 자식'인 것처럼, 그 감정들의 아비투스는 역사적이고 사회문화적인 맥락에서 형성되고 습득되며 전승된다. 이 과정은 비단 의식의 세계에 국한된 것도 아니다. 무의식의 영역도 포함한다.[39]

한국의 과거 역사의 사태는 '그때의 지금'이고 '그때 지금'의 감정은 아비투스가 되어 오늘날 여전히 작동하고 있다. 지워지지 않는 역사적 사건에 대한 분노와 비애는 신체에 습윤된 트라우마의 감정이라고 해도 과언이 아닐 터. 기억은 '그때 지금'의 감정을 오늘의 지금으로 불러온다. 예컨대 한국전쟁의 트라우마는 '그때 지금' 고통을 당했던 세대의 신체 속에 두려움과 공포, 원한과 증오의 감정으로 여전히 지속하여 남아 있다. 5.18 광주항쟁의 '그때 지금'에 발생했던

쥐고 있다. 나는 곧 올 저녁과 그 뒤를 생각하지 않으나 그럼에도 불구하고 그것은 내가 정면을 바라보는 집의 뒷면처럼 또 아래의 지(地)처럼 거기에 있다. …… 제3의 순간이 오면 제2의 것은 새로운 변화를 겪고, 그것은 자신이었던 과지로부터 과지의 과지로 되며 그와 나 사이의 시간의 층은 두꺼워진다. …… 시간은 줄이 아니라 지향성들의 망이다"(메를로퐁티, 2002: 622).

39 특정 문화권의 (무)의식 세계 속에 자리 잡은 집단의 '원형질(prototype)' 혹은 문화적 코드도 일종의 감정 아비투스라 볼 수 있을 것이다. 참고로 동북아시아인의 원형질을 삼수(三數)분화로 접근하고 있는 우실하(2012), 한국인의 문화코드를 연구한 정수복(2012), 특히 한(恨)과 정(情)의 연구들로 최봉영(1998), 정운현(2011), 서광선(1988) 등을 참조해보라. 또한 조선사회의 감정연구로 최기숙(2014)을 참조하라. 불교에서는 '아뢰야식(阿賴耶識, alaya-vijnana)'이라는 무의식을 상정한다. 훗날 필자는 감정에 대한 정신분석학적 접근과 아뢰야식에 대한 비교연구를 해볼 생각이다.

분노와 증오의 감정 역시 마찬가지이다. 가부장주의 시대 어머니들의 한(恨), 해고노동자의 절절한 분노의 절규, 억울한 누명을 쓰고 형장의 이슬로 사라진 사형수들의 원한, 무시와 모멸 속에서 살아야 하는 소수자들의 분노, 그 모두 마찬가지이다.

제2부

분노, 불안, 고통, 혐오 속의 한국사회

제4장 분노
제5장 불안과 두려움
제6장 슬픔, 비애, 고통의 트라우마
제7장 수치, 모멸 그리고 혐오

제4장

분노

1. 분노에 대한 이해

분노는 타자의 부당한 대우나 행위로 인해 자신의 강렬한 욕망이 신체적 혹은 심리적으로 제약되었다고 느낄 때 일어나는 감정이다.[1] 분노는 증상이나 표현이 비교적 명백하게 나타나는 기본감정으로서 신체적 장애나 구금, 무능력, 규율에 따른 억압, 무시 등으로 자기가 원하는 목표의 실현이 좌절되는 경우 발생한다. 외적 압력에 대한 내적 반응의 동기를 강조하는 학자는 '외부 공격에 대응하여 자존감을 유지하거나 확장하기 위한 근본적 동기'가 분노를 유발하게 한다고 말한다(Lazarus, 1991: 57). 분노는 다른 감정과의 구별이 비교적 쉽지만 유사한 다양한 하부 범주들, 예를 들어 가벼운 유형의 짜증부터 흔히 화라고 불리는 것, 격분, 대노, 진노에 이르기까지 그 스펙트럼이 매우 넓은 감정이다. 이들

---

[1] 분노감정의 표현은 매우 다양하다. 화, 성냄, 짜증, 노여움, 분노(憤怒), 분통(憤痛), 의분(義憤), 공분(公憤), 역정(逆情), 격앙(激昂), 분개(憤慨), 분격(憤激), 개탄(慨嘆), 비분(悲憤), 비분강개(悲憤慷慨), 약 오르다 등.

감정 스펙트럼은 나름의 특성과 행위 연관성을 갖는다. 예를 들어 화는 '외적 자극에 대한 신체감각의 반응'으로 이는 행동으로 발전할 내재적 힘을 가지고 있지만 그 부정적 성격으로 인해 감정통제의 대상이 되며, 격분은 행동으로 강력하게 표출되는 특징을 안고 있고, 분노는 신체감각뿐 아니라 인지평가적 차원이 합쳐 해석된 감정으로서 주로 집합행동의 에너지로 작동한다(박형신, 2018b).[2] 일반적으로 미시적 관계에서 발생하는 분노의 일상적 용어는 짜증, 화, 격분 등이, 공적 영역에서 발생하는 집합적 감정으로서는 공분이라는 표현이 동원되기도 한다.[3]

분노가 발생하면 눈 근육이 들어가고 내려앉거나, 찡그리며 무섭게 노려보고, 종종 얼굴이 붉어지기도 하는데 이러한 신체적인 분노표현은 상황에 따라 위장되거나 통제되도록 교육을 받는다(Izard, 1978: 330). 분노의 표출방식에 사회적 규범이나 권력관계가 작동하기 때문이다. 분노는 적대적 심리나 행위와 매우 밀접한 연관이 있다. 분노를 느끼게 되면 피가 끓고 근육이 긴장하며 얼굴이 뜨거워지고, 분노의 원천을 공격하기 위해 맥박이 뛰고, 힘이 작동하는 느낌을 받는다. 분노는 일반적으로 혐오, 수치, 모멸, 증오, 슬픔(비애) 등과 어우러져 나타나는데 이 요인들로 구성된 '분노군(群)' 감정은 자기 목표를 달성하기 위해 방해물을 제거하기 위한 행동으로 나타나는 경우가 많다. 분노는 신체적 고통이나 정신적 긴장, 스트레스를 가져다주는 타자와 대상으로부터 모멸이나 수치를 느낄 때 혹은 반대로 그 대상을 모멸하거나 혐오할 때 발생하는 것으로 알려져 있기 때문에 분노를 일으키는 대상에 대한 적대감(hostility)이나 적의(aggression) 등과 밀접히 연관되어 있다.[4] 분노는 고함을 친다든가, 폭력을 행사한다든가 등

---

2 화라는 감정도 다양하게 분류되기도 하는데 좌절감정, 분노감정, 치욕감정, 바람직하지 않은 결과에 대한 비난 등이다(Clore et al., 2006).
3 물론 이 글에서는 세세한 분류 대신 '분노계열' 혹은 '분노군'의 감정으로 표현하거나, 일반적으로 분노로 사용하고 다만 문맥이나 내용상 선택된 용어를 쓰고자 한다.
4 적의는 분노의 표현을 통해 의사소통을 하려는 감정이기도 하다. 적대(aggression)는 감정을 통해 촉발될 수도 있고 그렇지 않을 수도 있는 물리적 행위이다. 물리적이란 말은 여러 신체적 행동뿐 아니라 표현(말, speech)을 포함한다. 위해는 심리적이거나 신체적인 '가격(blow)'을 의미한다. 적

의 개인적인 공격행위뿐 아니라 봉기나 혁명과 같은 집합행동으로 분출되기도 한다. 물론 권력관계로 인해 분노를 안으로 삭이는 좌절감을 느끼기도 한다. 전통적으로 한국인의 한은 좌절과 분노가 응어리진 감정이라 할 수 있을 것이다.

여러 감정 중에서도 분노는 생득적인 성향이 강한 일차적 감정이지만 사회적 환경이나 조건 등과 밀접히 관련되어 있고, 집단과 자신에 대한 정체성 등이 공적으로 '위협'받을 때, 즉 평가절하되거나 무시받을 때 생기는, 사회성이 두드러진 감정이기도 하다. 분노는 직장, 가정, 이웃, 계급, 교육 정도에 따라 그 원인과 표현방식 등이 매우 다양하게 나타난다. 특히 직장과 가정, 이웃관계는 거시적 사회구조와 개인 사이에 발생하는 감정에 미치는 중간적 연결고리로서의 성격이 강하기 때문에 이에 관한 연구가 증가하고 있다(Miroesky & Ross, 2003).[5] 가족 구성원들 사이에 발생하는 분노는 가사, 육아, 상속, 가계(금전), 성격상의 문제를 둘러싸고 매우 일상적으로 발생한다. 한 가족 구성원에 대한 분노 연구에 의하면 아이들은 부모의 부당한 대우 때문에, 부모는 아이들의 불복종, 방종, 버릇없는 행위, 개인적 결함(게으른 성격, 부주의한 성격) 때문에 화를 낸다(Carpenter & Halberstadt, 1996).[6]

작업장에서의 분노 발생 조건은 직위(권위), 열악한 노동환경, 불평등하고 부당한 관계와 인식, 즉 동료나 상사와의 갈등, 권위에 의한 부당한 지시, 기대 이하의 임금, 정리해고 등이다. 직장에서의 분노원인에 대한 한 연구결과를 살펴보면 가장 많은 응답은 부당한 대우이다.[7] 내가 잘못한 것이 없는데 꾸지람을

대는 통상 적의에 이어 나타난다(Izard, 1978: 343).
[5] 다양한 감정을 유발하는 '직접적이고 치열한 경험'은 익명적이고 거시적인 관계보다 가깝고 친한 관계 속에서 갖게 되는 경향이 있다(Carstensen et al., 1996).
[6] 다음은 외국에서 연구했던 가족 내 구성원들 간의 분노에 대한 한 연구 결과이다. ① 돈문제, 아이들 문제, 성격 차이, 부적절한 시간, 배우자 돌보지 않음, 집안일 소홀, ② 돈 문제, 아이들 이슈, 성격차, 부적절한 시간, 통제하기(너무 많은 요구, 초과의무 부담), ③ 불복종(말 안 듣기), 불손한 행위, 성격차(게으름 등), 상호개인적 무시(아이들 괴롭히고 싸움), ④ 부적당한 관심, 규율, 불공정한 대우(엄마의 고함, 간섭), 일방적 요구, 권력(Carpenter & Halberstadt, 1996).
[7] 2000년 호주의 직장인 175명에 대한 조사결과이다.

받거나, 열심히 일했지만 알아주는 사람이 없거나, 동료에 비해 과중한 업무를 받았을 경우이다. 다음으로는 타자의 부도덕한 행위를 인지했을 때인데 동료의 거짓말, 성희롱, 게으름, 절도, 사기 등이며, 세 번째로 자신의 일이 제대로 진행되지 않을 때(욕망실현의 제약이 인지될 때. 매우 사소한 것, 예컨대 컴퓨터가 작동되지 않아 발생하는 짜증), 넷째로 자신이 존중받지 못했을 때 또는 공개적으로 모욕을 당했을 때(당했다고 느낄 때)이다(Fitness, 2000; 최현석, 2012: 115~116). 그러나 직장에서의 지위와 권력에 따라 분노 발생의 강도와 표현, 대처방안이 서로 다르다. 예컨대 하급직원이 부당하게 대우를 받았을 때에는 바로 면전에서 화를 내기보다 물건을 훔친다거나 사보타주 등을 통해 은밀하게 복수를 하는 경우가 많다(Skarlicki and Folger, 1997; Bies and Tripp, 1998).

이웃관계의 경우 분노에 영향을 미치는 주된 두 가지 요인으로는 이웃 간 갈등의 소지와 이웃 간 사회적 관계의 질인데 다인종사회의 경우 거주지에서의 인종문제 등이 심각한 요인으로 지적되고 있다.[8] 성이나 연령에 따른 분노 역시 차이가 있지만 경험적 연구들이 일관된 결론을 보이는 것은 아니다. 예컨대 여성이 남성보다 분노의 표출을 더욱 통제하고 자제한다는 조사도 있지만 일관되지는 않다. 또한 연령이 높을수록 직장, 교우, 가정 등의 관계가 줄어들면서 분노의 횟수가 줄어드는 경향이 있지만 반드시 그런 것도 아니다. 예컨대 캐나다 온타리오와 일부 미국 역의 조사(Schieman, 1999)와 같이 나이가 들수록 사람들의 사회관계가 줄어들면서 분노 역시 감소하는 경향이 있다는 결과가 제시되고 있지만, 한국처럼 급격히 노인층이 주변화되고 배제되는 상황에서는 그들의 분노가 클 수도 있기 때문이다.[9] 한편 인종 간 분노의 차이를 연구한 결과에 의하면 통제감이나 무력감, 불신이 높은 흑인들이 백인에 비해 더 많은 분노를 느끼

---

[8] 우리 사회에서 최근 이웃 간 층간소음의 문제나 지역 내 특수학교 설립에 반대하는 이웃들의 갈등을 예로 들 수 있다.
[9] 최근 한국의 노인자살률은 세계 어느 나라보다도 높고, 얼마 전 광화문의 이른바 '태극기' 부대에서 볼 수 있듯이 노인층의 분노가 매우 높은 것으로 보고되고 있다. 상대적으로 노인복지가 잘 되어 있는 사회와 그렇지 못한 사회의 차이가 있을 것이다.

고 있는 것으로 나타난다(Mabry & Kiecolt, 2005). 또한 한 연구에 의하면 흑인 중산층들이 백인 중산층들에 비교해 더 자주 분노를 일으키는 것으로 알려졌는데 그 이유는 인종차별뿐 아니라 가족, 교육, 가족, 이웃관계 등 일상영역에서 분노를 촉발시키는 상황에 많이 부딪히기 때문이라는 것이다(McKinney & Feagin, 2003).[10] 계급, 지위, 교육수준에 따른 분노의 연구결과 역시 분노가 다양한 사회적 요인에 의해 분출되거나 그 표현양식이 변한다는 것을 보여주고 있다. 예컨대 교육수준과 분노표출 행동은 반비례한다거나, 지위가 높은 사람이 분노를 덜 경험한다거나, 권력이 높을수록 분노를 표출함으로써 자기가 원하는 식으로 타자의 행동을 강제할 수도 있다는 것 등이다. 사람들은 슬픔보다 분노를 표현하는 사람에게 권력과 지위를 부여하는 경향이 있다는 주장도 권력과 지위, 분노의 관계성을 보여주고 있는 사례연구라 볼 수 있다. 분노는 권력에 의해 다양하게 표출되고 반응하는 사회적 감정인 것이다.[11]

한마디로 분노는 욕망을 위협받거나 그 실현을 방해당했을 때 발생한다. '욕망실현의 제약'은 매우 다양하다. 이때 욕망은 현실 규범의 지속과 안정을 바라는 것으로부터, 미래에 자신이 실현하고자 하는 의도나 대상을 포함한다. 예컨대 전자의 경우에는 자신이 속해 있는 조직이나 집단, 국가 등의 이념이나 정체성, 가치 등이 폄훼되거나 훼손되는 것에 대한 반응일 수도 있고, 자신의 지위나 권력에 대한 도전의 반응일 수도 있다. 후자의 경우는 자신이 설정한 인생의 목표가 여러 사회적 조건이나 자원동원, 개인 역량 등의 부족으로 실현되지 못하는 경우일 것이다. 넓게 말해 분노는 타자로부터의(혹은 자신으로부터의) 인정의

---

10 한 인류학적 연구에 따르면, 백인들은 분노를 억누르는 사회화를 경험하기 때문에 흑인에 비해 덜 화를 내는 경향이 있다고도 한다(Kochman, 1981). 그러나 이와 정반대로 흑인들이 종종 차별적 대응에 대해 분노를 억압하도록 교육받았기 때문에 덜 화를 낸다는 연구도 있다(Cose, 1993; Brown, 2004).

11 한국사회의 지위 권력과 분노에 관해 조계원(2018)을 참조할 것. 분노-스트레스-건강과의 관계 역시 주목을 받고 있다(Thomas, 1993). 분노-적대감의 표출은 좋지 않은 상황이나 혐오스러운 상황에 대한 반응이다. 반드시 외적으로 싫은 상황뿐 아니라 주관적 상황에서도 분노가 일어나는데 분노를 느끼는 사람들은 이를 풀기 위해 자신에게 분노를 일으키게 한 대상을 물고 차고 때리거나 그와 같은 충동을 느낀다고 대답한다(Berkowiz and Harmon-Jones, 2004 참조).

부재로부터 발생한다. 인정의 부재 사건은 일상적인 미시적 관계로부터 발생하는 사소한 일로부터(부부, 자녀 간의 가족관계로부터 직장, 학교 등) 거시적 관계(사회, 커뮤니티, 국가, 국제관계, 글로벌 시장 등)에 이르기까지 매우 광범위한 영역에서 매우 빈번히 발생한다. 누군가 나의 안녕을 위협하거나 평안을 해칠 때(예를 들어 운전 중 타 운전자가 의도하든 의도하지 않았든 발생시킨 위협적인 상황, 아이가 귀찮게 채근할 때 등), 식당에서 불친절한 대접을 받았을 때, 본인이 당한 것은 아니지만 군부 집단이 시민을 살상하는 제3세계의 정치 상황을 뉴스로 보았을 때의 심리적 불편함으로 인해 발생하기도 한다.

분노를 일으키는 모든 상황은 직접적으로나 간접적으로 자신에 대한 타자의 인정 부재라고 할 수 있다. 분노는 타자로부터 인정이 부정당하는 부당한 대우 혹은 환경에 대한 반응인 것이다. 인정은 개인적인 상호작용이나 익명적 사회에 토대로 놓여 있는 '정당성'의 수용 여부에 달려 있다. 분노는 내가 기본적으로 존중받고 있는가, 즉 나의 인간 존엄의 전제가 무시되거나 멸시되고 있는가, 정당한 대가를 받고 있는가, 정당한 대우를 받고 있는가에 대한 인지와 판단에 밀접히 연관되어 있다. 물론 분노 중에는 별다른 이유 없이 나타나는 화도 있고, 상황에 대한 적절한 분노조절이 되지 않는 경우 분노범죄로 이어지거나 다양한 일탈행위로 이어지기도 한다. 그러나 일반적으로 분노는 순간적으로 작동하는 두려움이나 모멸감 등과 달리 상황에 대한 인지적 판단 이후 발생하는 경향이 있다. 따라서 분노는 두려움, 모멸, 수치심 등의 감정이 발생한 후 수반되고, 상황을 파악하여 발생하면서 이에 대응하는 행동을 취하기도 한다.[12] 분노는 인지

---

12 일상에서는 분노와 물질적 열기의 은유가 빈번히 행해지고 있는데 예를 들어 분노의 상황을 '열 받는다' 등으로 표현하는 경우이다. 이는 도덕감정과 분노를 논의한 레이코프에 의해 자주 인용된 것이기도 하다. 정향진은 위험물질로서의 화의 은유 등에 대한 레이코프 등의 논의를 소개한 후 여성, 인종에 따른 화와 반응에 대해 분석한다. 미국 중산층은 화를 위험한 물질(내부에서의 열과 폭발물)이라는 은유로 파악하여 화에 대해 사회적 맥락보다 개인의 위험성 차원을 부각시킨다. 즉, 화를 사회적 요인의 관점보다 내면적 문제를 적절하게 해소하지 못하는 미성숙함의 증거로 보려 한다는 것이다. 정향진은 이런 입장을 백인 중심주의적이며 남성 중심주의적인 백인/중산층/성(性) 감정모델이라고 비판한다(정향진, 2003; 레이코프, 2010).

적인 것만이 아니라 증오, 적대 등의 행위와 그와 연관된 다양한 신체적 반응을 동시에 수반한다. 이를 버코위츠(Leonard Berkowitz)는 인지-신연관적 모델(cognitive-neoassociationistic concept model)이라 부른다. 즉, 싫어하는 환경이나 사건에 접하게 되면 낮은 수준의 본능적인 연관작용이 발생하는데 이는 다시 그 사건이나 환경에 대한 적대(행위)로 반응하면서 거친 분노(짜증, 화)로 발전하거나, 그 사건이나 환경에서 벗어나고 싶은 반응을 일으킴으로써 깊은 두려움에 빠진다는 것이다. 이러한 상반된 경향에는 유전적, 학습, 상황적인 요소들이 영향을 미친다(Berkowitz, 1993).

분노는 상대적으로 보편성을 띠는 일차적 감정으로 알려졌지만 사회문화적, 역사적, 시공간적으로 변형되어왔다. 역사적 접근을 시도한 스턴스(Peter N. Stearns)는 분노가 시대와 문화에 따라 달리 분출되고 또 통제되어왔다는 점에 주목한다. 그는 기존 인류학자들의 연구를 통해 분노가 시대적으로나 사회적으로 다양하게 변해왔다는 점을 지적한다. 예컨대 에스키모인 우트쿠(Utku) 족은 두 살 이후 아이들이 잘못했을 때 질책을 하지 않고 혼을 내는 감정이나 행위를 표출하지 않음으로써 분노표현을 억제하도록 사회화를 시켰다. 그들은 개를 거칠게 대하는 등 동물에게는 화를 냈지만(그것도 서구 사람들이 보기에), 외부 세계의 사람들과 마주쳤을 때는 매우 온순한 태도를 보였다. 이러한 인류학적 연구가 감정의 상대성을 강조했다면 역사학적 접근은 감정문화가 시간의 흐름에 따라 어떻게 변해왔는지를 추적한다. 1950년대 미국의 경우 소년들이 선호하는 대표적 스포츠는 분노의 감정을 표출할 수 있는 복싱이었기 때문에 집에 항상 복싱 글로브가 준비되어 있었지만, 점차 분노감정의 표출이 변해가면서 이에 관한 관심도 사라졌다. 왜 분노가 변하고 이런 변화가 원인과 결과로서 어떻게 작동하는가? 예컨대 18세기 영국 귀족들은 사랑을 강조하면서 사회 구성원들 간의 분노와 적대적 폭력성을 줄이려 했다. 미국의 경우 19세기 중반 이후 급속한 산업화와 함께 가족이 안식처로 부상되면서 해방된 가족의 기능이 강조되었고, 가족 내에서 아이들은 스스로 분노를 통제하도록 양육되었다. 1920년대에는 가족과 직장이 분리되면서 가족의 공간에서 분노표출은 더욱 억압되고 통제되었으며, 학교에서는 분노조절과 억제를 위한 규범학습을 통해 품행을 강조하는 교육이 이루어졌다. 이와 함께 작업장에서는 다양한 유형의 노동통제가 이루어졌는데 노동통제는 노동자들의 분노감정을 적절하게 억누르면서 노동규범에 순응시키는 작업의 하나였다. 가족, 학교, 공장 등 모든 영역에서 표준적인 분노통제규범이 시행되었다는 것이다(Stearns & Stearns, 1986). 19세기 미국인들은 어떤 실천적 행위를 불러일으키는 동기부여가 된다는 점에서 분노감정의 긍정적 역할을 강조했고 또 분노의 표출을 사회적으로 허용하기도 했으나, 20세기에 이르면 오히려 분노를 조절하고 통제하는 다양한 규범을 발달시키고 분노가 강렬하게 표출되는 것을 혐오하게 되었다.[13]

2. 상대적 박탈감과 분노

앞서 말한 바와 같이 분노는 매우 보편적인 일차적 감정이면서도 상황에 대해 판단적, 인지적인 태도를 포함하는 사회적 감정이다. 특히 사회적 상황이 나 혹은 우리에게 정당한가에 대한 '정당성 인지'는 분노의 발생에 매우 밀접한 연관을 맺고 있다. 사람들은 구조적으로 불공정한 억압을 받게 되면 분노를 일으키고, 그 억압을 벗어나기 위해 많은 방법을 고안하며 실행에 옮긴다. 그리고 이 실행이 집단으로 응결되면 집합행동으로 발전하게 된다. 테드 거(Ted R. Gurr)의 상대적 박탈감(Gurr, 1970)이라는 매우 요긴한 용어는 이를 잘 설명해주는 개념이다. 분노는 타인과의 비교를 통해, 우월감과 열등감의 비교 속에서 열등감과 피해의식이 쌓일 때 발생하는 경향이 크다. 우리는 이를 일반적으로 '상대적 박탈감'이라 부르고 있다.

---

[13] 현대 미국인들은 신체적 예절과 성적 표현에 더 많은 자유를 누리지만 감정적 표현을 억제하고 당황스러운 감정으로부터 자신을 보호하기 위한 감정적 외투로서 '초연함(cool)'을 추구하게 되었다(정향진, 2003: 110). 그런데 스턴스는 실제로 조직에서 표준화한 분노의 규범과 실제 발생한 분노의 경험을 구분하지 않는 경향이 있다고 주장한다. 즉, 기존의 감정학(emotionology)은 사회적 규범과 실제 발생하는 감정 간의 갈등을 무시하는 경향이 있다는 것이다.

상대적 박탈감은 자신의 처지를 타자와의 비교 과정에서 상대적으로 자신이 추구하는 가치의 부족을 인지하고, 그러한 인식을 바탕으로 느끼게 되는 부정적인 감정을 말한다. 사람들은 자기 자신이나 타인과의 비교를 통해 '상대적 박탈(relative deprivation)'의 상태를 인지하게 되고 이에 따른 감정적 반응을 보인다.[14] 런시먼(W. G. Runciman)은 준거집단(reference group) 개념을 도입하여 이 집단과의 비교를 통해 사람들은 상대적 박탈감을 느끼게 된다고 주장한 바 있다. A(사람 혹은 집단)는 B라는 타인(사람 혹은 집단)을 준거로 삼아 X라는 가치를 두고 비교를 하는 과정에서 상대적 박탈감을 경험한다. 이때 X는 "상대적 박탈가치"로, 현재 A에게는 없지만 다른 사람들에게는 있거나, 혹은 A가 과거에는 가지고 있었던, 아니면 앞으로 가질 것이라고 충분히 기대할 만한 가치에 해당한다. A라는 개인이 X라는 가치에 대해 느끼는 상대적 박탈감은 A도 그 가치를 실현할 수 있다는 가능성(feasibility)에 기반한 판단이다(Runciman, 1966: 11). 그렇기 때문에 상대적 박탈감은 가치에 해당하는 것들의 분배과정 및 결과의 공정성에 관한 인식과 연결되며, '사회정의'에 대한 개인의 인식을 가늠하는 척도가 되기도 한다(Pedersen et al., 2005).

애벌리(D. F. Aberle)와 같은 학자들은 인간이 정당하게 누릴 수 있는 생활조건과 물질을 포함하는 가치에 대한 기대, 그리고 일상생활에서 현실적으로 개인이 원하는 것을 얻을 수 있는 가치수행능력 사이의 괴리에서 상대적 박탈감이 발생한다고 보았다(Aberle, 1962). 애벌리는 사람들이 기대하는 가치를 육체적 행복과 자기실현의 가치에 해당하는 복지가치, 타인의 간섭을 피할 수 있는 권력가치, 타인 또는 타 집단과의 상호작용에서 누릴 수 있는 심리적 만족을 의미하는 인간의 가치 등으로 구분하기도 했다. 이와 비슷한 맥락에서 타운센드

---

14 상대적 박탈감(relative deprivation)이라는 용어는 미국 군인의 주관적 만족을 다룬 Stouffer et al.(1949)에 처음 등장했다. 1966년 런시먼(W. G. Runciman)은 1753명을 대상으로 한 설문조사 결과를 바탕으로 상대적 박탈감 논의를 보다 일반적인 사회불평등 연구의 차원으로 확장했다. 그는 개인이 느끼는 사회불만의 수준은 자신의 사회경제적 조건과 특정 준거집단이 누리는 것으로 인식하는 사회경제적 조건 사이의 차이에 의해 결정된다고 주장했다.

(P. Townsend)는 소득 중심의 박탈 개념이 너무 협의적이라고 비판하면서, 박탈을 객관적 박탈과 관습적/규범적 박탈, 주관적/집단적 박탈로 나누고 그중 객관적 박탈을 제외한 박탈을 상대적 박탈로 규정하기도 했다(Townsend, 1987).[15]

간단히 말해 상대적 박탈감은 부당하다고 판단을 내리는 불평등 경험과 이에 따른 감정적 반응이다. 상대적 박탈감은 개인 외부의 사회와의 관계를 기반으로 하는 감정이라는 점에서 사회적 감정(social emotions)의 일종이다. 사회학에서 상대적 박탈감에 관한 논의는 사회운동의 사회심리적 동기(Gurr, 1970)이자 구조적 불평등에 대한 감정적 반응(Runciman, 1966, Townsend, 1979)이라는 접근을 중심으로 이루어져 왔다. 기존 연구에서는 일반적으로 사회에 대한 불만(dissatisfaction)을 상대적으로 낮은 계층이 주로 느끼는 감정으로 묘사한다. 사회계층이 높은 사람들은 자신의 기득권을 자신이 사회에 기여한 몫에 대한 적합한 보상이라고 생각하는 반면(Lewin-Epstein et al., 2003), 낮은 계층에서는 자신들의 낮은 지위를 사회적 요건이 자신들에게 불리한 탓으로 여기거나 사회구조가 불평등하기 때문으로 여기는 경우가 많다는 것이다(Shepelak, 1989). 그러나 이러한 연구결과는 불평등과 상대적 박탈감(혹은 보다 일반적으로 사회불만)의 관계를 단편적으로 분석함으로써, 구조적 불평등의 하층에 있는 사람들 모두를 잠재적 사회불만세력으로 오인하게 할 가능성이 있다. 상대적 박탈감이 반드시 절대적 박탈과 함께 느끼게 되는 감정이라고 할 수는 없으며, 비교준거에 따라 상대적으로 많은 자원을 가진 사람이라 하더라도 상대적 박탈감을 느낄 개연성은 얼마든지 존재한다.

동일하거나 유사한 노동력이 교환되는 노동시장이나 교육이나 세계관 등을 지닌 집단들이 경쟁하는 곳에서 상대적 박탈감이 더욱 높게 나타날 수 있다. 경쟁규칙이 정당하지 못하거나 결과의 분배가 공정하지 못하다고 인식되는 사회

---

15 객관적 박탈은 의식주와 관련된 객관적 생활 조건상의 결핍을 의미한다. 이에 비해 관습적/규범적 박탈은 개인의 삶의 질이 사회가 공식적으로 인정한 선 이하에 있는 상태를, 주관적/집단적 박탈은 특정 집단이나 개인과 비교했을 때의 결핍 상태를 뜻한다(Townsend, 1979; 채정민·김종남, 2004).

에서는 당연히 상대적 박탈감이 높을 수밖에 없다. 목표달성주의에 함몰되었던 시공간 압축성장의 경험, 높은 사회적 상승의 욕망과 열정, 규범과 규칙, 협의와 합의의 공공성이 미흡했던 한국사회에서는 경쟁의 과정과 분배의 정당성이 수용되기 힘들고, 상대적 박탈감은 높아질 수밖에 없다. 부와 소득은 물론 생활기회의 차별화와 양극화는 이를 더욱 부채질한다. 구성원들이 수긍할 만한 공정한 절차보다 운과 연고주의, 가족의 계급적 배경 등에 의해 기회의 쟁취가 이루어지고 그 기회의 쟁취에 따른 지위와 평판, 소득과 부의 편중이 높은 사회에서는 공정성이나 정당성이 부여되기 힘들다.[16] 공정함에 대한 부정적인 인식과 상대적 박탈감은 악순환의 고리를 이어가며 하나의 감정체계로 자리 잡는다. 상대적 박탈감이 높은 사회에서는 설령 어떤 개인이 노력과 실력에 의해 지위의 성취를 이루었다 하더라도 그 정당성을 인정받기 어렵다. 상대적 박탈감은 또한 평등한 경쟁의 기회와 결과의 분배를 요구한다. 한국인들의 마음에는 높은 수준의 평등욕구가 존재한다고 진단한 송호근은 이를 '평등의 습속'이라 불렀다(송호근, 2006). 그러나 한국인들에게 나타나는 이 높은 수준의 평등욕구는 진정한 공동체적 나눔이 아니라 자기와 가족들의 우월성을 지향하는 매우 이기주의적이고 모순적인 열망이다. 상대적 박탈감이 높은 사회는 실력과 노력으로 쟁취한 지위에 대해서조차 비난을 일삼으며 상대적으로 열악한 자신의 처지를 타자의 탓으로 귀속시키려 든다. 냉소와 분노는 이러한 상대적 박탈감의 순환고리 속에서 더욱 확대된다.

분배정의와 연관된 '상대적 박탈감'은 집단갈등의 증후로서 시민사회와 국가 간, 계층 간, 집단 간 갈등을 일으키거나 강화시킨다. 사람들은 사회에 대해 처우와 분배, 시스템 운영 등에서 공정성을 기대하고 이 기대가 어긋날 때 이를 도덕적으로 평가하는 경향이 있다. 사회의 정당성을 묻는 분노는 도덕감정과 매우 밀접한 연관을 맺는다. 정지우는 분노의 두 가지 층, 즉 부당한 사회에 대한 비판으로서의 분노와, 내 삶의 불만 속에서 발생하는 분노를 구분하려 한다. 그

---

16 공정성에 대한 연구로 석현호(1997), 전성표(2006) 등을 보라.

가 보기에 현대 한국인에게는 후자의 분노가 지배적인데, 그러나 한국인들은 분노의 귀인을 사회로 돌리는 경향이 강하다고 주장한다. 즉, 내 삶의 불만의 요인을 정부, 국가, 타자, 특히 정치인 등에게 귀속시키려 한다는 것이다. 모든 삶의 "실패와 불만, 삶에서 사라진 사랑과 박탈당한 인정, 누리지 못한 창조성과 충족감은 자신이 아니라 사회의 탓"이라는 것이다(정지우, 2014: 53).

'나와 세계의 어긋남', '사회적 지표로 환원할 수 없는 나의 출현'임에도 불구하고 내가 태어나고 살아가는 사회와의 분리는 항상 자신의 정체성을 묻게 하는 사건이다. 따라서 분노의 문제는 내가 나를 어떻게 장악하고 다스릴 것인가, 나의 정체성을 어떻게 세울 것인가, 내 삶의 의미를 어떻게 확보할 것인가, 나와 어긋나는 이 세계 속에서 어떻게 나의 자리를 만들고 세계를 구축할 것인가?를 묻는 것이며 복수심은 자존심에 의해 추동되고, 분노는 외적으로 승인된 일련의 기준이나 가치규범에 의해 추동되고 개인적 몰입보다 사회적 권리와 결과의 분리에 대한 개인의 통찰에 근거한다(정지우, 2014: 32).[17]

또한 분노는 원한감정과 밀접한 연관을 맺는다. 사회가 얼마나 암울하고 얼마나 불합리한지, 얼마나 절망적인지 강박적 관념으로 집착하는 감정의 소유자들은 냉정하고도 고착적인 편집증적 원한을 갖고 예측할 수 없이 원한감정을 표출한다. 이러한 분노가 증오와 같은 감정으로 변해가기도 한다.[18] 분노와 비교하면 증오는 '피해망상적 편집증', 즉 세상에 대한 '고착된 망상'으로서 현실을

---

17 분노로 전화된 감정의 표출을 위해 종종 '엉뚱한 곳'에 그 감정표출을 지향시키기도 하는데, 소위 '화풀이'라는 것으로 자신보다 권력이나 지위가 낮은 집단, 사회적 약자층이 그 표적이 되기도 한다. 무고한 사람들에 대한 무자비한 테러가 자행되기도 하며 역사적으로는 일본 관동대지진 당시(1923년)의 '조센징', 나치즘하의 유태인이 그러한 희생양이었다(정지우, 2014).
18 증오는 악의적인 범죄와 밀접히 연관되어 있다. 그런데 증오에 대한 학자들의 정의는 불분명하다. 그냥 단순히 싫어하는 상태로 보거나(Smith-Lovin, 1995) 증오를 분노-관련 감정으로 연결시키려 한다. Oatley and Jenkins(1996)는 증오를 회피하거나 역겨워하는 것으로서 분노보다는 혐오와 관련시킨다.

왜곡하는 편집증이다. 맹신자들은 "자신이 망가졌다는 자각에서 벗어나고 싶어 하는데, 그들의 가장 큰 욕망은 현재 망가진 자신으로부터 달아나는 것으로 현실비하, 몽상, 습관적 증오심, 불가능한 것들을 시도하는 것이다. 증오는 자기 자신을 대신하고 싶은 것들, 예컨대 국가, 종교, 민족, 이데올로기 등에 대한 열렬한 충성이나 애착을 보이고 이러한 열망에 매달린 사람들이 근본주의와 테러의 행위자가 된다"(호퍼, 2011: 102).

분노는 다양한 차원에서 다양한 이유로 다양하게 표출되고 원한과 폭력, 적대와 증오 등으로 변화하여 자신과 타자를 파괴하는 결과를 낳기도 한다.[19] 반면 분노는 사회변동의 원동력이 되는 감정으로서 역사를 형성하고 움직이는 에너지로 작동하기도 한다. 분노는 지도자들이 사람들을 모으는 전략자산이기도 하고, 사람들이 스스로 모이는 자율적 동기의 자원이 되기도 한다. 분노는 사회를 움직이고 변화시키는 집합행동의 가장 큰 원동력으로서 분노가 쌓여 집합체가 될 때 혁명이나 사건이 발생한다. 민중들의 분노가 거대한 '창고'에 집적되었다가 이를 분출하는 적절한 리더와 조직을 만났을 때 그 분노는 사회를 변혁하는 힘으로 작동하는 것이다. 슬로터다이크(Peter Sloterdijk)는 서구세계를 조형하고 변화시킨 것은 분노의 신 '티모스(Thymos)'였다고 말한다. 분노는 중세 기독교 문명 속에서 종말론을 매개로 교회에 저장되었다가 해소되었고, 초기 자본주의의 착취와 갈등 속에서 공산주의 혁명가들, 예컨대 레닌이나 마오쩌둥은 자본주의 종말론을 통해 분노의 신의 역할을 할 수 있었다. 그러나 이후 소비주의와 경쟁, 탐욕, 외모, 욕망이 넘쳐나는 신자본주의 시대에 절망과 불안에 싸여

---

[19] 최근 한국사회에서는 '분노범죄'라고 불리는 사건들이 심심치 않게 보고되고 있다. 기사 하나를 소개하면 이렇다. "지난 16일 충북 충주의 한 원룸에서 인터넷 속도가 느리다는 이유로 자신의 원룸을 방문한 수리기사에게 흉기를 휘둘러 살해한 혐의로 50대 남성이 구속되었다. 지난 8일 양산에서는 40대 남성이 아파트에서 밧줄에 의지해 외벽 도색 작업을 하던 작업자의 밧줄을 끊어 숨지게 한 범죄가 발생했다. 전문가들은 이러한 분노범죄를 '경쟁이 치열해진 사회에 살면서 누적된 불만과 스트레스를 적절하게 풀어내지 못하고 있다가 극단적인 형태로 분출해 발생하는 범죄'로 진단한다. 경찰청이 11월 발표한 2015년 상해나 폭행 등 폭력범죄 37만 2723건 중 범행동기가 우발적이거나 현실 불만이 있는 경우가 41.3%(14만 8035건)를 차지하는 것으로 나타나 있다"(〈연합뉴스〉, 2017. 6. 19).

있는 개인들의 분노는 집적될 창고 혹은 슬로터다이크의 말대로 '은행'을 찾지 못하고 파편화되고 있다. 개개인들의 분노가 집적되지 못하면 사회변동의 에너지로 작동하기 힘들다. 소비자본주의의 광고 이미지가 사실처럼 현실을 포장하는 시뮬라크르 사회에서는 풍요와 만족이 신기루처럼 어른거리지만 손에 잡히질 않는다. '노력'의 대가는 주어지지 않고, 양극화의 불평등은 더욱 증폭되고 있다. 정의롭지 못한 사회에 대한 개개인의 분노는 널리 확장되어 있지만, 파편화된 분노는 갈 길을 헤매고 있다. 분노의 은행은 사라졌다! 무엇으로 대체할까? 새로운 종말론은 무엇일까? 슬로터다이크는 "수염이 덥수룩한 모든 종류의 이론들이 자신들의 적에 대한 이데올로기적 비판을 가하고 자신들의 대의명분을 위해 순진한 의미론과 조악한 신앙을 내세우고 있지만 정작 민중들의 분노가 무엇인지는 성찰하지 못하고 있다"라고 비판한다(슬로터다이크, 2017: 376). 사회적으로 고립되고 파편화된 분노의 에너지는 무감각한 충동으로 변하고, 그 충동의 표출은 쾌락적 반달리즘(폭력주의)에 지나지 않는다. 예컨대 2005년 프랑스에서 발생한 아랍계 무슬림과 아프리카 기독교 청년들의 도발적 폭력은 무력한 분노의 표출에 불과하다. 그의 말대로 "매일 밤 방화가 발생하고", "분자적 내전"에 의한 전쟁과 전사들은 목적 없이 지형을 파괴할 뿐이며, '수용소'처럼 오늘날 현대사회는 환멸과 혐오를 집산시키고 이방인과 상생하려는 움직임에 적대감을 표출하지만, 분노를 적절하게 저축하고 투자하며 유예시키고 조절하는 장치로서의 분노 은행이 더 이상 존재하지 않는 것이다.

분노의 감정은 역사적인 사건이나 개인의 경험을 기억할 때 재생되기도 한다. 과거의 시점에서 느낀 사건에 대한 복합적 감정은 분노로 수렴하는 경향이 있으며(모멸과 수치심도 반복적으로 재생되는 경향이 있다), 시공간의 흐름에 따라 사건에 대한 의미가 감소, 확장되거나 그 내용이 변해가기도 한다. 감정이나 트라우마가 세대를 이어 전승되는 세대사회화의 과정도 일어난다. 예컨대 아우슈비츠의 잔혹상을 직접 경험하지 않았다 하더라도 유태인들은 대를 이어 그 잔혹함의 기억, 수치와 굴욕, 분노 등을 기억하고 또 분출한다. 의례는 분노의 강도를 순치시키기도 하지만 사건에 대한 의미와 감정을 주기적으로 발생시킨다. 일부 연구가들은 억압, 차별, 그리고 수치와 분노의 기억은 폭력적 행위로 쉽게 이어진다고 주장한다. 예컨대 백인들의 원주민에 대한 폭력과 억압의 기억과 분노감정은 시대가 흘러도 사라지지 않고 하나의 성향(아비투스)으로 작동하며, 이러한 성향이 종종 폭력이나 강도 같은 원주민의 일탈행위로 이어진다는 것이다(Day, Nakata and Howells, 2008).[20]

이때 트라우마로 쌓인 분노는 시간을 따라 기억으로 재생되는 감정 아비투스로 작동한다. 기억 속의 분노는 특정한 집단에게 '배경감정'으로서의 감정 아비투스를 형성한다. 앞 장에서 말한 대로 '그때의 지금'이 현재의 시간으로 기억을 통해 재생되고, 재생된 분노는 좌절과 고통, 자신에 대한 폭력으로서의 자해나 자살, 타자에 대한 증오와 폭력 등으로 표출된다. 그리고 개개인이 당한 사건과 분노는 방관자들에게 전파되고 이입되어 방관자들의 참여를 동원시킬 때 집단의 분노, 즉 공분(公憤)으로 이어져 분노를 일으킨 대상에 대한 저항과 보복, 그리고 '개혁'을 추동한다.

3. 구조조정과 정리해고

정리해고, 왜 '나'인가?

이른바 'IMF 사태' 이후 한국사회에는 구조조정과 정리해고 등 생경스러웠던

---

20 어떠한 감정적 요인이 폭력을 유발할까? 나치 시대 독일 국민의 감정연구는 집단감정과 폭력의 관계를 잘 설명해주고 있다. 비정상성으로서의 마조-사디즘(maso-sadism)으로 당시 독일인들의 감정을 설명한 에리히 프롬이나 권위주의적 심성을 논의했던 호르크하이머 등의 작업이 선구적이라 할 수 있겠다. 나치 시대의 독일 국민들, 특히 중산층은 두려움과 수치감, 그리고 분노의 감정에 싸여 있었다. 제1차 세계대전의 패배와 함께 인근 국가에게 배상을 해야 하는 치욕의 베르사유 조약은 과거 프로이센 제국 사람들의 자존심을 훼손시켰다. 독일인들은 지위와 명예의 손실에 따른 수치감(shame)은 물론 자산을 몰수당할지 모른다는 두려움에 사로잡혔다. 그들은 유태인에 대해 적대적인 분노의 감정을 갖게 되었는데 이는 '유태인에 대한 시기'이다. 청년 히틀러는 부자 유태인이 좋은 차를 모는 것을 보고 질투와 부끄러움, 수모를 느꼈다고 했다. 시기는 수치와 관련되어 있고, 열등감(콤플렉스)의 표현이기도 하다.

용어들이 등장하고, 고용불안정을 표현하는 은어(隱語)들이 속속 우리의 일상으로 스며들고 있었다. 명퇴(명예퇴직), 희퇴(희망퇴직), 권고사직, 유무급 정직, 휴직, 감원, 퇴출, 정년단축, 일괄사표, 자진사표 등 다양한 형태의 퇴직현상과 '해고의 칼바람' 속에서 상시정리해고가 체계화된 것이다. 노동시장의 유연화로 인해 이제 한국인들은 매우 현실적인 '불안'의 미로에 놓여 있게 되었다.[21] 세계적인 경제체계 속에서 기업의 경쟁력 강화를 위해서는 경영합리화, 즉 신기술의 도입뿐 아니라 노동자들의 정리해고를 통해 비용을 감소시키고 시장의 변화에 민감하게 대처해야 한다는 주장이 구조조정을 정당화했지만, 정리해고로 인한 조직에 대한 회의와 배신감 등의 감정은 사회에 대한 부정적인 태도와 전체적인 삶의 불안정을 초래했다. 희생자들뿐 아니라 구조조정의 생존자들 역시 조직에 대한 헌신과 업무에 대한 몰입, 조직에 대한 신뢰 등이 악화되었으며, 조직 성원들의 고용안정에 대한 불안과 엄청난 스트레스 등으로 인하여 원만한 조직생활이 어려워졌다. 이른바 '생존자 증후군'에 대한 연구가 이를 잘 뒷받침하고 있다.

정리해고의 배경은 한마디로 말해 노동시장의 유연화이다. 유연화는 생산방식이나 근무방식, 근무시간 등 모든 영역에서 시행되고 있다. 세네트(Richard Sennett)는 생산의 유연전문화를 전문기술을 바탕으로 한 소규모 기업들이 서로 긴밀한 네트워크를 형성하는 것으로 파악한다. 또 하나는 '중앙 집중 없는 힘의 결집'이라는 것으로 시장과 생산, 유통, 교환 등의 네트워크가 이전의 수직적 피

---

21 시공간 압축성장의 신화를 자랑하던 한국사회가 1997년 국가부도의 지경에 이르렀을 때 한 신문은 다음과 같은 기사를 내보내고 있다. "오로지 회사에 자기를 맡긴 채 앞만 보고 달리던 직장인들이 부쩍 허둥대며 초조해하고 있다. IMF 사태 이후 3년여 동안 숱하게 길거리로 내몰리는 이들을 보면서도 '나는 설마' 하던 직장인들이 가차 없이 '폐기처분'되는 기업들의 운명을 보면서 실직이 더 이상 남의 일이 아님을 절박하게 느끼고 있는 것이다. …… H 건설 김 모 대리는 건설 수주 1, 2위를 다투는 대기업에서 일한다는 자부심을 잃어버린 지 오래라며 발 빠른 동료들은 벌써 직장을 옮기고 영어나 컴퓨터 공부를 하는 사람도 많은데, 그저 회사만 믿고 묵묵히 일만 해온 내 자신이 한심하다고 말한다. …… 실제로 직장인들 사이의 탈출구 모색 움직임은 사무실에서도 공공연하다. D 무역의 한 직원은 한 달 전부터 아예 내놓고 부서동료들과 돈을 모아 소규모 무역업을 시작하는 방안을 논의하고 있다"(≪조선일보≫, 2000. 11. 4).

라미드 형태로부터 다양한 비대칭적(불평등하고 불안정한) 네트워크로 분산되는 현상이다. 작업방식도 매우 다양한 형태로 유연화되었다. 근무시간의 자유선택제(flextime)나 개별 스케줄에 따른 모자이크 근로방식이라 불리는 재택근무가 늘어났다. 이러한 유연성을 바탕으로 한 인간관계는 무엇일까? 한마디로 '장기(長期)'는 안 된다는 것으로 단기계약, 임시노동, 파트타임 등의 분절적이고 단기적인 다양한 노동계약이 주를 이룬다. 그리하여 인간과 인간, 인간과 조직 사이에 존재하던 신뢰와 충성, 상호헌신은 찾아보기 힘들어졌다. 게다가 자동화와 기계화는 숙련의 자부심을 빼앗아가고 있다. "제빵사가 스스로를 제빵사라 부르기를 혼돈스러워하는 상황"이 발생하고 있는 것이다. 근로수명은 엄청나게 단축되고 40세 이상이면 '뒷방 늙은이 신세'로 전락하며 개인의 경험이 축적될수록 오히려 가치를 인정받지 못하는 상황이 발생하고 있다. 일에 대한 불안이 도처에 침투해 있는 것이다. 팀 작업은 품위 없는 집단경험에 지나지 않는다(세네트, 2002: 142). 참을성과 기다림, 장기적 예측보다는 단기적인 성과에 몰두하고, 경험자를 오히려 배제할 뿐 아니라 현실에 완전히 순응하는 인간을 만들어 낸다.

인원을 감축시키는 정리해고의 구조조정은 조직의 구성원에 대한 인식의 변환에서 비롯되기도 했다.[22] 즉, 고용과 시간, 조직효율성에 대한 패러다임이 바뀐 것이다. 예컨대 이전에는 피고용인을 인적 자원의 차원에서 기업의 자산(property)으로 본 반면, 현재는 비용(cost)으로 인식하여 '줄여야 할 대상'으로 간주하고 있다. 전에는 피고용인에게 기업발전에 기여하는 긍정적 대상으로서 도움, 성장 등의 기의(記意)를 부여했던 반면, 현재는 이들을 그 요구나 존재가 부

---

22 인원감축을 통한 구조조정과 그 여파에 관한 논의는 노동시장의 유연화가 비교적 활발히 진행되고 있던 1980년대 후반의 미국을 중심으로 일어나기 시작했다. 그러나 그 이후 구조조정과 그에 대한 논의는 미국뿐 아니라 유럽, 그리고 일본에 이르기까지 세계적인 현상으로 나타났다(Aaronson & Sullivan, 1998; Usui & Colognon, 1996). 미국의 경우 1980년에서 1985년까지 250만 개의 일자리가 사라졌으며 이들 정리해고자의 대부분이 생산직 노동자들이었다. 그러나 그 이후에는 중견급 경영자, 전문가들, 그리고 사무직 노동자들이 주된 대상이 되었고, 또한 남성과 고등교육자들 역시 정리해고의 대상이 되었다(Schmidt & Svorny, 1998).

담스러운, 따라서 '끌어내야 할' 부정적 존재로 인식한다. 그런가 하면 장기간 고용보장을 통해 경력을 창출하고 새로운 고용을 창출하는 기업이미지 대신 필요에 따른 단기간의 노동력 매입이 주도적인 전략적 고용관이 되었고, 조직 크기나 운영 역시 통합과 발전이라는 개념으로부터 분산과 '작은 것의 효율'이라는 개념으로 전환되었다(Noer, 1993). 비정규직의 확산이나 아웃소싱 같은 조직 운영 등이 대표적인 현상이다.

구조조정에 관련된 기존의 초기 연구는 주로 희생자집단에 관한 것들이었다. 정리해고와 실직으로 인하여 희생자들이 받게 되는 사회심리적 충격은 물론 가족 및 사회관계의 변화, 재취업과정 등에 대한 연구—넓은 의미에서 실업자 연구에 포함—들이 주종을 이루었다. 특히 희생자들의 가족연구가 주요 관심영역이 되었는데, 구조조정의 희생자들과 그의 가족들은 가장의 지위상실과 경제적 파멸로 인한 물질적 압박, 심리적 좌절, 그리고 가족이나 친구, 이웃들 간의 상호작용에서 많은 갈등이 발생한다는 사실들이 조사되었다(Perrucci & Targ, 1988; Voydanoff, 1990).[23] 그러나 '생존자' 역시 실직을 경험한 '희생자'들 못지않은 사회심리적 충격을 경험한 것으로 조사되었으며, 최근의 연구들은 바로 이러한 생존자에 대해 주목하고 있다. 구조조정 희생자들의 연구가 주로 가족이나 이웃 등과의 사회적 관계의 변화, 재취업 과정 등의 내용을 담고 있는 반면 생존자 연구는 조직에 대한 직무태도의 변화에 주목한다. 흔히 생존자들이 겪는 정신적 스트레스와 부정적 태도는 '생존자증후군(survival syndrome)'으로 불리기도 한다. 이들은 자신도 언젠가 '잘릴 수도 있다'는 두려움과 불안, 희생자에 대한 우울, 죄책감, 조직에 대한 배신감과 신뢰 상실의 감정상태를 보인다(Noer, 1993). 생존자들은 해고로부터 '일시적으로 살아남았으나' 여전히 해고 위협, 고용불안

---

23 한국에서는 경제위기 이후 실직자의 가족관계 변화나 심리적 충격 등을 실증적으로 조사했던 몇몇 조사들이 이러한 연구들과 맥을 같이하고 있다(안병철 외, 2001; 박종헌, 1999; 정기선, 2000; 최규련, 1999; 김한우·김명언, 1999; 김명언·노연희, 1998). 한편, 해고당한 것은 아니지만 직무로부터 배제된 직장인을 잉여인력으로 표현하면서 그들의 모멸과 수치, 불안, 소외감 등을 기록한 책으로 임명헌(2017)을 참조할 것.

에 따른 심리적 압박감에 시달리며, 조직에 대한 헌신이나 대인관계에서의 신뢰 상실, 그리고 희생자들에 대한 '죄의식' 등으로 많은 스트레스를 경험한다는 것이다(Cameron, Freemen & Mishra, 1993; Schlenker & Gutek, 1987; Feldman & Turnley, 1995; Cole, 1993).[24]

한국에서의 생존자 연구는 거의 찾아보기 힘들지만, 필자와 동료 연구자는 생존자들의 사회심리적 건강에 대한 연구를 통해 정리해고에 대한 인식이 불안이나 우울, 주관적 건강상태에 영향을 주고 있음을 밝힌 바 있다(김왕배·이경용, 2005). 또한 구조조정 이후 조직성원 간, 그리고 상하 간 신뢰가 상실된 경향이 있으며 이는 고용불안정에 의해 크게 영향을 받았다고 보고 있다. 조직에서의 신뢰 상실은 조직몰입이나 헌신 등의 저하를 불러일으키고, 조직 성원들 간의 의사소통의 결함으로 결국 조직 신뢰의 손실을 가져올 수 있다는 것이다(김왕배, 2002). 그러나 무엇보다도 희생자들은 생존을 선택할 수 있는 여지가 없었다는 점에서 더 큰 고통과 분노를 경험한다. 그들이 가장 큰 분노를 일으키는 것은 정리해고 그 자체가 아니라 자신이 왜 정리해고의 대상이 되어야 했는지 그 절차는 공정했는지 여부와 그 이후 이웃이나 사회, 국가의 반응이다.

쌍용자동차의 정리해고

잘 알려진 바와 같이, IMF 이후 급속하게 추락한 한국경제의 한파는 한국의 대기업들에게도 큰 영향을 주었다. 그 경제위기의 책임은 과잉투자(중복투자)와 무분별한 해외투자 및 투기를 일삼은 대재벌과 금융권, 방관적 태도로 일관한 국가관료 등에 있다는 지적이 지배적이었다. 이른바 'IMF 환란'은 정경유착(政經癒着)으로 대변되는 아시아식 자본주의가 안고 있는 '고질적 병폐'에 기인했다는 진단과 함께 글로벌 투기금융자본의 아시아 길들이기라는 음모설이 나돌기

---

24 특히 기업 구조조정에 따라 조직 성원과 고객 간의 개인적 관계망이 상실되고, 원활하고도 예측 가능한 의사통로나 자원의 흐름이 차단되는 결과를 낳았다는 지적도 있다(Luthans and Sommer, 1999).

도 했다. 여하튼 당시 한국의 경제위기는 시민들의 무분별한 소비 등과 어우러진 총체적인 '도덕적 해이(moral hazard)'가 낳은 필연적 결과였다는 것이다(Kim, 2000).

1997년 한국사회를 강타한 이른바 'IMF 사태' 이후 글로벌경영을 자랑하던 대우자동차에는 대규모의 정리해고가 단행되었다. 그리고 대우자동차 1750명의 해고가 발생한 지 정확하게 10년이 지난 후, 한국사회에는 다시 쌍용자동차 대량해고 사건이 발생한다.[25] 'IMF 사태' 이후 한국사회는 정치, 경제, 문화 등 전방위에 걸쳐 커다란 변화의 파고에 휩싸였다. 1990년대 초반부터 세계화 논의가 대두되고, 신자유주의 흐름에 대한 담론들이 확산되어왔지만 한국사회는 한 차례의 예기치 못한 경제위기를 경험한 이후 신자유주의(무한시장, 무한경쟁, 공기업의 민영화, 작은 정부의 큰 힘 추구 등) 질서가 더욱 강력하게 지배해가는 사회로 변모하기 시작했다. 국가부도의 유예를 담보받는 대신 IMF로부터 긴축재정, 재벌개혁, 금융시장 활성화, 그리고 노동시장의 유연화 등 혹독한 구조조정의 압박을 받은 정부는 부실기업의 매각, 금융기관의 합병, 신용카드 확산, 노-사-정 협의체를 통한 노동시장의 유연화를 추구했다. '국민'들은 국가부도 사태에 직면하여 '장롱의 금반지를 꺼내 모으는' 애국심을 발휘했고, '국가를 재건'하려는 거대한 국가공동체의 열정을 보여주었다. 회사원들은 정리해고를 감내하면서 혼신의 힘을 다해 조직에 헌신했다. 하지만 공동체의 열정과 힘은 곧 사라져 버렸다. 사람들은 조직으로부터 힘없이 떨어져나가는 자신들의 모습에 불안해했고, 기득권층이 그 불안으로부터 오히려 기득권을 더 쌓아 올라가는 상황을 바라보았다. 기업이 요구하는 신자유주의 시대의 인간이 되기 위한 자기계발 혁명이 시작되었고, 노동시장의 유연화는 더욱 가속화되어 언제 다시 해고될지 모를 비정규직의 시장 영역이 폭발적으로 늘어났으며, 경제적 소득과 부

---

25 이후 대우자동차는 GM에 매각되었고 매각 당시의 약속에 따라 경영정상화를 선언한 이후 해직자들에게 복직을 통고했다(대우자동차 노동조합, 2002). 그러나 유감스럽게도 2017년 다시 경영악화를 이유로 군산공장의 폐쇄가 일방적으로 선언되었고, 대량해고의 트라우마를 앓았던 대우자동차는 다시 갈등의 골에 빠지게 되었다.

의 영역뿐 아니라 문화, 생활양식 전반에 걸친 사회적인 양극화가 빠르게 진행되었다. 공동체의 정신은 사라지고, 인간관계의 개별화와 파편화의 속도가 매우 빨라졌다. 그러나 '사회 안전망'의 설치작업은 매우 느리게 진행되었다. 보수언론과 정치권은 소위 진보정권으로부터 '잃어버린 10년'을 되찾아야 한다며 사회복지와 보장제도의 확장을 '사회주의, 포퓰리즘적 선심, 퍼주기, 재정난, 서구 복지국가 위기' 등의 언설로써 서슴없이 비난했다.

이 와중에 세계 금융위기가 다시 찾아왔다. 2008년도의 금융위기는 세계 경제의 중심지인 미국발이라는 데서 사람들의 간담을 더욱 서늘하게 만들었다. 서브프라임 모기지의 부동산 거품이 꺼지면서 세계 굴지의 투자 금융사들이 파산하거나 위기를 맞았고, 엉뚱하게도 그 파편이 한국에까지 튀었다.[26] 노벨상을 받은 학자들까지 나서 70년 전 전 세계를 강타한 불황의 여파가 몰려올 것을 예고하기도 했다. 그런데 세계자본주의 수준의 거버넌스(G20) 체계가 작동하면서 새로운 형태의 위기는 일시적으로 극복되어가고 있는 양상을 보인다. 자본의 대리 결속체인 G20은 선진국 초국적자본의 지배작동체계를 견고히 하기 위한 조절기능을 담당하는데, 위기의 본질이 소거되었다기보다 미래에 더 큰 위기를 낳을 것이라는 매우 음습한 부정적인 예측에도 불구하고 여하튼 십여 년이 지난 지금 자본주의의 혼돈은 아직 오지 않고 있다. 그러나 언제 다시 불거질지 모르는 위기, 고용 없는 성장에 의한 실업, 가계부채 등 존재론적 사회불안은 더욱 심화되고 있다.

마르크스는 일찍이 자본주의 체제에서의 자본과 노동의 대립은 불가피한 숙명이라고 파악한 바 있다. 그에 의하면 자본주의는 주기적 불황을 겪을 수밖에 없으며 장기적으로는 '망해갈 수밖에 없다'. 자본의 유기적 구성의 상승(불변자본 C 대 가변자본 V의 구성)에 따른 평균이윤율 저하의 경향적 법칙에 의해 자본주의는 생래적으로 '위기'를 탑재하고 있다는 것이다. 1960년대 자본주의가 황금기를 맞이하고 있을 때 마르크스주의자들은 그들이 상대적으로 소홀히 다루

---

26 "월스트리트 P 사의 파산이 엉뚱하게도 한국의 K 씨의 은행계좌를 소위 '깡통'으로 만든 사연"에 대해 경향신문 특별취재팀(2010)을 참조.

었던 유통, 순환 부분의『자본론』2권에 주목하면서 과소소비설에 입각한 자본주의 위기를 설명하려 하기도 했고, 노동계급의 계급투쟁과 압박에 의한 이윤율 저하위기론을 제기한 바 있다(라이트, 1985). 그러나 자본주의가 어디 그리 쉽사리 무너지는가? 평균이윤율이든 과소소비설이든 이윤압박이든, 이윤율이 저하되는 경향을 보이고 있다고 해서 자본주의는 쉽게 멸망하지 않고, 또 멸망할 것 같지 않은 상태를 보여주고 있다.[27]

그러나 2008년의 전 세계적 위기의 폭발은 유예되었지만 '글로벌 차원의 조절'에도 불구하고 여전히 불안과 위기는 '어떤 증후'를 던져주고 있다. 기본적으로 자본주의의 위기는 시장질서의 교란 혹은 무능력이 외부화된 것이다. 시장활동의 핵심적 주체인 기업가들의 치열한 경쟁 속에서 전체적, 국지적, 개별적 위기가 발생한다. 그런데 개별기업들 입장에서 위기의 탈출전략은 비용을 줄이는 것이고, 비용감소의 주요 대상은 노동자들에게 지불되는 임금, 즉 인건비이다. 자본가들은 임금 비용을 낮추기 위해 자동화를 도입하거나, 값싼 이민노동을 구입하거나, 자본을 저임금의 국내외 지역으로 이전시킨다. 그러한 전략 중에서도 인건비 감축을 위한 구조조정, 즉 정리해고가 가장 용이한 방법으로 선택된다.

기업의 이러한 활동을 앞장서서 지지하는 주체들은 국가(정부), 또 다른 자본분파의 행위자인 회계법인, 그리고 정리해고의 정당화 담론을 전파하는 일부 보수언론이다. 국가는 국가기관의 은행이 기업의 채권단 역할을 하게 함으로써 '돈줄'의 역할을 담당하고[28] 아울러 개별 자본이 투자를 꺼리는, 그러나 자본축

---

[27] 1930년대 전 세계적으로 발생한 대공황에서도 자본주의는 살아남았다. 이를 바라본 '조절이론가'들은 보다 세밀한 개념을 도입하여, 체제의 조절기능에 의한 자본주의 생존과 번영, 지속성에 대해 진단하기에 이르렀다. 헤게모니의 개념을 적용했던 그람시(A. Gramsci)의 시선이 새롭다. 그의 질문은 '자본과 노동의 대립과 갈등에 놓인 자본주의가 왜 이리 끈질기게 지속될 수 있겠는가? 피지배층인 노동자들이 왜 자본주의의 체제를 선호하고 정당화하는가?'라는 것이었고, 이를 동의에 의한 지배, 즉 헤게모니 개념으로 설명하려 했다(Gramsci, 1971).

[28] 한국의 경우 화폐자본의 순환과정인 M-C-M'에서 국가는 거대 화폐자본을 동원하고 배급하는 주요 실체였다. 산업화 시기 발전주의 국가는 차관의 형태로 외채를 들여와 각 개별기업에 할당하면서 동시에 정치자금의 대가를 받았고 기업을 통제할 수 있었다.

적에 필수적인 일반적 생산조건(도로, 항만, 통신, 교통 등)을 대신하여 제공하는가 하면, 체제의 유지를 위해 국방과 치안을 담당한다. 이를 명목으로 국가는 자본가를 대신하여 파업노조에 대해 경찰력을 투입하는가 하면, 사법권을 통해 노조활동가들의 활동을 제한하기도 한다.[29] 자본주의가 위기 혹은 그 조짐을 보일 때 국가의 역할은 더욱 두드러지게 나타난다. 이를 헌트(E. K. Hunt)는 '보이는 주먹'이라 표현했다(Hunt, 2002). 특히 국가가 성장을 주도하고 기획했던 발전주의 국가의 전통을 안고 있는 한국과 같은 국가에서는 더욱 그렇다. 1990년대 이후 '자본과의 공생국가'(Kim, 1988), '규제국가', '탈발전주의 국가' 등 발전국가와는 차원이 다른 간접개입 형식의 국가 기능이 강조된다 해도 여전히 국가는 경제위기의 해결사로 자임하며 전면적으로 등장하는 것이다.

한편 국가는 체제를 정당화하는 이데올로기의 확산을 통해 통합과 질서를 유지하려 드는데, 언론과 종교, 문화, 교육기관은 그 이데올로기를 생산하고 확산시키는 국가의 조력자 역할을 담당한다. 정당화 이데올로기는 담론을 통해 나타난다. 지시대상에 대해 다양하게 전개된 언어의 진술체가 곧 담론이다. 담론은 특정한 방향으로 사물을 인지하게 하거나 지배질서와 특정 세계관을 정당화하는 이데올로기로 작용하는가 하면, 다양한 세력관계를 변화시키는 사회적 '힘'으로도 작동한다. 그렇기 때문에 담론은 특정 집단에 의해 생성된 권력의 산물이며 또한 스스로 그 권력을 재생산하는 역할을 하기도 한다. 담론적 형성체(discursive formation)라는 용어를 동원하면서 권력이 어떻게 지식담론을 형성하고 그 담론이 어떻게 우리의 삶을 규정하는가를 논의한 푸코의 말대로, 담론은 단지 사물을 표시하고 의견을 진술하는 언어구성체가 아니라 특정 집단의 권력을 반영하고 또 스스로 권력을 행사하는 실체인 것이다(Foucault, 1981). 담론은 복합적인 사회적 '힘'에 의해 형성된 체계적, 문화적 규칙으로서 우리의 사유방식과 지식의 형태, 특정한 역사적 시기에서의 실천 등을 결정하는 힘이다. 예컨

---

29 물론 독립적 사법체계는 국가 활동 그리고 경찰이나 자본가들 집단에 대해서 제동을 거는 역할을 하기도 한다. 체계이론에 대한 루만(Niklas Luhmann)의 설명도 참조할 만하다. 결국 민주주의 체제하에서 정부로부터 자율성을 지닌 사법부의 체계가 작동될 때 가능하다(루만, 2007).

대 무한경쟁과 경영합리화, 조직의 유연화를 강조하는 신자유주의의 시장담론은 구조조정과 민영화 등의 시장이윤행위를 정당화하는 기제로 작동한다. 이처럼 담론은 권력과 불가분의 관계를 맺고 있기 때문에 시민사회의 헤게모니 구축에 절대적이다(이기형, 2006).[30]

오늘날 미디어는 특정 담론을 전달하는 기능을 넘어 스스로 담론을 생성하고 유포하는 핵심적인 장치가 되고 있다. 미디어 프레임은 담론을 간단명료하게 이미지화하여 특정한 개념을 효과적으로 주입시킴으로써 의사소통의 효율성을 높이는 기능을 한다. 프레임 형성의 배후에는 담론과 마찬가지로 특정 집단의 이해관계와 권력의 관계가 놓여 있다고 볼 수 있다. 현대 미디어 매체는 특정한 권력집단이나 자본시장에 이해관계를 가지고 있기 때문에 그 이해관계에 따라 보도의 방향성을 규정하고, 특정 사안이나 집단들의 행위에 대해 일정한 프레임을 형성함으로써 그 보도의 방향성을 반영하는 것이다(Gitlin, 1980; Gamson, 1988). 예컨대, 보수 언론매체들은 진보적 성향의 정부나 노동운동, 학생운동 등에 대해 체제전복, 위험, 미숙, 비도덕, 폭력 등 부정적 이미지를 씌우는 '전략적 프레임'을 통해 보도의 틀을 짜고(이건혁, 2002), 이러한 간단명료한 프레임 설정을 통해 이해관계를 공유하는 구성 집단들을 규합, 동원하는 한편 특정한 집단들을 배제하려 한다(김왕배, 2009). 쌍용자동차의 정리해고에 대해서도 예외가 아니다.

전 세계적인 '미국발' 금융위기가 몰아닥치기 이전 2000년도 중반부터 경영난을 겪고 있던 쌍용자동차는 미국발 금융위기를 맞아 본격적으로 전 생산직의 절반에 가까운 노동자에 대한 정리해고를 단행한다. 2005년 이미 쌍용차는 상하이자동차로 매각되었고[31] 매각된 쌍용자동차는 다시 인도계 마힌드라자동차로 인수되어 정리해고를 단행했다. 쌍용자동차 경영진은 2009년 4월 8일 생산

---

30 그러나 담론의 지위는 매우 불안정하고 가변적이다. 담론은 설득과 동의를 통해 헤게모니를 확보하기도 하지만 비록 사회구성원의 다수로부터 지지를 받고 수행권력을 지니고 있는 지배담론이라 하더라도 그 지배적 지위는 항상 가변적이고 유동적이다. 다양한 이해관계를 지닌 집단들(성, 인종, 계층, 세대 등)이 동일한 대상에 대해 서로 다른 개념과 인식의 유형을 부여함으로써 담론의 내용들이 서로 경합, 교차, 대립하는 양상이 전개된다(Scott, 1995; Firth, 1995; Bernstein, 1975).
31 교묘한 인수를 통해 거액의 금액을 챙긴 인수과정은 속칭 '먹튀'라 불리기에 충분하다.

직 2009명(전체생산직 4758명의 거의 절반에 해당하는 44%)의 인원을 대폭 감원하게 된다. 명단발표 후 1700명의 노동자들이 희망퇴직을 했고, 정리해고를 거부한 974명의 정리해고 노동자들이 공장점거파업에 들어갔다(한형성, 2012: 90~91).[32] 그러나 공장점거파업은 77일 만에 경찰특공대의 '야만적인 진압'에 의해 종말을 맞고, 노사합의 결과 506명은 희망퇴직, 분사 후 고용 등으로 사실상 해고되고, 468명은 쌍용차와의 고용관계를 유지하는 영업직으로의 전직과 무급휴직으로 처리되었다(이종탁, 2009). 노동자들의 정리해고 과정에서 쌍용자동차의 핵심적인 지지행위자(서포터)들은 ① 정리해고 정당성의 근거를 제공한 회계법인, ② 해고에 반대하는 노조를 비난하고 강력한 정부진압을 추동한 보수언론, ③ 노조에 대한 강경진압을 단행한 정부이다. 각각의 역할을 간략히 요약해보자.

① 정리해고는 인원 감축을 정당화하기 위한 쌍용자동차의 경영악화를 입증하는 회계로부터 시작한다. 그러나 비판회계의 입장에서 보면 일반적으로 회계법인이 사용하는 언어는 과학의 이름으로 가치중립적이고 객관적이며 당연한 것으로 위장되고 있다. 즉, 회계사들은 각종 전문용어와 통계자료, 분석방법을 동원하여 실체에 대해 가치판단을 배제하고, 과학의 이름으로 특정 집단이나 계급의 이해관계를 초월한 듯한 입장을 취하지만 실제로는 그렇지 않다는 것이다(한형성, 2012. 이하 이 단락의 내용은 그의 글을 요약함). 그들은 기본적으로 '기업의 생존과 번영의 셈법'에 초점을 맞춘다. 효용을 극대화하기 위해 그것을 저해하는 장애요인(불합리한 경영이나 인건비와 같은 비용)을 제거하고자 하는 의도를 갖고 있음에도 불구하고, 각종 전문적 회계용어는 자본과 노동의 대립을 은폐한다. 한마디로 비판적 회계학의 입장에 의하면 자본의 입장을 대변하는 회계사들은 가치중립적인 것처럼 보이는 회계언어를 동원하여 계급갈등을 교묘히 은폐하고, 심지어 노동자들의 희생을 정당화시킨다는 것이다. 쌍용자동차의

---

32 '공장점거파업'은 노동투쟁사에서도 각별한 의미가 있다. 공장의 생산현장 공간을 몸으로 점거함으로써 파업효과를 극대화시킬 수 있다. 자본가들과 경찰력은 기계, 부품, 원자재 등의 설비와 재료 등의 손실을 두려워하여 극단적 투입을 머뭇거리게 되고, 노동자들은 자신들이 친근한 공간에 머무름으로써 지형지물의 이용과 함께 심리적 안정, 유대를 강화할 수 있는 것이다.

정리해고를 정당화하기 위한 논리는 바로 이러한 친(親)자본적 회계법인에 의해 이루어졌다. 쌍용자동차의 매각과 정리해고의 과정에서 삼정회계법인(KPMG)이 주도적 역할을 한다. 삼정은 2009년 근로자 2646명에 대한 인적 구조조정이 필요하다는 보고서를 제출했고, 이를 근거로 쌍용자동차 본사는 정리해고를 단행했다. 또한 이후 회계를 담당한 안진회계법인은 "2008년 쌍용자동차 매출하락의 원인으로 쌍용차 경영진의 경영책임과는 무관한 외적 환경요인, 즉 2008년 9월 리먼브러더스의 파산으로 본격화된 세계적 금융위기에 따른 국내외 경기침체"를 지적하면서 이를 법정관리 신청의 근거로 내세웠다.[33] 쌍용자동차의 위기는 유럽시장에서 쌍용차 경영진의 부적절한 대응, 상하이 자동차의 '먹튀'를 가능하게 한 금융관료들의 책임이었으나 "안진회계법인의 감사보고서에는 이러한 내용을 찾아보기 힘들고, 세계금융위기와 경기침체라는 모호한 문구만이 있을 뿐"(한형성, 2012: 94)이었다. 이어 삼정회계법인은 안진회계법인의 자료에 근거하여 조직효율성을 위해 정리해고를 자문한다. 삼정은 정리해고가 미칠 파장, 즉 근로자들의 가족해체, 실직이나 재취업의 실패에 따른 지역경제의 침체 등 이에 따른 사회적 비용 등은 전혀 고려하지 않았다. 회계법인은 통상적인 감사업무를 벗어나 오히려 경영정상화의 이름으로 조직을 위한 정리해고를 정당화하는 역할(회계경영자문)까지 담당하게 되었다.

② 쌍용자동차의 정리해고에 맞서 노동조합은 강력하게 저항했다. 수차례의 협상이 실패하자 노조원들은 급기야 공장을 점거해버리는 현장투쟁을 전개하면서 회사 측의 진압요청을 받은 경찰과 극단적인 대립을 하게 되었다. 한국을 대표하는 보수 미디어들은 이를 어떻게 보도했는가? 미디어들은 노동자들의 파업과정과 해산, 그리고 이후 노동자들의 법정투쟁 및 장외투쟁, 지지세력에 어떤 식의 '낙인'을 찍었는가? 2000년도 이후 한국사회에서 본격적으로 표면화된 노동시장의 유연화(정리해고와 비정규직 확산)에 대해 기업과 이를 지원하는 보수 언론은 급변하는 세계경제의 환경 속에 적응하고 국가가 부흥하기 위해서는 기

---

[33] 그러나 실제로 재무제표에 의하면 이러한 근거는 설득력이 없었다(한형성, 2012: 92).

[표 5] 쌍용차 정리해고에 대한 보수 언론사의 사설 제목

언론사	일자	제목
동아일보	2009. 5. 23	구조조정 거부로 자멸 재촉하는 쌍용차 노조
	2009. 5. 23	자멸 재촉하는 쌍용차 노조 외세연대 총파업
	2009. 6. 11	총파업으로 총고용 이루겠다는 민노총의 억지
	2009. 7. 6	쌍용차 짓밟은 외부 세력에도 손해배상 물려야
	2009. 7. 13	사는 길 택한 GM, 자폭하는 쌍용차 노조
	2009. 7. 22	쌍용차를 파산으로 몰고 가는 극렬 노조원들
	2009. 7. 25	쌍용자동차 노조의 사제무기 실전장
	2009. 7. 31	엄벌과 금전배상, 불법폭력 억제 효과 있다
	2009. 8. 7	쌍용차 노조식 막장파업, 이젠 사라져야
	2009. 8. 11	폭력노조원이 구제받는 쌍용차 합의 비정상이다
	2009. 9. 9	호된 대가 치르고 민노총 손아귀 벗어난 쌍용차 노조
	2009. 10. 10	불법파업 노조가 끼친 손실을 끝까지 추징해야
	2009. 11. 4	민간노조의 탈정치 확산과 공공노조의 정치오염
	2013. 1. 8	희망버스식으로 쌍용자동차 사태 풀 수 없다
	2013. 4. 9	사람이 꽃보다 아름답지만 법 지키면 더 아름답다
조선일보	2009. 4. 12	지금 쌍용차 노조가 걷겠다는 길은 근로자는 먼저 죽고 회사는 나중에 죽는 공멸하는 길이다
	2009. 5. 22	민노총, 비틀거리는 경제 아예 목을 조르겠다는 건가
	2009. 7. 27	쌍용자동차에 정부개입 가능한 한 최소화해야
	2009. 8. 6	쌍용차 노조 그대로 두고 회사 장래 없어
	2009. 9. 8	쌍용차 노조의 민노총 탈퇴는 생존 위한 선택이다
	2013. 4. 5	불법 앞에서 한없이 움츠러드는 대한민국 공권력
	2013. 12. 2	법원, 폭력 파업 개입한 외부세력에 배상책임 물었다

업의 국가경쟁력이 절실히 요구되며, 이를 위해서는 노동시장의 유연화가 필요하다고 보았다.[34] 이러한 기조하에서 보수언론은 쌍용자동차를 회생시키기 위

---

[34] 이에 반해 진보언론에서는 반(反)담론의 내용을 전개했다. 노동시장의 유연화는 노동자의 고용을 불안하게 하고, 저임금의 노동자를 양산하여 노동자들의 삶을 위협하는 제도로서 부득이한 경우 노사정의 타협조건이 필요하다고 주장했다.

해 경영정상화를 위한 정리해고와 구조조정이 절대적으로 필요하다는 점을 강조했으며, 이를 거부하는 노조 그리고 노조를 지지하는 외부세력(민노총, 금융노조 등)을 규탄하고, 파업노조 간부나 시위 참여자들에 대한 엄중한 법집행 등을 주장했다. 보수언론은 쌍용자동차 해고노동자들에 대해 간단명료한 프레임으로 접근했고, 이 프레임의 내용을 지지세력에 확산시켜 작동시키고자 했다. ≪동아일보≫의 사례를 보자. ≪동아일보≫가 구사한 프레임 전략은 정리해고 정당, 불법파업, 좌파불순세력, 엄중진압 및 처벌이었다. '정리해고'는 세계 경쟁체제에서 기업이 생존하기 위한 경영합리화의 일환으로서 기업구성원들은 이에 적극 협조해야 한다는 것이었다. '노조파업'은 불법으로서 파업은 기업과 노동자 모두 공멸하는 행위라고 진단하고 파업을 중단할 것을 촉구했으며, 노조파업을 선동하거나 지지하는 세력은 외부 '좌파불순세력'으로서 체제전복을 꾀하고 있는 것이고, 따라서 정부는 엄중한 대처를 통해 불법파업을 '진압'하고 파업노조원들에게 엄격한 법 처벌과 책임을 물리라는 것이었다.

≪동아일보≫는 법정관리 중인 회사에서 노조의 구조조정 거부파업은 자멸을 재촉하는 길이며, 주채권 은행인 산업은행을 비롯한 채권단도 신규자금 지원 조건으로 구조조정을 요구하고 있는 만큼 파업이 장기화할 때 자금조달이 어렵고, 법원도 회생보다 청산 쪽으로 기울 공산이 크다는 쪽으로 보도하면서 노동자들의 양보를 적극 재촉했다. 강경파업으로 일자리를 지킬 수 있다는 것은 오판이라는 것이다(≪동아일보≫, 2009. 5. 23). 이어 "자멸 재촉하는 쌍용차 노조 외세연대 총파업"(≪동아일보≫, 2009. 6. 5)이라는 제목의 사설에서는 파업 중인 쌍용자동차 노조에서 '외부좌파 노동세력이 파업을 주도하고 있다'는 공동관리인의 말을 인용하며, 노조가 구조조정을 거부할 경우 쌍용차 7135명 전 직원이 일자리를 잃을 수밖에 없다고 주장했다. 쌍용차 노조가 외부의 좌파세력과 연대하여 파업을 하는 것은 파국으로 몰고 가는 길이며 자멸이라는 것이다. 회사 측은 그 세력으로 사회노동당준비위원회, 남한사회주의노동자동맹, 용산철거민대책위원회 등을 외세로 지목했다는 것인데, 은연중에 노조의 파업이 체제를 전복시키려는 거대 위험세력에 의해 주도되고 있다는 두려움과 위기감을 사회에 유포했다(위 조직들의 존재 여부와 실체는 불투명했다). 이어 민노총이 총파업

으로 총고용을 이루겠다는 억지주장을 지속적으로 펼치며 외국투자자들을 내쫓고 있어 결국 일자리를 상실하고 있다고 주장했다(≪동아일보≫, 2009. 6. 11). 또한 쌍용차 노조는 물론 이를 지원하는 '외부세력'에 대해서도 엄격한 법집행과 손해배상 청구를 요구했고(≪동아일보≫, 2009. 7. 6), GM이 강도 높은 구조조정과 자구책을 통해 회생한 반면 쌍용차 노조는 자폭의 길을 택하고 있으며(≪동아일보≫, 2009. 7. 13), 극렬 노조원들이 쌍용차를 파국으로 몰고 가고 있다(≪동아일보≫, 2009. 7. 22)는 주장을 통해 쌍용차사태에 대한 경영진의 책임을 전혀 묻지 않고 노조원들의 저항만을 문제시했다. 더구나 이 신문의 사설은 노조원들을 폭력단원으로 묘사했다. 즉, 노조원들이 가지고 있는 시위장비는 "보기만 해도 소름이 끼칠 정도"이며 "삼지창, 부탄가스를 이용해 한꺼번에 수십 개 볼트를 사용할 수 있는 다연발 총 같은 사제무기"를 준비했고 "인명 살상용 무기나 다름없는 시위장비"를 이용하는 등 "도시 게릴라들의 실전장이라 해도 지나치지 않을 것"이라고 주장했다(≪동아일보≫, 2009. 7. 25).

이어 ≪동아일보≫는 형사처벌법으로 폭동 수준의 시위를 근절하기 어려운 상황이므로 더욱 엄격한 처벌과 금전배상으로 불법폭력을 억제할 것을 주장했다(≪동아일보≫, 2009. 7. 31). 파업을 막장파업이라 묘사하고(≪동아일보≫, 2009. 8. 7), "노조의 불법행동을 꾸짖기는커녕 정당한 공권력 행사에 따른 약간의 불상사에도 정부를 탓하는 정치 사회 일각의 잘못된 풍조가 불법파업과 보상의 악순환을 초래한다"고 주장하면서 소위 외부세력인 민노총이 노사를 함께 수렁에 빠뜨리고 있다고 주장했다.[35]

---

35 쌍용자동차 정리해고에 대한 친노동 쪽의 담론을 살펴보기 위해 ≪경향신문≫과 ≪한겨레≫의 내용을 요약한다. ≪경향신문≫은 노사대립이 한창인 쌍용자동차 사태를 둘러싸고 정부는 파국을 막기 위해 노사정이 무릎을 맞대고 상생의 활로를 찾도록 도와야 하며, 구조조정=정리해고의 1차원적 사고에서 벗어날 때가 되었다고 주장하면서(≪경향신문≫, 2009. 6. 5) 기본적으로 정리해고보다는 노사정의 대타협을 강조했다. 아울러 노조에 대한 무차별적 구속과 연행, 구속영장 청구에 대한 철회 촉구와(2009. 8. 10) 쌍용차 노동자들의 죽음에 대한 애도 및 사회적 연대(희망텐트 등장)에 대한 긍정적 사설(2011. 12. 9)을 싣고, 국회 차원의 해결을 촉구했다. ≪한겨레≫ 역시 쌍용차의 대량 정리해고를 반대하며(2009. 5. 23) 용역을 동원한 쌍용차의 폭력진압을 비판(2009. 6. 17)했다. 아울러 쌍용차 노동파업의 극한 현장에 대한 묘사를 통해 반인권적 진압과정

또한 쌍용차노조파업은 "단순한 해고 반대투쟁을 넘어 외부 불순세력과 손잡고 회사와 공권력을 상대한 이념의 전투였음이 드러나고 있다"고 보도하면서 "외부세력 가운데는 이적단체를 구성했거나 과격한 파업농성을 주도한 전력자들도 상당수 있었고, 정부는 쌍용차 사태에 개입해 폭력투쟁을 선동한 내외부 세력의 실체를 밝혀내야 한다"고 주장했다(≪동아일보≫, 2009. 8. 11). 이어 쌍용자동차 노조의 민노총 탈퇴 결정을 "호된 대가 치르고 민노총 손아귀 벗어난" 결정으로 평가하고(≪동아일보≫, 2009. 9. 9) "불법파업 노조가 끼친 손실을 끝까지 추징할 것"을 주장하는가 하면(≪동아일보≫, 2009. 10. 10), "국민세금으로 마련한 경찰 장비를 불법으로 훼손한 상대방에 책임을 묻는 것은 당연하다"고 말했다.36 더구나 ≪동아일보≫는 쌍용차 노조가 강경노조인 민노총을 탈퇴한 것을 두둔하고, 공무원, 교사, 공기업 등 공공분야 노조가 정치오염이 심해지는 양상을 보인다고 우려했다(≪동아일보≫, 2009. 11. 4). 그리고 희망버스식의 연대를 비판하는가 하면(≪동아일보≫, 2013. 1. 8), 기업인수자인 인도의 마힌드라의 입장을 옹호했다. 아울러 대한문 화단을 점거한 쌍용자동차 농성천막을 상당히 완화된 톤으로 비난하기도 했다(≪동아일보≫, 2013. 4. 9).

≪조선일보≫의 시각 역시 이와 크게 다르지 않았다. 쌍용차 총파업은 회사와 직원이 함께 죽는 공멸의 길이며(≪조선일보≫, 2009. 4. 12), 대규모 폭력시위를 일삼은 민노총은 비틀거리는 경제에 아예 목을 조르겠다는 것으로, 2009년 세계 경쟁력 평가에서 노사관계가 57개국에서 56위를 기록한 것은 망국노조 민노총이 활약한 결과라고 보도했다(≪조선일보≫, 2009. 5. 22). 이어 정부개입의 최소화(≪조선일보≫, 2009. 7. 27), 노조에 대해 법과 원칙에 따라 철저히 책임을 물을 것(≪조선일보≫, 2009. 8. 6)을 주장했다. ≪조선일보≫는 민노총을 놔두고는 대한민국의 노동운동이 정상적인 길로 갈 수 없다고 주장하는가 하면(≪조선

을 규탄했다.

36 경기지방경찰청은 77일 간의 쌍용자동차 노조 파업사태와 관련해 쌍용차 노조와 금속노조, 민주노총 등 3개 단체와 집행부 57명을 상대로 20억 5000만 원의 손해배상 청구소송을 냈다. 쌍용자동차 노조는 회사 측으로부터도 불법파업으로 인한 50억 원의 손해배상청구소송을 당했다.

일보≫, 2009. 9. 8), 덕수궁 앞의 분향소 시위를 불법으로 규탄하며 공권력의 대응을 촉구하기도 했다(≪조선일보≫, 2013. 4. 5). 아울러 수원지법 평택지원의 민사부가 회사 측이 제기한 손해배상 청구소송에서 쌍용차 지부 노조 집행부와 조합원, 금속노조와 간부, 민주노총 간부, 사회단체 관계자 등 11명에 대해 33억 원을 배상하라고 한 판결을 환영하는 입장을 보였다(≪조선일보≫, 2013. 12. 2).

간단히 요약하면 한국의 이른바 보수언론은 기업의 정리해고는 국가경쟁력을 키우고 기업회생을 위해 불가피하고도 당연한 조치로서, 노조는 이에 순응해야 한다는 점을 강조했다. 보수언론의 입장에서 보자면, 노조파업은 불법적인 행위로 회사와 함께 자멸에 이르는 길이며 외부 좌파세력들에 의한 책동으로서 위험하고도 파괴적인 행위였다. 따라서 정부는 공권력을 동원해 이를 강력하게 다스리고 파업 주동자들과 시위자들에게 엄중한 처벌을 내려야 했다. 그러나 이들 언론은 쌍용자동차의 구조조정을 야기한 경영진의 책임은 묻지 않았으며, 노동자파업의 권리를 매우 협소한 범위로 한정하고, 반인권적 진압 등에 대해서는 침묵했다.

③ 국가의 행위 대리인으로서 정부와 경찰은 '무자비한' 진압을 통해 파업을 종료시켰다. 쌍용자동차 파업노동자들은 77일 간의 파업 끝에 '야만적'인 진압을 당하고 지도부들은 경찰에 구속되기에 이른다. 파업은 종말을 맞았다. 공장을 점거한 파업노동자들에게는 단수와 단전 조치가 취해졌고 음식 반입이 금지되었으며, 마침내 경찰은 가족들과 시민들이 보는 앞에서 헬리콥터를 이용한 최루액 분사, 테이저 전자총과 무자비한 폭력으로 진압을 단행했다. 반(反)인권적 행위가 자행된 것이다.

경찰의 반인권적 처사는 진압과정에서만 벌어진 것이 아니었다. 파업노동자들을 법원에 기소하고, 막대한 액수의 '보상'금액을 물게 하고, 유전자 채취를 통한 범죄인 목록 기재 등을 단행했다. ≪한겨레≫는 검찰이 파업 등으로 유죄 선고를 받은 노동자들의 DNA 시료를 채취한 반인권적 행위에 대해 비판했다 (≪한겨레≫, 2009. 8. 4).

쌍용자동차 노동자와 가족의 분노

파업노동자들과 가족들은 공포와 두려움, 수치와 모멸, 분노와 좌절에 휩싸여야 했다. 쌍용자동차 파업은 대우노동자 파업과 달리 '고립된 섬'에서 벌이는 외로운 투쟁이었다. 대우자동차의 경우 상대적으로 친(親)노동정책을 표방했던 정부와, 방송과 언론, 시민사회 등에서 '침묵의 지지'를 보냈다. 대우자동차를 매입한 GM은 기업 정상화 이후 해고자들의 복직을 약속했고, 실제로 2006년까지 해고자 1725명 중 복직 희망자 1609명이 '공장으로 다시 돌아갈 수 있었다'. 그러나 쌍용자동차의 파업은 사회로부터의 지지와 관심을 거의 받지 못했고 외부지원 세력들과의 '연대'는 찾아보기 힘들었다. 그들을 지지하는 세력들에는 일부 국회의원과 재야 시민단체들, 힘을 잃은 민주노총, 종교계의 선언, 일부 언론이 있었지만 모두 소수에 지나지 않았다.[37] 대한민국의 시민들은 대부분 '방관자'로 남아 있었다. 그리고 오히려 이들을 비난하는 보수언론과 반(反)노동지향 정권의 '반인권적인 대응력'이 훨씬 컸다. 쌍용자동차의 정리해고를 둘러싼 대항담론들 간의 경합은 치열한 듯 보였지만 정리해고의 필연성과 노조의 불법성, 위험성, 좌파적 이념편향, 그리고 국가권력의 엄중한 개입을 주장하는 보수언론의 담론이 압도적이었다.

파업노동자들의 후유증은 매우 컸다. 지도부들은 구속과 함께 징역을 선고받았고 '엄청난' 손해배상금의 지불을 언도받았다. 실직과 함께 가족 및 친지들 간의 친밀성이 떨어지기 시작하고 그들의 사회적 관계는 급속히 소멸했다. 기약 없는 미래와 생활고로 인한 고통은 말할 것도 없고 해고와 탄압의 '트라우마'로 인한 정신적, 신체적 고통에 시달려야 했다. 한 조사기관에 의하면 스트레스로 인한 심근경색, 트라우마로 인한 우울증으로 대부분의 노동자들이 고통을 호소했고, 절반 이상이 자살의 충동을 느꼈다. 파업노동자들은 2014년까지 22명이

---

37 예를 들어 천주교 사제들의 국정조사를 촉구하는 선언문(2013. 8. 26), 종교계 33인의 원탁회의(2012. 9. 17), 네바다51, 한동준, 게이트플라워즈 등의 대한문 앞 콘서트와 바자회, 희망식당 모금 등이다.

죽음을 맞이했고 그중 절반가량이 스스로 목숨을 끊었다. 무기력증과 우울증, 분노와 절망감과 고통은 파업노동자들뿐 아니라 바로 지근거리에서 이를 받아들인 가족들에게도 나타났다. 남편의 짜증으로 '입을 닫고 살고', 남편의 해고로 아내들이 일자리를 구해야 하고, 가장이 직장을 잃었다는 불안, 미래에 복직의 희망이 보이지 않는다는 사실 등이 그들을 더욱 힘들게 했다. 선처해주겠다는 약속만 믿고 옥쇄파업에 참가했던 아들을 설득해서 파업을 그만두게 했던 한 아버지는 나중에 희망퇴직을 한 아들을 보고 괴로워하다 스스로 목숨을 끊었다.[38] 파업에 참가한 사람뿐 아니라 파업투쟁에 참여하지 않았거나 도중에 이탈한 희망퇴직자의 경우 동료들에 대한 죄책감과 고립감을 느껴 자살하는 사례도 늘어났다.

한 해고노동자(김ㅇ중, 49세)는 해고 이후 전세에서 월세로 옮기고, 빚을 지며 벽돌공장이나 고물상의 일용직으로 취업하다가 트럭운전을 하게 되었지만 밤샘의 중노동과 턱없이 모자란 수입으로 자살하고 말았다(EBS, 2018).[39] 쌍용자동차 해고노동자들의 자살은 스스로 행하였지만 결국은 '탈출구를 찾지 못한 구조적인 압박에 숙명적으로 자행된' 사건이었다(김명희, 2012).[40]

---

38 또한 그들은 관계의 단절을 경험했다. 남편의 정리해고 이후 우울증에 걸린 부인이 자살하는 경우, 남편과의 갈등과 함께 가족이 함께 파업 후유증을 겪고 있는 경우도 많았다. 특히 파업에 참가한 남편이 구속된 가족의 경우 아내가 경제를 책임지고 아이들을 돌봐야 하는 더욱 힘든 상황이 발생하기도 했다. 한 조사에 의하면 부부관계는 구조조정 당시 '악화되었다'로 응답한 경우가 70.1%였고 30% 정도가 '서로에게 희망을 주는 좋은 관계'인 것으로 응답했다. 하지만 그 이후 95.9%가 '악화되었다'고 응답했고 '좋아졌다'는 경우는 4.1%밖에 되지 않았다. 자녀와의 관계도 80% 정도가 나빠졌다고 응답했다. 문제는 자녀의 성격이 나빠졌다고 응답한 경우가 78.5%에 해당했다는 것이다(정진주, 2014: 229~230).
39 쌍용자동차 해고노동자의 80%가 월 150만 원 미만 수입의 빈곤층으로 전락했다(EBS 〈다큐시선〉, "나는 해고자입니다", 2018. 12. 6).
40 김명희는 이들의 자살을 뒤르켐이 극히 간소하게 언급했던 숙명론적 자살로 분류하려 한다. 이타적 자살, 이기적 자살, 그리고 아노미적 자살과 달리 순장(殉葬) 등에서 나타나는 숙명론적 자살은 철저하게 규범에 종속되어 주체가 더 치도 저항할 수 없는 상황에서 강제되는 죽음(타살)과 다름없다. 현대사회에서 잘 드러나지 않는 자살이라고 볼 수도 있겠으나 현대사회의 구조적 강박, 그것도 보이지 않는 구조적 압력과 절망에 의한 자살은 일종의 숙명 아니겠는가?(김명희, 2012).

정리해고자의 고통이 가족에게 전달되어 가족 내 폭력으로 이어지기도 했다. 해고 이후 아내가 집을 나가버리고 가족이 파탄의 지경에 이르자 자살을 기도했던 한 해고노동자(최○훈, 49세)는 "삶 자체, 하루하루가 지옥"이었다고 말했다. 그는 자존감과 생존의 어려움, '그림자 취급, 일회용 종이컵 같은 취급을 받는 것'에 대한 모멸, 수치, 분노를 경험했다. 파업 이후 폭력노조라는 꼬리표로 인해 아직도 진통제를 복용하는 최○국 씨(48세)는 자다가도 벌떡 일어나 아내를 발로 찰 뻔하기도 했고, 새벽에 링거를 맞을 때 간호사에게 폭력을 휘두르기도 했으며 그의 말로 '미친 놈'처럼 새벽에 돌아다니기도 했다. 동료·이웃 관계도 사정은 매우 좋지 않았다. 특히 해고를 당하지 않은 생존자들로부터 느끼는 소외감, 배신감, 패배감 등이 그들을 괴롭혔다. 또한 그들의 삶의 터전이었던 지역사회의 공동체 관계 역시 와해되었다. 쌍용자동차 해고노동자에 대한 낙인이 워낙 강해 지역사회에서 다른 일자리를 잡기란 거의 불가능한 상황이다. 지역공동체는 이미 서로 와해되고 파편화되어버린 것이다(정진주, 2014).

해고노동자들을 더욱 고통 속으로 몰아넣는 것은 '불투명하고 기약 없는 앞날'과 함께 주변으로부터의 '낙인'이었다. 우리 사회는 쌍용자동차 해고자를 '사회적으로 불량한, 혹은 위험스러운 사람들'로 '낙인'하여 재취업이 어렵게 만들었으며, 그들을 더욱 좌절과 낙담에 휩싸이게 했다. '이 사회적 거부감은 파업과 구속보다 더 겪기 어려운 형벌'이었다. 해고노동자들은 아직도 쌍용자동차 노조를 '빨갱이'로 낙인하는 것이나 귀족노조로 인해 쌍용자동차가 망했다는 식의 인과귀속을 시킬 때 그러한 2차 가해로 인해 한 번 더 '죽는다'고 표현하면서 억울함을 호소한다(EBS, 2018). 이웃과 자녀들의 냉대와 편견, 자신이 무가치하다는 생각이 더 큰 좌절감으로 몰아넣는다.[41]

파업노동자를 돌보았던 한 의사는 "쌍용자동차 노동자의 트라우마 증상은 정신과 의사를 하면서 본 최악의 사례이며 그들이 경험한 것은 인간 이하의 것으로, 씻지 못할 상처"라고 말한다(≪경향신문≫, 2012. 6, 정혜신 박사와의 인터뷰).

---

41 한 해고노동자의 삶에 대한 기사(≪한겨레≫, 2014. 11. 9) 참조.

아래 내용은 쌍용자동차 해고노동자와 배우자의 육성녹음의 자료를 요약한 것이다(≪경향신문≫, 2012. 6. 18~6. 27).[42] 해고노동자들이나 아내는 주변 지인들의 자살 소식을 들으면서 그리고 자신의 처지에 대한 분노와 억울함, 무기력감 등으로 항상 자살충동을 느낀다. 한 해고노동자는 '술을 마시고 몸에 휘발유를 부은 적'도 있으며 아파트의 베란다에서 떨어지는 충동을 느낀다고 말한다. 특히 그들은 "벗어놓은 빨랫감", "술을 마셔야 잠이 드는 상황"으로 자신들의 처지를 비유하며 생계에 대한 어려움과 막막함으로 인해 통제하기 어려운 무기력과 무능감을 호소한다. 그리고 끔찍했던 파업장면에 대한 기억은 여전히 그들을 공포와 두려움으로 몰아넣는다.[43] 무엇보다도 정리해고자와 그 가족들이 파업 이후 견디기 힘든 것은 그들에 대한 부정적인 사회적 낙인이다. 그들을 위험인물 심지어 '빨갱이'로 묘사하고 이웃은 물론 가족까지도 기피하려 할 때 그들이 느끼는 좌절과 분노, 억울함은 더욱 강렬해진다. 즉, 해고노동자와 아내들을 참을 수 없는 고통으로 몰아넣는 것은 자신들의 고통에 대한 이웃의 무관심뿐 아니라 오히려 자신들을 위험분자, 불순분자 등으로 낙인하고, 비난한다는 사실이었다.[44] 해고노동자들이나 아내는 '시시때때로 솟구치는 분노'를 자제하기 힘들다고 말한다. "아무나 때리고 싶고", "베란다 창문으로 소리를 지르기도 하며", "회사에 차를 가지고 돌진하고 싶은" 이 분노는 복수와 적대감 등을 불러일으키기도 하고, 자녀들에 대한 폭력으로 이어지기도 한다. 특히 감정통제가 되지 않아 자녀들에 대해 가하는 폭력은 자신 또한 두렵게 만들기도 한다.

---

[42] 정혜신 씨는 쌍용자동차 해고노동자와 아내 60여 명의 상담내용의 녹취를 풀어 '숨결보고서'를 만들었고, 경향신문은 참여연대와 함께 숨결보고서 게재를 시작으로 기획기사를 연재했다.

[43] "애들하고 천막에 앉아서 뒤늦은 점심을 먹는데 헬리콥터가 떠서 모래바람이 일어서 밥을 먹지도 못하고 놀란 애들을 가슴으로 감싸고 그랬던 기억들(긴 울음), 기절해서 의식이 없는 사람을 계속 찍고 때리고 …… 화도 났지만 무서워서 겁나더라구요(배우자 ㅁ씨, 40세)"(≪경향신문≫, 2012. 6. 18).

[44] "회사 잘리고 빨갱이라 부르고 ……(해고자 ㄷ씨, 35세)", "시댁이고 친정이고 가족들 어느 누구도 아빠 편들어 주는 사람이 없는 거예요. 파업이 끝나고 나서도 계속 애기할 곳이 없더라구요. 제 얘기를 공감해 줄 수가 없고, 공감해달라고 얘기하긴 부담스럽고 ……(배우자 ㅅ씨, 40세)"(≪경향신문≫, 2012. 6. 18).

결국 이러한 복합감정은 사회와 이웃에 대한 배신감과 불신으로 이어진다. 이 불신은 단순한 정리해고 때문만이 아니다. 그 과정에서 경험한 이웃이나 동료들에 대한 배신감 때문이다. 평소에 잘 알고 지내던 이웃이나 가족이 외면하는 경우도 그렇지만 파업 당시 동료였던 노동자가 파업진압을 위해 동원된 것을 직접 목도한 것이나, 비해고노동자들이나 그 아내들이 자신들을 욕하거나 비난하고 파업중지를 종용할 때 느낀 배신감과 분노를 금하기 힘들어 했다.

파업 때 남편이 아는 사람이 자신을 향해 새총을 겨누고 있었대요(배우자 ㅋ씨, 40세).

친한 친구였는데 구사대로 들어왔어요(해고자 ㄴ씨, 40세).

해고되지 않은 사람들이 공장 앞에서 집회를 했거든요. 어제까지 같이 밥 먹고 회사에서 야유회 가면 웃으면서 고기 먹던 사람들인데 공장 안 동료들을 향해서 얼른 파업 끝내고 물러가라고 구호 외치는데 그게 너무 속상한 거예요. 제가 그래서 그분들한테 그랬거든요, 저 아시냐구요. 저 누구누구 아내 되는 사람인데 기억하시죠, 그러시지 말라고, 다음부터 이런 자리에서 서로 마주보지 않았으면 좋겠다, 너무 힘들다고, 저 지금 임신을 하고 애기가 셋인데 남편이 이렇게 거리로 내몰리면 우리 어떻게 사냐고…… 그런 얘기를 했어요(배우자 ㅁ씨, 40세).

파업 때 애들을 데리고 앉아 있었는데 너무 이상한 욕을 하더라구요. 파이프를 막 던지면서 무슨 년들아 니들 때문에 다 망하게 생겼다, 죽게 생겼다, 속이 시원하냐…… 생수병 같은 데다가 돌을 넣어가지고 막 던지고, 욕도 막 하고…… 니들 때문에 다 죽는다고. 너무 화나요, 그것만 생각하면…… 남편이 얼마나 공포스러웠을지(배우자 ㅋ씨, 40세)(이상 ≪경향신문≫, 2012. 6. 18).

파업 노동자의 아내들에 대한 동료 지인들이나 외부인들의 이러한 비난은 '당신이 죽어줘야 내가 산다'는 극한 지경으로 치달은 한국사회의 한 단면을 고스란히 보여준다. 연대와 신뢰가 '사회적인 것'이라면 과연 이 사회적인 것이 남아 있는가? 더구나 보수언론들은 파업을 지지하던 시민단체와 야당 국회의원 앞에서 '제발 돌아가달라'며 읍소하는 비파업 노동자들의 아내들 사진을 보도하면서 마치 '외부불순세력들' 때문에 파업이 격화되는 것처럼 여론을 형성했다.[45] 한 해고노동자의 아내는 '사람에 대한 예의가 있는 사회'를 희망한다. "정리해고를 하더라도 최소한 사람으로서의 존경심을 보여달라"는 것이다. 정리해고가 불가피하다면 "잉여인력, 남아도는 인력이니 나가달라고 할 것이 아니라" "좀 더 예민하고 섬세하게 살펴주었으면" 한다(EBS, 〈다큐시선〉, "나는 해고자입니다", 2018. 12. 6).[46]

정리해고자들에게 사회와 국가란 무엇일까? 한국사회는 과연 신뢰와 연대의 공동체인가? 사회의 한 삶의 영역에서 폭력과 억압이 발생하고 있어도 사회구성원의 대부분은 방관자로 남았다. 방관자는 사건을 직접 체험하지 않은 사람들로서 어느 사건에 연루되기를 부정하거나, 사건의 목도 내지는 감정이입을 거부하는 사람들이다. 어떤 사람이 무참히 폭행을 당하고 있는데도 그대로 지나치는 행인들처럼 무관심과 무대응은 방관자의 일반적인 태도이다. 방관자는 타자와의 관계성을 부인하거나 의도적으로 회피하거나 혹은 무의식적으로 그 관계성을 은폐하려는 자이다. 방관자는 '사건'에 대해 이방인의 자세를 취하거나 제3의 응시자의 모습을 취하기도 한다. 그중에서도 사건에 대한 관음증적 태도를 취하는 방관자는 엄밀한 의미에서 방관자가 아니라 타자의 고통을 즐기는 가해자이기도 하다. 그렇다면 사건에 대한 방관자의 책임은 없는 것일까? 쌍용자동차 해고사태는 노동자들과 그 가족들뿐 아니라 이를 지켜본 이들, 그리고 방관자들 모두를 인간 이하의 경험을 하게 했다. 쌍용자동차 해고노동자들의 고립감과 자존감의 상실, 야만적인 진압과 트라우마, 좌절된 미래의 삶, 공포, 두려움, 분노를 더욱 부채질하는 것은 그들을 사회적 불량자로 '낙인'하는 가해자들뿐만 아니라 방관자로 남은 자들의 무관심이었다. 운명공동체의 공간에서

---

45 《조선일보》, 2009년 8월 7일 자는 쌍용자동차 비파업노동자의 아내 20여 명이 민노당 대표 강기갑 의원 앞에서 무릎을 꿇고 애원하는 장면을 사진과 함께 보도했다.
46 2018년 12월 31일 쌍용자동차 해고노동자의 60%에 해당하는 71명이 해고된 지 9년 만에 복직하여 첫 출근을 했다(《경향신문》, "9년 만의 출근 … 쌍용차 해고노동자들의 눈물 맺힌 꽃길", 2018. 12. 31).

함께 살아가는 이들에 대한 극도의 수치와 모멸, 분노를 자아내게 한 폭력의 희생자들은 비단 해고노동자 당사자들만이 아니었다.

'기계를 버리는 것과 사람을 버리는 것은 다르다.' 그러나 자본주의는 숙명적으로 위기의 국면을 경험하게 되어 있고 해고는 일상화되어 있다. 시간은 과연 해고의 상처를 아물게 하는가? 생존자에 대한 연구에서조차 시간은 정리해고의 상처를 치유하지 못한다는 주장이 제기되었다. "동일한 기업에서 5년 후에 조사를 해보았지만 동일한 스트레스, 피곤함, 외부 업무부담, 동기저하, 슬픔, 우울, 불안정, 걱정 그리고 두려움과 직무에 대한 헌신 감소, 불공정한 감정과 경영진에 대한 분노, 의사소통의 결여 등이 여전히 발견되고 있다"는 것이다(Noer, 1993: 73).[47] 급속한 산업화 기간 동안 승진과 업적을 보장하는 평생직장개념 속에 조직에 헌신적 태도를 보여왔던 중장년층들에게 기업의 정리해고는 조직에 대한 '분노와 좌절'을 가져다준다. 실업에 대한 제도적 차원의 사회적 지지가 빈약한 것은 물론 실직을 무능력으로 치부하는 사회에서 정리해고에 의한 불안과 충격은 더 클 수밖에 없다. 그런데 기업의 해고 과정에 저항한 노동자들을 관용하고 이해하며 동정하기는커녕 사회적으로 위험한 인물로 '낙인'하고 공동체로부터 배제하려고 한다면 과연 이 사회를 신뢰와 연대의 공동체라고 볼 수 있는가?

---

[47] 구조조정의 상처를 치유하는 방법은 과정단계에서 의사소통을 강화하고, 슬픔과 분노, 두려움을 조절하고, 낙관주의를 고양하고, 일자리 관리와 같은 시스템을 구축하는 것 등이다. 또한 사회적 지지(social support)가 필요하다. 사회적 지지란 다양한 심리적 혹은 물질적 보상과 분배를 통해 현재의 상태를 개선시킬 수 있는 일련의 관계망들을 의미한다. 사회적 지지는 정부, 가족, 친구집단, 사회단체, 기업 등 다양한 조직이나 사회관계로부터 나올 수 있는데, 구조조정의 희생자나 생존자 모두 가족이나 친구집단과 같은 1차 집단이 사회적 지지의 핵심적 요인이다. 공공복지가 빈약하고 가족부양의 비중이 큰 한국사회에서 가족집단은 사회적 지원의 핵심적 역할을 담당하고 있다. 그러나 가족의 역할이 점차 축소되고 있는 산업사회에서 가족에 의한 사회적 지지는 한계를 지닐 수밖에 없고, 정리해고자의 경우 가족 간 갈등 및 해체로 이어지는 경우가 많아 오히려 가족의 기능은 기대하기 힘들다. 기업과 국가의 사회적 지지야말로 구조조정으로 인한 후유증을 치유할 수 있는 가장 중요한 요인들이다.

4. 국가폭력과 분노

1979년 10월 26일 철권 독재자의 상징이었던 박정희 대통령이 그의 오른팔인 중앙정보부장 김재규에 의해 암살당하자 전두환을 필두로 신군부 세력은 12.12 사태를 일으킨 후[48] 전국적인 계엄령 선포를 통해 그들의 집권 시나리오를 실현시키고 있었다. 유신독재의 철권 통치자 박정희가 암살되자 마치 '프라하의 봄'을 상기시키듯이 '서울의 봄'에 대한 민주주의 열망은 솟구쳐 올랐다. 그간 억압되어왔던 자유의 염원이 폭발적으로 터져 나오면서 거리에는 수많은 학생, 시민들이 연일 쏟아져 나와 민주주의 쟁취를 위한 함성을 외쳤다. 제도권의 유력 정치인들과 민주주의 투쟁을 주도해오던 재야(在野)집단의 행보는 그리 빠르지 않았지만 1980년 5월 15일 서울역 광장 앞에는 십만여 명의 학생들과 시민들이 모여 신군부 퇴진과 민주주의 정부 수립을 요구하는 대규모 시위를 벌이기도 했다.[49] 많은 학생과 시민들은 불안 속에서도 민주주의의 도래를 확신했던 것 같다. 그러나 신군부[50]의 계략은 철두철미했다. 신군부는 실질적인 군 세력을 거머쥐고 민간 정부기구를 철저히 통제했으며, 북한의 남침설을 조작 유포하면서, 국가안보와 질서회복의 명분을 내세워 5월 17일 전국에 비상계엄을 선포한 후 김대중을 비롯한 재야인사들에게 공산주의자라는 죄명을 부여하여 대거 체포하기에 이른다.[51]

---

48 12.12 사태란 당시 보안사령관이던 전두환 씨가 계엄군 사령관인 정승화 육군참모총장과 휘하의 군인들을 체포, 구금하는 과정에서 벌어진 총격사건이다. 계엄 상황에서 계엄사령관이 신군부 집단에 의해 잡혀가는 하극상이 발생한 것이다.
49 그러나 군부의 등장에 대한 우려와 자신들의 요청이 충분히 전달되었다고 판단한 학생지도부는 이른바 '서울역 회군'을 통해 평화적 정권이양을 통한 민주주의 행군을 시도하고자 했다. 필자 역시 당시에 대학생으로 유신독재 정권의 통제 정책이었던 학도호국단 제도 철폐와 학내 민주화를 위한 이른바 '민주화추진위원회' 문과대학 대표로 활동했으며, 당시 서울역 광장의 집회에 참여했다. 당시 학생들은 군의 정치참여 반대와 새로운 민주정부의 출발을 요구했다. 서울역 회군 시 연세대학교 학생들은 서대문 길을 따라 학교까지 거리행진을 하며 구호를 외쳤다.
50 12.12 사태를 통해 계엄사령관을 체포하고 반대세력을 제압한 전두환, 노태우, 이희성, 정호영, 권정달, 주영복, 이학봉, 허화평 등이 주도세력이었다.

계엄령 선포와 함께 각 대학에는 휴교령이 선포되었고 서울지역 총학생회단, 재야인사 및 유력 정치인에 대한 대량 검거와 함께 계엄군들이 학교에 진주하게 되었다. 광주의 전남대 역시 그중의 하나였다. 계엄의 발표에도 불구하고 5월 18일 학교에 등교하려던 학생들은 공수대원들에게 구타를 당하기 시작했고, 점차 학생들이 불어나며 계엄해제 등을 요구하자 공수부대원들이 무차별 진압을 하기에 이르렀다. 학생들이 시내로 나와 시민들에게 계엄군의 주둔과 무차별 폭행을 알리면서 거리 투쟁을 벌이자, 시내에 등장한 공수부대는 시위 학생들뿐 아니라 주변의 시민들, 남녀노소를 불문하고 진압봉—공수부대의 진압봉은 경찰용 진압봉과 달리 살상이 가능한 것이었다—을 휘두르기 시작했다. 이렇게 촉발된 광주항쟁은 열흘간에 걸쳐 진행되었고 마침내 군부세력에 의해 무참히 짓밟혔다. 수천여 명의 사상자가 발생한 전후 한국 현대사의 최대 비극이었다.[52] 광주 시민들은 극도의 공포와 두려움, 분노와 비애를 경험했다. 그러나 당시 광주에는 개인의 운명을 초탈한 절대적 공동체의 집합열정이 넘쳐나기도 했다.

잔인했던 진압과 저항을 중심으로 사건의 경위를 요약해보기로 하자.[53] 시민들에 대한 대한민국 군인의 잔인한 무력진압을 황석영 등(2017)은 "살인면허"라도 받은 듯한 만행, 인간사냥으로 묘사한다. 동아일보 기자 김충근은 이를 시위진압이라기보다는 한마디로 살육전이었다고 표현했으며, 현장을 취재한 AP 통신 앤더슨 기자는 "이는 사실상 군인들에 의한 폭동이었다"라고 말했다(황석영 외, 2017: 99).[54] 계엄군은 저격병들을 동원하기도 했는데, 황석영은 이를 "먹잇

---

51 이 상황은 통치자도 아닌 신군부 세력이 주권을 넘어 법의 효력을 정지시킨 비상사태로 슈미트가 말한 '예외상황'을 넘어서는 매우 '해괴한 상황'이었다.
52 6차에 걸친 조사결과 인적피해는 당시 사망자 155명, 상이 후 사망 110명, 행방불명 81명, 상이자 3378명, 기타 910명 등 4634명이고 2018년 9월 말 국가보훈처가 발표한 5.18 민주화운동 유공자는 4407명이다.
53 이하의 내용은 황석영·이재의·전용호의 『죽음을 넘어, 시대의 어둠을 넘어』(2017)에 의존한다. 또한 5.18 항쟁 전후의 전개과정에 대해 광주광역시 5.18사료편찬위원회(2016)를 볼 것.
54 당시 동아일보 기자였던 김충근 기자는 다음과 같이 말했다. "광주항쟁을 취재하면서 나 자신이 기자로서 갖추어야 할 표현력의 부족을 얼마나 한탄했는지 모른다. 글이나 말로는 도저히 전달할 수 없는 상황이 있다는 사실도 그때 뼈저리게 체험했다. …… 만행, 폭거, 무차별 공격 등의 단어

감을 찾는 맹수"들로 표현한다. 그들은 임산부에게도 조준사격을 가했고 기관총을 난사하기도 했으며 헬기를 동원하여 기총소사를 한 것으로도 밝혀졌다.[55] 계엄군의 주남마을 버스 총격사건은 더욱 충격을 준다. 광주-화순 간 국도를 광주 방면에서 화순 방향으로 진행하던 미니버스가 정지 신호를 무시하고 질주하자, 부근을 순찰 중이던 계엄군들이 집중 사격을 하여 버스에 타고 있던 십수 명이 사망했다. 계엄군의 무자비한 살상은 어린 소년들에게도 가해졌다.[56] 박기현(14세, 동성중 3학년)은 20일 오후 늦게 책을 사러 계림동 동문 다리 부근까지 자전거로 나왔다가 공수대원에게 붙잡혀 진압봉으로 두들겨 맞았다. 박 군은 다음 날 앞머리가 깨지고 온몸이 새파랗게 멍이 들고 눈이 튀어나온 채 전남대병원에서 시체로 발견되었다(황석영 외, 2017: 157).[57]

보복과 학살도 이어졌다. 전교사(전투교육사령부)와 공수부대 사이의 오인사격으로 서로를 죽이는 일이 발생했는데 공수대원들은 근처 마을로 뛰어들어가 주민들을 상대로 보복을 자행했다. 군화를 신은 채 민가에 들어가 그 마을 청년 3명을 끌어내 철길 부근에서 즉결 처형했다.[58] 이후 암매장 시신들도 다수 발견

는 너무 밋밋해 도저히 성이 차지 않았다. 궁여지책으로 떠올린 말이 '인간사냥'이었다. 또 젊은 여자에게 가해지는 폭력은 더 심했고, 옷을 찢어발긴다든지 가격하는 신체 부위가 여체의 특정 부위에 집중되었을 때 그것은 어떻게 표현되어야 하는가? 백주 겁탈, 폭력 난행, 성도착적 무력진압 등의 표현들이 얼핏 떠올랐으나 그것 역시 광주 상황을 전하기엔 적절치 못했다"(김충근, "금남로 아리랑", 「5.18 특파원 리포트」(한국기자협회, 1997), 120쪽; 황석영 외, 2017에서 재인용).

55 정오 무렵 전남대 앞에서 임산부 최미애(23세)를 비롯한 2명이 계엄군의 총탄에 사망하고 5명 이상이 다쳤다. 임신 8개월째이던 가정주부 최미애는 고등학교 교사인 남편이 학생들 걱정 때문에 일찍 시내에 나갔는데 돌아오지 않자 걱정이 되어 골목에 나가 기다리는 중이었다(황석영 외, 2017: 218).

56 진월동 원제마을 앞 원제 저수지에서 목욕하던 어린이들에게조차 무차별 총격을 가하여 중학교 1학년 방관범(13세)이 총상을 입고 그 자리에서 숨지기도 했다. 또 군인들은 효덕초등학교 부근 마을 어귀에서 놀던 어린이들에게도 총격을 가하여 그 학교 4학년 전재수(10세)가 총상으로 죽었다. 전재수의 어머니는 아들의 시체를 보고 충격을 이기지 못한 채 상심하다 1984년 세상을 떠났다. 그때 효덕초등학교 운동장에서 동네 친구들과 놀고 있던 5학년 김문수(11세)도 총에 맞아 다쳤다(황석영 외, 2017: 330).

57 공수대원 역시 희생을 겪었다. 시위대의 화물트럭에 깔려 공수대원 1명이 사망하는 사고가 발생했다.

되었다. 금남로에는 5월 21일 오후 1시 도청 옥상에 설치된 스피커를 통해 애국가가 울려 퍼졌다. 그 순간 일제히 사격이 시작되었고, 아비규환의 현장으로 변해버린 금남로는 순식간에 텅 비었고 적막감이 감돌았다. 여기저기서 사람들이 피를 흘리며 쓰러졌다.

이에 시민들 역시 자체 무장을 하며 저항을 시도했다. 시민군들은 광주 소식을 외부로 알리기 위해 광주를 빠져나가 목포, 나주, 담양 등 일대 지역에서도 시민들을 조직하기 시작했고, 아시아자동차 공장에서 장갑차를 꺼내 자체 무장을 하며 계엄군을 공격하기도 했다.[59]

공포와 두려움, 수치감으로부터 분노로

계엄군의 무참한 진압을 목격한 시민들은 공포와 두려움에 떨었다. 그들은 공포에 떨 수밖에 없었고, 이에 저항하지 못하는 자신들의 모습을 수치스러워했다. 공수부대 진압군들은 젊은 남녀 시민들을 잡아 옷을 벗겨 때리고 얼차려를 주기도 했는데 "엎드려뻗쳐, 쭈그려" 등을 반복시키고 동작을 느리게 하면 몽둥이가 가차없이 날아갔다. 특히 여성들의 곤욕스러움은 눈 뜨고 볼 수가 없었다(황석영 외, 2017: 136).[60] 금남로에 투입된 공수여단은 운행 중 멈춰 선 버스의 승객이나 행인 가운데 젊은 사람들은 무조건 잡아서 팬티만 남긴 채 옷을 벗겨 구타하고 머리를 땅에 처박게 했다. 그들은 남자든 여자든 가리지 않았다.

---

58 김승후(19세, 선반공)와 옆방에 세 들어 살던 권근립(25세), 임병철(24세)이 그때 죽었다.

59 시민들은 무기 분배를 하고, 총기사고를 방지하기 위해 안전교육도 했다. 시민들은 또한 특공대를 조직했다. 계엄군은 M16 소총 등 최신식 무기로 무장한 최정예 공수부대였으나 평범한 시민들은 카빈총이나 M1 등 재래식 소총으로 무장하여 대항했다. 시민군들은 예비군 훈련 때와 마찬가지로 사격연습을 시작하기도 했고, 조직을 만들어 1조는 경찰, 2조는 도청 감시, 3조는 외곽도로 경계, 4조는 치안 유지 등 각각 별도의 임무를 할당했다(황석영, 2017: 214). 전남대 병원에는 LMG(경기관총)를 설치하기도 했다.

60 신부인 조비오도 이를 보고 있었는데 비록 성직자이지만 옆에 총이 있었다면 쏴버리고 싶은 심정이었다고 증언한다.

제4장 | 분노 149

무조건 닥치는 대로 서너 명씩 달려들어 곤봉으로 패고 군홧발로 "아무 데나 차고 짓밟았다". 진압봉으로 맞은 시민이 두개골과 눈알이 으깨져 사망하는가 하면 대검으로 찔리기도 했다(황석영 외, 2017: 73).[61] "공수부대는 인간을 짐승처럼, 짐승보다도 못하게 다루었을 뿐만 아니라 원래 그 폭력이 지향했던, 그 폭력을 본 폭력극장의 관객들 또한 비굴한 존재로, 인간 이하로 전락시켰다. 어떤 사람들은 이 시대에 살고 있다는 자체가 저주스럽다고 절규했다. 시민들은 두려움과 공포, 비굴함과 무기력감, 수치와 분노에 휩싸였다. 동물처럼 폭력에 노출된 자신들, 자기 자신이 인간 이하라는 모멸, 그러나 이에 대항하지 못하는 수치는 곧 분노로 이어졌다(최정운, 2012: 156~157).

모멸의 극단적 형태는 타자의 무력 앞에 속수무책으로 자신의 의지와 행위를 종속시키는 굴종이다. 수치심은 제3자의 사회적 시선으로 자신의 행위를 바라볼 때 발생하는데 사회적 규범을 지킬 수 없는 무기력한 자신의 상황에 대한 평가로부터 비롯된다. 인간으로서의 존엄을 지켜야 하는 가장 원초적이고 기본적인 윤리가 무참히 무너지고 이에 저항하지 못할 때 모멸과 함께 수치를 느낀다. 폭력에 노출된 자신의 존재는 모멸스럽고, 이에 저항하지 못하는 무기력함 혹은 방관자의 모습에 수치를 느끼며 이는 분노로 이어진다. 이때 시위를 가까운 거리 혹은 먼 거리에서 바라보아야만 했던 방관자들도 역시 수치와 모멸, 분노를 느꼈다. 지식인들은 방관자로 남는 수치감에 휩싸였다. 수치심은 자신들의 임무나 책임을 다하지 못한 자책감(죄의식)과 중첩된다. 언론이 이를 보도하지 못하자 시위대는 MBC 방송사에 화염병을 던지고 방화하는 등 격렬하게 항의했다. 단 한 줄의 진실도 보도할 수 없었던 광주지역의 신문 기자들은 깊은 자괴감에 빠져 단체 사직서를 제출하기도 했다.

---

61 최초의 살인 희생자는 청각장애인 김경철이었다. 백일을 갓 지난 그의 첫딸을 축하해주기 위해 온 가족이 모였고, 그는 평소처럼 구두닦이 일감을 찾아 나섰는데 갑자기 공수부대 3~4명이 나타나 그의 머리를 진압봉으로 후려쳤고(그의 사인은 후두부 찰과상 및 열상, 좌안상검부 열상, 우측 상지전박부 타박상, 좌견갑부 관절부 타박상, 전경골부, 둔부 및 대퇴부 타박상이었다) 뒤통수가 깨지고 왼쪽 눈알이 으깨졌다(황석영, 2017: 80).

한편, 또 다른 수치가 진압군 사이에도 발생했다. 한 공수부대 진압군 장교는 그들의 강경한 진압에도 불구하고 일부 군인들이 시위대의 저항에 생포를 당하거나 목숨을 잃은 상황에서 최정예 공수부대로서의 수치감을 느꼈고 이 수치감은 분노로 변하여 더욱 시위대를 잔혹하게 진압했다. 그리고 계엄군 역시 이상한 힘에 압도당하면서, 두려움과 함께 이 시위가 국가전복과 사회 혼란을 야기하려는 용공분자의 소행이라고 믿게 되었고, 광주 시민을 더 이상 국민이 아니라 폭도이자 격멸해야 할 적으로 간주했다(황석영, 2017: 273).

시민들은 시위에 참여하기 시작했다.[62] 시민들의 공포와 두려움, 수치와 모멸은 '분노'로 변하고, 분노의 감정은 두려움과 공포를 훨씬 뛰어넘는 것이었다. 두려움이 상황을 벗어나고 싶은 감정의 반응이라면, 분노는 그 상황에 맞서게 하는 동기에너지로 작용한다. 분노는 앞서 말한 대로 인정의 부재와 정당성에 대한 질문으로부터 발생한다. 대한민국의 군인은 시민들에 의해 위임된 국방의 의무를 수행하는 자들로서, 외부의 적의 위협으로부터 시민들을 보호하는 것이 의무이다. 계엄군의 무자비한 진압은 기본적으로 시민 인격의 존엄과 존재 기반을 앗아가 버리는 것이었고, 결코 정당성을 부여할 수 없는 야만적인 행위로 인지되었다.

계엄군의 잔인무도한 진압에도 불구하고 시위는 누그러지지 않았다. 분노에 찬 시민들은 더욱 적극적으로 시위에 참여하게 되었고 마침내 고교생도 시위를 하기에 이르렀다. 예를 들어, 박남선 씨는 공수대원들이 주부들과 노인들의 머리를 곤봉으로 후려치고 항의하는 시민들을 대검으로 공격하는 것을 보고 격분하여 항쟁의 물결에 몸을 던졌다(황석영 외, 2017: 110).[63] 조선대생 김종배(26세)

---

[62] 젊은이들을 무차별 구타하는 장면을 맞은편 건물에서 지켜보던 신협 직원 박용준은 온몸을 부르르 떨며 이후 시위에 참여하게 된다. 그는 5월 27일 도청사수에 참여했고, 그때 자신의 직장 YWCA 신협사무실에서 진압군의 총에 맞아 사망한다(황석영 외, 2017: 98).
[63] 박남선은 도청에 들어가 시민군 상황실장을 맡게 된다. "그런데 도망간 학생을 잡기 위해 공수부대 2명이 양복점 안까지 쫓아가는 것이었다. 공수들은 그 학생의 멱살을 잡더니 다짜고짜 일하고 있는 사람의 다리미를 빼앗아 들고 사정없이 내리쳤다. 그 학생의 머리와 얼굴을 구분하지 않고 뜨거운 다리미를 빼앗아 들고 사정없이 내리치는 것이었다. 너무나 분해 '우리도 나가 싸웁시다'"

는 21일 도청 앞 시위대열에 섞여 있었다. 그는 여고생 한 명이 위에는 교복을 아래는 흰 체육복을 입고 지나가다 총탄을 맞고 쓰러지는 것을 목격했다. 총성이 멈추고 한참 지난 뒤에야 쓰러진 여학생을 병원에 데려가 살펴보니 이미 숨진 후였다. 마음속 깊은 곳에서 분노가 치솟으면서 자신도 모르게 울음이 터져 나왔다. 그는 그날 오후부터 두려움을 떨치고 시위대에 적극 동참했다(황석영 외, 2017: 209).

사회적 낙인과 비애

광주 시민들을 더욱 분노하게 한 것은 신군부 세력이 북한 특수부대 침투설을 흘리며 광주 시민시위대를 빨갱이에 의해 조종당하는 폭도 집단으로 규정하고,[64] 자신들의 진압행위를 국가안보와 국익, 국가안전을 위한 행동으로 정당화하려 한 위선적 만행 때문이었다. 당시 언론은 신군부 세력에 의해 철저히 통제되고 탄압되었다(광주에 대한 보도는 철저히 통제되었고, 예로 광주에 대한 기사는 중간중간 문장이 삭제되거나 활자화되지 못한 기사 면이 그대로 발행되기도 했다). 신군부의 강압에 못 이긴 것이기도 하지만 중앙의 주요 신문들은 광주를 폭도들에 의해 무법천지가 된 지역으로 보도했다.[65] 시민들의 분노는 격한 비통의 심정

(최정운, 2012: 157).

[64] 이런 파렴치한 행위는 최근까지 지속되고 있다. 극우보수집단의 일부 논객들, 예를 들어 지만원 같은 이는 광주항쟁에 대한 북한군 침투설을 여전히 주장한다. 2013년 국방부는 공식적으로 북한 특수부대 침투설을 부인하기도 했다.

[65] 국내 언론들은 진실을 외면했고, 강압에 못 이겨 오히려 왜곡된 보도를 일삼았다. 광주의 15만여 명이 무기와 탄약, 장갑차 등을 탈취해서 계엄군을 공격했고, 그 결과 군인과 경찰 1명, 시민 1명이 사망했다고 밝혔으며 광주를 '폭도의 도시'로 묘사했다. 유언비어와 지역감정이 사태를 악화시켰고, 공공건물과 차량이 파손되었다고 강조하면서 계엄군이 오히려 피해자인 양 보도했다. 이들 신문은 광주를 폭도에 의해 장악된 무법천지의 무정부 상태로 묘사했다. 이와 달리 광주의 진실을 세계에 알린 것은 외신 기자들이었다. 5월 22일 광주의 참상을 담은 생생한 영상이 독일은 물론 위성을 통해 유럽과 미국에까지 톱뉴스로 방영되었다. 독일 공영방송(NDR)의 힌츠 페터(J. Hinzpeter)는 아예 광주에 잠입하여 학살현장과 병원을 찾아다니며 비디오로 촬영했다. 2017년 개봉한 영화 〈택시운전사〉를 참고할 것.

으로 변하기도 했다. 그들은 흩어지기는커녕 거대한 공동체로 뭉치기 시작했다. 전남대 학생들은 시위를 주도하면서 투쟁의 이유를 시위 군중들에게 이야기하고 유인물을 낭독했으며 「아리랑」, 「우리의 소원은 통일」, 「정의가」, 「투사의 노래」 등을 반복해서 불렀는데 아리랑을 부를 때에는 거의 울음바다가 되었다(황석영 외, 2017: 142).

집합열정과 '절대공동체'의 등장

시민들은 자체 조직 정비를 통해 하나의 공동체를 만들었고, 생존을 위해 무장을 하면서 기동순찰대, 도청상황실 등을 운용하고 수습대책위원회를 조직하여 전체적 상황을 조율하고 판단하며 조정했다. 그동안 시위대의 분노가 집단적으로 폭발했지만 즉흥적이고 비조직적이었던 반면, 이제 강력하고 일체화된 행동이 강한 폭발력을 지니게 되었다. 황석영은 이를 "민중 스스로 역사의 전면에 자신의 온 생애를 던지는 순간이었다"라고 묘사한다(황석영 외, 2017: 145). 그들의 눈빛, 그들의 연대감, 그들의 헌신적인 결의야말로 5월 항쟁의 정점이었다는 것이다. 광주 시민 남녀 모두는 스스로 참여하며 죽음을 두려워하지 않았다. 그들은 개인적인 사정, 개인적인 이해관계를 찾지 않았고, 공동체에 헌신했다. 당시 반독재 투쟁에 앞장섰던 지식인들뿐 아니라 독재투쟁에 관심이 없고 생계유지에 바빴던 저학력의 상인들, 노동자들 그리고 고등학생들, 남녀노소 각계각층이 두려움과 공포를 이겨내고 참여했다. 범죄자들까지도 이 기간에는 나쁜 짓을 하지 않고 동참했다(다큐멘터리 〈오월愛〉(2011) 인터뷰 중). 개인과 공동체가 일치되었던 것이다. 『오월의 사회과학』의 저자 최정운은 이를 '절대공동체'의 탄생으로 묘사한다. 절대공동체는 개개인들이 사사로운 이해관계나 사적 감정에 전혀 얽매이지 않고 목숨, 생명의 에너지와 모든 삶의 의지와 행위를 공동체 집단에 헌신하여 공동체와 나를 합체시킨 무아의 경지에 이른 공동체이다(최정운, 2012).

시민들은 생명부지의 사람들과 어깨를 끼고 스크럼을 짜 같이 죽기로 하고 싸웠다. 시민들은 몸과 몸으로 하나가 되었다. …… [절대공동체에서는] 분명히 개인의 목숨과 공동체의 삶이 일치되었음을 보여준다. 이곳에는 사유재산도 없고, 생명도 내 것, 네 것이 따로 없었다. 물론 이 곳에는 계급도 없었다. …… 이 절대공동체는 절대적 사랑만으로 이루어진 공동체였다. 시민들은 스스로 위대한 인간임을 확인하고 서로를 축복하고 모든 사회적 속박과 제약으로부터 절대해방을 경험했다. 모든 시민들은 이 순간 '이제는 죽어도 좋다'는 극도의 환희를 느꼈고, 투쟁은 축제로 변했다. …… 시민들 간의 공동체는 공포를 극복하고 짐승의 수치에서 해방된 존엄한 인간들에 대한 존경과 인간애에서 오는 것이었고, 이러한 공동체는 개인과 공동체가 완벽하게 융화되어 공존하는 것이었다"(최정운, 2012: 175, 35, 113).

광주 시민의 집합열정은 군중의 기쁨과 성스러운 체험을 가능하게 하는 초월적 감정이었다. 구성원들은 사랑과 이해(헌신)로 굳건한 유대를 맺었다.

그러나 비애와 모멸, 분노, 두려움과 공포를 초월한 집합열정은 절대공동체를 형성할 수 있었지만 미증유의 거대한 국가권력과 미국 항공모함의 도착 등의 불길한 소식은 광주 시민들을 다시 두려움과 공포로 몰아넣기 시작했다. 일부 시민은 최후의 항쟁을 준비했고 많은 시민은 '현실의 집'으로 돌아갔다(최정운, 2012: 266). 죽음으로 광주를 지키고자 했던 사람들 약 400여 명이 도청에 모였다(이들 중 사망자가 160~400명 사이로 추정되고 있다). 항쟁 9일째의 기록에서 황석영은 이 모든 진행과정을 "죽음의 행진"이라는 표현을 쓰고 있다. 이미 진압작전을 수립한 계엄군은 어떠한 타협도 거부했다. 불안과 두려움, 좌절이 밀려왔다. 황석영이 말한 대로 "거대한 슬픔"이 도래한 것이다. 도청을 사수하기 위한 투쟁대열에 200여 명의 청년 학생들이 자원했다. 그들 대부분은 고등학생부터 대학생 그리고 젊은 노동자들이었다. 이들이 막강한 화력을 지니고 훈련을 쌓은 계엄군과 맞서 싸워 이긴다는 것을 상상이나 할 수 있을까? 죽음을 예견한 여성의 애절한 목소리가 마지막 방송으로 흘러나왔다. "시민 여러분, 지금 계엄군이 쳐들어오고 있습니다. 사랑하는 우리 형제, 우리 자매들이 계엄군의 총칼에 숨져가고 있습니다. 우리 모두 계엄군과 끝까지 싸웁시다. 우리는 광주를 사수할 것입니다. 여러분, 우리를 잊지 말아주십시오. 우리는 최후까지 싸울 것입니다. 시민 여러분, 계엄군이 쳐들어오고 있습니다. …… 새벽 그 여인의 피 맺힌 절규는 광주 사람들의 가슴 속에 비수처럼 꽂혔다. 떨리는 가슴은 피멍으로 물들었고, 그 피멍은 문신처럼 평생 지워지지 않았다(황석영 외, 2017: 419).

진압은 일방적으로 끝이 났고, 다시 인간의 존엄을 짓밟은 야만의 폭력이 자행되었다. 살아남은 자들은 상무대의 영창으로 끌려가 참혹한 폭력과 고문에 시달려야 했다. 인간의 존엄성이 다시 짓밟히는 순간이었고 그들은 다시 수치와 모멸, 분노와 좌절의 감정, 그리고 평생 남을 트라우마를 경험해야 했다.[66] 무장폭동에 가담한 사람들에게 인권이란 단어는 아예 언급조차 할 수 없는 것이었다. 온갖 기상천외한 고문들이 자행되었지만 죽임을 당하지 않는 것만도 큰 시혜를 받는 것처럼 여기라는 분위기였다(황석영 외, 2017: 467).

애도되지 못한 분노와 항쟁

광주항쟁은 신군부 정권에 의해 무참히 짓밟혔다. 고문이나 구타를 당한 사람들은 석방 후에도 오랜 시일 동안 후유증에 시달려 정상적인 생활을 하지 못했고, 정신질환을 앓다가 사망한 사람이 속출했다. 이들은 풀려난 후에도 공포와 피해의식 속에 살아야 했다. 피해당사자와 가족들은 생활고에 시달렸고, 폭도라는 사회적 낙인에 고통을 받아야 했으며 50여 명의 부상자들이 후유증으로 연이어 사망하기도 했다(노성숙, 2016). 그러나 광주항쟁의 함성과 메시지는 결코 밟히지 않았다. 합동장례를 치른 유가족들은 5.18 광주유족회를 결성했고 부상자 모임도 결성하여 명동성당 등에서 특별법 제정을 위한 저항을 시도했다. 아울러 학생, 시민들이 분신과 투신자살, 미문화원 점거투쟁을 통해 광주의

---

[66] 시민군 상황실장 박남선은 무장폭도의 수괴로 분류되어 속옷까지 모두 발가벗겨진 채 3일간 밤낮없이 몽둥이로 매타작을 당했다. 머리와 어깨는 물론 온몸을 도리깨질 당하듯이 매질을 당해 어금니와 앞 이빨이 부러지고 여러 차례 혼절했다. 보안대 수사요원들은 5센티미터 정도의 바늘처럼 가는 송곳으로 손톱 밑을 찔러대는 고문을 하면서 "북한에서 온 간첩임을 자백하라"고 협박했다(황석영 외, 2017: 466).

진상을 전국에 알리기도 했다.[67]

1980년 중반 대학가를 중심으로 광주항쟁의 추모와 함께 반정부 투쟁이 줄기차게 일어났다. 전국적으로 확산된 반정부 투쟁은 1987년 5월에는 5천여 명이 대거 참여하는 5.18 기념행사로 나타났고, 박종철 고문사망 사건과 전두환의 4.13 호헌성명 등에 반대하는 전국적 투쟁으로 발전하여 마침내 6.10 항쟁으로 이어진다. 5.18 광주항쟁은 전두환 정권 시절 내내 반독재 투쟁의 주춧돌이 되었던 셈이다.[68]

5.18 광주항쟁은 인류사에 민주주의와 인권의 가치, 정의의 투쟁, 정의를 위한 고결한 인간의 모습을 남겨놓았다. 그러나 항쟁 이후 오랜 기간 동안 침묵이 강요되었다. 오히려 광주 시민들은 '폭도'로 낙인찍히거나 불순분자에 의해 조

---

[67] 5월 30일 서강대 학생 김의기가 서울 종로5가 기독교회관 6층에서 광주학생 진상규명을 촉구하고 정부를 규탄하는 유서를 남긴 후 투신자살을 했다. 6월 9일 삼진특수철 노동자 김종태가 "광주시민항쟁의 넋을 위로하며"라는 유인물을 남기고 분신자살했다. 이후 전국에서 학생, 시민, 재야 국민들은 치열하게 광주의 진상을 알리며 민주주의를 위한 반정부 투쟁을 벌였다. 1981년 5월 27일 서울대 경제학과 4학년 김태훈이 도서관 6층에서 "전두환 물러가라"는 구호를 외친 후 투신했다 (황석영 외, 2017: 479). 1982년 문부식, 김은숙, 김현장 등은 광주항쟁의 배후에 미국이 있음을 알리려 부산의 미문화원을 점거, 방화했다. 그해 10월 전남대 총학생회장이었던 박관현이 광주교도소에서 단식투쟁을 하다 사망하자 전남대는 물론 경북대 등 전국 20여 개 대학에서 그의 죽음을 추모하고 정권을 비판하는 시위가 일어났다.

[68] 광주항쟁 이후 학생운동은 더욱 이념화되고 치열하게 전개되었다. 사회구성체론과 모순론이 운동권과 사회과학계를 뒤덮었다(조희연, 1989). 6.10 항쟁 이후 마침내 신군부의 실세들은 직접선거 개헌을 수용하면서, 한국의 민주주의는 새로운 지평을 이룩하는 듯했다. 그러나 정치꾼들의 권력 다툼과 분열로 인해 그 기회는 사라지고 말았다. 소위 '3김'은 서로 대통령이 되기 위해 한 발짝도 물러나지 않았고, 여전히 한국사회를 뒤덮고 있던 지역감정에 힘입어 서로 분열을 일삼다가 결국 신군부의 2인자였던 노태우에게 대통령 자리를 쥐어주고 말았다. 권력에 대한 그들의 사욕(私慾)은 어떠한 명분으로 치장해도 정당화될 수 없다. 또한 민주주의를 무참히 짓밟고 등장했던 신군부의 지도자에게 36%의 표를 몰아준 그 '민중의 덩어리'는 누구이며 그 행위를 어떻게 정당화할 수 있을까? 필자의 빛바랜 그날의 일기장에는 다음과 같은 구절이 적혀 있다. "이 땅의 무능한 신은 게거품 물고 뻗어 누워 탈색한 눈빛으로 죽어간다. …… 처음부터 최후까지 악마가 기지개 켜고 …… 문드러진 문둥이의 얼굴과 사생아의 탯줄을 움켜잡은 어미들의 침묵이 한 밥상, 한 자리에 앉아 국물을 퍼 대는 아주 더러운 땅, 태어남의 원죄와 살아감의 환멸이 끝이 없는 땅……"(1987. 12. 17).

종당한 무지하고 파렴치한 사람들로 규정되었고, 지금까지도 폭도 낙인은 진압을 정당화하는 논리로 작용하고 있다. 5.18 참극을 알리기 위한 지속적인 투쟁과 6.10 시민항쟁 등을 통해 겨우 그 진상이 규명되기 시작했지만 이마저도 왜곡, 축소되거나 차일피일 미루어졌고, 그 사이 많은 이들이 부상의 후유증으로 세상을 떠나거나 고통을 받았다. 문민정부에 이르러서야 5.18 희생자에 대한 명예회복과 부상자나 유가족에 대한 국가차원의 보상이 이루어졌고 망월동 묘지가 조성되어(정호기, 2003) 추모가 가능해졌지만, 5.18 투쟁은 '항쟁'이 아닌 매우 정태적이고 평화적인 의미의 '운동'이라는 다소 어색한 이름을 공식적으로 부여받게 되었다.

많은 한계에도 불구하고 광주항쟁에 대한 한국사회의 치유는 진상규명, 책임자 처벌, 명예회복, 피해보상, 기념사업 등 5대 원칙을 해결한 모범적 사례로 평가된다. 5.18 기록물이 영국의 대헌장, 프랑스혁명의 인권선언 등과 마찬가지로 유네스코 세계기록물에 등재되고 '이행기 정의수립과정'으로 평가받으면서 5.18은 세계사적 사건으로 자리매김했다(5.18민주화운동기록관, 2017). 사회과학자들 역시 5.18 항쟁에 대한 연구를 활발하게 진행했다(나간채, 1997). 5.18을 보는 시각에는 민족모순과 계급모순이 점철된, 세계 차원의 자본주의 체제의 산물이었다는 마르크스주의적 접근[69]으로부터 혁명론, 민중론, 절대공동체론, 도덕감정 프레임(정의와 연대, 사랑, 헌신) 등 매우 다양한 입장들이 교차한다. 여기에 광주항쟁의 발단에 대해 우파진영이 제기한 소위 불순분자에 의한 폭도소행론, 불순한 정치집단에 의한 것이라는 음모론, 유언비어론이나 과잉진압론의 시각도 가세했다. 1988년 천주교 광주대교구 정의평화위원회는 민중이 5.18의 주역임을 공식적으로 천명하고 5.18 항쟁을 민중이 주체가 된 민주화운동으로 규정했다(최정운, 2012: 98, 각주 43에서 재인용).[70] 이처럼 한반도의 현대사에서

---

[69] 예를 들어 김진균·정근식(1990). 최장집 외(1989)에 의하면 5.18은 한국사회의 전반적 모순의 표출이며 자기해방 과정의 정치적 진출의 표현이다.
[70] 항쟁기간 동안 가족과 재산을 둔 부르주아들은 개인주의와 합리주의로 피신했다는 점에서 5.18의 계급적 성격을 강조하는 견해는 일리가 있지만 경제분배나 생산구조의 변혁 같은 요구는 없었

벌어졌던 5.18 항쟁은 한국을 넘어 전 세계사적으로 조명을 받게 되었다. 그러나 과연 광주항쟁의 역사적 의미가 사회적 치유의 단계로 승화되었는가? 역사 속에 침전된 모멸과 수치, 분노는 해소되었는가?

① 5.18 항쟁 이후의 5.18 사건 진상규명과 애도는 오랫동안 군부정권에 의해 철저하게 봉쇄되었다. 1988년 6월 27일「국정감사 및 조사에 관한 법률」에 따라 제142차 임시국회 9차 본회의에서 5.18 광주민주화운동진상조사특별위원회 구성결의안이 통과되어 국회 광주 청문회가 시작되면서 광주학살의 진상이 부분적으로나마 전 국민들에게 공식적으로 밝혀지게 되었지만, 오늘날까지 여전히 발포명령자, 헬기동원 진압, 시체수습 등의 온전한 책임규명은 이루어지지 않았다. 전두환 등을 비롯한 주도세력은 사형으로부터 단기징역을 선고받기는 했지만 국민화합이란 명분으로 석방되었으며, 심지어 그들이 광주항쟁의 진압으로 받은 서훈은 오랫동안 박탈당하지 않고 유지되었다.[71] 서류의 왜곡, 은폐가 자행되었으며 항쟁기간 불법적인 살인과 폭력을 휘두른 광주의 지휘관들에 대해서는 전혀 책임을 묻지 않았던 것이다. 더구나 이들로부터는 양심의 가책이나 반성과 고뇌의 흔적은 찾아볼 수가 없다. 심지어 전두환은 2017년에 발간된 자신의 회고록을 통해 여전히 불순분자의 책동에 의한 폭도론적 시각을 옹호하며 자신 역시 광주항쟁의 희생자였음을 강조했다. 한나 아렌트(Hannah Arendt)가 독일 나치즘의 학살주도자인 아이히만의 재판태도를 보고 악의 평범성을 주장했듯이 만행은 국익의 이름으로 선의 가면을 쓰고 있는 것이다.

② 5.18 항쟁의 의의와 담론, 의례 등이 국가중심적으로 이루어지면서 정권의 성격에 따라 그 의미가 변질되기도 했다. 5.18 희생자에 대한 명예회복과 주기적인 '의례'가 진행되었지만 정치인들은 아직도 5.18 항쟁을 그들 정권의 '정

다는 점에서 한계를 갖는다. 정해구 외(1990)를 참고할 것.
71 대법원은 12.12 쿠데타를 군사반란으로, 5.18을 민주화운동으로 규정함과 동시에 신군부 진압을 내란으로 판정했다. 전두환 무기징역 추징금 2205억 원, 노태우 징역 17년, 황영시 징역 8년, 정호영 징역 7년, 허화평 징역 7년 등을 선고하고 법적 처리를 마무리했다. 그러나 이 재판은 학살책임으로부터 자유로울 수 없는 현장 책임자들이 전혀 처벌되지 않았고, 또한 국민화합의 명분을 내세워 불과 8개월 만에 특별사면을 통해 수괴들을 석방해버렸다.

치적 셈법'으로 계산하고, 이를 축소하거나 왜곡하려는 보수정권의 의도가 별다른 저항 없이 관철되기도 했다. 보수우파 정권에서는 5.18의 상징곡이었던 「임을 위한 행진곡」의 제창을 금지하는가 하면 대통령은 아예 의례에 참석하지 않았다.[72] 또한 국가 중심의 행사가 되면서 5.18 정신에 대한 기억과 성찰은 없이 다만 형식적으로 의례화되기도 했다. 광주항쟁에 참여했던 한 시민은 "우리 사회가 우리들을 폭도로 매도하고 있고, 어디서나 떳떳이 5.18 유공자임을 인정받고 싶지만 그렇지 못한 상태에서 무슨 긍지를 가지느냐"고 반문한다. 국가가 주도하는 보상과 의례는 "정작 주인도 없고 사람은 빠져버렸으며 게다가 '보상을 많이 받지 않았는가', '이제 그만해도 되지 않겠는가' 하는 주변의 소리를 들을 때" 더욱 절망적이며 분노의 감정을 느끼게 된다는 것이다(다큐멘터리 〈오월愛〉, 2011). 망월동이 국가유공자 묘역이 되면서 의례의 공식화와 정권에 의한 부침, 내부분열 등으로 5.18의 정신과 의미가 변화되고 있는 것이다.[73]

③ 광주항쟁은 여전히 지역감정의 희생물이 되어(세계사적 의의로 평가받고 있음에도 불구하고) 정작 한국에서는 전 국가적 차원의 의의로 자리매김되기보다 '광주만의 사건'으로 국지화되고는 했다. 여전히 극우보수주의자들은 광주항쟁을 북한 지령을 받은 불순분자의 폭도로 규정하려 한다.[74] 보수우파 정치세력들은 특정 지역 사람들의 지역감정을 동원하여 5.18을 교묘하게 '전라도', 그것도 광주의 영역으로 축소화하고 있다.

---

72 이명박·박근혜 정부는 제창을 허락하지 않았다. 문재인 정부에 이르러서야 「임을 위한 행진곡」의 제창이 부활되고 5.18 특별조사위원회가 구성되고 진상규명특별법이 제정된다.
73 5.18 유족단체들 간에도 친정부적 성향을 지닌 사람들 ― 유혹에 넘어갔다고 비판받는다 ― 과 기동대, 부상자회 간의 내부 갈등과 균열이 발생했다. 유족의 범위, 국가보상의 방법과 지불, 지도부 등을 둘러싼 갈등이 발생했고, 급기야 시민군의 마지막 저항지로서 역사적 상징 공간인 도청건물을 보존하자는 측과 도청건물의 철거와 대규모 문화재단 건축을 지지하는 측이 서로 삿대질과 욕을 해대며 갈라지는 양상을 보이기도 했다(강은숙, 2014).
74 2018년 10월 법원은 '5·18 북한군 배후설'을 주장한 지만원에 대해 역사 왜곡의 책임을 물어 배상명령을 내렸다. 관련 기사(〈연합뉴스〉, 2018. 10. 25)를 참조할 것.

방관자와 국가범죄의 치유를 위한 공분

5.18 항쟁의 직접 희생자들은 아직도 많은 고통을 호소한다. 30년의 세월이 지났지만, 진압군이 들어오는 새벽 광주시민들에게 마지막 방송을 했던 박○순 씨는 그날의 기억이 잊히지 않고 잊혀질 수 없다고 말한다. 한 희생자의 아내는 지금도 차마 그 당시의 사진을 볼 수 없다고 말하고, 한 중년여인은 살아남은 자의 죄책감을 토로한다. 마지막까지 계엄군과 협상을 했던 김성용 신부는 목숨을 건진 자신을 빚진 자로 묘사하고, 진압작전에 투입되었던 한 계엄군 소대장은 산돌학교의 교장이 되어 참회하는 자의 모습으로 살아가고 있다. 총탄에 맞았거나 곤봉, 대검으로 찔리거나 심한 구타 등의 고문 후유증으로 많은 시민들이 아직도 정신적, 육체적 통증에 시달리거나 자살을 하기도 한다. 이들은 가족이 파산당하고 사회적 관계마저 박탈당하는 비애를 경험하기도 했다. 최근 한 인터뷰 대상자는 30년 내내 우울증과 불면증에 시달리며 '한움큼의 약'에 의존하며 살아가고 있는 자신을 보며 "아, 이래서 자살하는구나 하고 느끼게 된다"고 말했다(다큐멘터리 〈오월愛〉, 2011). 부상을 당하거나 고문 후유증으로 고생하는 그들은 제대로 생계를 유지할 수조차 없었다. 부상 이후 알코올 중독자가 되어 자살한 시민군의 아들 역시 자살을 하는 가정파괴가 발생하기도 했다(KBS 1TV 〈다큐극장: 광주 33년, 5.18의 기억〉, 2013).[75]

부정의한 폭력에 의한 희생을 치유하는 길은 폭력의 근원을 캐고 상응한 책임을 묻는 일이다. 그렇지 못한다면 분노는 구조 속에 원한(怨恨)이 되어 사회 속으로 습윤된다. 상실로 인한, 슬픔에 대한 애도는 분노를 달래는 첫 관문이다. 그러나 애도는커녕 침묵을 강요받아야 했고, 불의에 저항한 의인이기는커녕 폭도로 낙인찍혀야 했으며, 후에 과잉보상의 수혜자로 조롱의 대상이 되는

---

[75] "손을 들고 항복하며 나가는 사람에게도 총을 쏘아댔고 기관총으로 드르륵 갈겨댔다. 피가 강같이 흘렀다. 고문을 당할 때 차라리 기절할 때가 가장 편했다. 제대로 취업을 할 수도 없었다. 몸집이나 성한 사람이나 견디어냈지 몸이 약한 사람들은 뭐…… 그리고 잘사는 놈은 여전히 잘살지만, 우리같이 뭐 배운 것도 없고……"[다큐멘터리 〈오월愛〉(2011) 인터뷰 중].

상황에서, 더구나 지금도 폭력의 수행자들이 부인을 하고 있고 정치인들의 계산에 의해 그 의미의 축소 및 왜곡이 발생하는 상황에서 분노는 사라지지 않는다. 오히려 '그때 지금'의 분노와 '오늘날의 분노'가 합쳐 더 큰 분노가 일어난다. 그러나 오늘날의 분노들은 파편화되어 있다. 또한 시대의 흐름과 함께 많은 사람들은 방관자로 남는다. 방관자는 양가적 감정을 지닌다. 어떤 이들은 사건에 무관심하고, 어떤 방관자는 억울하게 희생된 자들을 돕지 못한 것에 대한 미안함과 자책, 죄책감을 느끼고 '그때 지금'의 그 현장의 피해자들처럼 수치와 모멸, 분노를 느낀다. 살아남은 자의 죄책감, 미안함은 '생존자 증후군'으로 나타나고 이는 도덕감정의 원본으로서 이행기 정의를 위한 청산과 정정, 화해의 밑거름이 되기도 한다.

김명희는 기존의 '회복적 정의론의 접근'이나 '피해-가해자 중심의 이분법적 모델'은 오히려 사건을 협소화시킨다고 비판한다. 즉, 이러한 접근들은 사건을 둘러싼 공동체의 다양한 행위자층을 놓치고 있기 때문에 이행기 행위자의 생태층으로서의 방관자들에게 주목할 필요가 있다는 것이다(김명희, 2016). 가해자들은 망각의 기제를 동원하여 자기합리화, 책임회피, 진실왜곡 등 '부인의 정치'를 통해 여전히 자신들의 행위를 정당화하려 하는데 이들에게 저항할 힘은 '방관자의 지지'에 달려 있다. 대부분의 방관자는 죄의식과 부채감의 감정생태 속에 자리 잡고 있지만 일부의 방관자는 때로 가해자의 동조자로 둔갑하기도 한다.[76] 목격자-방관자-방어자의 감정동학 과정에서 방관자들의 공감을 어떻게 끌어낼 것인가에 관심을 두어야 한다. 방관자의 침묵은 말없는 승인이며 방관자가 방어자로서, 희생자의 편에 서게 됨으로써 가해자와 희생자의 비대칭적 권력관계가 수정된다는 것이다(김명희, 2016).

항쟁의 분노는 광주의 저항시민만의 것이 아니다. 그동안 방관자로 남았던

---

[76] 영화 〈26년〉(2012)에 나오는 마상열은 희생자를 폭도, 간첩으로 치부하며 상관에 대한 충성을 국가에 대한 충성과 동일시하고 자신의 행위를 명령에 따른 것으로 합리화한다. 반면 김갑세는 자신의 행위에 대해 죄의식과 부끄러움을 느끼고 지난 일에 대해 후회하고 반성하며 피해자들과 새로운 관계를 형성하여 가해자를 처벌할 계획을 세운다(김명희, 2016).

이들의 자기자각을 통한 부채의식 속에 분노는 사회정의 이행의 결실을 맺는 힘으로 작동한다. 분노연대, 이것이 곧 '공분(公憤)'이다. 억울함에 대한 공감과, 방관자로서의 죄책감이 연대하여 공분으로 이어지고, 이 공분은 '이행기 정의'를 수립하는 에너지가 된다. 공분은 공동체에 대한 부채로부터 보복적인 되갚음의 과정이며 진실과 화해에 이르는 과정이다. 왜 부채인가? 자신의 의지와 상관없이 태어난 삶, 하이데거의 말대로 세계-내 던져진 존재로서, 심지어 태생을 원망할 수밖에 없는 존재자임에도 불구하고 어떻게 나의 공동체(가족, 민족, 국가)와 역사에 대해 부채를 갖는다고 말할 수 있는가? 부채는 되갚음의 의무를 불러일으킨다.[77] 빚은 타자들과의 영속적이고 순환적인 교환을 통해 연대와 동맹을 가능하게 하는 집합적 관념의 표식이다. 호혜성을 논하는 경제인류학자들은 빚의 교환에 주목을 했다. '주고-갚고-주고(G-T-G)'의 상호순환성의 연결고리가 끊길 때 갈등과 긴장과 반목이 발생한다. 부채는 채권과 채무의 관계를 설정한다. 갚을 수 없는 빚을 떠안은 채무자는 채권자에게 영원한 종속적 지위를 재생산할 수밖에 없는데, 아무리 갚으려 해도 갚아지지 않는 무한한 타자로부터의 은혜가 있기 때문이다. 무한 은총을 내린 절대적인 신, 중세의 국가(왕)이나 부모는 신도와 신민과 자식에게 영원한 채권자이다. 영원한 채권자의 지위를 보증하기 위해 종교적 신앙체계로서의 교리, 신권적 국가이념, 효와 같은 유교적 가치 같은 세계관이 이데올로기로 작동했다. 무한한 신의 은총을 갚을 길이 없으나 신실한 믿음과 절대복종을 통해 그 빚을 어느 정도 갚을 수는 있다. 이른바 메이지 유신기의 일본이나 발전주의 국가에 의한 산업화 시절 대한민국의 통치자들에 의해 강조되었던 '보국(報國)'과 보은의 개념도 부채의 이데올로기로 작동했다.

    그러나 역으로 내가 빚을 졌고 감사해야 할 공동체 대상은 또한 나에게 빚을 졌음을 지각해야 한다. 공동체의 구성원인 '나'가 어떻게 태어났든(피부, 인종, 생김새, 재능과 기여, 성, 민족 등) 공동체는 나의 존재 속에서 '존립'이 가능했다. 나

---

[77] 오늘날 선물과 부채를 둘러싼 다양한 논의가 모스주의자(Maussrian) 등에 의해 여전히 계승, 발전되고 있다. 호혜성에 기초한 관계는 되갚음의 의무를 포함한다. 김왕배(2011)를 참고할 것.

는 갚아야 할 의무를 가짐과 동시에 권리를 주장할 수 있다. 부채는 상호적인 것이다. 더구나 부채에 대한 되갚음의 호혜적 관계가 반드시 긍정 상태에 놓여 있는 것만은 아니다. 부채는 나에게 부정적으로 지워진 것, 부(負, 마이너스)의 부채가 있음을 말할 수도 있으며, 그 부채를 되갚는 것이 보복 혹은 복수이다. 가령 나의 명예가 훼손당하고 되갚음을 통해 명예를 회복하려 할 때 나는 그에게 부(負)의 부채를 진 것이다. 복수란 이러한 부의 부채에 대한 되갚음의 감정이며 실천행위로서 자연적 질서를 회복하려는 노력이다.

그러나 복수가 사적인 개인이나 집단들 간에 이루어진다면 그 사회에는 끊임없는 폭력과 갈등의 악순환이 발생하고 구조적 억압과 지배, 이에 저항하는 테러와 증오의 관계가 증폭될 뿐이다. 복수의 수단과 정당성을 공동체에 위임하지 않는 한 무질서와 혼돈은 멈추지 않는다. 공동체의 정의적 질서를 어긴 자에게 가하는 벌은 이러한 갈등의 악순환을 끊기 위한 것이다. 복수, 즉 부정적 부채의 되갚음은 개인에 의해 이루어지는 것이 아니라 공동체에 의해 수행되어야 한다. 오늘날 법의 집행자인 국가가 부채의 관리를 떠맡게 되었다. 부족국가의 공동체나 오늘날의 국민국가나 모두 범죄에 대한 처벌은 개개인의 희생에 대한 복수가 아니라 공동체의 질서를 어지럽힌 것에 대한 '보복적 정의'의 성격과 '회복적 정의'의 성격 모두를 포함한다. 국가의 사법체계는 피해자가 입은 상실에 상응하는 신체구속과 배상의 처벌을 가해자에게 가함으로써 보복적 성격을 보이지만 궁극적으로는 그 사회가 표방하는 '정의'를 회복하여 질서와 통합을 유지해야 한다는 목표를 안고 있다. 오늘날 부채의 관리인으로서의 사법체계를 통해 이루어지는 국가의 형벌은 헌법과 각종의 하위법 속에 표상되어 있다. 개개인의 폭력에 의한 복수는 국가에 위임됨으로써 부정된다. 즉, 아무리 가혹한 폭력과 희생을 당했다 하더라도 개개인의 원한관계 속의 복수는 금지되어 있다.

그런데 부채의 관리자여야 할 국가가 바로 가해를 가한 폭력의 주체라면 어떠하겠는가? 국가가 헌법적 이념을 수호하여 국민의 안전과 생명을 보존하기는커녕 특정 권력집단의 손에 장악되어 국민을 희생시키는 데 그 폭력적 수단들이 총체적으로 동원되었다면? 군사력, 경찰력, 사법체계를 통한 물리적 폭력과 방송, 언론 등을 통한 이데올로기적 폭력 등을 통해 희생자를 오히려 범죄자로 낙인하고 처벌했다면, 씻을 수 없는 모멸과 수치, 분노를 안겨줌으로써 인간의 존엄을 철저히 파괴했다면 어떻게 할 것인가? 우리는 개개인의 인권을 철저히 짓밟는 이러한 국가의 행위를 '국가범죄'라 말한다. 국가범죄란 개인의 인권을 국가권력이 중대하게 침해한 폭력행위를 말한다. 국가범죄는 국익의 이름으로 은폐되거나 왜곡되는 경향이 강하다. 국가범죄를 저지르거나 옹호한 자들은 자신들의 행위에 대한 부인(否認)과 변명, 정당화를 동원하는 '부인의 정치'(the politics of denial)'로 맞서기 때문에 국가범죄에 대한 청산은 순탄하게 이루어지지 않는다.

국가범죄의 과거사 청산은 현재와 미래에 그와 같은 범죄의 도래를 예방하고 인권을 도모하고자 하는 의도를 갖기 때문에 청산의 과정을 '이행기 정의'라 부른다(이재승, 2011). 과거청산은 최소 몇 가지의 과정을 거쳐야 한다. 화해의 조건은 과거사 진상규명을 통해 사건의 진실규명과 책임자 처벌, 희생자의 명예 및 물질 보상 그리고 법적, 정치적 제도와 사회문화적 의식의 변환을 꾀하는 것이다. 국가범죄에 의해 희생된 이들의 억울함에 대한 규명과 책임이 선행되어야 한다는 것이다(이재승, 2011).[78] 부채를 관리해야 할 국가가 범죄적 폭력에 대한 청산을 통해 이행기 정의를 수행하지 않는다면 어떻게 할 것인가? 오늘날 복수는 부채관리인으로서의 국가가 그 대상에게 보복을 하지 않을 때 발생한다. 청산되지 않고 빚이 그대로 남아 있을 때, 복수의 감정은 여전히 남아 있다. 빚은 청산되어야 한다! 그러나 우리가 빚의 역사를 외면하고 방관자로 남아 있을 때 국가는 부채 청산을 위한 의무를 게을리할 것이다. 사회의 도덕과 연대의 힘을 불러일으키는 공분이 없다면 빚의 청산은 여전히 결핍된 채로 남아 있게 된

---

[78] 식민지와 분단 그리고 한국전쟁의 비극을 거친 한국사회의 현대사에서도 '국가범죄'의 흔적은 제대로 청산되지 않은 채 거의 한 세기의 유산으로 내려왔다. 간첩조작사건 역시 대표적인 국가범죄의 한 유형이라고 볼 수 있다. 간첩조작사건은 분단과 한국전쟁이라는 역사적 비극의 상황 아래 집권세력에 의해 남용되어왔다. 고문과 허위자백, 구속을 통해 당사자와 가족의 삶을 철저히 파괴했던 과거사는 미래의 화해와 평화를 위해서 반드시 청산되어야 한다. 다행스럽게도 인혁당 사건, 민청학련 사건과 함께 납북어부 및 재일동포 간첩조작 사건 등이 최근 사법부의 재심판결을 통해 무죄로 입증되고 있다.

다. 그리고 복수를 향한 증오와 분노의 감정은 존재의 균열을 초래하는 '원한의 정조'로 남아 있을 것이다.

　분노는 욕망이 위협받거나 그 실현이 좌절될 때 발생한다. 정당한 규범이나 제도에 의해 욕망이 억압될 때 분노는 약화되거나 억제되지만, 그 억압이 정의롭지 못한 상황으로 인식될 때 분노는 증오와 적대, 폭력적 행위로 표출되기도 한다. 더구나 '상실'했음에도 불구하고 슬퍼하거나 애도하지 못할 때, 타자로부터 인정을 받지 못하거나 무관심의 대상이 될 때 상실한 자는 더욱 깊은 분노에 빠지게 된다. 역사적 사건들의 트라우마를 가지고 있는 집단은 사회적인 공적 애도를 통해 상처를 아물게 하고 상처가 곪아 터지는 아픔을 견디기도 한다. 그러나 애도는커녕 사회적인 일탈자로 낙인찍힐 때 그 분노는 더욱 깊어지고, 타자에 대한 복수를 가하지 못할 때 그 원한으로 인해 오히려 자신의 목숨을 파멸시키기도 한다.

　오늘날 한국사회는 누군가가 '울혈(鬱血)사회'라고 묘사했듯이 분노가 표출되지도 못한 채 응어리진 형태로 구조화되어 있다. 역사적 사건의 희생자뿐이겠는가? 경쟁과 실업, 정규직과 비정규직의 간극의 확대, 노동시장의 유연화와 부의 양극화, 명예와 존엄의 쇠퇴, 주변화되는 사람들의 퇴영화 등 욕망의 좌절과 인정의 부재로 인한 분노는 우리의 삶 곳곳에 산재해 있다. 세계-내 존재로서 자신의 미래의 기획을 실현시키지 못하는 삶들의 분노와 그 편린들이 여기저기 흩어져 있다. 태어남 그 자체만으로도 인정받아야 하고 타자와의 비교 불가능한 '단독성'을 가져야 하는 삶들이 수긍하기 어려운 경쟁과 차별에 의해 무시를 당하고 있다. 과거의 '그때 지금'의 분노와 오늘날의 '지금의 분노'가 중첩적으로 구조화되고, 그 분노의 화기(火氣)는 이 시대를 살아가는 사람들의 신체 속에 습윤되어 있다. 짜증과 화, 대노와 비분강개에 이르기까지 분노는 서로를 질타하고 증오한다. 그러나 오늘날의 분노는 파편화되고 개별화되어 있다. 사회다운 사회란 누구에게나 인정의 제도를 통해 분노의 욕망과 억울함을 해갈하는 장치를 작동시키는 사회이다. 그러나 분노가 파편화되거나 소멸된다면, 그리하여 공분으로 진행되지 않는다면 사회변혁과 개혁은 기대하기 힘들다. 인권, 분배정의, 국가권력의 정당성, 타자성찰, 환경과 생태에의 문제에 대한 분노가 '조직화된 분노'로 발전할 때, 즉 개개인의 분노가 집합적 공분이 될 때 사회변혁의 힘으로 분출한다. 물론 나비효과를 가진 그 분노의 결과를 누구도 예측하기 힘들지만 말이다.

제5장

불안과 두려움

1. 불안과 두려움의 이해

불안의 감정은 글자 그대로 평안하지 못한 상태의 정조(情調)를 말한다. 그 어원이 말해주듯 불안은 목을 조이거나 무언가에 의해 쫓기거나 수세에 몰린 듯한 압박감에서 벗어나고픈 욕구를 느끼도록 만드는 감정이다.[1] 불안의 감정은 존재의 소멸과 훼손에 대한 걱정, 소유한 것을 상실할지도 모른다는 예측에 대한 반응이다. 프로이트는 존재의 소멸에 대한 불안의 원초성에 주목했다. 어머니의 자궁으로부터 벗어나는 순간 인간은 죽음을 맞을지도 모른다는 시원적인 분리불안을 갖게 된다. 불안은 외적인 트라우마(외상)와 죽음의 본능, 거세와 박해, 우울 등 전방위적인 무의식 과정에서 나타난다. 불안은 이드(id)로부터 발생한 수용할 수 없는 욕망과 충동이 초자아의 형태로 개인에게 내면화된 문명 또는 관습화된 규범과 갈등을 맺는 무의식의 세계에서 발생하는데, 간단히 말해

---

[1] 프로이트에 의하면 불안(Angustuie)이라는 말은 '좁다', '호흡이 가늘어진다(가슴이 답답해진다)'는 의미를 가지고 있다(프로이트, 1976: 152).

욕구충족의 결핍과 이로 인한 불만으로부터 발생한다는 것이다(프로이트, 2014). 원초불안은 자신의 소멸을 부를 수도 있는 완전한 붕괴에 대한 외상적 경험(출생이라는 경험)과 관련되어 있다. 원초적 불안은 출생과 불가분의 관계를 갖는다. 출생과 함께 자아가 분해되고 붕괴되거나 더 이상 존재할 수 없을 것이라는 두려움이 발생하며, 유아의 생물학적 무기력에 상응하는 이러한 공포가 곧 원초적 분리불안이다. 이후 인간은 끊임없이 그 내부에서 작동하는 죽음의 본능이나 공격성에 대한 불안을 안고 산다.[2]

멜라니 클라인(Melanie Klein)의 관점에 의하면 유아가 아버지와 어머니가 자신에게 적대적 방식으로 결합해 있다고 느낄 때, 즉 어머니의 부재에 대한 불안(어머니가 아버지 혹은 다른 아이들과 함께 있다는 추측)으로 분노하고 좌절, 불안에 떤다고 말한다(Klein, 1952). 유아는 소리를 지르고, 울며, 어머니의 신체를 공격하고는 곧 자신이 저지른 일에 대한 죄책감에 빠지는 우울적 불안을 안게 된다. 자신이 가한 공격으로 좋은 대상을 잃어버릴까 걱정하고 두려워하는 것, 자기가 손상 입힌 사람에 대한 걱정은 죄책감과 한탄을 불러일으키고, 타인의 안녕에 대해 불안을 느끼게 된다. 원초적 불안을 지난 유아는 다시 거세 불안을 경험하게 된다. 어머니를 차지하려는 욕망 때문에 자신의 남근(男根)이 아버지에 의해 거세될지도 모른다는 '오이디푸스 콤플렉스'로 인해 아이는 아버지로 상징되는 사회적 규범에 순응하게 된다(프로이트, 1998). 요약하자면 프로이트는 불안을 유아기적 단계에서의 욕망 대상의 상실과 거세 단계에서의 두려움의 감정으로 보았다. 남근 단계에서의 거세에 대한 상상적인 공포에 시달리다가 이윽고 슈퍼에고(도덕, 규범, 양심)가 발달한 후에는 사회적 근심, 즉 처벌에 대한 두려움-수치의 감정을 내면화시킴으로써 초개인적 현상으로서의 도덕적 근심(두려움-죄책감)을 발달시키게 되고 사회적 인간으로 성장한다(Izard, 1971: 376).

그러나 많은 현대인들이 공황장애, 패닉, 감염공포, 과도한 걱정으로 인한 범

---

2 볼비(J. Bowlby)는 불안이 누군가를 사랑·열망하고 누군가를 상실하는 상황에서 발생한다고 보았다. 분리와 상실이 불안의 원인이라는 것이다. 불안은 본능적 긴장이 아니라 예상되는 본능적 긴장을 자신에게 알려 무엇인가 조치를 취해야 한다는 경고이기도 하다(Bowlby, 1973).

(凡)불안장애 등 불안으로 인해 장애를 겪는다. 불안한데 왜 불안한지를 모르는 걱정의 병, 우울증과도 비슷하다. 염려증이라는 병명이 있을 정도로 사람들은 남에게 부정적 평가를 받을까 걱정하며 외모불안, 직장의 고용불안, 건강불안 등에 시달리기도 한다. 최근 현대사회에서는 불안장애라는 의학적 명칭으로 진단되는 환자들이 속출하고 있다. 그중에서도 광장공포증이 공황장애 가운데 가장 많은 수를 차지하는 것으로 알려져 있다. 광장을 의미하는 아고라(아테네의 시장)는 사람들이 많이 오가는 시장을 뜻했는데, 광장공포증이란 사람들이 많은 곳이나 좁은 공간에 있을 때 불안해하는 증상이다. 그런데 정작 그(녀)가 두려워하는 것은 군중이나 폐쇄공간이 아니라 자신이 군중무리 속에 있다가 발작할까봐 두려워한다는 것이다. 범불안장애라는 진단도 있지만 반델로(B. Bandelow) 같은 정신의학자들은 그 같은 장애를 주장하는 정신분석학이 때로 무지하고 비과학적이며 그 치료도 허황하다고 신랄하게 비판한다. 그는 또한 정신과에서 만병통치약인 것처럼 처방하는 세라토닌 같은 화학적 의약품의 남용보다는 오히려 심리요법을 통해 자립감을 증진하고, 자연치료나 대화, 음악, 춤, 대안의학(카바타바, 박하 등)을 통해 불안을 피하지 않고, 자신의 불안을 인식하며, 무조건 스트레스를 줄이려 하지 않고, 건강식을 지나치게 신봉하지 않으며, 불안을 자연스럽게 받아들이고 치유하는 방식을 권장한다(Bandelow, 2008: 313~315).

불안은 미래의 불확실성이 가져올 위험에 대한 경고신호이다. 불안과 공포를 프로이트는 임박한 가해 위협이나 두려움으로부터 자신을 방어하기 위한 메커니즘으로 본다. 불안은 또한 현실을 극복하고 승화시키기 위한 성찰기능을 하기도 한다. 하이데거에 의하면 세속적 가치를 추구하고, 일상의 친밀성과 안락함 속으로 퇴락하는 비본래적 실존들의 세계로부터 그 무의미성과 무가치성을 경고하고 지각하게 만드는 것은 '섬뜩하게 으스스한 심연', 즉 불안의 세계이다. 무(無)의 불안 세계야말로 본래적 존재가 실존하는 영역이다. 두려움이 세속적 가치, 이를테면 부, 명예, 권력을 둘러싼 경쟁과 격차, 평균성을 찾지 못하거나 상실할 것에 대한 감정이라면 불안은 이들로부터 멀리 벗어난 지점에서 느끼는 정조인 것이다(하이데거, 2016). 불안은 형용하기 어렵다. 방어행위와 연관된 불안은 해소되지 않은 공포, 지향되지 않은 위험의 표시이다. 누구나 피할 수 없는 일반화된 정조로서 이 중 특정한 외부적인 대상에 대한 두려움이 다양한 공포증으로 나타난다. 엄밀히 말하면 공포는 대상에게서 온다기보다 주체가 대상을 다룰 수 있는 권력의 부재, 즉 무기력함으로부터 온다. 공포는 자신에게 닥친 위기를 통제할 힘이 없다고 느낄 때 느끼는 것이다. 공포는 곧 자신을 훼손하는 위협대상 때문에 발생하지만, 대상 자체가 두려운 것이라기보다 우리가 그 대상을 통제할 수 없다는 두려움 때문에 그 대상이 무서운 존재가 되는 것이다.

불안과 두려움은 매우 비슷한 감정이지만 볼비(J. Bowlby)는 두 감정을 애착과 분리라는 차원에서 구별하려 한다. 매달리고 질투하며 소유하려는 유아의 욕망을 불안적 애착이라고 한다면 두려움은 이 애착 대상으로부터 분리되는 것에 대한 근심으로서 분노의 감정과 연결되어 있다. 그는 포착하기 어려운 불안 개념보다 두려움과 분노가 상호작용하여 발생하는 불안적 애착에 관심을 두고 있다(Bowlby, 1973; Izard, 1971). 불안 중에서도 좀 더 뚜렷한 대상을 갖는 감정을 두려움과 공포라 한다.[3] 학자들 간의 차이는 있지만, 불안은 막연하고 추상적인 느낌인 반면 두려움과 공포는 분명한 대상을 가지고 있는 것으로 구별되기도 한다. 두려움이란 모든 감정 중에서도 가장 유독성(toxic)이 있는 감정으로서 대표적인 부정감정 중의 하나이다. 두려움은 거의 본능적 감정으로 간주되는데, 예컨대 아이들이 천둥소리나 높은 곳, 어머니와의 분리 상황에 처하게 되면 거의 본능적으로 두려움의 감정으로 반응한다는 것이다. 그러나 두려움은 대부분 학습된 감정이다.[4] 어둠이나 큰 소리 등에 대한 두려움, 특히 어린아이들이 갖는 공포는 자연적인 것으로서 내면에서 발생한다(혼자 있을 때, 고공 상태나 고통, 어둠 속에 있을 때 등). 동물이나 이상한 사람을 만났을 때도 두려움이 발생한다. 이는 나이와 관련이 있기도 하다. 어린아이는 6~9개월 때 낯가리기를

---

[3] 일반적으로 많은 학자들은 두려움이 대상이 있다는 점에서 불안과 차이가 있다고 주장한다. 즉, 불안은 위험에 대한 긴장된 예견인 데 반해 두려움은 확인할 수 있는 위험대상에 대한 감정적 반응이라는 것이다. 그러나 두려움도 대상 없이 발생할 수 있다는 점에서 그 경계는 사실상 모호하다(Ahmed, 2014: 65).

[4] 오늘날 도시에서 뱀에 물려 죽는 사람은 거의 없지만 많은 도시인들이 뱀을 두려워한다. 이는 과거 수렵사회의 야생 환경에서 살았던 인류 조상의 뱀에 대한 두려움이 전승된 것이라고 할 수 있다.

하고, 한 살에서 한 살 반 사이에 어둠에 대한 두려움을 느끼기 시작하며 1~6세 사이에 소음이나 낯선 것들에 대한 두려움들이 점차 쇠퇴하고 성인이 되어서는 상상적 두려움이 발생한다(Izard, 1971: 359). 두려움에 대한 어린아이의 사회화는 향후 성인의 태도를 결정짓는 데 큰 영향을 미치는 것으로 알려져 있다. 예컨대, 부모가 아이들의 두려움을 이해하면서 그에 대응하는 방법을 친절하게 가르쳐주고 두려움의 상황을 인내하고 극복할 수 있도록 교육한다면 그들은 커서 "총알이 빗발치는 전쟁터에서도 잘 견뎌내는 반면, 부모가 아이들의 두려움을 무시하거나 권위주의적인 태도를 보이고 인내를 가르치지 않는다면 그 반대의 성향"이 나타난다(Izard, 1978: 374).

한편, 두려움의 신경 체제는 시상에서 편도로 이어지는 시상-편도 경로나 대뇌피질을 거치는 시상-피질-편도 경로를 거치는 것으로 알려져 있다.[5] 두려움을 느낄 때 대체로 입술의 가장자리가 아래로 수축하고, 아래턱의 피부는 아래와 옆쪽으로 끌어내려지며 입은 약간 벌어지는 등 신체적 반응을 보이게 된다. 눈썹은 수직으로 뻗거나 다소 올라가는데 눈썹을 치켜 올리고 눈을 크게 뜨는 것은 위험대상을 더 잘 볼 수 있게 만든다. 맥박이 빨라지고 숨은 가빠지며 교감신경계가 흥분하여 아드레날린이 급격히 증가하고, 위험 상황을 판단하고 피하고자 눈, 귀 등의 감각기관과 뇌, 몸을 움직이는 근육, 특히 다리근육에 혈류가 급격히 증가하면서 소화기관의 혈류는 줄어들어 그 기능이 일시 마비되기도 한다. 그리고 공포 시 지각능력은 현저히 감소하여 주변 시야를 보지 못하는 '터널시야' 효과를 보이기도 한다(최현석, 2012).[6] 두려움은 놀람과 긴장, 갈등을 수반하기도 하고, 모멸, 수치, 분노, 좌절, 혐오, 죄의식 등 인근 감정들과 어우러져 '정신적 고통(distress)'을 발생시키기도 한다. 또한 두려움은 생각이나 판단의 속도를 느리게 하고, 시야를 좁히고, 근육수축과 긴장을 가져온다. 두려움과 공

---

[5] 쥐의 편도를 제거했을 때 고양이 앞에서도 고양이를 무서워하지 않는다. 심지어 고양이에게 다가가 귀를 물어뜯기도 한다는 것이다. 한편, 고양이의 편도를 자극했을 때 공포반응과 함께 폭력적 공격성이 증가한다.

[6] 쥐가 고양이를 볼 때의 마비 증상과 함께 배설물을 지리는 현상을 생각해보라.

포는 같은 범주로 취급되지만, 흔히 그 강도에서 구분되는 것으로 알려져 있다. 공포가 대상의 권력에 저항하지 못하고 '피할 길 없는 극한 상황(no way out)의 감정'이라면, 두려움은 그나마 상황적 대처가 가능한 감정이다.[7] 공포(horror)는 혐오가 배태된 두려움으로 표현되기도 하는데 대상으로부터 도망갈 여지를 주지 않는, 자신이 선택할 수 있는 모든 전략의 가능성을 철저히 파괴하는 감정이다. 예를 들면 절대적 권력 앞에 철저히 무기력하게 놓여 있는 고문의 상황에서 느끼는 것과 같은 감정이다(Miller, 1997).

인간이 살아가면서 가장 부딪히고 싶지 않은 것 중의 하나가 두려움(공포)과 불안에 떠는 상황이다. 압도적으로 강력한 적군이 몰려오는 전쟁터의 상황, 고문을 당하는 상황, 엘리베이터가 멈추어 갇히거나, 암 진단 후 그 결과를 기다리는 상황, 깜깜한 밤에 산 중턱을 넘어가야 하는 상황, 졸업 후 취업이 난감해서 삶이 막막한 상황, 내가 가야 할 곳에 테러가 발생한 상황 등 이런 조건들 속에서 갖게 되는 감정이 두려움(공포)의 감정이다. 인간의 신념체계, 특히 종교적 신념은 바로 불안과 두려움으로부터의 해방에 대한 열망의 표현이기도 하다. 누군가가 외부의 두려운 대상으로부터 우리를 보호해준다는, 그리고 최후의 불안과 두려움의 대상인 죽음의 고통에서 벗어나 영생을 얻을 수 있으리라는 신념의 생성은 종교와 밀접한 연관을 맺고 있다. 두려움의 유형은 지금의 위협(지금 드러난 것)과 잠재적 위협(미래에 일어날지 모를 불확실성)으로 나누기도 하고, 어떤 위협적 존재가 실재할 때 혹은 반대로 어떤 대상이나 존재가 부재함으로 인해 안전이 우려되는 상황에 부닥쳐 있을 때 발생할 수 있으며, 다른 대상이나 사람들과의 관계가 소멸할 때에도 생겨난다. 불안이 미래 상황에 대한 신호 역할을 하는 것처럼 두려움 역시 닥칠지도 모를 어떤 상황에 대한 경고가 되기도 한다. 두려움은 혐오처럼 진화론적으로 발달해온 감정으로서 환경에 대한 적응 기능을 향상시키기도 하고 집단방어를 위한 유대를 강화시키기도 하는 것이다. 두려움은 위험과 재난의 느낌이며 안전이 사라진 느낌으로서 생존과 가장 밀접

---

[7] 만성적 두려움을 근심이라 표현하기도 하는데 다양한 신경조직의 작용이다.

한 연관을 맺고 있는 감정이다. 그러나 두려움의 대상은 '누군가'에 의해 인위적으로 만들어지기도 한다. 가령 종교의 신화 속에 나오는 인물들이나, 반수반인(反獸反人)들처럼 엄청난 괴력을 가지고 나타나 인간에게 재앙을 내리는 경이로운 존재들을 생각해보라. 자신에게 생존의 위협을 가한 사건이나 대상이 두려움으로 체화되었을 때, 그리고 그 상처로 인해 트라우마가 되었을 때 두려움은 좀처럼 사라지지 않고 온몸에 각인되어 특정 대상에 대한 사고 판단과 행위의 기준으로 작동한다. 특정 대상에 대한 두려움이 기억 속에서 신체화되고 재생됨으로써 활성화되는 것이다. 전쟁이나 학살을 경험한 자들의 두려움이 대표적이다.

두려움은 인종이나 세대, 지위 등과 관련되어 여러 형태로 반응되기도 한다. 두려움은 이방인의 이질성에 대해 사회적으로 학습된 반응으로 표출된다. 예컨대, 흑인을 두려워하는 백인 어린아이를 당황스럽게 바라보았던 파농(F. Fanon)의 이야기를 소개해본다. 파농은 자신이 백인 어린아이의 곁을 지나가자 그 어린아이가 "두려워, 저 깜둥이, 저 깜둥이가 날 먹으려 해" 하면서 그의 엄마 품으로 숨는 것은 "흑인은 위험하고, 나쁘고, 야비하고, 동물이고, 차가운 것으로 학습"되었기 때문이라고 말한다(파농, 2014: 145). 이때 보다 자세히 살펴야 할 것은 두려움은 사랑하고자 하는 애착 대상의 상실에 대한 근심으로부터 발생한다는 것이다. 즉, 흑인에 대한 어린아이의 두려움은 자신의 백인 어머니를 상실할 가능성에 대한 근심 때문이다. 상실 가능성에 대한 근심이 두려움의 대상 속으로 투사된다는 것인데, 즉 그 근심이 사랑의 실현을 가로막는 외부의 장애물로, 바로 두려움의 대상으로 전치된다는 것이다. 흑인을 두려워하는 백인 소년이 바라는 것은 자신을 보호하고 위험으로부터 예방하는 그 세계로 돌아가는 것이다. 두려움의 대상에게서 벗어나는 길은 사랑의 대상, 즉 엄마의 품으로 달려가는 것이다. 비록 온전히 돌아갈 수는 없지만 두려움은 사랑의 판타지를 오히려 생생하게 만든다.

두려움은 '누군가'에 의해 정치권력의 대상으로 '구성'되기도 한다. 두려움은 어느 특정 집단의 기득권이 위해를 받는다고 생각될 때, 혹은 그 기득권을 확장하기 위해 어느 특정한 타자를 자신들의 생존과 번영을 위협하는 두려운 대상으로 만들어버린다. 타자를 위험한 것으로 대상화하여 두려움의 감정을 통해 집단구성원을 통제하고 배제하려는 것이다. 미국의 심장부를 강타한 9.11 테러는 두려움과 분노에 차 있던 미국 국민의 애국심을 고취하고 미국의 팽창을 도모하는 데 기여했다. 아메드(S. Ahmed)의 분석이 매우 흥미롭다.

국가가 꽃처럼 만개했을 때…… 테러에 대한 두려움의 감정이 동료의식으로 전환되면서 '사랑의 신호'로 견고하게 자리 잡았다. 테러리스트들이 또 날아다닐 수 있다는 위협과 두려움 …… '미끄러져 흘러가는' 대상으로서의 환유와 연상이 작동한다. 즉 이슬람인은 곧 테러리스트라는 식의……. 국가안보는 더 단순히 국경을 지키는 것이 아니다. 불안과 두려움은 '우리'와 '우리 아닌 것'의 경계를 짓는다. 안전은 '[안전한 것이] 아닌 그것(the not)'을 안전하게 하는 것을 포함하는데 역설적으로 그 아닌 것의 불안정을 요구한다. 즉, 안전이 '아닌 것'의 불안정이 안보프로젝트를 더욱 강하게 만든다. 국민국가의 영토에 대한 근심이 서사화되고, 두려움이 홍수와 늪의 언어로 치환되면서 적절하지 못한 타자들로부터 영토가 침입당하는 서사가 등장하는, 이른바 두려움의 정치가 구사되기 시작한다(Ahmed, 2014: 74, 대괄호 안 내용은 필자 삽입).

위험과 두려움의 담론 속에서 안보의 이름으로 국경의 경찰과 감시가 강화되고 통제의 정치적 행위가 정당화되는 것이다. 안보에 대한 위기 선언은 전쟁을 위한 근거가 된다. 테러로 인해 위협받을 것이라는 위기감은 미국인들에게 '두렵고 혐오스러운 이라크에 대한 침략'을 정당화했다. 공포는 내적 단결과 힘을 불러일으키고 시민의식은 이웃에 대한 감시로 변했다. 특히 아랍계, 이슬람교도들의 신체는 '아마도(could be)' 테러리스트로, 즉 두려움이 '끈끈하게 달라 붙어버린 신체'로서, 두려움의 원인으로서, 근심스러운 신체로 대상화된다. 그들에 대한 지속적인 감시 정책은 생존을 위한 지속적 프로젝트로 진행되고, 이는 의심스러운 사람들에 대한 구금을 정당화한다(Ahmed, 2014: 75). 전체주의는 바로 '대중의 두려움을 이용한 공포정치'를 통해 구축되고 지속되었다. 독재자들은 두려움을 일으킬 대상을 찾고 발견한 후, 이들의 위협을 강조함으로써 구성원들을 두렵게 하고, 마침내 이 대상을 배제하기 위한 국가의 폭력을 행사한다. 그들 정치집단은 과거의 역사적 고난 속의 두려움이나 불투명한 미래의 위협을 '지금-현재'의 두려움으로 동원하고, 그 두려움의 대상을 배제하기 위해 모든 구성원이 일체 단결하여 그 대상을 감시하고 격리할 것을 요청한다. 따라서 그 대상에 대한 혐오와 적대, 증오 그리고 분노 등 두려움 군(群)의 감정들이 끊임없이 재생산된다.[8] 전체주의는 이러한 감정들로 충만한 사회이다.

불안과 두려움의 전략화, 즉 두려움을 통해 자신들의 정체성을 공고히 하고 체제나 제도의 통합을 고양하려는 위기 담론의 생성과 확산은 정치영역뿐 아니라 종교, 교육, 일상생활 등 다양한 영역에서도 이루어진다. 이른바 '위기' 선언은 가시적인 몇 가지 구조의 동향과 지표를 통해, 즉 허위가 아니라 진실(사실)이라는 확신과 함께 작동한다. 가시적 지표의 해석은 일부 좌우익 정치급진파들이나, 목표를 달성하려는 사회운동가들에 의해 과잉화되거나 정교화되는 경향이 있다. 종말론을 신봉하는 종교적 근본주의자들은 이 세계가 신의 심판을 향해 달려가고 있으며 종말의 시간은 항상 도래해 있다고 주장함으로써 세속을 불안과 두려움으로 채운다. 이 두려움에서 벗어나는 방법은 신에게 복종하고 신실한 믿음으로 봉헌하는 길인데 '이단'들이 이를 방해한다. 오늘날 기독교 근본주의자들에게 이슬람, 동성애자들, 사회주의자들은 바로 대표적인 이단이다. 그들은 자신들의 왕국을 위협하는 두려움의 대상으로 구성되며, 이 두려움의 대상은 혐오의 대상으로 진화하고 적대와 증오, 분노의 감정이 흡착된다. 또한 일부 사회운동가들은 두려움을 운동의 목표를 달성하기 위한 전략으로 동원하려 한다. 일부 급진환경운동가들은 농약과 핵, 기후변화의 위험을 강조하면서 때로 과잉 불안 담론을 유포한다. 특종을 잡아 공명을 누리기에 바쁜 미디어 종사자들은 상황을 매우 급박하게 다룬다. 이를 필자는 '불안과 두려움의 권력화'라고 부르고자 한다.

---

[8] 과거 전쟁의 서사를 통해 '적'의 침략과 위험을 극대화하여 자신의 정치권력을 유지하려는 세력들, 예를 들어 북한의 김일성 세습체제, 남한의 극우파 정치세력들이 대표적이다. 때로 그들은 간첩조작을 통해 내부 희생자를 만들거나 내부의 적을 규정하여 불안을 조성하기도 한다.

그뿐 아니라 불안과 두려움을 상품화하려는 집단들의 행동도 여기저기 눈에 띈다. 농약, 유전자조작(GMO), 인공음료 등의 위해성뿐 아니라, 각종 건강에 대한 위험신호를 유포함으로써(특히 암에 대한 과잉 건강담론) 많은 사람이 '건강염려증'에 빠져 자연적인 죽음까지도 두려워하게 하고, 이와 연관된 의료시장과 신약 시장은 급속히 확장된다. 이를 필자는 '불안과 두려움의 상품화'라 부르고자 한다. 불안의 권력화와 상품화를 통해 이해관계를 실현하려는 집단들이 불안과 두려움을 더욱 증폭시키고 있다. 과학기술의 발달과 미래사회(특히 인공지능의 등장과 직업의 소멸, 로봇의 지배 등), 먹거리, 정치, 의약 시장, 종말론, 종교, 재난영화 등 수많은 영역에서 위기의 서사들이 생산되고 있다. 과잉담론으로 생산된 위기와 두려움이 실제로 존재하는 것들과 혼합되어 소위 '위험산업', '위기의 정치', '종말론의 종교' 등의 세력들을 확산시키고 있는 것이다.[9]

물론 점차 수위가 높아져 가는 근심과 걱정, 불안과 두려움의 증상들을 묵과할 수 없다. 세계의 석학들이 현대사회를 위험사회로 칭했을 만큼 우리 삶의 존재를 위협하는 '리스크'가 높아지면서 안전'에 대한 열망이 더욱 커지고 있다(벡, 1997). 삶의 규범적 확실성과 예측성이 약해지고, 환경, 생태의 파괴는 더욱 가속화되고 있으며, 전쟁과 테러의 위협이 높아지고 있다. 기든스는 정신분석학적인 원초적 불안과 함께 '시공간의 거리화'의 증대, 파편화되고 있는 전문가의 지식과 비예측적 상황의 증대 등이 혼재된 현대사회 속에서 '존재론적 불안'이 높아져 가고 있다고 말한다(기든스, 1997). 이미 각종 위험은 국민국가의 경계를 넘어 글로벌 이슈가 되어 있고, 그 문제의 해결 역시 글로벌 거버넌스의 차원에 의존하게 되었다. 그러나 글로벌 사회의 안전에 대한 열망은 역설적으로 국민국가의 강화를 불러일으킨다. 이주민과 난민, 테러의 확산, 경제 성장과 시장의

---

9 걱정과 근심, 두려움과 공포는 희생자 정체성의 문화와 함께 '힐링' 산업(프로그램)을 육성하는 결과를 가져오고 있다. 불안에 대해 초월적인 심신의 수련을 통하거나, 신실한 종교적 믿음을 통해 담대히 대처하는 법 등 다양한 전략들이 '시장'에 등장하고 있다. 다양한 상담소의 확장이나 불안장애로 인한 신약(예, 세로토닌)의 세계적 확산을 보라. 참고로 푸레디(Frank Furedi)는 두려움과 공포를 통해 사회적 지위나 자원을 확보한 사례들을 보여주고 있다. 푸레디(2013)를 볼 것.

불안은 오히려 국민국가의 경계를 폐쇄화시키는 데 영향을 미치고 있다. 불확실한 존재를 두려움의 대상으로 인식하고, 이 두려움의 대상이 '유동'하는 이 세계는 잠재적 위험에 처해 있다는 믿음이 더욱 강해지고 있는 것이다.

두려움과 불안의 권력화와 상업화, 과잉담론화가 발생하고 있지만, 실제로 위험과 두려움은 높아지고 있으며, 전쟁과 같은 특정한 역사적 사건 속에서 체험된 불안과 공포는 신체화된 아비투스 감정으로 작동하고 세대를 이어 전승되기도 한다. 한국의 전전(前戰) 세대가 경험한 전쟁의 살육 공포는 삶과 역사 속에 트라우마로 침전되어 있고, 이들에게 '북한'은 악의 화신이며 불구대천지원수라는 두려움의 대상으로 체화되어 있다. 이 감정은 혐오와 적대로 발전하기도 한다. 세대가 매우 강력한 반공주의 집단으로 남아 있는 것은 단순히 특정 정치집단의 물리적 강제와 이데올로기적 통치 때문만이 아니다. 그 세대의 몸속에 신체화되어 있는 전쟁의 두려움 때문이기도 하다. 이 두려움은 삶 속에서 각인된 것이기에 쉽게 지워지지도 변하지도 않는다. 반(反)공산주의와 반(反)북한의 태도는 두려움과 공포, 혐오와 증오의 감정프레임 속에서 여전히 작동하고 있다. 오늘날 한국사회의 저변을 관통하고 있는 반공 보수주의 속에는 바로 이러한 두려움과 공포 감정의 혈류가 흐르고 있다.

2. 전쟁과 두려움의 기억 그리고 반공 보수성의 고착[10]

문제의식과 주제의 설정

누누이 지적되고 있는 것처럼 한국 보수주의의 가장 큰 특징 중의 하나는 냉전적 반공주의를 요체로 하고 있다는 것이다. 한국 보수주의에는 반공주의를 근간으로 한국 역사를 바라보고, 미래를 전망하며 그 축을 벗어나는 어떠한 좌

---

[10] 이 절의 내용은 필자가 발표한 「한국전쟁의 기억과 반공 보수성의 고착: '남정리' 한 부부의 생애를 중심으로」, ≪한국문화인류학≫, 41(1), 39~79쪽에 실린 것이다.

파적 이념이나 행위 등은 수용될 수 없다는 사고가 매우 견고하게 깔려 있다. 반공에 기초한 보수주의가 왜 그렇게 오랫동안 끈끈하게 지탱되고 있는가? 남북분단 이후 반세기 이상의 세월이 흘렀고, 전쟁을 직접적으로 체험한 세대와 포스트 전쟁세대의 생물학적 전이가 거의 이루어졌으며, 정치의 민주화와 함께 다양한 가치관들이 공존하는 성숙한 시민사회가 전망되고 있는 시점에서 시대착오적인 것으로 간주되는 반공과 전쟁의 이데올로기가 여전히 사회를 움직이는 힘으로 작용하고 있는 이유는 무엇인가? 우리 사회는 아직도 냉전과 전쟁의 위협, 그리고 색깔론으로 총칭되는 이념적 공세가 정치공간의 권력구도 속에서 빈번히 등장하고 있고 효과를 발휘하고 있다. 진보적 정권이나 시민사회단체를 공공연하게 "종북좌파" 세력으로 낙인하고, 사회운동의 배후에는 '불순분자'가 숨어 조정하고 있다는 주장이 거리낌 없이 제기되고, 누군가에 대한 타자화와 감시의 메커니즘이 은연중 작동하고 있는 이유, 그 이유를 가능하게 하는 요인은 무엇인가?

이 글은 바로 이러한 질문에 응답하기 위한 문제의식으로부터 출발한다. 한국사회의 국가는 지난 몇십 년에 걸쳐 권력과 체제를 유지하기 위한 통제기제로서 냉전적 사고에 기초한 반공주의를 동원해왔다. 반공국시(反共國是)를 가진 권위주의 국가는 국가보안법을 반정부 시민저항운동은 물론 진보적 사상을 옥죄는 물리적 수단으로 이용해왔고, 교육과 언론을 통해 냉전적 이데올로기를 확산, 유포하여 정권과 체제의 정당성과 지배를 확보해왔다(김정훈·조희연, 2003). 지배의 두 가지 유형은 이미 잘 알려져 있다. 하나는 물리적인 강제에 기초한 지배이며 다른 하나는 피지배자들의 '동의'에 기초한 지배이다. 후자의 유형, 즉 지적, 윤리적, 혹은 이데올로기적인 문화적 기제에 의해서 추출된 피지배자들 스스로의 동의에 기초한 지배를 그람시(A. Gramsci)는 헤게모니 통제라고 불렀는데 지배질서를 정당한 것으로 착각하는 오류, 즉 상징폭력에 의한 것이든 스스로의 이해적 선택에 의한 것이든 이러한 헤게모니(hegemony)를 통해 체제는 견고하게 유지된다.[11] 피지배의 동의는 위로부터의 이데올로기적인 조정이나 강제 외에 피통치집단의 직접적인 삶의 경험으로부터 나온다고 하는 점을 상기할 필요가 있다. 반공 이데올로기를 확대 재생산해왔던 권위주의 정권의 물리적인 통제 외에 피통치자들의 동의에 의한 지배가 있었고 그 동의는 단순히 지적, 도덕적, 문화적인, 즉 이데올로기적인 전파에 의한 것뿐 아니라 바로 그들의 '직접적인 삶의 경험'으로부터 자발적으로 발생한다는 것이다.

권위주의 정권이 동원한 반공적인 이데올로기적 전략은 일반인들의 삶의 경험과 강한 친화력을 형성했다. 보수정권뿐 아니라 보수언론, 보수시민단체나 보수학자들은 반공적 보수주의에 반대하는 집단들을 친북좌파집단이라는 상징적 용어를 동원하여 체제전복을 기도하는 위험한 집단으로 규정하면서 이데올로기적 지배를 강화해왔는데, 이러한 이데올로기적 전략과 한국전쟁 등을 통해 좌우익의 갈등을 직접 경험했던 일상인들의 경험이 매우 강력한 '친화력'을 형성하면서 반공적 보수주의는 매우 견고하게 지속해서 재생산되었다.[12]

이 글에서 다루고자 하는 주제는 바로 이러한 반공적 보수주의의 이데올로기에 동의하는 일상인들의 경험에 관한 것이다. 즉, 한국전쟁을 직접 체험한 일상인의 기억을 통해 반공적 보수주의에 '동의'하는 측면을 이해해보고자 한다. 그리고 바로 이 동의의 기제인 삶의 경험에는 두려움과 공포의 감정이 작동하고 있음을 밝히고자 한다. 논의에 앞서 이 글에서는 분석을 위해 '보수주의'와 '보수성'을 구분할 것이다. 특정한 이해관계를 가진 집단이 '~주의(ism)'라는 정치이념의 형태로 가공한 가치체계를 '보수주의'라 하고, 일상생활 속에서 일상인

---

11 그람시는 "왜 노동자들은 자본주의 체제에 순응하고 지지하는가? 자본주의 체제는 왜 그렇게 견고하게 지탱되는가?"에 대한 질문을 통해 자본주의의 문화적 속성들(도덕, 가치, 규범, 생활양식 등)이 노동자들의 동의를 이끌어내기 때문이라는 진단을 내린 바 있다. 그렇기에 사회주의로의 이행은 폭력적인 혁명 전략으로서의 기동전과 함께 구조적으로 응결되어 있는 문화적 모순에 대한 긴 시간의 도전, 즉 진지전이 요청된다고 주장한 바 있다(Gramsci, 1971).

12 다음 두 인용문장이 필자의 주장과 맥을 같이하고 있다. "한국전쟁은 한국의 지배계급으로 하여금 그람시적 의미의 정치적 헤게모니(능동적 동의에 의한 지배)를 확보하도록 해주지는 못했다고 하더라도 부분적 이데올로기적 헤게모니는 확보할 수 있도록…… 우경 반쪽 이데올로기의 지형은 1980년 중반까지 국가보안법, 사회안전법 등 법적 통제기제들과 이데올로기적 국가기구에 의해 재생산되어온 반공, 반북 이데올로기에 의해 유지, 재생산되어온 것이 우리의 현실이다"(손호철, 1990: 13). "한국전쟁 이후 반공 이데올로기의 내면화가 복잡하게 형성되었다. 반공 이데올로기가 실질적인 힘을 갖게 된 결정적인 계기는 전쟁이었다. 민중의 생생한 전쟁체험이 접합되어 반공 이데올로기는 지배 이데올로기로 고착화되는 과정을 밟았던 것이다(정진상, 1994: 120).

들이 경험하고 체득한 가치나 규범, 생활준거를 '보수성'으로 부르고자 한다.[13] 보수성이란 기본적으로 혁신적 변화에 대한 두려움과 긴장을 내포한 태도, 사회변동의 미래 결과에 대해 불안해하는 삶의 태도이다. 그 보수성은 어느 특정한 대상이나 집단에 대한 과거의 고착된 인식과 그 고착인식을 통해 그 집단을 타자화하려는 사회적 배제, 그 집단과의 교류나 인정에 대한 두려움과 거부감 등을 내포하고 있다. 한국의 보수정치이념의 근간과 마찬가지로 일상성에서의 보수성의 근간을 이루는 한 요인 역시 '반공'이다. 보수주의가 권위주의적 정치집단에 의해 이데올로기적으로 구성된 정치적 가공물이라고 한다면 보수성은 일상에서의 경험을 통해 자연스럽게 형성된 삶의 체험의 반영물로 이 양자는 사실상 매우 중첩되어 있고 서로를 지탱하는 순환적 관계에 있다. 앞서 말한 것처럼 필자는 이 글에서 그러한 반공적 보수성을 구성하는 단초로서 한국전쟁기의 일상인들의 삶의 경험에 주목하고자 한다. 한국전쟁 동안 구체적으로 어떤 일이 지역사회에서 벌어지고 있었고, 전쟁을 직접 경험한 일상인들은 당시의 상황을 어떻게 기억하고 있으며 그 기억을 통해 반공적 보수성은 어떻게 지속, 재생산되고 있는가를 한 노인부부의 구술생애사를 통해 알아볼 것이다. 이 글의 노인부부는 일제 식민지시기에 조그만 동족부락에서 태어나 '소학교'를 마치고, 한국전쟁의 피난과 좌우익 살상을 직접 체험했으며 남편은 한국전쟁에 참전을 하기도 했다. 대개 좌우익 갈등에 대한 연구가 사회주의 전통이나 지주-소작의 관계들이 강하게 형성되었던 곳, 또는 비교적 잘 알려진 도시나 큰 마을 중심으로 이루어진 반면, 이곳 구술대상자의 고향은 지극히 평범하게 형성된 오랜 씨족마을로서 구술자들 역시 특이한 교육이나 계급배경을 가진 것도 아니고 특정한 사상에 경도되어 있었던 것도 아니었다. 이 구술대상의 고착기억은 당

---

13 서구사회에서 보수와 진보의 구획은 다양한 철학적인 사상적 지표와 이를 추구하는 삶의 태도와 정책 등에 의해 설정되는 것이 일반적이다. 계보학적으로 본다면 서구의 보수주의는 당시 부르주아 계급의 지지를 받은 계몽주의에 대응하는, 기독교적이며 귀족적 향수를 갖는 상류계급의 목소리였으나 오늘날 보수주의의 편차는 매우 다양하다. 기본적으로 보수주의는 기존 사회체계나 사상, 생활방식, 이해관계 등을 '수호'함과 동시에 완만한 개혁을 추구하는 일련의 세계관과 행위양식의 총체라고 볼 수 있다(이봉희, 1996; 김병국 외, 1999).

대를 살아온 평범한 한국인들의 일상적 체험이며 그렇기 때문에 전쟁 이후 지속되어온 반공주의가 보다 광범위하게 일상인들로부터 체험적 동의를 얻어 얼마나 견고하게 지탱되어올 수 있는가를 잘 나타내줄 사례로 볼 수 있다.

몇 가지 예비적 논의

기억과 구술생애사

인간의 실천을 통해 재생산되는 구조는 물상화된 존재가 아니라 다양한 인간의 실천에 의해 그 자체가 구조화되는 구조이다. 경험은 이러한 실천 속에 내재된 역사적 체험의 응결체로서 구조와 행위의 결절점이기도 하다.[14] 현상학적 해석학은 이러한 역사적 삶의 경험에 내재된 의미를 포착해보려는 접근방식이다. 기본적으로 인간은 의식지향적인 경험적 속성을 지닌 존재자로서 그 경험은 종종 역사적으로 형성된 편견이나 기억으로 구성되어 있다. 생활세계는 바로 이러한 상호주관적 과정을 거쳐 형성된 경험과 그 의미들이 지향되어 결합되어 있는 지평이고 경험의 의미들은 의식적인 해석작업을 통해 재현되거나 무의식적으로 잠재된 행위를 통해 재생산된다.[15]

생애의 기억에 대한 이해적 접근은 바로 이러한 인식론을 전제로 출발한다. 생애연구가 비록 현상학적 해석학 전통과 체계적인 이론적 연계를 소홀히 하고 있지만 최근 기억을 통한 생애사 연구는 인간의 경험과 의미를 역사적으로 재구성한다는 점에서 현상학적 해석학의 줄기에 속해 있다고 볼 수 있다. 생애사 연구는 대개 개개인 혹은 집단의 경험에 대한 기억에 주목하고 있는데, 그 재생의 한계에도 불구하고 "역사는 기억을 통해 환생"한다는 입장을 전제로 하고 있다

---

14 이런 면에서 경험은 특정한 성향을 규정하기도 한다. 어떤 의미에서는 부르디외가 말한 아비투스(habitus)와도 유사하다. Bourdieu(1990)를 볼 것.
15 현상학적 해석학의 의도는 연구자에게도 각별한 의의를 부여한다. 연구자 자신 역시 사회를 구성하는 '의식지향성'과 '해석역량'을 가진 한 요인이지만 동시에 한 걸음 물러서 연구대상들 속에 혹은 그 연구대상들의 상호작용 속에 녹아들어 있는 의미구조나 동기들을 파악해야 하는 임무가 있다.

(Nora, 1989). 특히 소수인종이나 여성, 노동자, 디아스포라 등 피지배자들의 역사는 선조들과 자신들의 경험에 대한 기억의 해석을 통해 재구성되어 세대를 이어 지속되면서 역사의 지평이 확대되기도 한다(Wachtel, 1990; Davis, 1990; Gillis, 1994; Halbwachs, 1992; 김영범, 1998; 김성례, 2002). "기억은 역사적 사실에 대한 개인적, 집단적, 사회적 세계 등 매우 다층적으로 존재하고 개인과 집단의 주체성이 형성되는 요람이고 정박지"인 것이다(김영범, 1998: 163).

주체자의 기억들은 집단이나 개인의 이해관계에 따라 첨삭, 과장, 왜곡되기도 하고, 또한 어떤 기억들은 망각되기도 한다. 과거의 사건은 기억을 불러일으키는 개인이나 집단의 현재적 관심과 맥락에 따라 편의적이거나 선별적으로 재현되기도 한다. 간단히 말해 기억의 행위와 내용 대상, 범위는 다양한 이해집단들이 개입할 여지가 있어 언제든지 조작이나 제약이 가능하다는 것이다. 한마디로 기억은 가변적이고 유동적이며, 선택적이고 인공적이며, 도덕적인 속성을 가지고 있을 뿐 아니라 단일사건에 대해서도 시대에 따라, 맥락에 따라, 개인 및 집단의 위상에 따라 복수의 집합기억이 성립한다.[16] 특히 기억은 집단정체성을 형성하려는 국가권력과 밀접한 연관이 있다. 국가권력에 의해 어떤 기억은 용인되고, 어떤 기억은 가공되며, 어떤 기억은 공식적으로 승인되고, 어떤 기억은 망각되기도 한다. 허쉬(H. Hirsch)는 이를 기억의 조작에 의한 정치적 폭력이라고도 했고, 계급, 성, 지역, 정권 권력투쟁 등 기억투쟁이 존재한다고 보고 있다(Hirsch, 1995).[17]

---

[16] 집합기억은 순전한 구성물인가, 과거사실의 충실한 재현인가, 역시지식에 기반을 두는가, 상징적 기념의례에 기반을 두는가, 동일대상에 대한 집합기억은 상호 경합적인가, 수렴 혹은 공유되는가, 시대변화에 의해 변하는가, 도덕적 지침을 제공하는가 등 수많은 쟁점들이 연계되어 있다 (Schwartz, 1991a, 1991b, 1997; Beamish et al., 1995; Middleton and Edwards, 1990; Schuman and Rieger, 1992).

[17] 기억이 권력의 산물이라는 주장이 이를 단적으로 대변하고 있다(Wachtel, 1990). 예컨대 어떤 기억은 특정한 권력집단이나 국가에 의해(혹은 연구자에 의해) 축제와 기념과 같은 의례를 통해 끊임없이 재생산되거나, 잊혔던 기억들이 다시 해석되거나 살아나기도 하며(예를 들면 유태인 학살, 노근리 사건이나 제주도 4.3 사건 등) 어떤 기억은 망각을 강요받기도 한다. 박명규(1997)를 볼 것.

생애사의 기억은 대부분 구술을 통해 재생되는데 구술생애사 연구는 삶 주체들의 일상생활의 경험에 주목한다. 일상생활세계에 주목하는 이유는 일상이란 "인간의 삶과 관계맺음의 공간이자 지배와 저항이 역동적으로 부딪히는 장이기 때문이며" 그렇기 때문에 문학, 예술, 표현, 상징 등으로 구성된 일기, 문중자료, 생활기록, 구술, 증언 모두가 이들 일상의 경험을 회복하기 위해 이용될 수 있다 (이용기, 2002). 구술에 의한 기억의 재생은 이러한 과거의 일상을 되살리는 성찰적 과정인 것이다.[18] 기억에 대한 구술연구는 민중사와 밀접한 연관을 맺는데 그 이유는 대개가 민중들 스스로가 남기는 공식기록이 부재하기 때문에 기억의 이미지, 대상물, 장소, 텍스트 및 이야기 등 그들의 목소리를 통해 그들 삶에 의미를 부여할 수 있기 때문이다(박정석, 2002).[19] 무명의 일반 대중들은 그들의 생생한 경험세계를 기억의 구술을 통해 재생하는 것이다(한국구술사연구회, 2005; Nerone, 1989; Vansina, 1980; 한건수, 2003).

물론 구술에 의존하는 기억의 개별적인 생애사 연구에는 많은 제한점이 따른다. 첫째는 연구대상 개개인의 삶의 궤도(영역)에 자료를 의존함으로써 자료가 매우 제한된다는 것이고, 둘째는 그들의 주관적 평가나 기억에 의존함으로써 그 기억의 사실성의 여부가 문제시된다는 것이다. 그러나 개별 생애사 연구는 각 개인의 경험이 수많은 편차를 보이면서도 총체적인 사회과정의 한 단면을 보여준다는 점에서 역사적 사실로서의 지위를 인정받을 수 있다. 개별 생애사는 때로 기억자 주체에 의해 왜곡되기도 하고 불분명하게 재생된다고 해도 그 개별자의 특수한 삶의 경험을 보여주면서 동시에 전체 사회 상황의 한 속성을 보여주고 있는 것이다(Langness and Frank, 1981). 생애사 연구는 비록 구술에 의

---

[18] 구술사 연구는 거대담론 연구나 구조결정론적 시각 등을 비판하고 주체적 인간의 경험을 중시하는데 일상사 연구, 미시사 연구 등과 밀접한 관련을 맺고 있다. 지역에 대한 서술사 역시 이와 유사한 인식을 공유한다(Alonso, 1988; Allen and Montell, 1981).

[19] 한국근현대사 구술자료의 간행현황과 자료들에 대해 http://www.columbia.edu/cu/lweb/indiv/oral/를 참조할 것. 정혜경은 인간이 갖는 기억의 정확성, 기억의 선택성, 주관성, 진실성 등 구술의 한계를 우려하지만 실제로 구술자료 수집을 해보면 구술기록의 정확성이 놀라울 정도로 높다고 말한다(정혜경, 1999).

한 기억에 의존하지만, 연구자는 그 외의 다양한 자료와 또 다른 기억자 등의 교차비교나 해석을 통해 그 구술의 학술적 가치(진실/상황파악/의미)를 구현해낼 수 있다(김귀옥, 1999; 이희영, 2005; 함한희, 2000; 윤택림, 1994).

한국전쟁에 대한 기존의 논의들

제2차 세계대전 이후 세계 냉전구도 속에 한반도 분단의 영구화에 지대한 영향을 미친 한국전쟁은 그 국내외적인 충격에도 불구하고 제2차 세계대전과 베트남 전쟁에 비해 거의 '무시'되었다. 제2차 세계대전 이후 미국과 소련의 정치적 의도를 시험하는 대리전의 성격을 띠고 진행되었다고 하는 점에서 '제한된 전쟁(limited war)'이라는 명칭을 안고 있는 한국전쟁은 '잊혀진 전쟁(forgotten war)', 혹은 '알려지지 않은 전쟁(unknown war)'으로 묘사되기도 했다. 한국전쟁의 원인이나 성격에 대해서는 미소 대리전의 시각으로부터 수정주의, 통합론적 입장에 이르기까지 매우 다양한 연구들이 수행되었다.[20] 그러나 이러한 연구들도 거의가 공식의 기록물에 의존하면서 남북한과 미국, 소련 등의 정치적인 전략들을 해명하는 데 치중하고 있다. 한국전쟁에 대한 기존의 많은 연구들은 대체로 거시적, 국제적인 남북한 정치구조나 이데올로기 대립, 전쟁이 미친 영향 등에 대해 논의를 집중하고 있으나 실제로 전쟁을 경험한 주체(subject)들의 삶에 대해서는 거의 주목하지 않았다. 이러한 연구동향에 대해 비교적 최근에 학계 일각에서는 한국전쟁 연구의 새로운 장으로서 '주체'의 연구를 시도할 것을 주장한다(김동춘, 2000). 즉, 전쟁경험자들의 기억과 증언을 적극 활용하면서 전쟁 당사자들의 지역생활세계에 주목하고 있는 것이 이러한 문제의식으로부터 출발한 연구들이다(정근식, 1992).

한국전쟁기 진주 지역의 사회변동에 대한 장상환의 연구는 북한 점령기간 동안의 진주 사회를 사례로 인민위원회의 복원 및 토지개혁, 숙청 등의 내용을 담고 있다(장상환, 1996). 정진상의 연구 또한 주목할 만하다. 그는 경남 진영군의

---

[20] 대표적으로 커밍스(1986), 박명림(1996)을 보라.

두 마을을 사례로 한국전쟁 이후 농촌사회의 계급구조의 변화를 추적해보고 있는데 한국전쟁의 발발을 해방 후 국내 계급투쟁의 연장선상에서 일어난 내전, 즉 반봉건적 식민지 생산관계의 모순을 철폐하고 민주주의적 자주국가를 건설하는 과정에서 발생한 사회세력 간의 갈등이 북한의 전면전으로 폭발한 것으로 보고 있다(정진상, 1994: 104). 위 연구들은 보다 구체적으로 지역사회를 사례로 한국전쟁을 경험한 주체들의 역동성에 주목하고 있다는 점에서 기존의 거시적 정치연구와 다른 측면을 보이고 있다. 하지만 여전히 공식기록 등에 의존하고 구조의 변화에 치중함으로써 전쟁 시기 사람들이 일상에서 겪었던 갈등과 대립 그리고 이후 기억을 통한 재생에 대해서는 미흡하다.

기억의 재생을 통한 주체의 경험에 대한 기존 논의로는 충남 예산 지역의 '빨갱이 마을'에 대한 산 자들의 기억과 증언을 토대로 전쟁을 재구성하고 있는 윤택림의 연구가 대표적이다. 이 연구는 한국인의 역사적 정체성 문제가 제3자나 타자가 행하는 구조적 접근이 아니라 주체들의 역사적 경험 속에서 나오는 것이라는 인식을 깔고, 대항담론으로서 구술사의 의미를 적극 개진한 후 민중 스스로가 말하는 역사를 통해 권력과 이데올로기의 문제를 다루고 있다(윤택림, 2003).[21] 염미경 역시 전남 강진지역의 양반가문이 한국전쟁 기간 동안 겪는 생활사와 그 갈등관계, 그 결과들을 구술과 증언을 토대로 새롭게 접근해보고 있다. 그녀가 다룬 사례마을은 동족 성(性)촌으로 해남 윤씨 가문이 13대를 이어 살고 있는 곳이다. 이 가문은 일제강점기 기간에는 민족해방운동에 참여했고 해방 이후에는 좌익노선을 견지함으로써 전쟁과 함께 지역의 세력가문의 위치를 상실한 가문으로서, 염미경은 이 가문의 역사기억과 망각의 경험을 다루고 있다(염미경, 2001).[22]

---

21 일명 '시양리'로 가칭되고 있는 지역은 빨갱이 마을로 낙인찍힌 공간이다. 그 안에서 그 사람들이 본 역사해석을 추적한 후 현지 인류학자의 자기성찰 문제까지 거론하고 있다.
22 이들은 전쟁 이후 극심한 피해의식을 갖고 있음에도 불구하고 빨갱이 마을의 오명을 씻기 위해 정부정책에 더욱 협력하는 태도를 보였다. 국가권력에 의한 연좌제로 인해 많은 사람들의 사회활동이 제한되기도 했다.

한편, 박찬승은 진도의 동족마을 세등리의 연구를 통해 전쟁기 학살과정의 배후에 놓여 있는 다양한 요인들에 주목하고 있다. 그는 단순히 학살에 대한 폭로를 떠나 그 유형과 특징, 사회적 배경 등을 총체적으로 볼 것을 주장한다. 한국전쟁기 마을 호수가 110호, 인구가 약 600여 명 정도였던 세등리는 167명이 희생됨으로써 약 4분의 1이 희생되는 경험을 하게 되는데, 이렇게 극단적인 피해를 본 이유에는 동족부락 곽 씨네 일가 간의 계파 싸움, 일제강점기에 민족운동에 참여한 이들과 일제 지배에 협조한 사람들, 해방 이후 좌우익 대립으로 인한 갈등 등 복합적인 요인들이 얽혀 있음을 밝히고, 계급갈등보다는 가족 간 모순, 즉 이들 일가가 좌익, 우익, 혹은 친일, 독립운동파로 갈라지면서 서로 간의 감정과 보복에 의해 살육이 자행되었음을 보이고 있다(박찬승, 2000).

전남의 H군 대촌리에 대한 윤형숙의 연구는 위 세등리와는 달리 특별하게 계급갈등이나 좌우익 이념대립보다는 일가(一家)주의가 더 큰 영향력을 발휘했고, 전쟁 후 대촌리 사람들은 행불자들을 족보에서 제외하는 등 일부 사람들의 좌익활동에 대한 기록을 지워버리고 일족의 한 사람을 중앙정부의 정치인으로 진출시킴으로써 지역사회와 국가와의 새로운 관계를 조성하려 하고 있었다는 사실을 보여주고 있다(윤형숙, 2002).

해남의 한 마을에 대한 박정석의 연구 역시 기억을 통한 삶의 경험이라는 측면에서 한국전쟁을 바라보고 있다(박정석, 2002). 조사지인 용봉리는 전남 해안군 북쪽에 자리 잡고 있으며 순천 김씨의 양반고을로 해방 이전과 직후 사회주의 전통을 가진 사람들이 전쟁 동안 벌인 좌익활동과 그 이후 산업화시대에 그 후손들이 어떤 식으로 기억을 정리 혹은 망각해가는지를 추적해보고 있다. 그는 이 과정을 '기억해내기'와 '기억감추기'로 설명하면서 자신들의 신념을 정당화하기 위해 기억은 여러 상징들을 결합시키기도 하고, 때로 기억의 일부를 지워버림으로써 당대의 이야기는 '지금 여기'의 맥락에서 '그때 그곳'으로 의미가 재구성된다는 점을 강조한다.

지역 약사

여기서 연구하고자 하는 지역은 충남 서산군 인지면 남정리 일대로, 속칭 "안

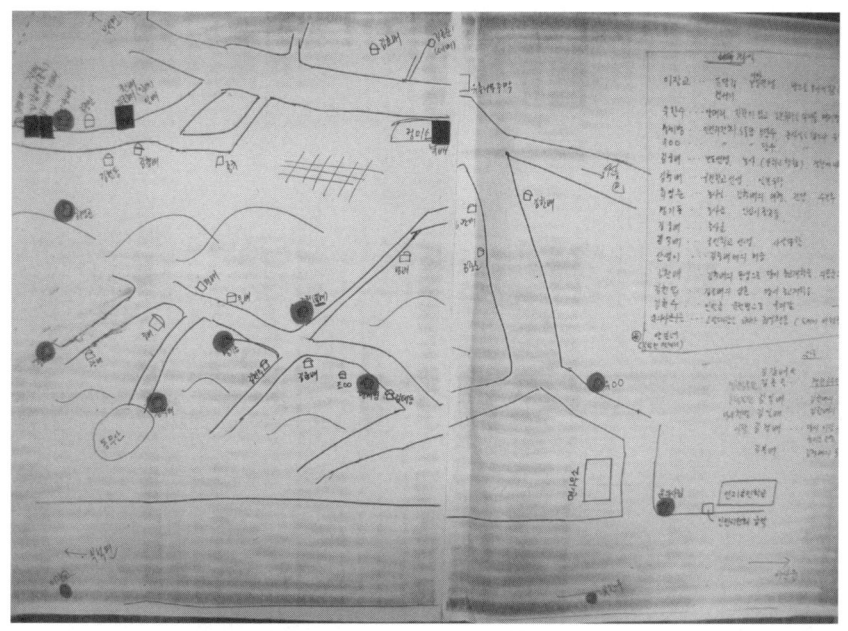

[그림 1] 한국전쟁기 남정리 마을 지도
주: 구술자의 기억에 의존하여 구술자가 그림. 동그라미 집이 좌익, 네모 집이 우익으로 지목된 집이다.

골(원주민 발음으로는 안굴)"이라고 불리는 마을이다. 이 지역을 포함하고 있는 서산 읍(邑)은 백제 때부터 중국과의 교역 중심지로서의 역할을 하고 있어 제법 큰 마을을 이루었던 것으로 보이지만 고려 때 조정에 대한 반란지역으로 지목되어 현(縣)으로 강등되었다가 조선조 다시 읍으로 부상한다(서산읍지, 1982). 남정리는 군의 읍소재지로부터 약 4~5km 떨어져 있는 산골 분지 마을로, 주로 농사일을 생업으로 하던 김해 김(金)씨 성을 가진 약 30여 가구의 사람들이 모여 살던 동족부락이다. 자세하지 않지만 족보에 의하면 임진란 때 이 마을 근처로 그의 조상이 피란을 와서 정착한 것으로 보아 16세기 초중엽 무렵 이 지역에 김씨 성의 사람들이 부족을 이룬 것으로 추정된다.[23] 그 조상의 혈통으로 소위 육

---

[23] 김해김씨경파통회보(金海金氏京派統會譜)에 보면 그의 10대조 "희회(希會)"가 "임진병화를 피해 서산으로 왔다"(壬辰兵火而避禍瑞山)라는 기록이 있다(김해김씨 종친회, 1991).

파의 자손계열이 형성되어 있는데 구술자는 이 중 세 번째 손의 지파(支派)로 남정리 안골마을에서 가장 큰 씨족 세력을 형성하고 있었다. 현재 남정리에는 구술자의 4대조의 묘부터 후손들의 묘들이 안장되어 있다. 그리고 그 지역 외곽으로는 유씨, 맹씨, 윤씨 등의 거주자들이 산재하여 살고 있다.

현재의 남정리는 도시화나 개발 등이 이루어지지 않아 그 형태는 거의 변하지 않았으나 거주인구 구성은 매우 다른 모습을 보이고 있다. 예를 들어 구술자가 태어난 집이나 분가하여 살던 집들과 이웃한 집들이 이미 헐려 있거나 밭으로 변해 있고, 당시 전쟁을 경험한 구술자 또래나 그 이상의 노인들은 마을에서 찾아볼 수가 없다. [그림 1]은 현재의 모습과는 다른 한국전쟁 당시의 마을을 구술자의 기억을 통해 그려본 것이다.

구술자 부부의 생애

생애사 구술의 주요 대상자는 김현○ 씨로 1926년 남정리에 태어나 현재 만 82세의 나이이고, 그의 처 박○순 씨는 1929년에 태어나 현재 만 79세의 나이로 남정리와 그 일대에서 63세까지 거주했고 1989년 서울에 이사와 살고 있다. 남정리에는 선산과 친족이 있는 관계로 서울에 온 이후에도 일 년에 두세 차례씩 방문을 하고 있다.[24] 당시 전쟁경험을 한 노인들은 현재 대부분 사망했거나 타지로 이사를 한 상태이고, 그의 자손들이 사는 경우도 드물다.[25] 전국적으로는 아직도 전쟁경험에 대한 구술대상자를 대면할 수 있으나 남정리 안골에 국한해 보면 구술대상자는 현재 김 씨 부부 외에는 없다고 해도 과언이 아니다. 따라서 김 씨 외의 구술자들의 기억의 경합 혹은 교차는 현실적으로 불가능한 실정이다. 이처럼 여기서 다룰 구술에 의존한 생애사의 기억은 매우 제한적이다. 그

---

24 구술자 김 씨 부부와의 인터뷰는 2006년 4월 3일, 9월 4일, 2007년 4월 2일과 9월 15일 남정리 김 씨의 부친 묘 앞에서 각각 두 시간 정도 이루어졌고, 2006년 4월부터 2007년 6월까지 부정기적으로 자택에서 이루어졌다.
25 한 분을 만날 수 있었으나(당시 83세) 병중인 데다 기억이 흐려 면담을 할 수 없었고, 2006년에 서울에서 수소문하여 좌익활동을 하던 한 분을 만났으나 인터뷰를 꺼리다가 이듬해 병으로 사망했다.

대상은 일제강점기에 태어나 한국전쟁을 경험한 한 노인부부의 개인적 체험 기억에 의존하고 있는데 이러한 개별생애사의 기억은 기존의 다른 연구나 공식자료 등을 통해 그 내용이 보충되고 확장될 것이다.[26]

구술자 김 씨와 박 씨는 소학교를 일제하에서 보냈다. 일본제국주의의 기미가요와 일본 역사 그리고 국민학교 시절에 배운 일본 노래나 일본인의 생활풍습은 그들에게 향수의 대상이 되고 있다. 그들의 기억에 의하면 일본 사람들인 교장과 몇몇 교사들은 수업시간에 긴 칼을 차고 들어오는 등 위압적이고 엄하기도 했지만, 때로는 매우 "예의바르고, 점잖은 사람들"이었다.

김 씨는 20세에 당시 16세이던 박 씨와 결혼을 하고, 해방되기 바로 전인 6월경 국민방위병 징집대상자로 인지국민학교에서 군사훈련을 받던 중 해방을 맞이한다. 해방 직후 그는 면사무소에 들렀다가 일제 앞잡이라는 이유로 면서기며 경찰공무원들이 매를 맞는 모습을 보고, "시대가 바뀌어도 세태를 타지 않을 직업을 생각하다가 의사가 되기를" 희망한다. 그러나 당시 김 씨의 가정 형편상 김 씨가 학업을 한다는 것은 불가능한 일이었다. 더구나 김 씨의 두 형은 김 씨가 농사일에 몰두하기를 바라고 있었다. 김 씨는 "소꼴을 먹이며 손에 쥐어지는 책들을 닥치는 대로" 읽었는데 당시 그의 아버지가 읽던 주역(周易)이며, 약초 이름을 기록한 한의서 등이었다. 그러나 그의 형들이 책을 빼앗아 "아궁이에 태워버리고, 잔등불 기름이 아깝다는 이유로 불을 켜지 못하게 하자" 김 씨는 담요로 창을 가려 빛이 새지 못하도록 하면서 공부를 하곤 했다.

김 씨가 처음 사회주의 사상을 접하게 된 계기는 그의 친구의 '꼬임'에 의해서였다. 김 씨의 절친한 소학교 친구였던 명제ㅇ 씨는 당시 한학에 밝고 글에 재주가 있는 명석한 두뇌의 소유자였다. 그에게 이끌려 간 곳은 약 3, 4리 떨어진 이장ㅇ 씨네 사랑방이었다. 이장ㅇ 씨는 당시 면서기로서 일본어로 된 논어를 주해할 수 있을 정도로 한학과 일본어에 능통한 사람이었다. 그 골방모임에는

---

26 물론 혹자는 구술생애사와 증언을 구분하려는 경향도 있지만 구술생애사와 구술증언의 관계는 중첩적이고 그 경계가 다소 불분명하며, 구술생애사는 증언을 포함하기도 한다. 보고 듣고 느낀 것들, 즉 체험한 것들은 모두 구술생애사의 기억의 한 요소가 된다.

국민학교 선생, 면서기, 유식자 등 이른바 그 마을의 인텔리겐치아들 예닐곱 명이 모였는데, 그의 희미한 기억에 의하면 일본어로 된 "무슨 스탈린인가 레닌인가"의 사상에 대한 인쇄물을 돌려가며 보았다.

한편, 구술자의 아내 박기○ 씨는 김 씨의 마을로부터 약 10여km 떨어진 곳에 살고 있었는데 조선 후기 몰락양반의 집안이었으나 양반 가문의 자긍심을 가진 그녀의 아버지는 이른바 개화신사였다고 한다. "허리춤에 하모니카를 차고 선글라스를 끼고, 유람을 즐겼으나 술이 과하여 급성맹장염으로 세상을 하직"했다. 그녀는 동네 아주머니의 중매로 얼굴도 모르는 김 씨에게 열여섯의 나이에 시집을 오게 되었는데, 당시 일제강점기에 취업을 미끼로 처녀들을 정신대에 보내는 경우가 많아 소학교만 졸업하면 바로 결혼을 시키는 것이 유행이었다. 그녀가 보기에 김 씨의 집안은 "먹고살만은 했으나 형편없는 상놈" 집안이었고, 손에 물 한번 묻혀보지 않았던 그녀의 시집살이는 "호되기 그지없었다". 하지만 그녀가 가장 안타까웠던 것은 그렇게 공부를 하고 싶어 하는 남편이 "죽어라 일만 해야 하는" 상황이었다. 그래서 그녀는 남편을 도회지로 나가 공부를 하라고 압박했고, 김 씨는 새벽녘에 아무도 몰래 집을 도망쳐 나온다. '똑딱선'을 타고 인천항에 내린 김 씨는 단칸방에 사는 친척을 찾아 며칠 몸을 의탁한 후, 고향에서 익힌 한의학 지식을 활용할 요량으로 한의원을 방문하여 종업원으로 써줄 것을 부탁한다. 마침내 한 노인 한의사로부터 조선매약주식회사의 약제사로 소개를 받아 취업을 하게 되어 월급으로 "쌀 서 말을 받으면서" 생활하다가 한의학 공부를 위해 서울에 올라와 미아리 근처에 전세를 살면서 고향에서 아내 박 씨와 자녀들을 올라오게 한다. "한겨울에도 여름바지를 몇 개씩 껴입고, 살을 에는 추위와 빠듯한 생활비로 고생을 하면서도" 그는 주간에는 회사에서 일하고 야간 전문학원에서 한의학을 공부하면서 한의사 고시를 준비하고 있었다. 그러던 중 한국전쟁을 만나게 된다. 아내 박 씨에 의하면 이른 아침 밥상이 흔들리며 무언가 심상치 않은 일이 발생하고 있음을 감지할 수 있었는데 라디오를 틀어보니 북한군이 삼팔선을 넘어 쳐들어오고 있는데 이승만 대통령이 곧 북한군 격퇴와 북진을 명령하여 국방군이 잘 막고 있다는 뉴스가 흘러나올 뿐이었다. 그러나 포격소리가 계속 가까워지고 집안이 흔들리자 이에 위협을 느낀 박 씨가 짐을 챙겨 피난길을 재촉한다. 이제 막 한의학 공부의 기초를 닦고 있던 김 씨는 인생의 아까운 기회가 소멸될 것 같은 아쉬움에 피난을 반대했지만 아내 박 씨의 "성화에 못 이겨" 두 살배기 딸을 업고 피난길에 나섰고 그들이 한강다리를 건너 김포쯤에 이르렀을 때 한강다리가 폭파된다.[27]

그들은 시흥, 수원을 지나며 밤낮을 걷는데, 먹을 것이 없어 시골 한적한 마을에서 끼니를 구걸하게 된다. 마침 시골의 한 노인이 막 제사를 지냈다며 "춘궁기에 무슨 밥이 있겠는가, 하지만 애 엄마가 젖이라도 나와야 할 것이니" 하면서 끈적거리는 보리밥 덩어리를 주면서, 지금은 폐로(閉路)가 되었지만 "옛날부터 한양 과거 길이 하나 있으니 그리로 가면 당진으로 가는 배를 탈수 있을" 것이라고 지름길을 알려준다.[28] 나루터에 도착하자 한국군 패잔 경찰병을 실은 배 한 척이 막 출발하고 있었다. 김 씨가 윗옷을 벗어 흔들며 고함을 치자 배가 돌아와 그들 일행을 싣고 당진에 도착하게 된다. 다시 하루를 꼬박 걸어 고향에 돌아오게 되었고, 고향에 도착하자마자 곧 등에 업었던 당시 두 살짜리 아이가 죽어 있음을 알게 되었다. 그리고 이미 마을은 좌익들에 의해 '접수'되어 있었다. 그 마을을 새로 접수하고 통치하게 된 좌익들은 바로 김 씨가 마을을 떠나기 전 이장○ 씨네 집 사랑방에서 학습을 하던 사람들이었다.

남정리 마을의 좌우익 대립과 갈등

'빨갱이'가 된 사람들

김 씨 일행이 고향에 도착했을 때 마을은 이미 "좌익들의 손에 넘어가 있었다". 그들은 대부분 김 씨가 마을을 떠나기 전 이장○ 씨의 집 사랑방에 모여 이른바 학습을 하던 사람들이었다. 유 모 씨가 인민군 당수직을, 그리고 바로 김

---

27 "테레비에서 보면, 비행기가 쌩 하고 왔다가 드르륵 총 쏘고 가잖여. 똑같아. 와서 드르륵 총 쏘면 모두들 논두렁이고 어디고 그냥 엎드리는데 일어나보면 옆에 피투성이 시체가 있고, 여기저기, 가족 찾는 소리에, 신음소리에······ 아휴, 지옥도 그런 지옥이 없어"(박 씨).
28 김 씨는 그 길이 아마 지금의 발안 근처일 것이라고 생각하고 있다.

씨를 학습장으로 소개했던 명제○ 씨가 부당수직을 맡고 있었다.[29] 당시 좌익 활동을 주도했던 사람들을 알아보자. 이장○ 씨는 구술자의 마을에서 십 리 정도 떨어진 타동 사람으로 면서기를 지내고 있던 유식자층으로 '의식화'를 주도했다. 구술자는 이장○ 씨를 해방 이후 바로 좌익 활동을 하던 사람으로서 보도연맹 소속인 것으로 기억하고 있다.[30] 구술자 김 씨와 가장 가까운 사이였던 명제○ 씨는 인민위원회 부당수로서 단순히 농사일에 종사하고 있었지만 한학에 조예가 깊고 글씨를 잘 쓰는 유식자로서 인정받고 있었으며 중농 출신이었다. 유○○ 씨 역시 농사일에 종사하고 있었으나 비교적 부농 출신의 유식자였으며, 인민위원회 당수 역할을 담당했다.[31] 김공○ 씨는 단순히 중하층의 농사꾼으로 "순하고 착한" 사람이었으나, 보도연맹에 속해 있어 한국전쟁이 발발하자 후퇴하는 경찰에 의해 바로 사살당했다.

김혁○ 씨는 구술자 김씨에게 매우 중요한 인물이다. 그는 바로 김씨 집안 4대 조 조상으로부터 내려오는 장손으로 당시 안골 김씨 가(家)를 대표하는 인물이었다. 그는 일본 철도청 학교를 유학한 후 돌아와 면 소재의 국민학교에서 교사를 하고 있었다. 최영○ 씨는 김혁○ 씨의 매형으로 농사일에 종사하고 있었으나 좌익활동을 하다가 수복 후 국방군에 의해 사살된다. '빨갱이'가 된 사람들 중 명기○ 씨는 중농의 농사꾼이었고, 김웅○ 씨는 가난한 농사꾼이었다. 김억○ 씨는 상대적으로 중상층 출신이었으며, 국민학교 선생을 하고 있던 중 좌익 활동에 가담했고 수복 후 역시 사살당했다. 김환○ 씨는 김혁○ 씨의 동생으로

---

29 북한 점령군은 인민정권의 수립을 위해 인민위원회를 복구했는데 군 인민위원회 인민위원은 21~51명, 면 인민위원은 15~25명, 리(동) 인민위원은 5~7명으로 정했고, 군과 면 인민위원들은 군과 면 대표자 회의에서, 리(동) 인민위원은 리(동)총회에서 선출하도록 했다. 이리하여 1950년 7월 15일부터 9월 13일까지 남한점령지역에 인민위원회 선거가 실시되어 리(동)인민위원 7만 7716명, 면 인민위원 2만 2314명, 군 인민위원 3876명을 선출했고 89.5%가 농민, 5.1%가 노동자였다(장상환, 1996: 103). 이에 대해 김주환(1990), 장미승(1990)을 볼 것.
30 이장○ 씨는 구술자와는 타동에 살고 있어 그리 친밀한 관계는 아니었다.
31 구술자는 유한○ 씨에 대해 많은 정보를 가지고 있지는 않았다. 그 역시 타동 출신이며 동족 성씨가 아니기 때문이다.

[표 6] 안골마을의 좌익 사람들

성명	인적사항	생사 여부	생활수준
이장ㅇ	둔당리, 보도연맹, 방으로 모이게 함(의식화 주도), 면서기	?	중상
명제ㅇ	인민위원회 노동당 부당수, 농사일을 했으나 유식자	ㅇ	중
유ㅇㅇ	인민위원회 당수, 농사일을 했으나 유식자	?	중상
김공ㅇ	보도연맹, 농사(순하고 착함), 경찰에 의해 사살	×	중
김혁ㅇ	초등학교 선생, 일본 유학	ㅇ	중상
최영ㅇ	농사일. 김혁ㅇ의 매형, 건달, 수복 후 사살	×	중
명기ㅇ	농사꾼, 인심이 좋았음	×	중
김웅ㅇ	농사꾼	ㅇ	하
김억ㅇ	초등학교 선생, 사살당함	×	중
산생이	김중ㅇ의 머슴	ㅇ	머슴
김환ㅇ	김혁ㅇ의 동생으로 당시 농고 재학 중 의용군으로 행불	?	
김현ㅇ	김을ㅇ의 삼촌, 당시 농고 재학 중 의용군으로 행불	?	
김현ㅇ	인민군 운전병으로 끌려감	?	
윤ㅇㅇ	소방대장을 하다가 좌익활동	?	상

주: 생활수준의 상중하는 객관적 지표가 아니라 구술자의 판단. 구술자가 부자이거나 잘살았다고 판단하는 경우 대부분 이들이 지주나 대부농은 아니기 때문에 중상으로 표기. 상의 경우 부자이면서 당시 유지였음을 뜻함.

당시 농업고등학교에 재학 중이었으나 북한 의용군으로 차출되어 전쟁터로 나간 후 행방불명이 되었고, 김현ㅇ(1) 씨 역시 당시 농업고등학교에 재학 중이었으나 김환ㅇ 씨와 마찬가지로 북한 의용군이 되어 전쟁에 참여했다가 행방불명이 되었다. 김현ㅇ(2) 씨는 인민군 운전병으로 부역했고, 수복 후 국방군에 의해 사살되었다. 윤 의사 큰아들로 불리는 윤ㅇㅇ 씨는 해방 이후에는 지역 유지로서 소방대장을 하다가 "갑자기" 좌익활동을 한 자로서 점령기간 동안 구술자 김 씨에게 여행증명서를 발급해주는 등 "은혜를 베풀기도 했는데" 매우 활발하게 인민위원회의 간부 활동을 하다가 월북한다. 이 밖에 "산생이"라 불리는 김 씨네의 머슴이 있었는데, 점령기간 동안 인민위원회 소속으로 활동하다가 행방불명이 되었다.

그렇다면 이들은 왜 '좌익분자'가 되었을까? 이들 중 현재 생존자는 아무도 없어 직접적인 인터뷰나 참여관찰을 할 수 없기 때문에 구술자 김 씨의 판단에 의존할 수밖에 없다. 그의 판단에 의하면 좌익활동가들은 대략 세 부류로 나뉘는데 비교적 학식이 높은 국민학교 교사나 면서기, 유식자들 중의 일부처럼 사회주의 사상 자체에 동조하여 좌익이 된 사람들, 혼란기를 틈타 새 권력층으로 상승이동하려는 권력욕이 작용하여 좌익이 되었던 사람들, "단순히 꾐에 빠졌거나 부화뇌동"하는 자들로서 "뭣도 모르고 좌익이 되었던" 사람들이다.32

반동분자가 된 사람들

그렇다면 좌익으로부터 척결대상이 되었던 '우익반동분자'는 누구였는가? 우선 김경O 씨네 일가가 대표적인 우익집안으로 분류되었다. 김경O 씨는 당시 마을의 이장으로 정미소를 운영하는 등 상대적 부농층에 속해 있었는데 한국전쟁 발발 이후 좌익이 마을을 접수한 후 바로 마을 사람들에 의해 둘러싸인 채 인민재판을 받은 후 사살되었다. 그의 동생 김복O 씨 역시 우익으로 몰려 총을 맞았으나 부상을 당한 채로 살아남는다. 김갑O 씨의 아들 김종O 씨는 경찰관으로 인민군에 잡혀 사살되었다. 그리고 당시 군청직원이었던 김익O 씨 역시 우익인사로 낙인찍혀 사살당했다. 이처럼 좌익 사람들에 의해 우익반동분자로 몰려 사살당하는 사람들은 대개 이장이나, 경찰, 군직원 등과 같이 당시 한국정부의 하급기관에서 일하던, 상대적으로 그 마을의 중상층 부농들이었다.

[표 7] 안골마을의 우익 사람들

성명	인적사항	생사 여부	생활수준
김종O	경찰공무원, 인민군에 의해 사살	×	중상
김익O	김권O의 동생으로 군청 직원, 인민군에 의해 사살	×	중상
김일O	김권O의 동생으로 당시 헌병	O	중상
김경O	당시 이장으로 인민군에 의해 사살, 정미소 운영	×	상
김복O	김경O의 동생	O	상

---

32 구술자 김 씨가 보기에 이장O, 명제O, 유한O, 김억O 씨 등은 사회주의 사상에 물들어 그 사상적 행위동기가 강했고, 김혁O, 최영O, 윤 의사 아들 등은 새로운 권력의 기회로 사회주의를 이용했으며, 산생이나 김웅O 씨 등은 단순가담자로 분류될 수 있다.

살상과 복수

한국전쟁이 발발하고 마을의 첫 희생자는 보도연맹 소속의 사람들이었다. 경찰은 보도연맹에 소속되어 있던 좌익 사람들을 처형하고 퇴각하는데 남정리 보도연맹 소속이었던 김공○ 씨와 김억○ 씨 등은 한국전쟁 발발 이후 경찰에 의해 바로 사살되었다. 국민보도연맹은 좌익성향 인사들 가운데 사안이 경미하거나 남로당에서 탈당, 전향한 사람들을 모아 사상을 교화하고 대한민국 국민으로 보호, 지도한다는 명목으로 1949년 6월 5일경에 결성되었다. 이들은 남한의 단독선거에 반대하거나 대한민국의 정통성을 부인하는 집단 및 결사의 구성원이었다가 전향한 사람들로 남로당원은 물론이고 노동조합전국평의회, 인민위원회, 민주주주의 민족전선, 조선민주애국청년동맹 등 남로당 외곽단체 심지어 일부 한독당원도 포함되어 있었다.[33] 그 숫자는 대략 30~35만 명가량이었지만 실제로 좌익활동과 관계없는 일반인들까지도 경찰의 숫자 맞추기에 의해 가입되기도 했다.[34] 한 보고에 의하면 80% 정도가 좌익과는 상관없는 일반 민간인들로 추정되고 있으며 이승만 정권은 한국전쟁이 발발하자 바로 국민보도연맹원들을 학살하도록 명령했다(≪한겨레21≫, 2001. 6. 28; 조현연, 2000). 한국전쟁이 발발하고 국군이 후퇴하면서 보도연맹 소속의 사람들이 바로 처형되는데, 이러한 일은 전국 각지에서 일반적으로 발생하고 있었다. ≪말≫지는 그 한 예를 다음과 같이 기록하고 있다.

전쟁이 터지면서 국군은 후퇴했다. 7월 12일경 경북 문경군 호계면 별암리 큰 동네인 '자리바우'와 작은 마을인 '주평'으로 나뉘어져 있었다. 전쟁이 났다는 소리

---

[33] 보도연맹의 강령은 다음과 같다. "오등은 대한민국 정부를 절대지지 육성을 기함. 오등은 북한 괴뢰정권을 절대 반대타도를 기함. 오등은 인류의 자유와 민족성을 무시하는 공산주의 사상을 배격 분쇄를 기함. 오등은 이론무장을 강화하여 남북로당의 멸족파괴정책을 폭로 분쇄를 기함. 오등은 민족진영 각 정당사회단체와는 보조를 일치하여 총력 결집을 기함." 참고로 해방 후 양민학살에 대해서는 김상웅(1996) 참조.
[34] 일제 때 일경이 독립운동가들을 처형하거나 사형시키기 위해 공산주의자로 만든 리스트에 오른 사람들을 해방 후 보도연맹으로 묶는 바람에 오히려 이들을 좌익으로 만들어버렸다(박정석, 2002).

를 들었지만 평상시와 다름없이 농사를 짓고 있었다. 연맹원을 소집하는 비상종이 울렸고, 일하던 옷차림으로 모여들었다. 지서에서 트럭을 대놓고 이들을 태워 호계면 지서로 데리고 갔다. 다음 날 문경경찰서 본서로 옮겨졌다. 이들은 집단 학살을 당한다. 이때 주평앞산(일명 말무덤 고개)에서 죽은 사람들은 약 200명으로 주로 점촌에서 거물급에 속하는 사람들이었다. 별암리 주민을 포함한 호계면 사람들은 7월 16일경 문경군 영순면 포내 마을 뒤 야산에서 죽었는데 약 300여 명, 별암리에서만 약 100여 명이 죽었다(≪말≫, 1988년 12월).[35]

또한 강진지역 연구도 이와 비슷한 현상이 있었음을 보여주고 있다. 강진지역의 항일운동 주도자들은 대부분 전통적인 양반가문 출신이었는데, 대표적인 가문이 해주 오씨 가문과 해남 윤씨 가문이었다. 윤씨 가문과는 달리 오씨 가문은 좌익활동에 참여하지 않았고, 이로 인해 강진지역에서 대표적인 유지세력으로 남을 수 있었다. 해남 윤씨의 집성촌이었기 때문에 마을 주민 간에 밀접한 유대관계가 있어(유향소라든가 대동계가 존재) 마을 사람 대다수가 좌익활동에 참여했고, 전쟁 발발 전후 당시 마을 사람들은 집단 학살을 당해야 했다. 우선 국민보도연맹 가입자들이 우익 경찰에 의해 처형되었는데 공산부락 혹은 '공산당의 못자리'라는 이유로 청년 50여 명이 집단 학살을 당하기도 했다(염미경, 2001: 239).[36]

남정리 안골마을에도 2명의 보도연맹 소속 사람들이 있었고 이들은 한국전쟁 발발 이후 전국적으로 벌어진 상황과 마찬가지로 바로 처형을 당했다. 구술

---

[35] 국민보도연맹 학살은 이른바 침묵의 역사로 불리기도 한다. 이에 대해서는 한지희(1996), 강지웅 외(2006)를 볼 것.
[36] 박찬승의 조사연구 역시 보도연맹 학살을 보여준다. 7월 24일 군수와 경찰서장과 관리들이 철수하는데 이때 7월 중순 경찰서에 구금해두었던 보도연맹 관계자 10여 명을 경비정으로 실어 서해상으로 나가 처형한다(박찬승, 2000: 289). 정진상의 연구도 이를 뒷받침하고 있다. "수곡면 전체에서 보도연맹으로 등록된 사람은 대략 한 개 부락에 5~6명 되었다. 수곡면에는 6개 리 25개 부락이 있는데 대략 150명 정도가 보도연맹원으로 등록되어 있었던 것으로 추정된다. 이 중 40~50명 정도가 학살되었다. 보도연맹으로 희생된 사람들이 물론 모두 좌익활동가였던 것은 아니다. "실제로 활동하던 사람은 피하거나 해서 화를 면하고 어리숙한 사람들만 당했다"(정진상, 1994: 119).

자 김 씨는 김공○ 씨는 "매우 착하고 순진한" 농군으로서 별다른 좌익활동을 하던 사람은 아니었고 김억○ 씨는 국민학교 교사로 사회주의 활동을 했을 가능성이 농후한 사람이었다고 기억한다.

보도연맹으로 낙인찍힌 좌익들을 처형한 후 경찰이 철수하자 이번에는 좌익세력들이 소위 우익반동분자를 처형하고, 다시 국방군이 마을을 탈환하면서 재차 좌익에 대한 살상이 벌어진다. 인민위원회는 친미분자, 민족반역자, 친일분자 등 소위 반동분자들을 색출하여 체포, 처형했으나 공식기구를 통하지 않은 감정적 보복 차원의 숙청도 많이 이루어져 이 원한으로 보복이 뒤따르게 되었다. 남해군 창선면에서는 보도연맹원 유가족 70여 명이 감금 중인 경찰 4명을 뒷산으로 끌고 가 살해하는 등 이러한 사건들이 많이 있었다(장상환, 1996). 세등리에서도 정확한 날짜는 알 수 없지만 인민군이 철수하면서 세등리 주변의 우익 가족 73명을 용수골에 끌고 가 한꺼번에 처형했다. 이들 대부분은 경찰 가족, 한국청년단원 가족, 대한독립촉성국민회, 일제 때 면장을 지낸 이들의 가족, 당사자뿐 아니라 부모, 형제, 처자에까지 미치고 있었다.[37] 진도군지에 보면 9월 인민군이 철수했다가 10월 2일 인민군이 다시 들어오고 도내 우익에 대한 살육이 벌어졌으며, 10월 5일 경찰이 다시 진도를 탈환하자 부역자 일부가 섬 밖으로 도망을 가고 경찰의 폭도 토벌과 부역자 처형이 이루어진다(박찬승, 2000: 231).

해남 연구도 이러한 좌우익의 상호간 살상을 보여주고 있다. 한국전쟁 이후 보도연맹 리스트에 올라 있던 젊은이들 몇 명이 사살되는데 "인민군이 내려오기 전에 해남군 행정기관원과 경찰들이 피난을 가버리고 오갈 데 없는 사람들만이 남아 살기 위해 어쩔 수 없이 만세를 불렀는데 이들이 부역자로 몰려 피해를 보았다. 인민위원회가 장악하자 우익에 대한 테러가 되었다. 특히 보도연맹으로 사살된 좌익 가족들이 우익에 대해 보복하고, 좌익세력들의 부인들로 구성된 '호미부대'가 있어 마을마다 몰려다니며 반동분자를 처형하자는 구호를 외

---

[37] 한국청년단은 해방 후 우익계의 청년단체였고, 대한독립촉성국민회의는 1946년 민족주의 정당으로 구성되었던 국민운동 추진단체로서 이승만의 독립촉성중앙협의회와 김구의 신탁통치반대 국민총동원위원회가 결합하여 발족되었다.

치기도 했다. 그러나 경찰이 재진입하면서 이제는 다시 좌익들과 부역자들을 처단했다"(박정석, 2002).

　이러한 상황은 남정리 안골에서도 비슷하게 일어났다. 평소에 서로 안면이 있는 친구지간이거나 특히 김씨 동족촌으로 일가친척의 관계에 있었음에도 불구하고 좌익과 우익으로 갈라진 그들은 서로에 대한 "끔찍한" 보복을 단행했다. 보도연맹의 좌익들이 처형을 당한 후 좌익이 마을을 장악하자 위에서 열거한 이른바 '우익반동분자'에 대한 처형이 시작되었다. 그들은 맨 먼저 지역 유지로서 이장직을 맡고 있던 김경○ 씨를 면사무소로 끌고 가 인민재판 후 처형한다. 그의 동생 김복○ 씨 역시 구타를 당한 후 저수지의 총살현장에서 "극적으로" 살아남아 밤중에 구술자 김 씨의 방문을 두드리며 도움을 요청하기도 했다. 군청 직원이었던 김익○ 씨나 경찰공무원이었던 김종○ 씨 등 역시 좌익에 의해 사살되었다. 당시 15리 정도 떨어진 '메주골' 저수지가 좌익들을 처형하는 총살장소였다면 양대리 저수지는 소위 반동분자들에 대한 총살장소였다. 이어 다시 국방군이 마을을 점령하게 되자 이번에는 우익들의 '복수'가 시작되어 좌익활동을 하던 최영○ 씨, 인민군 운전병으로 부역했던 김현○ 등이 총살된다.

　구술자 김 씨에 의하면 당시 이장을 보고 있던 김경○ 씨의 경우 "둥근 나무대기를 정강이 사이에 끼워놓고, 무릎을 꿇린 다음 발로 밟는" 고문을 가한 후 양대리 저수지에 끌고 가 총살을 시킨다. 이번에는 좌익에 의해 우익분자로 낙인찍혀 고문 후 총살을 당했던 이장 김경○ 씨의 동생 김복○(그는 총살 현장에서 구사일생으로 살아남았다) 씨는 좌익활동을 했거나 부역한 자들을 "형님의 원수를 갚는다며 동네 마을 정자나무 밑에 불러다 놓고, 살이 패이다 못해 뼈가 다 보일 정도로 곡괭이 자루로 폭행을 하기도 했다".

　구술자 김 씨네 마을과 접경하고 있는 부○면 월계리에는 좌익활동을 하다가 바로 국방군에 의해 사살된 조 아무개 씨의 부인 양봉○ 씨가 살고 있었는데 그녀는 좌익이 마을을 점령하자 "남편의 원수를 갚겠다. 옛날부터 여필종부라" 하였다며, 대나무로 창살을 만들어 우익 사람들의 가족을 "찌르고" 다녔다. 수복 후 이번에는 우익 가족들이 복수를 한다면서, "그녀를 새끼줄로 묶은 후 마을 시장통을 돌게 하면서 돌을 던지고 구타를 해 초죽음을 만들어 마을 시장에서 멀리 떨어져 읍내로 가는 고갯길에 내던져 버렸다". 동네 사람들은 그 고개를 "양봉○ 고개라 불렀고, 비가 오는 날에는 특히 그 귀신이 나온다 하여 발걸음을 삼갔다".

기억의 고착과 재생

기억 고착과 반공규율에 대한 동의

한국전쟁기 평범했던 농촌 지역의 한 마을에도 좌우익 대립으로 심한 갈등이 벌어지고 있었다. 세월이 흐르면서 보복의 갈등은 점차 사라지고 마을 사람들은 외면적으로는 이웃관계를 회복하게 된다.[38] 당시 마을 사람들은 이념보다는 '인심'이나 '혈연' 등의 관계에 따라 서로를 보복하기도 하고, 감싸기도 했다. 좌익에 대한 구술자들의 인지는 전반적으로는 부정적으로 각인되어 있으면서도 개인에 따라 다소간의 차이를 보인다. 예를 들어 전쟁기에 구술자를 도와주었던 명제○ 씨에게 구술자는 전쟁 후 그가 병이 들었을 때 돈을 빌려주기도 하고 경찰에서 유리한 증언을 해주기도 한다. 남정리 마을의 인민위원회 부당수였던 명제○ 씨는 개인적인 친분관계를 통해 구술자 김 씨의 생존에 결정적 역할을 하고 있었다. 즉, 북한 의용군 차출과정에서 구술자 김 씨를 "구해내는" 역할을 한 것이다.

> 아, 어느 날인가, 젊은 청년들을 국민학교 강당에 다 집합시키더라고. 무슨 인민위원회원인가가…… 아, 그런데 혁○ 그놈이 빨간 완장을 차고 무슨 연설을 하고 있더라고…… 인원을 점검하고 있는데 갑자기 문이 드르륵 열리면서 인민위원회 부당수인 명제○이가 "김현○, 너 이 새끼 이리 나와" 하고 큰소리로 외치더라고. 아, 저 친구가…… 내가 그때 이장○ 씨네 사랑방에 모여 학습을 하다가 혼자 인천

---

[38] 당시에는 좌익활동하던 사람들은 마을을 떠날 수밖에 없었다고 한다. "우익이야 떳떳하게 살았지만" 그들은 대개 마을을 떠났다. 김혁○ 씨는 혈통의 장손이라는 이유로 마을 사람들은 그를 보호할 수밖에 없었다.

으로 공부하겠다고 도망갔다고 해서 배신자로 생각하는 모양이구나. 이제 죽었구나 싶어 그 친구 사무실로 끌려 나갔지. 헌데 그 친구가 주위를 둘러보더니 "야, 너 저 자리가 어떤 자리인 줄 알어? 저 자리는 인민의용군 뽑는 자리야. 그런데 끌려가면 다 죽어. 저기 내가 이거 줄 테니 우선 실컷 먹고, 한 이삼일 어디 무인도 같은 데 가서 숨어 있다 지내와" 하더라구.[39]

김 씨는 명제○ 씨의 손에 이끌려 식당에 가 "삶은 돼지고기를 실컷 얻어먹고" 집에 돌아와 "미숫가루를 준비, 형님과 함께 무인도로 가서 이틀 밤을 지새워" 의용군 징집을 피하게 된다. 오늘날에도 김 씨는 명제○ 씨를 생명의 은인으로 생각하고 있다.[40] 이처럼 좌익활동을 한 사람들이라 하더라도 수복 후에 모두 복수의 대상으로 처단하려 했던 것은 아니었다. 그들이 처형한 사람들은 좌익활동을 하던 사람들 중에서도 "민심을 잃었거나 죄질이 아주 나쁜 사람들"이었다. 명제○ 씨와 달리 최영○같이 평소에도 건달로 소문나 있거나 민심을 잃은 사람들은 수복 후 바로 마을 사람들에 의해 잡혀 곧바로 복수를 당하거나 처형된다.

구술자 김 씨는 명제○와 달리 그의 가까운 친척이었던 김혁○ 씨에게는 매우 적대적인 감정을 갖고 있다. 그가 종손이었기 때문에 그를 구명하는 데 일조하긴 하지만 김씨 가문의 종손이 마을에서 매우 핵심적인 좌익활동을 했다는 데 대해 분개한다. 김씨 일가의 장손인 김혁○ 씨는 마을 사람들로부터도 인심을 잃고 있었으나 남정리의 '어른'이던 김 씨 아버지가 '장손을 살리라'는 혈족의 명분을 내세움으로써 대개가 일가친척으로 구성되었던 안골 사람들은 그를 살려주게 된다. 구술자 김 씨의 아내 박 씨는 일제 때 공출을 피하기 위해 제사 그

---

39 인민군들은 전세가 불리해지자 민청원(1946년 결성된 좌익계열의 청년단체. 민주청년동맹)에서 의용군을 모집하기도 했는데 전국적으로 40만 정도에 이른다. 이 중 병사로 전선에 보내진 사람은 6만~12만, 나머지 30여만 명은 수송인부나 철도, 도로 보수인부로 동원되었다(장상환, 1996: 109).
40 수복 후 김 씨는 명제○ 씨를 도와준다. 폐병에 걸린 명 씨에게 약과 주사를 놓아주고, 돈을 꾸어주기도 했다. 대서소 일과 도장을 파는 일로 근근이 생활하던 명 씨는 1960년대에 생활고를 비관해 자살한다.

룻 등을 숨겨놓은 뒤뜰의 굴에 그를 숨기고, "새끼줄에 주먹밥을 매달아 전달" 해주기도 했고, 후에는 초가집 지붕에 짚을 한 더미 더 얹고 거기에 공간을 내어 그를 숨기기도 했다. "어느 날 경찰이 들이닥쳐 총검으로 지붕이며 다락 등을 찌르면서 그를 내놓으라고 협박을 하는 와중에도" 김 씨 아내는 그가 도망을 갔다며 숨겨주었다. 훗날 그는 경찰에 자수를 하는데 "피가 튀도록 얻어맞았다"고 한다. 그는 이후에도 술이 취하면 공산주의 운운 하며 떠들곤 했으나, 동네 사람들로부터 따돌림을 받아왔고 부천으로 이사와 생을 마감했다.

구술자 김 씨는 비록 아버지의 명령으로 장손의 혈통인 김혁ㅇ 씨를 숨기는 것을 도와주기는 했으나 그에 대한 기억은 매우 좋지 않다. "거들먹거리며 예의가 없는" 그는 "부화뇌동하여 이리저리 동네사람들을 괴롭히고", "심지어 일가를 처단하는 데 앞장서기도 했으며" "의용군 자진 입대를 강요하는 연설을 하고, 동생들을 북한 의용군으로 내보내는 등" "못된 좌익활동"을 하던 사람이었다.

이렇듯 구술자는 개인의 친분이나 평가에 따라 좌익들을 다양하게 판단하면서도 전체적으로는 모두 부정적인 내용으로 범주화하고 있다. 먼저 유식자층은 "그럴듯한 이념"을 좇아 행동했고 인품도 있었으나 "비현실적인 사람들"이었으며, 다음으로 "권력이나 남의 재산을 탐내던 건달 같은 사람들"은 "두렵고, 공포스러우며 냉혹한 데다가 음모술수에 밝은 사람들"이었고, 끝으로 "아무것도 모르고 부화뇌동하는 사람들"은 "무식"하다고 평가한다.

이렇게 낙인찍힌 좌익에 대한 고착기억은 전쟁기 그들의 경험으로부터 도출된다.[41] 좌익이 비현실적이라는 인지는 구술자와 각별한 친분이 있었던 몇몇 유식자들에 대한 평가로부터 나오고, 공포와 두려움의 경험은 앞에서 언급한 마을이장에 대한 인민재판과 고문 그리고 선동으로 위협하는 행위들로부터 나온다. "밤이면 좌익패거리들이 꽹과리와 북을 치며, 동네를 돌다가 어느 집 뒤란에 멈추어 서면 그는 영락없이 다음날 인민재판을 받을까봐 공포에 떨어야"

---

41 더구나 구술자 김 씨 부부는 전쟁으로 인해 매우 힘거운 피난살이를 해야 했고 몇 차례의 폭격을 경험했으며 결국 당시 두 살이던 자식을 잃고, 피난 후 고향에서 겪은 좌익의 폭력에 대한 부정적 인지는 중층적으로 쌓여 있다.

했다. 김 씨네의 경우 20여 미터 떨어진 형님 집 대나무 숲 울타리 뒤뜰에서 그들이 꽹과리를 치며 고함을 치고 지나치곤 했는데 그 소리가 들릴 때마다 혹 내일 인민재판에 출두하라는 명령을 받을까 봐 공포에 휩싸이기도 했다. 그들은 대나무 창을 만들어 어깨에 메고 "거들먹거리고 다니면서" 동네 사람들을 위협했고, 밤이 되면 젊은이들을 모아 노무대를 조직하여 반공호를 파게 했다. 그리고 마을 사람들을 동네 마당에 모아놓고 "날아가는 까마귀야, 시체보고 웃지 마라……(더 이상 기억 못함)"라는 노래를 부르게 하고 "인민군 만세"를 외치게 했다.

김 씨 부부에게 좌익들의 냉혈성을 보여주는 상징적인 모습은 낱알 세기 등의 세금징수 행위였다. 특히 농작물에 대한 세금징수를 위해 벼나 곡식의 낱알을 일일이 세어간 좌익들의 행위는 구술자 김 씨에게 "냉혈적이고 지독한" 사람들로 비쳐졌다. 김 씨의 기억에 의하면 "그들은 목화밭 한가운데에 들어가 한 평을 잰 후 목화송이를 센 다음 전체 평수를 계산해서 세금을 징수하기도" 했다.

구술자들에게 그의 재산을 빼앗으려는 좌익들의 행위는 음모로 비쳐지고, 꼬임에 빠진 이들의 행위는 무지로 비쳐진다. 당시 하층 출신이면서 좌익활동을 하던 김웅○ 씨는 "공연히 부화뇌동하여 좌익 사람들과 몰려다니다가 구술자 김 씨네의 논 다섯 마지기를 차지하려는 계략을 꾸민 사람"으로, 그리고 머슴이었던 '산생이'는 구술자 김 씨네의 "안방을 차지하려고 호시탐탐 때를 노리고 있었던 무식한 사람"으로 규정한다. 물론 이들의 시도가 성공한 것은 아니다. 바로 북한군이 철수했기 때문인데, 구술자 김 씨는 그들이 "자기들의 천하가 온 것으로 착각했다"고 보고 있다.

전쟁 이후 극단적인 반공규율국가의 출현은 김 씨 부부로 하여금 더욱 좌익에 대한 부정적 기억을 강화시킨다. 해방 이후 남북분단의 이질적 체제 속에서 반공이 국시(國是)로 등장하여 규율하는 사회로 진입했고 한국전쟁은 이러한 반공규율을 삶의 경험 속에서 체화하는 계기가 되었다. 전쟁 후 국가는 더욱더 강력한 반공국가 기제를 동원했고, 1960년대 산업화 시절의 권위주의 정권에서는 국가의 반공규율이 반공전시체제로부터 반공병영사회, 즉 반공을 기초로 발전주의와 결합하는 형태를 거쳐 더욱 강화되었다(김정훈·조희연, 2003). 국가의 처벌은 물론 철저하게 국가보안법이라는 국가의 법적 장치를 통해 이루어지고,

반공적 체제는 좌익 빨갱이에 대한 집단적 낙인, 극단적인 배제를 통해 강화되었다. 그리고 교육, 종교, 보수언론 등의 지원 속에서 국가의 법적 장치와 이데올로기에 의한 반공, 반좌익에 대한 병영적 재생산의 메커니즘은 한국전쟁을 직접 경험한 세대의 기억과 친화력을 형성하면서 또한 그들의 고착기억을 응고시키는 기제가 되었다. 동시에 이러한 반공병영사회와 그 주도세력은 구술자 김 씨와 같은 사람들의 전쟁경험에 의해 '동의'를 받아 견고하게 지지되었다.

그런데 김 씨 부부 중에서도 부인 박 씨의 고착화 과정은 후에 그가 믿은 기독교에 의해 더욱 강화되었다고 볼 수 있다. 독실한 기독교 신자인 박 씨는 기독교를 박해한 북한의 좌파정권에 대해 더욱 큰 증오감을 표출한다. 그녀가 다니고 있는 교회의 목사는 북한이 고향인 피난민으로서 북한정권에 대한 큰 증오감을 가지고 있다. 설교시간에도 간혹 북한에 대한 부정적 이야기를 할 뿐만 아니라 진보정권에 대해서도 부정적인 논조로 설교하기도 한다. 박 씨는 진보적인 남한의 참여정부는 보수정당과 언론이 묘사하는 바와 같이 '친북좌파'정부로서 북한정권과 "동색"이며, 북한 정권은 "하나님으로부터 심판을 받을 정부"라고 믿고 있다. 박 씨에게 기독교 종교는 좌익에 대한 부정적 기억을 더욱 고착화하고 확대하는 중요한 매개역할을 하고 있는 것이다.

김 씨 부부가 우익에 의한 폭력의 기억은 씻어내고 좌익의 폭력만을 부각시키면서 반(反)좌익적 기억을 의도적으로 고착화하는 이유는 또한 그들의 생존전략과도 관련이 있다. 우익의 폭력은 좌익이 "먼저 나쁜 짓을 했기 때문에 도리 없이 반응한 것"으로 정당화되고 있는 데 반해 좌익의 폭력은 그렇지 않다. 먼저 김 씨 부부가 좌익에 대해 경원시하는 가장 현실적인 문제는 '본인과 자식들의 사회진출' 문제였다. 한 기존 연구에 의하면 전쟁 이후 마을 사람들의 집합기억에서는 좌익 관련 활동은 감추어져야 할 부분으로 망각되는 작업이 진행된 것으로 나타나고 있다. 일가 중에 좌익활동을 한 사람을 족보에서 제외하는가 하면(윤형숙, 2002), 좌익활동가들은 일본에서 유학한 수재이며 뛰어난 웅변가, 사회운동을 한 항일운동가 내지 후세 교육에 힘쓴 사람이라는 부분만이 공식 기억으로 남기를 바라고 있었는데 '기억감추기'와 '기억해내기'를 통해 반공규율국가에 충성을 다함으로써 기억감추기에 성공하고 있는 경우도 있다(박정석, 2002).[42]

본인이나 자식들의 출세에 걸림돌이 될까봐 김 씨 부부가 걱정하던 것은 바로 연좌제였다. 구술자 김 씨는 혈통의 장손인 김혁○ 씨가 좌익활동에 연루되었던 데다가 한국 정부의 관리대상자였기 때문에 오랜 세월 동안 연좌제에 묶여 있다는 피해의식을 갖고 있었고, 그로 인해 좌익에 대한 나쁜 기억은 더 증폭되었다.[43] 실제로 그 이후 오랫동안 구술자는 연좌제를 매우 걱정했고, 자식들의 사회 진출에도 영향을 미칠 것으로 고민하는 등 아주 오랜 기간 연좌제에 대한 강박관념을 가져왔다. 구술자 김 씨는 자수 기간에 출두한 김혁○ 씨가 출소한 후에도 그를 소원시하고, 최근 그가 비교적 가까운 거리에 이사와 살고 있다는 소식을 접했지만 만나보려 하거나 소식을 묻지 않았으며 또 그의 장례식에도 참석하지 않았다. 반공국가체제에서 김 씨 부부의 생존전략은 우익폭력의 정당화와 좌익폭력의 부정, 좌익활동을 한 친지의 배제였고, 국가와 사회의 반공규율에 동의를 보냄으로써 그 동의를 자신과 가족들을 방어하는 기제로 작용시켜왔다. 요약하면 그의 전쟁경험과 국가와 사회기구의 반공규율, 그리고 가족방어기제의 전략 등이 어우러지면서 좌익에 대한 부정적 기억의 고착화가 재생산되어왔던 것이다.[44]

---

[42] 해남 공산주의자들의 근거지가 용봉리였지만 1990년대 그 마을의 순천 김씨는 서원건물의 재건과 서원지 발간, 족보 편찬, 입향조의 신도비 건립 등을 통해 전통을 재창조하면서 불리한 기억을 숨겼다. 훗날 김정수에 대한 마을지의 묘사를 보면 일본에서 수학한 사회주의 운동을 통해 항일운동을 했던 인물로만 묘사되어 있고, 이들이 해방 후 인민위원회 위원장 및 부위원장을 역임했다는 사실은 언급되어 있지 않으며 건준 해남군 위원장 및 군수를 역임했다는 사실만 강조되고 있다. 김정수는 전쟁이 끝난 후 수리조합에 근무하다 박정희가 창당한 공화당 면책임자로 일하면서 어느 정도 좌익의 오명을 벗어날 수 있었다(박정석, 2002).

[43] 실제로 김 씨 부부나 그 자식들이 특별하게 연좌제에 연루된 일은 없다. 하지만 주변에서 공무원 임용 등에 연좌제 적용이 있다는 이야기들을 듣고 그 역시 매우 불안해하고 있었다.

[44] 알튀세르는 이데올로기가 무의식적인 구조 속에 작동하면서 사람들의 행위를 조정하는 역할을 하며, 사람들은 그 이데올로기에 호출을 받는 순간 호출받는 대상으로서의 주체가 된다고 말하고 있다(Althusser, 1971: 154).

부정적 기호와 두려움의 전이

구술자 김 씨에게 각인되어 있는 좌익에 대한 부정적 기호는 '집단과 선동', '위험', '음모와 계략', '공포와 두려움', '무지와 비현실' 등이다. 좌익에 대해 부정적 기호로 고착화된 기억은 앞서 말한 바와 같이 마을이장 등에 대한 인민재판과 학살, 동원과 선전, 자신의 재산을 노리는 음모 등 기본적으로 전쟁기 자신의 경험에서 도출되고, 이후 국가와 사회기구의 반공 규율화 등으로 강화되는 양상을 보였다. 고착(fixation)은 사회환경의 변화에도 불구하고 좀처럼 변하지 않고, 그 본질적 내용이 다른 비슷한 범주에도 그대로 부착되는 속성을 안고 있다. 이러한 기호들의 부정적 이미지는 '사회운동, 저항, 진보' 등에게도 그대로 전이되어 모두 동일한 범주로 개념화된다. 사회운동은 집단과 선동의 연장선상에 있으며, 사회복지나 분배 등의 진보적 정책은 체제전복을 노리는 위험한 발상이라는 식으로 연계되고, 북한에 대한 화해적 제스처나 우호적 태도, 예컨대 식량지원이나 햇볕정책 등은 그들의 음모와 계략에 빠지는 행위로 매우 어리석은 일이며, 화염병 등을 투척하는 데모는 언제나 침략을 도발할 수 있는 좌익들의 공포스럽고 두려운 행위들로 해석된다.

문: 국가보안법 폐지는 어떻게 생각하시는지?
답: 그것은 절대루 안 되여, 보안법이 나라 살리는 길임을 모르는가? 공연히 빨갱이들을 모르는 사람들이 하는 소리여. 그거 폐지되면 빨갱이들이 여기저기서 나타나. 그때두 빨갱이들이 여기저기 있다가 전쟁이 나니까 확 나와서 마을을 쥐어 잡았거든.
문: 하지만 죄 없는 사람들도 국가보안법으로 잡아들이는 것은?
답: 나라가 어지러우면 좌익 놈들이 쳐들어와. 데모하고, 선동하고. 똑같아. 그때 봐. 맨날 마당에 모여라 해놓고 인민재판이니 공지사항 전달이니 하고, 꽹과리치고, 노래 부르게 하고…….
문: 햇볕정책은?
답: 북한 도와주는 거? 좋기야 허지만 퍼주기여. 뜻은 좋지만 믿을 수가 없는 놈들을 왜 막 퍼줘. 속아 넘어가고 있는 거여, 속이는 줄도 모르고…….

심지어 누진세와 연금 및 보험정책 등 자유민주주의 국가의 정책을 통해 사회복지를 실시하는 것조차 이들은 '의심스러운 눈으로' 평가한다.

골고루 나눠준다고 하지만 다 거짓말이야. 그리고 남의 것 빼앗아 준다는 거야. 공산당은 그저 남들이 이룬 것을 뺏으려 하거든. 아 그때, 김웅ㅇ 놈하고 산생이 봐. 슬그머니 우리 논 가로채려구 실실 웃어가면서 그놈들 뒤따라 댕겼잖여. 복지도 좋지먼 지금 정부하는 일은 공산당 비슷혀…….

비록 기억이 사회적 맥락에 따라 가변적이고 선택적이며 유동적인 속성을 가지고 있음에도 좌익에 대한 그들의 기억은 정신분석학에서 말하는 것처럼 성찰과 변화의 여지를 남기지 않는 고착상태에 머물러 있다. 고착된 기억은 최근의 사건들에 대해서도 좌익 이미지를 자연스럽게 부가한다. 보수정당이나 보수언론의 대북관에 일방적으로 지지를 보내는가 하면, 진보적 사회운동단체나 시민단체 역시 '빨갱이 사상에 물든 사람들의 집단'이라는 시각으로 바라본다. 국가보안법 폐지에 대해 본능적 거부감을 보이고, 맥아더 동상의 철거 움직임에 대해서는 분노의 감정을 표현하기도 한다. 진보나 사회운동(특히 노동운동 등)에 대한 그들의 인지는 전쟁경험의 고착기억으로 환원되어 평가되고, 이러한 환원은 오늘날 반공 보수성이 얼마나 끈질기게 존속해왔는가를, 그리고 반공규율국가와 보수집단의 반좌익 이념에 얼마나 큰 친화력을 행사해오고 있는가를 잘 보여주고 있다.

결론

이 절에서는 한국전쟁기 좌우익 폭력을 경험한 한 노인부부의 기억을 통해 한국사회의 저변에 깔려 있는 반공 보수성을 이해해보려 했다. 경합이나 보충구술을 통한 교차비교가 부족한 채 한 부부의 경험에 의존한다는 점에서 한계를 안고 있지만 이 절은 한 부부의 삶의 고착된 기억이 전 생애를 거쳐 국가와 사회기구들의 반공규율과 친화력을 맺으면서 끊임없이 재생산되고 전이되는 과정을 살펴보고 있다. 한국전쟁 기간 동안 좌우익 골육상쟁의 비극은 평범한 작은 마을에서도 예외가 아니었다. 남정리는 일제하 민족해방운동이라든가 사회주의 전통이 있었던 지역도 아니고 부자와 빈자의 차이도 뚜렷하지 않은 비슷한 생활조건의 동성(同姓)이 모여 사는 지극히 평범한 마을이었다. 그렇기 때문에 기존의 연구들이 소개했던 전남 강진이나 세등리 등의 지역에 비하면 그 비극의 강도는 약했다고 볼 수 있다. 그러나 전쟁의 상흔은 오랫동안 지속되었다. 사람들은 전쟁 이후 몇 가지의 반응을 보였다. 생존자들은 폭력의 후유증으로 고생을 하기도 하고, 생활고에 시달려 자살을 하기도 했으며, 마을 사람들의 손가락질과 따돌림으로 소외된 삶을 살기도 했다. 오늘날 그들의 자손들은 대부분 그 갈등의 후유증과는 상관없이 도시로 떠나 살고 있다. 그러나 좌우익 폭력을 실제로 경험했던 이들에게 그 후유증은 '트라우마'로 침전되어 있다. 그 트라우마의 감정동학은 공포와 두려움이다. 그 상흔은 좌익에 대한 고착된 기억으로 남아 사회변동을 추진하는 진보적인 사회운동이나 사상, 정책 등을 좌익의 범주로 내포시킨 후 부정적인 좌익 이미지를 부가하는 '전이(轉移)현상'을 보이고 있다. 이 공포와 두려움의 경험에 대한 고착된 기억은 국시로서의 반공 이데올로기 전략에 동의를 부여하는 헤게모니적 지배의 한 요소가 되어왔고, 국가의 반공적 보수주의의 이데올로기와 질서를 정당한 것으로 오인하도록 하는 상징적 폭력으로 작용하기도 했다. 한국전쟁기에 이들이 경험한 좌익에 대한 부정적 기억은 국가의 반공보수주의 이데올로기에 의해 '호명'받는 주체 형성에 중요한 자원이 되고 있다. 구술자 김 씨 부부의 전쟁경험과 그에 대한 두려움과 공포의 고착된 기억은 거의 본능적이고 무의식적인 형태로 주체들에게 각인되어 있고, 국가의 반공 이데올로기는 그 고착된 기억과 강한 친화력을 형성하면서 바로 그 주체들을 호명하는 권력을 행사해왔다. 그들의 두려움과 공포의 고착기억은 오늘날까지 견고하게 지탱되면서 그들 삶 속에 체화된 반공 보수성의 자원이 되고 있는 것이다.

제6장

슬픔, 비애, 고통의 트라우마

1. 슬픔과 비애

슬픔과 비애는 일상적으로 돌이킬 수 없는 상실(loss)에 직면했을 때 발생하는 감정이다. 그 강도에 따라 회한, 그리움, 동정, 불안 등 약한 슬픔과 정신적, 육체적 고통을 수반하는 강한 슬픔으로 구별된다. 슬픔을 친밀한 관계에 있던 타인이나 동물, 아끼던 사물을 상실했을 때 반응하는 감정으로 바라보거나(애착이론), 타인에게 자신의 일부를 투사함으로써 상대와 자신을 동일시하려는 과정으로 바라보기도 하는데(투사이론) 애착이나 동일시의 정도가 크면 클수록 슬픔의 강도도 세진다. 사회학적 관점에서 보면 슬픔은 모든 문화권에서 공통으로 나타나는 것이 아니라 역사적, 문화적인 속성에 따라 다양하게 형성되고 표출되며 성, 계급, 가족 등 사회경제적 조건에 의해서도 그 내용이나 표현, 강도가 다르게 나타난다. 이를 '슬픔의 사회성'이라고 부를 수 있을 것이다.[1]

---

1 로플랑(J. Lofland)은 죽음에 대응하는 슬픔의 예를 들고 있는데 이에 관한 정의와 반응, 문화 및 상호작용 유형에 따라 슬픔의 역사성, 문화성이 형성된다고 주장한다(Lofland, 1981). 감정의 역사문

비애(grief) 역시 슬픔과 마찬가지로 전형적으로 상실에 대한 반응이다. 이 상실은 임시적이거나 영구적일 수 있으며, 실제적, 상상적, 물리적, 심리적인 것일 수도 있다. 자기확신이나 자아존중감, 자기 감각의 상실일 수도 있고 돈이나 귀중품, 고향 그리고 신체상의 일부 나아가 사회적 지위 등 그 상실의 대상은 매우 다양하다.[2] 그중에서도 사랑하는 이의 상실은 역할의 상실도 의미하는데(즉, 부인이 죽으면 남편의 역할이 사라짐), 정서적 애착 대상의 상실은 삶의 기쁨과 흥분, 안전을 가져다주는 원천의 상실을 의미하기 때문에 비애의 강도가 클 수밖에 없다. 시간적 길이(지속성)의 측면에서 보면 슬픔은 비교적 짧은 기간(분, 시간 단위) 지속하지만, 비애는 상실감이 오랜 기간(월, 년 단위) 지속하는 특징을 가지고 있다. 또한 슬픔은 단면적이지만 비애는 슬픔과 고통, 죄책감, 두려움, 분노 등의 감정을 포함하는 복합적인 특성이 있다.[3] 비애는 슬픔보다 더욱 강렬한 감정으로 우울과도 유사하다. 비애는 고통, 분노의 감정과 매우 밀접한 연계를 맺는다. 비애는 두려움이나 분노, 그리고 죄책감이나 수치심 등을 포함하는 감정으로서 공포, 근심, 치욕 따위의 정신적 고통이나 육체적 고통을 수반하기도 한다(Izard, 1978: 309). 따라서 슬픔보다는 비애가 더욱 깊은 충격을 주고, 가족, 경제, 계층 상황의 변화에 따라 매우 장기간 대처(coping)해야 하는 경향이 있다(Bonanno & Mancini, 2008). 비애는 확산성이 강한 감정이다. 특히 '박탈당한 집

화적 구성을 강조하는 스턴(D. N. Stern)이나 러츠(C. A. Lutz)는 명예를 존중하는 베두인 족이 공적 영역에서는 상실에 대해 무관심한 듯 행동하고 상실을 부인하거나 비난하기도 하지만 사적 영역에서는 시(詩)를 통해 슬픔, 비애, 고통을 표현하는 것에 주목한다(Abu-Lughod, 1985). 이푸크 족은 24시간 동안 장례식에서 고함치고 통곡한 후 바로 그친다(상실에 대한 생각을 멈춤)(Charmaz & Milligan, 2007: 523).

2 비애의 결정요인으로 Averill(1968) 같은 경우 생물학적 요인을 든다. 인간은 집단을 이루면서 외부의 침입으로부터 개인을 보호하고 웰빙(well-being)을 보장받는데, 집단으로부터의 결별은 생존에 대한 기회를 박탈당하는 것이고 이때 인간은 비애를 느낀다. 한마디로 비애는 생존에 필요한 생물학적 반응이라는 것이다. 즉, 집단으로부터 배제될 경우 느끼는 감정이기 때문에 비애가 사회적 유대형성에 더욱 강력한 힘을 발휘한다고 본다. 비애는 생물학, 사회적, 심리적인 기능까지도 하는 것이다.

3 상실에 따른 비애는 상실의 상황, 즉 죽은 자의 나이, 역할, 자연사, 돌연사, 사고, 범죄, 박해, 전쟁 등에 따라 다르다.

단'들의 비애 감정은 타자와의 공감력이 크기 때문에 집단유대와 저항을 강화하는 데 기여하기도 하고, 상실된 애착 대상에 대한 헌신과 성찰 등을 통해 집단 구성원들 간의 의사소통을 활발히 하는 기능을 담당하기도 한다(Bowlby, 1973; Izard, 1978). 죄책감과 분노는 비애의 공통된 느낌이다. 우울증과 유사한 비애는 식욕 상실, 수면장애, 만성피로 등의 신체적 증상뿐 아니라 심리적으로 '무정향성' 등을 수반하기도 한다. 강한 비애는 고통을 지속시킴으로써 생존자(혹은 유가족)는 아무것도 자신의 고통을 지울 수 없다고 생각하는 경향이 있다.[4] 비애는 단선적 과정이 아니라 주기적으로 발생하기도 한다. 비통, 슬픔, 고통이 시간이 지나면서 사라지는 것이 아니라 '기억'을 통해 상실의 아픔과 그리움으로 재생되기 때문이다.[5] 로플랑(J. Lofland)은 비애가 지속되고 강화되는 네 가지 사회문화적 요인들을 지적한 바 있다. ① 얼마나 많은 시간 특정한 관계들이 의미 있게 투여되어 있었는가? ② 집단의 사망률이 얼마나 되는가? ③ 얼마나 많은 감정이 통제되거나 자유롭게 표현되고 있는가? ④ 얼마나 많은 개인이 신체적으로 고립되어 있는가? 등의 여부인데 예를 들어 유아사망률이 높은 지역의 사람들에게서 나타나는 것처럼 상실의 위험이 더 클수록 감정적 투사가 짧고 비애의 강도가 낮다는 것이다(Lofland, 1991).

우울, 슬픔, 비애는 상실 이후 자신의 처지나 상황을 성찰하고 재해석하여 새롭게 적응하려는 성찰적 기능을 하고 있지만, 이것이 제대로 해소되지 않으면 우울증으로 진행하는 경우가 많다.[6] 정신분석학적 이론에 의하면 우울은 자기

---

4 '어떻게 이런 상실이 발생할 수 있는가? 그러지 말아야 했다'는 식의 회의와 자책으로 인한 고통은 존재의 세계와 당위의 세계 사이의 불일치를 의식할 때 발생한다.
5 비애는 애착과의 결별과정에서 발생하는데 비애를 느낀 인간은 또 다른 애착 대상을 찾아 감정전환을 시도하기도 한다.
6 우울증에 관한 접근 방식은 ① 뇌신경물리-생화학, ② 정신분석학, ③ 사회문화이론, ④ 인지주의, ⑤ 행동주의, ⑥ 다양성 감정이론(differential emotion theory) 등 매우 다양하다. 우울증에 대한 뇌신경학적 접근은 생물유전적인 아민(amin)에 주목하는데, 생물유전자적 아민의 합성과 메타볼리즘(Metabolism)이 우울과 마니아(Mania)에 영향을 미치고, 뇌의 낮은 아민 수준은 우울증, 높은 아민 수준은 마니아 증상과 연관되어 있다는 것이다(Izard, 1978: 311). 사회문화적이고 인지적인 견해들은 '우울'에 관한 사회문화적 환경의 영향을 강조하는데, 예를 들어 아프리카나 아일랜드 거주

존중을 위협하는 상상적, 혹은 실재적인 것의 상실로부터 발생한다. 즉, 우울은 유아기 구강 단계에서 아이가 경험하는 무기력과 엄마에 대한 의존성으로 인해 발생한다는 것이다. 에이브러햄(H. J. Abraham)은 유아의 성적 발달단계 중 구강, 항문 단계에서 분노와 우울, 적대감이 발생한다고 말한다(Abraham, 1968). 우울은 죄의식뿐 아니라 '글루미 무드(gloomy mood)', 두려움과 불안, 수치심 등 다양한 이웃감정들과 얽혀 있다. 정신분석학이나 의학에서는 비애를 애착으로부터의 결별과 투사로 설명하려 하는데, 이들은 생존자는 사망한 고인(혹은 사라진 것)으로부터 분리되어야 하며 이런 분리를 완수하기 위해 비애가 해소되어야 한다고 주장한다(Bowlby, 1980). 잠시 프로이트에게 돌아가보자. 프로이트는 불안이나 분노 등과 마찬가지로 우울 역시 리비도의 발산 장애 현상으로 설명한다. 슬픔은 보통 사랑하는 사람의 상실, 혹은 사랑하는 사람의 자리에 들어선 어떤 추상적인 것, 조국, 자유, 어떤 이상 등의 상실에 대한 반응이다. 그런데 어떤 이들에게는 슬픔이 우울증을 유발하는 것으로 나타난다. 우울증은 심각할 정도로 고통스러운 낙심, 외부세계에 관한 관심의 중단, 사랑할 수 있는 능력의 상실, 모든 행동의 억제, 자신에 대한 비난과 욕설, 자신에 대한 극도의 비하감 속에서 누군가 자기를 처벌해주기를 바라는 망상적 기대로 나타난다. 이는 어떤 대상을 상실했음에도 불구하고 여전히 그 대상에 대한 리비도적 집착을 보이기 때문이며 현실과 타협하라는 명령을 수용하지 않는 고통스러운 증상이다. 공허해지는 마음으로서의 슬픔과 달리 우울증 환자의 증상은 '자아가 쓸모없고, 무능력하고 도덕적으로 타락한 자'라는 자기비난과 불면증과 단식 등의 신체적 고통을 수반한다(프로이트, 2014: 244).

프로이트는 우울증의 특징 중 일부는 슬픔에서 찾을 수 있고, 일부는 나르시

자는 영국인과 비교하면 우울증이 덜한 것으로 보고된다(Silverman, 1968). Beck(1967)은 자신에 대한 부정적 인지로 인해 자신이 부적절하며 무가치하다고 생각함으로써 우울이 발생한다고 주장한다. 우울의 신체적 특징은 무기력, 수면장애, 식욕저하 등이다. 행동학습이론은 지속적 전기충격이 수동적인 반응과 무기력을 유발한다는 쥐의 실험을 통해 학습된 무기력 — 저항할 수 없도록 학습된 노예의 예처럼 — 은 낮은 행위동기와 자기존중감의 저하, 수동성, 부적응 행동 등 일련의 증상을 수반함을 밝히고 있다(Lewinsohn, 1974; Izard, 1978: 316).

시즘적 퇴행 과정에서 찾을 수 있다고 본다. 그리고 대상에 대한 증오는 자아에 대한 증오로 역전되는데 "환자가 즐기는 자기 고문은 강박신경증에서 나타나는 비슷한 증상과 마찬가지고, 어떤 대상을 향한 사디즘과 증오 속에서 만족을 느끼는 것과 다를 바 없다"라고 주장한다. "강박신경증이나 우울증 모두 자기 우회로를 통해 대상에 대해 복수를 하는 것이고 자신이 직접 그 대상에 공개적으로 적대감을 표현하는 일을 피하려고 질병을 매개로 사랑하는 사람을 고문하는 것이다"(프로이트, 2014: 256). 그런데 프로이트는 우울증 환자는 다른 사람들보다 진실을 바라보는 예리한 눈을 지니고 있다고 말한다. 우울증은 자기 자신을 이기적이고 편협한 자로 질타하는 양심의 증상이기도 하다. 그렇다면 우울 증상은 시대를 진단하는 시약 감정 아니겠는가? 때에 따라 우울보다는 우수(憂愁), 멜랑콜리라는 용어가 더 적합할 수도 있겠지만 말이다. 현대인의 불안과 어지러움, 공허함과 권태는 우울의 증상으로 번져간다. 우울은 시대의 혼돈 속에서 자신의 주체를 확고히 정립할 수 없는 자아에 대한 연민의 감정이다. 상실과 슬픔, 우울로부터 존재의 본질을 감지하고자 했던 크리스테바는 그녀의 『검은 태양』에서 우울증 환자는 과격하고 침울한 무신론자로서 멜랑콜리는 열렬한 사상의 어두운 이면이라고 말한다(크리스테바, 2004: 15).[7] 우울증은 "나르시스의 숨겨진 얼굴이고, 죽음으로 몰아가는 얼굴"이지만, "자기도취에 빠져 있을 때는 알아보지 못하는 얼굴"로서 "타인의 상실에 의한, 타인과 지금 막 분리된 연약한 자아 위에 드리운 그림자"라는 것이다.[8]

---

[7] "이 삶은 매순간 죽음을 향해 기울어지게 되어 있다. 이 검은 태양은 어디에서 오는 것일까? 나는 살아 있는 죽음을 살고, 절단되고 피 흘리는 시체가 된 육신을 살고, 느려지거나 중단된 리듬을, 고통 속에 소멸된 지워졌거나 부풀려 과장된 시간을 살아가고 있다. …… 잔인하게도 내가 절대로 체념하지 못한다는 것을 알고 있는 과거의 회상들을 메아리치게 하면서 검토하는 것처럼 보이기도 한다. 나는 외상들을 버릴 수 없었다. 그리하여 나는 현재의 낙담에 선행하는 것들을, 내가 옛날에 사랑했던 어떤 사람이나 사물의 상실 속에서, 죽음 혹은 슬픔 속에서 찾아낼 수 있게 된다. 없어서는 안 될 그 존재의 사라짐, 나는 그 사라짐을 하나의 상처나 박탈로 체험하고, 나의 고통이 나를 배반했거나 나를 버린 그 남자 혹은 그 여자에 대해 쌓아온 증오나 지배욕의 유에에 지나지 않는다는 것을 깨닫는다. 나의 우울증은 내가 상실할 줄 모른다는 것을 알려준다. 모든 상실은 내 존재의 상실을—존재 자체의 상실을 야기한다"(크리스테바, 2004 :13~14).

근현대사회는 상실된 사람(죽은 자)과 생존자를 강제로 분리하려 한다. 근현대의 사회조직이나 제도, 특히 기업과 병원(의료시스템)이 주요한 행위자들이다. 기업은 사별한 노동자에게 시간제한(time off)을 두는데, 예를 들어 가까운 친척의 죽음에 단 3일의 휴가를 '할당'한다(Pratt, 1994). 비애가 지속되면 일상생활의 효율성과 생산성이 떨어지기 때문에 간략하고 사적인 의례, 망자의 효율적 처리를 강조하려 한다는 것이다. 이처럼 현대사회에서 비애의 전개과정은 의료적 태도와 깊이 관련되어 있다. 산 자와 죽은 자를 분리하는 근대 의료체계는 비애에 대한 표현을 장례식과 같은 의례의 방식으로 대치하거나, 비애가 진단과 처방으로 관리될 수 있다는 의료모델을 통해 치유의 대상으로 삼았다. 상실로 인해 관계가 단절된 유족의 비애는 종종 그 결과가 불확실한 방향으로 흐르거나 만성적 슬픔으로 인해 자아의 손상이 오기도 하고, 자아결핍을 초래하기도 한다. 특히 자녀나 사랑하는 사람을 잃었을 때 삶의 의미를 상실하고 우울증에 빠지는데 이러한 증상은 곧 의료의 대상이 되어버린다. 비애에 대한 의료적 모델은 비애를 비정상적인 '문제적 증후'로 간주하고 치유의 명분을 내세워 의료진이나 상담전문가 등이 간여할 것을 강조한다. 이른바 의료 전문가에 의해 제기된 '의료모델'은 개인들을 사회적, 문화적, 역사적인 맥락에서 분리하여 개별화되고 원자화된 존재로 상정한 후, 상실을 경험하고 비애에 젖은 사람을 치유와 돌봄을 받아야 할 환자로 규정한다(Stroebe, 1997). 전문가들이 개입해도 '비애'는 결코 사라지지 않으며 그 개입이 별로 도움이 되지 않는다는 경험적 증거에도 불구하고, 의료모델은 슬픔의 해결을 위해 전문가 상담을 하거나 치료제를 복용하게 한다.[9] 간단히 말해 의료모델이나 기업의 시장원리는 비애가 집단적 책임

---

[8] 물론 아리스토텔레스는 우울이 철학자의 질병이 아니라 에토스라고 말한다. 슬픔은 원죄의 표현이다. 신의 죽음보다 더 슬픈 것이 있으랴? 한 개인에게 순간적으로 혹은 만성적으로 흔히 나타나는 흥분상태의 편집증과 기호해독 불능증이라는 정신병 증상을 우리는 멜랑콜리라 부른다. 낙담과 흥분 상태의 두 현상이 강렬하지도 빈번하지도 않을 경우 신경증적 우울증이라고 말할 수 있다(크리스테바, 2004).

[9] 최근 사별 연구가들은 상실 이후 폐쇄적 태도의 가능성 때문에 개입에 의한 치료보다는 '관리', '적응', '코핑(coping)' 등의 단어를 선호한다.

이나 구조적 원인으로 발생하기보다는 개인의 책임 혹은 개인적 사유 때문에 발생한 것으로 간주함으로써 비애를 최소화하고 의료화하고 관료화한다.[10] 비애에 대해 굳이 치유 방법을 찾는다면 죽은 자를 우상화하거나 그리워하지 말고 차라리 죽은 자의 생전의 삶을 기억하라는 것이다. 상실된 것에 대한 슬픔을 줄이려고 노력하는 대신 죽은 자에 대해 서로 말하고 "그는 지금 안전한 장소(천국, 연옥, 조상의 무덤 등)"에 있으며 언젠가 조우할 것이라고 말하라는 것이다. 죽은 자를 잊으라 하지도 말고 잊으려 하지도 말라. 가족의 역사를 기억하라.[11]

비애는 죽은 자와의 관계(친밀성), 시간(나이), 죽음의 유형(사고, 돌발, 자연사 등)과 관련되어 있다. 죽음을 예상하고 대비했다면 그 비애는 갑자기 발생한 돌발적인 죽음의 비애와 구별된다. 비애는 애도의 과정을 통해 기억되고 해소된다. 그런데 애도의 권리가 박탈당한 비애가 존재한다. 애도의 불가능성! 슬퍼하고 저항할 권리가 상실된 비애이다. 이는 상실의 의미가 공공적으로 인정받지 못하고 애도될 수 없는 경우에 발생한다. 어느 특정한 부류의 사람들은 '비애에 젖어야 할 권리'가 없다는 것이다. 박탈당한 사람들은 사회로부터 침묵을 강요받거나 지지를 받을 수 없고 또한 애도한다 하더라도 집단이 정해놓은 규칙대로만 실행해야 한다(예컨대 공식적 추도식). 오히려 이들은 상실에 대해 애도할 경우 비난을 받거나 처벌의 대상이 되기도 한다. 이러한 비애를 '인정받지 못한 비애(disenfranchised grief)'라고 부른다. 인정받지 못한 비애란 "슬픔이 떳떳하게 인정받지 못하고 공적으로 애도받지 못하며 사회적으로 지지받지 못하는" 것을 일컫는다(Doka, 2002). 사별한 슬픔을 지지받지 못하고 인정받지 못함을 박탈(disenfranchisement)이라 했을 때 이 박탈은 특정한 사회적 상황들, 즉 법이나 도

---

10 Doka(2002)와 Charmaz(1997) 등은 비애를 죽음과 비시민권의 문제(예컨대 투표권 상실), 죽음과 자산에 대한 권리(예컨대 상속)의 측면에서 바라보고 있다. 차마즈(K. Charmaz)는 비애에 대한 북미권 사람들의 태도는 윤리, 금욕주의와 개인주의(개인의 책임), 합리성, 진보적 개혁주의, 성실한 노동을 강조하는 프로테스탄트 윤리 전통과 연관이 깊다고 본다. 슬픔을 딛고 잘 견뎌낸다면 하느님의 보상이 주어질 것이라는 문화권의 전통 속에서 유족들은 좀 더 특별히 배려를 받아야 하지만, 비애를 해소하는 것은 결국 개인의 책임이라는 것이다(Charmaz & Milligan, 2007: 530).

11 여기에는 죽은 자와 유족에 대한 사회적 반응도 중요하다.

덕과 같은 사회적 규범의 권력이 작동하는 맥락 때문에 발생한다. 어떤 대상의 죽음 뒤에 남은 자의 애도를 박탈하는 상황은 보통 그 사회에서 '주류'에 속하지 못한 이들에게서 발생한다.

비애의 감정과 인식을 지배하는 사회적 규범이 존재하고 그 규범의 권력에 의해 비애의 표현, 행동, 반응, 처리 등이 규정된다. 죽음, 별거, 이혼, 동물, 장소, 물건, 직업, 꿈의 상실 등을 경험했을 때 발생하는 비애는 가족, 친구, 동료, 의사, 이웃만이 아니라 익명적인 사회 구성원으로부터 인정 혹은 불인정을 받는다. 사회적으로 상실이 인정되지 않는 죽음, 예컨대 낙태, 대리모, 반려동물은 물론이려니와 살아 있지만 죽은 자처럼 간주되는 보호시설 수감자, 혼수상태 환자나 뇌사상태 환자, 정신질환자, 말기 환자 등 어쩌면 현대사회에서 '호모 사케르'로 규정되는 자들의 상실과 비애는 사회적으로 인정받기 힘들다. 이혼했거나 간통을 저지른 사람, 동성애자, 태아나 반려동물의 상실과 슬픔에 대한 사회적 인정은 매우 각박하고 아예 사회의 수면으로 드러나지조차 않는다. 사형으로 인한 범죄자의 죽음, 자살이나 에이즈 같은 질병으로 인한 죽음은 애도보다는 오히려 냉정한 시선을 받기도 한다. 때로 애도하는 주체의 감정이 평가절하되는 경우도 존재하고(예컨대 할아버지의 죽음에 대한 어린 손자의 슬픈 감정, 정신장애자가 느끼는 슬픔의 감정 등), 남은 자에게 악평을 남기는 죽음(예를 들면 알코올 중독이나 마약 중독으로 인한 죽음)이나 일종의 낙인효과에 의한 죽음 등은 사회적 인정이 부여되지 않는 경향이 있다(Doka, 2002).

애도는 "유족들이 상실을 부인하는 대신 그것을 끌어안고 현재의 삶에서 새롭게 적응해가고자 하는 대응(coping)"이다. 즉, 비애가 상실에 대한 반응이라면 애도(mourning)는 상실에 대한 대처이다. 따라서 애도는 사별당한 사람이 상실과 슬픔을 끌어안으면서 삶을 건강하게 이어가고자 하는 노력과 애씀이라고 할 수 있다. 그러나 이러한 애도 역시 비애와 마찬가지로 박탈이 있을 수 있는데(disenfranchising mournig), 예컨대 '묻어두라,' '넘어서자,' '잊어' 등의 주변 반응은 권력의 비대칭적 관계 속에서 발생한다. 국가적 차원에서 인정받는 애도는 주기적 의례를 통해 그 의미가 재생되기도 하고, 반대로 국가폭력에 의해 그 애도가 금지당하기도 한다. 군인, 영웅, 지도자 등의 죽음에 대한 상징적 장례와 의례, 역사적 사건에 의미를 부여하는 형식화된 의례는 기억의 애도 정치와 연결되어 있다. 코르(C. A. Corr)가 말한 대로 애도는 사별 이전의 상태로 돌아가기 위한 과정이 아니다. 애도는 어떤 결과를 위한 목적을 지닌 과정도 아니고 종결지점도 없다(Corr, 2002). 애도는 고인이 이제는 곁에 없지만 그의 죽음을 현실적으로 받아들이는 과정이고 고인과의 관계가 상하지 않고 계속 유지될 수 있도록 삶을 재건하는 과정이다. 그리고 애도는 삶의 여정의 어느 지점에서 때때로 반복하여 나타난다. 애도를 주변인들과 사회가 '이제는 그만하라'고 말하거나 '그것은 틀렸다'고 판단할 수 없다. 더구나 그 죽음이 정의롭지 못한 정치적 폭력에 의한 '원통'한 것이라면 더욱 그렇다.

누가 슬퍼하고 비통해할 권리를 빼앗을 수 있는가? 국가와 사회는 그 어떤 애도를 박탈할 수 없다. 사별한 자들이 상실과 슬픔의 경험을 드러낼 수 있도록 사회는 그들에 대한 세심한 배려와 지지를 해주어야 한다.[12] 간직하고자 하는 것의 '상실'을 초래하는 사건(재난, 전쟁, 사고 등)은 슬픔과 비애를 불러일으킨다. 상실의 과정, 절차, 결과에 대한 정당성이 인정되지 않는다면, 그 상실을 받아들이기 힘들고 그 비애는 시간이 갈수록 더욱 높아진다. 씻어지지 않는 상실의 상처를 아물게 하는 것이 '애도'이다. 슬픔을 표하는 애도는 현실을 인정하고, 상실된 애착 대상으로부터 자아를 분리해 자유롭게 하는 과정이기도 하다. 즉, 애도는 애착 대상의 상실에 따른 고통과 병리적 상태를 벗어나려는 자아의 실존적 몸부림을 돕는 일이다. 애착 대상의 상실에 대해 애도가 실행되지 않을 때 상실된 애착 대상을 자신의 일부로 전환시키고(프로이트에 의하면 자아 일부를 상실 대상과 일치시킴으로써 대상 상실을 자아 상실과 동일시한다),[13] 상실에 대한 책임

---

[12] 인정받지 못한 비애와 거부된 애도의 대표적인 사건은 제주 4.3 사건이나 거창 양민학살 사건 등이 있다.

[13] 어떤 특정인에게 리비도가 집중되어 있다가 사랑하는 사람으로부터 냉대를 받거나 실망을 하게 되었을 때 정상적이라면 그 리비도가 철회되어 다른 사람에게 전이되는 것이 보통이겠지만, 여러 이유로 저항할 힘을 지니지 못한 리비도가 다른 대상을 찾는 대신 자신을 겨냥하게 된다. 자아는 포기한 대상과 동일시된다. 그때부터 자아는 마치 그것이 떠나버린 대상이라도 되는 듯 대상자처럼 취급된다. 대상 상실은 자아 상실로 전환되고 자아와 사랑하는 사람 사이의 갈등은 자아의 비

과 비난을 자아에게 돌릴 때 우울이 발생한다. 자신을 비난하는 도구는 내면화된 도덕으로서의 양심, 즉 사회의식이다. 대상에 대한 리비도의 투사가 결국 자아에게 과도하게 돌려져서 자기 징벌이 과해질 때, 자신이 자신을 공격하는 사태(극한 경우 자살)가 발생한다.[14] 애도는 상실에 대한 슬픔을 승화하는 과정으로서 외상 후 적절한 애도가 부재할 때 우울증과 자살 충동으로 빠지는 것이다.[15]

사회적 사건으로서의 애도는 개인적인 차원을 넘어 사회적인 것이며 의례를 통해 공식화되어야 한다. 장례와 추모의례는 사회적 공동체를 위한 상징으로서 죽음, 이별, 슬픔에 대해 정당한 사회적 의미를 부여하는 트라우마의 첫 치유과정이기도 하다.[16] 애도의 첫걸음은 '사건'에 대한 사회적 인식을 공유하고 인정하는 것이다. 그러나 애도가 억압되거나 불충분하며 심지어 왜곡될 때 비애의 고통은 분노와 좌절, 죽음의 항변으로 분출되기도 한다. 예를 들어 광주항쟁의 비애에 대해 긴 시간 동안 애도는 허용되지 않았고, 유가족과 재야인사들은 망월동 (구)묘지에 죽은 자들의 공간을 마련하고 항쟁의 비극을 비공식적으로 애도하며 국가권력에 저항해야 했다. 이후에 광주항쟁은 오랜 시간이 지나 광주민주화운동이라는 공식 명칭을 부여받았고 희생자들은 유공자의 공식 지위를 갖게 되었는데, 그러나 이러한 국가중심담론과 애도로 말미암아 오히려 5월 정신이 쇠락하기도 했다. 더구나 5월 광주항쟁은 일부 정치집단과 지역감정에 치우친 사람들에 의해 그 의미가 지역화되거나 국소화되고 있으며 심지어 일부 사람들은 여전히 '폭도', '북한군 침투', '내란' 등으로 그 의미를 '부인'하고 있다.[17]

판적 활동과, 동일시에 의해 변형된 자아 사이의 분열로 바뀌게 된다(프로이트, 2014: 252).
14 이 과정을 혹자는 과도한 삶의 흥분을 소멸시키려는 리비도의 형평(equilibrium) 원리로 설명하기도 한다.
15 유령은 실제로 죽었으면서도 상징계의 부채를 청산하지 못해 떠도는 존재이다. 쌍용자동차 노동자들의 죽음과 애도의 문제를 라캉의 욕망이론에 빗대 설명한 김석(2012)을 참고할 것.
16 굿은 정화작용을 한다. 씻김굿을 통해 죽은 자와 산 자의 경계를 분명히 지음으로써 산 자들 삶의 세계를 유지하려는 의도를 갖는다. 죽은 자들이 계속 산 자들의 세계를 방문하고 시끄럽게 군다면 산 자들은 쇠약해지고 말 것이다!
17 이에 관한 더욱 상세한 설명은 이 책의 제4장 "분노"를 참고할 것.

왜, 누가, 애도를 막는가? 사회적 애도의 허용과 그 깊이, 강도와 내용은 권력의 문제로 귀결된다. 사건에 대한 낙인, 망각의 강제 혹은 사건의 인지와 처벌, 법적/도덕적 제도 개혁 등 일련의 사회적 비애와 애도 혹은 애도 부정의 저변에는 정치적, 사회적, 문화적인 권력의 관계가 놓여 있다. 그러나 또한 비애는 바로 이러한 권력에 저항하거나 새로운 사회의 어젠다를 형성하는 동기적 힘으로 작용한다. 비애는 감정의 에너지를 통해 사회운동을 지속하거나 지속시키는 데 중요한 역할을 하기도 한다. 재스퍼(James M. Jasper)에 의하면 비애는 기존의 사회운동에 참석하도록 사람들을 동기화시키는데, 예를 들어 사랑하는 사람의 죽음으로 인해 비애를 느낄 때 호스피스나 존엄사와 같은 권리 운동에 참여하게 한다. 한편, 상실을 예방하거나 비애를 피하기 위한 욕구들은 사회운동의 전략을 더욱 정교화시키기도 한다. 예를 들어 뉴올리언스에 상륙했던 허리케인 카트리나 피해에 대한 비애를 통해 피해예방 입법 운동이 활성화되었다(재스퍼, 2016). 비애와 비애의 감정군(공포, 수치, 무기력과 분노)은 저항의 감정군(분노 등)과 결합하여 사회운동을 조직화하고 목표를 달성하기 위한 추동력이 된다. 뒤에 논하겠지만 역사적 사건에 대한 트라우마는 상실에 대한 반응이기 때문에 항상 비애를 포함하고(Charmaz & Milligan, 2007: 524), 집단기억을 형성한다. 집단기억으로 남아 있는 비애는 단순히 직접 상실을 경험했거나 박탈당한 사람들에게만 있는 것이 아니라 공동체를 형성하고 있는 사회구성원들 모두에게 삶의 의무로서 배태되어 있기도 하다.

2. 고통과 트라우마, 그 치유의 문법

고통의 이해

고통은 언어로 표현될 수 없으며 아무도 고통받는 자의 '고통'을 오롯이 공감할 수 없다. 고통은 슬픔, 비통, 애환, 절망, 분노와 역겨움 등 모든 부정감정의 정점에 있기 때문에 이를 능가하고 초월하는 감정은 더 이상 없다고 해도 무방하다. 고통은 그 자체로서 '존재'하는 원초적 감정이다. 즉, 고통은 대상을 지향하지 않는다. 우리는 무엇을 슬퍼하고, 무엇을 기뻐하며, 무엇을 분노하지만 우리가 고통당하고 있을 때 그 고통은 그 '무엇'과 상관하지 않는다.[18] 그렇기에 고통은 고통을 짊어지고 아파야 하는 그 대상만이 운명적으로, 온전하게 고통을 수행해야 하는 개체적 성격을 지닌다. 고통과 괴로움, 고난, 아픔, 불안 모두 비슷하게 쓰이기도 하지만 그중에서도 고통은 형용이 되지 않는 것이기에 인간을 한계상황으로 밀어 넣는다. 한계상황은 "끝이 아니라 새로운 의미지평으로 넘어가는 경계이고, 새로운 차원의 부름과 초월을 지시하는, 즉 그 한계가 다른 것을 예감케 하는 변형의 문지방이라고" 하지만(김형효, 1992: 192), 그 의미성은 대부분 타자가 내리거나 고통 이후에 내려지므로 필자가 이 자리에서 말하는 고통은 의미에 대한 질문 그 이전의 것이다. 고통을 통해, 특히 죽음의 고통을 통해 삶과 존재의 의미를 깨닫고, 고통을 통해 행복의 가치를 알게 되며, 고단한 삶의 극복을 통해 성숙한다는 계몽적인 교훈 그 이전의 것이다. 사지가 절단당하는 그 처절한 통증의 순간에도 그 고통의 의미, 즉 삶과 역사의 교훈을 생각할까? 고통은 타인에게는 성찰의 대상이 될 수 있어도 고통을 당하고 있는 순간의 주체에게는 오로지 피하고 싶은 '물리치고 싶은 운명의 잔'일 뿐이다.

고통은 괴로움(苦, suffer)과 아픔(痛, pain)의 합성어이다. 전자는 주로 정신적 괴로움을, 후자는 육체(신체)적인 어려움을 지칭하는 경향이 있지만, 정신적인 것과 육체적인 것이 실제로 한몸에서 구분되어 나타나기는 어렵다. 신체의 고통은 곧 정신의 괴로움으로, 정신의 괴로움은 육체의 아픔으로 전환되어 서로 상승시키기도 하며 완화하기도 한다. 루이스(M. Lewis)에 의하면 아픔 혹은 통증으로서의 고통은 두 가지로 구분된다. A. 분화된 신경섬유들을 통해 전달되는 것으로 보이는 특정한 종류의 감각으로서, 당사자가 좋아하든 싫어하든 인지되는 감각(예를 들어, 팔다리에 약간의 통증이 있을 때 그 통증에 거부감이 느껴지지 않아도 통증이 있다는 사실 자체는 인지할 수 있다). B. 육체적이든 정신적인 것이든

---

[18] 고통을 발생시키는 조건("~ 때문에")과 상관한다고 말할 수 있으나 고통은 본질적으로 무엇을 지향하지 않는다.

당사자가 싫어하는 모든 경험. 낮은 수준의 고통이 일정 강도를 넘어서게 되면 B의 고통이 되는데 B의 의미를 지닌 고통은 고난, 고뇌, 시련, 역경, 곤란과 같은 말로서 고통의 문제는 바로 이 지점에서 발생한다(Lewis et al., 2010: 151).

우리는 본능적으로 고통을 피하고자 한다. 고통을 통해 쾌락을 얻고자 하는 변태성욕자가 아니라면, 혹은 기꺼이 고통의 수행을 통해 초월적 자유를 얻으려는 수도승을 제외한다면 우리는 고통의 밖에 서 있기를 원한다. 종교는 인간이 어떻게 극한의 고통을 당할 수 있는가를 신체의 손상을 묘사한 '지옥도'를 통해 잘 보여주고 있다. 지옥도에 등장하는 인간의 고통은 '위대한 신'의 명을 거역한 대가이므로 지옥도는 이방인과 무신론자에 대한 두려움과 공포의 효과를 노린다. 단테의 신곡에서 묘사된 지옥의 형벌, 예컨대 얼음장에서 목만 내밀고 있는 범죄자, 불교의 지옥도, 혀끝을 못으로 박아버린 모습은 인간이 겪을 수 있는 극한 고통의 모습을 보여주고 있다. 물론 지옥도의 고통과 달리 순교자의 고통의 모습도 고통의 계보를 이룬다. 순교자는 손에 못이 박히거나 목을 절단당하거나 산 채로 화형을 당하거나 신체 일부가 절단되는 고통을 경험한다. 그러나 지옥도에서의 고통과 달리 순교자의 고통은 인간의 잔혹함과 무지, 폭력과 잔인함을 정화(淨化)시키는 과정이기도 하다. 인간은 그들이 대속하는 고통의 대가로 평안과 영생을 얻는다.

철학자들 역시 고통의 문제를 오랫동안 건드려 왔다. 허무와 불안, 실존의 문제들은 이른바 생철학자와 실존철학자들의 심오한 고뇌의 대상이었다. 신의 귀환을 더는 기대할 수 없는 근대사회의 존재론적 불안과 절망을 고민한 키르케고르(S. Kierkegaard), 그리하여 초인을 기대한 니체(F. W. Nietzsche), 특히 양차 세계대전을 경험하며 전쟁과 학살의 참상으로 죽어간 인간의 존재에 대해 다시 근본적 질문을 던졌던 사르트르(J. P. Sartre), 운명적으로 세상에 태어나 산다는 것 자체를 이방인으로 묘사한 카뮈(A. Camus), 결핍과 곤궁의 괴로움을 말한 야스퍼스(K. Jaspers)에 이르기까지 고통은 철학의 주요 화두였다. 불교는 아예 삶 자체를 고통이라고 가르친다. 삶, 늙음, 병듦, 죽음(生老病死)이 네 가지(四) 고통(苦)이고, 미운 사람을 보아야 하는 것, 욕망을 절제하지 못하는 것 등이 합해져 여덟 가지 고통(八苦)을 이루다가 마침내 108가지의 번뇌(百八煩惱)에 휘둘리는 존재가 인간이라는 것이다. 무명(無明)이 곧 업(業)의 시초이고, 이 업은 욕망에 의한 핍박과 괴롭힘의 출발이다. 탐(貪), 진(瞋), 치(痴)의 삼독(三毒)에 빠진 인간은 더욱 괴롭다. 이 모든 것이 인과 연(因緣)의 근거 없이 드러나지 않는 것이니 그 인(因)은 곧 인간의 욕망이다. 더 잘살고 싶고, 더 오래 살고 싶고, 병들고 싶지 않고, 죽고 싶지도 않은 욕망이 곧 고통의 원인이다. 그러나 역설적으로 이 욕망은 삶의 에너지이니 이 에너지가 다 소진되는 순간 우리는 죽은 존재일 수밖에 없다. 곧 욕망을 상실한 존재는 죽은 자이다. 이 역설을 어떻게 풀어야 할 것인가? 결국 고통은 죽음으로서만 끝장낼 수 있다. 죽음의 공포로 고통스러워하면서도 죽음으로 종지부를 찍어야 하는 모순. 그러나 죽음은 삶의 여정 끝에서 우리를 기다리는 것이 아니다. 우리 인간을 가장 불안한 존재로 성찰하게 하는 최종의 사건인 죽음은 항상 우리 '삶/생/살아 있음'의 곁에서 동행하고 있다. 하이데거는 우리는 충분히 죽을 만큼 늙어 있다고 말하지 않는가?

고통이 삶의 본성이라면, 그래서 그 고통의 본성이 '코기토(Cogito)'의 마지막 단계에 이른 회의의 대상이 아니라고 한다면, 고통을 성찰에서 제외해버리고 고통과 유사한 것들, 예컨대 비통, 슬픔, 절망, 분노를 논의하는 것이 오히려 나을 수도 있을 것이다. 초조함과 공포, 두려움은 고통을 가져다주는 전조(前兆)들이다. 불편함보다는 편안함을, 분쟁과 갈등보다는 평안을, 고통보다는 쾌락을 추구하는 것이 인간의 원초적 본능이라면 차라리 고통보다 쾌락을 논하는 것이 '생산적'일 수도 있다. 쾌락주의 철학자들이나 '최대다수의 최대행복'의 원리를 제창한 공리주의자는 아예 그편을 택했는지도 모른다. 그러나 과감하게 고통을 논하는 자들은 최대다수의 최대행복이 아니라 '최대다수의 최소고통'을 말한다. 기쁨과 쾌락은 삶 속에서 순간적이고 단절적이며 영속적이지 않다. 행복을 느끼지 못한다고 해서 불행한 것도 아니다. 반면 고통은 피할 수 없고, 한번 고통 속에 빠지면 헤어 나오기 힘들며, 고통은 삶을 파괴할 수도 있기에 고통을 최소화하는 것이 곧 행복이다. 필자는 이 자리에서 보편적이고 일반적이어서 초월성이 요구되는 종교적, 철학적 고통을 논할 여력이 없다. 고통을 고뇌하는 자들, 예를 들어 순교자들과 철학자들의 성찰적 고통을 헤아릴 겨를이 없다. '멜랑콜리'와 '우울증'으로 세상의 고통을 진단하려 한 예술가들이 앓고 있는 고뇌의 병을 공감할 자신도 없다. 내 이웃이 당장 부딪히고 있는 고통과 그 고통을 바라보는 나, 그리고 내 안의 고통의 전조인 불안과 두려움을 바라보고 있을 뿐이다.[19]

고통은 '상실'의 산물이다. 고통은 지향함이 없되 굳이 그것이 지향하는 대상을 찾는다면, 즉 그 대상의 자리에 무엇을 자리매김한다면, 그것은 '상실'이다. 목숨의 상실, 정신적이고 육체적인 온전함의 상실, 자존의 상실, 그 상실에 대한 두려움과 슬픔이다. 고통은 인간을 한없이 연약하고 초라하게 만든다. 고통은 인간의 무한한 역량과 가능성을 한번에 비웃어버리는 사건이기 때문에 고통 앞에서 초연할 수 있는 인간은 없다. 오로지 순교자들만이 고통의 수용을 통해 고통을 비웃는 자이다. 하지만 순교자들도 생과 죽음의 접변에 서 있는 순간에서만큼은 그 고통 앞에 무릎을 꿇을 수밖에 없지 않았을까? '상실한 자'의 고통은 누구도 그 자체로 체험되지 않는다. 타자의 고통은 체험될 수 없고 다만 실루엣처럼 공감될 뿐이다. 우리 대부분은 고통의 주체로서가 아니라 고통을 바라보는 방관자로 살아간다. 고통의 주체가 되고 싶지 않은 무의식의 방어기제가 발동하고 있는지도 모른다.[20] 타자의 고통을 외면하는 것이나 타자의 고통에 연민하는 자세 모두 궁극적으로는 개인의 고통을 벗어나려는 이기주의적 본능 때문이라고 말한다. 즉, 자기에게 닥쳐올 불행과 고통을 걱정하기 때문이다. 고통은 결코 경험하고 싶지 않은 것이다. 그러나 왜 우리는 고통의 의미를 이해하려 하는가? '나'는 전쟁 속에 있지도 않았고, 학살 현장에 있지도 않았으며, 고문의 현장에 있지도 않다. 가난에 찌들어 병의 고통을 안고 있지도 않으며, 참을 수 없는 통증에 시달리고 있지도 않다. 급작스러운 사고로 지극히 사랑하는 자식과 반려자를 죽음으로 떠나보내는, 형용할 수 없는 상실을 경험하지 않았다. 그런데도 '나'는 왜 고통의 의미를 파악하려 하는가?

---

19 야스퍼스는 고통은 인간실존의 운명이고 운명을 사랑하는 자만이 초월자가 보내는 암호를 해독할 수 있다고 말했다고 한다. 모든 고통은 대(對)개념 혹은 대대(待對)하는 실체를 갖는다. 행복은 고통 없이는 그 가치를 알 수 없고, 삶은 죽음의 고통 없이 의미가 없다고 말한다. 그러나 필자는 이 대개념조차 음미할 자신이 없다.
20 물론 누구나 죽음 앞에서는 예외가 없다. 죽음의 고통은 누구에게나 공통된 것이다.

역사는 고통으로 죽어간 수없이 많은 자들의 무덤이다. 우리의 관심은 고통 그 자체로부터 고통을 낳은 조건들, 그중에서도 특히 고통의 '사회적 조건'으로 옮겨간다. 그리고 고통을 바라보는 타자들의 반응과 고통의 치유에 관한 것, 고통당한 자가 남긴 삶의 의미의 흔적으로 확장된다. 순교자뿐 아니라 무명의 사람들, 예컨대 학살로 인해, 전쟁으로 인해, 고문으로 인해 혹은 범죄와 재난과 사고에 의해 죽은 자들과 생존자들이 전해주고 있는 고통과 삶에 대한 의미를 끄집어내는 일이야말로 고통에 관심을 두는 이유일 것이다. 무엇이 이토록 고통을 낳는가? 고통의 뿌리는 폭력이다. 살고 싶고, 인정을 받고 싶은 최소한의 욕구마저 부인하는 것이 폭력이다.

마취하지 않은 채 행해지는 신체의 절단이야말로 최고의 고통일 것이다. 폭력의 그물에 낚인 개인이나 집단에게 남는 것은 정신적, 육체적 상처와 고통이다. 내가 사는 땅의 분단 역시 신체의 절단만큼이나 고통스러운 것은 아닐까? 개인이나 집단이 도저히 감내할 수 없는 충격에 의한 상처, 좀처럼 아물지 않는 상처, 그중에서도 특히 정신적 상처를 '트라우마'라 부른다. 아물지 않은 상처는 언제든 고통을 유발하고, 고통은 오히려 고통을 낳는 폭력으로 돌변하여 타자와 자신을 괴롭히고, 심지어 목숨을 빼앗기도 한다. 폭력, 상처, 고통의 연쇄순환 개념인 트라우마의 사회적 조건은 폭력 그 자체와 함께 폭력을 낳은 지배와 억압 관계 그리고 구조적 강제력이다. 다시 말하건대 폭력은 강제와 억압을 통해 개인 주체의 저항능력을 소멸시키는 파괴적 힘이다. 그중에서도 국가 혹은 민족 간에 발생하는 전쟁의 폭력은 가장 강력한 것으로, 민간인 학살은 지울 수 없는 상처를 남긴다. 발칸반도의 보스니아 내전 기간 중 여성에게 자행된 '강간'은 '젠더사이드(gendercide)'라고 하는 신(新)인종청소의 용어를 낳을 정도로 극렬한 폭력의 한 사례이다. 그러나 오늘날 폭력의 주체는 매우 다양하다. 협의와 합의를 거치지 않고 시행되는 기업의 일방적 정리해고도 폭력이고, 보도 프레임(frame)을 통해 특정 집단과 개인의 행위를 범죄시하는 미디어 행태 역시 폭력이다. 폭력은 또한 상징과 이데올로기, 오인과 편견, 낙인과 배제 등으로 은밀하게 비가시적인 형태로 작동하기도 한다. 천재지변의 재해 역시 인간에게는 자연의 폭력이다. 폭력은 트라우마를 낳고 트라우마는 고통을 낳는다.[21] 트라우마는 "폭력과 상처와 고통의 연쇄 순환적" 개념이다.

'트라우마'에 대한 사회적 치유의 탐색: 연대, 참여, 시민운동[22]

트라우마란 무엇인가?

트라우마는 개인이 저항하거나 극복하기 힘들 정도의 외부 충격에 따른 정신적 상흔(傷痕)을 말한다. 성폭력, 전쟁, 사고, 사건, 범죄, 재난, 재해 등으로 인한 외적 충격의 여파로 인해 좀처럼 치유되기 힘든 특징을 안고 있는 트라우마는 다양한 병리적 증상으로 나타나기도 한다. 정상생활을 할 수 없을 정도의 병리 현상에 주목한 일부 정신의학자들은 그러한 증상을 '외상후스트레스장애(PTSD; post traumatic stress disorder)'라 이름 짓고 이를 치유하기 위해 심리치료나 EMDR(eye movement desensitization and reprocessing) 기법, 약물투여 등의 수단을 동원하고 있다. 심리치료나 EMDR, 약물치유 등을 동원하는 정신의학적 접근은, 트라우마 배후에 있는 심층적 사회구조나 집단 간 갈등보다는, 트라우마를 '주어진 것(pre-given)'으로 전제한 후 개인의 발현적 증상을 진단의 출발점으로 삼아 이 증상을 치유하는 데 집중한다. 간단히 말해 정신의학 및 심리치료적 접근은 '미시적 개인 차원의 증상중심주의적 접근'으로 요약할 수 있을 것이다.[23]

이에 반해 트라우마의 발생기제와 전이과정, 그리고 치유과정을 거시적인 사회적 맥락 속에서 찾고, 그 사회적 맥락을 개인 혹은 집단 증상과 연계 지어 설명하려는 사회학적 접근은 사회구조적 상황 속에서 트라우마가 형성되고 전개되는 과정에 주목한다. 아울러 치유방법 또한 사회적 구조나 환경 등 거시적 맥

---

21 트라우마에 대한 연구는 따라서 트라우마와 불가분의 관계를 맺고 있는 다양한 폭력에 대한 분석이기도 하다.
22 이 소절은 필자의 「세월호 트라우마」 치유를 위한 사회학적 탐색과 전망」, 김명희·김왕배 엮음, 『세월호 이후의 사회과학』(그린비, 2016)에 실린 내용을 수정 보완한 것이다.
23 트라우마 진단표나 증상치유 등에 대해 폴레트·피스토렐로(2014), American Psychiatric Association (1952), 앨런(2014), Goelitz & Stewart-Kahn(2013), 최근 한국에 나와 있는 것으로 최명기(2012), 정혜신(2013), 보나노(2010), 김준기(2013)를 참고할 만하다.

락에서 찾고자 한다. 유태인 대학살의 트라우마에 관한 알렉산더(J. Alexander)의 작업은 트라우마가 어떻게 사회문화적으로 구성되고 전개되는지를 잘 보여주는 좋은 사례이다. 그는 유태인 학살의 트라우마가 세대로 전승되는 과정에 주목하면서, 대학살이 미디어와 정치집단에 의해 '역사적인 트라우마'로 구성되는 과정을 추적한다. 그러한 입장을 상호작용에 의한 '구성주의적 접근'이라 이름 붙일 수 있을 것이다.[24] 외부 집단의 개입이 없었다면 유태인 학살은 인류 역사에서 발생했던 하나의 비극적 사건으로만 기억될 것이다. 그러나 유태인 학살에 대한 지속적이고 다양한 추모와 애도, 그리고 학술지, 토의, 영화, 소설, 안네의 일기, 다큐멘터리, 추모비, 관광화된 아우슈비츠 감옥 등 상징물들을 통해 학살은 트라우마로 구성되었고, 현재에 이르기까지 지속되고 있다. 트라우마는 사회적, 정치적, 문화적 산물이라는 것이다.[25]

한국의 인문사회과학자들이 트라우마 연구에 대한 방법론을 체계화했다고 보기 어렵지만, 대체로 알렉산더의 구성주의 입장에 많은 영향을 받고 있는 듯 보인다. 그들은 식민지 시대의 위안부, 분단과 한국전쟁으로 인한 학살피해자, 5.18 광주 민주항쟁기 군사정변에 의한 희생자들, 권위주의 정권하에서의 고문피해자, 경제위기 시 정리해고 노동자들의 트라우마에 주목하고 있다. 오랜 기간 정치적, 사회적 탄압과 배제 속에 담론 자체가 금기시되어왔기 때문에 '응어

---

[24] 필자는 알렉산더로부터 많은 시사점을 받고 있으면서도 계몽주의나 정신분석학을 거부하는 그의 입장에 대해서는 동의를 유보하고 있다. 트라우마 연구가 왜 계몽주의적이면 안 되는가? 역사적, 사회적 트라우마의 치유과정은 기존 트라우마를 낳게 한 구조를 변형시키고, 트라우마 발생 기제를 예방하는 새로운 문화적, 제도적 장치를 구축하는 것이다. 필자가 보기에 트라우마가 항상 의식되는 것이 아니라 시공간을 따라 무의식 속에 잠재되어 있다가 하나의 계기를 만나 수면에 떠오를 수 있다는 점에서 정신분석학 역시 유효하다. 알렉산더(2007), Alexander et al.(2004), 트라우마와 사회이론을 조망한 Eyerman(2013)과 한국사회의 경우를 문화사회학적으로 조명한 작업으로 이철(2010)을 참조할 것.

[25] 이철은 알렉산더의 틀로 보았을 때 용산참사가 사회적 트라우마로 등장하는 데 실패했다고 주장한다. 사회문화적 트라우마 구성과정에서 핵심적인 것은 누가 권력을 잡느냐 하는 것이다. 사건을 은폐하려는 세력과 사건을 폭로하려는 세력 간의 다툼, 그리고 문화적 전파 속에서 사회적 트라우마가 형성된다. 이철의 2010년 논문 「사회적 외상의 문화적 차원에 대한 문화사회학적 연구」를 추천한다.

리진 상처'로 남아 있는 트라우마에 대해 뒤늦게나마 관심을 쏟고 있다(김동춘·김명희 외, 2014).[26] 물론 이러한 연구들이 아직 트라우마에 대한 사회학적 방법론을 정치하게 구성하거나 적용한 것은 아니다. 그러나 최근 일련의 작업은 미시적 차원에 국한되었던 정신의학/심리치료의 트라우마 연구 영역을 사회적인 거시적 연구로 확장시키는 데 기여한 것이 사실이다. 트라우마 연구에 관한 인문사회과학적 연구의 의의와 기여는 거시적인 트라우마의 역사적 배경을 개개인의 트라우마 경험자와 연계시키고, 그 치유 역시 정치적, 경제적, 문화적 거시구조 차원에서 풀어보려고 한다는 것이다. 즉, 증상이나 상처를 안고 있는 대상은 개개인 또는 일부 집단, 세대이지만 그 트라우마의 배후에는 사회구조적인 모순적 환경과 폭력구조가 있다는 점을 부각하고 있다는 것이다.

이같이 트라우마에 대한 사회학적 접근의 방법론은 질병을 단순히 개인적 차원이 아니라 질병보유자의 사회적 관계성, 직업, 계층 등의 측면에서 바라보고, 따라서 그 질병의 치유 역시 사회적 환경의 개선을 통해서만 가능하다고 주장하는 기존 보건사회학 분야의 사회역학적 접근과도 유사하다고 볼 수 있다(Bernhard and Kirkbusch, 1991; Miller et al., 2010; Bernice et al., 2011). 트라우마의 사회학적 접근은 기존 의료사회학의 사회역학적 접근보다 거시적 영역을 더 고려하고, 시민사회운동과 구조변환이라는 실천의 측면을 강조하는 점에서 더 확장된 영역이라 할 수 있다. 트라우마로 인한 '부정적' 삶의 느낌, 분노, 무력감, 좌절, 우울 등의 감정과 태도와 집단갈등에 대한 진단과 치유는 거시적 사회구조의 차원에서 접근할 필요가 있다. 그러나 여전히 트라우마에 대한 사회과학자들의 인식과 접근은 만족할 만한 수준에 도달하지 못하고 있다. 사회구조적 배경과 트라우마를 구체적으로 어떻게 연계시킬 것인가? 트라우마의 발생 및

---

[26] 한국사회에서 인문사회과학자들에 의한 트라우마 연구는 시민사회와 민주주의 성장, 인권에 대한 담론의 활성화와 함께, 그리고 구술생애사와 같은 질적 방법이 광범위하게 확산되는 정황과 맞물려 활발히 진행되고 있는 듯하다. 강은숙(2012), 김귀옥(2008), 엄찬호(2011), 김명희(2014), 김보경(2014), 김종곤(2013), 김종군(2013), 이병수(2011), 오승용(2008), 오수성 외(2008), 최정기(2008), 최현정(2014) 참고. 최근 한국사회를 트라우마의 관점에서 진단하고자 하는 대표적 저술로 김동춘·김명희 외(2014), 김태형(2013)을 참고할 것.

전개과정에서 개입하는 다양한 변수(집단, 계층, 성, 지역국가 등)들을 어떻게 체계적으로 조명할 것인가? 구조와 행위자(트라우마 희생자를 포함)의 관계는 어떻게 연계시킬 것인가? 연대와 참여를 통해 어떻게 이를 공론화시키고 시민사회운동 차원으로 확장시킬 것인가? 아울러 기존의 정신의학이나 심리치료적 접근과는 어떠한 상보적 관계를 맺을 것인가?

여기에서 필자는 트라우마에 대한 사회학적 접근의 모델을 탐색해보고, 최근 한국사회에 엄청난 충격을 주었던 '세월호 참사'의 사례를 개괄적으로 적용해보고자 한다. 크게 두 단락으로 나누어, 먼저 트라우마에 대한 사회학적 접근의 모델을 정립해보고자 한다. 트라우마의 사회적 조건, 전개과정(기억과 의례, 망각 또는 트라우마의 강화), 그리고 치유과정(진실규명 및 책임귀속, 참여, 사회운동과 구조개선) 등 일련의 '사회적 과정(social process)'이 그 모델 안에 포함될 것이다. 이어 세월호 참사의 트라우마를 이 모델에 입각하여 접근해보고자 한다. 세월호 참사의 경우 현재진행형이라는 점에서 모델의 적용이 섣부를 수 있음에도 불구하고, 향후 예측과 실천 과제 등 몇 가지 시사점을 끌어내보도록 할 것이다.

트라우마 치유의 사회적 전개 과정

사회적 인식의 공유

트라우마는 온전하게 사라지거나 망각되기보다는 잠재화되어 있으며 특정한 계기를 통해 강화되기도 하고, 시공간을 초월하여 전이(轉移, transferring)되는 속성을 안고 있어서 근본적인 치유는 절대로 수월하지 않다. 시급하게 이루어져야 할 임시방편적 치유방법은 기존 정신의학이 동원하는 상담, 관찰, 그리고 약물투여와 같은 것들이지만 사회적인 트라우마의 치유는 더욱 복잡하다. 트라우마를 발생하게 한 구조적 배경과 전이과정을 분석하고 이를 대치할 수 있는 다양한 정책이나 제도, 문화를 구축하도록 하는 사회적 과정을 밟아야 하기 때문이다. 이 '사회적 과정'은 여러 사회 집단이나 계급, 세대, 성, 지역 등에 따른 이해관계들과 편견, 권력이 서로 부딪히기 때문에 매우 지난하고 중층적일 수밖에 없다. 트라우마가 사회적으로 전개되는 공간은 국가, 시민사회, 집단, 계급, 성, 세대 등이 벌이는 권력의 각축장과 다름없는 것이다.

일반적으로 트라우마의 치유 과정은 신뢰를 통한 안정감 회복, 기억과 애도, 사회관계의 복원이라는 단계를 거치는 것으로 되어 있다. 트라우마의 희생자들이 상처와 증상을 토로할 준비를 하고, 사건/사고를 '고통스럽게' 기억해내며, 그 아픔을 치유동반자와 함께 공감하고 애도한 후 마침내 이웃이나 직장, 사회 등과 관계맺음을 할 수 있도록 유도하는 것이다(허먼, 2012). 사회적인 트라우마 치유 역시 기본적으로 이 과정을 겪는다고 볼 수 있지만 보다 공개적이며, 다양한 집단의 사회적 협의와 합의가 이루어져야 한다는 점에서 더욱 거시적이고 복합적이다. 치유의 첫 단계는 광범위한 사회구성원들에 의해 특정한 사건이나 사고가 트라우마로 인지되어야 하고, 트라우마 희생자의 치유에 대한 공감이 형성되어야 한다는 점이다. 단순히 특정 집단이나 세대에게 발생한 역사적 사건/사고가 아니라 사회구성원들 전체 혹은 특정한 집단에게 깊은 상처를 준 사건이며 따라서 '그들 혹은 우리는 희생자'이고, 피해구제를 통해 상처를 치유해야 한다고 하는 인식이 선행되어야 한다. 더 나아가 그 트라우마의 치유가 공동체의 역사적 발전으로 승화될 수 있다고 하는 윤리적인 판단이 전제되어야 한다. 예를 들어 오랫동안 망각이 강요되어왔던 분단기의 제주 4.3 사건, 한국전쟁기의 부역자 처벌이나 5.18 민주화 항쟁, 독재정권기의 고문이나 간첩누명 사건 피해자들의 상처를 오늘날 한국사회의 광범위한 구성원들이 사회적 트라우마로 인정함과 동시에 치유를 통해 한국사회의 제도적이고 윤리적인 역량을 한 단계 높일 수 있다는 인식을 어느 정도 공유해야 한다는 것이다.[27]

이 과정에서 핵심적인 것은 사회적 신뢰이다. 여기에서 상세히 논의할 수 없지만, 신뢰는 단순히 공동체의 약속이행에 대한 주관적인 심리적 기대뿐 아니라 실제로 생존과 삶의 질을 위한 자원의 제도적 분배와 안전망 등을 포함하는 '실체(real object)로서의 사회적 가치'이다. 따라서 신뢰사회란 권력, 명예, 부, 평등, 참여, 자유 등의 사회적 가치의 분배는 물론 일상생활에서의 규범에 대한

---

[27] 사회적 트라우마의 치유는 집단 간, 세대 간, 계층 간 대립과 갈등을 순치시키고 제도화시키는 과정을 수반한다.

상호주관적 기대와 믿음이 풍부한 사회를 말한다(김왕배, 2010). 사회적인 트라우마의 치유는 이러한 신뢰를 바탕으로 개방적 상호대화와 이해의 노력을 통해 사건/사고의 진실을 규명하고 피해를 보상한 후, 문화적이고 사회제도적인 장치를 마련할 수 있다는 기대로부터 시작된다.

기억과 집단의례

두 번째 단계는 집단적인 기억과 애도의 과정이다. 이 기억은 망각되었거나 혹은 망각되기를 강요당했던 사건의 전말을 가장 강한 외부 충격에 노출되었던 일차적 희생자 집단의 경험을 통해 현재화하는 과정이다. 사회적 트라우마는 개인 사건으로 환원될 수 없기 때문에 기억의 과정에서 집단 간 갈등과 긴장, 대립이 발생할 수밖에 없다. 또한 대개 시간이 지난 후에야 경험을 재구성하고 의미부여가 다양해질 수 있기 때문에 희생자의 기억이 정확하다고 볼 수도 없다. 기억 역시 기억하는 자에 따라 과장, 축소, 부정확, 왜곡이 있을 소지가 있으며 다양한 맥락에 따라 다른 기억들이 충돌할 수도 있고, 기억하는 자들 사이의 이념적 대립과 긴장이 발생할 수 있다는 것이다. 한편, 기억으로 끝나는 것이 아니라 그 기억의 고통을 타자들이 공유하고 공감하면서 의례화하는 작업이 필요하다. 의례는 트라우마의 고통을 사회적으로 공식화하여 타자 인정을 획득하는 절차이기도 하며, 피해자들의 고통뿐 아니라 역사적 사건을 잊지 않겠다는 타자들의 약속행위이기도 하다. 또한 트라우마 피해자의 누명을 공식적으로 벗기는 행위이며 가해자의 사과를 얻어내는 과정이기도 하다. 이런 의례 과정을 통해서 사회구성원들은 트라우마의 역사적, 사회적 의미를 도출해내고, 다음 세대에 이르기까지 그 역사적 의미를 전승시킨다.

진실규명과 책임귀속 및 피해보상

기억과 애도의 절차 과정에는 진실규명 및 책임귀속의 과정이 포함된다. 이 과정이야말로 트라우마의 치유과정에서 '핵심적 기제' 혹은 블랙박스로 비유될 만하다. 이 단계에서 던지는 질문은 다음과 같은 것이다. 사회적인 트라우마가 왜, 누구에 의해 어떻게 발생했고, 그 책임은 누가, 어떤 식으로 지어야 할 것인가? 특히 책임귀속의 문제는 진실규명을 바탕으로 이루어지는 것으로, 반드시 법적, 도덕적, 정치적 처벌이 주어져야 한다. 아울러 피해자 집단(개인)에 대해서는 적절한 보상과 배상이 주어져야 하는데, 이 보상과 배상에는 명예회복은 물론 물질적인 것이 포함된다. 명예회복은 사건에 대한 법적, 도덕적, 정치적인 재평가와 의례를 통해 공식적으로 사회적 인정을 얻는 절차를 거쳐 이루어진다. 많은 경우 사회적 트라우마의 치유과정에서는 국가가 직간접으로 진실규명과 배상의 주체가 될 수밖에 없다. 예를 들어 부역자 학살이나 5.18 민주화 항쟁기 살상, 고문과 간첩죄 등 '국가범죄'로 지칭할 정도의 사건에 대해서는 국가가 바로 책임귀속의 종착지이다. 아울러 국가는 인권의 예방 및 보호의 의무를 지고 있고, 제3자의 인권침해에 대해 강제적으로 처벌을 해야 할 책무를 지니고 있기 때문에 트라우마의 치유과정에서 국가의 개입은 필연적일 수밖에 없다(이재승, 2011).

그러나 진실규명과 책임귀속 및 피해보상 과정은 미완성으로 끝날 가능성을 배제하지 못한다. 진실규명의 과정에서 책임귀속에 관해 다양한 이해관계에 놓인 집단들의 상이한 가치판단이 개입될 수밖에 없다. 더구나 가해자와 피해자가 중첩되어 있거나 그 판단을 내리기 어려운 경우도 있고, 누가, 어느 정도의 권한을 가지고 규명할 것인가에 대해서도 한계가 있다.[28]

한편, 이 단계에서는 화해의 과정이 요청되기도 한다. 그러나 화해의 과정은 '관용과 용서'라고 하는 높은 도덕적 태도가 요청된다는 점에서 또한 쉬운 일이 아니다. 특히 분노, 우울, 좌절과 같은 부정감정에 휩싸여 있는 피해자들이 가해자들의 행위를 받아들이는 것은 매우 어려운 일이다. 책임소재가 불투명하거나, 분명하다 하더라도 시효가 소멸되어 있거나, 도덕적 책임마저 기피하려고 할 때 가해자를 관용하고 용서하기는 쉽지 않다. 또한 트라우마의 치유과정에는 국가와 시민사회, 집단, 세대 간의 권력이 서로 부딪히기 때문에 타협에 의한

---

[28] 예를 들어, '진실과 화해 위원회'의 활동에는 수사권과 기소권 등이 제한되어 있기에 책임소재를 밝히기가 어렵거나 진실을 규명했음에도 불구하고 공소시효 등 책임을 묻기가 어려운 상황이 종종 발생한다. 진실화해위원회(2010)를 참고할 것.

불완전한 결말에 도달하는 경우나 책임귀속의 주체가 명료하지 않은 경우도 많다. 즉, 피해자는 분명히 존재하는데, 그리고 일정 정도 명예회복이나 물질적 보상이 주어지기는 했으나 책임귀속의 당사자가 사건의 시야에서 사라져 버린 경우이다.

사회연대와 시민운동

트라우마 치유의 마지막 단계는 피해집단 구성원이 사회관계를 회복하도록 하는 한편 트라우마 발생을 방지하기 위한 문화 구축이나 제도적 장치를 통해 보다 성숙한 사회로 나아가는 것이다. 이 과정에서 가장 중요한 것은 피해자 집단의 적극적인 사회참여이다. 특히 사회적 관계의 복원 단계에서는 트라우마 희생자의 사회참여가 매우 중요하다. 트라우마 희생자가 직접 사회운동이나 시민단체 활동에 참여함으로써 제도를 개선하고 새로운 문화를 구축하는 데 기여하는 것이다. 트라우마 희생자는 이러한 적극적이고 능동적인 참여를 통해 수동적 피해자 혹은 피(被)치유자의 지위로부터 주체적으로 상처와 증상을 극복해내는 치유동반자의 지위를 부여받는다. 트라우마 피해자의 사회참여는 사회관계의 회복을 더욱 신속하고 두텁게 만든다. 예컨대 성폭력 피해자는 가부장적 남성문화의 개선을 위한 사회운동에 참여하여 성폭력 행위에 경종을 울리거나 법적 제도를 정비하게 하는 계기를 만들 수 있을 것이다. 고문피해자는 인권운동을 통해 고문의 반인륜적 행태를 사회에 알리고, 반(反)고문법의 제정에 기여할 수 있다. 대형 사고로 인한 희생자 역시 안전문화 확립과 안전법 제정을 위한 사회운동에 참여함으로써 사회관계를 회복함과 동시에 치유의 의미를 주체적으로 획득할 수 있다.

그러나 중요한 것은 트라우마의 피해자뿐 아니라 일반 시민의 사회연대에 기초한 운동이 필요하다는 것이다. 동정적, 시혜적인 방법으로 피해자 집단을 배려하는 것이 아니라, '그들과 함께'하는 사회연대 차원의 참여와 사회운동이 요청된다. 사회연대에 의한 참여와 사회운동은 트라우마의 의미를 지탱하고 문화나 제도를 구축하는 힘을 행사하게 한다. 또한 사회적 연대는 트라우마 집단에 대한 '사회적 지지(support)'를 부여함으로써 실질적으로 심리적 안정감과 사회

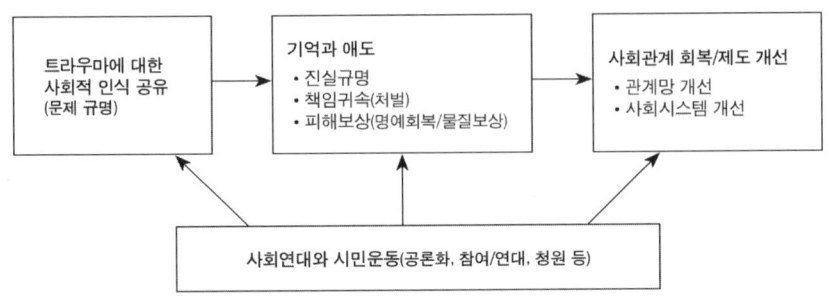

[그림 2] 트라우마 치유의 사회적 전개과정

적 관계회복의 의지를 북돋는 기능을 하기도 한다.

사회적 연대에 기초한 참여와 시민사회운동은 비단 마지막 단계에 국한되는 것이 아니다. 시민사회운동은 첫 번째 트라우마 치유단계에서 필요한 사회적 인식의 공유를 촉구하고 유발시키기도 하며, 기억과 애도를 지속가능하게 하기도 한다. 또한 사회운동은 진실규명 및 책임귀속, 그리고 적절한 피해보상이 이루어지도록 압력을 행사할 수 있으며, 문화구축과 제도개선을 추진하는 힘이 되기도 한다. 즉, 사회연대에 기초한 시민운동은 트라우마의 사회적 치유과정에 전방위에 걸쳐 작용한다는 것이다. 트라우마 유발을 방지하는 사회문화제도의 개선은 시민불복종 운동이나 기타 시민사회 운동, 청원권 운동 등을 통한 법적인 변화를 통해 이루어지기도 하고, 문화정착을 위한 시민운동을 통해 이루어지기도 한다.

위에서 논의한 트라우마의 사회적 전개과정을 그림으로 나타내면 [그림 2]와 같다.

'세월호 참사'의 트라우마

'세월호 참사'는 한국사회가 안고 있는 총체적인 모순과 갈등을 적나라하게 보여준 사건이다.[29] 세월호 참사는 한국인들의 가치관과 세계관, 문화, 제도, 국가시스템, 리더십, 언론, 시민사회 수준과 역량 등 모든 것들을 가감 없이 보여주었다. 물질만능주의에 젖은 생명철학과 직업윤리의 부재, 신뢰의 상실과 소통의 침몰, 국가운영체제의 허술함, 부패와 부정의 관행, 일상에서의 안전불감증 등 두텁게 쌓인 구조적 장애물들을 그대로 보여준 것이다. 세월호 참사는 생존자와 유가족들에게 씻을 수 없는 상처를 남겼고, 한국사회의 시민들은 사고의 경위와 정부, 정당, 언론, 시민단체 등 다양한 집단의 대응행태를 바라보면서 절망과 분노, 회한, 슬픔의 감정에 북받치기도 했다. 가족을 잃었거나 생존한 일차 피해자뿐 아니라 한국사회의 전 구성원이 '트라우마'를 안고 있다고 해도 과언이 아니다.

세월호 참사의 사회적 트라우마를 어떻게 치유해나갈 것인가? 트라우마의 일차적 피해자(생존자, 유가족)와 이차적 피해자(세월호 참사로 인해 상처를 받은 일반 시민들)에 대한 사회적 치유에는 매우 복합적인 절차와 과정이 적용된다. 일차 피해자에 대해서는 국가, 시민단체, 의료기관 등의 관심과 배려에 의한 치유과정이 필요할 것이고, 트라우마를 치유하면서 동시에 치유받는 입장인 일반 시민들은 사회구조에 대한 성찰과 반성, 문화 및 제도 개혁 등의 '사회적 과정'을 밟아 나가야 할 과제를 지고 있다.[30] 위에서 언급한 바대로 트라우마에 대한 사회학적 접근은 사태에 대한 구조적 분석, 기억과 의례, 책임귀속과 처벌 등의 진실규명과 피해자 보상, 문화 및 제도 개혁 등의 총체적인 연관성을 살피고, 참여와 연대, 시민운동의 차원에서 실천적 대안을 제시하는 것이다. 세월호 트라우마의 사회적 과정은 현재 진행 중이기 때문에 판단과 평가는 시기상조일 수 있지만 현재까지 이 상황은 결코 순탄하게 진행되었다고 할 수 없다. 위에서 제시한 트라우마 전개와 치유과정에 대한 모델을 적용해보았을 때 세월호 참사를 사회적 트라우마로 인식하는 것과 1차 피해자에 대한 배려, 진실규명 및 책임자 처벌, 향후 제도적/문화적 개선의 필요성에 대해서는 사회구성원의 공감과 인식이 광범위하게 형성되었다고 진단할 수 있다. 그러나 그 이후의 과정은 매우

---

29 세월호는 2014년 4월 16일 진도 팽목항 부근에서 침몰했다. 이 사고로 인해 탑승인원 476명 중 304명이 사망하고 9명이 실종되었다. 특히 수학여행을 떠나던 단원고 학생들 297명이 숨졌다.
30 세월호 참사 이후 시민연대와 전 사회적 성찰, 책임규명을 요구한 다양한 사회운동, 포럼 등에 주목할 필요도 있다.

더디게 진행되었다. 특히 세월호 특별법 제정을 둘러싸고 각자의 이념과 이해관계를 달리하는 여야 정당 및 정부, 소위 보수와 진보의 시민단체들의 대립과 갈등이 첨예화되면서 오히려 사회 전반에 본질 은폐, 관심 전환, 분열 등 망각의 과정이 급속히 진행되었다. 더구나 일상에서의 안전문화나 생명, 인권의식의 함양을 위한 분위기 조성, 즉 문화 구축과 제도 개선은 아직까지도 요원하다.

트라우마를 발생시킨 사회구조적 요인들을 분석하여 그 구조적 요인을 개선하고 변형시키는 것이 치유과정의 종착지점이라고 한다면, 트라우마의 원인들과 향후 실천과제는 하나의 축으로 이어져 있다고 할 것이다. 세월호 참사의 거시적인 구조적 원인과 실천 과제는 크게 ① 생명과 인권의식, 직업윤리의 문제, ② 국가시스템과 리더십의 문제, ③ 시민사회의 신뢰와 소통, 언론과 미디어의 문제, ④ 안전문화 정착의 문제, ⑤ 일상에서의 안전문화 실천/교육의 문제 등으로 개괄할 수 있다.

현실과 전망

세월호 참사 이후 한국사회의 시민사회운동은 누구에 의해 어떻게 전개되고 있는가? 시민운동에 의해 세월호 참사 기억의 확장이 일어나고 있으며, 집단 트라우마는 과연 사회적 치유에 의해 감량되어가고 있는가? 시민사회운동의 청원과 압력으로 정확한 진상조사와 책임규명, 처벌, 배상, 보상이 합당하게 진행되고 있는가? 나아가 '문제를 발생시킨' 구조적 심연들의 변화가 발생하고 있는가? 아직 모든 것이 현재진행형인 만큼 섣부른 답을 내리기는 어렵다. 사회적 참여와 연대, 시민사회운동을 통한 개인과 집단 트라우마 치유의 결과를 평가하기에는 시기상조라는 것이다. 하지만 현재까지 이러한 과정은 그렇게 순탄하지 않았다. 오히려 망각의 반동기제들이 곳곳에서 일어났다.

세월호 참사 이후 시민사회운동이 어떻게 전개되었는지를 개괄해보기로 한다. 세월호 참사는 한국 현대사에서 지울 수 없는 충격파를 던져준 사건으로, 초기에는 이념과 세대, 지역, 진보와 보수를 막론한 언론 모두를 초월하여 참사에 대해 통한의 애도를 표명하고 책임소재 규명과 처벌에 함께 목소리를 높였다.[31] 추모와 애도의 물결이 이는 가운데 개별적으로나 집단적으로, 시민들과 시민단체들의 즉각적이고도 활발한 참여와 개입이 다양하게 전개되었다. 팽목항과 진도, 안산 등지에서의 자원봉사활동은 물론 각계에서 도움의 손길을 내밀었고 진상규명과 향후 구조개혁을 촉구하는 움직임들이 여기저기에서 나타났다. 이어 소규모 활동들이 집단화되면서 보다 체계적인 활동조직들이 탄생했고, 이들의 사회연대 운동을 통해 세월호 참사는 전 사회적 트라우마로 인지되었으며, 진상규명과 사회개혁이라는, 앞에서 논의한 트라우마의 '사회적 과정'이 진행되어가는 분위기가 형성되었다.

그중에서도 종교계는 매우 발 빠른 움직임을 보였다. 세월호 참사 이후 종교단체(기독교, 천주교, 원불교, 천도교 등)의 대표자들은 긴급모임을 갖고 세월호 참사에 대한 정부의 책임 있는 태도와 특별법 제정을 요청하는 시민회의를 주최했다. 프란치스코 성당에서 개최된 공청회는 빈자리가 없을 정도로 많은 청중이 참석했고, 이 자리에는 안전 관련 전문가들, 유가족 대표, 그리고 국회 여당과 야당의 의원 대표들이 참석하여 특별법 제정에 대한 범사회적 의견의 수렴 가능성을 논의했다.[32] 이후 공청회는 더 이상 개최되지 않았고, 정부 여당과 야당, 시민사회는 서로 상반된 견해 속에 대립을 거듭하게 되었다. 일부 친정부적인 기독교 종교단체는 보수단체와 연합하여 오히려 세월호 사건에 대한 정부의 입장을 옹호하기도 했다. 그러나 종교계의 사회운동은 더 이상 특별하게 가시화되거나 세력화되지 않았고, 다만 개별 교회나 사찰 등에서 세월호 참사 희생자와 유가족을 위로하는 기도회나 집회 등이 산발적으로 개최되었으며, 일부 개별교회나 사찰 소속의 조직들이 세월호 국민대책회의의 단체회원 자격으로 참여하게 된다.

한편, 세월호 참사 이후 학계에서는 다양한 성명서가 발표되었다. 연세대학

---

31 보수언론인 《조선일보》는 1면 톱기사로 "눈뜨고 아이들 잃는 나라"라고 보도하면서 정부의 무능과 책임자 처벌을 강력히 요청했다(《조선일보》, 2014. 4. 17). 한편, 서경석 목사 등이 주도하는 보수원로들의 단체인 '새로운 한국을 위한 국민운동'에서도 세월호에 대한 반성과 개혁을 다짐했다. http://netkoreamovement.com
32 '민족의 화해와 평화를 위한 종교인 모임'은 "세월호 이후, 우리 사회는 어떻게 거듭날 것인가?"라는 제목으로 토론회를 개최했다(2014. 7. 8).

교를 선두로 경희대학교, 성균관대학교, 서울대학교 등 교수들이 주도한 성명서가 연이어 발표되었는데, 어린 학생들을 사지(死地)로 보낸 것에 대한 참회, 진상규명과 책임자 처벌, 그리고 다양한 영역의 사회개혁에 대한 요구를 담고 있다.[33] 이러한 성명서들은 특히 시장만능주의와 경쟁주의에 함몰된 오늘날 대학의 자화상을 뉘우치고 비판하는 내용도 담고 있는데, 그러나 종교계와 마찬가지로 이후 대학가에서의 움직임은 두드러지지 않는다. 다만 한국사회학회는 세월호 사건과 연계된 위험사회를 주제로 학회를 주최하기도 했고, 세월호 참사에 대한 반성과 치유를 위해 수사권, 기소권 등이 포함된 특별법 제정을 촉구하는 심리학자들의 성명서가 발표되었다.[34] 또한 문학인들을 포함한 지식인 집단에서 세월호와 관련된 시와 그림, 노래, 관련 논문과 책, 기록물들을 발표했다.[35] 이 밖에도 해외의 지식인들이 세월호에 대한 성명서를 발표하기도 했다.[36]

이와 함께 다양하고 자발적인 소규모 활동들이 산재해 있었다. 영화감독 등 예술가들이 세월호특별법 제정을 위한 단식에 동참하기도 하고,[37] 대중음악가

---

[33] 예를 들어 연세대학교 131명의 교수들은 "슬픔을 안고 공동체 회복의 실천으로"라는 제목의 성명서를 통해 국가와 사회 전반에 걸친 자기반성과 성찰과 함께 진상규명과 재발방지를 촉구하고 있다(2014. 5. 14).

[34] 한국사회학회는 "불안의 시대, 사회학 길을 찾다"라는 대주제의 전기사회학 대회에서 세월호 특별집담회를 개최했다(2014. 6. 20). 심리학자 373명은 수사권과 기소권이 포함된 특별법 제정을 촉구하는 성명을 발표한다(2014. 8. 27).

[35] 세월호 참사 이후『눈먼 자들의 국가』,『내릴 수 없는 배』,『사회적 영성』등의 책들이 출간되었다. 1주년을 맞이하여 사회과학서로서『세월호가 우리에게 묻다』가 출간되는가 하면, 유가족의 육성기록을 담은『금요일에 돌아오렴』, 인문학자들의『팽목항에서 불어오는 바람』외 신학자들의 저서들이 다양하게 출판되었다.

[36] "세월호 참사는 대한민국에 울리는 경종: 신자유주의적 규제 완화와 민주적 책임 결여가 근본적 문제", 해외한인학자들 일동(2014. 5. 7).

[37] 정지영 감독과 명필름의 심재명 대표 등 영화인 20여 명은 세월호 참사 유가족의 광화문 광장 단식농성에 동참하기로 선언했다. 세월호특별법 제정 촉구를 위한 영화인 모임은 광화문에서 기자회견을 열고 "여야가 최근 합의한 특별법은 철저한 진상규명과 책임자 처벌, 방지 대책을 주장한 유가족의 특별법과 다르다"며, "유족들이 참여하는 진상조사위원회에 수사권이 부여돼야 한다"고 주장했다. 이들은 유가족이 원하는 세월호특별법이 제정될 때까지 릴레이 단식을 벌이기로 했다. http://imnews.imbc.com/news/2014/culture/article/3507728_13510.html

들이 집회공연에 나서는가 하면,[38] 시사만화가들이 그림 기증을 하고[39] 광화문에서는 평범한 시민들의 1인 시위가 벌어지기도 했다. 그리고 한 고등학교 교사는 자비를 들여 학생들과 함께 안전연구모임을 조직하여 학교생활과 안전에 대한 소책자를 발간하기도 했다.[40] 한 대학에서는 소규모 연구진들과 학생들이 정례적 모임과 발표를 진행하기도 했고, 무명예술가들이 정기적으로 세월호 유가족을 초빙하여 작은 음악회를 여는 등 지속적인 '기억의례'를 행했다.

세월호 참사 이후 전국 각지에서 모여든 자원봉사활동 역시 사회적 치유과정의 중요한 자양분이 되었다. 자원봉사활동은 팽목항과 진도, 안산, 그리고 서울 등 광범위한 지역에서 이루어졌으며, 유가족 돌봄은 물론 장례, 추모, 다양한 행사에 수많은 자원봉사자들의 발길이 이어졌다. 안산지역 택시조합의 기사들은 진도에서부터 서울, 안산 등지의 장례식장까지 무료로 피해자 가족을 이송하는 '헌신적 노력'을 아끼지 않았고 공공단체(대한적십자사)와 자원봉사단체의 회원 및 직원들은 조직적인 네트워크와 자원동원을 통해 체계적으로 봉사활동을 전개했다.[41] 한편, 안산 현장에서는 유가족들의 심리치유와 돌봄을 위해 시민들의 참여가 이루어졌는데, 아름다운재단의 지원으로 안산에 만들어진 '치유공간 이웃'의 활동이 대표적이다.[42]

시민들의 자발적인 기록보관활동 역시 빼놓을 수 없다. 이들은 정부의 공식적인 기록행위와 별도로 보다 공정하고 보다 객관적이며 풍부한 자료를 얻기

---

[38] 대표적으로 단식농성을 시도한 김장훈, 세월호 집회무대에 선 이승환 같은 뮤지션들이다.
[39] 다음 기사내용을 참고할 것. "시사만화가 박재동 화백이 15일 오후 경기도 안산 화랑유원지 경기도미술관 강당에서 자신이 그린 단원고 학생들의 얼굴 그림을 유가족들에게 전달하고 있다." http://www.hani.co.kr/arti/society/society_general/642525.html?_ns=t1
[40] 경기도 B고교의 교사와 학생 5명이 발간한 소책자 「생활과 안전」에는 자연재해나 일상생활, 교통사건 등에 대처하고 예방할 수 있는 다양한 매뉴얼 등이 소개되고 있다.
[41] 한국자원봉사협회에서는 전국자원봉사자회의를 개최하여 세월호 참사의 자원봉사 활동을 점검하기도 했다(제7회 전국자원봉사컨퍼런스, "사회적 신뢰와 공동체 회복: 세월호 참사 전과 후, 자원봉사 무엇이 달라져야 하나", 2014. 7. 17).
[42] 쌍용자동차 해고자의 심리치유를 담당했던 정혜신 의사를 중심으로 자원봉사자들이 운영하고 있다. 치유공간 이웃에 대해서는 http://xn—fp5brm.kr/neighbor/neighbor_story.aspx 참조.

위해 기록보관을 위한 활동을 전개했고, 마침내 2015년 4월 안산 지역에 아카이브를 설립하게 이른다.[43]

특히 2015년에는 4.16연대 주최하에 인권실태조사단의 「인권실태보고서」가 발간되었다. 인권실태조사단은 세월호 참사를 인권의 침몰 사건으로 규정하고, 박탈당한 권리로서 생명과 존엄의 권리(구조, 시신수습, 안전한 노동 등), 진실을 알 권리(정보 접근, 참여, 집회 및 시위 등), 치유와 회복의 권리(원상회복, 재활, 애도와 기억) 등을 경험적 자료와 함께 제시하면서 국가와 기업, 언론, 시민의 책임을 촉구했다.[44] 한편, 민주사회를 위한 변호사 모임(민변)에서는 기록물 발간과 함께 수사권, 기소권이 포함되지 않은 세월호특별법의 위헌 가능성과 시행령 폐기, 대통령의 약속을 촉구하는 성명을 발표하기도 했다.[45]

위에서 소개한 운동들이 개인이나 특정 집단에 국한되어 있다면, 몇몇 사회운동단체는 전 사회 차원에서 시민들을 조직하고 지속적으로 어젠다를 이슈화 함으로써 광범위하고 조직적인 영향력을 행사했다. 피해자 유가족들을 중심으로 2015년 1월에 "사단법인 4.16 세월호 참사 진상규명 및 안전사회 건설을 위한 피해자가족 협의회"가 조직되었는데 국내외 130여 개 단체가 지지발표를 했다. 유가족협의회는 피해자 가족들을 분열시키려는 외부의 어떠한 개입이나 시도의 반대, 세월호 신체의 인양과 실종자 완전 수습, 4.16 참사 진상규명과 특별조사위원회 구성, 그리고 이에 반대하는 세력에 대한 저항, 책임자 처벌 등을 설립목적으로 밝혔다. "세월호 참사 국민대책회의"는 2014년 5월 22일 공식 발족하여, 성역 없는 진상조사와 책임자 처벌, 존엄과 안전이 보장된 사회구축을 목적으로 하며 전국 800여 개의 시민단체를 아울렀다. 국민대책회의는 인권운동사랑방, 다산 인권센터와 같은 인권운동조직, 녹색연합과 참여연대와 같은 시민단체, 한국노총, 민주노총, 전교조와 같은 노동조합, 여성, 농민, 청년, 종교 등 다양한 부문의 단체들을 망라했다.[46] 국민대책회의는 긴급행동유인물 등의

---

43 "세월호를 기억하는 시민네크워크" 참조. http://sa416.org/?page-id=2159
44 4.16 인권실태조사단, "세월호 참사, 인권으로 기록하다"(2015. 7).
45 민변에서 발표한 성명서(2015. 4. 15)를 참조할 것.

유포를 통해 세월호특별법의 문제점을 시민들에게 홍보하고, 시민들의 관심을 촉구하는 등의 조직활동을 비롯하여 범국민추모행동, 농성, 촛불회의, 긴급토론 등을 지속적으로 전개했다. "4.16연대(4월 16일의 약속 국민연대)"는 단체 간의 임시연대기구인 국민대책회의와 달리 시민회원 가입을 기반으로 설립되어 지역, 풀뿌리 간의 수평적 교류와 네트워크를 지향했다. 4.16연대는 "기억"을 화두로 진실규명 및 안전교육과 광화문 광장 집회를 주도했고, 운영위원회를 중심으로 세월호 인양, 진상규명, 안전사회, 4.16 인권선언, 광화문광장, 회원사업, 온라인위원회 등 다양한 영역의 하위 조직을 두어 운영되었다. 4.16연대는 "우리는 안전한 사회로 가고 있는가"라는 제목의 안전사회토론회(2015. 4. 22)를 개최하여 세월호 참사 이후 한국사회의 생명 안전과 관련된 사안들을 점검하고 비판적으로 짚어보는 자리를 마련하면서 국가와 시민사회의 관심을 촉구했다. 또한 세월호 집회 이후 공권력의 반응에 대한 비판적 토론회를 개최하기도 했다.[47]

망각기제에 대한 저항과 과제

이처럼 세월호 참사 이후 사회의 곳곳에서, 자발적인 운동 차원의 '트라우마' 치유에 대한 노력이 전방위적으로 진행되어왔고 또 진행 중이다. 시민들의 자발적인 참여와 연대, 사회운동 그리고 시청 앞 대규모 추모집회 등은 세월호 참사의 '기억'을 재생하고 확산시키면서 안전한 생명사회 건설이라는 가치를 추동하는 에너지가 되었다. 세월호 참사 이후 초기 시민사회운동과 참여는 세월호 트라우마의 사회적 인식과 진상규명, 책임자 처벌 그리고 사회 구조와 문화의 개선과 구축이라는 '사회적 치유의 수순'을 밟아가고 있었다. 특히 1차 피해자인 유가족들이 스스로 단체를 조직하고 사회운동에 참여함으로써 치유의 수동자가 아니라 능동적 주체로 자리매김하는 과정도 밟고 있었다. 국정 최고책임자인 대통령은 다소 군국주의적 기운이 서려 있긴 하지만 적폐(積幣)와 국가개조(國家改造)란 용어를 내걸고 진상규명과 책임자 처벌, 그리고 사회개혁을 약

---

46 국민대책회의의 자세한 활동내역은 대책회의가 발간한 뉴스레터를 참고할 것.
47 4.16연대, "헌법 위의 경찰, '시민의 힘'으로 변화시키자"(2015. 4. 30).

속하기도 했다.[48] 그리고 많은 우여곡절과 진통 끝에 세월호특별법이 통과되고 특별조사위원회가 가동되기에 이르렀다.

그러나 그 이후 세월호 참사의 사회적 치유와 기억의 과정에 거슬러 망각의 반동기제가 매우 광범위하고 드세게 작동했다. 세월호특별조치법 제정과 정부 책임을 둘러싸고 각 집단분파들의 이해관계가 충돌하면서 치유와 기억 운동의 지평은 급속히 약화되었고, 그 중심에는 예의 천민적 정치권력의 이해관계가 놓여 있었다.[49] 세월호 시민사회운동은 곧 반정부운동, 나아가 반국가 음모로까지 규정되기 시작했고, 보수진영은 침묵을 지키기 시작했다. 특히 어린 학생들의 생명과 안전교육에 가장 힘을 쏟아야 할, 세월호 참사에 가장 민감한 반응을 보여야 할 교육관계자들—교육학자, 교장, 교감 등의 집단—은 더 이상 아무런 반응도 보이지 않았다. 대학 입시를 위해 사설 학원으로 변질되었다고 해도 과언이 아닐 공교육의 현장은 아무것도 변하지 않았다!

4.16 이후 치러진 국회의원 재보궐선거를 통해 정치적 셈을 마친 정치권, 우파 관변단체들과 보수기독교 세력들, 보수언론들은 다시 그들의 군건한 연합을 통해 다양한 망각의 기제를 발동시키기 시작했다. 지면상 망각의 기제에 대해 자세한 논의를 할 수 없지만, 몇 가지만 개괄해보기로 하자. 첫 번째는 사실의 왜곡, 축소, 은폐, 부인 과정인데, 사건의 본말을 조작한다든가, 허위사실을 공포한다든가, 의도적으로 사건을 축소한다든가, 정보를 독점하거나 한 경우 등이다. 대표적으로 세월호 참사를 사건이 아닌 단순 교통사고 정도로 왜곡, 축소하거나, 진상규명을 위해 필요한 정보를 공개하지 않으려 하거나, 책임소재

---

[48] 박근혜 대통령은 세월호 참사가 그간 민관유착, 안전규칙의 미흡 등 적폐 등으로 인한 것이라고 말하고, 안전국가를 위한 개조에 힘쓸 것을 약속하고 해경 해체를 선언했다. 그러나 참사 1주년을 맞이해서 발표한 담화문에는 세월호특별법 등에 대해서는 아무런 언급을 하지 않았다.

[49] 세월호특별법은 「4.16 세월호 참사 진상규명 및 안전사회 건설 등을 위한 특별법(세월호진상규명법)」과 「4.16 세월호 참사 피해 구제 및 지원 등을 위한 특별법」으로 구분된다. 전자가 원인 규명에, 후자가 피해자 지원에 초점을 맞추고 있지만 두 특별법 모두 공통적으로 세월호 참사의 원인에 대한 진상규명 및 피해자 보상, 피해지역 공동체 회복 등을 위해 제정되었다. 두 특별법은 사회적 논란 속에서 각각 2014년 11월 19일, 2015년 1월 28일 제정되었다.

를 회피하려 든 경우이다.50

둘째는 위협, 긴장, 관심 전환 등의 작용인데, 사건이 주는 부정적 영향을 부각시키거나(예컨대 세월호로 인해 경제가 악화되고 있다는 주장),51 사건의 본질보다는 곁가지에 보도를 확장하여 희화화시키는 등(예를 들어 세월호 참사의 발생 책임을 청해진해운의 소유주 유병언 일가와 그가 속한 구원파 침례교회에 돌리는 과장 보도, 호위무사 등의 선정적 언어를 동원한 수배자들에 대한 과잉 집중 등)으로 본질에 대한 관심을 전환시키는 것이다.52

셋째로 낙인과 비하, 모멸 등의 전략이다. 집회 및 저항집단을 위험집단으로 묘사하거나 개인정보 등의 공개적 유출을 자행하는 것인데, 예를 들어 새누리당(현 자유한국당) 모(某) 의원은 세월호 집회에 반체제 인사가 개입하고 있다는 발언을 서슴지 않았으며, 보수언론들은 집회에 소위 불순세력이 개입되어 있다는 식의 보도를 노골화하기 시작했다.53 또한 보수언론은 단식농성을 하던 세월호 유가족에 대한 반인권적 신상털이식 보도를 서슴지 않았다.54 그런가 하

---

50 새누리당 홍문종 의원은 세월호 참사를 흔히 있을 수 있는 사고라고 주장했다(≪한겨레≫, 2014. 7. 29). 김장수 청와대 국가안보실장은 "청와대 국가안보실은 재난의 컨트롤 타워가 아니다"라고 밝혀, 청와대가 세월호 구조의 무능한 대응에 대해 쏟아지는 책임론에서 발 빼기에 나선 것 아니냐는 비판이 일었다(≪한겨레≫, 2014. 4. 23).
51 ≪조선일보≫는 세월호로 인한 경기위축을 보도하기 시작했다. "세월호 딛고 부강한 나라로"라는 기획취재 속에 "침체된 내수를 살리자" 등의 보도를 지속적으로 내보냈다(≪조선일보≫, 2014. 8. 4).
52 예컨대 다음과 같은 신문기사 제목을 보라. "유대균 수행녀 박수경 화제 … 꼿꼿한 미모의 호위무사"(≪동아일보≫, 2014. 7. 26). 당시 종합편성보도 채널들의 보도행태 또한 참조할 것("종편의 낯 뜨거운 유병언 보도", 기자연합, 2014. 7. 9). 다만 방송 중에는 JTBC만이 세월호를 가장 심층적이고 장기적으로 보도를 했다는 평을 받았다.
53 이인제 새누리당 위원은 세월호특별법 재협상을 요구하는 희생자 가족 가운데 "외부반체제 세력"이 유족들에 개입했다고 발언했다(≪한겨레≫, 2014. 8. 11). ≪조선일보≫는 광우병 시위 주도세력이 유가족들과 함께하고 있다는 기사를 싣기도 했다(≪조선일보≫, 2014. 8. 11). 심지어 새누리당의 한 의원은 자신의 트위터에 "북괴의 지령에 놀아나는 좌파 세력들의 침투…" 등의 글을 올렸다(≪한겨레21≫, http://www.hani.co.kr/arti/society/society_general/652175.html).
54 세월호 참사 유가족인 김영오 씨는 세월호 특별법 요구를 주장하며 43일째 단식을 하고 있었다, ≪조선일보≫는 그가 민주노총 노조회원으로서 평소 불만세력의 일원이며, 이혼자로서 양육비를

면, 단식농성 앞에서 보란 듯이 소위 '폭식농성'이 벌어지기도 하고, 인터넷 커뮤니티 일간베스트의 일부 회원들은 유가족들을 비하하는 비어와 속어를 유포하기도 했다.[55]

넷째는 분열(분리, 격리)전략으로서 사건과 관련된 다양한 개인이나 집단을 이간시키는 것이다. 세월호 참사 이후 학생유가족과 일반유가족이 서로 다른 입장을 보이고 있다는 식의 보도가 대표적인데, 이 분열에는 유가족 내 집단들뿐 아니라 일반 시민들로부터 유가족들, 세월호 사회운동단체들, 그리고 유가족 입장을 지지하는 야당 간의 분열전략이 포함된다.[56] 세월호 사건에 이른바 외부 불순세력이 개입하고 있는데 야당이 이를 부추기고 있다는 식의 보도나, 사건의 수습과정에서 지불되는 보상금액 등을 부풀려 보도함으로써 일반 시민들과 거리를 두게 한 것이다.[57] 아울러 유가족 대표들의 '대리기사 폭행사건'을 연일 보도하여[58] 이들을 부도덕한 집단으로 매도하기도 했다. 이 밖에도 이미 사건이 처리된 것처럼 종결을 선언해버리기도 했고, 보상 등을 통해 회유하기도 하는 등 다양한 망각기제들을 동원했다. 일부 보수언론은 세월호 특별조사위원회의 구성과 예산, 조사내용에 대해 고의적인 비난을 하기도 했다.[59] 한편

제대로 주지 않고 자식을 돌보지 않은 비도덕적 인물인 것처럼 보도했다. "아빠 자격 논란, 유민 아빠…"(≪조선일보≫, 2014. 8. 26), "단식 김영오 씨 … 참사 후 진도체육관서 박대통령에 막말"(≪조선일보≫, 2014. 8. 27), "유민 외가, 저 사람 지금 이러는 거 이해 안 돼"(≪조선일보≫, 2014. 8. 25).

55 일간베스트 회원들은 김영오 씨의 단식농성장 앞에서 김밥과 피자를 먹으며 소위 폭식농성으로 맞섰다(≪한겨레≫, 2014. 9. 9). 한편, 세월호와 관련한 "시체장사" 등의 막말과 비하발언에 대해서는 ≪한겨레21≫을 볼 것. http://www.hani.co.kr/arti/society/society_general/652175.html

56 "세월호 일반인 희생자 가족들, 여야 협상안에 찬성하기로"(≪조선일보≫, 2014. 8. 25), "일반인 유족, 세월호 대책위 반발, 안산합동분향소에서 영정 빼겠다"(≪조선일보≫, 2014. 9. 29)

57 "야(野), 일년 만에 또 장외로 … 친야 단체, 인사 속속 합류"(≪조선일보≫, 2014. 8. 27).

58 "대리기사 폭행"(≪조선일보≫, 2014. 9. 18), "대리기사의 눈물: 세월호 유족에 맞고 새벽까지 조사 받은 뒤 차비 아까려 다시 대리기사 프로그램…"(≪조선일보≫, 2014. 9. 26), "세월호에 왕따 당한 국군포로 자녀 지원법"(≪진실의 소리≫, 2014. 9. 26). 심지어 KBS에서는 2014년 9월 21일 뉴스에서 "유가족 추가 조사"와 함께 "조직폭력배인 범서방파 일망타진"이란 기사를 한 컷에 넣어 보도함으로써 유가족들 집단을 폭력배와 환유시키는 행태를 보이기도 했다.

사회운동조직에 대한 국가기관의 직접적인 탄압도 수행되었다. 불법시위를 주도한 혐의로 4.16연대의 대표가 구속되었고, 그 조직은 압수수색을 받았다.[60]

이처럼 망각의 기제는 다양한 연합세력들에 의해 여러 방식으로 작동했다. 망각의 기제는 세월호 유가족은 물론 시민들에게 '가만히 있을 것'을 종용했고, 시민사회운동의 발목을 잡으려 했다. 참사가 남겨준 사회적인 메시지와 과제가 일상의 무관심 속에 묻힌 채 세월호 사건은 어느 순간 역사의 뒷전으로 밀려난 듯이 보이기도 했다. 그러나 여전히 여기저기 산재해 있는 참여와 관심, 시민사회의 움직임과 그 연대의 편린들은 쉽게 사라지지 않았다. 인간의 가장 근본적인 가치인 '생명'에 대한 메시지, 즉 '음습한 적폐'들로 인해 우리의 생명이 위협받고 있다는 자각은 절대 사라지지 않았다. 트라우마는 쉽게 아물지 않기 때문이다.

이 장의 서두에서 말한 바와 같이 슬픔과 애도, 트라우마의 망각과 기억, 사회적 치유의 과정은 국가와 시민사회의 권력과 함수관계에 있다. 우파정권과 보수언론의 연합세력에 의해 다양한 유형의 망각기제가 작동됨으로써 '다소 어두운 전망'을 보이던 세월호 참사의 사회적 치유과정은 박근혜 대통령의 탄핵과 함께 새로운 국면을 맞이하게 되었다. 국가는 세월호 참사를 잊지 않기 위한 시민사회의 촛불의 힘이 새 정권의 탄생에 중요한 동력이 되었음을 인식하고 세월호 사건의 치유과정을 전폭적으로 지원하게 되었다. 세월호 실종자의 유해 수습, 세월호의 선체 인양과 직립 작업이 진행되었고[61] 2018년에는 선체보존에 관한 논의가 시작되었으며,[62] 사회적 참사 특별조사위원회가 세월호 사건의 진

---

59 《조선일보》는 세월호 특조위에 대한 예산배정 비판과 함께 다음과 같은 제목의 기사를 실어 특조위 활동을 비난했다. "원유철(새누리당 의원), 세월호 특조위 정략적인 것에만 몰두"(《조선일보》, 2015. 11. 19).
60 4.16연대 대표인 박래군 씨는 불법시위 주도 혐의로 구속수감되었다. 박래군 구속에 대해서는 "'인권 파수꾼' 박래군의 끝나지 않는 시련"(《한겨레》, 2015. 7. 18) 참조.
61 "목포신항에선 남편 만날 수 있을 것 … 그리움도 슬픔도 모두 풀어냈으면"(《경향신문》, 2017. 3. 31), "침몰 4년 만에 바로 선 세월호"(《경향신문》, 2018. 5. 10).
62 "기억·추모 공간조성 공감 … 일어서는 세월호 어떻게 보존될까"(《한겨레》, 2018. 4. 15).

상규명을 위한 조사를 다시 시작하게 되었다.63 세월호 참사의 의미와 교훈을 통해 한국사회에 삼투되어 있던 이른바 '적폐'를 청산하고 제도를 개혁하려 했다는 점에서 이러한 일련의 대응과정은 한국사회의 역량을 한 단계 높이는 계기가 되었다.

한 사회의 질적 변동을 발생시키는 역사적 사건을 계기로 우리는 흔히 '이전/이후(before/after)'로 시대를 구분하기도 한다. '~이후'의 지점은 역사의 궤도를 바꾸는 변곡점이다. 누군가는 최근 현대 한국사회의 변화과정을 '4.16 이후'로 명명하기도 한다. 비록 알렉산더(Jeffrey Alexander)와 같은 학자는 트라우마 치유과정에서의 계몽성, 즉 문화적, 제도적인 개혁을 통한 역사의 진보에 대한 믿음을 구태의연한 것으로 보기도 했지만 필자의 생각은 좀 다르다. 우리는 값비싼 희생을 치른 만큼 반성과 성찰, 사회적 트라우마의 치유과정을 통해 '무언가'를 얻어낼 필요가 있다. 특히 세월호의 경우 어린 생명들이 집단적으로 죽음의 대가를 치르지 않았는가? 하지만 과연 우리는 사건 '이후'의 도정(道程)을 걷고 있는가? 세월호 사건이 던진 중요한 메시지는 한국사회의 생명경시 풍조와 일상화된 부패, 리더십과 책임윤리의 실종, 안전문화의 부재였다. 과연 이러한 총체적 '문제'들이 청산되면서 사회의 질적 도약이 이루어지고 있는가?

이미 한국사회는 여러 대형참사의 트라우마를 안고 있었다. 1990년대 중반부터 2000년대 초까지 집중적으로 발생한 대형참사(예를 들어 삼풍백화점 붕괴, 성수대교 붕괴, 시월드 참사, 대구지하철 참사 등)는 고도성장의 그늘에 가려져 있던 전근대적 위험의 사건들이었다. 한국사회는 과학기술의 발달에 의한 후기산업사회형(型)의 위험(예컨대 원자로, 정보사회 위험 등)뿐 아니라 토목, 건설 등 전근대적 유형의 위험이 중층적으로 나타나고 있는 '이중위험사회' 혹은 '복합위험사회'로 불리고 있다(노진철, 2011; 이재열·김동우, 2004). 세월호 참사 이후에도 여전히 우리 사회의 바탕에 깔려 있는 전근대적 위험사회의 징후는 사라지지 않고 있다. 빈번히 발생하는 각종 재난과 산업재해, 예컨대 제천 화재 참사, 태

---

63 "'해경 123정장만 처벌' 세월호 참사 진상규명, 다시 닻 올렸다"(≪한겨레≫, 2018. 12. 11).

안 화력발전 사고 등은 고도로 산업화되었지만 역설적으로 산업화가 수반하는 위험에 대해 인지적, 제도적 체계를 형성하지 못한 한국사회의 민낯을 그대로 드러낸다.

　세월호 참사는 우리에게 일상생활세계에서의 안녕과 삶의 질, 이웃과 사회를 관통하는 신뢰와 연대를 꾀할 수 있는 생활정치의 가능성을 던져준 사건이기도 하다. 학생들의 집단죽음이라는 점에서 학교와 종교 등의 기관에서는 생명의 소중함과 안전을 교육하고, 학부모들을 비롯한 지역사회의 주체들이 주변의 환경을 '문제시'할 수 있는 사건이기도 했다. 사소한 것 같지만 개개인의 삶에 직접적으로 영향을 미치는 의식주의 안전 및 안녕을 의제로 다루는 생활정치의 기획과 이를 통해 '실질민주주의'를 구현할 수 있는 계기가 된 사건이었다. 여기에는 보수와 진보 집단의 이해와 셈법, 어떠한 정치권력도 개입할 수 없다. 그러나 정치권력의 변화에 따라 위험에 대한 시대적 사건을 인식하고 행동하는 방식이 달라지는 현실은 한국사회에서 생활정치와 실질민주주의의 수준이 아직 요원하다는 사실을 반증하고 있다. 우리가 더 이상 겪지 않아도 될 슬픔과 비애, 고통과 트라우마의 증후가 여전히 잠복되어 있는 것이다.[64]

3. 가부장주의, 지워지지 않는 시대의 상처

가부장주의와 가족

　이미 상당 부분 학술적으로나 사회운동 차원에서 정리가 되어 있는 가부장주

---

[64] 세월호 참사를 정략적으로 이용하려는 세력들의 관심은 급속히 감소했다. 학부모들과 학교는 학생들의 인권, 생명 등의 가치구현보다는 여전히 치열한 대학입시교육에 매달려 있고, 교육청은 일선 학교에 재난대응을 위한 형식적 매뉴얼을 제공하는 데 그쳤다. 세월호 참사에 대한 학계의 관심도 급작스럽게 식어버렸다. 이런 와중에 신자유주의 시대의 국가와 사회폭력의 관점에서 세월호 사건을 접근해본 박소진(2018)의 글이 눈에 띈다.

의와 페미니즘 시각들을 여기서 소개하면서 평가하지는 않겠다. 다만 이 절에서는 일제강점기에 태어나 분단과 전쟁을 겪고 산업화시대를 거쳐 정보화시대를 살고 있는 박○순 씨(2016년 당시 만 87세)의 생애를 통해 한국사회의 가부장주의 체험이 어떤 식으로 고착되고 작동하고 있는지를 기록해두고자 한다. 여성으로 태어나 운명적으로 겪을 수밖에 없었던 삶의 경험들은 예기치 못한 큰 정신적 외상의 고통을 남겼고, 모멸과 수치, 분노와 절망의 상처는 설명하고 표현하기 어려운 '한(恨)'의 감정으로 남아 좀처럼 아물지 않았다.

가부장주의적 특징은 한국사회의 기틀이 된 '가족'의 질서와 불가분의 관계를 맺는다. 가족의 확대 형태인 씨족, 부족을 거쳐 근대 국민국가에 이르기까지 남성지배의 사회, 정치, 문화 현상으로 제도화된 가부장주의는 한국의 경우 유교주의와 결합된 특징을 나타내고 있다.[65] 거칠게 말해 가부장주의를 남성지배의 원리라 한다면 그 기의(記意) 속에는 남근성, 권력, 지배, 위계질서, 강한 것과 힘에 대한 숭배, 약한 것에 대한 경멸, 조소, 억압 등의 의미들이 연쇄적으로 포진되어 있다. 이런 사회적 의미들을 지닌 원리들이 가족, 국가, 조직, 일상적인 사회관계 속에 배태되어 있을 때 그 사회를 가부장주의적 사회라 할 것이다. 가부장주의는 다양한 '차이'들의 수평적 관계와 소통 등과는 상반되는 지점에 있기 때문에 민주주의, 시민사회, 평등과 자유의 가치는 바로 이 가부장주의에 대한 저항과 투쟁의 역사였다고 해도 과언이 아니다. 가부장주의는 여성에게만 국한되는 성적 위계의 개념만은 아니다. 일반적으로 신체적으로나 사회적인 약자에게 가해지는 위계적인 권력관계를 의미하고, 그 질곡은 여성에 대한 구조적인 것뿐 아니라 어린아이에 대한 무시와 차별, 가정폭력, 범죄, 인종차별 등 다양한 억압의 형태로 나타난다.

오늘날 국가는 법치주의를 통해 인격적 통치인 가부장성을 극복한 듯 보이지만, 여기저기에서 그 가부장성의 민낯들이 그대로 드러나고 있다. 특히 동아시

---

[65] 가부장주의, 가족(주의), 유교는 각각 논리적으로 필연적인 인과성을 갖지 않은 별개의 요인들이다. 기독교, 불교, 힌두교, 이슬람교 등은 모두 독특한 가부장주의의 문화적 요소를 가지고 있다. 유교주의이기 때문에 가부장적인 것이 아니다.

아의 국가들 내에서 통치권의 작동은 더욱 그렇다. 인격적 통치체인 '천황'의 후광을 입은 일본 아베의 통치방식도 여전히 가부장주의적이며, 중국의 공산당 지도자 시진핑의 "후덕(厚德)정치"도 그렇고, 북한의 세습체제는 말할 나위도 없으며, 남한의 정권들 역시 수시로 가부장적 이미지를 동원한 통치를 서슴지 않았다. 오죽하면 근대 국민국가의 통치자를 국부(國父), 국모(國母), 어버이 수령이라 부르겠는가? 한편 일부 이슬람 문화권에서 전통의 이름으로 여전히 자행되고 있는 여성의 교육 금지, 운전 금지, 차도르 착용, 사형(私刑) 등은 이 지구상에 가부장주의 질서가 얼마나 완고하게 뿌리내리고 있는지를 잘 보여주고 있다.

한국사회의 경우 급속한 산업화와 민주화 그리고 페미니즘 운동의 확산에 힘입어 남성 가계혈통의 상징인 호주제도 폐지와 차등적 상속제의 폐지, 급작스럽게 높아진 여아(女兒)선호, 여성들의 사회진출 등으로 성차별의 관행은 급속히 사라지고 있는 듯 보인다. 그러나 유교주의적 가부장주의 관행과 그 뿌리는 여전히, 적어도 특정 세대에게는 깊숙이 박혀 있다. 여성, 아이, 하층지위 등 사회적 약자에 대한 수치와 분노를 일으킬 무시와 차별은 곳곳에서 작동 중이다. 가부장주의는 인권에 대한 성찰과 실천의 지점이 되기도 한다. 국적, 직업, 지역, 인종, 성, 지위, 나이 등 자연적이고 사회적인 속성과 상관없이 모든 인간이 '존중받을 권리, 차별받지 않을 권리'인 인권은 기본적으로 위계적 질서와 억압을 내포하고 있는 가부장주의 질서에 대한 강력한 도전의 무기인 것이다.

가부장주의란 글자 그대로 가(家)의 우두머리가 재산관리와 분배, 가족 구성원 간 갈등의 조정 및 의사결정을 행사하는 원리로서 가부장제는 남성이 여성과 아이를 지배하고 억압하고 착취하는 사회구조와 관습체계를 말한다. 남성의 우월적 지위는 씨족, 부족, 그리고 이를 넘어선 국가 단위의 차원으로까지 확대되어왔다. 베버는 가장의 지위를 통해 남성이 사회를 지배하는 정치체계를 가부장제라 불렀고, 가산관료제란 용어를 통해 이러한 남성지배의 차원을 국가 차원의 질서 속에서 파악하려 했다(베버, 1983). 베버는 가부장제를 "영주가 세습적 지배를 도입하면서 자신의 가족과 하인 등의 권속에게 무제한적 권한을 행사하는 지배제도"로 정의하며 "아내는 남편의 육체적이고 정신적인 힘의 일상적인 우월성에 종속당하고 청소년기 자녀들은 부모에 대한 도움과 의존 때문에, 하인들은 보호를 받기 위해 가장에게 예속된 상태로서 사회화와 교육에 의해 제도화된 공생적 질서"라고 말한다(이수자, 1997: 266).

페미니스트 연구가들은 가부장주의의 역사를 길게 수렵채취 사회로까지 거슬러 올라간다. 종종 논쟁의 대상이 되는, 원시 공산사회와 모권, 일부일처제를 중심으로 하는 부계사회의 출현에 대한 엥겔스(Friedrich Engels)의 관점을 간단하게나마 짚고 넘어가자. 엥겔스는 『가족 및 국가의 기원』에서 기존의 민족지학자들의 자료를 인용하여, 생산력 수준이 낮은 원시 공산사회에서는 여성들이 출산을 통한 자녀양육과 가사에서의 권리를 행사하는 모권 중심의 사회를 구성했으나, 이후 생산수단의 발달에 의한 잉여의 출현과 사적 자산을 바탕으로 한 계급사회의 출현으로 인해 사적 자산을 유지하고 재생산하기 위한 남성중심사회로 변하게 된다고 말한다. 사적 자산의 가족적, 세대적인 전유를 위해 여성은 특정한 남자의 아이를 출산하고 양육해야 하며 그 자산과 함께 아이는 전적으로 남성의 지배하에 놓이게 되었다는 것이다. 엥겔스는 일견 남녀 사랑의 결실로 등장한 것 같은 일부일처제가 사적 자산과 계급출현의 산물로서 여성들의 '세계사적 패배'라고 선언한다(엥겔스, 2011).

여기에서 중요한 것은 가부장주의가 단순히 생물학적 우월성과 성적인 것에 대한 남성의 여성지배 원리로만 구성되는 것이 아니라는 것이다. 가부장주의적 질서 속에서는 남성이 경제적 전유(설령 여성이 생산했다 하더라도), 즉 경제적 생산관계에서의 지배적 지위를 여성에 대해 행사한다는 것이다. 남성들 간에는 공적 영역에서 계급적으로 불평등한 위계적 관계가 성립된다면 여성에 대한 남성의 위계적 지배복종관계는 계급과 성 두 차원에서 복합적으로 형성된다. 그러나 가부장주의는 고전적인 생산양식이나 정치체제에서만 나타나는 것이 아니다. 즉, 가부장주의는 특정한 정치경제의 생산양식에만 국한되는 질서가 아니라 의사소통과 행위양식, 의식 등 모든 요소가 결합한 문화적인 원리를 포함한다.[66]

---

[66] 가부장주의와 가부장제를 구분하여 사용하는 연구가들은 두 개념 모두 여성에 대한 남성의 지배 체제를 뜻하기는 하지만 가부장제 개념이 사회적, 경제적, 정치적인 구조적, 제도적 장치의 측면을

러빈(Gayle Rubin)은 가부장제를 문화적으로 규정된 성별관계 체계로 보았고 이 견해를 하트만(Heidi Hartmann)이 더욱 확장하여 가부장제란 물질적 기초하에 여성을 지배하기 위해 남성들이 서로 유대하여 위계적으로 만들어낸 일련의 사회적 관계라고 말한다(이수자, 1997: 265에서 재인용). 소콜로프(Natalie Sokoloff)는 가부장제는 남성이 여성을 지배하는 사회적 권력관계의 총체이면서 남성에 의한 여성의 노동력과 성적 기능의 통제에 그 물질적 기초를 두고 있다고 주장한다. 여기에는 물질적 기초와 함께 감정, 이데올로기 등 다양한 기제가 작동한다(Sokoloff, 1980).

남성의 지배를 정당화하기 위한 두 가지 장치의 출현에 주목할 필요가 있다. 하나는 여성에 대한 남성의 지배를 정당화하는 이데올로기이고 다른 하나는 기존 질서를 확고하게 통합하고 재생산하는 통치체제의 출현이다. 이데올로기는 종교적인 것에 기원을 두는 경향이 있다. 러너(Gerda Lerner)가 묘사한 것처럼, 창조주인 하나님과 신, 그리고 메시아는 남성이다. 신과 교통하는 최고 권위자로서의 남성은 자연적으로 우월성을 지닌 존재로 신성화된다.[67] 반면 여성은 남성에게 의존하여 살 수밖에 없는 열등한 존재로서 노동력의 제공이나 자녀출산과 양육, 남성에 대한 성적 만족 제공 등을 통해서 자신의 아름다움을 구현할 수 있다(Lerner, 2004). 조선시대 때 여성의 부덕(不德)으로 삼종지도(三從之道)와 칠거지악(七去之惡)이, 그리고 일제강점기 기간에는 현모양처(賢母良妻)의 상이 지배적인 이데올로기로 작용했던 것도 이를 잘 말해준다.

또 하나는 국가의 등장이다. 행정기구와 법을 통한 국가의 통치는 기존 가부장주의의 지배질서를 견고하게 지속시킨다. 국가 통치행위의 행정조직이 남성에 의해 지배되었음은 두말할 나위 없다. 어쩌다 동서양에서 여왕이나 군주, 대비(大妃) 등이 등장했지만 예외적인 경우들이고, 현대 한국사회에서 정치 및 행정직, 특히 고위직 여성들의 비율은 남성에 비해 턱도 없이 낮은 수준이다. 사적

강조하는 반면 가부장주의는 남성지배의 일반 문화를 뜻하는 것으로 사용한다(이수자, 1997: 264).
[67] 물론 출산과 풍요, 모성을 대표하는 신들도 있다. 하지만 이 역시 남성의 욕망을 지원하기 위한 가공의 신이다.

인 영역으로 '감금'된 여성은 공적 영역에서 오랫동안 배제되었고, 그 대표적인 것이 참정권의 제한이었다. 놀랍게도 여성 참정권의 제한은 20세기 중후반까지 지속되었고, 선진국이라 불리는 프랑스와 스위스에서는 각각 1945년, 1971년에 이르러서야 여성에게 투표권이 주어졌다.

한국사회의 가부장주의는 서구사회보다 더욱 혹독했던 것 같다. 조선사회로부터 식민지 전체주의, 독재와 권위주의 체제를 거치면서 상하 위계질서와 남녀차별의 구조가 견고하게 자리 잡고 있었다(양현아, 2011). 부계혈통을 법적으로 제도화시켜온 호주제도가 2005년까지 지속되었던 사실을 상기해보라. 이러한 부계 혈통주의(즉 남성중심주의)는 최소한 조선조 중반부터 내려온 유구한 전통이다. 일부 여성학자들이나 가족 연구자들은 유교주의 종법 원리에 기초한 부계혈통 중심주의, 즉 남성지배원리는 조선조 중에서도 17~18세기에 이르러서야 강화되었다는 점을 들어 남성지배주의의 역사가 그리 길거나 완고하지 않음을 주장하기도 한다. 예컨대 조선조 중반까지만 해도 여성이 족보에 기재되거나, 상속을 받거나, 제사를 지내는 등 남녀의 구별이 그 이후보다 훨씬 덜 했다는 것이다(박미해, 2010). 양반 가문들은 일정 지역을 중심으로 혈족공동체를 통해 정치적, 경제적, 문화적 헤게모니를 장악하고 이를 유지하기 위해 문중(門中)을 형성하게 된다. 이 문중은 족보를 통해서 혈통의 시조(始祖)를 '구성'하고, 이 혈통을 계승하는 적장자로서 문중의 종손을 두어 제사를 통괄하게 한다. 이 과정에서 이전에 균등상속을 받거나 제사를 지내거나 데릴사위제의 전통을 통해 상대적으로 평등했던 여성들의 지위가 점차 약화했고, 여성들이 결혼하게 되면 출가외인으로 규정되어 족보로부터 지워지게 되었다. 유교의 종법 원리는 조선조 국가는 물론 각 가구에 이르기까지 적장자 우위의 상속제도를 정당화하고 강화시켰다(최재석, 1986; 조혜인, 2002).

조선시대의 남녀구별은 철저하리만치 공과 사의 구별이기도 했다. 즉, 안과 밖의 공간적 구별의 논리에 의해 안의 가사를 담당하는 주체는 여성이고 밖의 공사를 담당하는 주체는 남성이며 이 양자 사이에는 불가촉의 관행이 존재했다. 그래서 조혜정은 조선시대의 가족은 매우 특이한 중층적 구조로 되어 있다고 말한다. 대외적으로 가(家)를 대표하는 가장은 남성이지만 그 안의 영역의 실질적 주재자는 여성이고, 이 여성의 주권이 행사되는 가족을 그녀는 '자궁 가족(uterine family)'이라 불렀다. 그런데 당시 조선시대의 국가이념인 유교주의에서는 국가를 정점으로 남성 부계혈통으로 이어지는 각 가(家)에서 부모를 부양하고 공경하는 '효'의 원리가 강조되었다. 국가에 대한 충성 역시 효의 확장이었던바, 효는 가족질서와 국가질서를 유지하는 가치체계로 작동하고 있었다. 그래서 여성은 가계를 이을 남자아이를 출산하고, 이를 잘 키운 후 며느리를 얻게 되면 이들로부터 노후를 보장받을 수 있었기 때문에 어떻게 하든 남아를 낳아야 했다(조혜정, 1988).

여성은 바깥 일, 즉 공적인 일에 간여해서는 안 된다는 것이 불문율이었다. 그러므로 여성비하적인 관습도 온존했다. 예컨대 "암탉이 울면 집안이 망한다"고 하여 여성들의 순종을 강요했다. 여성은 또한 오로지 한 남성(남편)에게만 성을 제공해야 했고, 특정한 남성의 아이의 출산을 담당하는 대상이었기 때문에 수절 이데올로기가 유독 강조되었다.[68] 반면 남편은 첩을 둘 수 있었고, 간혹 매음도 할 수도 있었다. 국가는 다양한 법적 장치와 강제력을 통해 가부장주의를 확고히 했다. 종법에 의한 남성부계혈통의 가족법과 자산상속과 분할, 가구의 대표권에서 여성을 제외하는 법이 매우 오랫동안 지속되었다. 구한말 갑오농민혁명기에 일부 여성차별적 조항을 폐지하라는 목소리가 컸지만(예컨대 여성의 재혼 금지조항의 삭제), 법적으로나 관습적으로 여성차별적 요소들은 사회 곳곳에 융해되어 있었다. 조선시대의 종법과 조상제사에 대한 유교 이념으로 체계화된 가족질서, 나아가 향촌 및 국가질서는 좀처럼 변하지 않았다. 일제강점기와 함께 다소 모호한 '전통'의 이름으로 남성부계혈통 중심의 호주제도가 안착되고, 이러한 호주제도는 2005년 헌법재판소가 위헌 결정을 내릴 때까지 지속되었다. 그때까지 남편과의 이혼이나 사별 시 6개월 내에 결혼을 할 수 없다는 조항이 살아 있었던 것이다. 이보다 좀 더 일찍 민법조항에 나타나기는 했지만, 이혼

---

[68] 조선시대 국가가 백성을 통치하기 위한 대표적인 규율체계인 '삼강행실도(三綱行實道)'는 성과 지위에 따른 예법을 강조했다. 푸코(M. Foucault) 식으로 말하자면 의식과 신체의 규율이 여성들에게 더욱 엄격히 적용되었다.

시 부부 자산분할, 상속 시 장남과 차남, 처와 기혼/미혼의 딸들에 대한 차별적 배분 역시 긴 세월 동안 지속해왔다(양현아, 2002).[69]

그러나 최근 한국사회에서, 특히 유교원리에 입각한 가부장주의 질서는 급격히 약화되고 있는 것이 사실이다. 특히 가족구조의 변화와 양성 간 관계성의 변화로 인해 가부장주의가 약화되는 경향성이 보인다. 탈근대 가족화 현상이라고 볼 수 있는 현상들, 예컨대 혼인 관계의 불안정화, 개인주의화, 결혼률 저하, 무자녀율 및 혼외출산 증가, 별거, 동거, 독신, 모계확대 가족, 동성애 가족 등의 가족 해체와 다양한 재구성 등이 이곳저곳에서 나타나고 있다(양옥경, 2000; 이현지, 2005; 김혜경, 2002; 서수경, 2002). 개인주의의 확산, 물적 구조의 변화, 여성들의 경제자립 강화, 교육제도의 변화, 남녀출산 등 선순환적인 요인들이 작용하면서 전통적 가부장주의는 급격히 변하고 있다. 여성들의 의식도 상당히 변했다. 개인적 주체로 사회화를 경험하고 있는 여성들이 결혼 후 남성의 가부장적 태도와 시대 위주의 삶의 방식, 집단규범(제사나 명절)으로 인해 겪는 갈등이 노골화되고 있다. 급속한 산업화와 민주화, 핵가족화와 개인주의화, 여성의 사회적 지위나 공적 영역에서의 활동 증가 등으로 인해 가부장적 질서는 급격히 와해하고 있다. 그러나 전통과 근대, 탈근대의 삼층 구조의 불균등성이 여전히 혼재해 있고, 이러한 구조의 불균등성은 행위규범의 불일치를 유발한다.[70]

---

[69] 자레스키(Eli Zaretsky)는 급변하는 공적 경제체계로부터 친밀성과 도덕 등으로 보호를 받는 피난처로서 가족을 강조하기도 했다. 가족은 경쟁과 상품화가 지배하는 산업사회로부터 부르주아 시민들을 감싸주는 보호막 역할을 한다는 것이고, 이러한 이념이 노동자계급에까지 점차 확산했다는 것이다. 가족은 상품의 소비와 노동력 재생산 등을 담당함으로써 계급관계를 재생산하기도 하며 지위와 자산의 상속을 통해 불평등을 재생산하기도 한다(자레스키, 1983). 또한 자본주의 시장 이데올로기는 가족을 시장친화적 공간으로 확장시켜왔다(이영자, 2007).

[70] 여성들은 직장일과 함께 자녀양육과 성공을 위한 교육주부의 역할을 담당하기도 한다(이재경, 2004; 박소진, 2017). 장경섭은 학력자본의 형성을 위해 온갖 정성과 물질적 자원을 투자하는 가족을 '사회투자가족'이라 이름 붙인다(장경섭, 2002).

박○순 씨의 생애

박○순 씨는 1929년 일제강점기, 충청남도 서산군 운산면 ○○리에서 박○○ 씨와 최○○ 씨의 차녀로 태어났다. 부친은 양자로 입양되었는데 박○순 씨의 기억에 의하면 부친의 양부는 "제법 자산을 가지고 있었지만, 사기그릇 공장을 차렸다가 망하고, 바람만 피우며 마누라만 몇씩 거느리다 자산을 거의 탕진하고만 사람"이었다. 박○순 씨는 양자로 입양되기 전의 아버지의 가계에 대해서는 아는 바가 없다. 그러나 그녀의 아버지는 동네에서 이장을 볼 정도로 "면식자"였으며 매우 깔끔한 신사였다. 조부의 이야기는 다소 흥미롭다. 증조부는 조선시대 왕가의 부마 집안 혈통을 이어받은 양반 집안 출신이라고 한다. "'청양군'인가 뭔가라고 불리는 왕손의 후예"라고 들었다는 것이다. 그의 집에는 당시 조정으로부터 받은 다양한 책, 예를 들어 중국에서 들여왔다는 왕희지 책자 등과 연적(硯滴)들이 가득했다. 박○순 씨는 그녀의 증조부에 대한 흐린 기억을 가지고 있다. 화문석을 깔고 하얀 목양목 버선을 신고 점잖게 앉아 있는 양반의 모습으로 기억한다.

그러나 증조부는 자식이 없어 조부를 입양했는데 그는 아예 글도 못 읽는 무식자였다고 한다. 증조부와 조부 사이의 관계는 매우 좋지 않았고(의각났다고 표현), 증조부가 사망한 후 농토를 상속받은 조부는 이를 처분하여 사기그릇 공장을 차리고 방앗간을 운영하기도 했는데 본처가 아이를 낳지 못하자 일자무식의 첩을 들여 살았다. 그러나 첩 역시 아들을 낳지 못하자 박○순 씨의 아버지를 입양하게 되었다는 것이다. 조부는 일부 농지와 방앗간을 팔아 유리공장을 차리는 등 중소산업자본가로의 전환을 시도했으나 실패했다. 또한 그는 해방 후 '이승만 정권' 때 실행된 토지개혁으로 인해 "모든 농토를 빼앗기듯 날려버렸다". 그녀의 아버지는 조부에게 논을 실명 등기하여 농지개혁 때 유상분배를 받는 것이 낫다고 주장했으나 첩의 말을 듣고 비실명 농토를 소유하고 있다가 그만 모두 "나라에 빼앗겼다"는 것이다. 해방 후 농지개혁은 한국사회의 계층구조를 위로부터 변화시키는 대사건이었다. 북한은 1946년 무상몰수, 무상분배의 토지개혁을 서둘러 실시했고 남한 역시 토지분배정책을 시행한다. 미국의 자유민주주의와 자본주의 시장정책과 당시 권력층들의 이해관계를 반영하여 유상몰수 유상분배의 토지개혁을 하게 되는데, 일가친척 간의 관습적 소유관계나 관행, 재분배과정에서의 상환 등 매우 복잡한 사정이 발생했다. 전반적으로는 소농의 독립 자영농이 대거 산출되는 결과를 가져온 것으로 이를 성공적으로 평가하는 시각이 있는가 하면, 지주들이 다시 땅을 사들인 후 소작을 줌으로써 진정한 토지분배가 이루어지지 않았고 빈곤한 형태의 영세 독립 자영농을 배출했다는 점에서 부정적으로 평가하기도 한다.[71]

박○순 씨의 기억에 의하면 당시 조부는 약 82마지기(1만 6000평)의 논과 "여기저기"에 밭을 소유하고 있었는데 그녀의 아버지가 토지 등기를 주장하자 "나중에 팔아먹으려 나를 속이려 든다"라고 고집을 피우며 첩의 말을 들었다고 한다. 토지개혁 이후 박 씨네는 급속히 몰락하게 된다. 그나마 남아 있는 자산은 후에 아들을 낳은 첩의 손으로 들어가게 되었다. 개항기 이후 한국의 상층이나 중간층의 계급이 하층으로 몰락하는 과정에서 가족 구성은 중요한 역할을 한다. 일반적으로 중세 봉건시대의 주요 자산은 무엇보다도 농지였다. 자본주의 출현과 함께 자영농의 일부가 농업자본가가 되거나 산업자본가로 이행하게 되는데 대개는 산업자본가들 사이의 경쟁 속에서 극히 일부가 대자본가로 등장한다.[72] 한국의 경우 구한말부터 소규모 면방직, 인쇄, 고무 공장 등을 운영하는 공장주들과 은행자본가들이 등장하지만, 일제강점기에 이르러 경성방직의 김성수 일가와 같은 극소수의 대자본가를 제외하면 민족 자본가들은 거의 성장할 수 없었다(조기준, 1991). 해방 이후 미 군정기에 일본인들이 소유하고 있던 자본을 매각하는 정치적 과정에서 한국의 자본가들이 본격적으로 성장하게 되었다.

---

71 성공적 평가 사례로는 장상환(1984), 부정적 평가로는 유인호(1975)를 참조할 것. 전자의 연구 사례는 마침 박○순 씨의 사례와 당시 같은 군에 속한다는 점에서 흥미롭다. 또한 일군의 인류학자들이 같은 군(郡) 소재지의 리 단위를 연구한 적이 있는데, 박○순 씨 사례의 토지개혁을 이해하는 데 큰 도움이 된다(유철인, 2004).
72 서구 자본주의 이행과정에 대해서는 돕(Maurice Dobb)과 스위지(Paul Sweezy)의 논쟁이 대표적이다. 전자는 소규모 자본가들이 경쟁을 통해 대자본가로 등장하는 아래로부터의 길을, 후자는 원격지 무역을 통해 부를 쌓은 대상업가층이 산업자본가로 변신하는 위로부터의 길을 주장한다.

대토지 소유자였던 삼성가나 양조업을 겸업하던 럭키금성(현 LG) 등이 토지를 처분하여 상업 및 산업자본가로 성장했고 현대와 같이 매각자산을 받아 성장한 기업들이 등장했다.73

박ㅇ순 씨의 조부는 중상층 정도의 자산가로 보인다. 조은은 한국 사회에서 상층의 몰락과정에 영향을 미친 요인으로 시장의 경쟁 외에 첩의 자손들과 본가 자손들 간의 자산 상속 갈등으로 인한 집안 사정을 고려할 필요가 있다고 말한다(조은, 2000). 박ㅇ순 씨의 조부는 일단 소규모 유리공장의 경영에 실패했고, 조은이 말한 대로 첩과의 갈등 속에서 나머지 자산을 다 잃고 "그야말로 쫄딱 망한 집안"이 되었다. 첩들이 떠나고 빈털터리가 된 조부를 박ㅇ순 씨의 어머니가 "모시게 되었다". 한편, 박ㅇ순 씨의 어머니 최 씨는 유복한 집안의 5남매의 막내로 태어났으나 어린 나이에 모친과 부친을 차례로 잃어 갑작스럽게 고아가 되고 말았다. 글을 읽을 기회는 없었지만, 최 씨는 "오히려 국문은 몰라도 어깨너머 배운 한문 실력이 꽤 있었다". 박ㅇ순 씨의 아버지는 조부의 별세 이후 별다른 자산을 물려받지 못한 채 전국을 유랑하기도 하고 술을 좋아하여 술집에 자주 드나들었다. 둘째 딸로 태어난 박 씨는 사기그릇 공장 손녀라는 소리를 들으며 자랐다. 소학교 시절 체육과 공부에 남다른 소질을 보이자 아들을 보지 못한 아버지가 "한탄을 하며" 남자로 태어났어야 한다면서 머리를 짧게 깎이고 남장을 시키기도 했다. 국민학교를 졸업한 후 박 씨는 학교 선생님이 되는 것이 꿈이었다. 현재 노령의 나이에도 불구하고 박 씨는 일제강점기 소학교 시절을 즐겁고 활기찬 생활로 생생하게 기억한다. 운산국민학교의 교장은 "나카사카 고쪼로"라는 이름으로 기억하고 4학년 때 당시 담임이었던 하다 선생과 조선인으로 부임한 이미경 선생을 기억한다. 그녀는 학급 반장으로 조회시간에는 학생들을 '호령'하기도 했다. 공부와 운동을 잘해 선생님들로부터 귀여움을 받았다고 한다. 그녀는 이미경 선생이나 일본인 선생 모두를 "참 사람들 좋고 칼칼했다(싹싹하고 명료하다)"라고 표현한다. 조선어는 사용할 수 없었고 일본어만

---

73 이에 대한 자세한 논의로 이현송(1987).

사용해야 했는데 한번은 자습시간에 학생들이 장난하고 뛰어 노는 것이 발각되어 반 대표로 체벌을 받기도 했다. 회초리로 손바닥을 맞고 운동장을 열 바퀴나 쪼그려 뛰기로 돌았는데 다리가 퉁퉁 부어 크게 울었다. 그리고 그때부터 두드러기병이 나기 시작했다(박 씨는 평생을 두드러기병으로 고생했다). 그녀의 일본식 이름은 다케꼬 기무라 준(박ㅇ순)이었다. 어느 날 조선인 이미경 선생이 책을 한 권 주면서 대전에서 중급시험을 치르고 상급학교에 진학할 것을 권유했다. 그러나 집안 사정이 여의치 않아 그녀는 읍내에 있는 농림학교에 진학하기로 마음을 먹는다. 하지만 면접 당시 교장 선생이 박 씨의 손을 보더니 빙그레 웃으며 "너무 곱다"면서 이곳은 "가마니 치고 사내끼 꼬는 하층민 자제들이 오는 곳이라 부잣집 딸은 안 된다"라고 하며 집으로 돌려보냈다.

학교 진학을 하지 못하고 집에서 농사일을 돌보고 있던 어느 날 갑자기 박 씨의 부친이 박 씨를 부르더니 '남산골 김 씨'와 결혼할 것을 권유했다. 마침 김 씨의 고모가 옆집에 살고 있었는데 박 씨를 어릴 때부터 자기 남동생의 아내감으로 "점을 쳐 놓았다"라는 것이었다. 당시 열여섯의 나이인 박 씨는 펄쩍 뛰며 거절했으나, 마침 일제강점기에 일본군 강제위안부를 모집하러 다닌다는(기억에는 정신대라는 말은 듣지 못하고 처녀들을 모집해서 일본이나 전쟁터로 일하러 보낸다 했다고 한다) 소문이 파다하게 마을에 퍼져 나가고 있던 참이라 부친은 차제에 빨리 시집을 가는 것이 나으리라 판단했다. 남편 김 씨 역시 당시에 어린 소녀들을 전쟁터로 보내 간호사를 시킨다고 들었다고 한다. 일하러 가는 줄 알고 속아서 간 사람들도 있었는데 남편 김 씨는 언젠가 "내가 당신과 결혼하지 않았으면 간호부로 끌려갔을 거"라고 말했다고 한다. 부친의 뜻을 거스르지 못하고 박 씨는 열여섯 어린 나이로 김 씨에게 시집을 가게 되었다. 박 씨의 말에 의하면 "5대째 모여 산다는 김 씨네는 강골이면서도 후덕한 품성을 지닌 시아버지를 제외하면 욕을 입에 달고 살며 논 부치나 파먹고 사는 상놈의 집안이나 다름없었다". 시계가 없어 잔뜩 긴장하고 있다가 닭이 세 번 울 때 일어나 부엌에 들어가 밥을 지었으며, 처마에 해가 걸릴 때쯤 점심을 차리곤 했다. 근대적인 시계의 시간이 아니라 자연의 주기에 맞추어 지각된 신체의 시간에 맞추어 사는 곳이었다. 시집 식구들 대부분이 흙벽으로 된 방에서 지내고 있었는데 시아버지 방과 갓 신혼이라 하여 특별히 박 씨 방은 싸구려지만 그래도 "도배를 해놓았다".

시아버지와 달리 약골 체질인 남편은 공부하기를 원했으나 형들이 일을 시키느라 "어림도 없었다". 농사일에 관심이 없었던 남편 때문에 박 씨가 시댁 식구들의 눈총을 받아야 했는데 남편은 밤이면 면(面) 소재지 어딘가를 다녀오기도 했다. 남편 김 씨에 의하면 해방이 되자 일본에 유학을 다녀왔다는 이장○ 씨가 교사, 면서기 등 나름대로 식자층이었던 몇몇 젊은 사람들을 모아 사회주의 학습을 시켰다. 한학에 밝았던 명○○ 씨의 소개로 김 씨 역시 학습에 참여했으나 별다른 흥미를 느끼지 못하고, 상급학교에 진학하여 의사나 한의사가 되는 꿈을 이루고자 했다. 박 씨는 초롱불이 새어나가지 않게 담요를 치고 한의학 서적을 미친 듯 외워대던 남편에게 당시 돈 백 원과 쌀 한 말을 주고 인천으로 도망을 시켰다. 남편 김 씨는 당진에서 배편으로 인천에 도착하여 조선 매약 주식회사에 취직, 아내와 장남을 불러 함께 살다가 서울 미아리로 이사하여 야간 전문학교에 다니게 된다. 마침내 한의사 1, 2차 국가고시에 합격한 김 씨는 최종 3차 시험을 앞두고 있었지만, 한국전쟁이 발발하여 온갖 고초를 겪으며 고향으로 피난을 오게 된다. 고향에 돌아왔을 때 마을은 이미 '빨갱이들' 세상이 되어 있었다(이 책의 제5장 2절 "전쟁과 두려움의 기억 그리고 반공 보수성의 고착"을 볼 것). 그러나 오히려 사회주의 학습을 하던 친구들의 도움으로 의용군 징집을 피한 김 씨는 인민군이 물러나자 바로 국군으로 징집을 받아 전쟁터로 나가게 된다. 전쟁훈련소로 나가는 당시의 장면을 박 씨는 다음과 같이 말한다.

징집 용지를 받고는 장화 신고 군청 마당에 모잉겨. 내가 큰 애 손을 잡고 계단을 오르는디 옆집 누구냐 김○○가 입이 찢어라 웃어대면서 징집용지를 흔들며 계단을 깡충깡충 뛰면서 내려 오는디, 알고 보니 이미 뒷돈을 주고 손을 썼어. 군청 앞마당에서 군인 하나가 '김현○!' 하고 부르니께 남편은 시절처럼 장화를 신은 채 터덜터덜 불려나가더니 트럭에 올라타능겨. 그러더니 날 보구는 씩 웃으면서 손 한 번 흔들더니 그냥 가버리더라구.

계단을 내려오는 길에 박 씨는 자기도 모르게 털썩 주저앉았다고 한다. 전쟁이 끝날 때까지 남편은 소식이 없었고, 박 씨는 남매를 키우며 '가혹한' 시집살이를 경험한다. 특히 놀부로 소문난 둘째 형님 댁의 압박은 더욱 심했다. 새벽에 일어나 "손이 부르트도록 시댁의 밭에 가서 일하고" 들어와, 자기 밭을 다시 일구어야 했으며 "똥지게"를 져 날라야 했다. 소를 하루라도 빌릴라치면 사흘 품을 팔아야 했다. 땔감을 구하지 못해 몰래 산에 들어가 솔꼴을 긁어오기도 했고, 큰아들을 "국민학교"에 입학시키고 월사금이 없어 개를 키워 팔기도 했으며, 산나물과 쌀 한 말 반을 이고 읍내 장터에 나가 팔아오기도 했다.[74]

둘째는 사람도 아니여. 물 한번 안 묻혀보고 시집온 날, 글쎄 장정머슴 부리듯…… 가을 서리 내려 생강이 얼어붙었는디 우리 밭 것도 캐야 하는디 나더러 와서 언젠가 자기네 소 갖다 쓴 품을 갚으라고 불호령을 내려. 마침 집에 놀러온 친정 여조카가 생이손을 앓고 있었는디, 글쎄 소 품값은 둘이 해야 한다고 금자도 생이손 앓아가면서 생강 캐고…….

남편 김 씨에 대해서 박 씨는 이미 결혼 초에 섭섭함을 경험했다. 박 씨의 아버지는 하릴없이 소일을 하다가 급성 맹장에 걸려 병원 신세 한번 지지 못한 채 숨을 거둔다. 이미 토지개혁으로 땅을 잃어버린 조부는 '거지' 신세로 전락하자 첩들이 떠나고 외톨이가 되어버렸다. 집안 어른들이 모여 회의 끝에 과부가 된 박 씨의 모친이 그를 돌보기로 한다. 남편마저 여의고 이렇다 할 자산이 없던 박 씨의 모친은 "옴팡 집" 한 채와 여섯 집에서 각각 한 마지기씩 내어준 소출이 형편없는 땅 여섯 마지기로 조부를 모시고 생계를 유지했다. 박 씨의 모친은 양자를 입양하여 농사를 지으며 조부를 모셨다. 박 씨가 시집온 다음 해 부친의 제삿날을 맞이하여 겨우 시댁의 허락을 얻어 친정에 다녀왔는데, 어머니가 하도 외롭고 힘들어 며칠만 더 머무를 수 없는가를 시댁에 물었다가 이것이 그만 화근이 되었다. 부친의 제삿날이 설날 근처와 겹쳐 있었던 것이다. 남편 김 씨

---

74 이때 친정어머니가 개를 판 돈으로 월사금을 내는 것을 한사코 반대했다고 한다.

는 바로 인편을 통해 편지를 보냈는데 친정집에서 며칠 더 묵고 올 테면 당장 이혼을 각오하라는 것이었고, 이것이 남편이 평생을 살면서 박 씨에게 보낸 첫 편지이자 마지막 편지였다. 박 씨는 "소박맞을까" 두려워 서둘러 시댁으로 오게 되었다. 박 씨는 남편은 물론 시댁에서 자신을 냉대한다고 느끼게 되었는데 그것은 아마 재산 때문이었을 것으로 생각한다. 즉, 토지개혁 이전에는 "꽤 땅부자이기도 하고, 사기그릇 공장 집이었으므로" 박 씨의 부친이 이를 상속받을 것으로 생각했으나 토지개혁 이후 공장도 망하고 땅도 모두 잃어버리자 빈털터리가 된 박 씨에게 하등의 미련을 둘 필요가 없었다는 것이다.

여하튼 남편을 전쟁터로 보낸 후 박 씨는 남편의 생사를 모른 채 모진 시집살이와 함께 그를 기다려야 했고, 전쟁이 끝난 후 마침내 돌아온 남편은 전쟁통에 치르지 못했던 한의사 고시에 합격하여 서산군에서 국가고시에 합격한 첫 한의사가 된다. 마을에서는 이를 벼슬에 비하기도 했다. 그러나 형편이 녹록하지 않아 병원을 차리지 못하고 있다가 고향으로부터 십 리 길 정도 되는 면 소재지의 사택 보건소를 사들여 한의원을 개설한다. 한의사가 되자 시댁 식구들은 더욱 박 씨를 홀대했다. 한의원을 개원한 뒤 부부는 당분간 떨어져 살았다. 남편에게 다른 여자들이 "붙어산다"는 말을 듣고 황급히 이사를 결심했으나 큰집 시댁 식구들은 남편이 그 정도 출세했으니 첩을 얻는 것은 당연하다며 특히 시누이들은 "보건소장 윤○ 씨도 작은 마누라를 얻었는디" 하면서 투기를 한다며 박 씨를 못마땅해했다. 그러나 오히려 시아버지의 "콩나물시루를 준비하거라"는 말을 듣고 바로 이사를 하게 되었다.[75]

그러나 박 씨는 곧 큰 병이 든다. 오랫동안 육체노동과 정신적 고통에 시달렸던 박 씨는 우울증과 함께 두드러기, 속병, 심한 소화불량 등의 질병에 시달리게

---

75 예전에는 이사할 때 콩나물처럼 쑥쑥 번창하라는 의미에서 콩나물시루를 준비해갔다고 한다. "애기를 업고 가서 보니, 세상에 그 미친년하고 …… 밥 해먹어가며 지내고 있길래…… 이사를 가려 했더니 둘째 큰아버지가 글쎄, 소실을 얻어 살면 어떠냐, 윤○ 씨네도 그렇고 …… 다 두 살림 하는디…… 그런디 시아버지가 아직은 일러, 가서 콩 서되 담궈라 해서 바로 집으로 달려와 이삿짐을 쌌다"는 것이다.

되었다. 남편의 외도는 그녀의 질병과 함께 더욱 심해졌다. 남편에게는 끊임없이 동네의 "여자들이 붙었다". 박 씨는 방에 누워 있는 환자 신세가 되었고, 남편의 외도 행각은 그녀의 병을 더욱 악화시켰다. 면 소재지의 한의원에 불과했지만 의료시설이 변변치 못하던 때라 환자들을 독점할 수 있었던 김 씨는 집과 땅을 넓힐 수 있었고 아들들을 멀리 서울에 '유학'을 보낼 수 있었으며 큰 조카들의 대학등록비를 대고 친척들에게 논밭과 방앗간 기계 등을 사주는 등 가세를 넓혀감으로써 김씨 일가의 핵심적인 허브(hub)가 되었다. 김 의사로 통칭되던 김 씨의 생일잔치는 당시 마을 사람들이 모여 식사를 하는 작은 잔치였을 정도로 남편 김 씨는 동네에서 곧 '유지'가 되었다. 그러나 그의 호색행각은 계속되었다. 박 씨는 전혀 죄책감을 느끼지 못하는 남편에게 분노를 느끼고 있었지만 이를 표현할 길이 없었다. 암탉이 울면 집안이 망한다고 해서 박 씨는 집안일의 결정에도 관여할 수 없었다. 친정어머니는 참아야 한다면서, "남자의 정(情)은 하나"라며 몸을 추스르고 남편의 마음을 끌기 위해 항상 몸단장을 하라고 일렀다.

죽거나 순종하기

박 씨는 본인이 살던 면 소재지의 마을을 "첩동네"라고 부르며 빈정거렸다. "○석이란 동네는 첩동네고, 저주받은 동네여"라고 말한다. "구더기같이 사는 인간들"이라는 표현도 서슴지 않는다. 동네의 어귀에는 '한(韓)참의 댁'이라고 불리던 큰 기와집이 있었다. 당시 기와집은 부자를 상징했는데 면 일대를 통틀어 유일한 기와집이었다. 옹주 집안의 가계라고도 했는데 일본강점기에 도의원을 지낸 한참의 댁이라 불렸다. 뒤뜰에 아름드리나무들이 자라고 있었고, 그 일대는 물론 인근의 일부 땅이 기와집 소유였다. 최소 천석꾼은 되어 보이는 집으로 그 집 땅을 밟지 않고는 동네를 지나가기 어렵다고도 했다. 그런데 한참의는 그 집 아내가 시집올 때 데려온 종을 첩으로 맞아 아이를 낳았다. 한참의가 죽고 그들의 자녀들은 모두 서울로 가거나 해외로 이민을 가 다 뿔뿔이 흩어졌고, 저택이 거의 폐가가 될 때까지 본댁 부인이 지키며 살고 있었다. 그 집 자손들은 평범한 중산층의 사람들이 되었다. 자식 간 재산상의 갈등이 있는 것으로 소문이 나기도 했는데 앞서 인용한 조은의 연구처럼 한참의 집안은 첩과 자손의 갈등 같은 집안 사정으로 몰락한 대표적인 경우이다.

기와집을 비롯하여 박 씨가 기억하는 그 동네의 "첩집"만 해도 열다섯 집이 넘는다. 박 씨에게 첩과 "작은 마누라"는 같은 의미로 쓰였다.[76] 첩 혹은 작은 마누라는 박 씨에게는 이유야 어떻든 비정상적이고 혐오스러운 대상이었다. 한마디로 박 씨에게 이 동네는 문란하고 부도덕한 공간이었다. 그런데 왜 그 당시에 이렇게 첩들이 많았을까? 조선시대의 양반들은 본부인 외에 작은 부인을 두는 것이 관례화되어 있었다. 특히 아들을 낳지 못한 경우 가계를 잇기 위해서도 첩을 들였다. 대한제국기에 이르러 축첩폐지론이 일었고, 축첩을 금지하는 형법도 마련되었다(김현주, 2011).[77] 그러나 여전히 박 씨가 살던 동네에서는 첩과의 살림살이가 공공연하게 이루어지고 있었고, 심지어 마을 사람들로부터 가족 구성원으로 인정을 받는 관행으로 존재하고 있었다. 일반적으로 첩은 기생이나 오늘날의 내연녀 같은 관계와 달리 비록 하대받는 존재이긴 했지만 공적 공간에서 인정된 존재였다. 분가해서 사는 일도 있지만 한 집안에서 본부인과 같이 살기도 하고 바로 옆집에서 살기도 했다. 본부인과 작은 부인 그리고 그들 사이에 태어난 배다른 자식들이 서로 상속이나 부양 등을 둘러싸고 갈등을 빚기도

---

[76] 박 씨의 말을 대략 정리해본다. "윤○ 씨는 작은댁과 살고 있는데 슬하에 자녀를 두고 있다. 성○이는 큰 마누라가 ○수 '오매'였고 첩은 경○옥인가 하는 주점을 운영했다. 춘○옥 주인도 첩을 두고 있었고, 기○이네는 충○상회 주인을 첩으로 두어 그 아들 태○을 두고 있었다. 일○이 어머니 역시 첩이었는데 나○경과 바람이 났다. 지○엽 씨, 이○호, 부○약방, 대머리 목수네, 양장조 집 아내(원래 그녀는 첩의 딸이었는데 그녀 역시 첩이 되어 아들을 두었다). 강○○ 씨는 그 동네에서는 유일하게 유명대학을 나온 지식인으로 첩을 맞아들인다. 면사무소 직원인 이○성 씨도 작은 마누라를 두었고, ○기 엄마는 참외 서리를 하러 갔다가 잡혀 첩으로 살았으며, ○렬 어머니는 광산소장의 첩으로 지냈다. 대소서 ○씨는 아예 첩을 두 명을 두기도 했는데 '첫 마누라(정○ 오매)', '둘째 마누라(교회 할머니)', '셋째(머슴 마누라)'와 같은 동네에서 지내기도 했다. 정육점을 경영하던 ○씨네도 첩, 농협에 근무하던 ○대리네도 첩을 두었다."
[77] 1896년, 1903년, 1906년 등 한성부 호적을 조사한 연구에 의하면 관직보유자들은 5가구 중 1가구가 첩을 소유하고 있었고, 이 시기 첩의 수는 상당히 많았을 것으로 추정된다(조은·조성윤, 2004; 홍인숙, 2009).

하고 왕래를 거부하는 경우도 있었지만 서로 인정하고 '사이좋게' 살기도 했다. 대개 첩을 들이는 사람들은 지역에서 '그래도 먹고살 만한 집'들이었다(누가 왜 첩이 되었는지는 정확히 알 길이 없다). 한국전쟁 이후 와해되거나 빈곤한 가정에서 태어나 버림받을 수밖에 없는 여성들이 주로 첩이 된 것으로 추정된다. 남성 위주의 가부장적 사회질서 속에서 이들이 생존할 방법은 남성에게 자손이나 섹슈얼리티를 제공하는 대가로, 비록 법적 지위는 인정받지 못했지만, 기혼남의 비공식적 아내가 되는 것이었다.

당시의 관행에 의하면 마을의 유지가 된 박 씨의 남편 김 씨 역시 충분히 첩을 들여오고도 남을 지위에 있었다. 박 씨에 의하면 실제로 김 씨는 첩을 들일 것을 심각하게 생각하기도 했고, 그것을 시댁 식구들은 당연시했으며, 심지어 "정○ 오매"는 전략적으로 자기 "딸을 첩으로 넣으려 했다"는 것이다. 박 씨가 남편에게 따져 물었을 때 얻은 답은 "남들은 다들 첩을 얻어 사는데 너만 왜 이런가"라는 윽박지름과 심한 신체적 폭력이었다. 박 씨는 현재도 이를 잊을 수 없다고 말한다. 남편은 저항하는 아내 박 씨의 "뺨을 후려쳤다". 그뿐만 아니라 동네 유부녀와 바람이 났을 때 이에 대들자 발로 얼굴을 밟아 신발 자국이 며칠 동안 선연히 남아 있었다고도 했다.[78] 나름대로 유복한 집안에서 태어나 교사의 꿈을 가지기도 했을 정도로 자긍심이 무척 강했던 박 씨는 이를 평생 잊을 수 없는 모멸감과 수치로 삼았다. 한숨을 쉬면서 말하는 박 씨의 가슴 속에는 모멸과 수치, 분노의 감정과 함께 그 트라우마가 지워지지 않고 그대로 지속되고 있었다. 훗날 남편 김 씨가 온 정성을 다해 자신을 수발하고 보살폈어도 그 상처는 여전히 지워지지 않는다고 했다.

박 씨는 첩동네로 이사온 자신의 처지를 몹시 불안해했다. 비록 첩을 두지는

---

[78] 자신의 큰 조카인 김중○ 역시 첩을 두었다. 그는 김씨 집안의 장손이었기에 첩집에 살다가 제삿날이 되면 본가에 들르곤 했다. 집에 들어와서는 본처가 못마땅하다며 그녀에게 폭력을 휘둘렀다. "가죽혁대로 때려서 구렁이 몸뚱아리가 되어 있더라구, 월매나 아팠을까. 죽일 놈들여. …… 첩이란 사람을 데려와 작은 어머니라 절을 하려 하길래 '난 첩 절은 안 받어' 하며 돌아누웠다"고도 말했다.

않았지만, 남편 김 씨가 외도를 일삼는 데는 그럴 만한 동네의 분위기가 작용했다고 보았다. 아무리 시대가 "옛날이라 하지만 여인들이라고 해서 질투가 없고 화가 나지 않을까, 현실을 순순히 받아들이기에는 너무나 가슴이 미어지는 듯했다"고 한다. 그러나 당시에 '본마누라'들이 저항할 수 있는 방식은 두 가지 중 하나였다. 죽거나 순종하거나. 당시 아내가 남편의 외도나 첩을 두는 것에 저항하는 것은 남성 중심의 세계관과 질서에 대항하는 것이나 다름없었다. '그러려니' 하고 체념을 하며 순종적으로 살든가, 극단적인 선택, 즉 자살밖에는 현실에서 도피할 통로가 없었다. 많은 이들은 묵묵히 순종하며 '한을 삼키면서' 살았다. 그러나 그 동네에서는 적어도 다섯 명의 본부인들이 약을 먹거나 저수지에 빠져 자살을 선택했다. 박 씨 역시 자살을 결심했다고 한다. 부엌에서 그릇에 양잿물을 담아 마시려다가 "아이들, 특히 큰아들의 모습이 어른거려 차마 들이키질 못했다"고 했다. "자신이 죽으면 ○자년이 재산을 가로챌 것이고 큰 애가 어린 동생들을 어떻게 감당할까?" 하는 생각으로 그릇을 치워버렸다.

남편의 모진 학대에도 '자식들'은 당시 여인들을 순종적으로 인내하며 살게 하는 운명적인 힘 같은 것이었다. 특히 아들들은 여성들의 희망으로서 무슨 일이 있더라도 키워내야 할 대상이었다. 이는 아버지, 남편, 아들 중심으로 이어지는 가부장주의의 전형이다. 박 씨는 오히려 가족을 보호하기 위해 자살을 기도했던 '자신이 잘못했다'면서 남편 김 씨에게 무릎을 꿇고 빌기도 했다. 사흘 동안을 빌고 사정사정했다는 것이다. 오히려 외도를 한 상대를 찾아가 그녀의 비위를 맞추려까지 했다.[79] 그런데 남편 김 씨 역시 가족에 대한 애착은 남달랐다고 생각한다. 김 씨는 외도를 하면서도 결과적으로 동네의 남자들처럼 첩을 들이지 않았고, 자식들의 교육과 뒷바라지를 위해 성심을 다했다는 것이다. 심지어 조카들의 대학 등록금까지 지원하는 등 "가족 친지의 번성"에 대한 열의는 대단했다는 것이다.

---

[79] "그년이 지붕 위로 올라가는 날이면(소문을 낸다는 의미) 이 집안이 쑥대밭이 될까봐. …… 그러니 겁이 나서 시장에서 마주치면 상냥하게 대해주었다"는 것이다.

사회성의 경험

남편과 시댁으로부터 소외된 박 씨가 도피할 수 있는 유일한 출구는 교회였다. 박 씨가 몸이 아파 누웠을 때 종종 마을의 수도암 암자에서 스님들이 방문하곤 했다. 그러다가 서울 세브란스 병원에서 수술을 받던 중 같은 호실의 환자로부터 개신교 전도를 받았다. 박 씨는 마을 어귀에 자리하고 있던 감리교에 입교하여 누구보다도 열성적으로 교회활동을 하게 되었다. 그러나 이 역시 수월하지 않았다. 교회당에 나가는 것은 남편 김 씨에게는 곧 "여인네의 외출"을 의미했으며, 교회에 헌금을 내는 것은 여성이 재산을 축내는 일이고, 특히 '심방' 활동을 하는 것은 "남정네인 목회자와의 동행"을 의미했으므로 그는 박 씨의 교회활동에 반감을 갖게 되었다. 남편 김 씨는 목사에게 전화를 걸어 항의하기도 했고, "교회 나간다고 구둣발로 모가지를 밟아 죽이려 했다"고도 한다. 그러나 교회는 박 씨의 유일한 구원처였다. 그녀는 "나는 예수 신랑하고 살았다"라고 말한다. "숱한 눈물을 흘리며 매일 기도"하고 그 기도가 자신을 살게 하는 힘이었다고 지금도 믿고 있다.

당시 사회에서는 '아녀자'의 공적 활동은 거의 금지되어 있었다. 안/밖의 공간 분할과 역할분화로 인해 여성은 안의 역할, 즉 집안일을 보살피고 아이를 양육하고 자식을 뒷바라지하며 남편에 순종하는 현모양처의 이상에 충실해야 했다(앞 소절 참고). 공적 영역에서 실행되는 사회적 활동과 그로 인해 습득하는 사회성(sociality)은 남성들의 전유물이었고, 여성들은 근대 식민지 교육체제가 도입된 후에야 겨우 남녀공학의 소학교에 다닐 수 있었다. 가족 내의 공간에 갇힌 채 문맹이 많았던 여성들이 사회성을 경험할 수 있는 기회는 극히 제한되어 있었다. 더구나 식민지와 권위주의 정권하에서 시민사회의 핵심이라고 할 수 있는 구성원들의 주체적 참여와 의사결정, 그리고 이들 간의 다양한 공공적 상호작용과 시민성을 고양시킬 수 있는 기회, 이를 주도할 만한 조직이나 결사체는 거의 찾아보기 힘들었을 때였다. 시민사회활동은 공공기관에 의해 주도되는 몇몇 관변단체에 의해 주도되었다. 전통적인 계, 친목회, 향우회 같은 비공식 모임이 그나마 제한적으로 사회성을 경험할 수 있는 공간이었고, 그것도 거의 남자들에게만 허용되었다. 이런 때 여성들에게 교회는 가족을 벗어난 '사회성'을 체험하는 장으로서 매우 중요한 공간이었다. 세상을 초월하여 누구나 평등하다는 원리, 이 세상의 힘겨움과 어려움을 극복하면 저 세상에서 축복이 내려질 것이라는 복음은 가난하고 힘든 사람들에게 더할 나위 없이 매력적인 메시지였다. 박 씨처럼 병들어 있고 남편으로부터 핍박받는 아내들에게 예수는 자상하고 든든하며 의지할 수 있는 남편의 상징이 되기도 했다. 비록 남성 목회자 중심의 가부장적 질서와 분위기가 깔려 있지만, 남녀가 모두 의례와 회의를 열고 참여할 수 있다는 점에서 여성들의 사회성 경험에 교회는 매우 중요한 기능을 담당했다. 대부분의 신도는 침묵과 순종의 태도를 보이기는 했지만 여성 여론 주도자들이 있었고, 다수결과 동의, 토의의 경험이 주어졌다. 교회예산, 십일조, 헌금, 회계, 지위와 역할, 전도, 그리고 불우이웃돕기와 같은 사회적 봉사활동 등을 경험할 수 있는 장이었다. 박 씨는 남편의 '박해'에도 불구하고 교회의 중역이 되어 활발한 교회활동을 통해 사회성을 획득하고 발휘한다.[80]

소학교 시절 학급 여반장으로 활달하게 학생활동을 한 경험도 있던 박 씨는 후에 충남 감리교 권사회 회장으로 추천을 받기도 했으나 남편이 비기독교인이라는 점 때문에 사양한다. 대신 백여 개 교회 이상이 모인 군 내 여전도회의 회장과 부회장을 역임한다. 그녀는 서울에 직접 올라와 감리교 재단으로부터 어린이집 운영권을 획득하여 교회 부속 어린이집의 원장으로 취임하기도 했다.[81] 박 씨는 육십의 나이가 넘어서까지 교회의 중책을 담당하며 리더의 위상을 보였다. 쉽게 타협하지 않는 성격, 곧은 일처리로 인해 주위 신도들과 종종 마찰을 빚기도 했지만, 주변 사람들로부터 존경을 받았다. 소학교 졸업 학력밖에 없었지만 뛰어난 암기력으로 성경구절과 찬송가 가사를 보지 않고도 '줄줄 외워내기'도 했다.

박 씨가 교회 외에 공적 영역에서의 사회성을 경험한 것은 ○○면장의 추천

---

[80] 후에 남편 김 씨는 박 씨의 교회활동을 묵인하기도 했고, 교회부지 확보에도 큰 역할을 했으며, 교회 소속 어린이집 개설을 적극 돕기도 했다.
[81] 곧 운영권을 두고 목사와 마찰을 빚었는데 이때 박 씨는 마음의 상처를 많이 받았다고 한다.

으로 양조장집 부인과 부○약방 부인 등과 함께 부녀회 소속으로 형식상 부녀회장의 역할을 했을 때였다. 그리고 읍내로 이사를 왔을 때 군(郡) 유지급 여섯 명이 추천되어 이른바 '이순자 영부인'이 주도하는 육영회 소속이 되었다. 이순자 여사의 대전 체육관 연설에 동원되기도 했는데 "이 여사가 앙증맞더라"는 기억을 가지고 있다. 그러나 부녀회장이나 육영회 소속은 본인의 의지와 상관없이 일방적인 권유 때문에 이루어진 명목상의 지위였으며, 한두 번의 형식적 모임 외에는 별다른 공적 활동 없이 '흐지부지'되었고 후에는 어떤 식으로 처리되었는지도 모른다고 했다.

또 하나의 비공식적 결사체 모임은 교회 신도가 계주로 있던 '계' 모임이었는데 한 달에 한 번씩 계원들이 어느 특정한 집에 모여 심지를 뽑고 당첨된 계원이 "한턱 내는" 모임이었다. 계원이 돈을 내지 못하거나 "돈을 떼어먹고 어디론가 도주를 해버리면" 한바탕 난리가 나곤 했다. 그리고 박 씨는 몇 달 동안 동네 부인들과 함께 여행을 목적으로 하는 친목계에 들어간 적이 있었다. 당시 관광 산업시장이 형성되면서 동네 지역마다 이른바 '효도 관광' 및 '계 관광', 주민 단체 관광 등의 붐이 일어나고 있었다. 하지만 "술이나 먹고, 춤을 추고, 음담패설이나 주고받는 그들과는 어울릴 수가 없고, 세상일과 거리를 두는 교회생활과 도저히 맞지 않아" 곧 그 친목계를 나와버린다.

박 씨는 남편의 홀대와 외도, 시댁의 억압과 핀잔 속에서도 대외적으로는 "사모님"의 체통을 유지하기 위해 애를 썼다. 자식들은 모두 서울에 '유학'을 보내고, 일 년에 서너 차례씩 짐보따리를 싸 서울과 시골을 왕래하기도 했다. 동네 사람들로부터는 '대감마님'의 지위를 누리기도 했다. 그녀의 삶의 힘은 개신교에 대한 굳건한 믿음과, 가족을 보호하고 번창시켜야 한다는 소명감으로부터 나왔다.

회한, 분노, 화병

박 씨는 한때 심한 화병으로 시달렸다. 교회활동을 했음에도 박 씨는 일생 병으로 누워 있는 시간이 대부분이었다고 회상한다. 박 씨는 여러 차례 수술도 받고 병원 신세를 지게 되었다. 그런데 이 병은 단순한 육신의 병이 아니었다. 그 야말로 정신적 충격에 의한 '화병'이었다. 화(火)는 분노 외에도 몸속의 불, 스트레스, 갈등, 억울하고 분한 것, 감정, 고민, 걱정, 속상한 것, 뭔가 가슴 속에 쌓인 것, 뭉친 것, 뜨거운 것 등의 의미가 있다. 화병환자들은 화를 분노, 억울함, 미움, 걱정, 근심, 화를 냄, 한(恨) 등 부정적 감정이 '쌓이고 쌓인 것', 그래서 '응어리진 것'이라고 말하고 있다(민성길, 2009: 9~10). 화병을 달래기 위해 박 씨는 남편 몰래 모르핀(마약)을 맞기도 했는데 당시 보건소를 운영하던 윤○ 씨가 한 알에 수천 원을 받고 팔았다. 심지어 초등학교에 다니는 어린 아들에게 심부름을 시켜 주사약을 사 오게 한 후 팔뚝에 주사를 놓게 하기도 했다. 박 씨는 가슴속에 울화가 치밀면 거의 정신을 놓을 정도였다. 가슴이 답답해서 숨을 쉴 수 없고, 온몸이 가려워 손바닥만 한 두드러기가 부풀어 올랐다. 빗으로 피가 나도록 긁어도 멈추지 않고, 뼈마디가 욱신욱신했다. 진통제인 '명랑'과 흰 소다 가루를 달고 다녔고, '사리돈'은 필수가 되었다. 무릎이 아파 동물용 연골 치료제를 바르기도 했다. 박 씨는 모르핀을 맞고서야 겨우 안정을 찾곤 했다. 그래도 가족을 위해 박 씨는 이를 악물고 견뎌내었다. 동네에서 유지의 사모님 소리를 들으며 "번듯한 집안을 유지하기 위해" 박 씨는 참고 인내했다.

박 씨의 화병의 증상의 원천은 억울함과 분노이다. 억울함은 다양한 사건 속에서 중첩되어 나타났지만, 그 배경은 여자로서 사회생활을 제대로 할 수 없고 존중받을 수 없는 억울한 시대에 태어났기 때문이다. 박 씨는 소학교를 졸업하고 상급학교에 진학하여 선생님이 되길 원했으나 그 꿈을 펼칠 수 없었다. 위안부(간호사)로 끌려갈지 모른다는 아버지의 두려움 때문에 이른 나이에 원하지 않는 결혼을 했으며, 육신을 망가뜨리는 시집살이와 남편의 외도, 일부 교회 목사와 신도들과의 갈등 등으로 인해 '억울하고 분한' 일생을 살았다고 생각한다. 박 씨에게 남아 있는 감정은 분노와 한이다. 그것은 시대와 사회, 그리고 가족으로부터 인정받지 못한 젊은 시절의 모멸과 수치심, 그리고 '인정에 대한 갈망'의 응어리짐이기도 하다. 누구에게도 자신의 억울함과 분노를 표현할 수 없었고, 하소연할 수도 없었으며, 말하거나 들어줄 사람도 없었다. 박 씨는 몇 년 전 남편과 사별을 했지만, 아직도 남편과 사회에 대한 원망과 분노를 지울 길이 없다고 말한다. 자신도 "세월이 좋을 때 태어났더라면 교사가 되는 꿈"을 펼쳤을 것이고 그녀의 딸들처럼 "사각모도 써보고" 한평생 사람답게 살아보았으리라는 것이다. 자신은 억울하고 서러운 삶을 살았다고 말하면서 손으로 무릎을 치는가 하면, 울먹이기도 하고 긴 한숨을 내뱉기도 했다. 박 씨는 자신이 살아온 마을을 첩동네로 묘사하며 당시 남성들을 "미친 개들"이라 표현하면서 혐오스러워하기도 했다. 그녀는 현실을 초월한 존재자에게, 즉 기독교의 신에게 자신에 대한 애착과 존중을 호소했다.

> 지금 생각만 해도 부들부들 떨리고…… 나도 인간이고 여자여, 사랑도 받고 싶고, 나도 존중받고 살았으면 좋았지……. 억울하고 분해, 억울하고……. 시절(바보)같이 살았지. 이제는 안 참어. 그때는 여자가 집안을 나오면 큰일 나는 줄 알았지……. 어리석었지. 어리석었지…….

박 씨는 자신의 삶을 한마디로 '억울함'으로 묘사하고 한탄스러워한다. 박 씨는 또한 자신이 가족이나 사회로부터 주변화된 것에 대한 강한 거부감과 억울함을 하소연한다. 젊은 나이에 육신의 병이 들어 거동이 불편한 자신과 간호에 지친 자식들을 보노라면 그 억울함은 더욱 배가된다. "죽어라 뼈 빠지게 일하고", 오로지 자식들과 가족을 위해 그 숱한 모멸과 수치를 참아내었지만, 이제는 자신이 거추장스러운 병자가 되었다는 사실과 점점 소외되어간다는 사실에 억울해한다. 이 세대에게는 연금도 보험도 제대로 된 사회적 안전망도 주어지지 않았다. 오로지 자식들에게 노후를 의존할 수밖에 없지만 자식들, 특히 며느리들에게 짐으로 남아 있다는 것이 더욱 분한 노릇이다. 자식들을 위해 모든 희생을 감내했지만 보상받지 못하는 세대의 배신감과 분노가 그대로 투영되고 있다.

4. 우국(憂國)과 애국(愛國) 사이에서

서구의 열강 제국이 한반도의 운명을 가늠할 즈음 1897년 주체 국가를 선포하고 등장한 대한제국은 그러나 불과 십여 년의 수명도 누리지 못한 채 국가 주권의 핵이라 할 수 있는 외교권을 일본에 박탈당한다. 을사늑약 이후 ≪황성신문(皇城新聞)≫의 주필 장지연(張志淵)은 주권을 빼앗긴 현실을 통탄했다. "이날 목놓아 통곡하노라(是日也放聲大哭)! 원통하고 원통하다, 동포여, 동포여!"[82] '시일야방성대곡'에는 이제 막 탄생한 국가의 주권상실에 대한 비애와 원통함이 그대로 녹아 있다. 대한제국이라는 근대 국민국가의 상실! 일본 제국주의의 음흉한 계략에 농락당하고 주권을 내어준 대신들에 대한 혐오와 자신에 대한 분노, 좌절, 절망, 한탄이 서려 있다. 비애와 분노가 섞인 비분강개의 감정은 나의 것을 빼앗아 간 외부적 주체에 대해서도 발생하지만, 그 외부 대상이 거대한 권력체일 경우 이에 저항할 수 없다는 무기력에 대한 절망과 수치심으로 인해 자신을 향하기도 한다. 그 권력체의 시중 노릇을 한 내부의 구성원을 매국노라 호통치면서 동시에 무기력한 자신을 탓하고 우울감에 빠지는 것이다. 산하의 이곳저곳에서 의병을 일으켰거나 스스로 자결을 택한 선비들, 만주 벌판으로 총을 들고 싸우러 간 독립투사들과 달리 식민제국의 땅에 남아 목숨을 부지했던 저항 시인들이나 지식인들은 우울의 감정에 빠져 있었다. 조상 대대로부터 이어진 부귀영화의 삶을 버리고 식솔들과 함께 만주로 떠나 독립투쟁을 이끈 이회영 일가, 이토 히로부미의 가슴에 총알을 박은 안중근이나 끝내 아나키스트가 되어 옥사한 신채호, 잔인한 일본 제국주의의 주구(走狗)들에게 죽음을 선사한 윤봉길, 우리는 이들을 우국 열사라 부른다. 반면, 일본 유학길에 오른 윤동주는 '어느 욕된 왕조의 유물'을 고뇌하다가 죽음을 맞이했고, 남의 땅이 되어버린 들판에 봄이 도래하기를 간절히 소망하는 이상화는 무기력과 절망의 향수 속에서 나라 잃은 비애를 시로 표현했다.

---

[82] "어리석은 우리 인민들이 일본의 계략에 빠져 조약을 맺고 말았는데 대황제께서는 완강히 거부하였으나 개돼지만도 못한 대신들이 영달과 이익을 바라고, 또는 협박의 두려움으로 나라를 팔아먹은 도적이 되어 사천년(四千年) 강토(疆土)와 오백년(五百年) 종묘(宗廟)·사직(社稷)을 다른 사람에게 들어 바치고, 이천만(二千萬)의 살아 있는 백성(百姓)을 다른 사람의 노예로 만들었으니, 원통하고 분하다, 단군(檀君)과 기자(箕子) 이래의 사천년 국민정신(國民精神)이 하룻밤 사이에 갑작스럽게 멸망(滅亡)하여 사라지고 말 것인가"(장지연, "是日也放聲大哭", 1905. 11. 20).

지금은 남의 땅 ― 빼앗긴 들에도 봄은 오는가?
……
나는 온몸에 풋내를 띠고,
푸른 웃음 푸른 설움이 어우러진 사이로,
다리를 절며 하루를 걷는다. 아마도 봄 신령이 지폈나 보다.
그러나 지금은 ― 들을 빼앗겨 봄조차 빼앗기겠네.

_ 이상화, 「빼앗긴 들에도 봄은 오는가」 (1926) 중에서

    우국은 분노와 좌절, 무기력과 열등감, 책임감으로 '나라'를 걱정하는 마음이다. 반면 매국은 자신의 영달을 위해 '나라를 팔아먹는' 행위이고, 애국은 국가 공동체를 사랑하는 마음이다. 이렇게 확연히 구분되는 우국(지사)과 매국(노), 그 사이의 애국의 경계는 어디인가? 파시즘적인 국가주의와 근대 국민국가의 충성 이데올로기, 시민사회의 애국심과 시민성, 그리고 개인주의는 어떤 연계 선상에 놓여 있는가? 우국은 이른바 보수주의자들의 공동체 열망인가, 아니면 진보주의자들의 민주주의 열정인가? 누가 국가의 현실과 미래를 걱정하는가? 필자는 이에 대한 답에 앞서, 아니 답을 내리기에는 너무나 긴 시간이 필요하므로, 국가에 대한 감정으로서의 애국심에 대해 논의해보고자 한다.
    국가와 민족의 현실과 장래를 고뇌하는 자에게는 매국 행위는 존재하지 않을지도 모른다. 차라리 제국의 힘을 인정하고 민족의 내부적 개혁을 통해 힘을 기를 것을 주장한 이광수는 스스로를 매국노라 여겼을까? 민족의 장래를 비탄하며 걱정한 그의 차가운 열정이 매국일까? 민족의 힘과 독립을 주장한 민족개조론을 썼고, 계몽과 개화를 위해 신소설의 문을 연 이광수는 어느 시점엔가 지식인의 전향을 선언하고 "일본 천황폐하의 공덕을 알지 못하고 불충을 저지른 신민의 죄"를 고백한다. 그리고 서구 백인들의 제국 문명에 도전할 힘을 키우기 위해 일본을 비롯한 중국, 조선이 힘을 합쳐 맞서자는 이른바 '대동아 공영'의 원리를 주창했다. 어쩌면 이 길만이 조선의 맥을 이어 새로운 세기의 주체로 살 기회일지도 모른다는 생각을 했던 듯싶다.[83] 전향과 매국의 상징처럼 되어 있는 그의 어조에는 일종의 비감함이 서려 있다. 국가의 육체를 상실했으되 혼(魂)

만이라도 부여잡아 언젠가 국권을 회복할 것을 고대하며 주체적 조선사를 썼지만, 결국 아나키스트가 되어 해외를 떠돌던 신채호의 비감한 일생과는 너무나 대비된다.

우국이 절정을 이루는 상황은 약육강식의 시대, 국가의 안녕이 위태롭거나 부정되는 전쟁 및 이에 준하는 상황이다. 국가는 '나'의 안전을 책임지는 최후의 보루이고, 타자에게 나의 안전을 빼앗기고 상실당하지 않기 위해 개개인은 '국가공동체'를 지탱하고자 자신을 헌신적 주체로서 자리매김한다. 중세 봉건국가가 세습적 왕과 그에 의해 통치되는 신민으로 구성되었다면, 근대 국민국가는 바로 민족이 주권자로 탄생하여 통치를 위임시킨 조직으로서 통치자는 국민과 함께 법 앞의 평등한 주체로 종속당하는 것이다. 조상의 계보와 전통, 언어의 뿌리를 통해 존재를 계승하는 의식, 단지 혈통의식뿐 아니라 역사와 정치의 이념을 공유함으로써 '하나'라는 정체성을 표상하는 민족주의 감정은 국가존립을 위한 자양분과 같다. 그렇다면 국가와 민족(국민), 개인의 관계는 무엇인가? 잘 알려진 바와 같이 17세기부터 유럽에서는 천부의 인권을 갖고 태어난 개개인들이 계약을 통해 권력을 위임한 통치체로서의 근대 국민국가를 바라보는, 이른바 개인주의적이고 계약론적인 시각이 형성되어 있었다. 반면 국가가 개개인의 계몽적 이성을 초월하여 스스로 이성을 담지했다고 보는 국가유기체론자들은

---

[83] 1920년대 계몽에 의한 민족의 개혁을 주장했던 이광수는 일본의 만주침략 이후 힘에 대한 찬사를 보낸다. 준엄한 필력을 통해 단체 결성, 민족정신의 개조를 외치던 그는 "우주는 힘이며" "우리에게 없는 것이 힘이고 그러므로 역사의 무대에서 일역을 담당치 못한 채 막 뒤에 쭈구려 앉아 있는 성명없는 백성"이라고 한탄한다(박찬승, 2014). 중일전쟁과 태평양전쟁 발발 이후 일본 군부가 실질적 정권을 장악한 식민지 상황에서 이광수는 일본의 초국가주의적 파시즘의 논리를 좇아가기 시작했다. 일본 천황의 제한 없는 주권설이 확립되고, 황민화 정책과 전쟁 동원체제는 조선에서도 예외가 아니었다. 1937년에는 카프 등 사회주의 단체가 소멸하고 1938년 조선어 교육이 폐지되었으며, 1940년에는 창씨개명이 개시되었다. 이후 모든 조선어 신문은 폐간되며, 신사참배가 강요되었고, 국민정신총동원연맹의 조선동맹이 창설되는 등 총체적인 내선일체 및 신민으로의 보국정신이 강요되었다. 당시 이광수는 '앞장서서' 황국민맹서를 외쳤다. 그는 황국정신을 찬양하고 내선일체, 근로보국 등을 연설하기 시작했다. 그는 국가주의만이 아니라 실제로 천황을 사모하고 그리워하는 황도정신의 계승(일군만민, 충효일치)을 깊이 새겼다. 이광수에 관해서는 이경훈(1998)을 참조할 것.

국가가 하나의 실증적 존재자로 역사에 현현할 때, 그것은 역사를 움직이는 절대정신(Geist)의 자기완결을 의미한다고 보기도 했다. 살아 움직이며 스스로 성장하고 진화하는 생명체로서 국가의 이성은 개개인의 이성을 초월하기 때문에 국가는 개인들로 환원될 수 있는 대상이 아니며, 그 이성은 단순히 개인이 소유한 계몽적 이성들의 집합도 아니라는 것이다.[84]

그런데 우리에게 직접 영향을 주었던 일본의 국가의식은 어떠했는가? 19세기 서양에서 들어온 사회진화론과 국가유기체론의 단순한 모방을 넘어 일본 특유의 가부장적 족부론(族部論)이라 할 수 있는 신정론이 결합되어 등장한 천황제 국가는 하나의 신적 인격체, 즉 국체로 숭상된다. 신이 인간의 모습으로 강림했듯 국가는 사람의 모습을 취하고 현현했으니 그가 곧 천황이다. 강상중이 말한 대로 일본인들은 "작위적 규범성을 배제하고, 개개인의 정이 가는 대로 행동하면서도 사회의 공동성은 다치지 않은 간나가라(隨神)의 세계, 심미적 낭만주의로 윤색된 국체민족주의"를 지닌 사람들이다. 만세일계(萬世一系), 천양무궁(天壤無窮: 하늘과 땅처럼 영원히 계속됨), 천황은 혈통의 계보로 이어졌다는 생각, 이른바 태양신의 후계인 천황은 신주의 나라, 즉 니체가 말한 선악의 저편의 땅에서 내려온 자로서 초국가적 황국으로부터 내려왔다는 주정적(主情的) 애국주의가 그들만의 매우 독특한 우국의 감정을 주조하기에 이르렀다.[85] 근대 일본국가는 천황이라는 초월적 인격체인 국체에 순종하고 충성하는 신민을 탄생시켰다.[86] 천황은 헌법의 외부에 있으면서 내부에 있는 존재로서 초월적 통치

---

[84] 독일 낭만파들은 당시 산업화로 등장한 부르주아 시민계급들의 개인주의를 우려하면서 자연과 인간의 합일된 질서와 공동체를 그리워하거나 강조했다. 헤겔은 국가를 절대정신의 자기완결체로 보았다.

[85] "신주(神州)는 태양이 뜨는 곳, 원기(元氣)가 시작되는 곳으로, 태양신의 후계(천황)가 창공의 북극(황위)을 받들어 예로부터 바뀜이 없다. 처음부터 대지의 으뜸이고 만국의 모범이다. 실로 훌륭하게 세상(宇內)을 비추니 황화(皇化)가 미치는바 멀고 가까움에 구별이 없으리"(강상중, 2004: 74).

[86] 1조: 대일본제국은 만세일계의 천황이 이를 통치한다. 4조: 천황은 국가의 원수로서 통치권을 장악하고 이 헌법의 규정에 의거해서 이를 행한다. 55조: 국무 각 대신은 천황을 보필하여 그 책임을 진다. 오늘날 헌법 제1장은 천황은 국가와 국민통합의 상징으로서, 그 지위는 주권을 갖는 일본 국민의 뜻에 의거한다고 쓰여 있다.

권자이며 헌법상의 신민은 국가에 대해 권리를 주장하는 자가 아니라 국체를 위해 헌신하고 충성하는 자이다. 천황은 신민을 부르고 감싸는 엄격하고도 자혜로운 존재이다. 교육칙어(敎育勅語)와 군인칙유(軍人勅諭) 속에 표상된 자들로서의 신민은 충과 효를 통해 '국체'에 끊임없는 생명을 불어넣어야 한다. 충효를 바탕으로 하는 애국심(忠君愛國)으로 수립된 국가를 '심정국가(心情國家)'라 한다. 헌신과 순종의 열정이라는 감정이 국가체계에 모세혈관처럼 뻗어져 내린 국가, 이 국체는 절대적 윤리주체로서 마음주의적, 주정주의적 실체이다(강상중, 2004).[87]

국체의 현인체인 천황이 일본이 제2차 세계대전의 패망국이라 하더라도 미국의 '일개' 제독 앞에서 항복 선언을 할 수 있었을까? 천황이 잔인무도하게 학살을 감행한 역사적 침략의 행위에 대해 사과를 할 수 있을까? 천황에게 '사과의 정치'란 존재할 수 없다. 학살, 침략, 위안부 등이 역사적 사건은 사과의 대상이 아니라 단지 '통석의 염(痛惜の念)'이 서린 유감스러운 대상일 뿐이다. 그런데 일본의 전전(戰前)체제의 천황제적 국가론은 만주사변 이후 파시즘 국가로 이행한다. 파시즘이란 개인의 삶의 지향과 방식은 물론 전체적인 공공의 생활양식, 시장, 경제활동, 정치제도가 절대권력을 가진 국가에 의해 통제되고 운영되는 정치사회의 시스템이다. 천황제적 파시즘 체제에서는 시민, 인민, 국민은 존재하지 않고 신민(臣民)이 존재한다. 천황의 하해와 같은 은전에 보답하기 위해 부모에게 드리는 효를 국체에 대한 충으로 보답해야 한다. 이른바 신민은 국체인 천황의 은혜에 보답하는 '보국정신(報國精神)'을 보여야 하는 것이다.

필자가 일본에 주목하는 이유는 식민지로부터의 해방 이후 대한민국을 건설한 1세대가 대부분 일제강점기에 태어나 식민지 교육을 받았기 때문이기도 하고, 5.16 쿠데타 이후 부국강병을 주도했던 세력, 이른바 발전주의 국가의 핵심

---

87 「군인칙유」(軍人勅諭, 1882)는 천황과 일체가 되고자 하는 신민의 욕망을 표현한다. 군인은 황군이다. 절제의 법, 덕행의 법, 기계장치와 같은 정교함, 정밀한 절제 등 규칙과 조련을 통해 황군이 될 수 있다. 군인칙유는 푸코가 말한바 신체 규율의 전범이다. 예법, 언어동작, 복종, 종명법(終命法), 솔선수범을 담은 규율집으로, 그중에서도 복종이 가장 중요한 덕행이었다.

행위자들 대부분이 바로 일제강점기 때 황민 교육을 받았던 사람들이었기 때문이다. 반공을 국시로 천명한 대한민국의 권력자들은 전후 일본에서조차 폐기했던 군국주의적인 교육을 강화했다. 그리고 그들은 메이지유신의 일본식 개혁모델, 이른바 '위로부터의(from above) 혁명', '권위주의적 발전주의 모델'을 추구했다. 일본의 천황제와 흡사한 통치방식은 일본과는 색다른 미국식 자유민주주의의 제도 및 가치와 혼합되면서 한국의 고유한 특징을 나타나게 되었다. 일본 천황의 신민임을 맹세하고 육군 소위가 되었던 박정희는 해방 이후 우여곡절 끝에 대한민국 장성이 되었고, 5·16 쿠데타를 통해 권력을 장악한 후 '위로부터의 혁신'을 추진했다. 자신의 권력찬탈과 통치행위를 정당화시키려 한 것이든 하나의 이데올로기였든 그는 조선은 '힘'이 없었기에 식민지로 전락한 나라였고 따라서 힘을 기르기 위해서는 부국강병이 절실히 필요한데, 이 부국강병의 힘은 성리학자들처럼 책상머리에 앉아 공맹사상이나 읊는 가운데 오는 것도 아니요, 서구식 민주주의에서 오는 것도 아니라고 주장한다. 박정희는 경제적, 군사적, 정치적으로 부국강병을 통한 강인한 국가의 힘이 필요하고 바로 그러한 국가의 힘이야말로 개개인의 안녕과 번영을 보장한다고 굳게 믿었다(전인권, 2006: 250).[88] 박정희가 보기에 분단과 전쟁을 경험하고 냉전체제로 남북이 대치하고 있는 대한민국의 '현재'는 늘 위기가 감도는 긴급상황이며 비상사태의 국면이다.[89] 오늘날에 이르기까지 대한민국의 역사는 외세의 침략과 식민지 등으로 언제나 시련과 고난의 역사였다. 따라서 국가의 안보는 무엇보다도 중요한 제1의 목표이며 중단 없는 전진이 필요하다.[90] 국가의 힘이 최고의 선(善)인 시각에서는 자유

---

[88] "국제정치 사회에서 힘은 언제나 높은 곳에서 낮은 곳으로 흐르게 마련이며, 더욱이 제국주의 시대는 거대한 몇 갈래의 조류가 세계의 얕은 곳을 향해서…… 세계의 얕은 곳이란 힘의 진공상태를 의미한다. …… 한 국가가 힘의 진공상태에 놓여 있다는 말은 강대국들의 세력 투쟁 무대가 된다는 뜻이기도 하다. 우리나라가 주권과 독립을 상실하고 예속과 정체의 먹구름 속에 휘말려…… 비운과 시련도 여기에서부터 시작된다"(박정희, 1971).

[89] 이는 마치 슈미트가 말한 예외상황과 같다. 총통은 헌법 내에 위치하지만, 예외적인 긴급상황에서는 헌법 위에서 법을 통치한다(슈미트, 2010).

[90] 이를 전인권은 유기불안이라고 묘사한다(전인권, 2006).

의 개념도 국가주의의 하위개념이다. 박정희가 보기에 자유는 민족에게 봉사할 때 의의가 있다. 민족국가에의 책임을 회피하는 자에게는 질서를 위해 타율적 강권, 즉 국가의 억압이 필요하다고 주장한다.[91] 개인의 인권과 자유를 우선시하는 민주주의 원리와 거리가 먼 국가 혹은 민족공동체 윤리가 제시되고 있는 것이다. 박정희는 개인을 위한 자아를 '소아(小我)'라 한다면 국가를 위한 자아를 '대아(大我)'라 묘사했다.

따라서 대아를 저버리고 소아적 개인주의에 젖은, 덕성과 윤리가 부재한 자들은 계몽의 대상이다. 지도자는 민족을 개조하고 국민도의를 함양하고 힘을 배양하는 주체이다. 그는 1970년대 자유와 평등과 같은 서구민주주의를 비판하고, 그 대신 제2경제론(산업화론: 후에 이는 중화학공업으로 가시화된다)을 위한 국민정신 개조를 역설하게 된다. 국민정신의 개조는 생활에서의 각종 품행(예들 들어 단정한 복장, 절약, 내핍, 봉사 등의 생활)과 함께 근대화에 적극적으로 이바지하고 참여하는 생산적인 국민, 그리고 국가의 정책에 복종하고 따르는 순응적인 국민의 탄생을 의미한다(황병주, 2000). 즉, 민족의 근대화를 위한 "민족중흥의 역사적 사명"을 띤 주체, 조국 근대화를 위해 기꺼이 국가에 헌신하고 자신을 희생하는 멸사봉공의 주체, 민족국가의 수호를 위해 힘껏 반공을 체화한 주체, 국운(國運)이 곧 자신의 운명임을 자각할 수 있는 주체의 등장이다. 이러한 주체는 마치 19세기 일본 천황제 국가의 탄생과 함께 그들이 염원하고 탄생시킨 국민의 상(像)과 매우 유사하다. 자유, 평등, 연대, 공감과 배려, 성찰, 실존 등 인간성 회복을 위한 보편적 가치를 추구하는 주체이기보다는, 민족과 국가의 중흥을 위해 충성하고 복종하며 희생하는 도덕(감정)으로 무장된 주체를 요구했다. 이 요구사항은 국민교육헌장과 유신헌법으로 구체화되었다.[92] 박정희

---

91 "강권발동과 자율은 극히 예민하게 반비례되어야 한다. 피지도자가 자율정신이 강하여 마땅히 해야 할 일을 책임지고, 자진하여 할 때에는 강권을 발동시킬 필요가 없다. 그러나 의식적이든 무의식적이든 자기책임을 회피하거나 타인에게 전가시킬 때에 또는 법과 질서를 적극적으로 지키지 않는 등 자율정신이 결여될 때에는 최소한도의 질서의 유지를 위하여 타율적인 강권을 발동시키지 않을 수 없다"(전인권, 2006: 258에서 재인용).

92 철학자 박종홍은 힘의 발현을 위한 역사적 결단과 창조의 가능성, 그리고 영웅적 지도자의 상을

는 국가비상사태를 선포하고 안보위기를 과도화하면서 준(準)전시체제라는 동원체제를 통해 장기집권을 도모했다. 정치적 억압과 경제성장이 정합의 관계를 유지했다.[93] 경제성장과 산업화를 통한 조국근대화는 자주국방의 원리와 함께 민족중흥의 역사적 사명이었다. 서구 근대 국민국가 사상의 요체인 자유, 평등, 민주주의는 그에겐 부국강병의 산업화를 방해하는 거추장스러운 장애물이었다. 유교주의적인 형제, 민족, 국가애(이타, 헌신, 충성)에 대비되는 개인주의, 서구 자유주의, 이를 추구하는 지식인, 야당, 노동, 학생운동은 이기주의적이고 파괴적이며 나태하고 방탕한 것이다. 그의 세계관 속에는 국가와 개인이 이분화될 수 없었다. 박정희의 세계관 속에서 국가는 진선미(眞善美)를 담지한 윤리적 실체이다. 그 국가가 정신적 지주가 되고 종교, 학문, 예술도 국체에 의존할 때 존립의 근거가 가능하다는 일본 천황군국주의관을 그대로 이어받고 있다고 해도 과언이 아니다.[94] 그는 "내 무덤에 침을 뱉으라"는 비장한 모습으로 군국주의적인 공적 인간으로서 운명을 받아들이려는 영웅주의적인 태도를 보이기도 했다.

박정희와 '위대한 만남'을 한 정치기업인 박태준의 국가주의 세계관도 잠깐 살펴보자(이대환, 2016). 일본에서 자라 군국주의 문화가치로 '사회화'(즉 가치, 감정, 생활방식의 신체화)를 경험한 그 역시 박정희와 거의 유사한 역사관을 가지고 있었다. 천박한 제3세계 변방의 땅에서 오늘날 세계 최일류의 제철기업을 육성한 이른바 '박태준의 제철신화'는 부국강병을 통한 '일등국가' 만들기라는 강박

유신체계 속에서 찾았고 또 이를 정당화했다. 이때 우리에게 익숙한 개념이 바로 한국적 민주주의였다. 한국적 민주주의의 연원은 사실 해방 이후 일민주의까지 거슬러 올라갈 수 있다. 한국 사회와 국가, 민족의 특수한 역사적 상황을 인식하고 자본주의나 공산주의가 아닌 단군의 홍익사상에 터한 균등한 민주주의 사상 등이 그것이다. 한국의 특수한 고난의 역사와 이를 극복해 나가기 위한 '우리'로서의 민족을 강조한 박종홍은 그의 철학체계를 통해 특수로부터 보편으로의 지양보다는 보편에서 특수로의 이행을 강조했다(박종홍, 1998).

93 국가가 산업화 전략을 기획하고 주도한 발전주의 국가의 정책을 참고해보라(윤상우, 2006; Amsden, 1992).
94 전통적 유교의 충효 사상과 일본의 '황도(皇道)유학' 그리고 박정희의 국가주의 관점에 대한 연구로 나종석(2017)을 참고할 것.

중에 가까운 열정의 결과였다. 정치기업인과 정치인, 사회사업가로 평생을 지내온 그가 죽음의 순간에 남긴 말은 "애국하라"였다. 애국은 한국사회를 오랫동안 지탱해온 정언명령이다. 애국에 대해 토를 달거나 이의를 제기한다면 그는 곧 반국가적, 반집단적, 방임적 개인주의자로서 비난받기 쉽다. 한국사회에서 국가를 위해 목숨을 바치거나 봉헌의 마음으로 무장하는 태도로서의 애국에 대해 누가 감히 반대의 목소리를 낼 수 있겠는가? 한국사회에서 애국주의는 인권, 시민권, 평등, 자유, 연대 등의 보편적 가치를 넘어서는 절대가치이며 애국한 자는 곧 영웅으로서 칭송받아 마땅하다. 애국하지 않는 자는 배제되어야 할 자, 비겁한 자로 낙인찍힌다. 애국을 통해 국익을 도모하는 것이 곧 개인의 번영이다. 국가의 물질적 부를 쌓는 것, 신무기를 들이는 것, 무역수지를 높이는 것, 국민소득이 높아지는 것을 위한 행위는 물론이거니와 국방의 의무를 지는 일과 국위를 선양하는 일, 이른바 민족의 긍지를 드높이는 행위 모두가 '애국'에 포함된다. 국가주의의 행위규범이라고 할 수 있는 애국주의는 국가의 번영이 곧 나 개인의 번영이라는 국가-개인의 일체심으로 국가가 '나'보다 그리고 내가 속해 있는 어떠한 집단보다 우위에 서 있다는 의식으로서 국가우선주의이며 국가제일주의적인 태도를 말한다. 국가를 이롭게 하는 국익 앞에서는 개인의 양심과 진실, 자유와 권리는 때때로 무시되거나 왜곡되어도 좋다. 국익을 위해서라면 누군가는 희생제물이 되어도 좋고, 물질적(국방, 경제의) 이득을 가져오지 않는 불편한 진실은 묻혀도 좋으며, 때로 왜곡되어도 무방하다. 미리 말하지만, 애국심이 국가에 대한 헌신적 감정이라면 애국주의는 그러한 감정을 불러일으키거나 강제하는 이데올로기와도 유사한 것이다. 개인 간의 다소 유연하고 느슨한 연대에 기초한 국가공동체의식, 일정한 거리를 두고 국가공동체를 성찰할 수 있는 헌신의 감정을 애국심이라 한다면 애국주의는 그러한 애국심이 더욱 국가중심적으로 강화되면서 자신보다는 국가를 더 우선시하는 집단적 유형의 이데올로기이며 감정이다.

청암 박태준의 이념은 "보국"으로 집약될 수 있다.[95] 이때 보국의 의미는 이중적이다. 하나는 "국가에 은혜를 입었으니 보답한다는 의미"로서의 보은(報恩) 개념이고 다른 하나는 국가를 강하게 만들어 후손에게 전해준다는 의미의 계승

(繼承) 개념이다. 전자는 존재론적 개념으로서 "나"의 존재는 국가로 인해 비롯되었으므로 국가야말로 나의 어머니의 자궁과 같은 탄생의 요람이라는 의식이다. 설령 나의 처지가 열악하다 하더라도 국가가 없다면 나는 존재할 수 없었을 것이기에 국가의 은혜에 보답해야 한다는 정신으로 볼 수 있다. 다시 말해 국가가 없다면 인간다운 나는 존재할 수 없기 때문에 나는 국가에 대해 부채를 지닌 존재라는 것이다. 그의 보국 이념에는 국가라는 집단이 항상 개인(나)보다 우위에 서 있다. 국가의 행복은 곧 나의 행복이고, 국가의 부흥이 곧 나의 부흥이며, 국가의 안전이 곧 나의 안전이다.

이러한 국가를 구성하는 개인들의 집합체가 민족이다. 민족은 유구한 역사 속에서 피와 언어, 신화와 문화를 공유하는 집합체로서 슬픔과 기쁨, 애환과 즐거움을 함께할 수밖에 없는 운명공동체이다. 박태준의 보국 이념은 국가와 민족이 혼연일체가 된 국가민족주의의 한 갈래로서, '국가=민족=나'의 삼위일체적 사고가 그 골격을 이룬다고 볼 수 있는 것이다.[96] 보국 이념의 또 하나의 내용 속에는 개인이 국가의 은혜에 단순히 보답한다는 것을 넘어서 이 국가를 보다 강건하게 만들어 후손에게 전해주어야 한다는 사명감이 응축되어 있다. 내가 성인이 되었을 때 나는 부모의 울타리가 되어 그들을 부양(扶養)해야 하고,

---

[95] 일제강점기 경남에서 태어난 청암 박태준에게 포항제철의 역사는 곧 그의 삶의 일대기라고 해도 과언이 아니다. 박정희 정권 시절 기업정치인이었던 그는 1980년대 후반부터 정치인으로 변신하여 민자당의 총재를 역임하고, 김대중 정권에서는 국무총리의 지위에 오르지만, 정치 생애는 그리 순탄하지 않았다. 여기서는 발전주의 국가와 개발민족주의가 추동하던 1960~1970년대의 그의 삶에 주목할 것이다. 그러나 그의 보국 이념은 그의 일생을 거쳐 변함없이 흘러왔다고 볼 수 있다. 즉, 시대를 진단하고 처신한 그의 행동은 다양했지만, 보국 이념은 그의 전 생애에 걸쳐 흐르는 세계관이었다.

[96] 박태준의 생애사를 쓴 이대환은 그의 국가관을 이렇게 말하고 있다. "박태준의 정신적 원형질은 일류국가 완성이 핵을 이룬다. 청년에서 노년에 이르기까지 그는 일관되게 부강한 국가의 훌륭한 시스템에서 인간다운 삶이 보장되는 사회를 꿈꿔온 인물이다"(이대환, 2016: 578). 그러면서 이대환은 박태준의 애국심은 오늘날의 시각에서 국가주의라는 부정적 해석을 낳을 수 있지만 '당대의 조건'을 간과하면 출발지점이 오류라 할 수 있다고 주장한다. 청암의 국가주의는 다른 국가를 침략할 강국을 만들자는 것이 아니라 자주국방과 절대빈곤의 극복, 통일에의 염원을 담고 있는 민족주의라는 것이다(이대환, 2016: 301).

내가 다시 자식을 낳아 자식들에게 좋은 가정을 남겨주듯, 후대에 풍요롭고 안전한 국가의 유산을 남겨주어야 한다. 국가는 타자에게 훼손되거나 침해받아서는 안 되며 특히 그 실존이 부정되어서는 안 된다. 따라서 부국강병이야말로 국가의 안위와 부흥을 가능하게 함으로써 나와 우리 그리고 후손의 삶을 보장하고 계승하게 하는 절대적 정언(定言)인 것이다. 따라서 보국 사상에는 국가에 대한 감사의식, 즉 부채를 갚아야 한다는 의식과 국가를 튼튼히 하여 후손에게 물려주자는 부국강병의 계승의식이 담겨 있다. 통치자와 국가구성원인 국민은 감사와 계승을 완수해야 할 투철한 '역사적 사명감'을 보유해야 하고, 이를 수행하지 못할 때 국가에 대한 죄의식의 감정을 느껴야 하며(국가에 대한 도덕감정), 자신의 직분을 다하지 못한 경우 이에 대한 책임을 져야 한다는 사명감이 깔려 있다(김왕배, 2012).[97]

부국강병과 국가민족의 중흥을 실현하기 위한 감정적 마음가짐으로서의 애국주의의 내면에는 특정 집단의 권력이해에 대한 관심이 놓여 있음을 부인할 수 없다. 모든 관념의 내면에는 권력이 존재하고 이 권력을 수행하는 집단은 담론을 통해 그 권력의 행사를 정당화한다. 담론은 푸코가 말한 대로 권력에 의해 생성되고 스스로 권력을 행사한다(푸코, 2012a). 해방 이후 출범한 분단국가는 탄생부터 모순적이기 때문에 반드시 이를 해소해야 할 '역사적 사명'을 가진다. 그 모순이란 하나의 정신에 두 개의 몸이 서로 쟁투하는 국면, 즉 한 몸이 두 부분으로 갈라져 서로의 부분을 이질적이고 병리적인 대상으로 간주하는 분단의 상황이다. 대한민국 헌법에는 국가의 영역을 엄연히 한반도 전체와 그 부속도

---

[97] 이러한 청암의 보국 이념은 공공기업으로서의 포항제철의 조직운영원리로 구체화되고 있었다. 보국 이념을 실현하기 위해서는 국가가 그에게 던져준 맡은 바 소임을 다해야 하고 그에게 주어진 '맡은 바 소임'은 다름 아닌 부국강병의 기초가 되는, 즉 산업화의 가장 핵심적 기간산업인 철강산업을 육성하는 것이었다. 그는 철을 '산업화의 쌀'로 묘사했다. 쌀이야말로 우리 일상생활의 삶을 가능하게 하는 근본의 식량이듯 철이야말로 산업화의 척수(脊髓)가 되는 자원이었다. 이 '산업화의 쌀'을 증산함으로써 나라를 부강하게 하여 국가의 은혜에 보답하고 이를 후손에게 계승한다는 것을 구체화한 보국 이념을 그는 '제철보국'이라 불렀다. 제철보국은 보국 이념의 현실태(現實態)이다. 박태준은 철강산업의 부흥을 통해 보국 이념을 완수하려 했던 것이다.

제6장 | 슬픔, 비애, 고통의 트라우마

서로 규정하고 있는데, 그 절반이 사라져 버렸기 때문이다. 따라서 현재 한민족의 역사적 사명이란 그 둘을 다시 하나로 합체시키는 통일이다. 그런데 통일이라는 명분을 내세워 한 핏줄의 두 형제가 죽음을 담보로 피를 흘리며 싸웠지만 그 대가는 매우 혹독했다. 한국전쟁은 남북 모두에게 극도의 증오와 적대, 혐오와 분노의 상처를 남겨주었고, 대한민국의 국시(國是)는 세계적으로 유례가 없는 반공(실제로는 반북한주의)이 되었다. 북한은 대한민국을 전쟁을 통해 적화시키려는 거대한 악마로서 마주할 형제가 아니라 '죽여야 할' 이단의 존재가 되었다. 두려움과 긴장, 공포를 동원한 반공주의는 박정희와 오늘날 보수주의에 이르기까지 자신들의 권력을 통한 부국강병과 민족중흥의 이념을 실현할 수 있는 두터운 외투와 같았다. 반공주의는 자신들의 권력에 도전하거나 저항하는 세력의 목을 죌 수 있는 '매우 현실적이고' '유용한' 도구였고, 자신들의 권력과 부흥 담론의 전략을 수행하고 정당화시켜 줄 수 있는 방패였다. 인권과 민주주의를 위해 투쟁한 저항세력을 반공의 이름으로 처단할 수 있었고(그것은 마치 조선시대의 국가이념인 유교주의의 명분을 내세워 반역자들을 처단한 것과도 같다), 실제로 다수의 유력한 정치인들, 학생들, 시민들을 반공법의 오랏줄에 묶어 형장의 이슬로 사라지게 했으며, 지식인들은 물론 일반인들을 북괴의 지령을 받은 '간첩'으로 조작하여 일벌백계를 내림으로써 사회에 대한 병영적 감시와 통제를 수행했다.[98] 대한민국의 애국주의는 국가의 존립과 번영을 위해 투철한 반공의식으로 체계화되었다. 이러한 애국주의의 저변에는 두려움과 공포, 적대와 혐오 그리고 부국강병이라는 성취지향의 긴장과 긴박함의 집단 열정이 깔려 있다.

미시마 유키오(三島 由紀夫)의 소설 『우국(憂國)』은 갓 결혼한 젊은 장교 부부의 자살극을 실감나게 묘사하고 있다. 그들은 자신들의 목숨을 과감히 끊어버림으로써, 그 흐르는 붉은 피를 통해 천황과 그의 나라에 보은하려 한다.[99] 우국

---

[98] 물론 사회를 단단히 옥죄고 유대를 강화한 반공주의가 권력의 유지와 확대를 위해 과잉화된 측면이 있다 하더라도 실제로 전쟁을 경험한 세대와 그로부터 강력하게 반공주의를 전수받은 세대들은 반공주의에 대해 '아래로부터의 동의'를 순순히 허락했다.

[99] 많은 일본인에게 『우국』의 작가 미시마 유키오의 할복은 애국의 상징으로 여겨졌다. 그의 할복자

은 약한 자신을 부끄러워하는 모멸과 수치감의 표현이기도 하다. 그 내면에는 강하고 힘센 자신의 모습을 염원하는 강렬한 열등감이 깔려 있다. 열등감을 느끼는 자들은 강력한 국가공동체의 일원이 됨으로써 자신들 역시 강한 존재가 된다고 믿는다. 가부장주의, 군국주의, 파시즘, 남근주의, 권위주의가 서로 밀접한 친화성을 형성하면서 부국강병의 정당성이 신체화되는 것이다. 역사적으로 우국은 우익 파시즘이나 군국주의, 전체주의나 독재국가의 국가주의와 친화력이 있었던 것도 사실이다. 민족주의적인 열광이 근대 국민국가의 수립과 제국주의 팽창을 지원하기도 하고, 다른 한편으로는 피지배국가의 저항수단이기도 했듯이 나라를 걱정하고 사랑하는 마음 역시 양면적이다. 외세의 힘에 휘둘려 식민지 지배와 분단을 겪고 전쟁을 거쳐 첨예한 냉전적 대립 속에서 통일의 숙명적 과제를 안고 있는 한국사회, 부국강병을 외친 권위주의 독재정부의 산업화세력과 독재정권에 맨몸으로 저항한 민주화세력이 쟁투하는 사회에서 우국은 매우 복합적이고 중층적인 모습을 띤 채 우리에게 등장한다. 우국은 나라를 걱정하는 열정이다. 우리에게 국가란 무엇인가를 되묻게 하는 원동력으로서의 우국의 열정은 그 내용과 방식에서 차이를 보일지 모르나, 보수주의자들만의 것도 아니고 진보주의자들의 전유물도 아니다. 신자유주의가 세계를 조직화하고 미국의 패권국가화가 더욱 심화하고 있으며 초국적 금융자본의 파고가 더욱 거세게 몰아치는, 언제든 파국이 올 수 있는, 경쟁과 경쟁이 부딪히고 있는 신(新)다원주의적인 국제경쟁시대에 쉽게 탈국가화와 무정부주의적인 아나키스트의 이념을 주장할 수 있을까?

마르크스주의자들과 아나키스트들은 근본적으로 국가의 소멸과 해체를 강조한다. 이른바 국가가 부르주아 계급의 이익을 위해 기능하는 위원회인가(도구주

살은 국가를 위한 멸사봉공의 태도와 강렬한 책무의식을 일본인에게 공포하는 '광기'의 드라마였다. 그의 애국주의는 그가 쓴 우국의 주인공 다케야마 신지 중위와 그의 아내 레이코의 할복에서 너무나 선명하게 재현되었다. 국가를 위한 죽음은 죽음의 일반적 의미인 공포와 두려움, 주변화된 삶들(노인과 병자)의 종착이 아니라 아름다움이고 황홀한 것이다. 그들에게 국가는 진선미의 가치 모두가 부여된(endowed) 절대적 대상이었다.

의 입장), 특정 계급들로부터 상대적 자율성을 지닌 조절기구인가(구조주의 입장)에 대한 논쟁이 한때 마르크스 진영 내에 활발히 진행되기도 했지만, 프롤레타리아에 대한 억압기구인 국가는 소멸되어야 한다는 것이 궁극적 주장이었다.[100] 아이러니하게도 스탈린 이후 전체주의적인 소련연방과 같은 국가체계가 강화되었지만 말이다. 국가의 강권을 극히 혐오한 크로포트킨(P. A. Kropotkin)의 상조론 철학에 영향을 받은 사회조합주의 아나키즘 역시 국가의 존립을 거부한다(크로포트킨, 2005).[101] 국가는 다양한 이익집단의 이해관계를 조정하는 중개집단이라는 자유주의 전통을 넘어 포스트모던 자유주의자들은 탈영토, 탈경계화를 주장하기도 한다. 현실의 역사 속에서는 국가이성론이 파시즘 체제와 친화적 관계를 맺고, 사회주의가 전체주의적인 공산주의로 변하고, 천부의 권리를 지닌 개인들이 계약을 맺어 통치를 위임한 국가마저 리바이어던으로 나타나 결국 개인의 자유를 억압하고 통제해왔다. 국가이성론과 파시즘, 사회주의 전체주의와 권위주의 국가, 군국주의 등 인류 역사 속에서 국가는 오웰(George Owell)이 말한 대로 '빅브라더(big brother)'로 나타나 개인의 자유를 억압하고 통제해왔다.

그렇다면 국가는 소멸의 대상인가? 국가를 위한 헌신과 우국의 열정은 전근대적이고 비합리적인 것인가? 증오와 적대, 맹신적 충정(쇼비니즘) 등 국가주의

---

[100] 1970년대 마르크스 진영 내의 이른바 국가론 논쟁이다. 마르크스의 『루이 보나파르트의 브뤼메르 18일』의 구절을 인용하면서 국가가 계급들로부터 독립되어 자본주의 체제를 유지하고 조정한다는 풀란차스(N. Poulantzas)의 국가론(Poulantzas, 1976)을 구조주의라 한다면(그의 구조주의는 알튀세르의 직접적인 영향을 받았다), 『공산당선언』에서도 그랬고 레닌도 주장했다시피 국가는 부르주아의 행정위원회라는 입장을 내세워 결국 부르주아의 계급적 이익을 실현하려는 폭력적 수단이라는 도구주의 관점(Miliband, 1970)이 구조주의와 크게 대립하고 있었다. 이에 관한 추가 논의는 Carnoy(2014) 등을 참고.

[101] 크로포토킨의 아나키즘(무정부주의론)은 개인들의 자율적인 상부상조정신에 입각한 조합주의를 강조한다. 아나키스트는 국가의 해체를 요구한다. 오늘날 탈국가화를 주장하는 계몽주의적 인도주의(인권주의)자들이나 포스트모던 자유주의자들은 국가 중심의 개념을 벗어나야 한다고 강조한다. "나그네가 터를 잡으면 그곳이 집이다. 난민을 환대하라. 난민을 받아들이고 즉각 시민권을 부여하라!"는 것이다.

감정으로 흐르기 쉽다는 이유로 우국의 열정은 폐기되어야 하는가? 전 세계적인 자유로운 이동과 절대적 개인의 권리(인권) 실현을 위해 국가의 경계는 허물어져야 하는가? 국가의 신화에서 벗어나야 하는가?[102] 우리는 이상과 현실의 논리에 부딪힌다. 제국주의 침략과 피식민지 인민으로서 안전과 안녕을 상실했던 우리는 외부로부터의 적을 물리칠 '골목대장'이 필요하지 않은가? 국가는 사회공동체처럼 인지될 수 없는가? 조세는 누가 걷을 것이며 사회복지를 누가 담당할 것인가? 무임승차자는 누가 제재할 것인가? 범죄와 전쟁은 누가 수행할 것이며 테러는 누가 방지할 것인가? 강한 상대가 무기를 내려놓지 않는데 우리는 선뜻 평화를 논하며 먼저 무기를 내려놓을 것인가?

　필자는 국가의 소멸 혹은 폐기보다는 국가와 개인이 어떻게 대대(待對)적인 밀월의 관계를 유지할 수 있을 것인가에 관심을 둔다. 외부의 경쟁체제로부터 나의 '안전'을 보장하기 위해 국가공동체라는 집단을 지향하는 감정으로서의 우국은 전근대적이고 비합리적 속성이 강한 감정이다. 그런 우국의 감정은 중간영역으로서의 시민사회가 부재하거나 왜소한 그 시대, 그렇기에 국가와 개인이 직접 대면할 수밖에 없고 개인의 처지에서 안전을 호소할 유일한 공동체가 국가밖에는 없는 사회, 그래서 국가를 상실할 때 바로 노예의 길로 들어설 수밖에 없던 시대의 산물이다. 공동체의 상실에 대한 두려움과 공포의 산물인 것이다. 오늘날 시민사회는 국가와 개인의 중간지대에서 입체적이고 복합적인 관계를 형성시키고 있다. 국가와 개인이 직접 마주하는 사회를 전체주의적 공동체 혹은 총체적 유기론적인 사회 혹은 단면적인 사회라고 한다면, '국가-시민사회-개인'으로 중층화된 사회체계는 국가와 개인이 직접 부딪히는 사회에 비해 복합적이고 입체적인 사회체계의 유형이다. 이 유형에서는 많은 위험을 국가 대신 '사회'가 담당할 수 있다. 개인은 사회 안에서 더욱 자유로울 수 있고, 자율적인 주체가 된다. 국가와 거리를 두고, 국가를 성찰하며, 국가를 개인의 권리를 완수할 대상으로 호명하고, 동시에 국가에 대해 일정한 책임을 지는 상호적 태도를

---

102 국가의 신화에 대해서는 캇시러(2013) 참조.

보이며, 국가를 국가답게 만들기 위한 여러 시민사회운동을 펼친다. 오늘날 국가에 대응하는 개인은 단순한 원자적 개인이 아니라 국가에 대해 초고도(超高度)의 헌법적 권리를 가진 시민으로 등장한다.[103] 이런 복합사회가 요구하는 나라를 걱정하는 마음은 이데올로기로서의 애국주의가 아니라 자율적 애국심이다.

태극기를 바라보며 가슴에 손을 얹고 "우리는 몸과 마음을 바쳐 충성을 다할 것을 굳게 다짐합니다"라는 충성서약을 암송하던 세대에게 국가는 거대한 우상과도 같았다. 교육칙어를 외워야 하듯 "민족중흥의 역사적 사명을 띠고 이 땅에 태어났다"라는 유신선언문을 외치던 세대에게 국가는 애국주의의 대상이었다. 그러나 시민사회시대의 애국심은 국가 그 자체가 아니라 국가가 얼마나 보편주의적 가치(평등, 자유)를 실현하고 있는가를 묻고 성찰하는, 즉 국가다움을 지향하는 관심과 헌신의 공공적 감정이다. 국가가 개인을 호명하기 이전에 개인이 '국가'의 정체를 묻고 국가가 시민으로서의 개인, 곧 인권을 지닌 개인과 조화로울 수 있는 객체인가를 확인한다. 따라서 국가를 소멸시키기보다 나의 시민권이 지체 없이 실현되는 공간으로 만드는 일, 우리의 오랜 조상이 피와 땀으로 일군 사회의 공동체로서 시민권과 그 경계를 넘어선 세계시민으로서의 관계를 설정하는 일이 우선이다. 나의 조국에 망명객이 오거든 환대하되, 일부의 유예가 필요할 것이고, 인류사회의 미래를 위해 세계시민의 권리와 의무를 조성해야 한다.

냉소주의의 입장에서 탈국가화를 외치며 애국심을 한물간 이데올로기의 감정이라고 폄하할 것인가? 월드컵이나 올림픽의 국가대항전에 열광하고 눈물을 흘리거나 비통해하는 감정을 조작된 국민감정이라고 비난할 것인가?[104] 우국은

---

[103] 유감스럽게도 대한민국은 '인민'이나 '시민'과 같은 용어를 잃어버렸다. 우리는 애당초 국가에 종속되는 자로서의 국민으로부터 출발했다. 국가에 권리를 주장하는 주체라기보다는 국가에 충성을 바쳐야 하는 의무적 주체로 탄생했다. 국민의 탄생에 관한 논의는 김성보(2009), 서희경(2012) 등 참조.

[104] 물론 올림픽이나 월드컵 등의 국제대회가 정치 선풍을 타고 왜곡되기도 했다. 국제대회는 체제경쟁의 대상이 되거나 독재자들이 교묘하게 이용하려 하기도 했다. 오늘날에는 시장논리도 개입하여 큰 영향을 미치고 있다.

상실된 조국에 대한 고통과 비애의 감정이다. 분단이라는 상실의 고통을 신생(新生)의 철학으로 승화하려 했던 윤노빈의 비통한 심정을 들어보자. 그는 고통이야말로 철학의 근원이라고 말한다. 고민에 관심을 기울이는 철학과 고통에 관심을 기울이는 철학은 엄밀히 구분해야 하며 배달민족이 겪은 고통과 한반도에 엄습하여 있는 세계적 고통의 문제를 사랑하여 이 고통의 출처와 해결책을 규명하며 제시할 수 있는 지혜를 갖추는 데 철학의 사명이 있다고 주장한다(윤노빈, 1988: 75). 생명체에 대한 박해, 절단과 같은 상해 때문에 고통이 발생하는 것과 마찬가지로 한반도의 분단은 생명체가 절단된 것과 같은 고통을 자아낸다. 분단을 일으킨 자들은 형제의 연대를 잘라버리며, 분단된 사람들은 상호대립과 불신, 반목, 적대와 함께 산 채로 지배와 약탈을 당한다. 더구나 분단의 현실에 통일을 기약해야 하는 우리 세대, 나라의 분절은 더할 나위 없이 고통스럽고 비애가 차오르게 한다. 윤노빈의 말을 그대로 인용해본다.

고통은 생명에 대한 박해이다. 무생물에게는 고통이 없다. 생명체에다 박해의 망치를 두들길 때 고통의 피가 흐른다. …… 고통은 통일의 상실이다. 생명체가 쪼개질 때의 아픔이 고통이다. 생명체를 분열시킴으로써, 생명력을 분할시킴으로써 생명은 고통을 받게 된다. 주의할 것은 인간의 세계에 분열, 분할, 분단, 절단 등은 저절로 이루어지는 것이 아니라 인위적으로 감행된다는 사실이다. 사람이 사람을 분열시키듯, 사람을 분할시키며, 사람을 분단시키며, 사람을 절단시킨다. 통일적 생존의 분단은 단순히 분단으로서 끝나지 않는다. 잘리어진 손은 나의 팔에 대하여 반목하지 않지만 분단된 인간관계는 미움과 불신과 반목의 관계로 악화된다. 대립과 투쟁으로 발전한다. 사람을 분열시켜 놓으면 서로를 불신하며 서로 노려보게 된다. 불신하며 반목한다. 반목하면 분열되며 고통스럽고 불신하게 된다. 대서양, 태평양에 둘러싸인 나라들이 한민족이 흘린 피의 포도주를 마셨으며, 한민족이 빼앗긴 살점의 안주를 씹었던 것이다. 인류가 체험한 수치스러운 성전…… 한민족의 사명은 고통을 참는 데 있는 것이 아니라 남이 씌운 억울한 짐을 벗어버리는 데 있다. 고통의 짐은 미화되며 찬양되어야 할 것이 아니라 벗어 팽개쳐야 할 성질의 것이다. 고통의 완전한 해결은 통일에서 달성된다(윤노빈, 1988: 76~98).

제7장

수치, 모멸 그리고 혐오

1. 수치와 모멸의 이해

  수천 명의 희생자를 낸 9·11 테러 이후 미국 본토가 공격을 당했다는 두려움과 모멸, 분노에 휩싸인 미국은 '혐오스러운 후세인'을 제거하기 위해 이라크에 대한 공격을 단행했다. 정의와 평화 회복이라는 명분을 내걸며 미군이 벌인 이라크 전쟁에서 일군의 미군 병사들이 포로로 잡은 이라크 병사들을 벌거벗기고, 검은 삼각 두건을 씌운 채 인간 피라미드를 쌓게 하는가 하면, 목걸이를 매달아 개처럼 복도를 끌고 다니기도 하고, 한 여성 군인이 남성 포로의 성기를 손가락으로 가리키며 조롱하는 사진이 공개되면서 전 세계에 충격을 주었다.[1] 어떤 포로는 참을 수 없는 모욕과 수치심, 분노에 못 이겨 자살을 하기도 했다. 이후 그 미군들은 법정에서 형을 받아 징역을 살았지만, 인내하기 어려운 모욕을 당했던 포로들과 가족, 이웃들, 그리고 이라크인들에게 남겨진 트라우마는 과

---

1 미군들은 그들 앞에서 브이 자를 그리고 웃음을 지으며 사진을 찍기도 했다.

연 지워질 수 있을까? 모멸과 수치심은 혐오와 함께 대표적인 부정적 감정들이다. 모멸은 타자에 대한 지나친 무관심이나 회피 과정에서 발생하기도 하고, 의도적인 계략에 의해서, 무분별한 권력의 과잉행사로부터 발생하기도 한다. 모멸은 자신의 존재가 상대 때문에 일방적으로 무시당할 때 발생하거나 자신의 정당한 저항이나 도전이 상대의 완력, 예컨대 신체적인 힘이나 집단, 국가 등의 폭력에 의해 좌절될 때 발생하는 감정이다. 물론 모욕이나 수치는 권력관계의 산물이지만 그렇다고 해서 반드시 하위 신분의 사람에게 일방적으로 가해지는 감정은 아니다. 때때로 상위 지위자(예컨대 엘리트, 고위직 관료, CEO, 성직자, 교수 등)들은 그들이 기대하는 적절한 대우를 받지 못할 때 더욱 민감하게 모멸감이나 수치심을 느낄 수 있다.

수치

수치는 자긍심이 훼손된 상태에서 발생하는 감정이다. 자긍심(pride)은 집단이나 사회, 타자가 만든 기준과 규범의 잣대로 자신을 성공적으로 평가할 때 발생하지만, 수치심은 사회적 기대에 도달하지 못했거나 규범을 준수하지 못했을 때, 즉 기대나 규범 준수에 실패했을 때 느끼는 감정이다. 일반적으로 수치심이나 죄책감은 제3자의 '눈'(사회적 규준)으로 자신의 상태나 행위를 평가할 때 발생한다. 고프먼은 타자 시선의 두려움이 당혹감이나 수치심의 근원이라고 보고 있고, 엘리아스(Norbert Elias)는 수치심이 문명화의 산물이라고 보고 있으며, 짐멜(Georg Simmel)은 수치심을 제3자의 눈으로 내면화된 자기발생적 감정으로 보고 있다. 정신분석학자들은 불안과 죄책감, 수치심을 유아 욕망이 억압되어 나타나는 현상으로 본다.[2] 수치심은 제3자 속에 벌거벗겨진 자신, 즉 제3자가

---

2 정신분석학은 수치심보다는 죄의식을 더 강조해왔다. 죄의식은 초자아(superego) 기제가 자아에 병합된 것으로, 아이들이 부모가 사랑을 철회하거나 처벌을 통해 자신을 해할지도 모른다는 두려움에 의한 것이다. 죄의식은 전체가 아니라 자신의 일부 행동에 대한 것이다. 수치는 남들에게 자신이 보여진다는 의식, 즉 자기의식에 노출될 때 생긴다. 에릭슨(E. H. Erikson)은 수치가 특별한

요구하는 기대를 수행하지 못했거나 위반했을 때, 그리고 제3자에 대해 아무런 저항력이 없을 때 갖게 되는 무기력한 감정이다. 이때 제3자는 '내 안의 타자'로서 사회적인 시선이다. 실제로 타인은 자신에 대해 큰 관심을 두지 않을 수도 있지만, 내면화된 타자에 의존해 스스로 자신을 비추기 때문에 수치심은 내면에서 발생하는 측면이 크다. 이에 비해 죄책감은 책임감을 동반하기도 하며 때로 자신을 '분발'시키는 긍정적 동력이 되기도 한다. 어떤 사건의 잘못된 결과가 자신의 잘못으로 인한 것은 아니지만 책임을 공유하거나 자신도 간접적으로 결부되었다는 공동체적 성찰이 죄책감을 구성한다.[3] 수치심은 명예, 평판, 존경 등과 관련된 것이지만(즉 공공적 자아가 사적 자아를 왜소하게 만드는 상황이지만) 죄의식은 제도화된 권위, 종교적인 세계관 속에서 발생하는 감정으로 일탈이나 죄에 대한 법적, 도덕적 처벌을 가하는 곳에서 발생한다. 죄의식은 복수나 오명을 벗으려 하기보다 고백이나 사과 등을 통해 잘못을 시인하고 용서받으려는 양심을 수반하는 감정이다(Miller, 1997: 135).

　물론 제3자의 시선을 통해 자신을 바라본다는 점에서 수치는 자아의 형성 및 타자와의 경계를 알게 하는 주요한 감정이다. 수치는 능동적으로 무엇인가를 하게 하는 감정이기도 하다. 예를 들어 쇼트(S. Shott)는 수치심이라든가 죄의식, 당혹감, 혹은 자긍심이나 기쁨(vanity)은 자기 행위를 성찰하고 통제하는 감정이라고 주장한다(Shott, 1979). 사람들은 타자들의 반응을 상상하면서 자긍심이나 수치심을 느낀다. 죄의식이나 수치심을 느낄 때 비상식적 행위를 멈추거나, 수치심을 제거하기 위해 이타적 행동을 하거나, 자긍심을 회복하려 하기도 한다.[4] 수치는 숨거나 사라지거나 죽고 싶은 욕구로서 특정한 상황보다는 그 상황에 대한 개인의 해석 때문에 발생하는 경향이 있다. 많은 이들이 수치심은 공적인

　　몸의 행동, 특히 배변기능과 연관되어 있다고 본다. 수치와 의심(doubt)은 아이가 배변활동을 제대로 통제할 수 없을 때 생긴다는 것이다.
3　지켜주지 못해 미안하다는 '지못미'라는 용어가 이를 잘 대변한다. 세월호 사건 이후 많은 이들이 한국사회가 어린 생명들을 지키지 못했다는 죄스러운 감정을 가졌다.
4　셰프(Scheff, 1988)는 사람들은 끊임없이 타자의 관점에서 자기 생각이나 행동을 감시한다는 점에서 수치심의 자기순응적 기능에 대해 논의하기도 한다.

목표달성에 실패했을 때 생겨난다고 하지만 반드시 그런 것도 아니다. 실패는 공적일 수도 있고 사적일 수도 있다. 수치와 유사한 계열군의 감정으로 당혹감과 부끄러움도 있다. 혹자는 이를 구분하기도 하는데 부끄러움(shy)은 두려움과 연관되어 있고, 타자에 대한 개인적 불편함을 드러내면서도 비평가적 감정으로서 타자, 즉 사회적 자아와 연관되어 있다. 부끄러움보다는 당혹감이 수치와 더 밀접히 연관되어 있다. 이 양자의 차이는 수치심이 강도나 파괴적 감정이 크지만 당혹감은 좀 덜하고, 수치가 물리적 타자가 부재해도 존재하지만 당혹감은 상대가 있어야 한다는 것이다(Lewis et al., 2010). 수치심은 본능적으로 숨기려는 속성 때문에 신체적 변화를 추적하기 어려운 점도 있으나 특정한 동작이나 표정을 동반한다. 시선을 외면하거나, 고개를 돌리거나, 얼굴을 떨구며 이러한 몸의 움직임으로 인해 자신을 '왜소하게 느끼게' 만든다. 얼굴이 빨개지는 것이 대표적인 표정 변화인데, 이는 자율신경계의 반응으로서 제어하기 힘들다.

수치심은 자아에 대한 인지와 성찰을 높이는 감정이다.[5] 진화생물학적 관점에 의하면 수치심의 감정 역시 오랜 시간을 걸쳐 형성된 진화과정의 산물로서 대체로 부정적이기도 하지만 개인들을 타자의 의견에 민감하게 반응하게 함으로써 사회통합의 기능을 담당하기도 한다. 즉, 개인이 공동체의 질서를 어기거나 책임을 회피했을 때 타인들로부터 모멸과 고립을 당하게 되는데 수치심은 공동체에 대해 자신의 명예와 존엄을 지키도록 하는 강력한 동기를 부여함으로써 공동체의 질서를 유지하는 역할을 한다는 것이다. 또한 수치는 개인이나 집단의 경쟁력을 높이고 역량을 발전시키는 데 이바지하기도 한다. 예컨대 경기에 출전한 선수들이 '우리는 졌다, 부끄럽지 아니한가! 와신상담하여 각고의 노력을 기울이자'라는 자기비판을 통해 실력을 쌓는 경우이다. 개인이나 집단이

---

[5] 이를 수치심의 현상학이라 부른다. 수치심 속에서 개인은 자신을 의식하고, 자신을 인지하며 자신을 주목하게 된다. 수치심을 느낄 때 주체는 자아로 가득차게 되는 것이다. 톰킨스(Silvan S. Tomkins)는 수치심이나 죄책감 모두 동일한 신경-신체적 현상을 갖지만, 현상학적 의식 차원에서 수치와 죄책감은 매우 다른 현상이라고 말한다. 그는 수치를 무시, 좌절, 침해, 소외 등의 현상과 연관된 것으로 보았는데, 수치심은 자아를 경험하는 성찰적 감정이다. 수치는 주체와 객체의 현상학적 구분이 사라져버린 고양된 의식으로서 자의식의 고통을 일으키는 감정이라는 것이다(Tomkins, 1963).

수치를 극복하고 해소하는 과정에서 자기 정체성을 확고히 하고 발전시키는 계기를 갖게 되는 것이다.

그러나 일반적으로 수치감은 고통스러운 감정이며 수용하기 힘들어서 그 방어기제로서 그 자리를 피하거나(신체적 거리감) 심리적으로 도피하려 한다. 또한 수치심을 유발한 원천을 부인하려 하기도 하고, 그 상황이나 생각을 아예 억압하여 망각해버리려 하기도 한다. 루이스가 말하는 가장 급진적인 수치심의 방어기제는 우울증적인 정서적 무질서 상황으로 빠지는 것이다. 그는 우울을 '채무 변제를 받지 않은 수치(undischarged shame)'라 말한다. 수치를 당했을 때 부정이나 자기확신의 방어 메커니즘이 작동하지 않게 되면(혹은 효과적으로 반응하지 못하면), 내부적으로 적대, 두려움, 죄책감 등의 우울증과 같은 감정을 경험하게 되면서 자기비난과 함께 자살로 이어질 수 있다는 것이다(Izard, 1978: 404). 수치와 분노, 폭력 등의 관계를 논의한 연구를 살펴보자. 예컨대 어떤 사안에 대해 갈등을 벌이던 부부에게 수치가 분노와 적개심으로 진행하기도 하는데, 이때 인정할 수 있는 수치심인지 수긍할 수 없는 수치심인지에 따라 그 이후의 전개상황이 달라진다. 인정할 수 있는 수치라면 긍정적이고 건설적인 갈등이 발생하고 이는 오히려 부부 간 유대를 강화시킬 수도 있다. 예를 들어 남편이 만취된 상태에서 실수한 것을 아내가 지적했을 때 이를 인정하는 경우이다. 그러나 불인정된 수치는 부부 사이의 갈등의 골을 더욱 깊게 만들 수 있다. 수치는 자신의 잘못을 인정함으로써 타자에 대한 폭력을 예방할 수도 있지만 자신 내부로 왔을 때 자살과 같은 결과를 초래하기도 한다. 자긍심이 사회적 유대를 강화하는 반면 수치는 단절과 소외를 낳기도 하는데, 수치는 부정적인 측면—특히 분노와 결합할 때—도 있고, 자기성찰과 같은 긍정적 측면도 있다(Scheff & Retzinger, 2001).

자긍심이 집단 구성원들 간의 유대를 강화하고 겉으로 표면화되는 반면, 수치는 유대를 약화시키거나 위협하는 사회관계론적 감정이다. 흔히 내면화된 도덕으로서의 양심과 수치는 매우 밀접한 연관을 맺고 있다. 양심은 매우 강력하고 본능적인 수치의 요소로서 개인들이 도덕적 윤리관의 어떤 지점에 속해 있는가, 즉 얼마나 도덕적인가를 알려주는 '신호'이다. 수치는 구성원 간의 화합이나 유대를 강화하기도 하지만 인정될 수 없는 수치심은 분노, 모욕, 적대감 등으로 발전한다. 이 경우 수치와 분노는 매우 강한 친화성을 지닌다.[6] 셰프(T. J. Scheff)는 자긍심과 수치심을 '마스터(master) 감정', 우리말로 주인감정으로 표현한다. 자긍심과 수치는 타자의 시선으로부터 생겨나고 관계의 성격을 잘 나타내주는 지표적 감정으로서 사회체계를 구성하는 핵심적 감정이기 때문이다. 자긍심은 성취, 성공, 수용 등의 행위, 그리고 수치는 실수, 실패, 거부 등의 행위와 함께 동반된다. 예컨대 어린아이가 칭찬을 받으면 자긍심을 느끼고 자신에 대한 만족의 웃음, 응시, 신체 전체의 확장감 등을 느끼지만, 꾸중을 들으면 수치를 느끼면서 낮은 목소리, 분노의 눈초리, 쭈뼛거림이나 소심함을 보인다. 수치는 강한 비난의 의미를 담고 있기 때문이다.[7]

수치는 자기를 타자의 시선으로 바라다보는 자기의식의 상황 속에서 발생하며 수치를 발생시키고 규정하는 상황은 문화에 따라 매우 다양하다.[8] 일부 학자들은 전근대사회에서는 수치가, 근대사회에서는 죄의식이 자신의 내면적 통제를 강화한다고 하지만 근대에 이르러서도 수치심을 통해 개인의 비사회적 행위를 통제하려는 시도가 줄곧 변하지 않고 있다. 예를 들어 신체와 자아실현은 현대사회에서 더 많은 관심을 끄는데 기든스는 신체적 감각성을 추구하는 것이 외모이고 외모 가꾸기는 쾌락과 고통을 동시에 수반한다고 말한다. 성, 계급, 직업 지위를 나타내기도 하는 의상이나 품행 역시 신체와 관련된 사안이다. 현대사회의 식이요법, 특히 다이어트나 콜레스테롤 통제 등은 다양한 신체 규율을 가져온다. 그런데 다이어트로 인한 거식증은 사실상 불안과 수치심의 발로

---

6 언어분석(담론, 대화)을 통해 부부 간의 다툼과정에서 유대로부터 소외나 고립(engulfment)으로 나아가는 과정에 대한 셰프의 연구가 매우 흥미롭다(Scheff, 1994).
7 문화마다 매우 다양하게 수치를 표현하는 언어를 가지고 있다. 한국의 경우 수줍음, 부끄러움, 창피함, 수치스러움, 모멸스러움, 쪽팔림, 당혹스러움 등이다. 한편, 수치와 자긍심은 관계성에서 도출되는데 타자가 너무 가깝게 다가오면 폭력에 노출되었다거나 당혹스럽다는 느낌을 갖게 되고, 너무 멀면 무시당하거나 거부당했다는 느낌을 받는다. 자긍심은 적당한 거리, 즉 인정되면서 위협적이지 않은 거리를 요구한다. 사회는 거리감의 균형을 유지하도록 훈련한다.
8 일반적으로 일본 사무라이의 정신을 수치심의 문화라고 한다.

라는 것이다.[9] 전통사회에서 수치는 더욱 공개적으로 모든 일상의 담론에서 사용되었지만 현대사회에서는 위장된 형태로 나타나는 경우가 많다. 즉, 현대인들은 수치의 감정을 부인하고 외부세계의 탓으로 투사시킴으로써 이를 위장하거나 부인하려 한다는 것이다. 이는 "수치의 소외된 형태"이다(Scheff, 1994: 43).

아들러(A. Adler)는 열등감이 만성적 수치심을 일으킨다고 지적하는데 유아가 거부당하고 버려진 느낌을 받으면 성인이 되어 열등감, 즉 낮은 자존감에 빠지거나 권력에 대한 충동을 느끼게 된다고 본다. 열등감은 만성적 수치, 즉 명료하게 드러난 수치(overt shame)이고, 권력충동은 우회적으로 스쳐 지나간 수치이다.[10] 죄의식과 원한은 수치-분노라는 연쇄적인 감정의 사슬 속에 놓여 있다. 죄의식은 수치와 분노의 연속선상에 놓여 있으면서 분노가 자아를 지향할 때 발생하는 반면, 복수의 원한은 수치와 분노의 연속선상에 놓여 있으면서 분노가 타자를 지향할 때 발생한다. 루이스(H. B. Lewis)는 이를 감정 트랩(feeling traps)이라 불렀다.[11] 루이스는 "인정할 수 없는(unacknowledged) 수치"로부터 발산되는 분노를 외향적으로 발현하지 못할 때 화병, 트라우마, 좌절, 무기력 중상이 발생하고 그것이 내향화되면 우울증과 자살같이 자신을 향한 폭력으로 발전하기도 한다고 말한다(Lewis, 1971).

수치는 자아가 경멸이나 비난의 대상으로서 경험되는 것을 말한다. 수치심을

---

[9] 기든스는 수치심과 죄책감을 구분하면서 현대사회의 주요 감정은 죄책감이라기보다 수치심이라고 본다. 특히 외모의 신체 규율은 여성에게 더 크게 부과된다. 여성은 몸의 '뷰티(beauty)'가 경쟁을 위한 최대의 무기가 되었다. 현대사회는 몸 감추기가 아니라 드러내기에 민감하다. 오늘날 한국이 자랑하는 세계 최고의 성형시장, 뷰티 시장, 건강식품, 다이어트와 헬스, 의류, 피트니스 산업의 확장을 참고해보라. 남성도 점차 육체 자본의 대상으로 전환하고 있다.

[10] 명백한 수치는 고립의 신호이며 우회된 수치는 소외의 신호이다. 수치와 분노의 연속성이 존재하지만, 수치와 수치의 연속성도 존재한다. 분노도 무기력한 분노와 모멸적 분노가 있다. 복수의 감정적 원천은 열등의식과 모멸감을 당했을 때이다. 명백한 수치는 만성적 열등감으로 나타나고 고통스러운 감정을 유발시킨다. 우회적 수치는 거의 자각이 없으며 빠른 말이나 사유방식, 권력충동으로 나타난다. 히틀러의 권력충동이 바로 이와 같은 수치에 해당한다.

[11] 생애에 걸쳐 지속해서 작동하는 죄책감, 원한, 증오 등의 수수께끼를 설명할 수 있다는 것인데, 루이스는 고츠초크-글레서 척도(Gottschalk-Gleser scale)를 이용하여 상담자의 구술을 통해 이를 측정한다.

느끼는 사람은 '황당하고, 축소되며, 작아지는 것을 느낀다'고 말한다. 수치심에 빠진 사람은 무기력감(helplessness)과 불편한 느낌, 그리고 마비된 의식의 흐름을 갖고, 얼굴이 붉어지거나 눈물이 나며 때로 우울함에 빠지거나 분노를 발산하게 된다. 수치심은 자아가 '타자에 의해 완전히 허약한 자로 노출된 것'으로 느낀다. 수치감은 타자를 자신에 대한 경멸과 비난, 어리석은 것의 원천으로 본다. 타자는 온전하고 능력 있는 자로서 나를 조롱하는 자이며 나를 능멸하고 사라져버리는 존재이다(Lewis, 1971). 루이스는 수치는 분노, 비탄, 두려움과 같이 매우 두드러진 감정으로서, 비애나 분노가 인정되는 경향이 있지만 수치는 부인되거나 간과되는 경향이 있다고 주장한다. 수치심을 느끼면서도 당사자들은 이를 숨기거나 위장하거나 무시하는 경향이 있는데, 이는 낙인찍힌 사람들이 자신의 오점을 '비가시화'하려 한다는 고프먼의 설명과도 유사하다(Goffman, 2009).

루이스는 앞서 소개한 아들러처럼 모든 사회에는 항상 부정되고 위장된 수치가 존재한다고 본다. 심리상담을 통해 그는 환자들이 감정을 위장하는 두 가지 형태를 취한다고 말한다. 첫째, 명료하게 외부로 드러난 표면화된 수치(overt shame)인데 이를 부인하려는 환자는 생각이나 말을 느리게 하거나 머뭇거리면서 감정적 고통을 느끼고, 원치 않는 신체적 증상, 곧 진땀, 식은땀, 심장박동의 증가 등을 보이며 수치심을 말하기보다는 황당함, 불편함, 불안정함, 어리석음 등의 표현을 쓴다. 둘째는 잠정적으로 드러난 우회적 수치(bypassed shame)의 경우인데 이는 거의 고통이 없고 말과 생각도 빠르며 아들러가 말한 대로 권력의 충동을 보인다. 이런 행위는 목표지향적이지만 명료한 수치심만큼이나 비합리적이며 강박적이고 충동적이다.[12]

수치심을 느낄 때 사람들의 신체는 자신을 부정(negation)하는 듯한 느낌이 들게 된다. 사람들은 수치심을 은폐하고 싶어 한다. 타자에게 노출되었다는 기분을 피하려 하는데 이미 타자가 증언한 수치는 더욱 그 강도가 강화되는 경향이 있다. 이때 수치는 고통을 수반하며 자신뿐 아니라 나에게 상처를 준 타자에

---

[12] 수치심으로 인한 적대감은 "자신이 하찮고 무력하고 어리석고 취약하며 타인들로부터 거부당하고 수세적이며 통제할 수 없다고 느끼게 하는 수동적 양심"이라는 것이다(Lewis, 1971: 41).

대한 나쁜 감정도 포함한다. 숨김과 노출은 수치의 작동에 매우 중요하다. 자신을 숨기고 싶은 열망이 실패하면 자신이 타자에게 '들켰다'라는 느낌이 들었을 때 매우 민감하고 상처받기 쉽다. 그래서 수치는 '회복'을 요구한다. 수치는 타자와의 관계뿐 아니라 자신과의 관계 속에서 "나는 나 자신인 것이 부끄럽다"라고 느끼는 감정으로, 수치를 느낄 때 자신을 객관화된 존재로 대상화하는 것이다. 타자의 견해나 시선은 결국 나 자신과의 관계 속에서 취해진 타자, 즉 이념형적인 타자의 응시를 통해 자신이 실패한 존재라는 것을 자신에게 노출하는 것이다(Ahmed, 2014: 106).

개인뿐 아니라 민족이나 국가와 같은 집단에 대해서도 자신에게 대상화된 수치가 발견된다. '국민'은 최소 두 가지의 수치의 표현을 통해 구성되고 재생산된다. 하나는 특정한 타자, 예를 들면 동성애자나 노숙인, 부랑아들을 불법 집단 혹은 '감금시킬 사람들(asylum seekers)'로 배제하면서 그들을 시민으로 포섭하려 하지 않는 경우이다. 품격과 교양을 갖춘 시민의 관점에서 보면 그들은 국가의 이상을 실현할 수 없는 수치스럽고 비생산적인 집단이다. 한편 과거의 역사적 사건, 예를 들어 외적의 침입, 억압, 피식민지의 역사, 전쟁, 항복 등으로 인한 민족의 수치는 국가의 미래를 위한 청사진을 제공할 수도 있다. 이러한 수치심은 국민통합과 자존감을 불러일으키는 데 긍정적 역할을 담당한다. '수치의 정치학(The politics of shame)'은 매우 이중적이며 모순적이다. 국민국가를 제조하기 위해 국가는 역사적 사건에 대한 수치를 공식적으로 공표하기도 하고 의례화하기도 한다. 한편, 수치심은 타인의 고통에 대한 이해와 인지를 통해 역사적 사건을 치유하는 데 동원되기도 한다. 예컨대, 원주민을 학살하고 노예로 끌어온 백인 조상들이 저지른 죄에 대해 그 후손들이 수치감을 느끼고 사과의 담론을 통해 역사에 대해 반성하는 것이다. 타자에게 수치심을 주었던 사람들에 대한 반성으로서의 수치인 것이다. 나치즘의 유태인 학살에 대해 독일의 후손들이 수치스러워하고 반성하는 것도 대표적인 사례이다.[13]

---

13 한 사회가 느끼는 수치심은 자신감 결여, 절망, 수동성으로 이어질 수도 있고 화, 배반감, 호전적 저항으로 이어질 수도 있다(Scheff, 1994). 일본의 경우 위안부나 학살에 대한 전범국가로서의 수

수치는 자부심, 사랑, 권한, 열광, 연대 등과는 정반대의 감정이다. 수치심은 압제와 슬픔의 서사와 함께 작동하기도 하는데 지배세력에 대한 저항의 원동력으로 동원되기도 한다.[14] 또한 일부 집단들은 수치심을 도덕적 분노로 전환해 경쟁세력들로부터 자신들을 보호하고 세력을 넓히기 위한 에너지 자원으로 활용하기도 한다. 슈타인(Arlene Stein)은 우파기독교 근본주의자들이 동성애자들을 저항의 표적으로 삼은 후 이들에 대한 격렬한 반대와 분노를 통해 자신들의 도덕적 우월성을 복원하려고 하는데, 실은 자신들의 계급 지위의 하락으로 인한 수치심과 열등감이 그 분노의 뿌리라고 분석한다. 기독교 우파들은 세상이 죄악으로 가득차 있으므로 기독교만이 엄한 아버지처럼 그것을 바로잡을 수 있다고 주장한다. 기독교는 특히 자녀들을 기독교적 교리로 양육할 것을 강조하면서 이 규율의 일탈 현상인 동성애나 성적 방종을 비난함으로써 자신들의 종교적 가치를 방어하려 한다는 것이다. 그들은 수치심을 회피하기 위해 사회적 성 소수자에 대한 공격을 감행하는 것이다. 우파기독교인들은 동성애뿐 아니라 낙태, 복지개혁 등도 역시 초월자의 명을 어기는 것으로 간주하고 국가에 의해 간섭당하는 것을 반대한다. 그들에게 가족과 노동은 신의 소명을 받은 귀중한 가치인데 공적 부담을 위해 가족을 희생시키고 무노동 상태의 사람들에게 복지비용을 대는 것은 타당치 않다는 것이다. 우파기독교인들에게는 일종의 피해의식이 습윤되어 있다. 일반적으로 기독교인들은 자율, 자립, 개인의 책임 등 개인주의적인 에토스를 강조하면서 이를 위해 교리에 충실해야 하며 자기규율과 금욕적인 생활태도를 보여야 한다고 주장한다. 그런데 "가난뱅이, 약물 중독자, 사생아들은 악마의 힘에 일조하는 자들"로서 수치스러운 대상들이다(Goodwin et al., 2009). 우파들이 좌파들에 의해 비방당하고 조롱당한다는 느낌을 받을 때,

---

치보다는 패전에 대한 수치를 더욱 부각하는 경향이 있다.
14 케인(Kane Anne)은 유럽의 경우 토지개혁운동이 시작될 무렵 민중들에게 수치, 공포, 슬픔, 혐오 감정의 아비투스가 형성되었다고 주장한다. 민중반란의 지도자는 "우리는 무릎을 꿇고 그들의 신과 지주들에게 구걸하고 있습니다"라는 서사를 통해 수치감을 표명하며 민중의 힘과 용기, 결단을 촉구한다(케인, 2009).

혹은 이상한 고집불통의 사람으로 취급당할 때 그들은 오히려 자신들을 사회적으로 억압받는 소수자라고 생각하는 경향이 있다. "전통적 우파기독교인들은 자신을 세속적인 악의 제국에 대해 저항하고 정의를 위해 싸우는 마지막 전사, 신의 부름을 받아 세상 끝까지 복음을 전파하고 순교당하는 천국의 사도들"로 간주한다는 것이다(Steinfels, 1996; Johnson, 1994).

모멸 혹은 경멸

모멸감은 자신의 권위가 존중받지 못했을 때 발생하거나, 혹은 타인의 권위를 깎아내리기 위한 수단으로 동원하는 감정이다. 분노와 마찬가지로 모멸은 인간으로서의 존엄이나 기대가 무시당했을 때, 즉 인정의 부재로부터 발생한다. 모멸은 자신의 명예, 자존감(self-esteem), 자기존중(self respect)을 잃지 않고 지지하기 위한 감정이다. 모멸감에는 무시와 업신여김의 행위가 전제된다. 그 계열별 감정으로는 강도가 높은 것으로 모욕(감), 굴욕감 등이 있고, 약한 상태의 당혹감, 경멸 등이, 그리고 그 이웃감정으로는 수치와 혐오, 두려움, 분노 등이 포진되어 있다.[15] 수치가 집단의 규범이나 규율을 깰 때, 우리가 해야 할 당위적인 것을 수행하지 못할 때 발생한다면, 모멸은 우리가 그럴 권리가 없는 것, 즉 역할이나 규범, 자격 등이 없는 것을 수행하려 할 때, 우리말로 분수를 넘는 행위를 하려 할 때 발생한다. 모멸 혹은 경멸은 타자의 가식을 벗기려 할 때 사용되기도 하는데 높은 지위의 권력자들이 낮은 지위나 계층의 사람들에게 가하는 것만은 아니다. 오히려 상류층이나 높은 지위의 사람들이 더 민감하게 모멸

---

15 모멸은 수치와 마찬가지로 매우 민감하게 개인의 도덕적, 사회적 지위를 구축하거나 파괴하고 재창조하는 역할을 하는 감정이다. 모멸과 수치는 모두 타자를 하대하는 경우에 발생하지만, 모멸이 과장이나 가식(pretension), 놀림 등을 통해 발생하는 반면, 수치는 타자가 자신을 동정의 대상으로 본다는 느낌, 즉 사람들이 자신을 측은하게 여기는 것 같은 느낌 속에서도 발생한다. 밀러(W. Ian Miller)는 수치가 비극적인 반면 모멸은 희극적이라고 말한다. "전자는 매우 심각하고, 후자는 가볍고 헐렁하다." 하지만 이때 우리말로 표현하자면 모멸보다는 경멸이란 표현이 적절한 듯 보인다.

을 느낄 수도 있다. 낮은 지위의 사람들이 자신을 경멸하며 시혜와 관용을 요청하는 의례를 행사하기도 하고,[16] 높은 지위의 사람들이 잘못된 역사적 사건 등으로 피해당한 사회적 약자들에게 일시적으로 사과하기도 한다. 이 경우 반드시 깊은 뉘우침을 보이지는 않는데 글자 그대로 의례적인 행위는 감정의 문제가 아니라 전시적 행위에 지나지 않는 경우가 많기 때문이다. 진실성 없는 의례는 경멸을 불러일으키기도 하지만 그래도 이런 의례를 통해 더 큰 모멸이나 죄책감, 상대방의 공격을 방지할 수 있다(Miller, 1997: 163). 경멸은 가끔 아이러니의 형태를 취하기도 하는데 가학적인 웃음, 냉소(짜증 섞인 웃음), 상대를 비가시적인 것으로 간주해버리는 무관심을 포함하기도 한다(Miller, 1997: 33).[17] 지배자들은 허용된 의례를 통해 낮은 지위나 신분의 사람들을 전체 사회에 통합시키는 기회를 제공하기도 한다. 카니발이 대표적이다. 카니발은 민중이 기존 질서나 상류층을 비록 단기적이고 평화적인 방법이지만 공식적으로 경멸할 수 있는 의례이다. 탈춤과 해학은 양반 사회를 풍자함으로써 지배질서와 도덕의 가식을 드러낸다. 일상생활의 많은 영역에서 모멸은 권력집단으로부터 하층민에게 가해지기도 하지만 역으로 하층계급이나 낮은 신분의 사람들이 상류층을 공격하거나 비난하는 도구로 사용될 수도 있는 감정이다. 청소부 등의 하급 직업을 가진 사람들이 노동조건의 개선을 외치며 고용주를 비속어와 혐오표현을 통해 비난할 때 고용주들은 큰 모멸을 느낀다.

밀러(W. Ian Miller)는 인종차별과 학살, 냉전적 이데올로기, 근현대사회에서 자행된 고문이나 전체주의 체제의 적대감 등을 역사적 대사건에서 나타나는 큰 모멸(Large H)로 묘사한다. 큰 모멸은 나와 타자 사이의 구별 짓기에 의해 발생하는데, 모호한 지위를 갖는 이방인(이주민, 난민 등)에 대해 노골적인 적대감을 표출하지는 않지만 그들을 모호한 대상으로 간주함으로써 은근히 모멸을 주는 경우도 존재한다. 그러나 고문은 인간의 존엄을 철저히 무시한다. "고문이 원하

---

16 또한 자발적으로 자신을 모멸하는 행위도 발견된다. 이는 성인식과 같은 신고식의 통과의례 등에서 나타난다.
17 고프먼이 묘사한 "예의 바른 무관심"과 대비된다.

는 것은 고문당하는 사람이 인간이 아니라 '쥐'가 되게 하여 아이러니하게 희생자가 자신이 더는 인간으로서의 존중 대상이 아니라는 사실을 인식하게 하는 것이다. 고문이 자행하는 모멸은 고문을 당하는 자로 하여금 인간 존엄성의 파멸을 느끼게 하는 것이다. 대문자 H의 모멸은 모든 정상성을 박탈하고 부정한다. [현대사회는 학살, 강간, 성희롱 등 남의 불행을 보고 쾌감을 느끼는 변태적 모멸까지 횡행하고 있다"(Miller, 1997: 166).[18]

수치와 모멸은 특정한 유형의 집단에 대한 차별적 행위에서 고스란히 드러난다. 후에 혐오의 감정에서 논의하겠지만 모멸은 혐오보다 상대적으로 얕은 수준의 배제감정과 무시행위와 결부되어 있다. 수치와 모멸, 혐오는 인종, 성, 신분, 계급에 의해 사회적으로 구조화되어 있는 감정이기도 하다. 중심과 주변의 위계적 권력관계 속에 아비투스 감정으로 침잠되어 있는 것이다. 백인들의 서구중심주의적 세계관과 편견은 타자에 대한 모멸과 혐오의 근원지가 되어 있기도 하다. 홀(S. Hall)은 지구상 무수히 많은 민족들이 각양각색의 문화를 발명했지만 단 두 가지의 범주로 유형화된다고 비꼰 바 있다. 즉, "서구"와 "나머지들"(the West and the Rest)이라는 것이다. 각각의 범주 기호에는 파생적인 이차적 의미가 내포되어 있다. 전자는 발전, 우월, 해, 희망, 밝음의 의미들이며 반면 후자는 열등, 달, 그늘, 저발전, 어둠의 의미들이다. 이러한 의미들은 대상의 실체와 상관없이 정치적, 역사적인 권력의 산물이다(Hall, 1996). 사이드(E. Said) 역시 그의 저서 『오리엔탈리즘』에서 서구 편향적인 사유방식과 태도에 대해 힐난한 바 있고(Said, 1978), 그보다 오래전 레비스트로스(C. Lévi-Strauss) 같은 사회인류학자는 친족, 신화 등의 구조 분석을 통해 동서고금의 구조적 동일성을 강조하면서 서구 중심의 문화제국주의를 비난한 바 있다. 이른바 '탈식민주의'적

---

18 우리의 역사 속에 모멸과 수치를 겪은 사건은 매우 많다. 조선의 왕이 오랑캐라 부르고 무시했던 청나라 왕에게 항복의 예를 갖추는 장면은 가히 그 사건의 정점에 있다고 할 수 있을 것이다. 인조는 삼배구고두례(三拜九叩頭禮: 삼전도에서 행한, 세 번 절하고 아홉 번 머리를 땅에 박아 젖은 예례)를 통해 항복의 예를 수행했다[『인조실록』 34권, 인조 15년(1637년) 1월 30일]. 소설가 김훈의 『남한산성』(2007)은 이 의례에서 느낄 수 있는 감정을 잘 묘사하고 있다.

세계관을 외치는 학자들의 고민도 서구 중심의 권력관계로부터 비롯된 타자에 대한 편견을 극복하자는 것이라고 볼 수 있다(Bhabha, 1990; Pang, 2015).[19]

그런데 오랫동안 서구로부터 편견의 대상이었던 '우리'가 우리 스스로 오리엔탈리즘에 젖어 이른바 비서구, 비백인들을 무시하고 얕잡아보는 행위는 어떻게 볼 것인가? 우리는 동양의 삼국인에 대해 비속어를 써대며 서로를 무시하거나, 동남아의 외국인 노동자들과 배우자들을 열등한 개인들로 무시하는 이른바 '우리 안의 오리엔탈리즘'에 사로잡혀 있기도 하다. 이러한 인종차별주의적 무시와 모멸, 경멸은 일상생활의 여러 곳에서 발견된다.[20]

모멸과 수치

모멸과 수치심은 동전의 양면이다. 타자의 부당한 대우나 무시로부터 모멸감을 복구하지 못했을 때 자신에 대한 무능력을 느낌으로써 수치심을 갖게 된다. 이러한 감정은 여타의 감정과 마찬가지로, 즉 개별적 분노들이 공분으로 조직화하듯 개인뿐 아니라 집단차원에서 집합감정으로서 발생하기도 하고 역사적으로 학습되어 전승되기도 한다. 집합감정으로서의 모멸과 수치는 예컨대 국가의 주권을 상실하고 식민지 상황에 부닥쳤을 때, 민족의 운명이 타자에 의해 결

---

[19] 특히 탈식민주의 시각은 중심부 중심의 기독교 선교에 대한 자기반성에도 큰 영향을 주고 있다(방연상, 2013).
[20] 백인으로부터 흑인에 이르기까지 인종 간의 서열을 규정한 후, 백인을 흠모하게 하는 그리고 흑인임을 스스로 수치스럽게 하는 광고가 방영된 바 있다. 흰 피부는 언제나 검은 피부보다 낫다! 나은 정도가 아니라 진보된 것이고 우월한 것이며 바람직하다. 비누로 유명한 세계적인 바디케어업체 도브(Dove)는 자사의 제품을 쓰면 흑인이 백인이 된다는 내용의 광고를 방영하기도 했다. 도브 비누를 사용한 흑인 여성이 티셔츠를 벗자 백인으로 변하는 장면이다. 그뿐만 아니라 '서열의 하부'에 놓여 있는 중국인들 스스로가 자신들을 비하하고 백색을 흠모하는 유치한 광고를 방영하기도 했다. 이 광고는 흑인 남성이 세제를 물고 세탁기에 들어가자 피부색이 하얘진 중국인으로 변하는 내용으로 '최악의 인종차별적 광고'라는 손가락질을 받았다. 태국에서도 하얀 피부와 검은 피부의 여성을 등장시켜 "이기려면 하얘져야 한다"는 화장품 광고가 공개되기도 했다. "'흰 피부가 검은 피부보다 낫다?' … 시대착오적 인종차별 광고들"(〈연합뉴스〉, 2017. 10. 10), http://www.yonhapnewstv.co.kr/ MYH20171010020500038/?did=1825m

정될 때 느끼는 감정으로서 치욕, 혹은 굴욕으로 표현된다. 굴욕이 권력이나 역량의 부재로 인해 모멸적 상황에 저항하지 못하고 어쩔 수 없이 수긍해야 할 때 느끼는 강렬한 수치심이라면 치욕은 글자 그대로 수치스럽고 욕스러운 것으로서 분노와 어우러진 감정상태라고 할 수 있다. 모멸과 수치는 결국 자신의 존엄과 목표실현 욕구에 대한 인정의 부재, 즉 무시로부터 발생한다. 이들 감정은 경쟁에서의 탈락과 무능력, 무자격자로 낙인찍히거나 공동체의 사회규범이나 삶의 평균적 조건으로부터 배제되는 상황에서 발생한다. 자신이 구성원이 되고자 하는 집단으로의 진입장벽으로 인해 자격의 제한을 받거나 차별이 생길 때 발생하는 것으로, 무능력과 무임승차자의 지위를 느낄 때, 예를 들어 기초생활 수급대상자로 범주화되면서 국가로부터 최저생활비의 수급자가 될 때도 발생한다. 이러한 모멸과 수치를 불러오는 행위가 '무시'이다.[21] 모멸 혹은 수치가 대표적인 부정적 감정으로 언급되는 것은 이 감정들이 자의식의 정립에 매우 부정적인 영향을 미치기 때문이다. 그러나 타자의 무시가 정당하지 못한 것으로 인지될 때, 이 감정들은 공분으로 이어져 모멸과 수치의 근원지를 소거시키는 집단저항과 사회운동의 에너지로 이어지기도 한다. 예를 들어, 2008년 이명박 정권의 쇠고기 수입정책에 반대하며 광화문에 운집한 수만 명의 시위대를 생각해보자. 이 시위는 외견상 먹거리에 민감한 주부들의 모성과 친밀성에 의한 저항의 측면도 있고, 민주화에 대한 열망, 광우병에 대한 공포, 성공신화에 대한 냉소 등의 감정이 작동하면서 발생했지만(박형신, 2014), 다른 한편 리더십으로부터 느낀 모멸과 수치감이 큰 자극이 되었다. 당시 이명박 대통령은 분배보다는 성장을 우선으로 삼고, 미국에 자동차를 수출하는 대가로 전 세계적으로 수입을 금한 30개월 이상의 미국산 쇠고기를 수입하기로 했다. 대부분의 선진국은 30개월 이상 된 쇠고기가 광우병의 위험을 안고 있는 데다 자국민 농축산을 보호하기 위해서도 수입을 제한하고 있었다. 이 발표가 있은 직후 대규모의 시위단이 시청 광장에 모여 반정부 시위를 벌였고, 결국 이명박 대통령이 대

---

21 무시가 일상화되고 구조화되어 자연스러운 것으로 수용하는 사람들에게 기득권 집단이 베푸는 증여는 무시가 아니라 감사한 시혜적 행위로 간주된다.

국민담화를 통해 사과하는 사태로 이어졌다. 거대 시위의 동력이었던 분노는 사실상 시민들의 모멸감에서 비롯된 것이라고 볼 수 있다. 한국도 엄연히 선진 국가군의 일원으로서 개인의 권리에 대한 자긍심이 높아져 있는데, 마치 저개발 국민에게 일방적으로 통보하듯, 성장을 위해 위생을 감수하라는 식으로 통치권자로부터 모멸감을 받았던 것이다. 통치자는 무엇보다도 국민의 생명과 건강을 지켜야 하는데, 이런 책무를 팽개치고 국익의 이름으로 미국의 편을 들어 자국민을 무시한 처사로 해석된 것이다. 주체가 통치자로부터 존중받지 못하고 모멸당한다는 감정의 상태는 마침 정권을 상실한 진보진영의 허탈감과 맞물려 불같은 분노로 이어졌다. 세월호 사건 이후 박근혜 대통령이 보인 리더십 역시 마찬가지이다. 삼백여 명의 어린 학생들의 죽음에 무한책임자로서의 모습을 보이기는커녕 책임을 전가하고 회피하는 모습에 국민은 무시와 모멸감을 느끼고 이는 곧 수치와 분노로 이어졌다. 이후 최순실 국정농단 사건은 민주주의 선진국에 살고 있다는 국민의 자부심에 큰 상처를 냈고, 이 역시 모멸과 수치 그리고 공분으로 이어져 수백만 명이 참여하는 시위로 발전했으며 마침내 대통령은 탄핵을 맞이하게 되었다.[22]

너스바움(M. Nussbaum)은 상대에게 모멸과 수치심을 안겨준 범죄는 양형의 참작이 있을 수 없다고 주장한다. 예를 들어 인종차별주의자의 혐오에 의한, 극한 모멸과 수치감을 느끼게 하는 범죄는 정상참작이 될 수 없다는 것이다(너스바움, 2015). 앞선 "분노" 장에서도 밝혔지만, 정리해고에 저항하는 노동자를 '떼잡이', '불순분자', '용공주의자'들로 낙인찍음으로써 그들로 하여금 모멸과 수치를 느끼게 하는 우파정당이나 우파언론의 행위도 마찬가지이다. 권력이 독점되고 삶의 기회가 편중된 사회, 가부장적 문화가 발달한 사회에서는 이른바 사회적 약자, 소수자, 여성, 어린아이들에 대한 모멸과 수치심을 불러일으키는 '무시'의 행태가 빈번히 발생한다(김현경, 2015; 김찬호, 2014). '무시'와 모멸이 일상에서 흔하게 행사되는 사회는 인간의 존엄성을 생명으로 하는 인권의식과 인권수

---

[22] 우리는 세월호 희생자를 통해 죄책감을 느끼고, 또한 형편없는 국가체계와 리더십에 대해 수치와 모멸 그리고 분노를 느꼈다. 최근 광화문 집회와 분노에 관한 연구로 민희(2018)를 볼 것.

준이 낮은 사회이다. 인간의 존엄에 대한 인정의 부재는 자존감의 결핍을 불러오고, 인정받고 긍정되는 존재가 아니라 결핍된 존재라는 모멸과 수치심을 불러옴으로써 인간으로서의 정체성을 위협한다. 무시는 다양한 형태로 발생한다. 호네트(A. Honneth)가 말한 대로 신체를 자유롭게 사용할 수 있는 가능성을 폭력으로 빼앗는 학대 형태의 무시는 타자에 대한 자아 상실의 고통을 가져다준다. 인간의 존엄성을 훼손시키는 굴욕을 유발시키는 무시는 특정한 집단에 대한 도덕적 자격뿐 아니라 시민권 등의 자격을 박탈하고, 사회적 죽음을 안기기도 한다. 또한 개인이나 집단의 사회적 가치를 부정하는 무시는 특정한 집단의 세계관을 열등하다고 간주하거나 폄훼하는 형태로 이루어진다(Honneth, 2011). 비교될 수 없는 단독자의 존재를 부와 권력을 소지한 타자의 기준으로 평가하고 그 평균성에 도달하지 못할 때 그들을 무시함으로써 모멸과 수치심을 불러일으키는 행위는 인간의 존엄을 해치는 일이다. 사회적인 평균적 가치나 규범을 강요하는 경쟁 사회, 권력, 명예, 부와 지위 등 이른바 하이데거가 말한 비본래적 실존의 세속적 가치가 지배적인 사회, 더구나 그 경쟁의 목표를 달성하기 위해 수단과 방법의 정당성이 결여된 사회, 그래서 상대적 박탈감이 높은 사회에서는 '모멸과 수치심'이 높아진다. 평균치조차 달성하지 못한 무능력자로 자신을 낙인찍고, 정당한 '대접'과 '대우'를 받지 못한다는 피해의식이 겹쳐 무시와 모멸, 수치, 아울러 냉소와 분노의 감정군들이 복합적으로 나타나는 것이다.

2. 혐오

혐오란 무엇인가?

혐오는 기본적으로 '이질적인 것'에 대한 거부감의 표현이다. 혐오는 특정한 대상을 거부하는 감정으로서, 그 거부감은 싫어하는 이질적인 것이 자신의 존립에 위해를 가할 것이라는 위험에 대한 두려움과 이질적인 것에 대한 방어적 태세를 포함한다. 혐오는 단순히 싫어함과는 다른 감정이다. 이질적인 것은 자신(의 집단)을 오염시키고 마침내 파멸시킬지도 모른다는 두려움이 내포된 거부감의 대상으로서, 이질성을 접하는 주체는 소극적으로는 이질적인 것을 피하는 반응을 보이지만 적극적으로는 그 이질적인 것을 '제거'하려 한다.[23] 혐오 용어의 뿌리는 다윈이 관찰한 '맛에 대한 불쾌감'에서 찾아볼 수 있다. 진화생물학적 측면에서 본다면 혐오는 특정한 음식을 역겨움을 통해 거부함으로써 자신의 신체를 보호하려는 생체 조직의 진화상태이다. 이러한 진화로 인한 신체의 거부반응은 특정한 음식문화로 습관화되는데, 대부분의 사람은 동물의 배설물, 찌꺼기, 소변이나 피 등을 혐오하기 때문에 소화 및 배설 기능을 담당하는 신체 기관이나 살아 있는 동물들을 먹으려 들지 않는다. 인간은 동물의 내장이나 피를 잘 먹지 않고, 될 수 있는 대로 원래의 형태를 소거한 모양의 요리를 내놓거나,[24] 인간과 닮은 것, 혹은 인간과 가까운 생활을 하는 동물들을 식용으로 회피하는 경향이 있다.

다윈의 논의를 좀 더 살펴보기로 하자. 다윈은 『인간과 동물의 감정표현』에서 혐오와 그 이웃감정인 모멸 등을 신체의 표현과 함께 정밀하게 기술한 바 있다. 다윈의 혐오감은 음식을 먹거나 맛보는 것과 관련이 있는데 혐오감은 괴로움도 유발하기 때문에 그 원인을 밀어내거나 그것으로부터 자신을 보호하려는 듯한 몸짓이나 찌푸린 표정이 등장할 수 있다고 말한다.

> 극도의 혐오감이 엄습하면 욕지기를 할 때와 같은 행동이 나타난다. 윗입술을 강하게 수축한 채 입을 크게 벌리기 때문에 코 주위에 주름이 생기고 아랫입술이 불거져 나오며 최대로 뒤집어진다. 이런 움직임은 입꼬리를 아래로 잡아당기는 근육의 수축에 의존한다. …… 혐오감을 주는 음식 또는 다른 대상을 상상하는 것만으로 이미 확립된 습관에 의해 무의식적으로 구역질하는 동작이 표출될 수 있다고

---

23 물론 이질성이 반드시 혐오반응을 불러일으키는 것은 아니다. 이질성은 때로 기이함에 대한 호기심, 경외심 등을 불러오기도 한다.
24 서양의 경우, 소와 소를 가공한 육류를 구분하기 위해 서로 다른 용어를 쓰기도 한다. 예컨대 소의 경우 cow와 meat, 돼지의 경우에는 pig와 pork 등이다(Murcott, 1983: Lupton, 2015).

여겨진다(다윈, 2014: 287).

침을 뱉는 행동은 경멸이나 혐오감의 표현으로 아주 보편적인 것 같다. 특히 입 속에 거부감을 일으키는 뭔가가 들어갔을 때는 더욱 그렇다. …… 우리는 모욕, 멸시, 경멸 혹은 혐오의 감정이 다양한 양상으로 표출될 수 있음을 보았다. 그것은 세계적으로 보편적인 것처럼 보인다. 이런 몸짓이나 동작은 우리가 싫어하거나 두려워하는 뭔가를 제거하거나 거부하는 형태로 표현된다. …… 습관의 원칙과 상호 연관성의 원칙이 여기에도 적용된다(다윈, 2014: 291).

이처럼 혐오는 먹는 것에 대한 표현 등으로 나타나지만 특정 음식에 대한 취향이나 혐오는 역사적으로나 문화적으로 상대적이다. 문화권에 따라 내장이나 애완동물을 아무런 거리낌 없이 선호하기도 한다.[25] 그런데도 전 인류가 대체로 공유하는 비호감의 대상들이 존재한다. 예를 들어, 쓰레기나 배설물 등에 기생하면서 병균을 옮기는 파리나 쥐, 부패한 시신과 같은 것들이다. 특히 부패한 시신은 인간이 가장 싫어하는 혐오와 메스꺼움의 대상이 되기도 하는데 시체는 죽음에 대한 인간의 공포를 불러일으키기 때문에 더욱 그렇다(Haidt et al., 1994). 혐오는 일차적으로 어떤 대상에 대한 맛의 감각과 연관되어 있지만 보는 것이나 듣는 것으로, 혹은 감촉으로 느끼는 것으로도 발생한다.

앞서 말한 대로 특정한 감정의 뚜렷한 경계를 긋기는 매우 어렵다. 혐오와 유사한 이웃감정인 경멸, 모멸, 비하와 폄하, 혹은 혐오의 다른 표현인 메스꺼움이나 역겨움, 극히 싫어하는 감정으로서의 증오, 그리고 혐오를 불러일으키는 촉발 내지는 후발 감정으로서 두려움, 공포, 불안, 분노 등 일련의 '혐오군', 나아가

---

25 음식에 대한 선호는 지역이나 문화권, 세대에 따라 상대적이다. 한국이나 중국인들은 피와 내장(선지국, 내장탕) 등을 즐겨 먹는가 하면 한국, 중국, 베트남, 필리핀 등지의 노인세대는 개고기 요리를 즐기기도 한다. 뱀과 같은 동물은 보편적으로 혐오의 대상이지만 네팔과 같은 나라에서는 종교적인 숭배의 대상이 되기도 한다. 또한 죽은 사람의 해골이나 뼈를 집에 보관하는 문화권도 있다.

혐오로 인한 반목, 대립, 갈등의 증상들을 포함하여 '혐오군 감정'으로 표현하는 것이 더 타당할 것이다. 밀러에 의하면 우선 혐오감정과 가까운 이웃감정은 두려움과 공포이다. 두려움과 혐오 모두 대상을 '싫어함(aversive)'의 감정인데 차이가 있다면 두려움은 그 대상으로부터 '벗어나 버리고자' 하는 것이고, 혐오는 그 대상을 '치워 없애버리려는 것'이다. 혐오는 단순히 대상을 무서워하거나 싫어하는 것이 아니라 그 대상을 치워서 자신들의 청결함, 혹은 순수함을 유지해야 한다는 심적 부담감을 느끼는 감정이다(Miller, 1997:26).[26]

혐오는 또한 절망, 무기력, 권태, 우울, 멜랑콜리 등의 감정과도 연계되어 있다. 권태는 자신의 일상과 삶의 존재에 대한 가벼운 혐오로 정의하기도 한다. 우울함은 실존적, 철학적, 종교적 권태로서 식상하고 무관심하고 혐오에 갇혀 있다는 느낌이다. 권태와 혐오의 관계 역시 매우 중요한데 권태는 '과잉'과 연관된 것으로 과식 때문에 메스껍거나 구역질이 나거나 진절머리 나도록 짜증나거나 신물이 날 때 혐오에 이른다. "권태란 피할 수 없고 불쾌하도록 식상한 어떤 환경에 의해 갑갑함이나 속박을 느끼고, 그 결과 주변 환경과 시간의 정상적인 흐름으로부터 괴리되는 감정이다. 권태란 일시적으로 피할 수 없고 식상한 환경에 의해 생겨나는 경미한 혐오감이라는 사회적 감정이다"(투이, 2011: 62).[27] 멜랑콜리아(melancholia) 역시 자기혐오(self-disgust) 현상이다. 경멸 혹은 모멸과 혐오는 매우 밀접히 연관되어 있다. 두 감정 모두 대상에 대한 우월성(superiority)을 전제로 하면서도 혐오가 대상을 불쾌하게 여기는 것이라면 경멸은 재미 혹은 농락의 대상으로 간주한다. 경멸은 때로 대상에 대해 은전, 예의 바름, 측은함 등을 표명하기도 하며 애완동물처럼 귀여운 '사랑'의 감정을 갖기도 하지만 혐오는 사랑과 거리가 멀다. 혐오는 또한 애증과도 다르다.

---

[26] 괴이함(uncanny)도 두려움, 공포, 혐오 등과 밀접한 연관이 있기는 한데 으스스함이나 기괴함이 반드시 혐오에 포함되지는 않는다.
[27] 하이데거는 권태를 세속적 가치에 몰두해 있는 존재자가 그 가치에 대한 무의미성을 느낌으로써 본래의 존재를 찾아가기 위한 감정상태로 묘사한다. 권태는 존재에 이르는 과정인 것이다. 그런데 투이는 권태를 스스로 극복하는 과정이 곧 창의성을 도모하는 것이라고 설명한다.

혐오의 이웃감정 중에는 수치와 증오도 있다. 수치심은 공동체의 표준적 규범에 비추어 자존심이나 명예 등을 상실했을 때 발생하는 감정이다. 수치는 타자의 불인정에 대한 반응이다. 타자에 대한 불인정은 종종 모멸(경멸)이나 혐오로 드러나기도 하는데, 표출의 내용이나 강도 등은 대상들이 처한 맥락이나 정체성, 규범의 성격 등에 의존한다. 혐오를 통해 우리는 그 대상을 제거해버리고 우리를 공격하는 것을 자신으로부터 사라지게 하고 싶은 욕망을 표출한다. 수치를 통해서도 역시 우리는 그 대상이 사라지기를 원한다. 그러나 수치는 죄책감과 마찬가지로 양심 속에 자리 잡고 있지만, 혐오는 반대로 양심의 문제가 아니라 우리의 감각에 해로운 것으로 경험되거나 인지되는 것이다. 혐오는 또한 증오와도 매우 중첩되는 감정이다. 증오는 대상이 불행해지거나 대상에 위해가 가해지기를 원하지만 그것이 사라지기를 바라는지에 대해서는 모호하다. 반면 혐오는 그 대상이 빨리 사라지기를 원한다. 증오는 애증과 연결되기도 하지만 혐오는 사랑과는 적대적이다(Miller, 1997: 34). 혐오는 상대를 보이지 않는 투명인간으로 차별하는 감정과 직결되어 있다(Emcke, 2016). 혐오가 단순히 싫음과 구별되는 것은 혐오의 대상이 자신을 오염시킬지도 모르는 위험한 대상으로 인지된다는 것이다. 앞서 말한 대로 혐오의 대상은 단순히 '싫어함'을 넘어 자신에게 위해, 위험, 공포를 주는 대상으로 간주된다(Navarrete & Fessler, 2006). 그리고 그 대상은 음식물이나 물질적인 대상뿐 아니라 '인간'에게 확장된다. 신체적 병이나 특성—이 특성은 생물학적인 것뿐 아니라 정치적으로, 문화적으로 구성된 것이기도 하다—을 가진 사람들이나 특정한 종교, 이념, 생활방식을 가진 '인간'들이 포함된다. 앞서 말한 대로 혐오는 어떤 대상에 대한 '입의 거부(oral rejection)'로서, 질병 등과 같은 위협적인 대상에 대한 거부반응, 즉 다양한 신체적 감각기관에 의해 편하지 못한 신체상태를 말하는데, 이러한 신체적 반응이 비단 음식이나 사물뿐 아니라 인간을 대상으로 발생하기도 한다. 자신의 지위나 사회적 질서의 보존을 위해 특정한 개인이나 집단을 꺼리거나 싫어할 때 인간에 대한 혐오 또는 메스꺼움이 발생한다. 혐오 증세는 자신의 가치나 규범을 따르지 않는 이방인이나 종교적 이단으로 간주하는 집단의 사람들, 자신의 안녕을 위협한다고 느끼는 집단들에 대한 거부반응으로서 나타나는 것이다. 즉, 혐오는 질병이나 오염으로부터 자신의 신체를 방어하기 위한 기제일 뿐 아니라 사회적 질서나 규범 등으로 자신의 안녕을 유지하려는 신체적 반응상태이기도 하다. 요약하자면 혐오는 ① 특정한 음식이나 동식물 가공품 등뿐 아니라 ② 성, 죽음, 위생 등과 관련된 대상 그리고 나아가 ③ 신체나 영혼의 평안을 위한, 이방인에 대한 직간접적 접촉회피의 반응 ④ 사회적 질서를 보존하기 위한 특정한 도덕적 위반자에 대한 처벌 반응으로서 다양하게 나타난다(Faulkner et al., 2004).

혐오와 메스꺼움의 대상은 공존할 수 없는 사회적, 물리적 공간으로 격리되는 대상이 되기도 한다. 세균에 감염된 병자들이나 나환자들, 범죄자들, 난민촌의 사람들처럼 병원이나 교도소, 한센병 환자촌이나 걸인 등을 위한 보호시설 등의 공간에는 외부의 규율이 적용되면서 개인의 신체에 대한 통제와 훈육이 시행된다(정근식, 2007). 격리 수준 이상의 배제는 '소멸'인데 소멸은 혐오스러운 대상이 자신의 안전과 생존을 위협할 것이라는 두려운 대상으로 인지될 때 발생한다. 설령 혐오대상이 현재로서는 소수자로서 세력이 약하다 하더라도, 내버려두면 점점 그 힘이 확장되어 언젠가 자신들의 신분이나 지위, 제도와 질서를 위협할 존재로 인식된다. 혐오와 메스꺼움의 보유자들은 '옳고 그름'이 아니라 '싫고 좋음'에 의해 타자를 즉각적으로 평가하고 반응한다. 특정한 가치관과 규범적 코드를 맹신하는 사람들, 특히 특정한 정치 이데올로기에 세뇌되어 있거나 종교적 도그마에 빠져 있는 종교 근본주의자들이 혐오하는 집단은 단순히 싫은 존재일 뿐 아니라 동시에 정의롭지 못한 존재, 자신의 질서와 안녕을 위협하는 위험스러운 집단이기 때문에 소거, 박멸 등과 같은 배제의 대상이 된다. 혐오감정은 경멸과 분노를 넘어 그 대상을 제거하려는 폭력적 행위와 강한 친화력을 가지고 있다. 이 제거의 폭력적 전략은 거리두기, 격리, 소멸 등 다양한 형태로 나타난다. 그러므로 혐오의 문제는 정치적인 권력과 저항, 억압의 문제에 매우 민감하다. 혐오는 대상에 대한 비호감을 넘어서 거리두기로부터 박멸에 이르기까지 다양한 유형의 배제행동을 유발하기 때문에 인간집단 간의 비대칭적 권력관계와 밀접한 연관을 맺는다.

아메드(Sara Ahmed)는 혐오가 권력의 문제와 밀접한 연관을 맺고 있다고 말하면서, "한 대상의 신체에 대해 특정한 기호(sign)가 끈적끈적하게 접착된" 상황이라고 말한다. 특정한 신체에 끈적거리게 붙어 있는 기호는 그 신체적 특성을 규정하고, 그 기호가 부착된 신체는 이곳저곳을 흘러 다니는 위험한 존재로서 '아직' 그러한 속성이 나타나지 않고 있다 하더라도 언젠가 곧 나타날 것이라는 암시 효과를 가져다준다. 예를 들어 9.11 테러 이후 미국 사회는 중동인들에 대해 테러리스트라는 이미지를 부여하고 그들을 잠재적인 위험인물로 간주했다(Ahmed, 2014). 중동인의 신체에 테러리스트의 기호가 부착되면서 그들의 '유동성(공간이동)'이 저지되거나(감시의 강화) 그들 자체가 접촉 기피의 대상이 되었다. 어떤 대상을 혐오스럽다고 호명하는 것은 언어수행적인데, 이전의 관습이나 규범에 의존하지만 그 효과는 현재진행형으로 작용한다. '혐오스럽다'라고 호명하는 것은 '역하고 나쁘고 야만스럽다'는 혐오의 기호를 어떤 대상에 부착시키는 수행적 효과를 발생시킨다. 이러한 과정을 통해 모든 중동인은 테러리스트일지도 모른다는, 혹은 테러리즘과 관련된 대상으로 간주되는데 이를 인지의 경제(economy of recognition)라 부르기도 한다(Ahmed, 2014: 98). 인지의 경제는 대상의 다양한 속성을 단순명료한 속성으로 환원시킴으로써 행위반응의 효율성을 추구하려는 정신적 과정의 산물이다.

이처럼 혐오와 그 이웃감정에 대한 논의는 매우 다차원적이다. 요약한다면 혐오는 타자에 대한 부정적 감정으로서 타자의 '이질성'이 자신을 위험에 빠뜨리고 오염시킨다는 인지적 판단(혹은 직관적 판단)을 포함하고 있으며, 따라서 인지의 경제원리에 따라 이들을 제거하려는 의도성을 갖는 감정이다. 상대를 배척하고 소멸시키려는 감정으로서 혐오는 인종차별이나 성차별 등과 같은 증오감정으로 발전하여 타자에 대한 폭력으로 진행하기도 한다(호퍼, 2011; 마르크스, 2009; 게일린, 2009). 혐오는 그 대상을 종종 생명체로 인지한다는 특징을 갖고 있다. 혐오대상은 무기질이 아니라 스스로 복제하고 번식하고 자라나는 유기물이기 때문에 혐오대상을 내버려두면 세균이나 바이러스처럼 정상적인 우리의 몸속에 침투하여 우리를 오염시키며 마침내 우리를 파멸시킨다는 것이다. 그러므로 혐오감정은 비하나 모멸감을 포함하면서도 동시에 유해인자에 대한 두려움과 공포, 긴장, 그리고 그것들을 소멸시키려는 적대감을 포함한다. 독일 나치즘이 유태인을 단순한 대상으로 본 것이 아니라 유해 해충으로 묘사하고, 그들을 박멸시켜야 한다는 주장을 정당화한 후 가스실에서 대량 '청소'를 진행했듯이 혐오는 생명정치와 밀접한 연관을 맺는다. 생명정치는 때로 임의로 발생하는 것이 아니라 선동과 분위기 조성 그리고 국가기구를 동원하기 위한 합법적인 절차를 통해 진행된다.[28]

혐오에 의한 인종차별과 생명정치는 역사의 특수한 시기에만 나타난 것이 아니다. 여전히 세계 곳곳에서 특정 인종을 배척하려는 정책과 시위가 우파진영의 세력들에 의해 벌어지고 있다. 일본도 예외는 아니다. 2013년 일본에서도 재외 한국인을 조롱하고 협박하는 한혐류(韓嫌類) 바람이 불었다. 일본의 극우세력들은 한국인을 조센징으로 지칭하면서 "한국인을 교살하라"는 위협적 언사와 함께 조선인을 바퀴벌레, 구더기, 기생충, 유해한 해충으로 묘사하며 해충 박멸, 매춘부, 범죄자 소탕 등을 외쳤다(모로오카 야스코, 2015).[29] 다음 절에서 논의하겠지만 일부 근본주의 우파종교인들 역시 특정 종교나 동성애자 등에 대한 혐오와 적대적 태도를 드러낸다. 한국의 보수우파 개신교는 다른 종교와의 화해나 공존을 부정하고 '종교다원주의'에 대해 반대를 천명하면서, 최근 성장하고 있는 이슬람교에 대해 깊은 우려와 적대적인 태도를 표방하고 있다.[30] 그런가

---

[28] 예를 들어 나치 독일은 유태인을 '청소'하기 위한 작업에 국가의 기관을 동원해야 했기 때문에 다양한 법적 장치를 마련했다(예컨대 장애인이나 유태인, 동성애자, 집시 등의 신체 처벌에 대한 법률 제정). 아감벤(G. Agamben)이 묘사한 생명정치를 참조. 푸코(2004), 아감벤(2008), 김왕배(2017b)를 볼 것.

[29] 2009년 12월 4일 교토 조선 제1급 초급학교 교문 앞에는 "재일 특권을 용서하지 않는 시민모임"이라는 극우단체의 회원 11명이 들이닥쳐 일장기를 흔들고 "조선학교는 학교가 아니다. 범죄조선인, 조선부락 나가라, 너희들 똥을 먹어라, 바보 같은 총코(바보) 아이들"과 같은 비속어를 써대며 학생들에게 위협을 가했다. 학교 안에 있던 아이들 150명 중 일부는 흐느껴 울며 공황상태에 빠지기도 했다(모로오카 야스코, 2015: 24).

[30] 한 보수기독교인은 이슬람을 다음과 같이 묘사한다. "평화를 내세우며 폭력을 행사하고 진리라고 주장하지만, 허구로 가득찬 이슬람의 이중성을 명확히 아는 사람들은 많지 않습니다. 인간 학대, 성차별 가정의 파괴 등은 이슬람의 심각한 면모의 일부분에 지나지 않습니다. 석유 자본과 소수자 보호, 종교의 자유 등의 구호 아래 이슬람은 지금 독버섯처럼 번져 가장 세계화된 종교, 가장 강력한 종교가 되었습니다"(김도훈, 2016). 이러한 태도를 괴담, 오보, 선동적인 것으로 규정하고 이를 비판한 것으로 김동문(2017)을 참조할 것.

하면 동성애에 대해 일부 우파기독교인들은 극한 혐오에 가까운 '호모포비아'적인 태도를 적나라하게 드러내기도 한다. 혐오는 특정 생명을 차별하는 언어와 함께 증폭, 확산한다. 특히 최근 SNS의 보급으로 근거가 모호하거나 왜곡된 사실과 더불어 정제되지 않은 언어들이 혐오감정과 함께 정보화되어 '무한정 날아다니고 있다'.

혐오와 '생명정치'의 언어

감정이 언어를 통해 명명되고 기술되는 만큼 감정은 언어-담론 속에서 생성되고 재생산된다. 특정한 감정에 특정한 이름을 부여하고 기술하는 과정을 통해 일단의 육체적 느낌을 특정한 감정으로 해석하게 되는 것이다(럽턴, 2016: 62).[31] 언어와 감정을 통해 특정 집단과의 갈등을 유발하는 대표적인 사례는 혐오표현이다. 기호와 음성, 몸짓 등의 발화행위 중에서도 특정 집단에 대한 부정적 감정을 실어 청중이 그 감정을 불러일으키게 하거나 강화하는 언어행위가 이른바 '혐오발언(hate speech)'이다. 유럽 여러 나라에서는 인종차별금지 및 여성이나 소수자의 인권증진과 관련하여 '혐오(증오)발언 금지법'이 실행되고 있을 정도로 '혐오발언'은 매우 심각한 사회문제로 인식되고 있다. 증오발언 금지법은 인종, 성, 민족, 종교, 국적 등에 따라 특정 집단의 구성원을 증오, 혐오하도록 선동하는 행위를 아예 법적으로 차단하려는 것이다(홍성수, 2018).[32] 혐오(증오)발언을 생산하고 유포하는 사람들은 자신들 집단의 존립과 번영이 특정 집단에 의해 위협을 받아오고 있거나 피해를 받아왔다는 서사를 통해 상대를 부정적으

---

[31] 럽턴은 감정의 신체적 현존이나 표현(표정이나 신체 동작, 신체적 신호 등) 또한 필수적임을 주장하면서 감정의 육체화를 강조한다. 감정에 대한 후기구조주의적 관점에 의하면 담론은 세계를 표현하는 관행만이 아니라 세계를 상징하는, 즉 의미를 통해 세계를 구성하고 구축하는 관행이다(럽턴, 2016: 49). 언어를 통한 감정의 구성적 성격을 강조하는 감정담론적 입장은 담론 내부에 권력관계가 존재한다고 본다.

[32] 한국에서도 최근 여성이나 특정 집단, 정치인 등에 대한 혐오발언이 문제되고 있다. 혐오발언은 명예훼손이나 인권 보호 그리고 표현의 자유 등과 관련되어 논쟁이 되고 있다.

로 낙인찍고 비난하며 배제하려 한다. 전형적인 사례로는 유럽의 유태인이나 집시, 이민자들(특히 불법 이민자들)에 대한 극우보수파들의 낙인행위와 증오발언인데, 이는 심지어 개인은 물론 '제노사이드' 같은 대량 학살행위까지도 정당화하거나 특정 개인, 집단을 공격하는 증오범죄의 담론으로 발전하는 양상을 보이기도 한다.[33]

증오발언 혹은 혐오발언은 "특정 집단의 구성원의 인격을 깎아내리는 언어행위로서 특정 집단을 오염된 집단으로 낙인(stigmatization)하고 악마화하거나 모멸함으로써 상대 집단의 구성원들을 아예 무기력하게 만들어 자신의 상황에 대한 통제력을 결여하도록 경험하게 하는 것"으로 정의되기도 한다(Timmermann, 2005). 이러한 개념 정의는 특정 집단에 대한 공적인 혐오의 표현에 국한되어 있을 뿐 그 집단에 대한 공격적 행위는 직접 언급하지 않는다. 그러나 일부 연구자들은 혐오(증오)발언에 대해 더욱 광범위한 정의를 내린다. "증오 언행은 일련의 특징들에 의해 차별적으로 분류된 개인 혹은 집단에 대한 증오를 인정하거나 표현하거나 옹호하거나 고취하는 것으로…… 증오는 존중의 결여, 적극적인 무시, 싫어함, 불인정, 타자 의미의 무시 등을 넘어서 적대, 거부, 위협과 파괴에 대한 열망을 포함한다. 혐오(증오)발언은 개인이나 집단에 대항하는 침묵이나 목소리뿐만 아니라 적극적인 전쟁의 선언 등도 포함한다(Parekh, 2006: 214). 즉, 혐오(증오)발언은 단순한 증오라는 감정표현을 넘어서 상대방을 파괴하고 적대감을 드러내는 행위까지 포함하기 때문에 학살(genocide)의 담론으로도 기능한다는 것이다. 특정한 상대에 대한 적대, 비방, 명예훼손, 낙인찍기, 협박, 궤멸 등을 포함하는 혐오(증오)발언의 과격한 부정적 언어행위는 '선동'이다. 선동은 타자를 공격하기 위해 수단과 방법을 가리지 않고 동조자들을 설득하려는 시도

---

[33] 제2차 세계대전 중 루마니아인 소수집단을 의미한 로마(Roma)는 열등하고 불결하고 위협적인 대상으로 간주되어 나치하에서 그들에 대한 제노사이드가 정당화되기도 했다. 최근에도 "루마니아인을 동물원에 집어넣어서 애들에게 '저 원숭이 좀 봐' 하고 보여준다면 애들은 아마 어떤 차이도 발견하지 못할걸요"(Townsend, 2014: 8)라는 비하적 표현이 나돌 정도이다. 비록 폭력을 찬성하지는 않는다고 하더라도 보수성향을 지닌 일반 시민들도 이러한 혐오발언의 내용에 동조하고 있다.

로서, 선동집단은 사전에 조직적으로 증오와 혐오의 언어를 치밀하게 설계하고 준비한다.34

혐오는 '무엇에 대한' 구체적인 지향성을 갖는다. 그러나 혐오의 대상은 사회적 구성의 결과이기 때문에 시대적인 맥락에 따라 가변적이다.35 혐오는 정치적이며 사회문화적인 산물로서 사회화와 언어를 통해 세대를 이어 재생산되기도 한다. 혐오표현이 지칭하는 대상은 많은 경우 '벌레, 기생충'과 같은 유해생물이나 쓰레기와 같은 오염물질로 묘사된다. 많은 경우 혐오의 대상은 생명유기체로 표현되고 있는데, 그 대상을 방치했을 경우 증식하고 번창해서 마침내 자신의 안녕을 위협할 것이라는, 따라서 그 대상을 소멸시켜야 한다는 의도가 담겨 있다. 오늘날 한국사회에서 흔히 발견되는 혐오대상에 대한 묘사는 벌레를 지칭하는 '충(蟲)'의 단어를 부착하는 방식으로 이루어진다. 혐오표현의 강도도 매우 다양한데 극단적이고 노골적인 혐오표현만이 위험한 것이 아니다. 조롱, 경멸 등의 소극적 혐오라도 발화가 지니는 수행성을 고려할 때 노골적인 혐오표현만큼 위험할 수 있다. 이러한 표현들 역시 극단적 형태로 치달을 가능성이 있기 때문에 우리가 경계해야 할 혐오표현에 해당할 수 있다.36

---

34 파레크(B. Parekh)는 혐오(증오)발언의 12가지 기준 사례를 제시하고 있는데, 이 중에는 애매한 경우도 있다고 말한다. 즉 "홀로코스트는 일어나지 않았다. 그것은 유태인들이 동정심을 구하고 재정적 보상을 받기 위해 고안한 사건이다"라는 표현은 증오발언에 속할 수도 있고 속하지 않을 수도 있다고 본다. 반면 "유태인은 음모꾼이며 비열하고 나라를 삼키려 든다"라는 표현은 분명한 증오발언에 속한다고 말하는데(Parekh, 2006: 215). 증오연설이나 혐오표현은 표현의 자유, 무제한적인 발언과 법적으로 보장된 발언의 자유 등의 권리와 연관되어 매우 복잡한 양상을 띤다. 그런데 증오발언은 공격적이고 분노에 찬, 모멸적인 언어를 통해 직접 표현되기도 하지만, 때로 애매하고 온건한 언어, 농담 등 비감정적 어휘로 표현되기도 한다. 예를 들어 체코의 우파 국민당은 선거 시기에 루마니안 집시(Roman)에 대한 경멸적 표현, 예컨대 "우리는 내부의 기생충을 원하지 않는다"는 식의 선거 슬로건을 내걸었는데, 이러한 표현이 직접적 증오발언이라면 "안 돼, 집시를 편들지 마!", "당신의 세금, 그들의 미래"라는 등의 표현은 다소 애매한 증오발언이라는 것이다(Townsend, 2014).
35 이하의 내용은 필자가 발표한 「혐오와 '배제의 생명정치'」(2017), 한국학중앙연구원 "한국인의 가치변화와 감정양식" 발표문의 일부 내용을 수정 보완한 것이다.
36 물론 오늘날 혐오는 때로 정중하고 예의 바르게, 비유적이고 중립적으로 묘사되기도 한다는 점에서 혐오표현의 경계는 불투명해지고 있다.

그렇다면 최근 우리 사회에서 어떤 혐오표현이 등장하고 재생산되고 있을까? 가장 단적인 사례는 태극기 집회 등을 통해 드러난 우파보수주의 세력의 언어이다. 소위 우파보수주의자들이 형성한 이른바 '종북좌파'에 대한 혐오표현은 단순히 정치적 세계관을 표명하는 차원을 넘어 혐오하는 대상의 소멸을 선동한다. 선동적인 혐오의 강도는 훨씬 강해질 수밖에 없다. 실제로 한 우파논객은 종북좌파 집단을 '기생충'으로 묘사하고 그 집단이 확장될 수 있는 토양을 마련해주었다는 의미에서 당시 진보정치권을 '숙주'로 표현하는 칼럼을 게재한다. "누가 이석기라는 '종북(從北)기생충'을 키웠나"라는 제목의 이 칼럼은 당시 통합진보당 당수였던 이석기 씨가 내란죄 처벌을 받은 후 ≪조선일보≫(2013. 9. 9)에 실렸다. 그 우파논객에 따르면 남과 북이 대치하고 있는 한반도는 천적, 경쟁, 기생, 공생이 존재하는 일종의 생태계를 구축하고 있는 공간으로서 지구상에는 자유민주주의의 천적인 공산주의가 사라지고 대한민국은 남북관계에서 확고한 우위를 점하고 있다. 그런데 대한민국에 언제부터인가 '종북'이라는 기생세력이 등장했고, 이러한 기생세력을 내버려두고 키우는 숙주세력까지 등장했다. 그는 바로 이 세력이 제거되어야 한다고 주장한다. 이 칼럼의 기고자는 이른바 '종북좌파'와 숙주세력에 대한 또 다른 혐오표현을 서슴지 않는다. 그가 동원한 단어들은 유기체와 관련된 것들로서 '생명체', '생태계', '천적', '기생', '기생충', '숙주', '감염', '제거', '청산' 등이다. 그리고 자신과 대립하는 정치적 지형에 속한 인사들의 실명을 노골적으로 거론한다. "국가에 빨대를 꽂아 대한민국을 고사시키고 있는 형국의 기생방식은 사상의 자유를 보장하는 민주주의를 숙주로 하여 그 자체를 파괴하려는 그들의 음모가 도사리고 있으며, 이들 기생충은 친북과 반북이라는 시대착오적 대결 구도를 한반도에 영속시키려는 세력들"이고 오히려 이들이 "국제무대에서 잊힌 냉전체제를 숙주 삼아 기생을 도모하고 있는 셈"이라는 것이다(≪조선일보≫, 2013. 9. 9).

이러한 정치적이고 극단적인 혐오표현 외에도 다양한 혐오표현이 우리의 일상 깊숙이 들어와 있다. 이러한 유형의 일상적 혐오표현은 대부분 경멸, 무시, 모욕 등의 감정을 내포하고 있다. 일상적 혐오표현은 앞서 살펴본 정치적 극단주의의 혐오표현보다 적대성의 수준은 낮을 수 있을지라도, 일상 속에서 광범위하게 쓰인다는 점에서 우려된다.

몇 가지 사례를 살펴보자. 최근 몇 해 사이에 '맘충', '급식충' 등 '~충(蟲)'이라는 표현이 빠르게 늘어났다. 특히 이 표현은 다양한 어휘와 조합되며 여러 혐오, 비하 표현들을 재생산하는 프레임으로 작동하고 있다. 이 표현은 2010년 이후 10~30대 중심의 온라인 커뮤니티 내에서 생산되어 빠르게 확산 중이다. 초기에는 특정 이념, 인물 등을 무비판적으로 따르는 집단을 마치 벌레처럼 몰려다닌다는 의미로 사용되었으나, 표현의 가소성으로 인해 여러 유형으로 재생산되는 과정에서 자신과 다른 집단을 배제하고 경계를 나누는 비하, 혐오의 표현으로 자리 잡았다. 벌레처럼 몰려다님을 강조한 은유에서 벌레 그 자체를 의미하는 직유의 표현으로 변화한 것이다. 이에 관한 몇 가지 사례를 살펴보자.

'맘충(Mom충)'은 엄마를 의미하는 맘(mom)과 '충'의 합성어로 젠더 이슈와 직접 연관되어 있다. 예를 들어 맘충은 아이들의 일탈행위에 대한 훈육 책임을 부모 중 어머니에게 전가하는 담화이다. 이는 이 표현이 여성 중심의 커뮤니티에서 아이를 동반하고 외출하는 일부 기혼여성의 부적절한 행위(아이가 먹을 것을 별도의 대가 없이 요구하기 등)에 대한 비판에서 시작되었기 때문으로 보인다. 이 표현은 '노키즈존' 논쟁에서 등장하며 유아를 동반한 어머니 일반을 경멸하는 이름으로 확대, 재생산하는 경향이 나타나고 있다.

이와 유사한 '한남(韓男)충'은 '한국 남자'와 '충'의 합성어이다. 이전의 된장녀, 김치녀 등과 같은 여성에 대한 비하적 표현이 여성의 관점에서 남성을 비하하는 방식으로 변형된 표현이다. 이전에도 '여성시대' 등 여성 중심 커뮤니티에서 일부 사용되던 표현이나, 2016년 5월 17일에 발생한 '강남역 살인사건' 이후 급격하게 확산한다. 남성 혐오를 표방하는 글은 주로 노르웨이 여성주의 작가 게르드 브란튼베르그(Gerd Brantenberg)의 소설 "이갈리아의 딸들"을 변용하여 커뮤니티 이름을 지은 '메갈리아'에서 생산된다. '한남충'은 젠더 혐오의 지형이 특정 성별에 국한되지 않고 다양한 전선으로 확장될 수 있음을 보여주고 있다.

세대의 측면으로 넘어오면 '노인충', '틀딱충'과 같은 표현이 등장한다. 이 두 어휘는 세대, 이념에 관한 혐오를 아우른다. '노인충'은 나이를 앞세워 우월적 지위를 차지하려는 노인을 비하하는 표현이다. 지하철 무임승차 논쟁을 필두로 확산된 이 표현은 점차 세대갈등을 대변하는 표현으로 확산 중이다. 저출산, 고령화에 따른 복지 레짐의 붕괴를 우려하는 관점에서, 노인들의 연금 수혜를 비판하는 20대와 30대가 주로 사용하는 양상을 보인다.[37] 이와 유사하지만 다른 맥락에서 사용되는 '틀딱충'은 이념적 보수주의, 반공주의를 내세우는 노년층에 대한 혐오표현에서 기원한다. '틀딱'은 '틀니를 딱딱거리듯 길거리에서 소리를 지르는 노인들'을 의미하는 경멸적 표현으로, 2016년 박근혜 대통령 탄핵과정과 그 이후에 친박 집회를 주도한 노년층을 지칭하는 과정에서 빠르게 확산된다. 노인충이 세대 간 갈등이 극단화된 표현이라면, 틀딱충은 세대갈등에 이념 지향이 포함된 표현이다.

'초글링'은 PC게임 '스타크래프트'에 등장하는 캐릭터 중 하나인 '저글링'을 초등학생과 결합한 단어이다. 저글링은 시끄럽게 무리 지어 다니는 특징이 있는데, 이를 초등학생의 특징과 연결 지은 것이다. 온라인 커뮤니티에서 시작된 이 표현은 PC방, 식당, 도서관 등에서 시끄럽게 몰려다니는 초등학생을 비하하는 표현으로 쓰인다. '급식충'은 청소년에 관한 더욱 포괄적인 혐오표현이다. 이 표현은 초, 중, 고등학생들이 단체급식을 먹는 학생들이라는 점을 들어, 청소년 일반을 비하하는 성격을 가진 표현이다. 급식충은 주로 20~30대 중심의 온라인 커뮤니티나 온라인 게임 내에서 욕설, 도배 게시글을 올리며 커뮤니티의 규범을 무시하는 유저를 지칭하는 표현으로 시작되었으나, 청소년 일반에 대한 비하, 혐오의 표현으로 광범위하게 쓰이며 대학교 초년생들을 지칭하는 '학식충' 등으로 확대, 재생산되고 있다.

앞서 제시한 사례는 말로서의 혐오표현이지만, 이 밖에도 비언어적 표현(제스처, 노래, 슬로건, 작품 등)을 통해 재현되고 있다. 특히 사이버 공간에서는 익명성을 앞세워 어느 특정한 개인이나 집단을 폄훼하고 비하하며, 노골적이고 선동적인 혐오표현들이 난무하고 있다(이 책 제8장의 "인터넷 냉소주의와 혐오" 절을 볼 것). 혐오표현은 자신의 의견을 표출하는 자유의지의 발현이기도 하지만 특

---

37 세대갈등을 감정대립의 측면에서 인정투쟁과 연관시켜 분석한 필자의 최근의 글, 「세대갈등과 인정투쟁」(2019)을 보라.

정 개인이나 집단에 대한 신체적, 정신적 안녕을 위협하고, 개인에 대한 상해 및 집단살상으로까지 끌고 갈 가능성이 농후한 선동적 언어표현이다. 혐오표현이 '지극히 날것이고 위협적'이기 때문에 혐오피해의 당사자들은 보호와 안녕이 갈급하고 절박하다. 더구나 혐오표현은 소수자나 인종에 대한 차별적 발언과 폭력의 가능성을 갖고 있기 때문에 이미 인류의 보편적 가치로 자리매김되고 있는 인권을 부정하는 행위이기도 하다.

그렇다면 이러한 혐오표현을 금지할 것인가, 허용할 것인가? 혐오표현의 경계는 어디이며 표현의 자유가 용인되는 범주는 어디까지인가? 혐오표현의 문제를 '사상의 자유시장'에 맡길 것인가, 아니면 법적 장치를 동원하여 규제할 것인가? 즉, 개인의 자율에 입각한 시민적 도덕성에 맡길 것인가, 아니면 국가가 법에 따른 제재를 통해 금지를 강제할 것인가?[38] 여기에는 발화의 수행성에 관한 관점을 중심으로 크게 두 가지 상반된 견해가 존재한다. 혐오를 언어화하는 '혐오표현(발언)'이 '발화 내 언어수행'의 권력을 지닌다는 관점은 혐오발언 자체가 위협적인 폭력성을 가지고 있으므로 법적 규제가 필요하다는 논리를 전개한다. 이와 달리 언어는 '발화 후 효과성'을 갖는다는 입장은 혐오표현(발언)이 반드시 화자가 의도한 바의 효과를 발생시키는 것이 아니며, 해석자에 의해 전복되기도 하므로 법적 규제의 도입에 매우 신중해야 한다고 맞선다.

간단히 말해 필자는 혐오표현은 규제되는 것이 원칙이지만 법적 장치를 도입하는 것에 대해서는 매우 신중해야 한다는 입장을 취한다. 냉소나 풍자, 혐오표현의 경계가 다소 명확하지 않은 만큼 혐오에 대한 형법적 금지장치는 자칫하면 오히려 사상이나 표현의 자유, 소수자의 저항적 수단을 가로막는 결과를 가져올 수도 있기 때문이다. 냉소, 풍자, 패러디의 전복성은 약자의 무기이자 언로(言路)이기도 하다. 절대주의, 권위주의 체제는 언제나 이러한 전복의 성격을

---

[38] 이러한 입장들에 대해 주디스(2016), 제러미(2017), 모로오카 야스코(2015), 홍성수(2018) 등을 참고할 것. 혐오표현 규제에 대한 논의는 지면상 이 글의 범위를 벗어나지만 이미 전 세계적으로도 다양한 논쟁이 벌어지고 있다. 한국사회의 혐오 맥락성과 연관 지어 더욱 본격적으로 연구되어야 할 과제이다.

가진 언어와 표현을 금지하는 전략을 취했다. 권위에 대한 경멸과 혐오를 기성 질서에 대한 도전이자 위협으로 여기고 다양한 방식으로 규제했던 것이다. 혐오표현을 법, 정책 등 제도적 장치를 통해 규제하는 방식은 효율적일 수 있으나, 동시에 소수자의 저항, 대항 담론을 위축시키고 가로막을 우려가 있는 양날의 검과 같다. 일단 형성된 제도의 경로는 돌이키거나 바꾸기가 매우 어렵다. 실제 여러 국가는 혐오표현에 대해 다양한 접근을 취하고 있다. 이 접근은 위에서도 말했듯이 크게 입법에 따른 규제와 사상의 시장에서의 자유경쟁이라는 개념에 입각한 자율규제 두 유형으로 구분된다. 예를 들어 독일(독일 형법 제130조),[39] 일본(헤이트스피치대책법)[40]은 입법을 통해 혐오표현을 형사법적으로 규제하는 방식을 취하고 있는 데 반해 미국은 표현의 자유를 표방한 "수정헌법 제1조"를 근거로 사실상 사상의 시장에 맡기는 방식을 채택하고 있다. 이는 대륙법과 영미법 문화의 차이로 볼 수 있을 것이며, 각 사회의 가치와 문화적 맥락, 정치 지형 등 다양한 요인이 작동한 결과일 것이다.

이 두 접근 혹은 다른 대안 사이에서 우리는 혐오표현을 근절하기 위한 접점을 찾을 수 있을 것인가? 홍성수는 혐오표현을 '차별'의 일종으로 보고 차별금지법에 의해 혐오표현 규제를 주도하되 시민사회의 '더 많은 표현', '더 좋은 사상'으로 맞서는 것이 중요하다고 역설한다(홍성수, 2018).[41] 형사법 규제에 앞서 혐

---

[39] 독일헌법 제130조 1항은 공공의 평온을 어지럽히는 방식으로 국적, 인종, 종교 또는 민족적 출신의 특정 집단이나 주민에 대해 증오를 불러일으키거나 폭력 또는 자의적 조치를 유발한 자, 저주나 악의적인 경멸, 비방을 통해 타인의 인간의 존엄성을 공격한 자는 3개월 이상 5년 이하의 자유형에 처한다는 내용으로 되어 있다. 2항은 1항과 연관된 문서의 유포, 게시, 열람, 표현을 방송, 유포한 자에 대해 벌금과 자유형을 처한다는 내용으로 되어 있다.

[40] 이 법률명은 언론 등에서 축약하여 부르는 명칭으로, 실제 법률명은 "本邦外出身者に対する不当な差別的言動の解消に向けた取組の推進に関する法律(본국 외 출신자에 대한 부당한 차별적 언동 해소를 위한 법안)"이다. 법안 원문은 다음 문서를 참조할 것. http://www.moj.go.jp/content/001184402.pdf

[41] 홍성수는 혐오표현 근절을 위해 차별구제나 민사구제 등 다층적 접근이 필요하다고 말한다. 부득이 혐오표현의 형사범죄화를 시도할 때는 표현의 맥락, 의도, 내용, 해악발생 가능성 등을 엄격히 규정할 필요가 있다는 것이다. 이 밖에도 김지혜(2015), 김민정(2014) 등을 볼 것.

오표현의 구조적 요인과 관행들을 뿌리 뽑아내기 위한 보다 광범위한 시민사회의 자정노력이 필요하다.[42] 필자는 조심스럽게 이 책의 마지막 장에서 논의할 타자성찰과 공감의 '도덕감정'이 자정작용을 위한 동력이 될 것으로 기대하고 있다.

3. 한국 보수우파 개신교의 혐오

반공주의와 좌파혐오

오늘날 한국사회의 혐오는 유럽이나 서구처럼 인종차별에 의한 것이기보다 동성애를 포함한 젠더, 세대중첩적인 정치적 이념 그리고 오늘날에는 많이 약화되어 있지만 선거 때마다 선명히 드러나는 지역감정의 측면에 집중되어 있다. 그렇다면 누가, 왜 혐오를 생산하고 유포하는가? 오늘날 한국사회의 혐오를 유포시키는 중요한 집단 중 하나는 우파개신교 집단이다. 이들은 오늘날 정치, 사회, 교육, 문화 등 전반에 걸쳐 한국사회의 보수우파 정권을 든든히 지지하는 정치적 세력으로서 수면 위에 떠올랐다.[43] 해방 이후 미국의 영향을 받은 한국

---

42 다만 필자는 공공의 영역에서 공공연하게(의도성을 가지고) 이미 시민사회와 국가의 합의를 통해 규정된 역사적 '사건'의 실재와 의미를 부인, 비하, 모욕, 혐오하는 행위에 대해서는 법적 제재를 가할 것을 주장한다. 예컨대 제주 4.3 사건이나 5.18 항쟁 등에 대한 역사적 평가를 무시하고 유가족들에게 혐오표현을 가하는 자들에 대한 법적 조치이다. 김재윤(2015), 김희정(2012) 참고.

43 개항기와 일본강점기에 유입된 한국의 개신교는 교육, 의료선교 활동을 통해 조선의 근대화에 큰 영향을 미쳤다. 잘 알려진 바와 같이 언더우드(H. G. Underwood)와 아펜젤러(H. G. Appenzeller)는 경신, 배재 학당을 비롯해 연희전문학교를 세웠고, 일부 선교사들과 기독교인들은 계몽주의적 교육을 통해 조선의 독립운동에 직간접적으로 참여하기도 했다. 조선의 개신교는 이른바 서구 문명의 회랑으로서, 그리고 기독교적 보편주의의 확산 루트로 기능했다. 그러나 초기의 이러한 역할과 달리 한국의 개신교는 일제 군국주의에 굴복하여 많은 지도자들이 친일행각을 하게 되었고, 식민지체제의 재생산에 이바지하는 결과를 낳았다. 분단과 함께 북한에서 월남할 수밖에 없었던 개신교 목사들은 반공대열의 기수가 되었다. 아울러 많은 목회자가 미국의 신학교에서 배출됨으로써 미국 복음주의 등의 영향을 크게 받았다.

개신교는 반공의 기치를 내건 정권의 소리 없는 후원자 역할을 하기도 했지만, 노무현 대통령의 진보정권 출범 이후 본격적인 정치세력으로 급부상하게 되었다. 한때 독재정권에 저항했던 일부 개신교 목회자들이 진보정권의 이념에 대항하는 '뉴라이트'를 조직하여 활동하는가 하면,[44] 우파정권의 혁신 수장으로 활동하기도 했고,[45] 지난 박근혜 정권의 정책을 공식적으로 지지하는가 하면[46] 탄핵을 반대하는 데 앞장서기도 했다. 이와 함께 이들은 내부적으로는 '종교다원주의'와 동성애 옹호를 이단으로 규정하고, 유엔에서 권고했던 '포괄적 차별금지법'의 입법을 전면적으로 거부했다. 포괄적 차별금지법이 담고 있는 '성적 취향' 차별금지 표현이 동성애를 찬성하고 합법화한다는 것으로, 이들은 해당 국회의원들에게 입법 반대를 종용하기도 하고 인권축제에서 맞불 반대시위를 주동하는가 하면, 설교와 다양한 책자 등을 통해 동성애 반대에 앞장섰다. 일부 연구자는 오늘날 개신교가 내부의 여러 부패로 인해, 예를 들어 세습이나 탈세, 대형교회 목회자들의 탐욕적 행위, 재벌식 교회 성장과 운영, 내부 분열과 신도 수 감소 등으로 인해 교세가 쇠퇴하는 데 위기의식을 가진 보수우파 기독교인들이, 아직은 대부분 신도와 시민들이 반대하는 동성애 이슈를 통해 자기결속과 세력확장의 기회로 삼으려 한다는 비판을 제기했다.[47] 필자는 이러한 종교집단의 내부적 행위동기를 분석하기보다는 그들이 표명하고 있는 특정한 진보

---

[44] 김진홍 목사는 '뉴라이트' 결성에 주도적 역할을 했다. 1990년대 이후 개신교의 정치세력화에 대해서는 류대영(2009), 김진호(2016), 엄한진(2004) 등을 볼 것.

[45] 반독재투쟁에 앞장서기도 했던 인명진 목사는 2004년 한나라당의 윤리위원장, 그리고 2016년 자유한국당 비대위원장을 지냈다.

[46] 소위 최순실 국정농단 게이트가 불거지기 시작하자 박근혜 대통령은 국회시정연설을 통해 헌법개정을 예고하고, 바로 그날 오후 한국기독총연합회(대표회장 이영훈 목사)는 이를 적극적으로 지지하는 성명을 발표한다(국민일보 온라인, 2016. 10. 25).

[47] 산업화 기간에 급성장한 한국의 개신교는 다양한 종파의 소속교회는 물론 신학대학(원), 신학교 등을 통해 수많은 목회자를 배출함으로써 커다란 세력을 형성하게 되었다. 특히 수만에서 수십만의 신도를 거느린 일부 대형교회는 '재벌'에 비유될 정도로 엄청난 규모의 자산(예를 들어 방송, 신문과 같은 언론, 대학, 기업 등)을 경영하고 세습을 통해 그 지위를 자녀에게 넘겨주는, 세계에서 보기 힘든 교회 운영방식을 보인다. 아울러 피선교지였던 한국은 이제 세계 2위권에 해당하는 선교국으로 변신했고, 세계 곳곳에서 선교사들이 활동하고 있다.

이념 및 동성애에 대한 반대가 어떤 혐오감정으로 드러나고 있는지를 지면 광고나 책자 등을 통해 살펴보고자 한다.

종교 영역 내에서는 정치, 시민사회의 공간과 마찬가지로 진보적 세계관과 보수적 세계관을 지닌 지파들의 갈등과 긴장이 끊이지 않는다. 한국 기독교의 저항정신을 이어받은 진보파는 도시산업선교회(가톨릭의 경우 정의구현사제단) 등의 활동을 통해 '고통받는 민중'의 편에서 독재정권에 정면으로 도전하기도 했다. 그러나 대부분의 교계, 특히 대형교회는 보수정권에 우호적인 태도를 견지해왔고, 진보정권의 등장 이후 본격적으로 사회적 전면에 나서 다양한 정치 현안에 영향력을 행사하고 있다. 이들 보수 개신교단체들은 우파정권이나 단체들과 유사한 역사관을 공유하면서 보수연합을 맺고 있다. 이들은 우파지식인들이 주장하는 1948년 건국론과 이승만 대통령의 정권수립 및 박정희 정권의 산업화에 대한 긍정적 시각을 공유하면서 이 과정을 '하나님의 역사'로 해석한다. 예컨대 일부 개신교도들은 기독교도인 이승만이 초대 대통령이 된 것은 곧 하나님의 뜻으로, 사탄이나 다름없는 북한을 반공으로 물리쳐 왔다는 점에서 독재정권 역시 체제의 수호자로서 정당화한다(강인철, 2005). 우파 개신교 세력은 또한 박근혜 대통령 탄핵 반대의 선두에 서기도 했다. 이른바 '탄기국'이 주도하는 박근혜 대통령 탄핵 반대집회에서 그들은 우파보수세력들과 함께 태극기를 두르거나 성조기, 심지어 이스라엘 국기를 들고 행진을 하기도 했다.

한국 보수우파의 기독교단체는 종교가 국가의 안위 보존에 앞장서야 한다고 주장한다. 종교의 자유를 허용하지 않는 공산주의에 반대하고 자유민주주의를 수호해야만 종교가 존재할 수 있으므로 교회가 국가안보에 앞장서야 한다는 것이다. 종교의 허구성을 주장하는 유물론이나 이를 신봉하는 사회주의 사상, 아울러 '북한을 추종하는 종북세력'에 대해 저항할 것을 요구한다. 따라서 그들이 옹호하는 국가권력은 반공과 안보를 기치로 내거는 우파보수주의 정권이다. 이들의 공통적인 성향은 반북(반공산주의), 반좌파(반유물론과 반사회주의), 산업화와의 친화성(시장자본주의와의 친화적 관계 형성), 친미와 한미관계의 돈독화(복음주의와 자유민주주의 체제의 수호)이다. 이와 같은 잣대를 벗어난 집단은 '하나님께서 선택한 남한 땅을 죄악으로 물들게 하려는 악마와 사탄의 세력'이라는 것이다. 보수우파 정권과 보수기독교 세력은 선택적 친화성을 형성하고, 서로 호혜적 관계를 유지해왔다. 보수우파 개신교인들에게는 자유민주주의라는 국가 체제의 질서와 종교적 구원의 언행이 서로 혼용되어 있다.[48] 자유민주주의와 자본주의 산업화는 교회의 성장과 매우 우호적인 관계를 맺으며, 그들은 이러한 성장을 남한의 전역을 기독교화하라는 '하나님의 명령'이라고 정당화한다. 그들은 '신을 저버린 동토의 북녘땅'을 최후의 선교지라 일컬으며 북의 통치세력에 대해 적대적이고 냉전적인 태도를 보인다.

우파보수주의 정치세력에 친화적인 대형교회 중심의 개신교 집단은 세력 확대와 결집을 위해 유력한 보수주의 일간 신문에 정기적으로 대형집회 광고를 싣고 있다. '교회와 국가와 통일'이라는 캐치프레이즈를 내걸고 대형교회 목사들이나 일부 저명한 우파 지식인들(예를 들어 김동길 박사) 등의 연사들 사진을 실어 소개한 후, 개인들의 신앙체험 수기를 전면에 싣고 있는데 그 수기의 내용은 질병으로부터의 치유와 건강, 사업번창, 대학진학 등 세속적인 구복에 관한 것이다. 예를 들어 "술과 담배로 인해 폐암에 걸리게 되자 7일 금식기도로 병 고침 받았습니다"(최민광, S 교회, 2018. 2. 24. ≪조선일보≫ 광고, 이하 같은 신문), "미장원 사업이 망하고 유방암까지 생겼지만 5일 금식기도하고 연 매출 100억의 축복을 받게 되었습니다"(여운미, I 헤어 대표, 2018. 1. 13). "사업실패로 자살까지… 기도했더니 2백억 매출"(김진호, M 교회. 2017. 12. 9), "불교 집안에서 태어나 하나님을 모르고 살다가 신장암, 21일 금식기도로 깨끗하게 병 고침을 받았습니다"(김영란, D 교회, 2018. 3. 24), "간암 말기, 21일 금식기도로 병을 고침을 받았습니다"(황미자, S 교회, 2018. 4. 14), "위암 말기, 21일 금식기도로 회개하고 병 고침 받았습니다"(정미현, K 교회, 2018. 2. 10), "수능생을 위한 기도; 축복과 기도를 위한 특별집회"(2017. 11. 4) 등이다. 2017년 12월 23일 자 ≪조선일보≫ 전면광고에는 연말연시 송구영신을 기도원에서 기도함으로써 행하자면서 "자녀 가정 행복을 위해, 직장 사업장 축복을 위해, 병 고침을 위해"를 그 목표로 표

---

[48] 그렇다고 해서 영국이나 러시아 정교처럼 국가 종교화하는 것은 아니다. 그리고 이들의 세력이 국가와 대칭적인 것도 아니다. 한국의 종교는 여전히 국가권력에 종속적이다.

방하고 있다(2017. 12. 23).

한편, 진보진영 세력을 좌파 불순분자나 위험세력으로 간주하는 한국 보수우파 개신교인들에게 3.1절과 같은 국가기념행사일은 그들의 주장을 집회를 통해 공공연하게 표방할 기회이다. 보수우파 기독교단체들은 보수우파 정치인들이나 지식인들과 함께 연합집회를 개최하기도 했다. 그들의 집회광고에 의하면 집회는 크게 1부 기독교총연합기도회와 2부 국민대회의 이름으로 진행된다. 그들이 내거는 캐치프레이즈는 '공산주의 개헌반대, 한미동맹 강화,[49] 자유민주주의 수호, 문재인 퇴진'이다(《조선일보》, 2018. 2. 28).[50] 그들은 진보정권인 문재인 정부가 추진하는 개헌은 "자유민주적 기본질서에서 자유를 삭제함으로써 한국을 든든히 지켜주고 있는 미국과의 동맹을 약화해 궁극적으로 북한이 주장하고 있는 연방제의 음모를 통해 공산주의 체제 이행을 목적으로 하는 것"이라고 주장한다. 또한 종교인 과세를 통해 종교를 탄압하려 한다고 주장한다.[51] 국가체제 등과 연관된 정치적 이슈는 그들의 신앙적 서사를 통해 재현되고 있다. 이들은 국가적 위기가 "공산주의의 본질인 무신론적 유물론"에서 기인하며 공산주의의 "영은 속이는 영, 살인의 영, 분리와 대적의 영인데 북한에서는 주체사상, 한국에서는 민중사관의 가면을 쓰고 나타나고, 한국에는 NL(주사파), PD(민중민주), 21세기 연합(중도)으로 나뉘어 학습, 조직, 투쟁의 활동 사이클을 돌리

---

[49] 한국기독교총연합회는 미국 트럼프 대통령의 방한을 환영하는 전면광고를 실었다(한국기독교총연합회, "회개와 구국기도회 및 국민대회: 미합중국 트럼프 대통령 국빈 방한 환영", 《조선일보》, 2017. 11. 4).

[50] 총괄진행본부장은 전광훈 목사였으며 국민대회에는 조갑제, 김문수, 김진태 의원, 고영주 변호사, 조원진(애국당 대표), 서정갑(국민행동본무) 등이 출연했다. 참여 종교단체로는 한기총, 한기연, 미래목회포럼, 전국장로회, 전국여전도회 등이며 참여시민단체로 국민행동본부, 태극기행동본부, 탈북자 동지회 등 수십여 개의 단체가 명의를 올리고 있다.

[51] 그들은 종교인 과세가 종교의 자유가 보장된 정교분리의 원칙을 위배한다고 주장한다. 종교기관은 비영리법인과 같은 판매세 등과 면세특권을 받지만, 종교기관은 원천징수의 의무가 없으며 재정보고의 의무도 없다는 것이다. 헌금은 정부와 무관하며 종교의 헌금사용처를 간섭한다면 대한민국의 모든 종교는 힘을 모아 자신이 신앙하는 종교를 지킬 것이며 기필코 종교의 자유를 지키겠다고 선언한다(미래목회포럼, "종교인들은 납세의무를 진정성 있게 이행하지만, 위헌적인 세무조사 시스템을 반대합니다", 《조선일보》, 2017. 9. 5).

면서 교육계, 노동계, 언론계, 국회, 청와대 등 전 영역에 확산시켜 이들이 권력을 쥐고 현재 청와대는 주사파가 장악하게 되었다"라고 말한다(≪조선일보≫, 2018. 2. 23).[52] 따라서 회개와 구국의 기도를 드리지 않으면 대한민국은 위기와 함께 파국의 길을 걸을 수밖에 없다고 주장한다.

이들이 동원하는 감정은 존재의 '위기'를 불러오는 위협세력에 대한 두려움과 공포, 불안이며 이들 위협세력에 대한 증오와 적대, 그리고 분연히 일어나 저항하고자 하는 혐오와 분노의 열정이다. 2018년 3.1절 기념행사에서 보였던 우파 보수 개신교인들의 집회 양상을 필자의 참여 관찰을 통해 묘사해보겠다.[53] 2016년 늦가을부터 박근혜 대통령의 탄핵을 외치며 모여든 촛불시민들로 뒤덮였던 광화문은 탄핵 이후 1주년이 지난 2018년 3월에는 태극기와 성조기를 든 우파 개신교인들에 의해 점령되었다. 각 기독교단체의 연사들이 교보문고 앞에 설치된 연단에서 목소리를 높여 기도와 설교를 했다. 그들은 "문재인 정권의 개헌은 사회주의 체제로의 이행"으로 "이로 인해 청년들의 미래가 없다"고 외치며 "기독교는 독립운동, 대한민국의 건국 과정과 산업화 과정, 그리고 민주화까지 이룬 주요 세력"이라고 주장한다. 이어 "언더우드와 같은 선교사가 이 땅에 기독교를 선포하여 복의 근원을 이루었고, 기독교인들이 독립운동을 주도했으며, 교회장로인 이승만이 건국의 아버지가 되었고, 김구, 김규식, 여운형 등 건국 시기 지도자들 모두 기독교인으로서 오늘날의 교회가 '개자식' 김일성의 침략으로부터 대한민국을 보호하는 방패 역할을 했다"라고 주장한다. 또한 "새마을 지도자 청년의 80%가 기독교도였으므로 명실 공히 한국의 기독교가 독립, 건국, 6.25 전쟁으로부터의 국가회복, 새마을운동을 수행하며 산업화와 민주화 등을 이룩했다"고 외친다. 그런데 오늘날 문재인 정권이 이 역사적인 공과를 망치고

---

[52] 미스바대각성기도성회·여호사밧기도성회, "구국과 자유통일을 위한 3.1절 한국교회 회개의 금식기도 대성회 및 범국민대회"(≪조선일보≫, 2018. 2. 23).

[53] 대한예수교장로회·여전도회전국연합회, "나라와 민족을 위한 3.1절 특별기도회"(≪조선일보≫, 2018. 2. 21), "3.1절 국가회복원로회의"(전직 총리, 장관, 국회의원, 도지사, 대학총장, 외교관 종교계 대표, 2018. 2. 10), "3.1절 예비범국민대회, 모이자 나가자 외치자, 공산·사회주의 개헌반대/자유민주수호/한미동맹강화"(개회사 전광훈 목사, 2018. 2. 20).

있다는 것이다. 그들은 속어와 욕설의 사용도 서슴지 않는다. "문재인 대통령은 간첩으로 무기징역을 받은 신영복 씨를 존경한다고 했다. 간첩을 존중하는 대통령이 대통령 맞나? 물러나라. 개뼈다귀의 나라야, 어디라고 덤비나, 하나님에게 덤벼?" 그리고 성경구절(이사야 56장 10절)을 인용하며 '성령의 불로 악한 정권을 물리쳐 달라'며 '하나님의 공의, 역사' 등을 외친다.

같은 시간 교보문고 맞은편에서는 비교적 젊은 나이의 보수기독교인들의 집회가 열리고 있었다. 이들 역시 문재인 정권의 여러 정책에 대해 비판을 서슴지 않았다. 40대 중반쯤으로 보이는 한 여성이 날카로운 목소리로 연설을 하면서 "지금 한국사회는 사상 전쟁이 일어나고 있으며 …… 현 정권은 '국민과 국민 아닌 자'의 범주를 구분하지 못하고 있는데 …… 국민 아닌 자의 범주에 속하는 불법 이주노동자, 난민 등 중에서 …… 5명 중 4명이 불법체류자인데 이들이 바로 이슬람교인 동남아 출신"이라고 말한다. 아울러 "한국인 비정규직 노동자가 겨우 130만 원을 받는데 불법체류자가 200만 원을 받고 있으며 왜 우리 국민이 불법체류자보다 못한 대우를 받고 살아야 하는가?"라는 반문을 던진다. 또한 절대적 평등을 추구하는 헌법 개정은 '사악한 입법'으로서 "자국민과 똑같은 노동권을 보장하는 나라는 세계에 없고 …… 국적, 신분을 뛰어넘은 민주주의 노동자 …… 노동해방으로 [나라를] 도탄에 빠뜨리게 한다. 이것이 과연 사람 중심인가? 우리 국민 세금으로 [국민 아닌 자의] 교육비, 생계비, 의료비를 보존해야 하는가?"라고 외치자 여기저기에서 "옳소" 하고 환호를 지르며 꽹과리를 치고 박수를 보낸다.[54]

이러한 연설은 최근 반이민 정책을 주장하고 있는 트럼프와 유럽의 극우단체의 논리와 유사하다. 이른바 '국민 아닌 집단'에는 불법체류 노동자를 대표적인 대상으로 보고 있지만, 이들이 동남아 출신의 이슬람교도라는 점을 강조함으로

---

54 이 연사는 네오마르크스주의라는 전문적 학술용어도 사용했다. "네오맑시즘을 헌법에 각인시키려 하고 있으며 …… 사람노동자 중심의 정책으로 인해 결국 일 년도 안 되어 노동자, 기업가가 다 죽을 것이고 …… 자본주의가 몰락할 것이며, 자유민주주의가 파괴될 것 …… 자유시장경제를 보호해야 하므로 대한민국을 하나님……." 여기에 기타 연주와 함께 찬송가가 울려퍼진다.

써 근본주의 우파개신교의 반무슬림 혐오 정서를 은근히 드러내고 있다. 환유와 연상을 적극적으로 이용하고 있는 것이다. 이처럼 우파 기독교세력은 진보정권의 정치적 현안과 자신들의 종교적 교리의 서사를 혼합하여 정치적 세력화를 도모한다. 우파 개신교세력이 신앙적 서사와 정치적 이념을 혼합시킨 등치구호는 이른바 '종북세력은 진실한 기독교정신을 위협하는 망령'이라는 것이다. 북한 정권은 말할 필요도 없고 남한 내 소위 '종북세력'은 하나님의 뜻을 거역하는 사탄의 모습과 동일시된다. "거짓의 영, 종북세력 떠나가라", "김정은 우상정권 무너져라", "하느님이 보우하사 우리나라 만세", "개헌연방제 음모, 지방분권형 개헌반대", "회개하라 천국이 가까이 왔느니라", "대한민국을 마지막 때 사용하신다", "어른세대가 지킨 나라 자녀세대가 지킨다", "촛불에서 태극기로" 등의 구호가 이를 잘 반영한다.[55]

약해져 가는 개신교의 세력확장과 자신들 기득권의 세습과 유지를 위해, 그리고 내부의 비판과 자성의 목소리를 잠재우고 분열되는 교세를 통합하기 위해 보수우파 개신교는 새로운 '적'을 발견하기 시작했다. 적은 내부의 결속을 강화한다. 내부의 적을 외부의 적과 동일시함으로써 이들을 추출할 때, 전사의 신념이 강해지고 자신들 편의 힘은 공고해진다. 그동안 북한은 매우 안성맞춤의 적이었지만 지금은 그것만으로 충분하지 않다. 새로운 적이 나타나야 하고, 없다면 만들어야 하며, 작다면 크게 과장할 필요가 있다.

보수우파 개신교계는 항구적인 적으로 북한과 내부의 좌파집단(진보세력), 아울러 마침내 이슬람교를 발견했다. 방글라데시, 파키스탄 그리고 일부 아프리카 등 이슬람 문명권에서 노동자들이 유입되고, 정부의 투자유치와 함께 아랍권의 자본이 유입되기 시작하자 한국 개신교계 근본주의자들은 이에 대한 경종을 울리기 시작했다. 실제로 이슬람권의 신도가 얼마나 되며, 우리 사회와 기독교에 얼마나 위협적인지에 대해서는 아무런 증거도 없음에도 불구하고 이슬람교를 이단으로 단죄하는 근본주의자들에게는 이들이 자신들의 눈앞에 등장하

---

55 이 밖에도 "문재인 도둑정권 경제파탄의 주범", "Repent, for the Kingdom of Heaven is at hand!", "5.18 유공자 명단 공개하라" 등의 구호가 팸플릿에 적혀 있었다.

는 것만으로도 위협이 된다. 이들을 그대로 '방치'한다면 해충처럼 번식하여 언젠가 자신들의 세계를 오염시키고 파괴할 것이므로 경계와 두려움, 증오와 적대, 경멸과 혐오의 감정을 동원하고 있는 것이다.[56]

동성애 반대와 혐오

그런데 한국 개신교 근본주의자들이 이슬람교보다도 더 확실하고도 분명하게 발견한 적은 '동성애'이다. 반동성애는 오랫동안 종교계에서 강조되어온 태도이다. 그런데 보수우파 개신교 근본주의자들이 보기에 더 큰 문제는 동성애 당사자들만이 아니라 동성애를 옹호하는 일부 진보적 교계, 미디어, 지식인들, 시민사회운동가들, 나아가 진보정권이 커다란 세력을 형성하고 있다는 것이다. 그들의 적은 동성애자 집단만이 아니라 사회 곳곳에 스며들거나 연합되어 있는 동성애 지지세력들이다. 동성애를 정당화하고 미화하는 미디어, 다큐멘터리나 영화, 소설 등은 말할 것도 없고 인권이라는 이름으로 동성애를 합법화하려는 권력은 결코 받아들일 수 없다. 더구나 진보정권이 추진하는 '포괄적 차별금지법(성적 취향에 의한 차별금지 포함)'은 마침내 동성애 결혼의 합법화에 이르는 길이기에 용납될 수 없다.

집회시위의 유인물에 의하면 보수우파 개신교는 문재인 정권이 시도하는 개헌안 중에서도 특히 사상의 자유는 공산주의뿐 아니라 동성애를 합법화시키는 데 기여할 것이라고 주장한다. 동성애는 수세에 몰려 있는 우파 기독교세력이 진보정권을 공격하고, 자신들의 정당성을 확보함으로써 교계의 권력을 확장하며 내부의 결속을 강화할 수 있는 매우 '시의적절한 적'이 되었다. 동성애에 관한 한 진보주의자들이라 하더라도 아직은 많은 목회자나 기독교 신자들, 그리고 일반 시민들이 거리감을 두고 있으며 특히 결혼 합법화에 대해서는 거부반

---

[56] 우파개신교는 기본권 주체를 국민에서 사람으로 변경하고 망명권을 신설함으로써 16만여 명에 달하는 이슬람교인들에게 망명지위를 부여하게 되면 범죄, 테러, 실업 등 내국민 안전에 심각한 문제가 야기될 것이라는 광고를 싣고 있다(≪조선일보≫, 2017. 8. 11).

응이 지배적이라는 사실을 잘 알고 있는바, 차제에 동성애에 관한 한 보수주의적 입장을 가진 시민들을 자신들의 연합세력으로 끌어들일 수 있다는 계산이 서 있는 것이다.[57]

우파개신교 근본주의자들은 자신들의 반동성애적 입장의 정당성을 성경구절과 기존에 정설로 인정된 교리로부터 확보하고 있다. 그들에 의하면 일부 진보주의자들이 관용과 사랑을 내세워 '성경구절', 곧 하느님의 말씀을 곡해하면서까지 동성애를 옹호하려 한다는 것이다. 이들은 몇몇 성경구절을 통해 동성애를 공격하기 위한 근거를 마련한다.[58]

또한 이들은 동성애를 옹호하는 집단으로서 진보좌파 정권을 공략한다. 앞서 말한 바와 같이 문재인 정권이 인권을 내세워 포괄적 차별금지법을 통과시키려 함으로써 동성애 합법화를 시도하고 있다는 것이다. 그들은 "일천만 서명을 위한 기독교 지도자 발대식"을 선언하면서 그 핵심 주제를 "동성혼, 동성애 결혼 법제화 반대"로 내세우고 이를 보수언론에 게재하고[59] 동성애의 합법화로 대한민국과 한국교회가 해체될지 모른다는 위기감을 호소한다.

이들은 동성애 반대를 주창하고 있지만, 단순히 동성애만이 아니라 이를 하나의 매개로 진보정권의 대북, 대미 정책 등 정책 전반에 대한 반대로 확장시키고 있다. 이들은 동성애를 종북좌파 세력과 등치시킴으로써 일반 대중에게 체

---

[57] 물론 동성애 반대 여론이 높지만, 찬성이 34%라고 하는 사실은 매우 놀라운 결과이며 점차 확대되어가는 추세를 보인다. 한 여론조사에 의하면 동성결혼의 합법화에 대해서는 아직 반대 여론이 높지만, 동성애를 인정하는 태도에 대해서는 70% 정도의 높은 지지를 보인다. 최근 동성애에 대한 우호적 입장이 증가하고 있으며, 특히 젊은층에서는 그 증가세가 뚜렷하다.

[58] 대표적으로 인용되는 성경의 구절은 로마서 1:27, 창세기 19:4~5, 레위기 20:13, 고린도전서 6:9 등이다.

[59] 주최자는 전 법무부장관과 국정원장을 지낸 김승규 장로, 전 대통령행정관을 지닌 박흥국 교수이다. 그리고 협력단체로 한기총, 한기연, 대한예수교 하나님의성회, 전국장로연합회 등 10여 개 기독교 단체이다(≪조선일보≫, 2018. 1. 16). "1200만 성도 여러분! 30만 목회자 여러분! 25만 장로 여러분! 50만 선교가족 여러분! 하나님께서 축복으로 주신 금세기 최고의 선교틀인 대한민국과 한국교회가 해체될지 모르는 긴박한 위기에 처해 있습니다." 그러나 그들은 여기에서 멈추지 않고 친동성애, 동성혼 법제화에 반대하면서 동시에 한미동맹 위협(친중친북정책), 인민민주주의와 연방제 반대, 이슬람 반대, 반기독입법(차별금지법) 반대 등을 함께 주장한다.

제를 위협하는 대상으로 환유시키려는 전략을 구사한다. 예컨대, 광화문 동아일보사 앞에서는 진리대한기독당이라는 집단이 동성애와 종북좌파라는 슬로건을 동시에 내걸고 반대서명을 받았다. 이들에게 동성애는 사회적 질서를 위협하고 파괴하는 위험한 존재로서 이들이 만들어가는 감정은 역시 두려움과 공포이다. 그들은 진보정권이 추구하는 포괄적 차별금지법과 이를 헌법개정안에 반영하려는 시도를 지속적으로 비난한다. "사회적 폐해를 주는 동성애를 반대하면 형사처벌이 가능한 차별금지법에 헌법적 근거를 제공하는 정부의 헌법개정안을 심각히 우려한다"(≪조선일보≫, 2018. 3. 28 전면광고)는 것이다.

한국의 보수우파 개신교가 동원하는 또 하나의 감정은 군대 내 동성애 합법화에 의한 불안과 두려움이다. 정부 개헌안이 "포괄적 차별금지법과 군대 내 동성애 합법화의 헌법적 근거를 주려 하고 있고 이는 건강하고 희망찬 대한민국의 미래를 위한 헌법개정과는 다르다"는 것이다.[60] 또한 총 133개 단체가 연합하여 동성애 반대광고를 내기도 했는데 이 연합회에는 재향군인회, 자유총연맹 등과 같은 보수우파단체와 한국기독교시청각, 한국기독교지도자협의회, 한국기독교학교연맹, 한국교회동성애대책위원회(한국기독교총연합회, 한국장로교총연합회) 등 다수의 보수 개신교단체가 가입되어 있다. 이들은 "대한의 아들이 안심하고 군대 갈 수 있도록, 군 동성애금지법을 유지시켜 내 아들을 지켜달라"며 "분단국으로서 북한 위협 아래 놓여 있는 한국 군인은 특수한 신분으로서 동성간 성행위를 처벌하는 군 형법은 욕망의 희생양이 되지 않도록 군인을 보호하는 법이기 때문에 반드시 유지되어야 한다"고 주장한다. 또한 이들은 서울시 광장에서의 퀴어축제를 허용하고 지지하는 진보정권의 박원순 서울시장을 강하게 비난한다.[61] 퀴어축제의 장에는 거의 예외 없이 기독교단체의 반대집회도

---

60 이 광고는 동성애동성혼개헌반대국민연합(298개 단체연합)의 이름으로 되어 있다. 이 밖에도 이 광고에서는 고3 학생들에게 선거권을 부여하는 것, 지방분권으로 인해 지방인권조례가 통과되는 것 등을 반대한다.
61 보수정치권의 시장이었던 오세훈 시장 역시 퀴어축제를 허용했지만 이들의 공격의 대상은 그가 아니라 박원순 시장이다.

열리고 있다.[62] 보수일간지 《조선일보》는 시청 앞 광장에서 열린 퀴어축제에 대해 중립적인 보도의 입장을 취하는 듯하면서도 퀴어축제에서 동성애자들이 보인 다양한 퍼포먼스를 비난 어린 어조로 보도하고 있다. 특히 《조선일보》는 퀴어축제의 본질적 의미나 인권적 차원의 논의보다는 퍼레이드 차량에서 춤을 추는 반나체 차림의 참가자들, 성인용품의 판매 등을 사진과 함께 집중 보도하고, 이에 대해 거부감과 혐오감정을 드러내는 시민들의 반응을 싣고 있다. 즉, "성소수자의 사회적 편견을 지금부터 없애나가자는 취지라고 하지만 사람들의 관심은 선정적 의상이나 성인용품에 더 쏠렸다"라고 보도한다(《조선일보》, "주말 서울광장 등장한 반라여성, 성인용품", 2017. 7. 17).[63]

반동성애 활동을 주도하는 보수우파 개신교단체는 차별금지법을 통해 동성애를 합법화할 것으로 예상되는 개헌안을 반대하기 위해 국회의원들을 상대로 압력을 넣기도 했다.[64] 이들은 또한 군대 내 동성애를 금지하는 군 형법 29조의 6항을 합헌 결정할 때 소수 반대의견을 냈던 김이수 헌재소장 국회임명동의를 결사반대하면서 국회의원들이 임명동의를 반대할 것을 강력히 주장했다.[65] 또

---

[62] 이들은 "동성애를 홍보하는 2015년 6월 9일 서울시청 앞 동성애 축제를 절대 반대합니다"라는 유인물을 돌렸다. "서울의 심장인 시청 앞 광장에서 동성애자들의 알몸 퍼레이드가 웬 말이냐? 박원순 서울시장은 서울을 동성애의 도시로 만들어서 동성애자들에게 바치려고 하는가? 박원순 서울시장이 미치지 않고서야 어떻게 동성애자들의 광란축제 장소로 서울시청 앞 광장을 내어줄 수 있단 말입니까?"[나라사랑자녀사랑운동연대, "동성애가 입법(합법)화되면?"]. 그러면서 "국민의 혈세를 낭비하고 우리 아이들의 미래와 나라를 망치는 동성애를 서울시와 인권위원회에서는 왜 합법화하려고 하는 것인가?" 등의 내용을 담은 유인물을 살포했다.

[63] 퀴어축제는 1969년 6월 동성애자들의 출입을 허용한 미국 뉴욕의 주점 스톤월을 경찰이 급습하자 이에 동성애자들이 대규모 시위를 벌인 '스톤월 사건'을 기념하기 위해 시작되었다. 퀴어(queer)는 '색다른'이라는 의미를 지닌 용어로 성소수자를 지칭한다. 한국에서는 2000년에 처음 개최되었으며 2015년부터 서울시의 허가를 받아 서울광장에서 열린다. 국가인권위원회가 참여해 홍보 부스를 만들었고, 미국 대사 등이 참여하기도 했다.

[64] 2017년 6월 한국갤럽의 여론조사를 근거로(동성결혼 반대 58%, 찬성 34%, 모르겠다 8%) 헌법개정안을 만들고 있는 30여 명의 여야 국회의원 명단을 공개하고 동성애 차별 금지를 추진하는 개헌안을 반대했다(동성애동성혼개헌반대국민연합, "국민대다수는 동성애, 동성결혼 합법화하려는 헌법개정안을 절대 반대합니다!", 《조선일보》·《동아일보》·《중앙일보》, 2017. 8. 11).

[65] 이 반대를 보다 확장시키기 위해 다음과 같은 구호를 달고 있다. "나라 지키러 군대 간 내 아들 동

한 진보성향의 김명수 대법원장 후보가 국제인권법연구회 회장을 맡을 때 동성애 옹호 학술대회에 참석했다는 이유를 들어 그의 임명을 '단호히 반대'한다는 성명서를 전면광고로 실었다.66 이들은 적극적으로 개헌특위 여야 위원들에게 동성애 동성혼 반대 문자를 대량 살포하기도 했다(≪동아일보≫, "개헌특위 여야 위원들 '동성애 반대' 문자 몸살", 2017. 9. 21).67

동성애 반대를 주장하는 보수우파 개신교의 동원 전략 중의 하나는 동성애에 의한 에이즈 감염에 관한 것으로, 이와 연관된 공포와 두려움, 혐오의 감정을 동원한다는 것이다. 의학적으로 후천성면역결핍증으로 명명된 에이즈가 동성애자들에 의해 주로 감염되고 확산된다는 것으로, 전면 대형광고를 통해 에이즈 확산의 공포를 증폭시키는 것이다. 이들은 2013년 이미 한국은 에이즈 감염자 누게 1만 명을 넘어 공식적으로 에이즈 확산 위험국가로 지정되었으며, 2008년 백신개발 국제심포지엄에서는 한국에서 에이즈 감염자가 폭발 직전이라고 발표했다고 밝히면서(≪동아일보≫ 2008년 4월 4일 자 인용), 에이즈의 주요 전염경로는 동성 간의 성관계라고 주장한다.

이들 우파개신교 근본주의 단체는 동성애를 비정상성의 이물질과 같은 존재로 사회의 안녕과 안보를 위협하는 위험요소라고 진단하면서 이들을 혐오의 대

성애자 되고 에이즈 걸려서 돌아오나? 군대 내 동성애 허용하면 내 아들 군대 절대 안 보낸다!"(김이수 헌법재판소 소장 임명에 반대하는 단체 일동, "군대 내 동성애 허용하는 김이수 헌재소장 국회임명 동의 결사반대", ≪조선일보≫, 2017. 8. 29). 이들은 동성애를 통한 에이즈의 공포위협을 '확산'하고, 긴장감을 고조시키려 하는 것이다.

66 김명수 대법원장 임명에 반대하는 단체 일동, "김명수 후보자의 대법원장 임명을 단호히 반대한다!"(≪조선일보≫, 2017. 9. 15).

67 ≪조선일보≫는 중립의 입장을 견지하는 듯하면서도 실질적으로 동성애 반대에 대한 우파보수주의 종교단체의 의견을 전달하고 있다. "한국사회는 동성혼 인정 개헌안을 놓고 매우 갈등상태에 놓여 있으며 개헌특위 일부위원 인권위가 혼인조항에서 양성문구를 삭제할 것을 주장하고 있는데 이에 대해 개신교, 천주교 등 종교단체가 가족개념이 무너진다며 강력 반발하고 있다"는 것이다(≪조선일보≫, 2017. 8. 29). 이 신문기사는 마지막으로 홍준표 자유한국당 대표의 회견 내용으로 마무리하고 있다. 홍준표 대표는 "동성애는 하늘의 섭리에 반하는 정책이기 때문에 동성애를 헌법개정하면서 허용하려는 시도는 참으로 위험한 발상"이라며 "우리 당 헌법개정심의 의원들이 이런 시도를 적극적으로 막아주기 바란다"고 말했다(≪조선일보≫, 2017. 8. 29).

상으로 규정한다. 또한 동성애자들뿐 아니라 이를 지지하는 집단들, 예를 들어 진보정권, 국가인권위원회, 학생인권조례 시민단체, 일부 미디어 등 역시 기존의 국가 및 사회 가족질서는 물론 종교적 질서를 해치는 자들로 규정한다. 이들에게 동성애자는 곧 종북좌파와 같이 국가안보를 위협하는 자들로서 위험하고 위해한 범주로 동일시된다. 종북좌파가 안보를 해치는 박멸의 대상인 만큼, 동성애자 역시 마찬가지이다. 한국에서의 동성애 반대는 정치적 우파와 종교 우파가 자연스럽게 '동맹'을 맺는 지점으로 '형성'되는 것이다. 보수우파 개신교단체들은 '나라사랑자녀사랑연대'라는 조직을 결성하여 동성애 반대활동에 주력하게 되는데, 2015년 퀴어축제에서는 소위 '종북게이'라는 식의 모멸적 신조어를 사용하기도 했다.

이들이 동원하는 용어는 매우 극단적이고 선동적이다. 동성애가 입법화되면 사람이 짐승으로 변한다고 주장하면서 동성애자를 인간이 아닌 대상으로 전락시킨다. 동성애자는 질병과 사망을 유발하고 안보, 경제, 질서 등 모든 것을 파괴하는 위험한 존재로서 이들을 지지하는 세력도 마찬가지이다. 동성애자는 간첩이나 빨갱이들처럼 은밀하게 표류하는, 그리고 특히 청소년들을 오염시키는 에이즈를 전파하는 위험한 이물질로서 그 이질성은 신체적 특징으로 기호화된다. 이들의 눈에 동성애자는 아감벤(G. Agamben)이 묘사한 나치하의 유태인처럼 '호모사케르'적인 존재이다. 한국의 우파개신교 근본주의자들은 동성애자들에 대한 매우 모멸적이고 수치스러운 용어와 묘사를 사용함으로써 혐오감정을 부추긴다.[68] 또한 동성애를 에이즈 확산의 '주범'으로 공표하면서 두려움과 공포의 감정을 동원한다. 한 기독교근본주의 의사는 필자와의 인터뷰에서 "동성애는 질병(비정상)으로서 치료의 대상이지 인정의 대상이 아니며 더구나 신앙적으로는 타락한 죄의 상징"이라고 말한다(외과의사, 61세).[69]

---

[68] 한편, 우파개신교의 동성애 반대를 젠더상의 관점에서 본 글로 김나미(2015)를 볼 것. 그런데 온건보수 개신교인들은 여전히 동성애를 반대하는 입장이지만 이들을 배척의 대상으로 보기보다 치유의 관점에서, 즉 기독교적 사랑으로 포용해야 한다는 입장을 확산시키고 있다. 한국 개신교 일반의 동성애 태도에 대한 연구로 정원희(2014)를 참고할 것.

왜 종교 근본주의자들은 사랑과 관용을 말하면서도 특정한 대상에 대해 극도의 혐오와 증오, 분노, 두려움의 감정을 동원하는 것일까? 서구에서의 종교근본주의는 세속의 과정을 밟아가는 근대성에 대한 저항으로 생겨나고 강화되었다. 종교가 장악하던 삶의 모든 영역이 합리성과 효율성을 추구하는 세속적 가치와 제도에 의해 변해갈 즈음, 세력의 약화 심지어 존립의 약화를 우려하는 집단이 종교적 가치와 세속적 가치를 더욱 극단적으로 대립시키면서 근본주의가 견고해져 왔던 것이다. 하버마스는 근본주의자들은 믿음의 내용이 아니라 믿음의 형식, 즉 종교를 성찰하게 되는 방식에 반기를 든다고 말한다.[70] 근본주의는 "변화를 타락으로 간주하고 변화하지 않는 것을 찾으려는 자세, 자신들의 신앙적 관념을 모든 세속의 경험과 변화로부터 초월한 불변적인 것으로 믿으려는 자세, 그래서 현존의 사람들이 잃어버린 기원적 사건을 회복하려는 자세, 성서의 문자에는 오류가 없다는 자세, 그리고 근본을 가지지 못한 이와의 거리감을 정당화하는 자세, 자신들의 교리를 불가침의 것으로 간주하고, 이와 다른 이들을 배제하려는 자세"를 말한다(이찬수 외, 2011).[71]

종교근본주의는 자신들의 물적, 관념적 이해관계의 경계를 분명히 설정함으로써 '적과 동지'의 구도를 형성한다. 적은 자신들을 공격하는 위험한 집단으로 세속적이거나 혁신적인 개혁집단(기존 종교집단에 대한 이단), 기성 교단이나 목회자의 권위를 따르지 않는 신도를 포함한 일반 사람들 모두를 포함한다. 적은 배제, 차별, 감금의 대상이다. 근본주의자들은 성서의 문구에 자신들의 정당성

---

69 그러나 동성애자가 에이즈의 주범이라는 사실도 의학적으로 증명된 바 없으며 사실이 아님이 주장되고 있다. 세계보건기구에서는 1990년 동성애를 질병으로 본 의학적 규정을 공식 철회했다.
70 근본주의자들에게 근대는 전통방식을 근절시키는 위협적 과정이다. 하버마스는 의사소통과 합리적 이성이 근본주의나 테러리즘과 같은 근대화의 병폐를 치료할 수 있다고 믿는다. 하버마스는 테러를 병적인 속도로 확산되는 근대화의 외상으로 보는 반면, 데리다(J. Derrida)는 근대적 경험에 내재적인 외상적 요소의 증상으로 간주한다.
71 그러나 종교근본주의자들은 "과거와 영원을 혼동하고, 불안을 권위로 포장하고, 서유럽이 근대의 과정을 거치면서 이에 대한 반작용으로 등장한 데 비해, 한국은 근대의 경험 없이 바로 미국을 모방한 특징을 가지고 있으며, 차이를 부정하고, 타종교에 대한 대항을 강조한다"(이찬수 외, 2011).

을 부여하고 자신들이 '정통'임을 선포한다. 근본주의의 특징은 획일성과 전체주의성이다. 그들은 다양성과 개방성을 인정하지 않는다. 권력의 기저 위에서 세워지고 '정통'으로 선포된 이상, 그래서 그 정통에 의해 자신들의 이해관계를 확장해왔고 또 앞으로도 굳건히 유지될 수 있는 한, 정통에 대한 비판과 다양한 해석은 용납되지 않는다. 근본주의자들은 모더니티가 근본주의를 공격하는 위협적 요소라고 간주하고 이에 대해 폭력의 방식으로 대응한다. 근본주의는 단순히 전근대적 방식으로 회귀하는 것이 아니라 근대성으로 인한 심리적 공황상태에서 대응할 때 나타나는 현상인 것이다(보라도리, 2004: 51).[72]

한국의 보수우파 개신교의 근본주의는 도덕적 가치나 종교자유의 헌법적 가치, 가족이나 성윤리를 강조하는 미국의 보수기독교계와는 다른 맥락성을 가지고 있다. 인종차별을 정당화하는 미국의 우파기독교도들은 흑인이나 아시아인 등 열등하고 순수하지 못한 인종들이 하나님으로부터 선택된 백인들의 영역에 '기웃거리고 침범하는 것'에 대한 반발로 그들의 근본주의를 강화했다. 그들은 자신들의 노예였던 흑인들을 법적 주체로 인정하고 백인과 동등한 인권을 부여하는 근대화의 과정을 세속화의 과정으로 보고, 이를 위험스럽게 간주했다. 보수주의 기독교는 자신들이 이룩한 국가 체제의 존립을 위해 기독교적 가치와 이에 기반한 가족, 순결 등 순수성을 강조하면서 세속적 가치와 일정한 거리를 두고 긴장을 유지한다. 거칠게 말하면 서구의 역사는 중세 천 년 이상을 지배해온 기독교의 가치, 제도, 세계관, 생활양식의 동굴로부터 벗어나 독자적인 영역을 형성해나가는 과정이었다고 볼 수 있다. 이 과정이 인본주의와 계몽적 이성의 탄생, 과학기술의 발달 등 근대화의 과정이었고, 따라서 기독교는 이 과정에서 세속적인 근대성과 늘 대립할 수밖에 없었다. 근본주의는 이 긴장이 극대화

---

[72] 사실 하버마스와 데리다의 근본주의 논의는 서구에 대한 이슬람문명의 도전에 관련된 것이다. 데리다가 보기에 이슬람 근본주의자들의 테러는 근대성에 대한 자가면역적인 무질서의 증상으로서 전통사회에 밀려오는 서구 근대성에 대한 자기방어적 대응인데, 그 극단적 형태가 타자를 살인하는 것이고, 이를 위해 자살공격을 하는 것이라고 말한다. 테러리즘은 자신들이 살아가는 현재 세계의 보장에 대한 약속이 타자에 의해 파기될 때 발생한다.

되었을 때 더욱 기승을 부린다.

하지만 한국의 기독교는 단 한 번도 이 세상을 온전히 지배해본 적도 없고, 종교적 질서로부터 벗어나는 세속적 근대성을 경험하지도 않았다. 오히려 한국의 기독교는 박해의 대상이었으며, 주변화되었다가 근대화와 산업화에 발맞추어 성장해온 종교이다. 분단과 전쟁으로 인해 그 존립에 대한 불안이 높았고, 반공독재 및 가부장적 산업화와 더불어 성장했기 때문에 오히려 구복적인 세속적 가치와 친화력이 있었다고 해도 과언이 아니다. 한국의 보수 개신교가 오늘날의 세속적 정치상황과 이념, 가치관 등과 긴장을 일으키는 것은 종교적 순수성 때문이 아니라 기득권적인 교계의 성장과 세력이 방해를 받기 때문이다. 그들은 오랫동안 반공이데올로기와 북한에 대한 적대관계, 한미관계의 지속, 소위 불순세력의 척결을 통한 국가안보를 강조하는 보수정권을 지지함으로써 성장할 수 있었다. 이제는 반공과 북한을 넘어선 더 새로운 '적'을 발견했는데, 기독교의 존립을 방해하고 그 성장을 저해하는 다양한 이단세력과 세속적 가치를 추구하는 집단들, 즉 남한 내 진보(좌파)세력, 이슬람신도, 동성애자들이다.

위기를 물리치기 위해서는 외부의 적이 필요하다.[73] 한채윤은 이들이 바로 동성애라는 외부의 적을 겨냥함으로써 한국교회가 처한 위기를 극복하려 한다고 진단한다. 다소 장황하지만 그의 논의를 요약하면 이렇다. 한국의 보수우파 교회는 왜 동성애에 그렇게 총력을 기울여 반대하고 차별금지법 반대를 주도하고 있는가? 이들은 진보정권이 추구하는 일련의 개혁을 못마땅해하고 있었다.

---

[73] 그런데 이 위기는 외부에서 온 것이 아니라 어쩌면 자체적으로 온 것이다. 대형교회를 중심으로 급속히 성장해온 한국교회는 성장의 덫에 걸려들었다. 교단 혹은 개별교회단의 신학교에서 배출하는 수많은 목회자들과 우후죽순 격으로 생겨나는 교회를 감당해줄 '인구'(신도 수)가 없다. "매달 1000여 개의 교회가 폐업을 한다고 한다"(김진호, "교회 팔아먹은 목사들", ≪오마이뉴스≫, 2011. 9. 22). 게다가 유명 대형교사 목사들이 세속인들보다 못한 성폭력, 비리, 횡령, 그리고 세습으로 인해 뭇 사람들의 질타와 환멸의 대상이 되기도 한다. 권위주의 정권에 동조하고 침묵함으로써, 그리고 맹목적인 반북·반공산주의, 친미를 통해 진보적 세력들과 각을 세움으로써 이들은 '평균적 도덕성과 시민성'마저 무너뜨린 집단으로 손가락질을 받기도 한다. 개신교의 목회자에 대한 신뢰도는 형편없이 낮다. 한 조사에 의하면 목회자에 대한 신뢰도는 30여 개의 직업 중 25위권으로 거의 바닥을 치고 있다.

예컨대 한국 사립학교의 80%를 차지하고 있는 개신교 입장에서 사립학교법 개정은 중대한 재산권 침해로 간주되었다.[74] 또한 차별금지법 통과를 통해 국가가 종교에 개입할 것이라는 두려움을 가지게 되었다. 그리하여 차별금지법은 반기독교적인 세력의 의도적인 전략으로서 기독교에서 동성애를 죄라고 가르칠 경우 범죄자로 처벌받는다는 식의 위기감을 조성하면서 "사탄이 빨갱이, 종북좌파, 전교조, 통합진보당, 동성애자, 이슬람 심지어 교황으로 모습을 바꾸어 나타난다"고 주장하는 것이다. 이 외에 통일교의 정계진출 시도, 장로 대통령인 이명박 정권에 대한 광우병 시위, 교회 증축과 세습에 대한 비판, 이슬람계의 해외자본을 유치하기 위한 수크(Sukuk)법 제정 움직임 등 다양한 위기가 보수교단에 들이닥치게 되었다. 또한 이들은 가톨릭의 확장에 민감한 반응을 보이며 교황을 적그리스도라 부르고 그의 방한을 적극 반대하기도 했다. 이들은 보수우파 정치집단과 함께 반동성애, 반이슬람, 반기독교 악법 저지를 핵심구호로 내세워 거대한 정치집단세력으로 등장했다. 이렇듯 내외적인 여러 변화를 세력 축소의 위기로 규정하고 이를 수습하는 과정에서 기득권을 유지하려는 보수우파 기독교단체들은 공동의 적을 통해 공동의 증오를 확산시킴으로써 자신들의 과오를 은폐하고 내부단결을 꾀하고자 한다. 한채윤은 동성애가 이들의 정치적 술수 안에 놓여 있으며 반동성애를 외치는 그들은 동성애를 진정으로 혐오하는 것이 아니라 동성애 혐오를 절실히 필요로 한다고 강조한다(한채윤, 2016).[75]

적과 싸우기 위해서는 감정의 무기가 필요하다. 그 감정의 무기가 바로 두려움과 공포 그리고 혐오와 분노이다.[76] 자신들의 왕국을 위협하는 이질성을 지

---

[74] 마침내 한국교계는 한나라당과 손을 잡고 사학법 개정을 무력화시켰다.

[75] 동성애에 대한 한국교계의 글로 권혁률(2015), 이종원(2011) 등이 있다. 한편, 개신교 우파청년운동에 대해서는 김현준(2017)을 볼 것.

[76] 정치화된 종교는 세속의 정치집단과 마찬가지로 위기담론을 통한 공포와 두려움, 죄책감과 혐오를 필요로 하고 조장한다. 9.11 이후 부시정권은 무슬림 테러세력들이 자신들을 공격해올 것으로, 그리고 이라크에는 가공할 만한 살상무기가 있다는 식으로 위기담론을 확산시켰다. 또한 본토 중앙이 공격당한 것에 대한 심한 수치심과 분노의 감정—이는 곧 복수의 감정과 이어진다—을 결합시켰다. 무슬림은 경계의 대상, 혐오의 대상이 되었다. 비록 살상무기의 존재는 거짓으로 판

닌 혐오스러운 존재를 방치할 경우 자신들이 오염되고 무너질 수 있다는 두려움과 공포, '천국행' 구원의 자격을 획득하기 위해서는 이들을 물리쳐야 한다는 강렬한 열정, 신에 대한 죄책감, 그들에 대한 분노 등 다양한 감정군이 동원된다. '이단'들의 위력으로 인한 모멸과 수치 또한 핵심적인 감정으로 작동한다. 한 집단의 내부적인 연대를 도모하는 방법 중 하나는 우리와 그들, 내부자와 외부자, 성스러운 사람과 죄인, 순수함을 소유한 내부자와 오염된 외부자 등 이분법적인 대립구도를 설정하고 자신들을 전자의 속성을 지니는 집단으로 정체화시킨 후 다가올 종말의 두려움을 선언하면서 후자를 공격하는 것이다. 보수우파 기독교인들은 평화의 기도 속에서 증오를 불태우고, 수치심을 유발하는 타자에 대한 보복을 가하기도 한다. 기독교 보수주의자들에게 동성애는 그러한 타자로 이용되어왔다. 그들은 동성애자가 '좋은 사회'의 요소인 삶의 질서, 규율, 안정성을 심각하게 결여하고 있는 사람으로서 가족적 가치를 훼손시키고, 도덕적으로나 의학적으로 병에 의해 전염된 집단이라는 강력한 믿음을 갖는다(알린, 2012).

정신분석학자들은 성(性)적 결함과 수치심이 밀접히 연관되어 있다고 본다. 물론 무의식세계 속에서 발생하는 것이지만 윤리적으로 용납할 수 없는 자신들의 성적인 감정 때문에 성적 수치심을 느끼는 사람들은 오히려 이 수치심의 감정을 타자에게 투사하고 비난한다. 포르노나 동성애처럼 성적 욕구를 공공연히 과시하거나 일탈하는 사람들을 죄악시하며 처벌하고자 한다는 것이다. 보수우파 기독교인들은 '하나님 아버지가 지배하는 권위주의적 사회질서'를 지지하기 위해 동성애 혐오를 이용하려고 한다. 성적인 욕망으로 수치심을 느낀 사람들이 오히려 타자에게 그 수치심을 투사함으로써, 즉 그 대상이 수치스러운 것이라고 가정함으로써 자신들을 도덕주의자로 간주하는 환상에 빠져 있다는 것이다. 우파기독교인들은 도덕적으로 열등한 타자를 분명하게 정의하여 분류해내고 '그들에 의해 더러워진 세상을 정화한다'는 명분을 내세워 보복적 행위도 서

명이 났지만 이는 미국인들에게 문제시되지 않았다. 부시는 이라크를 공격했고, 중동에서의 헤게모니를 굳건히 하기에 이르렀다.

슴지 않으며 이런 행위를 통해 자신의 수치심을 자존심으로 전환시키고자 한다(슈타인, 2012).

오늘날 한국의 보수우파 개신교계는 혐오감정을 생산하고 확대시키는 기지국이 되어 있다. 그러나 이들의 혐오는 역(逆)혐오를 불러온다. 혐오를 혐오하는 감정! 한채윤은 보수우파 기독교단체들이 동원하는 이 혐오를 "거룩한 혐오"라 부르며 사실 그 힘이 닳아 없어지는 도구라는 점에서 "식어버린 인두"라고 표현한다. 그러나 불씨는 살아 있다. 그들은 어느 곳에선가 활활 타오르는 불꽃이 되기 위해 다양한 정치적 동맹세력과의 연합을 꾀하기도 한다. 무엇이 이들의 혐오를 생산해내고 유포하는 왕국의 힘을 막을 수 있을까? 필자는 동성애에 대한 종교적 입장을 피력할 생각이 없다. 다만 어떤 태도를 취하든 최소한 사회나 정치의 공적 영역에서는 동성애자에 대한 평등과 자유, 그리고 그들의 인권에 대한 존중이 필요하다는 점을 강조해두고자 한다. 동성애에 대해 보수적 견해를 취할 수도 있고 진보적 태도를 취할 수도 있지만, 종교적 세계관이 어떻든 이들을 혐오하고 모멸과 수치를 주는 행위는 허용될 수 없다는 것이다. 특히 자신들의 이해관계를 위해 특정 정치세력과의 연합을 시도하며 동성애 반대를 정략적으로 이용하려는 보수우파 개신교인들의 혐오와 증오, 두려움과 분노의 적대 감정은 공공영역에서 소통과 협의, 그리고 '중첩적 합의'를 추구하는 심의민주주의의 가능성을 훼방하고 있다. 더구나 이들이 동원하는 용어와 증오 및 혐오감정의 선동은 우리 사회를 반지성주의의 나락으로 떨어뜨리고 있다.[77]

[보론 1]

아래 조사연구는 2017년 7월부터 9월 사이에 주요 중앙일간지(《조선일보》, 《중앙일보》, 《동아일보》)에 게재된 반동성애 관련 지면광고를 분석대상으로 삼고 있다. 주요 중앙일간지 분류 기준은 한국 ABC협회의 일간지 발행부수와

---

[77] 반(反)지성주의에 대한 간단한 요약으로 이 책의 9장 냉소주의를 볼 것.

일간지의 정치적 성향 두 가지 사항을 고려하여 결정했다. 분석대상 지면광고는 총 13건으로, 모두 중앙일간지 지면에 게재된 광고이다. 동일한 광고가 다른 일간지에 게재된 경우 중복으로 처리했다. 예를 들어 1개의 광고가 3개의 일간지에 게재된 경우, 게재일이 다르더라도 같은 광고 1건으로 처리하여 분석에 사용했다. 일간지에 게재된 광고는 텍스트 마이닝(text mining) 분석을 위해 전산화된 텍스트 파일(txt) 형식으로 전사하는 작업을 거쳤다. 전사 과정을 거친 지면 광고는 약 7000단어 분량에 해당한다. 텍스트 파일로 전사한 지면광고를 토픽모델링(topic modeling)[78]을 통해서 주요 주제 집단을 추출하는 과정을 거쳤으며, 형태소 분석을 통해 주요 명사 어휘를 추출하는 작업도 수행했다.

먼저 토픽모델링을 통해 지면광고에서 다섯 가지 주제를 도출했다. 다섯 가지 주제에 포함된 상위 10개의 단어 목록은 [표 8]과 같다. 각 주제별로 묶인 10개의 단어는 해당 주제에서 통계적으로 유의미한 유사성을 지니고 있다고 추정된 단어의 집합이다. 이 결과를 토대로 각 주제별 주요 쟁점을 추론할 경우 다음과 같이 정리할 수 있을 것이다.

주제1: 동성혼을 인정하기 위해 개헌을 해야 한다는 주장에 대한 논쟁을 포함
주제2: 동성혼, 동성애, 양성평등 등 동성애 관련 쟁점을 자유한국당을 통해 지면광고 게재
주제3: 김명수 대법원장(당시 후보) 임명이 군 동성애 인정 등 성적 문란으로 이어질 것을 주장
주제4: 국회에서 김명수 후보를 인준하지 말 것과 동성애 인정에 따른 AIDS 확산 주장
주제5: 국가인권위원회의 양성평등 개헌안이 동성애, 동성혼을 합법화할 것이라는 주장

---

[78] 알고리즘을 이용한 기계학습을 통해 텍스트 내의 구성요소 사이의 관계를 분석. 일반적으로 유사한 의미를 가진 것으로 추정된 어휘를 묶어 주제 집단을 추출하는 방법으로 사용한다.

[표 8] 반동성애 지면광고 토픽모델링(5가지 주제)

구분	단어1	단어2	단어3	단어4	단어5	단어6	단어7	단어8	단어9	단어10
주제1	헌법	평등	성	포함	양성	개헌	개정	개정안	혼인	특위
주제2	국민	자유	민주당	한국당	정당	서울	당	비례	바르다	창원
주제3	동성애	군대	후보	김명수	임명	헌재	반대	옹호	성교	대회
주제4	국회	남성	감염	경우	국민	의하다	상황	심각	많다	증가
주제5	동성애	동성	반대	결혼	차별	되다	합법화	헌법	인권위	금지

각 주제에 따른 텍스트는 해당 단어를 통해서 직접 확인할 수는 없으나, 이러한 주장과 관련된 텍스트를 통해서 해당 텍스트를 추론할 수 있다. 전반적으로 반동성애 담론은 다음 두 가지 쟁점을 중심으로 구성되어 있다.

① 동성애 인정 = 합법화 → 동성혼과 성적 문란
② 동성혼에 의한 성적 문란 → HIV 감염 확산

이 두 쟁점의 논증구조는 양성 평등과 동성 평등을 같은 개념으로 전제한다. 양성 평등은 동성 평등과 다른 개념임에도 불구하고, 이 논증 내에서 두 개념은 같은 것으로 쓰인다. 따라서 이러한 전제로 인해 위 논증에서 '양성 평등=동성 평등=동성애 용인'이라는 도식이 도출 가능한 것이다. 그 결과 문재인 정권이 추진하는 개헌안은 동성애의 합법화로 이어지고, 그에 따른 윤리적 타락으로 인해 HIV 확산과 같은 보건, 의료의 문제로 연결된다는 것이다. 위 논증은 보건, 의료라는 '과학'적 담론과 결합하여 그들의 윤리적 정당성을 뒷받침하는 방식으로 이용되고 있다. 지면광고 및 기사의 특성상, 경험적 자료보다 윤리적 코드와 의학적 혐오, 공포에 호소하는 논증 구조가 동성애와 직접 연관되지 않은 사례에 대해서도 광범위하게 적용되고 있다. 예를 들어, 지면광고 중 대법원장 후보 인준, 임명과 같은 정치적 사안 및 통치행위에 대해서도 동성애와 연관된 성적 문란 등 윤리적, 의학적 혐오와 연결하며 비판하는 양상이 나타나고 있다.

아래에서는 워드클라우드([그림 3])를 통해 단어 빈도를 분석하고, 의미연결망([그림 4])을 통해 단어 간 관계를 파악했다.

[그림 3] 반동성애 지면광고 워드클라우드

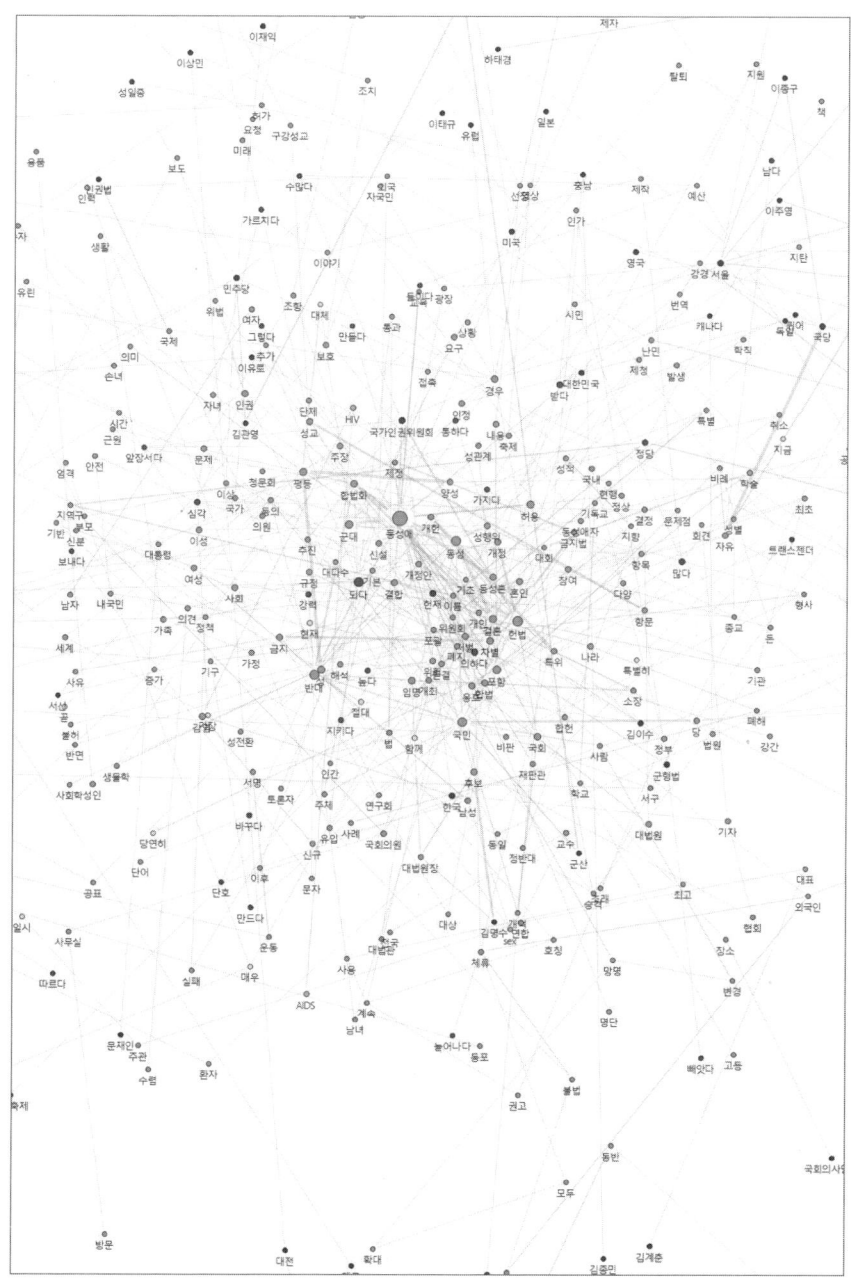

[그림 4] 반동성애 지면광고 의미연결망

제7장 | 수치, 모멸 그리고 혐오 341

4. 혐오 혹은 메스꺼움과 배제의 생명정치[79]

들어가기

혐오와 메스꺼움의 유령이 지구 이곳저곳을 배회하고 있다. 특정 집단에게 오염된 속성을 부여하고 터부시하는 관행, 역겹고 거북한 울렁거림, 구토의 흔적들, 거리를 두다 못해 박멸하려 드는 증오의 감정이 여기저기서 발견되고 있다. 최근 신나치주의자들의 이방인들, 즉 난민, 외국인노동자, 외국인 등에 대한 무차별적 폭력이나 흑인 교회에 난입하여 수 명을 사살한 백인의 총기난사 사건 등에서 보이듯 인종에 대한 혐오범죄는 여전히 진행 중이다. 혐한류를 외치며 '조센징 추방'을 부르짖는 일본 극우단체들의 행진도 거세지고, 자국의 이익을 위해 반이민, 반무슬림, 반난민 정책을 공약으로 내세운 극우파 정당들이 유럽과 미국에서 약진하고 있다. 이른바 '우파증후군'이 전 세계에 확장되고 있는데 영국은 급기야 유럽 공동체를 탈퇴했고, 미국에서는 여성과 이민자들에 대해 노골적인 폄하발언을 서슴지 않던 트럼프가 마침내 대통령으로 당선되면서 흑백갈등이 다시 심각하게 악화되고 있다.[80]

이들 우파적 성향의 세력들은 특정 집단에 대한 배제의 정치와 함께 혐오와 증오의 감정을 동원한다. 한국사회도 예외가 아니다. 일부 기독교 근본주의자들은 동성애자들에 대해 극도의 혐오적 감정을 수반하는 '호모포비아'적인 태도를 보이고 있으며, 여성에 대한 무차별적 폭력과 비하발언 등으로 촉발된 이른

---

[79] 이 절의 내용은 필자가 발표한 「혐오 혹은 메스꺼움과 배제의 생명정치」, ≪사회사상과 문화≫, 20(1), 111~149쪽에 실린 글을 정리, 보완한 것이다.

[80] 유럽에서는 극우파적 성향을 가진 정당들의 활동이 활발해지고 있다. 영국독립당(UKIP)은 브렉시트(Brexit)를 주도했고, 프랑스의 극우정당 국민전선의 마린 르펜(Marine Le Pen)이 대선 유력 후보로 부상하는가 하면 오스트리아에서도 극우 성향의 정당인 자유당의 후보가 거의 대통령에 당선될 뻔했다. 폴란드에서도 극우정당인 법과 정의당(Law and Justice Party, PiS)이 의회를 모두 차지했고 스웨덴에서조차 우파정당인 민주당의 지지율이 상승세를 보이고 있다. 유럽뿐 아니라 미국의 트럼프, 일본의 아베, 러시아의 푸틴 등이 보여주듯이, 우파의 세력이 점차 전 지구적으로 확산되고 있는 것이다.

바 '여성혐오'에 대한 논란과 함께 혐오표현의 자유와 범위 등을 둘러싼 논쟁들이 벌어지고 있다(홍성수, 2018; 윤보라 외, 2015; 유민석, 2015).[81]

혐오증에 대한 태도와 논란은 유행처럼 등장하고 사라지는 경우도 있지만 하나의 습속으로 자리 잡기도 하고, 특정 집단에 대한 시민권의 유예와 박탈 그리고 경계지우기 등 배제의 정치를 불러일으키기도 한다. 인간에 대한 혐오와 배제는 오늘날 전 지구적 통치성과 시민권, 공화주의와 (탈)민족주의, (탈)인종주의 등 매우 복잡하고 다층적인 현상을 진단하기 위한 '감정리트머스'와도 같다. 혐오스러운 대상은 혐오하는 집단에게 위험스러운 존재로 인식된다. 질병, 오염과 전염의 위험에 가득찬 이들은 도덕적으로 타락한 미개하거나 방탕한 자들이며, '악의 축'이고 '불량한 자들'로서 평온한 삶을 끊임없이 공격하는 외계인(alien) 같은 존재로 인식되기도 한다.

그러나 인간에 대한 혐오 혹은 메스꺼움의 감정은 자연적 현상이 아니라 정치권력이나 종교적 도그마, 일상적 관행 등에 의해 생성되고 조절되는 사회적 감정이다. 특정 집단의 인간을 혐오하는 세력은 개인보다 높은 상위의 가치, 예컨대 공동체(국가)의 이익이나 종교적 교리의 명분을 동원하여 자신들의 기득권을 교묘히 은폐하거나 자신들의 혐오행위를 정당화한다. 특정 집단을 사회적 질서와 체제를 위협하고 파멸하려는 불순한 집단으로 인지하고 혐오하는 감정적 태도는 자신의 심리적 안녕을 보존하고 정치적 권력이나 경제이익을 확장하려는 의식적 혹은 무의식적 활동의 반영이다. 자신들의 관념적, 물질적 이익을 유지하고 확장하기 위해서는 그들이 적대시해야 할 희생물이 필요한데, 그 대상의 속성을 과장, 왜곡하여 허구화시키고, 그들이 숭상하는 신적 존재에 대한 희생제의를 통해 자신들의 안녕과 이익을 유지, 확장하려 한다. 특정 정치집단

---

81 2016년 5월에는 "여자라는 이유로" 일면식도 없는 20대 여성을 칼로 찔러 살해한 강남역 살인사건이 발생했다. 많은 여성들은 이 사건을 여성에 대한 혐오가 언어표현의 수준을 넘어서서 현실적인 위해로 이어질 수 있음을 보여주는 사건으로 받아들였고, 한국사회에서 여성이라는 이유로 당해야 했던 크고 작은 혐오와 폭력, 위협에 대한 증언들이 나타났다. 온라인상에서는 속칭 '여혐' 표현에 맞서 남성을 폄하하기 위해 미러링(mirroring) 전략을 구사하는 메갈리아(Megalia) 운동이 확산되기도 했다.

이나 종교집단 등에 의해 만들어진 희생물로서의 혐오대상은 박멸되어야 할 해충과 같은 생물체 혹은 아감벤이 말한 '호모사케르'와도 같은 존재로 취급받는다는 점에서 생명정치와도 매우 밀접한 연관을 맺고 있다.

필자는 이 절에서 한국사회에서 나타나고 있는 혐오의 증상을 '폭력과 희생제의'의 메커니즘을 통해 접근해보기로 할 것이다. 누가, 왜, 혐오의 대상을 만들어내는가? 여성혐오, 동성애자에 대한 혐오 등 다양한 혐오 사례 중에서 필자는 이른바 한국사회의 우파보수주의자들이 구성한 소위 '종북좌파'에 대한 혐오적 태도와 배제의 정치를 '희생제의'의 관점에서 살펴보려 한다. 우파보수주의자들은 '종북좌파'를 사회질서를 파괴하고 체제를 혼란에 빠트리려는, 소거하지 않으면 대한민국을 파국으로 몰아넣을 두려움과 공포의 대상으로 간주하고 이들에게 극도의 혐오와 배제의 전략을 구사한다.

성스러운 폭력과 희생

인간은 왜 특정 대상을 희생물로 지목하여 신에게 제의를 올려왔는가? 일반적으로 희생제의는 다산이나 풍작을 기원하는, 또는 자신의 부족을 위협하는 적으로부터의 보호를 위해 종족의 신에게 기원하는 의례로 인식된다. 하지만 희생제의의 기본 의도는 타자를 지향한 것이 아니라 내부질서의 통합이다. 즉 자신들을 위협하는 타자를 제거하려는 것이 아니라 자신들의 정체성을 유지하고 세력을 확장하려는 의도가 더 크다는 것이다. 지라르(R. Girard)의 '폭력과 성스러움'으로 돌아가 생각해보자. 지라르는 신에게 바치는 희생제의를 집단 구성원들의 폭력의 소산으로서 반복적으로 되풀이될 수 있는 집단 내 폭력을 예방하려는 조치로 해석한다. 집단 내 폭력의 순환이 거듭되는 것을 막기 위한 폭력의 배출구로서 희생제의는 결코 신앙심의 발로가 아니라는 것이 그의 설명이다. 욕구불만과 욕구충족을 위해 타자의 물건을 뺏거나 공격하는 폭력은 다시 상대의 복수에 의한 폭력을 불러일으키고, 이는 집단 내 폭력의 악순환을 초래한다.[82] 이 폭력을 막기 위해 집단은 대체 희생물을 선택하고 희생제의를 진행한다. 서로를 해칠지도 모를 폭력의 방향을 희생물에 대한 폭력(죽임)으로 전환하고 집단의 통합을 도모한다. 곧 폭력의 의례는 폭력의 은폐인 것이다. 희생제의의 폭력은 결국 공동체를 통합, 조화시키고 내부 정체성을 강화하며 구성원들을 '사회적으로 일치'시키려는 목적을 가지고 있다(Girard, 2000: 19~20).[83] 그리고 이러한 특정한 대상을 희생시키는 폭력은 '성스러운 것'으로 위장된다. 지라르는 복수의 원칙(응보의 원칙)을 담고 있는 오늘날의 사법제도 역시 징벌을 통한 복수를 일회적인 것에 그치게 함으로써 폭력의 순환을 단절시키는 기능을 담당한다고 본다. 사법제도는 폭력으로부터 희생된 개인이 이를 되갚기 위해 복수를 해야 하는 응보적 폭력을 국가권력이 대행하는 것으로서 복수의 의무감으로부터 구성원들을 해방시키는 역할을 하기도 한다.[84] 폭력의 순환을 방지하고 예방, 혹은 처벌하는 사법제도는 원시사회의 희생제의의 원칙이 변형된 것이다.[85]

그렇다면 누가 집단의 희생물이 되는가? 주로 희생물은 식물이 아니라 피를 가진 동물이 선택된다.[86] 희생물은 될 수 있는 대로 인간이거나 혹은 인간과 가까운 동물, 예를 들어 양이나 소와 같은 가축 혹은 노예나 포로, 아이도 포함되기도 하고, 한 집단을 대표하는 왕(족장)이 제물이 되기도 했다.[87] 희생제물로는

---

[82] 가까운 구성원들 사이의 분쟁, 경쟁, 언쟁, 질투심 등도 이에 포함된다.
[83] 또한 뒤르켐이 지적한 대로 범죄자는 그 개인의 죄의 대가가 아니라 공동의식 — 집합표상이나 집합감정 등으로 드러나는 — 을 깼기 때문에 벌을 받는 것이다(Durkheim, 2012: 130).
[84] 사법제도뿐 아니라 축구와 같은 스포츠 역시 인간의 폭력성을 제도화시킨 결과라고 본다. 게임의 룰을 적용하고, 신체적으로 위해를 가하는 직접적 폭력 대신 경쟁으로 대체함으로써 폭력성은 순화되고 즐거움으로 재현된다. 오늘날 인간의 폭력욕구는 순치와 제도화의 과정을 거치고, 나아가 시장의 상품대상으로까지 변환되었다. 격투기는 좀 더 과격하게 신체적 위해를 가능하게 하여 피를 흘리게 함으로써 관중들의 원초적인 폭력욕망을 해소시킨다.
[85] "형벌제도의 사법원칙은 모두 실질적으로 복수의 원칙과 같다. 이 둘은 모두 폭력의 상호성, 대가의 원칙이라는 동일한 원칙에 근거해 있다"(Girard, 2000: 30).
[86] 적어도 기독교 문화에서는 식물은 신이 받아들일 수 있는 제물이 아니다. 지라르는 이를 양치기 동생 아벨을 죽인 카인이 농작물을 짓는 사람이었기 때문으로 풀이한다. 그는 결국 살인을 저지르고, 살인의 죄를 숨긴 탓에 신으로부터 저주를 받는다.
[87] 일부 문화권에서는 며칠 동안 왕으로 위장되어 극진한 대접을 받다가 왕 대신 죽는 희생제물의 경우가 발견된다. 프레이저(J. G. Frazer)가 쓴 『황금가지』에는 다양한 사례들이 기술되어 있다

순수하고 정화된 것도 있지만 포로나 장애자같이 집단에서 분리되거나 소외된 대상들도 선택된다. 단, 희생물을 죽여도 그로부터 복수를 당할 우려가 없어야 한다. 예를 들어 결혼을 통해 교환된 여성은 희생물로서 죽일 수 없었는데 여성을 교환한 타 부족으로부터 복수를 당할 수 있기 때문이다. 희생물의 종류는 다양하지만 공통적으로 특징적인 것은 그 희생물은 '폭력을 행사할 수 있는 아무런 명분이나 힘이 없는 대상'이라는 것이다. 희생제의는 앞서 말한 바대로 폭력에 대한 치유보다는 예방책으로 내부 폭력의 배출구로서의 기능을 담당하는데, 희생물은 그 내부 구성원들을 공격할 수 없는 것들, 즉 무기력한 것이어야 한다.

지라르는 개인이나 집단들 간 차이가 위계적으로 서열화되어 있을 때에는 폭력이 발생하지 않는다고 본다. 오히려 '집단 구성원들 사이의 차이가 사라질 때, 유사성과 동일성이 엄습할 때' 폭력이 발생한다. "질서와 평화와 풍요로움은 모두 문화적 차이에 근거하는 반면 광란의 경쟁, 즉 같은 가족이나 같은 사회의 사람들 사이에서 일어나는 극단적인 투쟁은 이 차이들 때문이 아니라 이 차이의 소멸 때문에 일어난다." 차이의 소멸은 선과 악, 순수한 것과 불순한 것의 구별이 사라지는 듯한 위기감을 불러일으키기 때문인데 예컨대 아들이 아버지와 동일해지려 할 때 부친살해와 같은 폭력이 나타나고, 권력이나 부의 유사성에 대한 욕망 때문에 왕자들의 난이나 형제의 싸움이 발생한다. 지라르는 이를 '쌍둥이의 짝패 개념'을 통해 설명하려 한다. 예로부터 인간은 쌍둥이, 즉 짝패에 대한 두려운 태도를 가지고 있었는데 그들 간에 '차이가 존재하지 않기' 때문에 쌍둥이 중 하나가 죽임을 당하거나 격리되기도 했다(Girard, 2000: 95). 쌍둥이는 '차이 결핍의 상징'이다. 집단 구성원들 간의 차이의 결핍과 사라짐은 곧 '희생위기'로서 집단의 비극을 초래하는 증후인 것이다. 차이를 소멸시키려는 존재는 집단 구성원들 간의 폭력을 불러일으키는 존재이다. 그렇다면 집단공동체의 안녕을 위해 누군가가 차이를 드러내는 희생양이 되어야 한다.[88]

(프레이저, 2003).

[88] 지라르는 오이디푸스(Oedipus)가 두 가지 점에서 차이를 소멸시키려 했다고 본다. 하나는 그의 아버지를 살해(부친살해)함으로써 엄연한 위계의 차이를 소멸시켰고, 어머니와의 근친상간을 통

아울러 사법제도가 구성원들의 만장일치 혹은 대다수 구성원들의 동의를 얻어 정당성을 확보하듯 희생제의 역시 집단의 동의에 기초한다. 한 사람에게 폭력의 원인을 전가시키는 공동체의 폭력은 한 사람의 죄인과 나머지의 만장일치에 의해 '매우 효율적으로' 진행된다. 예컨대, 부친살해와 근친상간을 저지른 오이디푸스의 '몹쓸 죄'는 공동체가 아니라 개인의 문제로 낙인찍힘으로써 집단으로부터 죄를 전가받고 마침내 구성원들의 만장일치에 의해 집단의 희생양이 된다. 이제 한 사람에 대한 증오로 완전히 하나가 되는 공동체가 존재하게 된다. 수많은 개인들에게 분산되어 있던 모든 원한들과 증오들은 이제부터 단 한 사람의 개인, 즉 희생물을 향하여 수렴될 것이다.[89]

희생양 메커니즘은 집단폭력의 메커니즘이지만 그 집단폭력은 성스러움으로 위장된다. 기존 사회질서가 어수선해질 때, 경제 불황의 두려움이나 재해와 재난의 위기가 깊어지고 '삶의 어두운 그림자가 장막을 치기 시작할 때', 대중은 그 원인을 찾아 해소하고 싶어 한다. 하지만 그 원인이 불투명하고 미래를 향한 출구가 보이지 않으면 그들은 공동체에 대한 불안과 분노, 불신과 증오가 쌓이게 되고, 누군가에게 그러한 것들을 발산하기를 원한다. 다른 한편 기득권을 향유하고 있는 소수 집단은 사소한 무질서나 변화의 징조들에 대해서도 사회가 무너질지도 모른다는 과잉경각심을 갖게 된다. 더구나 특정한 이데올로기나 종교적 교리를 맹목적으로 추종하는 근본주의자들에게는 기존 질서의 변화는 매우 민감하다. 체제의 소요에 민감한 정치, 경제, 문화 '권력'을 소유한 집단은 자

해 또한 금기사항의 차이를 어겼다. 결국 오이디푸스는 아버지와 아들, 어머니와 아들이라는 차이를 어긴 것이다. 즉, 그는 '차이'의 살해범이다. 집단 구성원들은 희생위기에 따라 파멸되는 공동체를 구원하기 위해 모든 위법(터부)적 요소를 하나의 행위자인 오이디푸스에게 전가시킬 것을 만장일치로 통과시킨다. 공동체 구성원의 만장일치로 승인된 희생의 폭력이 등장하는 것이다. 한 도시 전체를 위협하는 페스트 역시 희생위기의 상징으로 등장한다. 도시의 모든 활동을 단절시키는 이 전염병 또한 차이를 소멸시키는 위협적 대상이다. 친부살해와 근친상간과 페스트는 모두 차이를 소멸시키는 행위이며 대상이다(Girard, 2000: 121).

89 "불가항력적 정쟁에 시달리던 공동체는 이른바 희생양을 찾아 무조건적으로 달려든다. 대부분의 공동체 구성원들은 그 불행이 쉽게 제거할 수 있는 단 한 사람에게서 나오는 것이라고 믿고 싶어 한다"(Girard, 2000: 124).

신들을 맹목적으로 열렬히 지지하는 대중들과 결속될 때 존속의 편안함을 느끼고, 그들과 동맹을 맺으려 한다.[90] 그들의 결속을 위해서는 어느 한 사람 또는 집단이 희생양이 되어야 한다. 특정한 소수자(집단)에게 '악마'의 오점을 찍고, 낙인과정을 통해 그 집단의 위협을 과장한 후 집단폭력을 가하여 소멸시키려 한다. 사형, 유태인 박해, 인민재판같이 대부분 공동체 구성원들의 동의하에 저질러지는 집단폭력의 희생물들은 친부살해, 근친상간을 저지른 오이디푸스 혹은 영아살해를 저지른 범죄자들로 간주된다. 비록 소수라 하더라도 그대로 방치하면 공동체의 안녕을 위협하고, 순수한 자신들의 신체나 부족 또는 국가 공동체의 정신을 오염시킬 수 있는 혐오스럽고 메스꺼운 대상으로 낙인찍히는 것이다. 그러나 이러한 집단폭력은 앞서도 잠깐 말한 바와 같이 성스러움으로 위장되기 때문에 집단 성원의 만장일치하에 자연스럽게 이루어지고, 그 폭력은 정당성을 얻는다.

이 예의 전형은 나치즘에 의한 유태인 학살이었다. 당시 독일인들에게 위대한 아리안제국은 신(神)적 존재였고, 누군가가 제국의 신을 위한 희생물이 되어야 했다. 제1차 세계대전의 패배 이후 분노와 좌절, 불만에 가득차 있는 독일인들에게 '감정의' 배출구가 필요했다. 희생을 당해도 반항하거나 복수를 할 수 없고, 죽여도 면책이 될 뿐 아니라 자신들과 '차이'를 드러내기만 하면 되는 희생물, 즉 유태인을 발견했다. 당시 독일인들에게 유태인들은 순수정신을 오염시키는 벌레와도 같은 자들이고 혐오스럽고 메스꺼운 존재들로서 박멸의 대상이었다. 방치할 경우 자신들의 안녕을 해치거나 아리안의 순수혈통을 오염시킬 것이다. 대중은 만장일치로 그 희생물의 죽임을 찬성하고, 그들에 대한 폭력은 정당성을 얻고 나아가 제국을 위한 성스러운 행위로 승화된다.[91] 다만 유태인

---

90 반대로 맹신자들은 그의 지도자와 집단에 스스로를 동화한다(호퍼, 2011). 감정과 정치, 사회운동 등에 대해서는 Goodwin et al.(2004)를 참고할 것.

91 참고로 당시 평범했던 독일 국민들이 갖고 있었던 열광적 태도에 대해 마르크스(2009)를 참고할 것. 당시 독일인들은 히틀러를 과거 프로이센 제국을 부활시키려는 위대한 영도자로 보았을 뿐이라고 한다. 유태인과 폴란드인, 집시들이 가스실에 보내지는 것도 몰랐고, 설령 알았다 하더라도 그들에게는 '별개의 일인 것'처럼 생각되었다. 그들은 '조국을 재건하기 위해 열정을 다했을 뿐'이

들은 매우 불결한 제물이기 때문에 '제국의 신'이 직접 시식(侍食)하기엔 부적절할 수 있고, 따라서 신성함의 제물로 바치기보다는 그들을 '소거함으로써' 신성을 보존하는 제의를 올렸다. 희생양 메커니즘이 매우 체계적으로 작동하고 있었던 것이다.

혐오와 생명정치

혐오와 메스꺼움이 인종청소의 정치를 정당화하는 대표적인 감정이라는 점에서 그 감정을 동원한 권력행태는 생명정치와 밀접한 연관을 맺고 있다(푸코, 2016).[92] 근대 인종주의와 결합한 생명권력은 '살아야 할 생명'과 '죽어야 할 생명', 즉 삶과 죽음의 경계를 만들고 있다.[93] 인종주의는 자신에게 대립하는 범주의 생명들은 정상적 범주로부터 벗어나 있으며 건강하고 가치 있는 삶이 아니라 병들고 가치 없는 삶들로서 '살 가치가 있는 사람들'을 위계화할 뿐 아니라, 생명 개선의 명분으로 타자를 식별하고 배제하고 공격하고 살해할 수 있는 이데올로기의 토대를 마련한다(Lemke, 2015).

특정 대상의 배제를 정당화하는 인종주의적 이데올로기와 밀착되어 있는 혐오의 배제 대상은 전쟁사태와 같은 예외적 상황에서 소멸시켜야 할 적이나 다름없다. '정치적인 것'은 곧 '적과 동지'의 구별에 있다고 주장한 슈미트는 정치적인 것은 정치적 범주를 밝히고 확정함으로써만 도출할 수 있는데 정치영역 특유의 "표지와 구별영역"이 존재한다고 주장한다. 즉, '정치적인 것'은 선(善)과 악(惡)의 도덕적인 기준, 미(美)와 추(醜)의 미학적인 기준, 이(利)와 해(害)의 경제적인 기준들에 의존하는 것이 아니라 그 자체의 독자적인 특별한 규준, 즉 적

라는 것이다. 아울러 라이히(2012)의 파시즘하 대중심리에 대해 참고할 것.
92 렘케(T. Lemke)는 신체-유기체-훈육-제도라는 계열과 인구-생물과학적 과정-조절메커니즘-국가라는 계열로 푸코의 생명관리 정치를 나누어 볼 수 있다고 본다(Lemke, 2015: 69).
93 렘케가 말한 대로 이때 죽음은 육체의 소멸뿐 아니라 사회적, 정치적 거세, 즉 정치적 죽음, 추방, 배제 등을 가리킨다.

과 동지의 식별에 의존한다.[94] 적과 동지의 관계는 국제법상, 그리고 전쟁과 같은 국제관계 상황 속에서 확연히 드러나지만 국가 내부의 정치상황에서도 그 원칙이 실행되기도 한다. 국가 간 적과 동지의 정치적 태도를 국내의 종교, 지역, 성, 세대나 사회정책 등에서도 그대로 적용할 수 있다는 것이다. 국내정치에서도 적과 동지의 편 가르기와 상대에 대한 비난과 저항을 통해 자신들의 세력을 응집하기도 하는데, 적이란 개념에는 항상 투쟁의 잠재성이 포함되어 있고 이 투쟁의 극단적 형태가 '내란'이다. 국제법상 정치적 통일체로서의 국가는 교전권을 가지고 있으며 전쟁을 수행하고 인간의 생명을 처분할 가능성을 가진다(슈미트, 2012: 61). 한편, 평화 시에는 국가는 다시 내부의 적을 '결정'하여 추방, 파문, 법적 보호의 박탈 등 다양한 적대선언 등을 구사한다.

아감벤은 슈미트가 말한 예외적 상황의 주권(자)에게 주목한다. 즉, '법질서의 내부에 있으면서 동시에 외부에 존재하는' 주권자, 법질서 안에 있으면서 법질서의 예외상태를 선포하고 어떤 형태로든 법의 효력을 정지시킬 수 있는 권한을 부여할 수 있는 주권자는 국내외의 상황이 정상적 상황인지 예외상황인지를 결정하는 권한을 가지고 있다. 또한 주권자는 '삶의 형태를 식별하는 권리'를 가지고 있다. 주권자에 의해 수행되는 가치 있는 삶과 그렇지 않은 삶에 대한 구별은 (정치, 예술, 미학 등 모든 차원에서) 인간다움으로부터 배제된 생명과 이를 포함하는 생명의 구분이라고도 할 수 있을 것이다. 아감벤이 묘사하고 있는 후자의 생명은 '살해는 가능하되 희생물로 바칠 수 없는 생명', '예외상황에서 물질화된 존재로서의 벌거벗은 생명', '모든 사람이 처벌받지 않고 죽일 수 있는 자', 즉 '호모사케르(homo sacer)'이다(Agamben, 2008: 156). 그는 이 호모사케르가 어떻

---

[94] "적과 동지의 구별은 가장 확실하게 결합과 분리, 연합과 분열을 드러내며, 도덕적, 미학적, 경제적 기타 기준들을 적용하지 않아도[혹은 적용하지 말아야] 이론적으로나 실천적으로 존립할 수 있다. 정치상의 적이 도덕적으로 악할 필요도 없고 미학적으로 추할 필요도 없으며 경제적인 경쟁자로 등장해야 하는 것도 아니다. …… 적이란 바로 타인, 이방인이며 강한 의미에서 낯설고 이질적인 존재라는 것으로 족하다. …… 적과의 충돌이 일어날 수 있으며 이 충돌은 일반적 규정이나 공정한 제3자의 판결에 의해서도 해결할 수 없다"(슈미트, 2012: 39). 슈미트의 이론에 대해서는 나종석(2009), 이해영(2004)을 참고.

게 다양한 형태로 등장하고 배제되는지를 생명정치의 관점에서 바라보고 있다.

호모사케르라는 용어는 '신성하고도 저주받은 사람'이라는 양가성의 의미를 담고 있다. 경외스럽고 공포스러운 대상이며, 이를 건드렸을 경우 자신이나 남을 오염시킬 수 있는 사람 혹은 사물이다. 아감벤은 바로 이러한 존재의 창출과 포섭을 가능하게 하는 것이 바로 주권이라고 말한다. 주권은 예외적인 것을 만들어냄으로써 생명을 죽음의 권력에 종속시키려 하기 때문에 죽지 않으려면 주권자가 설정한 호모사케르의 영역 바깥, 즉 기존의 질서와 제도, 사상에 순종할 수밖에 없다.[95]

그런데 아감벤은 슈미트와 달리 오늘날 생명권력이 실행되는 지점은 적과 동지처럼 확연히 구별되는 영역이 아니라 애매모호하게 경계 지어진 비식별영역이라고 보고 있다. 즉, 적과 동지의 범주가 확연히 구별되어 현시화되는 것이 아니라 양자가 '절대적인 비식별지대'로 중첩되어 나타나고, 그 경계가 불투명해짐으로써 사회구성원 모두가 '적'의 범주에 포획될 수 있는 가능성을 갖게 된다는 것이다. 이렇게 되면 오늘날 사회구성원 모두는 주권자에 의해 적으로 내몰릴 수 있는 잠재적 호모사케르가 되고 만다.

호모사케르는 죽여도 되는 생명들이며 죽임을 당해도 살 권리가 박탈당한, 죽었어도 아무도 책임지지 않는 생명이다. 아감벤이 묘사한 벌거벗은 생명은 망명자, 난민, 뇌사자 같은 '사례들', 즉 법적 보호를 받지 못하는 생명들, 단지 살아 있는 물질(biomass)로 축소된 사람들, 남아돌고 쓸데없는 자들로서 예외적 규칙이 일반적 규칙으로 적용되는 수용소에 갇혀 있는 생명범주들이다. 그러나 오늘날 수용소는 특정한 장소를 가리키는 것이 아니며, 난민이나 망명신청자처럼 법적 보호를 받지 못하는 사람들로 한정 지을 수 없고, 사회적 배제과정에 놓여 있는 모든 사람들을 포함해야 한다. 오늘날 복지국가의 해체 위기와 함께 실

---

[95] 아감벤은 주권권력의 가장 핵심적인 특징은 생사를 결정하는 권리, 즉 생사여탈권이라고 본다. 이는 가부장적 권력으로서 아버지가 아들에게 가하는 무조건적인 권력이다. 이는 절대적 권리로서 로마시대의 정무관이 갖는 권리, 어떤 로마시민도 12표법의 원칙에 의해 처형될 수 없다는 법규가 적용되지 않는 예외적 존재들을 살해할 수 있는 권력이다(Agamben, 2008: 87).

업에 빠진 '선진국의 빈곤층'들도 여기에 포함되고, 나아가 일반 시민 모두가 벌거벗은 생명으로 노출된다.[96]

예외적 상황이 펼쳐지는 곳에서는 주권자의 결단과 통치가 즉각적으로 발동된다. 계엄령과 비상사태의 선포와 함께 공공의 안전과 질서의 이름으로 시민들에 대한 예비검속이 가능하게 되고, 이는 곧 법적 규칙(법률)과 애매하게 뒤섞임으로써(Agamben, 2008: 319), 대중에 대한 겁박을 통해서든, 자발적이든, 대중의 동의만 얻는다면 "모두가 소망하는 비상사태"로 변하게 된다. "공공의 안녕과 질서, 위험한 상황, 유사시 같은 개념들, 즉 규칙이 아닌 상황을 지칭하는 개념들이 법 속에 침투하여 법이 모든 사건과 상황을 선험적으로 규제할 수 있게 되는 것이다"(Agamben, 2008: 324). 그리하여 앞서 말한 바대로 주권자가 법적인 구속 밖에서 법의 효력을 정지시킬 수 있는 예외적 상황은 인위적으로 조장되기도 하고, 비상계엄, 긴급조치, 임의동행, 불심검문, 유비무환(有備無患)의 구호, 불온서적 금지, 불온사상의 정화, 불순분자의 소멸, 간첩신고, 테러방지 등을 명분으로 시행되는 국가의 감시 및 처벌은 정당성을 획득한다. 때로 누군지 불투명할 뿐 아니라 대중 전체가 될 수도 있는 적에 대한 공포의 감정, 그들을 직시하는 순간 이입되는 혐오와 메스꺼움으로 인해 일부 대중들은 '오염되고 불결하며, 우리의 안녕을 위협하는, 그리하여 살 가치가 없는 생명'의 박멸에 대한 통치자의 결단을 촉구한다. 대중이 주권자의 동지가 되고, 그 순간 적에 대한 소거는 매우 자연스럽고 정당하게 진행된다.

---

96 오늘날 모든 시민이 실질적 의미에서 벌거벗은 생명(역설적으로 성스러운 생명)으로 간주된다. 벌거벗은 생명은 더 이상 특정한 장소나 일정한 범주에 한정되지 않는다. 벌거벗은 생명은 이제 모든 살아 있는 존재의 생물학적 신체에 깃들어 있다. 그러나 렘케는 생명의 차이화 메커니즘을 해명하지 않은 채 모든 사람을 벌거벗은 생명의 지위로 환원할 수 있다고 주장하는 아감벤의 논의가 신빙성이 떨어진다고 비판한다(Lemke, 2015: 100). 호모사케르는 또한 '살 가치가 없는 생명'으로 확대된다. 현대사회의 통치권에 대한 논쟁 중의 하나는 이러한 살 가치가 없는 생명들을 어떻게 할 것인가인데, 예를 들어 안락사, 존엄사, 뇌사와 같은 것이다.

우파보수주의의 신과 희생제의

특정 집단의 물질적, 관념적 이해관계(interest)를 은폐하면서 전체 집단의 이해관계를 대변하는 것처럼 나타나는 착시화된 이념체계를 이데올로기라 부른다(Marx, 1976).[97] 협의의 이데올로기가 정치적, 역사사회적 세계관으로 나타난다고 한다면 이러한 이데올로기 차원을 넘어 삶과 죽음의 초월성에 대한 신념체계까지 포함하는 것이 신앙이다. 신앙은 합리적 이성이나 이론, 지식으로 접근될 수 없고 논쟁의 대상이 되려고 하지도 않는다. 신앙은 "연옥이 존재하는가, 환생이 가능한가", "예수의 부활이 사실인가 아닌가"를 추론하고 분석하는 것이 아니라 "그 존재를 사실로 전제하고 이를 믿는가 믿지 않는가"의 신념 여부를 묻는 것이다. 종교는 초월성을 바탕으로 하기 때문에 세속적인 것과도 거리를 유지하며, 교리와 규칙 등 다양한 하위범주의 사유 및 행동 계열체들과 조직을 형성하면서 타 종교 혹은 타 분파와 서로 갈등을 빚는다. 각기 종교만의 메시아나 선지자들, 과거-현재-미래의 시공간적 내러티브들이 누적되면서 현세와 내세, 정통과 이단, 정의와 불의, 선과 악 등의 개념이 형성되고, 이러한 개념에 대한 믿음을 통해 타자와 구별짓기가 실행된다. 구별짓기의 대척점에 있는 대상은 이단(異端)이다. 이단은 '메시지의 의미'를 파괴하기 때문에 배척의 대상이고, 왜 배척해야 하는가에 대한 합리적 사유, 즉 메시지의 의미가 이단에 의해 어떻게 파괴되고 있는지, 자신들의 해석과 판단은 과연 보편적이고 타당한지에 대한 성찰은 요구되지 않는다. 특히 종교근본주의자들에게 이단은 '적과 동지'의 이분법적인 이항 대립관계로 존재하며, 그들에게 대항적 타자의 존재는 용납될 수 없다. 이단은 주재자인 신의 영광과 안녕을 파멸하려 하고, 집단을 오

---

[97] 이데올로기의 정의에 대해서는 다양한 견해들이 있다. 특히 마르크스의 경우만 해도 『독일이데올로기』에서의 입장과 『자본론』 "상품" 장에서의 입장에 해석이 분분할 정도로 차이가 있다. 만하임은 지배자의 세계관을 이데올로기로, 피지배자의 세계관을 유토피아로 설명하고, 모든 계급에게 이데올로기가 있음을 주장한다(만하임, 2012). 이데올로기에 대한 다양한 논의로 Larrain(1980)을 참고할 것.

염시켜 질서를 파괴함으로써 마침내 그들의 왕국을 건설하려 하기 때문에 박멸의 대상이다. 종교근본주의자들에게 이단은 메스껍고 역겨우며 혐오스러운 대상인 것이다.

그런데 역설적으로 종교는 바로 그 이단을 요구한다. 이단이 있음으로 인해 자신들 내부의 대립과 갈등을 무마하고, 정체성을 공유하며, 하나의 공동체로 통합될 수 있기 때문이다. 이단과의 싸움을 통해 그들은 내부적으로 굳건히 뭉치고 존립할 수 있다. 이단은 자신의 존립을 위한 필요악인 것이다. 앞에서 말한, 차이의 소멸이 오면 집단 내 혼란과 갈등이 생긴다는 지라르의 주장과 상통한다. 내부통합을 위해서는 그들의 질서와 세계관을 위협하는 차별적 대상이 존재해주어야 한다.

한국 우파보수주의자들이 신앙 수준에서 받들고 있는 신념체계의 표상은 "반공자유민주주의국가"이다. 그들이 내거는 자유민주주의 개념은 사상, 언론, 표현, 집회 등 실질적인 보편적 자유의 가치를 담고 있다기보다(오히려 자유주의의 보편가치를 억제하면서) 사회주의 체제나 사상을 거부하기 위한 기표로 작용해왔다. 특히 반공을 국시로 할 만큼 북한의 인민민주주의와 대립하기 위한 이념으로 자유민주주의가 동원되었기 때문에 '반공자유민주주의'라는 용어가 더욱 적합할 것이다. '반공자유민주주의'라는 기호의 하위계열 범주에는 미국의 은혜/이승만 건국/박정희 산업화 등의 역사관이 배열되는데 각 범주에는 그 내용을 실현하는 세속적 사목(司牧)들이라 할 수 있는 영웅들의 이름이 삽입된다.[98] 한국사회의 우파보수주의자들에게는 종교근본주의자들처럼 절대적인 구원자로서 '반공자유민주주의국가'라는 신적 존재가 탄생하게 된다. 대한민국의 우파보

---

[98] 대한민국 헌법 제1조 1항은 대한민국의 국체(國體)가 민주공화국임을 천명하고, 2항에서 모든 권력은 국민으로부터 나온다는 점을 분명히 하고 있다. 즉, 대한민국은 민주주의를 근간으로 하는 공화제의 정치체제를 표방하고 있으며 통치권력은 민(民)에게 있다는 것이다. 그런데 최근 일부 보수층들은 '민주공화국'을 '자유민주주의(공화국)'으로 못박자는 목소리를 내고 있다. 민주주의에도 자유민주주의, 사회민주주의, 인민민주주의 등 다양한 체제가 존재하는데 '자유민주주의'를 공식적으로 표방함으로써 이에 대응하는 여타의 민주주의 체제를 아예 헌법적으로 거부하자는 것이다.

수집단에게 "'반공-자유민주주의-국가"는 삼위일체의 신앙적 대상이라 해도 과언이 아닐 것이다. 그들에게 '반공자유민주주의국가'는 단순한 이데올로기적 대상이 아니라 그들의 생존과 번영을 보증하는 체제의 신이기 때문에 그들이 신봉하는 반공자유민주주의국가의 세계관을 벗어난 어떠한 행위나 사상, 제도와 체제를 승인하지 않는다. 그들의 믿음은 단순한 이데올로기가 아니라 신앙이기 때문에 개종할 수 없고 또 개종해서는 안 된다. 종교근본주의자들과 마찬가지로 그들은 자신들의 신을 따르지 않는 '이단'의 대상에 대해 혐오와 메스꺼움의 감정을 투사하고, 거리두기와 박멸에 이르기까지 다양한 배제의 정치를 구사한다.[99]

한국의 우파보수주의자들이 이렇게 자신의 신을 보호하고 유지하기 위해, 그리고 자신들의 행위와 이념을 정당화하기 위해 동원하는 수단적 명분은 '국가안보'와 '애국'이다. 오늘날 한국 우파보수주의자들이 선점하고 있는 프레임은 안보와 애국시민이라는 것이다. 애국주의는 개인을 초월하는 우월적 존재자로서의 국가에 자신을 봉헌하는 태도를 말하는데 그들은 스스로를 '애국시민'이라 칭한다.[100] 반공자유민주주의의 통치체인 국가의 이익이 곧 나의 이익이 되고, 먼 훗날 후손의 이익이 되며, 개인의 자율과 개성, 인격과 인권, 사실과 진리는 국익을 위해서라면 희생당할 수 있어야 한다.[101]

그러면 누가 사목의 역할을 담당하고 있는가? 신앙적 신념체계든 이데올로기이든 그 배후에는 특정 집단(들)의 물질적, 관념적 '이해관계'가 깔려 있다. 그 이해관계에 가장 밀착되어 있어 직접적으로 이해를 장악하려는 집단을 '전략적 신념 창출 및 동원자 집단'으로 부를 수 있을 것이다. 이들은 정치적 권력이나 경제적인 부와 같은 물질적 보상이나 명예, 지위 등을 실현시키고 유지하기 위해 특정한 이데올로기를 생성하고 동원하는 세력이다. 그들은 정치적 대립집단

---

[99] 우파보수주의자들이 ≪조선일보≫에 낸 광고의 문구를 참조할 것(국민행동본부, "노무현-김정일 역적모의 폭로 및 대화록 전문공개촉구", "경제민주화는 경제공산화, 종북세력은 가라").
[100] ≪조선일보≫에 실린 박근혜 대통령의 탄핵과 촛불시위에 반대하는 집회 광고를 참조할 것.
[101] 이러한 국가주의 전통은 멀리 일제강점기 일왕 숭배로 거슬러 올라간다. 국가의 은혜에 보답해야 한다는 보국(報國)개념에 대해 김왕배(2012)를 참조할 것.

이나 종교적 이단집단에 대해 낙인을 하고, 배제를 정당화하는 프레임과 이론을 생성한다. 그들은 억압적이고 강제적인 폭력, 이데올로기, 위협과 공포를 주기적으로 대중들에게 주입시킴으로써 지지자들의 '지배동의'를 얻는 데 성공한다.[102]

이들을 따르는 지지자들 혹은 이해 기대집단은 전략동원가층이 만들어낸 신념이나 이데올로기에 의해 사회화되면서 하나의 결집인자로 모이게 된다. 지지자들은 물질적이든 심리적이든 그 전략동원가들을 따름으로써 자신들의 이해관계가 어느 정도 실현될 것으로 기대한다. 전략동원가들의 이해관계와 지지자들의 이해관계가 친화성을 형성하게 되면 마침내 전략동원가층의 이해관계가 전체 집단의 이해로 해석되고, 물질적 이해관계와 관념적 이해관계의 경계가 사라지며, 전략동원가층과 지지자들의 구별도 모호해진다. 전략적 신념 동원자층마저도 그들이 인위적으로 만들어낸 신화나 이데올로기에 스스로 흡인되어, 마침내 그들 일부 집단의 물질적 이해관계를 추구하려는 시도는 은폐되고 전체화되며, 정의의 명분과 행위의 정당성을 획득하게 되고, 나아가 타자에 대한 억압과 차별도 정당화된다.[103]

그러면 한국의 우파보수주의자들은 그들의 신을 위해 어떠한 희생물을 바치는가? 그들은 반공자유민주주의국가라는 신의 보존과 영광을 위해 이를 위협하는 '누군가'의 집단을 희생제물로 바쳐야 한다. 희생 메커니즘의 작동을 위해 그 누군가의 위협은 과장될 수도 있고, 대상의 범주는 상황에 따라 넓게 확산될 수

---

102 전략동원가층의 당파들은 다양한 연대를 구성하여 그 힘을 배가시킨다. 오늘날 보수우파의 담론을 생성하고 전달하는 핵심적 생산자 및 동원자들은 언론인들이다. 언론은 다양한 미디어 매체를 통해 지지자들에게 전략가들의 의중을 전달하고 파급시킨다. 언론이 이 권력에 유착할 때 미디어는 지지자들을 동원하는 가장 영향력 있는 매체가 된다. 언론이 권력을 장악하는 것이다. 한국사회의 보수우파집단의 사목 연맹은 보수정당, 우파지식인, ≪조선일보≫와 같은 보수언론사, 어버이연합 등과 같은 관변단체, 우파기독교단체들로 구성되어 있다.

103 나치하에서 사도마조히즘적 광기에 잡힌 독일인들은 전략동원가로서의 히틀러와 그 협조자들의 이해관계―사적인 권력장악, 공적인 제국의 형성―와 자신들의 이해관계가 맞아떨어졌다고 생각했다. 이는 단순히 생각이 아니라 신념으로 진화한다. 그들은 모두 하나가 되었다. 독일제국은 그들에게 신이었고, 히틀러는 독일제국을 건설하기 위한 메시아였으며, 괴벨스와 언론인들은 집사였고, 독일인들은 충실한 신도였다.

도 있다. 한국의 우파보수주의자들에게 '반공'과 자유민주주의, 그리고 국익과 애국주의는 서로 한몸의 분신들인데, 반공자유민주주의국가라는 신에게 가장 적대적인 세력, 즉 신의 존재를 부인하려 들고 위협하는 세력은 북한이다. 북한은 악의 축이며, 악의 온실로서 김일성과 그 세습부자들은 '사탄의 왕'들이고 북한은 이들에 의해 장악되어 있는 신음과 고통의 땅이라고 생각한다.

그런데 뒤집어 보면 한국의 우파보수주의자들에게 북한은 이항대립적인 대대(待對)적 존재로서 역설적으로 그들의 존재를 위해서 반드시 존재해야 하는 대상이기도 하다. 남북은 이항적인 대립적 짝패를 이루는 개념이다. 북한이 악마이기에 남한은 천사일 수 있고, 북한이라는 추한 집단이 있기에 남한이라는 아름다운 조국이 있다. 그러나 이들은 서로 대립, 긴장하면서도 서로를 요청하면서 존립한다. 자신의 체제를 영구화하려는 집단은 끊임없이 이 '분열'을 요구하고 있다. 통일이 되는 순간, 즉 집단의 차이가 사라지는 순간 그동안 봉헌했던 신은 사라지고, 신이 사라지면 신도도 사라지기 때문이다.[104]

타자에 대한 차이(차별)를 통해 내부통합을 꾀하고, 자신들의 이해관계를 확장하려는 한국의 우파보수주의자들에게 북한은 매우 요긴하고도 필요한 '짝패'이다. 그 타자를 소멸시켜 신에게 영광을 돌릴 것이라는 강한 신념이 그들 삶의 에너지이며 존립근거가 되기 때문이다.[105] 그러나 한국의 우파보수주의자들에게 이러한 외부의 차이의 존재만으로 충분하지 않다. 외부적 대상은 매우 크고 위협적이며 정복하기 어렵다. 더구나 직접적으로 우리를 침해하지 않으면 경계의 대상일 뿐이다. 한국 우파보수주의자들에게는 '반공자유민주주의국가' 내부

---

104 '어버이 수령 신'을 섬기는 북한의 체제도 동일하다. 이항대립적 사고에 의하면 하나의 항(項)이 사라지면 다른 항의 존재도 불가능하다. 레비스트로스의 말대로 이항대립적 정신구조는 항상 판별적 관계에 서 있다. 위-아래, 높음-낮음, 남성-여성, 해-달, 길다-짧다……. 판별할 수 있는 타자가 없으면 다른 하나인 나는 존재하지 않는다. 적이 없는데 동지가 있을 수 없듯이 역설적으로 이들이 있음으로 인해 '나'가 존재한다.
105 김씨 일가가 세습정치를 펴고 있는 북한정권은 항상 미 제국주의와 괴뢰정권의 도발을 강조하고, 상황을 준(準)전시적 사태로 선포한다. 그들에게 정권의 불안은 곧 체제의 불안이고 체제의 불안은 정권의 불안이다. 인민의 이데올로기로 무장한 집단들에게 김일성 인격신과 인민민주주의는 마치 일본의 천황제처럼 국가와 개인이 동격으로 추앙된다.

에서 그들의 동지와 적이 필요하다. 우파보수주의자들의 내부통합을 위해서는 '차이', 즉 '적'을 만들어 그들을 희생물로 삼아 신에게 희생제의를 올려야 한다. 그 희생물은 지라르의 말대로 "복수를 할 수 없을 정도의 소수자"면 족한데 집단 구성원들은 만장일치로 그 희생자를 요청한다. 현대 한국의 다원사회에서는 다수결이 만장일치의 효력을 갖기 때문에 소수자에 대한 희생폭력은 다수결의 이름으로 정당화된다. 그 희생물들은 아감벤이 말한 대로 '벌거벗은 생명'들로서 살 가치가 없는 유해한 집단의 인종들이며, 혐오스럽고 메스꺼운 존재들이기 때문에 죽어도 면책이 될 수 있는 집단이다. 현재 우리의 삶은 이들 적으로부터 위협을 받고 있는 위기상황, 즉 예외상황이기 때문에 통치자는 최후의 결단을 내려 이들을 박멸하라는 명령을 내려야 한다. 북한 인민민주주의공화국이라는 외부의 적과 남남갈등을 일으키는 내부의 적이 있으니 한국은 언제나 예외적 위기상황이다. 대중의 동의가 있는 한 법(法)을 더욱 세밀하게 정비한다면 '법적인 규칙'을 동원하여 매우 냉정하고도 합법적으로 그들을 제거할 수 있다.

한국의 우파보수주의자들에게 이러한 내부의 제물은 '빨갱이'였다. 빨갱이는 '반공자유민주주의국가'라는 신을 위협하는 "더럽고 역겨운" 존재이다. 혁명과 피, 무질서와 혼돈, 약탈과 분배를 일삼는 집단이고, 북한이라는 대악마의 형제들이다. 이 '빨갱이'가 우리 주변에 공생하면서 악마의 지령에 따라 호시탐탐 대한민국 체제를 전복시킬 기회를 노리고 있다. 또 하나의 유형은 '간첩'이다. 빨갱이가 다소간의 무리를 짓는 집단이라면 간첩은 '개별적이고 파편화된 것'들이다. 그렇기에 더욱 정체가 드러나지 않을뿐더러 민첩하게 유동을 한다. 이들은 대악마로부터 직접적인 지령을 받아 암약하는 자들로서 방방곡곡에 잠입해 있다. 그러나 간첩과 빨갱이 집단은 조작되거나 만들어지기도 했다. 최근 간첩죄로 복역했던 납북 어부나 인혁당 사건의 희생자들, 재일유학생 간첩단 연루자들이 수십 년 만에 재심을 통해 무죄선고를 받는 상황에서 더 이상 '빨갱이와 간첩'의 사탄 담론이 이전처럼 효력을 발휘하기는 어렵게 되었다.[106]

---

[106] 평범한 시민에 대한 간첩조작사건에 대해서는 http://www.nocutnews.co.kr/news/4711002를 볼 것.

그러나 한국 우파보수주의자들은 최근 다시 '내부의 적'을 발견했다. 빨갱이와 간첩이 대악마로부터 지령을 받고 외부로부터 잠입한 적이라면, 내부에서 스스로 대악마를 추종하며 반공자유민주주의국가 신의 존재를 위협하는 집단이 그들에 의해 '발견되고 발명'된 것이다. 이 집단은 기본적으로 빨갱이의 성향을 유지한 채, 더욱 '가증스럽게'도 민주주의의 탈을 쓰고 체계적인 이론과 함께 막대한 자원동원이 가능한 조직력을 가지고 있어 그 어느 때 어느 집단보다도 위험하다. 간첩이 외부로부터 파견된 페스트균 같은 것이라면 이 조직은 내부에서 피어난 곰팡이균이나 다름없다. 오히려 내부에서 피어났기에 더 광범위하고 위협적이다. 바로 '종북좌파'들이다.[107] '종북좌파'들은 교묘하게 시민사회와 국가영역 곳곳(군대, 교육계, 종교계, 국회)에 잠입해 있으므로 이들 암적 세포를 떼어내는 일련의 강력한 박멸 정책이 필요하다.[108] 또한 그들이 보기에 한국의 반정부 운동이나 시위, 사회운동은 종북좌파들에 의해 오염되었다. 기존의 대다수 민주화운동 역시 매우 불순한데 예를 들어 5.18 광주항쟁을 비롯한 군사정권하에서의 민주화투쟁, 민족통일운동 등 모두가 종북좌파 세력들에 의해 주도된 것으로 본다.[109]

---

[107] 한때 이 집단은 '친북'세력이라고 불리기도 했다. 민주노동당이 내부 종북논쟁으로 진보당과 분열되면서 이 용어가 시작된 것으로 보고 있다. 보수우파적 입장에서 이를 정리한 홍준표 외(2017), 류현수(2012)를 참고할 것. 그리고 민노당 내의 분파에 대해서는 정영태(2011), 진보정치의 자기반성적 논의에 대해서는 신석진 외(2015)를 참고할 것.

[108] 다음 사설을 참고할 것. 류근일, "'종북'주의"(≪조선일보≫, 2008. 2. 4), 김대중, "친북, 종북자들에 대한 충고"(≪조선일보≫, 2010. 10. 3).

[109] 대표적인 우파보수주의 인터넷 신문의 다음 기사를 참고할 것. http://www.newdaily.co.kr/news/article.html?no=252153. "지만원 박사, 광주 침투한 北특수군 중 8명의 '광수' 사진 공개", "'5.18은 北특수군이 개입한 내란' 진실은?", "계엄군 사라지자 자취 감춘 연고대생 600명… '北이 보낸 특수군' 주장"(2015. 6. 2). 그러나 여기에 그치지 않고 촛불시위나 심지어 경제민주화 등의 정책까지도 종북좌파의 지령에 의한 것이라고 주장한다. 국민행동본부에서 ≪조선일보≫에 낸 광고문의 표어는 다음과 같다. "자유대한민국이냐 월남식 공산적화통일이냐? 대통령 탄핵 기각하라, 반공우익국민들이여 뭉치자. … 현재 진행 중인 대통령탄핵 촛불집회는 북괴지령에 따라 야 3당, 50대 언론사 및 종북교사 세력들 … 종북 반역 빨갱이 세력들이 주축되어 … 망국적인 종북공산빨갱이 세력들로부터 자유대한민국을 살려내야"(≪조선일보≫, 2017. 1. 7), "2017의 선택: 대한민국이냐? 공산화냐? 뭉치자, 싸우자, 이기자! 태극기가 희망이다! 언론독재 타도하여

87년 민주주의체제 이후 이른바 진보진영의 내부분열과 파당싸움으로부터 유래한 '친북'세력과 '종북'세력의 용어는 종북좌파라는 합성용어로 전개되면서 한국 우파보수주의자들에게 매우 요긴한 담론 프레임을 제공해왔다(이병욱·김성해, 2013).110 일단 종북좌파가 프레임으로 설정되고 나면 우파보수주의자들에게는 이것이 매우 요긴한 전략적 담론체가 된다. 그 프레임은 그들의 이해관계를 유지하고 확장하는 이데올로기를 유포시킬 수 있으며, 지지자를 동원하고 동맹연합세력을 규합하는 기제로서, 그리고 무엇보다도 상대 집단의 속성, 입장을 간단하게 평가하고 규정하며 때로 설득, 공격하는 전략적 무기로 사용된다.111

종북좌파의 프레임에 의하면 그들 집단은 사회질서를 교란시키는 혐오스럽고 공포스러운 '에일리언' 같은 유기체로서 인식된다. 빨갱이와 마찬가지로 인종주의와 결부된 생명정치의 대상이 되는 것이다(정정훈, 2014). 일부 우파보수주의 지식인들은 종북(좌파)세력을 아예 기생충, 숙주 등으로 묘사한다. 한국의 우파보수주의자들은 종북좌파의 모태가 북한이 아니라 다름 아닌 남한의 진보세력이라고 주장하면서 그동안 민주화투쟁을 '일삼아온' 재야세력, 진보적 시민사회단체, 나아가 야당 모두가 그들을 키워낸 숙주라고 본다. 빨갱이와 간첩의 숙주가 북한이라면 종북좌파의 숙주는 내부에 있었다는 것이다.112

공산화를 막아내자!… 대한민국의 영혼인 반공자유민주주의를 도려낼 것이다. 북한노동당에 굴종하는 세력… 북한정권과 종북세력에…"(《조선일보》, 2017. 1. 10).

110 종북좌파들은 한국 우파보수주의자들에게 대략 다음과 같은 죄목을 가지고 있다. ① 대한민국의 정통성을 부정하며 건국대통령 이승만과 산업화대통령 박정희의 공적을 폄하한다. ② 묵시적으로 북한을 추종한다. ③ 인민민주주의의 강령과 유사한 진보적 민주(민중)주의를 채택, 선전과 선동을 통해 대한민국의 체제를 전복시키려 한다. ④ 대한민국의 영원한 맹주인 미국을 비난하고 반미감정을 선동한다.

111 프레임은 복잡한 현상을 한 집단의 시각으로 특수하게 단순화시켜 사고나 행위방식의 기본방향을 설정하는 역할을 한다.

112 다음 기사를 참고할 것. 류석춘 칼럼, "누가 '이석기'라는 '종북 기생충'을 키웠나. 종북 정당인 통합진보당엔 국고보조금이, 그리고 종북 인사들에겐 '민주화 유공자'라는 이름으로 보상금이 지급되고 있다. 이석기류(類)는 생태계 해치는 기생충… 종북(從北) 기생충의 숙주부터 제거해야… 누가 민혁당 전과자를 풀어주고 그들을 국회의원으로 만들었나, 당사자들은 사과 한마디 없어…"(《조선일보》, 2013. 9. 9).

오늘날 한국 우파보수주의자들이 주목하고 '구성한' '차이의 범주', 즉 희생제의를 위한 제물은 '종북좌파' 집단이다. 그런데 종북좌파의 경계는 매우 불투명하고 유동적이어서 명료한 적의 경계를 넘어 비식별영역으로 확장된다. 소위 우파보수주의자들이 진단하는 종북좌파의 '숙주'세력이나 유사하게 연관된 집단들과 그들이 사용하는 개념, 용어, 이론들, 예를 들어 진보, 분배와 복지, 연방제, 햇볕정책, 남북화해, 사회민주주의, 대안체제, 네오맑시즘, 민노총과 전교조 등은 모두 여기에 포함될 수 있다. 심지어 부패한 대통령의 탄핵을 외치는 촛불시위나 경제민주화, 다소 진보적인 언론 매체 등 한국의 우파보수주의자들이 떠받드는 반공자유민주주의국가 신앙을 벗어나는 것은 모두 이단, 즉 종북좌파의 범주에 들어갈 수 있다. 따라서 국가와 사회 전반에 걸쳐 언제든 국가정보원과 같은 기구가 개입할 수 있는 회로가 만들어지고, 내부검열을 수반하는 감시와 처벌의 효과가 광범위하게 확산된다.[113] '종북좌파'는 대한민국 보수주의자들뿐 아니라 일반 시민들에게도 체제를 전복시키고 우리의 삶의 터전을 위협하는 매우 위험한 집단으로 인지되기 때문에 '종북좌파'의 박멸은 손쉽게 대중의 만장일치(다수결)의 동의를 얻을 수 있다.[114] 국가안보와 안녕을 위해 종북좌파를 소멸시키려는 주권자의 결단을 누가 반대할 수 있는가? 우파보수주의자들이 보기에 종북좌파 집단은 반공자유민주주의국가 신의 거주지를 오염시키고 파멸로 이끄는 불순한 '해충'들로서 매우 혐오스럽고 메스꺼운 집단이다. '빨갱이'나 '종북좌파'는 호모사케르같이 혐오스럽고 공포스러운 존재이기 때문에 공존할 수 없으며 인격체로서의 온전한 권리가 주어질 필요가 없다고 본다.

오늘날 대한민국 사회의 저변에 흐르고 있는 감정은 바로 이러한 부정성이다. 분노, 저주, 증오, 차가운 광기에 차 있는 사회에서는 비정상으로 낙인찍힌

---

[113] 이를 '종북몰이'라는 말로 표현하기도 하는데 박권일(2014), 정석구(2013), 김진혁(2014) 등을 참고할 것.
[114] "통합진보당을 해산하라"는 헌법재판소 결정은 국민 60% 이상의 지지를 받았다. 중앙일보 조사연구팀이 전국의 만 19세 이상 남녀 1000명을 대상으로 한 여론조사 결과 통진당 해산 결정에는 전 연령대에서 찬성 응답이 반대보다 많았다. 60세 이상에서 80.7%로 가장 찬성률이 높았다. 반면 찬성 비율이 가장 낮은 세대는 30대(48%)였다(≪중앙일보≫, 2014. 12. 22).

사람에 대한 처벌은 반인격적이고 반인권적이다. 사회적 죽음과 신체에 대한 억압, 즉 고문, 협박, 구금 그리고 낙인, 차별, 모멸과 수치심, 증오 등 폭력이 아무런 여과 없이 직접적이고 즉각적으로 가해진다.

나오기

혐오와 메스꺼움의 감정은 '특정한 대상을 즉각적이고 절대적으로 거부하는 신체반응'으로서 역사적이고 문화적이며 정치적인 과정의 산물이다. 혐오집단은 비대칭적 권력관계, 억압과 통제, 이데올로기의 삼투, 조작과 동의 등 다양한 사회적 과정을 통해 낙인찍히고 구성된다. 누가, 왜, 이런 혐오집단을 구성하는 것일까? 특정 집단의 세계관이 전체의 이해관계를 대변하는 것처럼 위장되어 표상된 관념체계를 이데올로기라 부른다면 이데올로기는 특정 집단의 지위, 정치적인 권력, 경제적인 이득, 심리적 안정, 혹은 관념적 이해관계를 체계적으로 은폐한다. 인간의 행위나 사고방식을 특정 방향으로 유도하는 이데올로기가 삶과 죽음의 초월적 관념의 수준까지 도달하여 맹목적 판단과 순종에 이르게 하면 종교적인 신앙적 관념체계로 발전하게 된다. 맹신적 지지자들이 있는 한, 다수가 침묵하는 한 소수의 신앙적 지도자들은 자신들이 의도한 대로 이단의 집단을 발견 혹은 발명하고 그들을 제거하기 위한 혐오와 메스꺼움의 대상을 설정하고 낙인하며, 죄목을 대중에게 통보하면 희생제의는 매끄럽게 진행된다. 현대사회에서 바로 이 통보의 핵심적 수단은 언론이다. 집단의 맹신자들은 그들 지도자의 혐오와 메스꺼움을 자신의 것으로 동화시키고, 때로 열정으로, 때로 침묵으로 그들이 주도하는 희생제의를 기꺼이 수락한다.

이념 혹은 신념 근본주의자들에게 개방적 의사소통은 기대하기 힘들다. 근본주의자들의 자폐적 신앙은 다면적이고 복합적인 사유의 능력을 결여하고 있기 때문에 타자에 대한 관용과 이해를 거부한다. 그들에게 타자에 대한 합리적이고 이성적이며 공감을 위한 감성적인 교류와 소통, 성찰은 존재하지 않는다. 다원사회의 갈등의 제도화를 위한 합의, 설득과 협상, 이에 도달하기 위한 전제로서의 열린 태도, 자신들의 오류가능성에 대한 성찰과 의식은 찾아볼 수 없다.

타자에 대한 혐오와 증오, 배제는 바로 그러한 맹신자들이 동원하는 전형적인 감정과 행위방식이다.

인권이론가인 너스바움은 혐오에 의한 범죄는 그 어떤 경우라도 정당성을 얻을 수 없으며 법의 양형에 영향을 미칠 수 없다고 단호히 말한다. 상대를 혐오하고 모멸하며 수치심을 불러일으키게 하는 행위, 특정 대상에 대한 혐오와 수치심을 부가하는 공격행위로 인한 범죄는 정상참작이 될 수 없고, 사회정의의 잣대에 의해 오히려 강력한 심판을 받아야 한다(너스바움, 2015: 199).[115]

그런데 대중들의 분노와 증오, 광기를 동반하는 혐오와 메스꺼움은 때로는 매우 냉정하고 부드럽게 대중들의 무관심과 무기력에 힘입어 확산된다. 아렌트가 '악의 평범성'이라고 말했던 것처럼 유태인에 대한 냉랭한 혐오와 메스꺼움은 점잖기로 소문난 아이히만으로 하여금 아무런 양심의 가책이나 도덕적 부담 없이 대량학살의 가스실을 설계할 수 있게 했다. 이라크를 폭격하는 미국의 부시 대통령에게 그것은 전쟁이 아니라 후세인과 같은 불량하고 혐오스러운 오염물질을 제거하기 위한 작업에 불과하다.[116] 발칸반도의 인종청소를 주도했던 도살자 밀로세비치는 혐오스럽고 메스꺼운 코소보 주민들을 단순히 제거했을 뿐이라고 생각한다. 그는 상냥하고 우아한 모습으로 회견장에서 피아노를 치기도 하고, 매우 진지한 표정으로 인터뷰를 진행하기도 했다.[117] 혐오와 메스꺼움, 배제의 정치가 매우 유연하고 부드럽게, 때로 감정노동처럼 상냥하게 진행되면서 무엇이 진실이고 거짓인지(진실의 경계), 무엇이 옳고 그른 것인지(정의의 경계), 무엇이 부끄럽고 자랑스러운 것인지(양심의 경계), 무엇이 공적인 것이고 사적인 것인지(공사의 경계)에 대한 질문과 답은 더욱 혼란스러워지고 있다. 가식과 허위, 경계의 혼란, 판단의 아노미가 사회를 뒤덮어 가고 있는 것이다.

---

[115] 혐오는 "동화될 수 없는 타자성을 거부하는 고조된 자기주장", "오염물로 평가되며 자신과 극심하게 동떨어져 있는 대상과의 가까움에 대한 거절"이다. 혐오의 대상은 단순히 먹기에 부적절한 것이 아니라 오염물로 여겨진다(너스바움, 2015: 166~167).

[116] 전쟁과 살상은 더 이상 전쟁이 아니다. 다음 부시의 연설문 구절을 상기해보라. "We have a job to do and …… getting it done"(우리는 할 일이 좀 있는데 그 일을 잘 마쳤다).

[117] 탈감정사회의 증상들에 대해 이 책의 제10장 1절 "친밀성과 조형적 감정"을 볼 것.

한국의 우파보수주의자들은 '반공자유민주주의국가' 신에게 경의를 표하기 위해 애국주의로 자신들의 입장을 수렴하고, 자신들을 거룩한 성전의 전사로 자리매김한다. 그들은 산업화뿐 아니라 민주화의 기틀을 마련한 선구자로 자신들을 기록하려 하고, 자신들의 신을 우롱하는 자들에 대한 혐오와 메스꺼움을 대중들에게 확산시키며, 사회정화의 명분으로 반대자에 대한 공격을 서슴지 않으며 오로지 자신들만을 국가안보와 애국을 지키는 자로서 자리매김한다.

그러나 역설적으로 이제는 그들이 혐오스럽고 메스꺼운 존재가 되고 있다. 혐한류를 부르짖는 일본 극우단체나 헤드스킨의 신나치주의자들, 자신들의 정치적, 경제적 이해관계를 국익의 이름으로 은폐하는 자들이나 언론을 통해 차가운 광기와 분노, 증오를 생산하고 유포하는 지식인과 언론인들, 그 내부자들이 벌이는 이중인격적 행위는 매우 혐오스럽고 메스껍다. 이들을 맹목적으로 추종하는 우중(愚衆)의 집단도 역겹다. 그들이 스스로의 존립을 위해 동원해왔던 혐오와 메스꺼움의 배제정치는 이제는 부메랑이 되어 그들에게 되돌아온다. 혐오를 하는 자가 혐오를 받는 것이다.[118]

이때 부메랑으로 돌아가는 그들에 대한 혐오와 메스꺼움은 오히려 양심과 도덕을 불러오는 계기가 될 수도 있다. 엘리아스는 역설적으로 보다 많은 것을 혐오스럽다고 인지하는 사회가 보다 문명화된 사회라고 주장한다.[119] 크리스테바가 말한 대로 "썩은 시체에 대한 혐오를 통해 삶의 의미를 응시"하고, "도덕을 어긴 자신을 혐오할 때 나의 지극한 양심을 확인할 수 있듯", 그리고 나치와 같은 극우세력에 대한 혐오와 역겨움을 통해 인간생명의 존엄과 인권을 체감하듯 혐오와 메스꺼움은 역설적으로 자신의 존재를 성찰하게 만들기도 한다는 것이다(크리스테바, 2001: 23).

---

118 한국사회에서 저돌적 형태의 역혐오가 발견된다. 2015년 이후 빠르게 확산하기 시작한 미러링(mirroring)은 역혐오의 단적인 사례이다. 여성혐오를 내세우던 일베의 언어를 그대로 차용한 메갈리아 유저의 담론은 혐오에 대한 혐오가 어떠한 맥락 속에서, 어떠한 방식으로 (재)생산될 수 있는지를 보여주고 있다. 그러나 이러한 역혐오 역시 도덕적 자각을 일으키는 혐오일 수는 있지만 건강한 감정의 표현은 아니다.
119 물론 엘리아스가 주목한 것은 음식, 예의범절 등의 문명화였다(엘리아스, 1996).

그러나 크리스테바가 말한 대로 혐오와 메스꺼움이 도덕과 정의, 존재의 의미를 깨닫게 하는 "매혹적인 소스라침"이라 하더라도 그것은 불쾌한 부정적 감정으로서 그 또한 폭력에 손쉽게 노출된다. 오늘날 한국사회는 혐오와 메스꺼움을 적대시하는 또 다른 혐오와 메스꺼움으로 혐오와 메스꺼움이 풍성하게 넘치고 있다. 그렇기 때문에 한국사회는 타자의 차이를 인정하기 어렵고 보편적 가치를 성찰할 수 없는 소통의 불가능이 지배하는 사회가 되고 있다. 헌법의 서두에 공화주의를 명시하고 있음에도 불구하고 '공화(共和)'라는 연대의 개념은 좀처럼 형성되기 어렵다. 혐오와 메스꺼움은 참여와 소통, 합의와 설득, 심의민주주의와 공공성의 모태가 되는 공화주의적 도덕감정과 타자성찰을 가로막는 자폐적이며 유아적인 감정이기 때문이다.

제3부

진정성과 냉소주의, 친밀성, 도덕감정

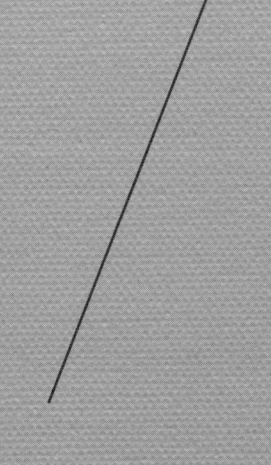

제8장 언어, 감정, 집합행동
제9장 진정성과 냉소주의
제10장 친밀성과 감정노동
제11장 이방인과 공화주의 도덕감정

제8장

언어, 감정, 집합행동*

1. 감정, 집합행동, 언어

감정과 집합행동

감정의 인지적이고 도덕적인 판단과 동기적이며 실천적인 기능을 강조하는 일련의 학자들은 사회운동이나 집합행동의 구성, 지속, 쇠퇴 등의 전개과정에 감정이 매우 핵심적인 역할을 하고 있다는 점에 주목하고 있다. 시민들은 단순히 제도나 체제의 질서나 가치를 수동적으로 평가하고 순응하는 것이 아니라 변화시키려 노력하는 존재이다. 자신을 둘러싼 제도적 질서에 대한 도덕적 평가, 즉 옳고 그름(또는 타당성의 여부)의 판단과 선호 득실의 평가를 수반하는 동기적 감정(motivational emotion)은 저항행동을 불러일으키는 에너지로 작용하기도 한다. 감정은 혁명으로부터 제도화된 사회운동에 이르기까지, 과격한 시위

---

* 이 장의 내용은 2017년 필자가 발표한 「언어, 감정, 집합행동: 탄핵 반대 '태극기' 집회의 사례를 중심으로」, ≪문화와 사회≫, 26: 7~59를 수정, 보완한 것이다.

나 정례적인 의례에 이르기까지 참여를 비롯한 다양한 자원동원을 가능하게 하여 특정한 목표를 달성하려는 집단적 힘이 된다.

분노와 혐오, 두려움과 공포, 수치와 복수심, 우애와 열정, 그리고 도덕감정 등 매우 다양하고 복합적인 감정들은 순차적으로 혹은 동시적으로 작동하면서 집합행동을 유발시키고 촉진시키며 고무하기도 하고 쇠퇴시키기도 한다. 집합행동의 직접적인 참여자들과 간접적 지지자들은 감정의 공유를 통해 연대와 정체성, 통합을 도모하여 사회운동의 강도를 높이거나 외연을 확장하는가 하면, 실망과 좌절, 시기 등의 감정으로 인해 내부분열이나 이탈을 불러일으킴으로써 사회운동이 쇠퇴하거나 막을 내리기도 한다. 기존의 많은 사회운동이론은 행위자들의 적극적인 참여동기나 행동을 불러일으키는 감정에 주목하기보다 구조적 유인과정이나 계기(촉발)로서의 사건, 구조적 강압이나 통제의 정도 등을 강조했다. 또한 합리적 선택이론이나 행태주의 접근은 인간이 기본적으로 상황을 합리적으로 판단하고 반응한다는 전제하에 인간을 추상적 행위자로 보거나 구조에 의해 일방적으로 움직이는 수동적 존재로 보고 있다.

이런 문제를 극복하기 위해 사회운동에 대한 문화적 접근은 집합흥분이나 감정, 의례와 연대 등을 강조했던 뒤르켐을 다시 되돌아보고 있다. 집단의례는 일상으로부터 집단열광(흥분) 도가니의 경계(liminal)를 그어주는 절차이다. 집단열광, 성스러움을 재현하는 의례를 통해 개개인은 자신을 초월하는 집단의 결속을 도모하게 된다(뒤르켐, 1992). 일군의 학자들은 집합열정과 연대, 집단 속에서 의례와 '퍼포먼스를 통한 감정의 고양', 개인을 초월한 강렬한 에너지, 즉 외재적인 힘으로서의 신성의 체험 등을 경험하는 의례와 집합감정에 주목한다(예컨대 프랑스 혁명기에 조국, 자유, 박애와 같은 세속 종교라 할 수 있는 신성성에 대한 헌신). 일상에서 사람들의 집합감정은 상징, 기호, 이미지 등으로 내포되어 있다가 의례와 사건을 통해 집합흥분으로 나타난다(Goody, 1961). 열광을 불러일으키는 집합표상과 집단의례는 다양한 퍼포먼스, 예를 들어 춤과 노래, 주문, 구호, 고함 등을 조직화하고 발산시키는 사회적인 과정이다.

사회운동의 상징적 상호작용이 발생하는 미시적 자원동원의 맥락에 주목을 한 연구가들은 상황에 대해 정의를 내리는 의미 프레임의 형성, 정체성과 집단

헌신 등 참여자들의 다양한 '행위'에 주목하기도 했다(Gamson, 1988; Snow and Benford, 1992; Kubal, 1998). 프레임 연구를 감정과 연계하여 정교화했던 스노(D. A. Snow) 등은 사회운동의 참여자들이 동일한 감정을 가질 때 집단 간 서로 다른 둘 이상의 프레임들을 연결시킬 가능성이 있다고 말하는데 이러한 과정을 '프레임 가교화(frame bridging)'라고 부른다(Snow and Benford, 1992). 특히 프레임을 해석적 전략틀로 강조했던 벤퍼드는 자신을 포함한 기존의 논의가 프레임을 '물화(reification)'시켰다는 비판을 가하면서, 참여자들의 도덕적 정향, 헌신, 슬픔, 분노 등의 감정에 주목했다. 한마디로 기존의 운동프레임 시각은 "사회운동이 저항하는 것이 아니라, 사람들이 저항한다는 점을 간과"하고 있었다는 것이다(Benford, 1997: 418). 참여자의 의미, 정체성, 감정 등은 이미 스멜서(N. J. Smelser)의 집합행동론이나 터너와 킬리언의 연구 등에서도 강조되었다(Turner and Killian, 1972; Smelser, 2011). 이들은 기계적이고 수동적인 행위자가 아니라 가치와 정체성, 의미와 감정을 지닌 행위자들에게 관심을 부여했던 것이다. 아울러 사회운동의 방향이 어디로 튈지 모른다는 점에서 지도자나 엘리트 중심의 프레임연구를 넘어 참여자와 지지자 나아가 방관자에 대한 관계도 강조하기에 이른다. 켐퍼는 사회운동이 방관자의 공감을 끌어내지 못함으로써, 즉 사회운동이 잠재적 공감자들을 소외시키거나 나아가 오히려 공포, 화, 분노, 불신 등을 부추김으로써 방관자들을 소외시킬 수도 있다는 점을 지적한다(켐퍼, 2012: 113). 방관자들은 사회운동의 목표나 내용에 동감하면서도, 그 전략이나 행위방식을 위험하다고 여기거나 불신함으로써(때로는 걱정, 두려움의 감정) 사회운동으로부터 멀어질 수도 있고 오히려 사회운동의 확산을 저지할 수도 있다.

한편 '문화적 공명(resonance)'의 개념을 끌어들인 쿠발(Timothy Kubal)은 특정한 맥락 속에서 특정하게 유형화된 프레임을 사회운동의 참여자들이 어떻게 인지하고 동조하는지에 주목했다. 문화적 공명은 지도자들이 형성한 프레임이 어떻게 지지자들에게 호소를 하고, 자연스럽고 친숙하게 다가가는지를 설명해준다. 그는 고프먼(Goffman, 1974)이 구분했던 후방 및 전방 영역의 개념을 끌어들여 운동의 지도자들이 후방의 영역에서 상황이나 사건을 '정의롭지 못함'으로 규정한 것들을 공중들의 공간인 전방 영역에서 어떤 식으로 재규정하고 호소하는지, 즉 어떤 담론으로 이행하는지에 주목하고 있다. 예컨대, 반공해 운동(anti-toxics movement) 단체의 지도자들은 후방 영역에서는 환경의 문제로 프레임을 짜지만 전방영역, 즉 공공영역에서는 인간의 존재에 대한 부(不)정의의 담론으로 이를 전환시킨다. 또한 그들은 과학적인 논리뿐 아니라 감정에 호소한다. 이 과정에서 미디어는 공중 여론과 프레임을 확산시키는 데 핵심적 역할을 한다(Kubal, 1998: 549).

사회운동과 감정에 대한 다양한 실증적 연구들로는 아동성폭행 피해자의 트라우마 고백, 즉 토크쇼 등에서의 고통의 표출, 저항감정의 형성, 자부심, 기쁨, 사랑 등에 대한 논의, 미국과 동독 민권운동에서의 공포관리에 대한 논의 등이 대표적이다(Whittier, 2009). 공포는 운동의 위치나 성격을 깨닫게 해주기도 하지만 운동을 억제할 수도 있다. 운동가들은 공포를 완화, 혹은 관리해야 한다. 친밀성과 대중집회에서의 흥분, 운동에서 노래의 역할, 공포에 대한 고백 등에 대한 분석도 이루어졌다(굿윈 외, 2012).

이러한 문화적 접근은 의미를 집합행동의 산물로 이해하고, 다양한 실천의 물질성과 퍼포먼스 등을 강조한다. 알렉산더는 사회운동의 문화적인 의미가 퍼포먼스를 통해 서로 확산될 때 사회운동이 성공하지만, 서로 결합되지 않으면 실패한다고 주장한다(Alexander, 2004). 의례는 선언과 연설, 춤과 노래 등 다양한 퍼포먼스로 이루어진다(Schechner, 1977). 대본의 작성과 드라마틱한 연출도 사회운동을 확장시키고 참여자 등을 동원하는 데 매우 중요하다. 운동의 정체성을 위해 운동 행위자들은 특정 사건이나 상황을 문제시하면서 특정한 개인이나 집단, 국가를 책임의 대상으로 비난한다. 이때 비난의 대상은 불한당 등으로 악마화되거나 풍자의 대상이 되기도 한다. 예를 들어 "자본주의 돼지들, 남성적 쇼비니스트, 파시스트, 베이비 킬러" 등과 같은 표현이 그러하다(Benford and Hunt, 1995: 39).

또한 사회운동 과정에서 동원되는 노래와 춤 등은 운동 정체성의 확립과 강화에 영향을 준다(Eyerman and Jamison, 1998). 서구의 구좌파와 신좌파의 저항 양식의 차이점을 분석한 기존의 한 연구가 이 점을 잘 지적하고 있다. 즉, 구좌파의 운동 목표는 피지배계급(노동자, 농민, 혹은 민중 계급의 투쟁)에 의한 헤게모니 뒤집기를 목표로 설정하면서 다소 폐쇄적이며 특정한 물리적 공간을 중심으로 하고, 견고하거나 물화된 양상을 보인다. 이에 비해 신좌파의 운동양식은 반관료, 반권위주의적이며 자발적, 신비로움, 탈장소화(공간화), 개방성 등의 특징을 갖는다. 신좌파 운동의 참여자들은 특정 공간으로 상징되는 '극장'에 모이기보다 집안이나 길거리에서 운동을 수행한다. 구좌파 운동가들이 참여자들에게 메시지를 설득하고 설교하려는 "권위주의적이며 직설적인 가사와 노동자, 농민, 민중의 민속음악(folk music)"을 강조했다면, 신좌파 운동가들은 "다소 무정부적이며 탈공간화된 장소, 자기 자신에 대한 사랑과 타자 공감을 재현하는 록 음악과 춤" 등을 강조했다는 것이다(Neustadter, 1992: 44).

사회운동에서 의례의 성공적 작동은 하나의 감정을 다른 감정으로 변형시키는 과정이기도 하다. 초기 단계에 개인들을 집회에 참여하게 하는 선동적인 감정(분노, 화, 공포)은 의례를 통해 점차 집단이 공유하는 연대감, 열광, 도덕성으로 진화한다. 콜린스는 뒤르켐이 말한 도덕적 밀도의 개념과 집합흥분 그리고 자신이 정의한 고도 의례밀도(high ritual density)의 관점에서 사회운동의 감정동학을 바라보고 있다(콜린스, 2009: 52).

이처럼 사회운동에 대한 문화이론은 의미, 정체성, 감정, 집합표상, 공동체 등의 개념을 끌어들임으로써 사회운동에 대한 분석의 층위를 더욱 두텁고 생동감 있게 묘사했다. 한국에서도 이러한 연구동향이 감지되고 있다. "사회이론의 변두리에 문화를 밀쳐놓고 문화 없는 스산한 거친 들판"으로 전락한 기존의 이론에 대한 일갈(박영신, 2005: 58), 과학에서 미학으로 사회학을 전환해야 한다(최종렬, 2009)는 주장에 힘입어 일군의 학자들은 의례와 상징, 집합열광과 연대를 꿰뚫어 보았던 뒤르켐에 주목했고, 6.10 항쟁에 대한 문화론적 논의와 같은 한국의 집합행동에 대한 연구가 등장했다. 특히 상징, 의례, 집합열광, 연대, 도덕감정 등의 문화적 자원을 동원하여 5.18 항쟁이나 6.10 민주화투쟁에 적용하여 살펴보기도 했다(박선웅, 2007; 신진욱, 2007; 정철희 외, 2007).[1] 문화이론의 한

---

[1] 특히 사회운동의 연대형성과 프레이밍 과정에서 도덕감정의 역할을 논의한 신진욱의 글이 눈에 띤다. 그는 5.18 광주항쟁 팸플릿 분석을 다양한 감정유형과 양식으로 구분한 후 집단감정으로서의

갈래라고 볼 수 있는 감정 중심의 접근은 사회운동의 흐름과 유연함, 행위자들의 동기와 참여폭 등을 잘 조명하고 있다(Goodwin and Jasper, 2009). 재스퍼는 집합행동에 대한 합리주의 선택모델이나 자원동원모델과 달리 어떠한 물질적 보상유인도 없고 강제적 규제도 없으며 최소단위의 공식조직과 지도부들만이 느슨하고 구조화된 형태로 남아 있는 사회운동에 주목하면서 이러한 사회운동이 가능한 것은 감정 덕분이라고 말한다(재스퍼, 2016: 410). 그는 기존 집합행동 연구를 주도하고 있는 구조주의, 행동주의, 심리주의, 자원동원론 등의 약점을 지적한 후 사회운동과 연관된 감정을 다양한 차원으로 나누어 그 연관성을 설명한다. 재스퍼는 사회운동과 연관된 감정을 원초적인 정서적 감정과 반동적 감정, 그 중간에 위치하고 있는 분위기(mood) 등으로 나눈다. 예컨대, 원초적인 정서적 감정(primary affective emotion)을 통해 사회운동의 리더들은 참여자들을 흥분시키며, 상황에 따라 다양한 감정을 조작, 동원한다. 또한 증오, 적대, 혐오 등의 정서는 분노를 유발시키고 상대를 비난하거나 나아가 처벌하기까지 할 수 있는 감정으로 발전하기도 하는 반면, 집단 내 구성원들 사이에는 애착(사랑이나 심지어 에로틱한 관계의 느낌)이 형성되어 강한 연대감을 보이기도 한다(재스퍼, 2016: 436).[2] 재스퍼는 사회운동의 목표설정을 위해서는 참여자들의 도덕적 자각이 필요하다고 강조한다(Jasper, 1998). 예를 들어, 핵발전소 사고로 인한 피해나 음주운전 등으로 인한 아이의 사망 등의 사건이 공적인 의제로 인지되고 해석되어야 한다는 것이다. 아울러 무엇보다도 타자에 대한 '비난할당'이 중요한데, 이 행위는 예컨대 재난에 대한 정부의 대응방식, 기업의 책임 등을 묻는 감정행위로서 자연재해보다는 인재에 해당하는 것에 치중하는 경향이 있다. 사회

도덕감정이 항쟁기에 어떻게 중심적인 축으로 작동했는지를 보여주고 있다(신진욱, 2007).
2 이에 비해 원초적인 반동적 감정(primary reactive emotion)은 ① 사회운동의 목표대상을 설정해주는 분노, 격노, 진노 등과 ② 비애, 상실, 슬픔 등의 감정처럼 사랑하는 사람이나 대상을 잃어버린 느낌, 적대적 행위로 끌어가는 수치심 등으로 구성된다. 재스퍼는 이 양자의 중간과정으로 분위기(mood)를 제시하는데, 동정이나 연민, 또는 오히려 변화를 위한 사회운동에 찬물을 끼얹는 냉소주의(시니시즘)나 우울증, 저항을 촉진시키는 저항감(defiance), 자긍심이나 열정, 시기와 후회, 두려움, 기쁨 등 다양한 형태의 감정들이 사회운동에 영향을 준다(Jasper, 1998).

적으로 무책임하고 자기통제를 하지 못하는 개인이나 집단, 조직에 대한 반응은 주로 두려움과 분노, 그리고 미움과 의심 등이다. 이어 재스퍼는 친구나 물적 자원 등을 집회나 사회운동에 동원하는 사회적 네트워크와 이를 가능하게 하는 연대감, 동지애, 사회운동을 통한 자긍심과 기쁨, 상호적이고 공유된 감정(도덕원칙의 공유와 성취감) 등이 중요하다고 지적한다. 운동의 쇠퇴와 소멸은 주로 지도부나 내부자들에 대한 실망, 시기, 혐오, 질투, 미움 등으로 인해 발생하는 경향이 있다(재스퍼, 2016).

이처럼 사회운동이나 집합행동에 대한 감정론적 접근은 행위자들이 어떤 동기적 관심을 갖고 있고, 상황을 어떤 식으로 판단하고 인지하며 집단행위에 참가하는가, 또 그들은 어떤 식으로 자신들을 정체화하고 유대를 강화하는가 등의 측면에 보다 많은 관심을 보임으로써 기존 연구가 가지고 있는 정태적이고 기계론적인 설명을 극복하고자 한다(박형신·정수남, 2015; 럽턴, 2016). 사회운동이나 집합행동, 특히 시위와 같은 집단행동은 감정의 흐름에 의해 좌지우지되는 경향마저 띠기 때문에 진행과정과 결과를 예견하거나 추측하기 어렵다. 감정은 집합행동의 참여자들을 서로 연결시키고 동원하는 기능을 담당하는가 하면, 집단행동의 힘을 배가시키는 증폭제 역할을 하기도 하고, 운동과 시위의 의미를 지지자들에게 각인시키고 수정된 목표에 정당성을 부여하기도 한다.

언어와 감정

집합행동과정에서 인지, 판단 작용은 물론 실천을 추동하는 감정은 목표설정과 이에 대한 충성과 헌신, 비난, 정체성 형성과 연대, 통합, 운동의 지속성과 강도 등을 위한 윤활유 작용을 한다. 이 과정에서 동원되는 언어(담론), 춤과 노래, 시(詩) 등은 매우 중요한 역할을 하는데, 언어는 참가자들의 감정을 표출, 매개, 발흥시켜 참여자들의 인지, 판단, 행동, 자원동원에 큰 영향을 미친다. 이미 오래전부터 일군의 언어학자들은 대상에 대한 언어의 기술차원을 넘어 언어의 수행성, 즉 언어의 발화가 갖는 수행적 기능에 대해 주목해왔다. 언어(담론)는 그 자체의 텍스트가 아니라 사회적 텍스트라고 불리는 맥락과 불가분의 연관을 맺고 있기 때문에, 언어의 수행 분석을 위해서는 정치경제적, 사회적인 맥락이나 문화적이고 역사적인 국면을 고려하지 않을 수 없다. 또한 계층(계급)이나 성, 지역, 세대, 인종 등의 사회적 변인들에 의해 어휘의 선택과 사용, 문장의 의미 해석 등이 다양하게 변할 수 있다(김왕배, 2001; 박해광, 2003; Bernstein, 2003). 이 외에 푸코의 계보를 잇는 '비판적 담론이론'은 개인, 집단, 조직, 계급, 국가 간 언어사용과 불평등의 문제, 담론과 권력의 문제를 다양한 차원에서 접근하고 있다. 언어는 내재적으로 비대칭적 권력관계 속에서 행사되는 사회성(sociability)을 지닌다. 낱말의 선택이나 어휘, 비유, 서술문의 성격이나 배열, 전제와 함축, 그리고 의미 부여와 배열 등 모든 측면에서 언어는 권력의 산물이고 또 권력을 재생산하는 역할을 한다(페어클러프, 2011). 부르디외 역시 언어와 상징권력의 관계에 주목했다. 그는 상징적 도구로서의 언어는 '구조화되고 있는 구조(structuring structure)'로서 객관적 세계를 구성하고 인지하는 상징적 수단이며, 구조화된 구조(structured structure)로서 의사소통의 수단(상징 대상)이고, 상징적 폭력으로 기여하는 이데올로기 권력장치(지배수단)라고 말한다. 간단히 말해 언어는 상징적 권력이며 정치적 힘이다(Bourdieu, 1990: 26, 27, 165).[3] 이처럼 사회의 총체적 맥락 속에서 작동하는 언어는 다양한 권력관계를 함축하고 있다. 그러면 언어는 어떻게 집합행동을 추동하는 감정의 에너지를 생성하고 확대시키는가?

일상생활에서의 관계뿐 아니라 집단저항(시위나 운동)과정에서 언어는 특정 감정을 유발하거나 표출, 강화, 재생산하는 데 지대한 역할을 한다. 음운으로부터 의미, 어휘, 용어, 단어나 문장, 전제 및 함축 등 다양한 언어 요인들은 발화적 동작(얼굴표정, 제스처)이나 소리의 조절(강약, 속도, 고저) 등에 의해서도 다양하게 전개되는데, 사회운동의 참여자들은 이러한 언어활동을 통해 대상을 평가하는 '감정 프레임'을 형성시킨다. 감정 프레임은 상대 행위나 이념, 정책 등에 대한 복합적인 인과성이나 내용을 단순화시켜(프레임의 단순인지 및 평가기능) 상대를 비난하거나, 동맹 맺기를 시도하기 위해 동원되는 전략적 무기로서 내집

---

[3] 상징적 언어는 주체를 호명하고 존재를 변화시키며 상처를 주거나 그 존재를 파괴하는 힘을 갖는다. 민주주의 정치란 말의 힘을 민주적으로 조직화하는 것이다(김주환, 2018).

단과 외집단을 구별하는 사회적 거리의 척도가 되기도 한다. 대개 이 감정 프레임은 옳고/그름의 도덕적 판단보다는 좋고/싫음의 선호적 판단에 의존하는 경향이 있다.

언어와 감정의 관계는 ① 감정에 대한 담론(discourse on emotion)과 ② 감정적 담론(emotional discourse)으로 구분될 수 있다. 전자가 어휘나 낱말, 문장, 일기, 선언문 등의 텍스트로 나타난 감정언어라면, 후자는 직접적으로 감정을 드러내거나 고취시키는 감정적 표현, 감정을 실은 일상 언어의 대화나 문자, 연설, 슬로건, 좀 더 넓게는 몸짓이나 구술행위 등을 포함한다. 아부 루그호드(L. E. Abu-Lughod)와 러츠(C. A. Lutz)는 감정이 사회적 상호작용의 산물이라는 점에 주목하면서, 사람들이 말하고 노래하고 떠들고 글 쓰는 행위로서의 언어수행은 감정에 대한 담론이거나 감정적 담론 중 하나라고 말한다. 예컨대 두려움에 대한 서사, 전설, 이야기, 시, 대화 등이 전자에 속한다면 후자의 감정담론은 감정 자체를 담론적인 언어행위로 보는 것인데, "감정의 교환과 관련된 감정적 제스처, 표정을 포함한 다양한 언어형태"로 나타난다(Abu-Lughod and Lutz, 2009: 106).

담론으로서의 감정은 언어와 분리될 수 없다. 문화적 정보양식으로서의 감정, 즉 담론으로서의 감정은 부르디외가 말한 '신체화된 경험'과 비슷한 것이자 아비투스로서 의사소통과정에서 자신의 의지 혹은 메시지를 표현하고 재생산한다(Lutz and Abu-Lughod, 1990: 12). 감정의 담론은 사회적 통합을 강화하거나 위협하기도 하며 또한 지배세력의 통치를 정당화하거나 강화시키는 데 이용되기도 한다.[4] 감정적 언어행위를 통해 지배와 억압, 정치행위를 정당화하거나 특정한 행위를 촉구하는 사례는 다양한 정치적 사건 속에서 잘 드러난다. 두려움과 공포, 분노가 그 대표적인 감정들인데 특히 정치집단이 체제를 유지하기 위해 두려움과 공포의 감정을 전략적으로 이용해왔다는 것은 잘 알려진 사실이

---

4 식민지 시기 콜롬비아에서 고무 집산자들은 두려움의 은유와 담론을 의도적으로 조작하여 원주민들에게 유포시킴으로써 자신들의 채취 및 착취 활동을 정당화하기도 했다. 즉, 별다른 근거도 없이 두려움에 처한 원주민들을 백인들이 나타나 구해준다는 식의 서사를 통해 자신들의 고무 채취행위를 정당화했다는 것이다(Taussig, 1987).

다. 예컨대 9.11 테러 사건 이후 부시 대통령은 이라크에 치명적 살상무기가 있다는 왜곡된 정보를 내세우며 이라크를 공격했지만 수치와 공포, 분노에 싸여 있던 미국인들로부터 정당성을 얻어냈고, 북한의 세습정권은 끊임없이 준(準)전시적인 공포 분위기를 조성함으로써 정적을 제거하고 체제를 유지하고 있다. 대한민국의 우파보수주의자들 역시 '종북좌파'와 '북핵 위협', '전쟁 시나리오' 등을 통해 두려움, 공포 ,혐오 등의 감정담론을 구사하여 자신들의 세력을 확장하려 한다.

한편, 어바인(J. T. Irvine)은 언어구조 자체가 감정과 연계되어 있다고 말한다(Irvine, 1990). 즉, 특정한 정서가 운율, 음운, 구문, 어휘, 연설행위(speech act), 악센트, 목소리의 톤 등 발화의 상황과 맥락, 발화자의 파롤(parole) 속에 이미 탑재되어 있다는 것이다.[5] 특히 가치판단적 언어진술은 특정한 감정과 밀접히 연관되어 있다. 예를 들어 '비겁하다'는 진술에는 부정적 평가와 함께 부정적 감정(모멸, 수치, 분노 등)이 작동한다(페어클러프, 2011: 169). 긍정적 감정과 부정적 감정을 불러일으키는 용어를 의도적으로 선택하여 쓰는 경우도 마찬가지로서 어휘가 불러일으키는 특정한 감정은 대상의 성격을 규정하고 대상에 대한 특정한 반응을 불러일으킨다.[6]

의도적인 가치판단적 언어진술을 통해 특정 집단과의 갈등을 유발하는 대표적인 사례가 바로 혐오발언 혹은 혐오표현이다. 담론은 물론 기호와 음성, 몸짓 등의 발화행위를 통해 특정 집단에 대한 부정적 감정을 실어 청중으로 하여금 그 감정을 불러일으키게 하거나 강화하게 하는 것이 이른바 '혐오발언(hate speech)'이다. 혐오발언을 생산하고 유포하는 사람들은 어느 특정 집단이 자신들 집단의 번영을 방해하거나 손해를 끼치고, 나아가 자신들의 존립을 위협한다고 생각하며 이들을 비난하려 든다. 혐오발언은 피해서사를 통해 상대를 부정적으로

---

5 예컨대 '깜둥이(니거)'라는 속어에는 이미 흑인이 열등인간이라는 인종차별적인 모멸과 혐오의 감정이 내재되어 있다.

6 예컨대 '그는 암적 존재다'라는 은유 진술은 '그'에 대한 타자들의 두려움, 혐오 등의 감정을 불러일으키고, '그'를 제거하거나 멀리해야 한다는 전략적 행위를 불러온다는 것이다.

낙인찍고 배제하려는 언어행위로서 그 전형은 유태인이나 집시, 이민자들(특히 불법이민자들)에 대한 서구 극우보수파들의 발언이다(혐오발언과 증오범죄 선동, 표현의 자유 논쟁에 대해서는 이 책의 제7장 2절 "혐오"를 보라).

이상에서 설명한 것처럼 언어와 감정, 그리고 집합행동(사회운동)은 서로 불가분의 삼각축을 형성하고 있다고 할 정도로 매우 밀접한 연관을 맺고 있다. 감정에 대한 언어이든 감정적 언어이든, 언어가 감정을 발흥시키든, 감정 그 자체를 통해 언어적 의사소통을 도모하든, 언어를 통한 감정교환은 집합행동이나 사회운동의 집단 내 혹은 집단 밖의 구성원들 간의 교류를 활발하게 할 수도 있고 갈등과 긴장을 증폭시킬 수도 있다. 즉, 언어-감정은 사회운동 혹은 집합행동의 집단 내 통합과 유대를 강화시킬 수도 있고 반대로 분열을 초래할 수도 있으며, 외집단과의 갈등을 증폭, 지속시키거나 화해시킬 수도 있는 것이다.

2. 탄핵 반대 '태극기 집회'의 사례

2016년 말부터 2017년 초까지 수개월 동안 광화문광장은 대통령의 탄핵과 하야를 외치는 함성으로 뒤덮였다. 집회의 규모를 상징하는 '백만 인파'의 촛불시위는 전 세계의 뉴스로 전파되었고, 마침내 제19대 대통령 박근혜는 탄핵과 함께 직위에서 물러나고 말았다. 다양한 세대와 계층들의 참여와 연대, 춤과 노래, 풍자와 수사가 동원되며 축제 분위기 속에서 진행된 평화롭고 엄중한 시위는 세계인들이 감탄하고 부러워할 만한 시민저항의 전례를 남겨놓았다. 광화문 촛불집회는 오늘날 초거대자본과 거대한 행정권력이 지배하고 있는 신자유주의 시대의 통치체제 시대에 '왜소해진 시민'의 주체적 역량을 부활시키는 사건이기도 했다. 그러나 광화문으로부터 불과 수백 미터 떨어진 다른 공간에서는 박근혜 대통령의 탄핵 반대를 외치는 이른바 '태극기 집회'가 열렸고, 한때 광화문 촛불집회의 규모와 견줄 만한 열기를 보여주었다. 처음에는 대통령을 열렬히 지지하는 후원집단인 '박근혜를 사랑하는 모임'(이하 박사모)이 주도하는 '동원된 집회'에 불과했지만, 시간이 흐를수록 참여 숫자가 점차 늘어나 '거대 집회'

로 확대되었다. 이들은 온몸을 태극기로 휘감고 태극기 물결을 이루며 대형 미국 성조기를 앞세워 행진하면서 대통령의 탄핵 반대와 탄핵 기각을 열광적으로 외쳤다. 마침내 헌법재판소에서 탄핵 인용과 함께 대통령 파면이 선고되는 순간 일부 집회자들은 '광기'에 가까운 불복 저항을 벌이다, 급기야 세 명의 집회 참가자가 사망하는 사고까지 발생했다. 집회에는 군복과 베레모, 검은 선글라스와 훈장을 단 '공수부대나 해병대 출신의 베테랑'들이 참여하여 군가 등을 부르며 계엄 선포를 주장하기도 했다. 한편, 박근혜 대통령의 일부 변호인단과 보수우파 정치인들은 수시로 이 집회에 참여하여 더 큰 집회와 시위를 독려하기도 했다. 이들 집회는 60대 이상의 노년층이 주류를 이루었지만, 광화문 촛불집회를 따라서 일군의 청년층을 동원하거나 이른바 '유모차 부대', '가족' 등을 참여시키는 모방적 진화현상을 보이기도 했다. 참여자층도 상대적으로 다변화되어 일부 보수성향의 교수와 같은 지식인들, 기독교 목회자와 신도 등도 참가했고 암묵적인 지지를 보내기도 했다. 그들은 '종북세력에 의한 국정파괴를 우려'하며 자유대한민국의 수호를 위해 탄핵 반대(기각)의 목소리를 드높였다.

   그들은 대규모 광화문 촛불집회에 대한 극도의 거부감과 두려움, 그 집회를 주도하고 있다고 믿고 있는 '종북좌파 세력'에 대한 혐오와 분노 등을 표출했다. 그런가 하면 이들 참가자들은 또한 촛불집회와 마찬가지로 그들 내집단의 연대감과 공간점령의 해방감을 드러내기도 했다. 종북좌파 세력의 척결과 자유대한민국의 수호라는 거대 담론의 가치에 맹종적으로 순응하다시피 하면서, 자신들의 존재감 상실에 대한 공포, 인정에 대한 욕망 등 매우 복합적인 감정들을 표출하고 있었다. 몇 개월 동안 지속된 이들의 집단행동과 집회 속에서 느껴지는 '집합열광'의 정체는 무엇이고 어떻게 가능했던 것일까?

   필자는 바로 이들 시위 집회의 집합감정과 집합행동에 주목하고, 그들이 지지하던 대통령의 탄핵, 촛불집회와 헌법재판소의 판결, 언론 등에 대한 분노와 증오, '나라가 망할 것'이라는 두려움 등의 감정이 어떻게 집회의 에너지로 작동하고 있는지를 들여다보았다. 이러한 감정들은 집회 주도세력이 표출하는 구호, 연설, 담론과 출판물, 그리고 노래와 상징물 등 직간접적인 '언어(활동)'에 의해 표현되거나 생성, 강화되고, '언어의 감정(혹은 감정의 언어)'은 집합행동에 일정한 '효과성(effectivity)'으로 작동한다. 필자는 이 절에서 '대한문 태극기 집회' 속에서 '언어(담론과 구호)를 통한 감정(구성)이 집합행동과 어떻게 연계되는지', 즉 언어, 감정, 집합행동 간의 관계를 살펴볼 것이다.

이를 위해 필자는 내용분석과 함께 최근 텍스트마이닝 분야에서 다수의 텍스트에 포함된 내용을 요약하기 위해 쓰이는 방법의 하나인 의미연결망 분석을 적용해보았다.[7] 이 분석을 위해 일차적으로 보수우파단체들이 탄핵정국 동안 (2016. 10. 26~2017. 3. 20) ≪조선일보≫, ≪동아일보≫에 게재한 탄핵 반대 광고를 수집했다.[8] 이 밖에 필자는 '탄기국' 집회와 관련된 다큐멘터리 등의 영상자료를 참고했다. 또한 '탄기국'의 집회에 다섯 차례 참석하여 집회현장을 관찰한 기록, 즉 집회현장의 노래, 춤, 함성, 목소리와 톤 등에 대한 관찰노트와 집회 참

---

[7] 내용분석에 이어 필자는 텍스트에 대한 연결망 분석(network analysis)을 보조적인 분석방법으로 활용했다. 넓은 의미에서 일종의 혼합방법론이라고 할 수 있을 것이다. 여기서 사용한 연결망의 측정지표는 연결정도중앙성(degree centrality)과 사이중앙성(betweenness centrality) 두 가지이다. 내용분석을 통해 탄핵 반대집회 과정에서 생산된 주요 담론들의 특징과 이들의 언어에 내재한 감정동학을 검토한 후, 광고와 일부 텍스트들을 의미연결망을 통해서 주요 개념과 감정유형에 대한 분석을 진행함으로써 탄핵 반대집회에서 생산된 담론 유형과 감정, 집합행동의 특징을 논할 것이다.

[8] 필자가 활용한 텍스트는 ≪조선일보≫에 실린 탄핵 반대 지면광고인데 ≪동아일보≫ 지면에도 실린 광고를 일부 사용했다. 이와 함께 우파성향 온라인매체인 ≪뉴데일리≫가 2017년 3월 1일 대한문 집회에서 배포한 인쇄물에 게재된 지면광고도 분석에 활용했다. 분석 텍스트는 위 3개 신문사에서 게재한 지면광고 88건이다. 게재 기간은 탄핵정국이라 할 수 있는 2016년 11월부터 2017년 3월까지이다. 게재된 지면 광고는 2016년 11월에 1건, 12월 2건이었으며 2017년 1월 13건, 2월 40건, 3월 32건으로 2017년 1월과 2월 사이에 급격하게 증가했다. 이른바 '박근혜를 사랑하는 모임'(이하 '박사모'로 칭함)을 비롯하여 수십여 개의 보수단체들은 '탄핵 기각을 위한 국민총궐기 운동본부'(이하 '탄기국'으로 칭함)를 결성한 후 매주 혹은 탄핵 심판기일에 즈음해서는 거의 매일 ≪조선일보≫에 자신들의 의견과 집회를 촉구하는 광고를 실었다. 광고의 하단에는 주최/주관/참여 기관을 밝히고 있는데, 박사모를 비롯한 박근혜 대통령 지지단체, 서북청년단체 등 보수우파단체, 해병전우회, 육해공군 해병대 대령연합회 등의 전직 군인들 결사체, (사)대한예수교 장로회연합회, 기독교발전협의회, 대한기독교연합총회와 같은 보수 종교단체 등 50여 개 단체에 이른다. 여기에 일부 보수기독교 단체, 탄핵을 반대하는 변호사들이나 개인들이 광고를 싣기도 했으며, ≪동아일보≫에도 동일한 광고를 게재하기도 했다. 보수우파 온라인매체인 ≪뉴데일리≫는 3.1절 집회에서 탄핵 반대를 주장하는 유인물 형태의 신문을 제작, 유포하기도 했고 '탄기국'에서는 다양한 팸플릿과 소식지 등을 만들어 집회현장에서 배포했다. 이상의 자료가 이 연구의 주요 분석대상이다.

가자들과의 '퀵 인터뷰(quick interview)' 기록 등을 자료로 삼았다.

애국국민의 호명과 분노/두려움

애국국민의 호명

이른바 '최순실 국정농단 및 박근혜 대통령의 헌정유린 사태'에 대한 시민들의 분노와 저항은 대규모 촛불집회를 통해 대통령의 퇴진, 비상내각 구성, 하야 및 탄핵 등의 요구로 이어졌다. 그러나 다른 한편에서는 촛불집회에 대항하여 대통령 탄핵 반대, 기각, 무효 등을 주장하는 '태극기 집회를 주동'하는 연합집단인 '탄기국'이 등장하게 되었다. 이들은 ≪조선일보≫와 ≪동아일보≫ 등 보수성향의 신문에 매주, 그리고 헌법재판소의 탄핵인용에 대한 심의가 본격적으로 진행되던 시기에 거의 매일 광고문을 싣고, 탄핵의 부당성과 박근혜 대통령의 직무복귀 등을 강력히 주장하면서 다양한 집단의 결속과 참여를 독려했다. 집회 초기에는 이들 단체들이 동원한 노인 시위자들이 주를 이루었지만 점차 시간이 지나면서 상대적으로 다양한 행위자들이 참여했다. 초기에는 이 중 상당수가 관변단체에 의해 수당을 받고 동원된 사람들로 밝혀지기도 했다.[9] 물론 참여자들의 나이, 성별, 직업(전직), 교육수준 등의 통계적인 분포를 알 수는 없다. 초기에 비해 후반기에는 중장년층들과 보수기독교 교회의 목사와 신도들, 일부 지식인들도 직접 시위에 참여하기도 했다. 직접참여자 이외에 간접참여자(집회 지지자)에게도 주목할 필요가 있는데 이들은 '탄기국'의 주장을 카카오톡 등을 통해 주변에 유포하면서 탄핵 반대를 지지하거나 촛불집회를 비난하는 데 가세하기도 했다. 이들 시위참가자들과 지지자들의 증폭과정을 미시적 자원동원에 의한 집합행동의 과정으로도 엿볼 수 있는데 (자발적) 참가자들은 지인들에게 연락을 취하기도 하고, 노인정이나 친목계, 교회, 이웃 등을 통해 주변 연고자들을 집회에 모으기도 했다.

---

[9] "목욕하고 오면 5만 원, 친박집회 참가자 가격표"(JTBC, 2017. 1. 26).

그렇다면 이들은 자신들의 정체성을 어떻게 부여하고 있는가? 탄핵 반대에 동참하거나 이를 지지하는 사람들은 자신들을 '보수우익', '애국국민', '애국시민'으로 호명한다. 처음 단계에서 이들은 자신들의 정체성을 우익보수주의라는 용어를 동원하여 표현했지만 집회가 거듭될수록 이들은 우익보수주의란 용어 대신 '애국국민', '애국시민' 등으로 자신들을 부르기 시작한다. 2017년 1월 7일 자 ≪조선일보≫에 게재된 광고문 중간에는 '애국국민'이라는 용어가 등장한다. 이후 '애국시민'이라는 말들이 내용 중간에 삽입되어 등장하다가 아예 광고의 표제로 등장한다(≪조선일보≫, 2017. 3. 14).

12월 17일(토) 오전 11시 광화문을 탄핵무효 함성으로 뒤덮읍시다. 이 날을 애국우파단체가 총집결하는 날로 만듭시다(≪조선일보≫, 2016. 12. 14).[10]

자유대한민국이냐, 월남식 공산적화 통일이냐. 대통령 탄핵 기각하라. 반공우익 국민들이여 뭉치자, 싸우자, 이기자(≪조선일보≫, 2017. 1. 7)

이제야말로 정의와 진실 …… 500만 애국시민, 가자, 대한문으로(≪조선일보≫, 2017. 3. 14)

법치수호! 가자, 대한문으로!! 애국국민 여러분, 역사가 명령하고 있습니다(국민저항본부, ≪조선일보≫, 2017. 3. 20)

이들의 발화에서 자신들에 대한 호명을 애국우익, 반공우익, 애국우파 등 국가에 대한 사랑과 충성으로 연결하는 특징을 확인할 수 있다. 애국시민인 자신들이야말로 자유대한민국을 수호하고 정의와 진실을 위해 투쟁하는 자들로 자리매김하는 것이다.

---

10 이 글 본문에서 광고 인용은 ≪조선일보≫에 국한했다. 탄기국 외 개인이나 특정 단체의 이름으로 광고를 올린 경우도 있다.

저항대상의 설정과 낙인

집합행동이나 사회운동 과정에서 자신들의 목표를 달성하기 위해서는 저항대상을 설정해야 한다. 저항대상은 자신들의 목표 달성을 방해하거나 장애가 되는 개인 혹은 집단으로서 이들 집단은 끊임없이 자신들을 적대적으로 위협하는 세력이다. 저항대상은 그 실체와 상관없이 왜곡, 과장, 축소 등의 부정적 언어와 감정을 통해 '제거의 대상'으로 낙인찍힌다. 저항대상에 대한 부정적 이미지를 통해 이에 대항하는 집단의 지위와 정체를 부각시킴과 동시에 자신들의 행위를 정당화한다.

'탄기국'이 설정하고 있는 저항대상은 소위 '종북좌파' 세력으로서 '북한을 추종하는 이 집단이 촛불집회와 박근혜 대통령의 탄핵정국을 주도하고 있고', '자유주의 대한민국을 위협에 빠뜨리고 있다'고 주장한다. 탄핵을 반대하는 애국국민(시민)은 자유와 정의를 수호하고 법치주의를 유지하려는 양심세력인 데 반해, 북한세력과 연계되어 있는 종북좌파 세력은 촛불시위와 탄핵을 주도하고 민중혁명 운운하면서 국가의 안보와 생명을 무시한 채 체제전복을 꾀하고 있는 세력인 것이다.

> 대한민국 국기를 흔드는 종북좌파 독버섯들을 척결하자!(이북도민회중앙연합회 고문단, ≪조선일보≫, 2017. 1. 25).

> 대한민국은 지금 내우외환의 매우 심각한 위기에 처해 있다! 당리당략에 따라 국가안보를 흔들지 마라. 종북좌익 세력을 척결하여야 한다. …… 미군 훈련 중 장갑차 사고와 광우병 파동에 이어 최근에는 탄핵사태를 이용하여 사회주의가 대한민국의 정치체제를 바꾸어야 한다고 그들의 목표를 공공연히 언급하며 혼란과 불안을 증폭시키고 있다. 우리나라의 정통성을 부정하고 국가안보를 위협하는 종북좌익 세력을 반드시 척결하여야 한다(대한민국성우회 회원 일동, ≪조선일보≫, 2017. 2. 27).

> 대한민국은 결코 흔들리지 않는다! 대한민국의 주인은 특정 정치세력이 아닌 우

리 국민들이다! 친북좌파세력 OUT! 애국보수세력 OK!(대한민국재향군인회·대한민국성우회, ≪조선일보≫, 2017. 1. 5).

'탄기국' 시위자들은 대한민국이 종북좌파 세력에 의해 위기에 빠져 있다고 진단한다. 그래서 애국시민인 자신들이 바로 이러한 절체절명의 위기의 순간에 '침몰하는 대한민국(호)'를 구하기 위해 앞장서고 있다는 것이다. 광화문 촛불집회와 대통령 탄핵을 주도하는 집단은 자유민주주의의 대한민국을 전복하려는 이른바 종북(좌파)세력이다. 이들이 설정한 프레임은 비단 광화문 촛불집회와 탄핵 주도세력에 국한된 것이 아니라 한국의 우파보수주의 집단이 해방 이후 수십 년 동안 동원해온 수사(rhetoric)이다. '종북좌파'라는 프레임 속의 핵심용어화(keying) 속에는 다양한 의미들이 함축되어 있다. 그 대상에는 우선 북한의 지령을 받고 암약하는 간첩이나, 북한의 입장을 '옹호'하는 듯한 사고나 발언을 하고 북한과의 화해나 대화를 추구하는 자들로부터 이른바 '주사파'라 분류되는 운동권세력, 그리고 이들에게 묵시적으로 동조하는 자들이 포함된다. 그러나 그들이 설정한 종북좌파의 프레임에는 진보적 언론, 정당정치인, 지식인들뿐 아니라 사드(THAAD) 반대운동가, 강정마을 군사기지 건설 반대운동가들은 말할 것도 없고, 노동운동가, 환경 및 인권운동가 등의 시민사회운동 단체나 지도자들 모두가 포함된다. 더욱 넓게는 미국의 한반도 정책을 비난하거나 반대하는 세력, 나아가 진보적 기독교주의자들도 포함되고, 심지어 '동성애'자들이나 동성애 지지 집단도 여기에 속한다. 한마디로 종북좌파의 프레임 속에는 자신들 우파와 세계관이나 정치적 이해관계를 달리하는 개인이나 집단 모두가 포함된다. 즉, 우파보수세력의 세계관이나 이해관계에 벗어난 집단은 모두 '종북좌파'라는 프레임으로 정돈되는 동시에 저항의 대상으로 설정되고 낙인찍힌다.

위기의식과 두려움

태극기 집회 참가자들을 관통하는 감정은 위기감과 두려움이다. 이 두려움은 집회주최자들과 선동가들의 '감정적 언어'에 의해 강화되기도 하고 촉발되기도 한다. 우파보수주의자들이 보이고 있는 위기감과 두려움은 비단 탄핵정국에서 새롭게 발현된 것이라고 볼 수 없다. 태극기 집회에 참가한 대부분의 노인들은 한국전쟁을 직접 경험했거나 군인으로서 한국전쟁에 직접 참여한 자들로서 어린 시절에 전쟁의 참상을 경험한 자들이고, 전쟁 이후 극도의 냉전과 함께 반공교육에 의해 사회화를 경험한 세대이다. 이들의 내면세계에 자리 잡고 있는 전쟁과 안보에 대한 공포와 두려움은 '감정의 습속(아비투스)' 혹은 '신체화된 감정'이라고 부를 수 있을 것이다(이 책의 제5장 2절 "전쟁과 두려움의 기억 그리고 반공보수성의 고착"을 볼 것). 집회주도자들의 선동적 언어는 이들에게 내재된 공포와 두려움을 즉각적으로 촉발시킨다. 종북좌파세력은 미국과의 군건한 동맹을 바탕으로 분단과 전쟁, 가난을 극복하고 선진국으로 끌어올린 자신들 세대가 이룩한 자유대한민국을 혼란에 빠뜨리고 나아가 체제전복을 꾀하는 세력으로서, '목하 작금의 사태는 두렵고 무서운 공포상황'이라는 것이다. 그들은 '위기', '위태'와 같은 용어와 '척결', '궐기', '박살' 등의 선동적이고 직설적이며 군사은유적인 언어를 통해 불안과 분노, 비장감을 표현하고, 또 그러한 감정을 불러일으킨다.

> 3.1절 태극기집회에 총궐기합시다. 국가가 중대한 위기에 처해 있습니다. ······ 국가를 위태롭게 하는 종북좌파를 척결하자. 한미동맹을 더욱 공고히 하여 국가안보태세를 확고히 하자. 북핵에는 핵으로 대응하고 태극기와 성조기로 북핵을 박살 내자(예비역 기독군인회연합회, ≪조선일보≫, 2017. 2. 28).

전직 K대학 교수인 박 모 씨(82세)는 제1야당의 유력한 대선주자이던 문재인 씨가 "학창시절 데모를 주도한 위험한 사람"이라고 말한다. 그는 "이들이 촛불집회를 배후 주도하고 있으므로 나라가 위험하다"는 생각을 가지고 대한문 집회에 참가했다. H대학의 최 모 교수(59세)는 '탄기국'에 직접 성금을 전달하기도 했으며 집회장소뿐 아니라 일상생활 공간에서 태극기 배지를 달고 다닌다. 중소기업을 운영하고 있는 K 씨(72세)는 직접 집회에 참여하지는 않았지만 촛불집회가 매우 위험한 좌파집단에 의해 주도되고 있다는 식의 내용을 카카오톡을 통해 가족들에게 수시로 전달했다. 2017년 1월 25일 집회 중 카페에서 만난 한

노부부는 광화문 촛불집회야말로 헌정을 어지럽히는 행위라고 진단했다. 특히 헌법재판소에서 이미 해산을 결정한 '통합진보당(이하 통진당) 세력들이 준동하고 있다'는 것이다. 실제로 탄핵집회가 소강상태에 들어갈 무렵 통합진보당의 구속자 아내 등이 나와 자유발언을 했고, ≪조선일보≫에서는 드디어 집회의 성격이 변질되고 있다고 밝혔다. 3.1절 기념 태극기 집회가 해산될 즈음 길거리에서 말을 건넨 노인(75세)은 매우 심각한 표정으로 "큰일이요, 큰일 날 것 같소"하면서 불안감을 내보였다. 그가 현 상황을 "큰일"로 보고 두려움을 느낀 것은 대한문 집회와 광화문 집회가 격렬해지면서 해방 직후의 극단적인 좌우대립과 폭력의 가능성을 보았기 때문이다.

비난할당과 분노

저항대상에 대한 공격은 비난의 할당과 바로 연관되어 있다(재스퍼, 2016). 비난의 할당은 선동과 증오발언 등을 통해 더욱 선명해지고, 참여자들은 분노, 혐오, 적대감, 두려움 등 복합감정의 표출을 통해 집단행위를 강화하거나 지속시켜 나아간다. 이른바 태극기 집회의 '애국시민'들은 거의 비슷한 시간과 공간에서 진행되고 있는 광화문 촛불집회 참가자들을 직접적으로 비난하기보다는 주도세력으로서 설정되고 낙인찍힌 '종북좌파'에 대한 비난을 퍼붓는다. 광화문 집회 참여자들과 태극기 집회 참여자들에게는 매우 단절적인 시공간이 동시적으로 존재한다. 다음은 필자의 관찰기록의 일부이다.

광화문이나 대한문 광장에 접어드는 순간 '묘한 분위기의 공간속으로 빠져들어 가는 느낌'을 갖는다. 그 공간은 무수히 많은 대중들과 교차하지만 단순히 '예의 바른 무관심(Goffman, 1972)'으로 지나쳐 버리는 공간과 확연히 구별되는, 어떤 신기(神氣)가 발현되는 듯한 곳이다. 예를 들어, 서대문역 5호선 5번 출구나 시청 앞 2번 출구 지하차도, 경복궁역, 종로 등에서 사람들이 삼삼오오 짝을 지어 광화문 혹은 대한문 광장에 설치된 중앙무대를 향해 걸어 들어가는데 그 공간은 도시사회학자들, 특히 어리(John Urry)와 같은 학자가 묘사한 이동공간의 전형이다. 그러다가 더 이상 전진하기 어려운, 인파의 경계 앞에 멈추는 그곳은 일종의 성/속(the sacred/the secular)을 구별 짓는 경계의 공간(liminal space)이리라. 그 경계를 넘어 들어선 집회의 공간들은 참여자들에게 일상과 분리된, 집단의례가 수행되는 퍼포먼스의 장이며 신성한 시간이 흐르는 곳이다.11

그런데 매우 이질적인 두 대립자들의 공존은 집회장소를 벗어난 이동장소에서 발견된다. 광화문 촛불집회와 대한문 태극기 집회가 열리는 장소는 겨우 200여 미터 떨어져 있어 도보로 5분 내지 10분 정도의 거리에 지나지 않는다. 3.1절에는 거의 동일한 시간에 동일한 광장에서 두 집회가 벌어지기도 했는데 광화문 광장의 촛불집회 장소는 오직 경찰의 차벽으로 구획되어 있을 뿐이었다. 집회가 끝나면 시청 앞 지하철은 태극기 집회 참가자들과 촛불집회 참가자들이 서로 귀가하기 위해 같은 장소에서 서성거리기도 한다. 가끔 술 취한 태극기 집회 참가자가 욕을 하는 경우도 있으나 대개의 사람들은 그들을 외면한다. 그들은 집회에 참가하거나 해산하여 귀가할 때 시청 앞과 광화문 일대에서 서로 마주치기도 하고, 동일한 지하철역이나 버스 정류장 등을 동시에 이용하기도 한다. 뿔뿔이 흩어진 채로 촛불을 든 귀갓길 시민들이 대한문 옆을 지나치기도 하고, 태극기를 든 집회 참가자들이 광화문 광장 쪽으로 걸어가기도 한다. 하지만 피차간의 언쟁이나 삿대질 같은 적대적 행위는 좀처럼 찾아볼 수 없다. 심지어 2호선 시청역의 같은 벤치에 태극기를 든 노인들과 촛불집회에 참가한 젊은 세대가 서로 외면하면서(마치 서로의 정체가 드러나는 것이 걱정되는 것처럼) 조용히 앉아 있기도 한다. 그러나 그들만의 공간에 들어서면 상대에 대한 비난은 거침없이 쏟아진다.

탄핵을 주도하는 종북좌파가 핵심적 비난대상이지만 이들을 지지하는 조직들이나 개인들, 예컨대 언론(인)과 국회(의원), 검찰(검사), 나아가 헌법재판소(재판관) 등 모두가 비난할당의 대상이 된다. '탄기국'은 언론이 '탄핵을 부추기고 거짓 보도를 일삼았으며', 국회는 '당리당략에 입각하여 탄핵을 결의'했고, 검찰

---

11 그리고 그들은 다시 일상의 세속 공간과 시간으로 돌아온다. 귀르비치(G. Gurvitch)는 혁명에 준하는 시간은 기억 속에 저장되고, 사람들은 그 흥분의 열기를 그리워한다고 말한다(Gurvitch, 1990).

은 '여론에 떠밀려 법을 어기면서까지 대통령을 무리하게 수사'했으며, 헌법재판소는 '위헌적 요소를 안은 채 탄핵인용에 대한 심리'를 하고 있다고 비난했다. '탄기국'은 이 집단들에 대한 적대감과 증오를 적나라하게 표출하는 감정적 언어를 동원했고 특정 언론사나 헌법기관, 검찰, 국회는 물론 특정 개인의 이름까지 공개하며 증오발언을 퍼부었다. 언론이 탄핵과 관련하여 거짓 보도와 함께 불공정 보도를 일삼고 있다면서, 특히 최순실 태블릿 보도를 계기로 탄핵 과정에 결정적 역할을 했던 JTBC와 특정 앵커나 기자에 대한 인격모욕적 표현도 서슴지 않았다.

검찰과 특검은 기획폭로에 가담한 언론사의 정보입수 과정에 범죄혐의가 있는데도 조사조차 하지 않는다. 검언(檢言)유착이다(국민행동본부, ≪조선일보≫, 2017. 2. 20).

1월 21일(목) 오후 2시에 제2차 검찰 규탄집회가 있습니다. 이번에 검찰은 촛불광풍에 겁을 먹고 대통령을 조사도 하지 않은 채 피의자로 공표하여 탄핵의 단초를 제공했을 뿐 아니라 JTBC와 공모하여 있지도 않은 최순실 태블릿 PC를 조작했음이 명백함에도 검찰은 수사하지 않고 있습니다. 이번 최순실 게이트는 JTBC 손석희 게이트이자 검찰 게이트입니다. 검찰은 이번에 공권력의 생명과도 같은 정의수호 정신을 버렸습니다(새로운한국을위한국민운동 외, ≪조선일보≫, 2017. 1. 7).[12]

이와 함께 국회와 헌법재판소 역시 그들에게 비난할당의 대상으로 지목된다. 동시에 이들은 헌법재판소 재판관들의 사진을 싣고 '무언의 압력'을 가하거나 특정 재판관을 거론하며 인신공격성 비난을 하기도 했다.

정쟁만 하는 국회가 나라 망치고 있다. 박근혜는 돈 한 푼 안 먹고 역대 대통령

---

[12] 이들은 집회장소에서 박영수 특검을 비방하는 대자보를 붙여놓고 비난했다.

이 할 수 없었던 일 해냈는데 왜 파면당해야 한단 말인가!(장경순, 대한민국헌정회 원원로회의 의장, ≪조선일보≫, 2017. 2. 22).

헌법재판소의 졸속 재판을 탄핵합니다. 강일원 주심 재판관의 재판전횡을 고발한다(법치와 애국모임, ≪조선일보≫, 2017. 2. 25).[13]

또한 이들은 탄핵의 부당성을 법적 논거를 통해 제시하기도 했다. 전직 변호사, 헌정원로, 전직 헌법재판관 등이 자신들의 법적 해석 논리를 표명하면서, 탄핵을 반대하는 논리적 근거가 단순히 감정적인 것이 아니라 이성적이고 합리적이라는 점을 부각하는 것이다. 박근혜 대통령의 변호인단 중 한 명인 김평우 변호사는 탄핵사유의 불법성을 헌재 심의체제가 9인이 아닌 8인 체제라는 점, 80일 졸속재판이라는 점, 13개의 탄핵사유 전체에 대한 국회의 일괄투표가 헌법 65조를 위배했다는 점, 뇌물죄, 직권남용죄, 강요죄라는, 그의 표현대로 소위 '섞어찌개 범죄'를 만들어 속임수를 썼다는 점 등을 내세워 탄핵소추의 부당성을 주장했다.[14]

지금 국회는 국민여러분이 뽑은 대통령을 속임수 탄핵으로 내쫓으려 하고 있습니다. 사법역사를 새로 쓴 김평우 변호사의 2시간 변론(법치와 애국모임, ≪동아일보≫, 2017. 2. 24).

한편, 보수우파단체들은 탄핵이 인용되고 대통령의 파면이 선고된 다음에도 헌법재판소의 판결에 불복하는 의견을 광고로 내기도 했다.

---

[13] "노컷일베"라는 유인물에는 강일원 재판관의 사진과 함께 이를 비난하는 글이 실렸다("노컷일베", 2017. 2. 11). 참고로 일베 커뮤니티의 언어네트워크를 감정정치와 연결시킨 석승혜·장안식(2017)을 보라.
[14] "프리덤 뉴스"라는 신문 형태의 유인물에서도 탄핵소추사유 등에 대해 세세한 반론분석을 실었다("프리덤뉴스", 2017. 2. 11).

헌재의 탄핵인용 결정은 원천무효입니다 재심청구부터 시작합시다. 사랑하는 법치, 애국시민 여러분, 3월 10일 탄핵인용 결정은 법치주의 자살골 재판입니다. 이번 헌재결정은 위헌, 위법이 아닌 것을 찾기 힘듭니다. 우리는 이런 위헌적인 사법만행에 대해 결코 승복할 수 없습니다. …… 사랑하는 법치, 애국시민 여러분, 박근혜 대통령님이 복권되어 깨끗한 이름을 회복할 수 있도록 함께 투쟁합시다(법치애국시민 김평우 변호사, ≪조선일보≫, 2017. 3. 14).

우리는 패배하지 않았다. 진짜 태극기 운동은 이제 시작일 뿐이다(국민저항본부·탄기국, ≪조선일보≫, 2017. 3. 15).

'탄기국'의 시위 주도자들은 집회의 무대에서 자신들의 견해를 반복적으로 주장하기도 했다. '탄기국'의 주도자들이 동원하는 어휘는 물론 담론, 음성의 톤이 증오발언의 강도를 더욱 강화시킨다. 그들은 막말과 욕설, 위협적 언사, 개인인격을 비난하는 언사를 서슴지 않는다. 집회에 동원된 소형 트럭에는 탄핵 기각을 주장하고 언론, 검찰, 국회 등과 특정인을 비난하는 현수막이나 대자보 등이 내걸렸다. 비난의 감정은 증오, 혐오 그리고 경멸감과 분노 등이 복합적으로 어우러져 있는 감정이다. 그들은 '종북좌파' 세력과 함께 특정 기관은 물론 개인들의 이름을 실명으로 거론하면서 집회참여자들에게 극도의 증오와 적개심을 불러일으켰다.

'태극기 휘날리는' 자긍심과 군중의 기쁨

조국에 대한 헌신과 자긍심

태극기 집회라고 불릴 정도로 자유대한민국의 태극기는 '탄기국'의 세계관과 실천적 행위를 집약하여 표현하는 상징물로 등장한다. 태극기를 흔들고, 태극기를 몸에 두르며, 태극기를 들고 행진하는 그들은 조국을 위한 헌신적 감정으로 뭉쳐 있는 사람들이며 개개인의 사욕을 극복했기에 타자로부터 정당성을 얻는다고 믿는다. 태극기 집회에서 '상상된 공동체(imagined community)'로 등장하는 '자유대한민국'은 그들을 초월하여 우주를 다스리는 숭배의 대상, 즉 세속의 신(神)으로 등장한다. 애국가는 찬송가이며 태극기는 가시적인 집합적 표상으로서 자유대한민국의 신과 신도들을 매개하는 하나의 상징이다.[15] 그들의 애국심과 헌신은 '태극기'를 통해 표상될 뿐 아니라 미국 성조기를 통해서도 나타난다. 성조기는 자유민주주의의 대한민국을 위협하는 북한의 침략이나 종북좌파 세력들의 선동과 위협에도 안보와 생존을 지켜줄 '든든한 수호자'의 상징물이다. 이들은 대형 태극기와 성조기를 펼치며 시가행진을 하거나, 태극기로 온몸을 감싸고 열렬히 흔들어대면서 자신들의 행위를 '국가전복 음모를 멈추게 하라는 태극기의 명령을 수행하는 일'이라고 주장한다.[16] 그들은 태극기라는 집합표상과 자신들 그리고 국가를 동일시하려 한다.[17]

역설적인 것은 독재정권에 저항하던 부마항쟁이나 군부 쿠데타에 항거한 광주항쟁 시위대가 동원한 태극기가 여전히 이들을 불순세력으로 보는 보수우파 집단의 시위대에 의해 '점유'되었다는 사실이다. 독재정권을 지지하던 보수우파 집단이 태극기를 흔들고 애국가를 제창하는 모습은 마치 혁명기 이후 프랑스 국가인 「라 마르세예즈(La Marseillaise)」가 국면에 따라 보수, 중도, 좌파 집단 등에 의해 서로 선점되어왔던 것처럼(노라 외, 2010) 특정 권력집단에 의해 엠블럼이 달리 점유되고 해석된다는 점을 잘 보여주고 있다.

좌파는 촛불을 듭니다. 우리는 태극기를 듭니다. 우리는 태극기 배지 달기 운동을 시작했습니다(탄기국, ≪조선일보≫, 2017. 1. 6).

---

[15] 시사주간지 ≪시사IN≫에서 이와 유사한 분석을 수행한 바 있다("일베, 박사모 담론분석", ≪시사IN≫, 2017. 4. 1, 제498호).

[16] 이와 같은 내용이 실린 "뉴스타운"은 대한문 집회에서 배포된 신문이다. 여기에는 이 밖에도 "태극기 집회 한편의 장엄한 드라마. 대한민국 국민들은 왜 태극기를 들었는가(영어번역)" 등의 글귀가 실려 있다("뉴스타운", 2017. 2. 11).

[17] '탄기국'의 행진에는 이스라엘 국기가 등장하기도 했다. 이스라엘 국기는 한국 우파기독교인들이 내세운 상징물로 보인다. 한편, 후기 탄핵국면에서 이들은 태극기와 성조기, 그리고 박근혜 대통령의 초상화기를 동시에 들기도 한다.

3.1절 그날처럼 태극기여 영원하라. 남녀노소 가족 모두 나서서 광화문을 100만 태극기 물결로 뒤덮어 진정한 민심을 보여줍시다(3.1절 태극기 국민운동 및 구국기도회 준비위원회, ≪조선일보≫, 2017. 2. 22).

24일 오후 4시. 가자, 밤을 빛낼 태극기, 정의와 진실에 목마른 모든 이들이 함께 흔들게 됩니다. 가자, 가자, 가슴 속 태극기 마음에 품고 승리의 길을 가자(탄기국, ≪조선일보≫, 2016. 12. 19).

'자유대한민국'은 보수우파들에게 신적 존재이다. 자유대한민국은 보편적 자유의 이념과 상관없이 오로지 북한공산주의와 대별되는 체제를 의미하는 상상의 기호로서 자신들뿐 아니라 자손의 안녕을 도모하고 번영을 이룩해줄 신과 같은 차원의 존재로서 단순한 이데올로기적 장치가 아니라 죽음과 삶의 영역까지 관장하는 대상이다. 자신들은 이러한 '국가'공동체를 수호하는 애국시민으로서 이들에게는 국가소명의 책임을 완수하는 '사도'로서의 비장한 자긍심(pride)이 작동한다. 이미 앞에서 소개한 대로 '탄기국' 시위자들은 자신들을 애국시민으로 호명하고 태극기 시위를 통해 책임감, 헌신감, 자부심 등을 극대화시켜 표현한다.

자긍심(pride)은 사회가 가치 있다고 규정한 규범이나 책임 혹은 목표를 달성했을 때 그리고 이를 타자로부터 인정을 받을 때 생기는 감정이다. 유아들은 타자로부터 칭찬을 받을 때 이러한 자부심이 발동되며, 성인들에게는 개인차원의 목표달성보다 개인을 초월한 공동체의 목표를 달성했다고 인정받을 때 그 자긍심이 배가가 된다(Lewis, 2008).[18] '탄기국' 집회참가자들은 자신들이 사사로운 개인적 이해를 넘어 국가공동체를 위해 '힘들고 지친 몸'이지만 광장에 나섰다

---

18 자긍심은 수치심과 양면을 이루는 감정으로, 조직이나 사회의 통합을 위해 중요한 기능을 담당한다. 집단의 안정적 결속과 자긍심은 서로 밀접히 연계되어 있는데 상호간 기능적 소통을 통해 협동을 증대시키는 반면, 인정할 수 없는 수치심은 역기능적 소통으로 인해 집단 안팎의 갈등을 불러일으킨다(Scheff, 1994: 60).

는 자부심을 표현한다. 2017년 2월 11일 집회에서 대구에서 상경했다는 한 노인(72세)이 "지금 나라가 이 모양인데 우리 같은 노인네들이 힘이 들어도 나서야지요"라고 하자 "힘들고 추위도 어떻게 해, 나와야지. 빨갱이들이 저렇게 설쳐대는데"라며 옆에 서 있던 다른 노인(80세)이 맞장구를 친다. 시청역 지하철역 출구 앞에서는 나이 든 여인이 태극기를 흔들며 갈라진 목소리로 열심히 탄핵 반대 구호를 외친다. 마치 교회 부흥회의 신도를 보는 듯한 느낌이다. 이들은 자신들이야말로 순수한 애국시민이라는 자신의 정체성을 확인하고, 자신들이 선택한 지도자와 정권, 국가와 개인이 '일체(一體)'를 이루어 이를 위해 헌신하는 자신들에게 큰 자긍심을 갖는다.

물론 일부 집회 참가자들은 박근혜 대통령의 실책을 인정하지만 그것이 곧 탄핵의 조건은 아니라는 논리적 강변을 펴기도 한다(이름 밝히지 않음. Y대학 법학과 78학번, 58세). 탄핵에 대한 논리적 강변은 김평우 변호사 등의 전문가 집단이 대통령 탄핵에 대한 위헌적 해석을 내리고 집회에서 이 내용을 전파, 확산하면서 동조자들이 생겨나는 집회의 후반부에 나타난다. 비난의 대상인 집단으로부터의 두려움과 공포 그리고 분노의 감정은 그들을 극도로 혐오하고 증오하는 감정으로 확장된다. 종북좌파는 '정상적인 체제를 좀 먹는 해충 혹은 기생충과 같은 존재로서 박멸의 대상'이며, 그 '숙주들 역시 제거'해야 한다는 것이다.[19]

주체의식과 '군중의 기쁨'[20]

탄핵 반대 시위자들은 국가를 위해 헌신하고 있다는 자긍심과 함께 해방감을 맛보기도 했다. 오늘날 한국의 노인층은 침묵과 저항의 부재를 강요당한 시대 속에서 젊은 시절을 보낸 세대이다. 반독재와 노동투쟁 등을 목도했지만 극히 일부의 집단을 제외한다면 한국의 노인층은 스스로 집단저항의 목표를 설정하고 주체로 참여한 적이 거의 없고, 오히려 저항에 방관하거나 암묵적 반대를 드러내왔다. 분단과 한국전쟁, 좌우 냉전의 이념 대결, 권위주의 정권이 주도한

---

19 필자는 이를 혐오와 생명의 정치로 설명한 바 있다. 김왕배(2017b) 참조.
20 "군중의 기쁨(crowd joy)"이라는 용어는 Lofland(1991: 71)에서 따온 것이다.

치열한 산업화의 경쟁시대에 강렬한 생존의 열망과 순종의 태도로 살아온 노인세대는 극히 일부의 노인들이 관변집단에 의해 '동원된 집회'에 참여하기는 했어도 자발적 저항의 시위대로 참가하여 광장을 점령해본 경험은 거의 없다고 해도 과언이 아니다. 이들 세대가 21세기 서울 한복판 그것도 정치의 중심지인 시청 앞 광장을 '점유'해본 것이다. 그들이 점거한 광장은 평소에는 자동차로 뒤덮이고, 국가의 엄중한 권력과 질서에 의해 통제된 곳으로 몸을 현전시킬 수 없는 공간이었다. 그러나 광화문 집회처럼 그들의 집회 역시 민주주의 헌법에 보장된 것으로서 집회의 자유를 누릴 시민권이 행사되는 공간을 통해 열릴 수 있었다.

그들은 노래와 구호, 함성과 음악에 맞추어 태극기를 흔들며 자긍심과 함께 주체로서의 해방감을 만끽했다. '질서에 복종해온, 무지하고 못 배운, 도덕적으로 비하된 주체'가 아니라 '불의에 저항하며 역사를 움직이는 주체라는 의식'은 자부심과 함께 평소의 공간의 질서를 전복시킬 수 있는 해방감을 맛보게 한다. 이러한 자긍심은 동료들 간의 '동료의식과 연대, 우정'으로 나타나기도 한다. 자신을 초월한 집단에 동화되어 함성을 지르고 기분을 발산하는, 마치 스포츠 관람석에서 느끼는 것 같은 집합흥분에 가까운 감정, 굳이 개인이 상황을 성찰하거나 책임지지 않아도 될 집단행위 속에서 그들은 "군중의 기쁨"(Lofland, 1991)을 느끼는 것이다. 재스퍼(Jasper, 1998)가 묘사한 연대의식과 "기쁨의 군중들(The Crowd of the Joy)"은 주로 반체제, 반질서 등 새로운 미래의 약속이나 가치를 추구하는 사회운동에서 나타나는 감정이었다. 예컨대 반핵운동이라든가 생태운동과 같은 환경운동, 낙태반대운동, 소수자인권운동, 그리고 시민불복종운동과 같이 기존 체제가 억압하고 통제하는 지배질서에 저항하고 인본주의적 가치를 지향하는 목표를 향해 함께하는 시위자들의 연대와 기쁨이었던 것이다.

이른바 최순실 국정농단과 박근혜 대통령의 헌정유린에 대해 공분을 일으킨 시민들이 자발적으로 참여한 광화문 촛불집회는 재스퍼 등이 주목했던 '연대와 기쁨'의 감정이 관통하는 대표적인 집회사례라고 볼 수 있다. 수십만의 인파들이 모였음에도 불구하고 서로를 배려하고 불의에 저항하며 민주주의 헌법 가치를 수호한다는 자긍심, 장소에 대한 해방감, 우애와 연대, 신뢰 등의 긍정적 감정이 표출되었다. 광화문 집회는 미래지향적인 인본주의적 구호(예를 들어 헌법 가치 수호, 세월호 참사의 진상규명 등), 재치 있는 풍자, 가수들의 흥겨운 노래와 춤, 풍물패들의 놀이, 촛불 점등과 같은 퍼포먼스, 세월호 참사를 상징하는 고래 조형물 띄우기 등 축제에 가까운 집회양상을 보였다. 한편, 광화문 촛불집회에는 여러 유명 대중가수들이 나와 노래를 부르기도 했다. 안치환 씨는 「자유」라는 노래를, 전인권 씨는 「애국가」를, 양희은 씨는 「아침이슬」과 「상록수」 등을 불렀고, 록 그룹 등이 나와 함성을 지르고 분위기를 돋우기도 했으며, 레게 그룹이 경쾌한 리듬으로 시대를 풍자하는 흥겨운 노래를 부르자 참가자들이 남녀노소를 가리지 않고 어깨춤을 들썩이기도 했다.[21] 또한 광화문 촛불집회에는 대학생들을 비롯한 청년 조직이나 개인들이 음식이나 핫팩을 나누어 주거나 거리 청소를 하는 등 자원봉사를 하기도 했다. 광화문 집회의 참가자들은 단순히 박근혜 탄핵뿐 아니라 사회 전반에 확산되어 있는 적폐(積弊)청산의 구호를 외쳤는데, 특히 세월호 사건, 민중농민 백남기 씨 사망사건, 옥시 가습기 살균제 사건, 통진당 해산 사건 등 다양한 이슈들을 가진 집단들이 나와 자유발언을 하기도 했다.

그런데 광화문 촛불집회에서 나타난 연대와 기쁨은 대한문 태극기 집회에서도 '그들의 방식대로' 나타난다. 이들 역시 '탄핵의 부당성과 탄핵을 지지하는 언론, 검찰, 헌법재판소, 정치인' 그리고 이른바 '종북좌파 세력의 준동'에 대한 공분과 함께 함성, 깃발, 노래, 태극기 흔들기의 다양한 퍼포먼스를 통해 국가에 대한 헌신, 상호 연대감과 군중의 기쁨, 해방감 등을 표출했다. 이러한 감정들은 무대에 오른 지휘부들의 증오발언과 선동, 군가와 찬가 등의 노래, 구호 속에서 증폭된다. 혐오발언(hate speech)의 주요 요소인 악센트와 발음, 톤 등의 질감 역시 시위자들의 감정을 한층 고취시킨다. 태극기로 몸을 휘감은 연사, 선글라스와 베레모, 군복을 차려입은 예비역 군인들이 나와 국가에 대한 충성심의 시각효과를 높이기도 하고, 비장한 목소리와 톤을 지닌 연설은 청각적 언어 효과

---

21 록 그룹인 크라잉넛이 「말달리자」를 부르는 등 분위기를 돋웠고, 일루셔니스트 이은결 씨 등 다양한 엔터테이너들이 등장하여 박수갈채를 받기도 했다.

를 높이기도 한다.

　대한문 집회는 광화문 촛불집회를 모방하면서 진화하기도 했다. 물론 그들이 동원하는 노래, 연출방식, 구호내용은 광화문 집회에 비하면 매우 단순하다. 국가에 대한 충성을 환기하는 노래들, 예를 들어 제5공화국 시기에 정치적으로 이용된 것으로 평가되는 정수라 씨의 「아, 대한민국」과 심수봉 씨의 「무궁화」 등의 노래가 울려 퍼졌는데, 특히 그들의 흥을 돋우기 위해 가장 빈번하게 동원된 곡은 빠른 박자를 지닌 가수 정수라 씨의 「아, 대한민국」이었다. 대한문 집회참가자들이 광화문 광장까지 진출했던 시위(3.1절 집회)에서 한 여성 진행자는 정부종합청사 옆 무대 위에서 이 노래에 맞추어 격렬하게 춤을 추기도 했다. 그러나 대한문 태극기 집회에서는 일반 대중가요보다도 주로 군가가 동원되었다. 군가는 절도 있는 스타카토 리듬을 가지며 국가에 대한 충성과 각오의 가사를 담은 노래이다. 군가는 집회 의례의 비장함과 분노, 장엄함을 더해주는 역할을 한다. 집회에서는 몇 가지 군가가 되풀이되었는데, 그중에서도 태극기 집회의 성격을 상징하듯 「휘날리는 태극기」가 빈번히 재생되었다.[22] 이미 군 복무를 했거나 교련 교육을 받았거나 월남전에 참전한 세대들에게 이 군가는 매우 익숙하고 친근하게 '충성 감정'을 불러일으키는 촉매제의 역할을 한다. 특히 이 군가는 자신들의 엠블럼인 태극기를 직접 호명함으로써 충성과 헌신, 국가공동체적 의식을 더욱 고취시킨다. 이들의 연대감과 군중의 기쁨, 그리고 해방감과 주체의식은 필자가 수행한 현장 관찰 기술에서 잘 나타난다.

　집회참가자 노인들이 시청 앞 집회를 마치고, 일부는 집회 측이 제공하는 저녁과 함께 술을 마신 것으로 보였다(집회참가자들에게 식사와 음료, 술 등을 제공하는 것이 여기저기 눈에 띈다. 시청 앞 지하도에서는 몇몇 사람들이 "○○차량 이용하실 분, 저녁식사하실 분 ○○으로 오세요!"라고 외쳤다). 집회가 끝나고 시위자

22　이 군가의 가사 1절은 다음과 같다. "휘날리는 태극기는 우리들의 표상이다 / 힘차게 약진하는 우리 대한민국이다 / 너도 나도 손을 잡고 광명으로 보존하자 / 청년아 나가자 민국 번영에 / 힘차게 울리어라 평화의 종을 / 우리는 백의민족 단군의 자손."

들이 삼삼오오 흩어져 귀가하는 다소 한산한 대한문 앞 광장에 마침 다섯 명의 노인들이 건널목을 건너고 있었다. 그들의 손에는 모두 태극기가 쥐어져 있었는데 한 노인이 "탄핵무효"의 네 음절 단어를 한 음절씩 외치며 태극기를 흔들자 나머지 노인들도 매우 흥분된 목소리로 구호를 따라 외쳐댔다. 한 노인은 "야, 언제 우리가 이런 거 해보냐" 하면서 시청 앞 거리를 활보하는 즐거움을 표현했다('탄기국' 집회 현장관찰노트, 2017. 3. 1).

체제수호와 번영에 대한 인정욕구

'탄기국' 집회의 참가자들은 박정희 대통령이 추동한 산업화의 성과를 탄핵반대의 담론 속에 끼워 넣는다. 박정희의 독재와 유신은 오히려 당시 세계 최빈국이었던 대한민국을 부국강병의 나라로 만들기 위해 필요한 조처였으며 '그 산업화 세력의 덕'으로 오늘날의 대한민국이 이루어졌다고 평가한다. 그리고 바로 그 산업화의 주역이 오늘날 태극기 집회의 참가자들이라고 주장한다. 그러나 '피와 땀을 흘려 고생 끝'에 이룩한 체제의 수호와 번영이 종북좌파 세력에 의해 훼손되고 있는 것도 '억울한 판인데' 인정은커녕 자신들을 '주변화시키고 무시'하는 촛불세력들에 대한 반감이 분노를 일으킨다. 그들은 광화문의 촛불집회가 일련의 종북좌파 세력들의 모략에 의해 주도되고 있는데도 '자식, 손자 같은 어린 젊은 층들이 철모르고 이용당하고 있다'고 주장한다.

> 저기, 저어 철없는 젊은 애들을 모아가지고 …… 아무것도 모르는 애들이 …… 어른 말을 듣지도 않는 ……(2017. 2. 25 집회연설 중).

이러한 분노의 감정은 타 세대로부터의 인정의 결여(인정욕구의 목표 좌절)로부터 나온 것이다. 그들은 보릿고개를 넘기며 산업화를 이룩했고, 일부는 한국전쟁이나 베트남전쟁에 참가했으며 국방의 의무를 다해 자유대한민국을 건설했다고 주장한다. 개인의 출세나 가족의 생존과 번영을 위한 그들의 삶의 헌신은 공적 담론의 장에서는 국가에 대한 희생으로 치환된다. 예를 들어, 인천에 살고 있는 박○○ 씨(72세)는 월남전에 두 번을 참전하는데 초등학교 졸업 이후 상급학교에 진학할 수조차 없는 가난한 집안사정 때문이었다. 그는 당시 월남전에 지원하면 돈을 벌 수 있다는 생각에 두 번이나 전쟁에 참여하여 몇 번의 죽을 고비를 넘겼다. 하지만 오늘날 그의 기억 속에서 가난을 탈피하고자 했던 개인적인 참전의 동기는 국가공동체를 위해 기꺼이 개인을 희생한 것으로 변경된다. 장시간의 노동과 자식들의 번영밖에는 몰랐다는 세대, 동기야 어떻든 자신들의 피와 땀으로 일군 산업화, 그 노력과 희생이 자식세대들로부터 인정받아야 하지 않겠는가? 이러한 인정욕구는 '탄기국'에서 내건 다음과 같은 광고 문구에서도 잘 나타난다.

> 이 나라가 어떻게 세우고 지킨 나라인데 사회주의 혁명을 하겠다는 것입니까? 국민이 나서서 3.1운동 독립정신으로 대한민국 자유민주주의 체제를 종북세력으로부터 지킵시다(≪조선일보≫, 2017. 2. 22).

그들 세대는 또한 과거청산이라는 말에 큰 반감을 갖고 있기도 하다. 과거사 진상규명을 통해 친일파와 독재권력세력을 청산하고, 진실과 화해를 통해 억울하게 희생되었거나 명예가 훼손된 개인 및 집단에게 명예를 회복시켜주고 물질적 보상을 한다는 의미였음에도 불구하고, 이러한 과거청산행위는 자신들의 삶이 신세대에 의해 부정당한다는 느낌을 갖게 한다는 것이다. 김병ㅇ 씨와 이석ㅇ 씨는 현재 72세의 동갑으로, 김 씨는 중소기업을 운영하고 있으며 이 씨는 전직 교사이다. 이들 모두 당대에서는 매우 소수집단에 속하는 대학 출신자들인데 자신들이 '낡고 비합리적이며 부정의한 세대로 매도당하고 주변화되는 것에 대한 모멸감, 불만, 분노'를 표현한다.[23]

위기로부터 자유대한민국을 구해내기 위해 그들은 남성성으로 상징되는 '강자'의 서사를 등장시킨다. 혼란과 위기를 극복하기 위해서는 '군대'가 일어서야

---

[23] 이러한 인식은 전직 Y대 교수였던 안ㅇ춘(78세) 씨에게도 잘 나타난다. 한편, 태극기 집회의 대중들을 무성찰적 국가주의, 국가신화와의 밀착성, 보수우파의 인정욕망과 혐오의 관점으로 분석한 박현선(2017)의 글도 참고할 것.

하며 '계엄이 선포'되어야 한다는 것이다. 집회 현장에서는 한성주 장군 시사브리핑이라는 명의로 "국민의 명령이다! 군대여 일어나라", "비상시국이다! 계엄령뿐!"이라는 팸플릿이 유포되었다. 집회의 남성 주도자들은 거의 예외 없이 '신성한 국방의 의무'를 다한 자들로서 '극한의 훈련을 극복해낸' 특수부대(공수부대나 해병대)들이다. 그들은 일반 사병이나 군인과 달리 검은색 혹은 붉은색의 베레모나 육각군모, 알록달록한 군복과 훈장, 검은 선글라스를 착용하고 나타난다. 일부 노인층 참가자들은 군복 대신 동일한 유니폼을 입고 가슴에 휘장과 훈장을 달고 나타나기도 했다.

탄핵 반대 집회의 언어 의미연결망과 감정

지금까지 살펴본 바와 같이 대한문 앞의 태극기 집회 공간은 집단의례 과정에서 교환되고 연출되는 다양한 감정적 담론과 퍼포먼스에 의해 집합적 열광이 재생산되는 현장이었다. 집회 지지자들은 '세속의 신'으로서의 자유대한민국에 대해 충성과 헌신을 보이고, 자신들을 애국시민으로 호명했다. 태극기 집회는 공적 공간에서의 시민적 경험이 부재했던 노인층이 스스로의 목소리를 내고 서로의 존재에 대한 연대와 신뢰, 인정 욕구를 충족할 수 있는 집회이기도 했다. 위에서 분석한 언어와 감정의 내용은 언어의 의미연결망을 통해서 그 의미가 보다 함축적으로 잘 드러난다. 집회과정과 지면광고를 통해 생산된 텍스트를 의미연결망 분석을 통해 분석한 결과는 내용분석을 통해 확인한 용어들과 감정의 관계를 좀 더 체계화시킬 수 있다. 집회시위의 전체 시기에 걸친 지면광고의 키워드 연결망은 [그림 5]와 같다. [그림 5]에서 보는 바와 같이 키워드 연결망의 핵심부에는 대통령, 대한민국, 탄핵, 기각 등의 어휘가 자리 잡고 있다. 즉, 연결망 전체에서 다른 노드와 연결을 주도하고 있는 중앙부의 노드는 '대통령', '탄핵', '대한민국', '기각' 등이다.

이들 노드들을 중심으로 [그림 5]의 오른편에는 ① 탄핵 반대 집회의 주요 조직들의 연결망이, 그리고 ② 왼편에는 탄핵 반대의 내용을 나타내는 키워드들의 연결망이 서로 나뉘어 배열되어 있음을 알 수 있다. 탄핵 반대 집회를 주도

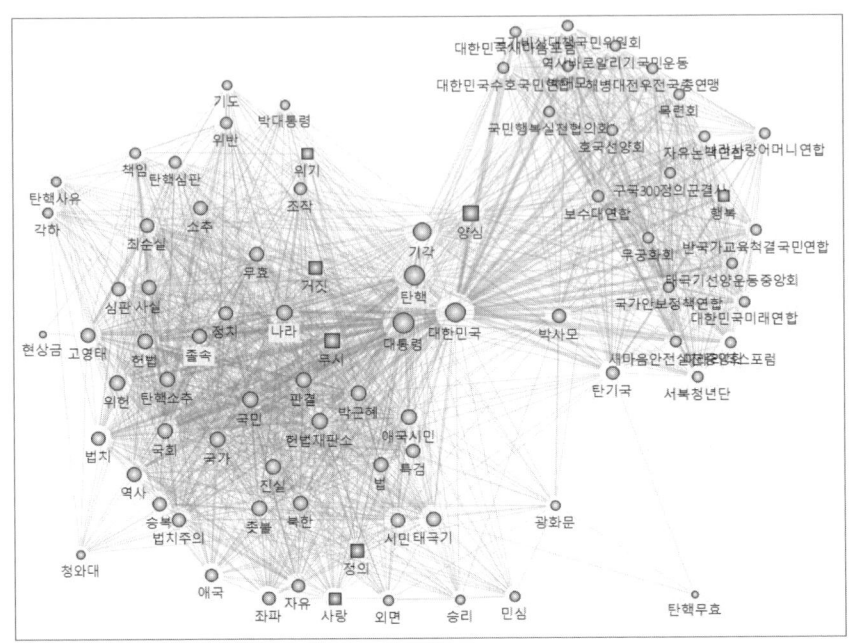

[그림 5] 탄핵 반대집회 텍스트의 의미연결망

한 주요 행위자들, 예컨대 '박사모', '서북청년단', '나라사랑어머니연합', '보수대연합' 등이 서로 군집을 형성하고 있는데 이들 보수우파단체들이 대통령 탄핵에 대한 기각을 매개로 상호간에 연결되어 있음을 알 수 있다. 또 하나의 양상은 다양한 탄핵 반대 집회의 조직들이 존재하고 있지만, 크게 '탄기국'이나 '박사모'라는 행위자로 수렴하는 경향성을 보이고 있다는 점이다.

[표 9]는 키워드의 연결정도중앙성에서 상위 50개에 해당하는 키워드들을 정리해본 것이다. 지면광고에 게재된 주요 키워드들의 사이중앙성 역시 [표 9]의 연결정도중앙성과 유사한 결과를 보여주고 있다. 여기에서 다른 노드들 사이를 가장 빈번하게 연결하는 키워드는 '탄핵', '대한민국', '대통령'으로 탄핵 반대 집회에 대한 지면광고가 반복적으로 호명하는 대상에 대해서 확인할 수 있다. [표 9]에서 보는 것처럼 애국시민이라는 어휘의 중앙값(49개)이 상위에 오를 만큼 '탄기국'과 시위참여자들은 자신들을 보수우익, 애국국민 혹은 애국시민으로

[표 9] 상위 50개 키워드의 연결정도중앙성

(단위: 개)

키워드	중앙성	키워드	중앙성	키워드	중앙성	키워드	중앙성	키워드	중앙성
대통령	77	판결	49	역사	45	특검	42	탄기국	37
대한민국	76	애국시민	49	졸속	45	법치주의	42	좌파	36
탄핵	76	탄핵소추	49	사실	45	최순실	41	애국	35
기각	63	위헌	48	무시	45	박사모	41	탄핵심판	34
국민	54	진실	47	법	44	심판	40	조작	33
헌재	53	국가	47	북한	44	시민	40	사랑	31
나라	51	촛불	47	무효	44	소추	40	위반	31
국회	50	양심	47	정치	43	정의	39	보수연합	29
박근혜	49	태극기	46	법치	43	자유	38	국가안보연합	28
헌법	49	고영태	45	승복	43	거짓	38	반국가교육척결	28

호명하면서 자신들을 국가를 위해 헌신하며 '부당한 탄핵'으로부터 대통령을 구하여 나라를 수호하려는 국민으로 정체화시킨다. 의미네트워크의 최중앙을 차지하고 있는 탄핵(반대), 탄핵 기각, 대통령 등과 밀접하게 연결된 애국시민은, 대통령을 파면하는 행위는 "자유대한민국을 전복하고 남한을 공산화시키는 첫 문이며, 민중혁명의 분위기 속에서 치러지는 대통령 선거는 국가반역세력이 들어가는 두 번째 문이 될 것"(≪조선일보≫, 2017. 1. 3)이기에 대통령 탄핵을 반대하여 "위기의 자유대한민국을 수호해야 한다"고 주장하는 것이다. 이들은 "진실을 수호하는 양심세력으로서 허위보도와 거짓에 입각한 탄핵을 반대해야 하며" 박근혜를 사랑하는 것이 곧 나라를 위기로부터 구하는 것이라고 주장한다.[24] [표 9]에서 나타난 키워드의 중앙에 놓여 있는 탄핵/기각을 중심으로 위헌-촛불-졸속-무시-북한-좌파-조작-위반 등의 어휘와 거기에 함축된 내용들은 '탄기국'이 정의 내린 저항대상(비난할당의 대상)의 속성을 말해준다고 볼 수 있다. 한마

---

[24] "울지 말아요, 박근혜, 박근혜 대통령님, 보고 싶습니다"(≪조선일보≫, 2017. 2. 6).

[표 10] 언어분석적 감정유형론에 따른 감정유형

키워드	하위감정	감정유형	긍정/부정
대통령, 대한민국, 국민, 애국시민, 사랑, 애국	헌신, 연대, 신뢰 등	관계감정	긍정 (+)
국회, 위헌, 촛불, 고영태, 북한, 특검, 좌파	두려움, 혐오, 증오 등		부정 (-)
기각, 사실, 심판, 무효, 법치, 승복	희망, 기대, 승리감 등	기대감정	긍정 (+)
탄핵, 졸속	불안, 좌절, 위기감, 통탄 등		부정 (-)
태극기, 역사, 진실, 양심, 법치주의, 정의, 자유	희생, 성스러움, 정의 등	도덕감정	긍정 (+)
무시, 거짓, 조작, 위반	수치감, 분노 등		부정 (-)

주: 감정유형은 신진욱(2007: 216)의 표를 축약, 재구성.

디로 태극기 집회자들은 '애국시민'인 데 반해 그들이 저항하는 세력은 위헌, 북한추종, 좌파 세력들인 것이다.

　이러한 용어들의 의미연결망을 감정과 관련시켜 보기로 한다. 신진욱은 메스(Ulrich Mees)의 언어분석적 감정유형론과 마이링(Philipp Maying)의 질적 내용분석을 재분류하여 감정유형을 관계감정, 공감감정, 평가감정, 기대감정, 도덕감정 등으로 분류하고 각각 긍정/부정의 하위범주를 설정한 후, 이 하위범주들에 해당하는 단어목록들을 제시한 바 있다(신진욱, 2007). 필자가 보기에, 그가 제시하는 공감감정의 유형과 언어목록들은 관계감정과, 그리고 평가감정의 유형과 언어목록들은 도덕감정과 중복되거나 구분이 애매한 부분이 있다. 예컨대 도덕감정은 상황(타자와 맥락)에 대한 평가와 판단을 이미 포함하기 때문이다. 따라서 필자는 신진욱의 감정유형 분류 도표(2007)를 간단하게 축약하여 위의 관계망 분석에서 도출된 언어들을 세 가지의 감정군(관계감정, 기대감정, 도덕감정)으로 분류한 후 각각의 유형에 탄기국의 집회에서 추출된 다양한 용어들을 귀속시켜보았다.

　'탄기국'의 집회시위자에게는 위에서 분류한 다양한 감정들이 중복되어 나타난다. 예를 들어 국가나 대통령에 대한 헌신과 애국시민으로서의 자긍심, 집회

시위자들 내부의 연대감과 기쁨 등은 긍정적 관계감정을, 특정 대상에 대한 분노와 두려움은 부정적 관계감정을, 특정 대상에 대한 저항을 통해 자신들이 보편적 가치를 추구하고 있다는 감정(자유, 정의, 진실, 양심 등)은 도덕감정의 긍정성을, 탄핵 반대와 무효에 대한 감정은 기대감정(긍정 및 부정)을 드러낸다. 관계감정, 기대감정, 도덕감정 등의 다양한 하부 유형들이 '탄기국' 집회시위대의 내부와 외부와의 사이에서, 그리고 그 경계(liminal)에서 중첩적으로 드러나고 변형되고 있는 것이다.

감정의 쇠퇴와 집합행동의 종언?

대한문 태극기 집회의 참가자들을 관통하는 두려움과 분노, 자긍심과 해방감, 인정욕구 등 복합적인 감정군들은 탄핵 기간 동안 집합행동을 증폭시키는 에너지로 작동했다. 그러나 탄핵 반대 집회는 헌법재판소에 의한 박 대통령의 탄핵 선고 이후 그 에너지가 급격히 줄어들면서 지속적인 사회운동으로서의 응집력을 상실했다. 재스퍼가 말한 대로 시간의 흐름에 따라 감정에너지가 소진되고 내부집단 내 갈등이나 분열, 목표에 대한 실망 등이 발생하게 되면 집합행동은 쇠락의 길을 걷는다(재스퍼, 2016). 대부분 노인층으로 구성된 '탄기국' 집회시위대의 열기의 급락은 석 달 동안 지속된 집회에서의 신체적 한계도 작용했을 것으로 보이지만 무엇보다도 헌법재판소에서 탄핵소추가 인용됨으로써 탄핵 반대 집회의 정당성을 상실했던 것이 큰 이유로 보인다. 대통령의 파면선고 이후 과격하게 진행되었던 시위 와중에 3명의 노인 사상자가 발생했고, 경찰버스를 탈취한 시위자와 기자에게 폭행을 가한 참가자들이 곧 구속되었다. 탄핵 이후 박근혜 대통령이 사저에 머무는 동안 일부 지지자들의 극렬한 저항과 과격한 언행이 있었지만 이 역시 곧 소멸되었다.

집회의 지속성은 상실했지만 '탄기국'의 시위는 한국 우파보수주의의 동력과 상징성을 잘 보여주었다. 언어담론으로 인해 정치화된 감정은 집단들 간의 세계관과 삶의 양식을 더욱 분절화시키고 분열시킨다. 분노와 수치, 증오의 감정으로 '상처를 낸 타자들' 간의 대립은 더욱 극대화하고 소통의 가능성은 더욱 희박해진다. 이미 십수 년 전 새로운 보수주의를 표방하면서 등장한 뉴라이트(New Right)는 시장 원리를 통해 현존의 사회문제를 해소하고 합리적 이념을 추구한다는 점에서 우익보수주의자들인 올드라이트(Old Right)와 구별되고자 노력했다. 그러나 이들 역시 '낡은 반공과 안보' 이데올로기에서는 차이를 보이지 않았다(신진욱, 2008).[25] 이 절에서 필자는 매우 진부한 그러나 본질적인 질문을 다시 제기했다. 누가, 왜 선동적이고 대립적인 감정과 분열 이데올로기를 만들어내는가? 대한민국에서 합리적 보수주의는 자리를 잡을 수 있을 것인가? 매우 이질적인 삶의 경험과 세계관을 지닌 단절적인 세대와 집단들 간의 합리적 의사소통이 가능할 것인가?

국가안보와 종북좌파 척결과 같은 구호와 전략은 더 이상 젊은 세대에게 큰 호소력을 지니지 않으리라고 전망되지만, 여전히 '그것은, 적어도 당분간, 살아서 움직이는 불멸의 유령'처럼 한국사회를 배회할 것이다. 남북 분단이 지속되고 있는 한, 미국을 비롯한 강국들의 이해관계가 한반도의 불안을 부추기는 한, 한국의 우파보수주의자들이 그들 스스로를 애국시민으로 호명하고 두려움과 증오를 세대로 전승시키며 그들의 내부 연대를 도모하려는 열정이 사라지지 않는 한, 그리고 보수우파집단의 정치세력들이 이를 정략적으로 이용하려 하는 한.

박근혜 대통령이 탄핵되고 1년여 후인 2018년 3월 1일, 광화문 광장에는 박 대통령의 탄핵 반대를 주도했던 보수우파 정치집단인 '탄기국' 대신 보수우파 기독교세력이 그 자리를 차지하고 있었고 '탄기국'은 시청 앞 대한문 앞에 모여서 집회를 했다. 광화문의 우파기독교단체의 모임에 비해 규모 면에서나 열기 면에서 한참 뒤처질 정도로 그 세력은 축소되어 보였다. 일군의 노인들만이 모여 태극기를 흔들었고 1년 전과 마찬가지로 군가가 흘러나왔다. 집시법 위반으

---

[25] 신진욱은 2000~2006년까지 70개 보수단체와 그 단체들이 배포한 888개 성명서의 선별과정을 거친 후, 형태론적 분석을 통해 이데올로기 개념구조를 유형화했다. 올드라이트의 대표 단체는 재향군인회, 대령연합회, 한국자유총연맹, 한국기독교총연합회, 국민행동친북좌익척결본부, 자유시민연대 등이고, 뉴라이트 단체로는 뉴라이트네트워크, 뉴라이트전국연합, ROTC뉴라이트, 바른사회시민사회, 자유기업원, 시대정신, 시민과함께하는변호사들, 자유사랑청년연합 등이 꼽혔다(신진욱, 2008).

로 수감되어 있는 한 우파 인사는 신파극에 나오는 영웅처럼, 마치 국가를 위해 고난의 길을 자처한 메시아처럼 묘사되고 있었다.[26] 그의 육성연설은 유독 세대통합을 강조하고 있었다. 세대담론이 그들의 핵심 프레임인 종북좌파 담론과 결합한 것이다.[27] 이어 한 우파 인사가 연단에 올라 연설을 했다. 탄기국 시절의 애국시민이라는 호칭은 '국가중심세력'으로 바뀌어 재호명되었다. 그는 국가중심세력의 영역이 국내를 넘어 해외에 이른다고 주장하면서 공산주의로부터 나라를 구하기 위해 문재인 대통령을 탄핵해야 한다고 말한다. 박근혜 대통령의 탄핵은 억울한 탄핵이므로 잊어서는 안 되며 문재인 정부가 추진하는 평화협정은 곧 주한미군 철수로 이어지고 남북의 연방제를 통해 대한민국 공산화가 진행될 것이라고 목소리를 높인다.[28] 그는 "건국의 아버지 이승만을 부정하는 세력, 산업화의 아버지 박정희와 그의 딸 박근혜를 구속한 것은 단군 이래 가장 악랄한 정치보복"이라 주장하면서 "2차 세계대전 이후 건국, 산업화, 민주화의 토대 등 3대 금자탑을 쌓은 대한민국을 공산세력, 종북, 반미세력에 넘겨줄 수 없다"고 주장한다. 탄기국의 핵심 주장은 1년 전처럼 박근혜 대통령의 탄핵 반대보다는 대한민국 체제 수호라는 측면에 방점이 찍힌다. 그리고 여전히 종북좌파 프레임은 더욱 강고하게 지속적으로 동원된다.

    요약하건대, 그들은 박근혜 대통령의 탄핵 기간 동안 스스로를 부르던 '애국시민'을 이제는 '국가중심세력'으로 바꾸어 호명했다. 그들은 스스로를 '국가중심세력'으로서 '건국-산업화-민주화'를 이룩한 대한민국의 정통성을 보유한 집

---

[26] 그(손상대 씨)의 비감한 육성녹음이 흘러나왔다. "대한민국아, 아파하지 마라. …… 애국, 나라사랑, 대한민국을 살려달라, 왜곡, 편파 보도에 애국시민은 눈물 흘리며 …… 장엄한 날들, 세계 역사는 이렇게 기록할 것이다. …… 제2의 광복물결이 쓰나미처럼 일어났다고……."

[27] "외쳐라 특권해체, 좌파척결, 네 살짜리 어린아이의 …… 아름답고 소중한 나라. 종북좌파로부터 후세에 물려줄 책임감……."

[28] 박근혜 대통령의 초대 청와대 대변인을 지냈던 윤창중 씨의 연설이다. 그는 "백만 태극기 시민 여러분, 그리고 해외동포 여러분 …… 박근혜 대통령은 공산화로부터 대한민국을 수호한 지도자로서 어느 누가 이석기 일당을, 어느 누가 통진당을 해산할 수 있었겠습니까? 어느 누가 개성공단을 폐기할 수 있었겠습니까? 공산화 음모를 저지했고, 누가 문재인을 막을 수 있겠습니까"라고 외친다.

단으로 자리매김하여 멀리 해외동포와의 지역연대, 청소년층과의 세대연대를 통해 세를 확장시키고자 한다. 오늘날 청년우파단체의 활동이나 심지어 극우적인 서북청년단의 재건 움직임과도 무관하지 않은 상황이다. 증오와 적대, 혐오와 선동의 정치는 끝나지 않았다.

제9장

진정성과 냉소주의

1. 왜 우리는 진정성을 말하는가?

시공간의 경계를 넘어 정보와 자본과 노동, 정보의 흐름이 우리의 삶을 주도해가는 사회, 사회학자들은 이미 이러한 경향의 사회를 탈산업사회, 포스트모던 사회, 탈조직자본주의 사회, 프로그램화된 사회, 글로벌네크워크 사회 등 다양하게 묘사해왔다.[1] 유연화란 글자 그대로 사회적 삶의 양식이 고정된 규약이나 제도에 얽매이지 않고 느슨하게 연결되어 있으며, 상황의 변화에 빠르게 대처하는 관성을 말한다.[2] 오늘날 이 유연화가 모든 삶의 장(場) 속에서 빠른 속도

---

[1] 1960년대 이후 서구선진사회의 사회변동을 일컬어 여러 학자들이 명칭을 달았다. 대니얼 벨(Daniel Bell)의 후기산업사회론 이후 투렌(1994), 어리(2014), 카스텔(2014) 등의 저술을 참조.
[2] 세네트는 유연성이란 말이 10세기 무렵 유럽에서 쓰이던 말로서, 나무가 바람을 맞고 휘어졌다가 탄력에 의해 원래 자리로 돌아오는 매우 단순한 관찰을 통해 얻은 개념이라고 말한다. 구부러뜨리는 힘에 대처하는 능력인데 오늘날 제도의 유연성은 불연속적(단절적)인 제도의 개혁, 즉 복구불가능하고 과거로 회귀할 수 없는 조직 개혁에 따른 구조조정을 말하는 리엔지니어링이나 다운사이징과 같은 것들을 의미한다고 본다(세네트, 2002).

로 진행되고 있다. 문제는 빠른 흐름의 속도 속에서 사물에 관한 지각의 머무름이 사라지고 시공간의 관계성이 파편화되고 있다는 것이다. 흐름을 주도하면서 흐름으로 재현되는 것이 시간일 터이고 오늘날 시간 위에는 무한량의 정보들이 떠돌아다닌다. 나는 비록 선택적으로 정보를 취할 수 있을 것 같으나, 주변에는 나의 의지와 상관없는, 나의 삶과 소원한, 나의 이해관계와 전혀 상관없는 수많은 정보와 이미지가 운석더미처럼 쏟아지고 사라진다. 과장, 왜곡, 축소되는 거짓정보, 시뮬라크르 등 기표가 미끄러지고 질주하는 사회의 인간관계는 '얇고 간편해진다'. 관계의 중추인 언어는 스타카토처럼 끊어지고 마디마디로 절연되며, 함축적인 아이콘으로 대치되어가고 있다. 문장은 사라지며 랑그(langue)는 일그러지고 파롤(parole)은 축약된다. 한편, 이미지의 감각만이 생물의 촉수처럼 다양하게 뻗어 있다. 감각 다발은 단지 그 자신의 차원에서 종말을 맞이하고, 개념적 이해를 가능하게 하는 오성의 작용은 혼란을 경험한다. 사물에 대한 총체적이고 유기적인 방식 또는 전(前)성찰적인 통각적 방식과 직관적인 해석적 작업이 총체적으로 이루어지기 어려워진 것이다. 타자 혹은 또 다른 나에 대한 지각과 성찰이 감촉의 흐름 속으로 매몰되어 사라져버리는 속도감의 사회, 공리적 효율성과 파편화된 부분적 이해관계로 동기화되고 있는 사회에서 진실에 대한 고민, 삶의 고백과 해석, 경청과 대화를 위한 소통이 점점 더 어려워지고 있다.

'진정성'이란 무엇일까? 사물, 하고자 하는 일, 타자와 자신에 대해 거짓 없이 대하는 순수한 열정을 말한다. 가식과 위선, 거짓과 부박함이 섞여 있거나 열정이 없을 때 진정성이 없다고 말한다. 유교의 이념에서 진정성을 대변하는 개념적 실체가 있다면 충(忠)과 서(恕)일 것이다. 충은 글자 그대로 가운데[中]와 마음[心]의 합성어로서 진리를 의미하는 중심에게 마음을 '다한다(盡)'는 의미이다. 흔히 '충'은 군주나 국가, 조직이나 상사 등에게 몸과 마음을 바쳐 헌신하는 태도로서 어버이에게 드러내는 효(孝)와 구별되는 것으로 쓰이지만, 원래의 의미는 '정직함을 다함'이다. 서(恕)는 글자 그대로 타자의 처지에서 그를 이해하고 공감하려는 태도, 그래서 절제와 양보, 배려하는 태도를 말한다. 충과 서가 결합되면 정직하게 타자를 대하고 존중한다는 의미가 될 것이고, 이는 타자성찰

감정으로서의 도덕감정의 요체가 된다.

진정성은 세계에 대한 깊은 수준의 내면적 성찰을 의미하기도 한다. 그 내면 성찰의 기준이 타자라는 점에서, 즉 옳음, 정의, 양심 등 '사회'라는 상상적 공동체의 규범이라는 점에서 내면의 성찰은 곧 타자의 시선으로 자신을 보는 것이다. '진정성'이란 타자(나)를 정성스럽게 성찰하는 감정이며, 진정사회란 이러한 감정적 상호작용의 다발로 구성된 사회를 의미한다. 오늘날 무엇이 이 진정성을 가로막고 있는가? 단말마적이고 표박(漂迫)한 공리주의 효율성이 지배하는 사회, 상품에 의해 물화된, 모든 가치가 표준화되고 측량가능한 화폐의 가격으로 치환되는 세계, 허구(시뮬라크르)가 사실을 제압하는 사회, 전체주의적 관료제와 이데올로기가 구조화된 사회, 한마디로 체계(system)의 원리가 인간을 추상화된 도구로 취급하는 세계에서 진정성은 체계의 성장을 가로막는 장애물로 간주된다. 진정성은 머물러야 하고 성찰해야 하며 시공간의 지체를 요구하기 때문이다. 체제에 의해 지배되는 세계에서 가면을 벗어버린 원초성은 점차 소멸한다.[3]

자신의 존재의 무게가 가벼워지고 얇아지는, 진정성이 희박해지는 현대사회에서 자아의 특성은 무엇인가? 파편화되고 단면화된 자아, 자아도취적이고 방종한 자기중심적 자아 아니겠는가? 사회학자 짐멜은 메트로폴리탄적 생활양식의 특징을 갖는 현대 도시인의 자아에 대해 주목한 바 있다. 삼각관계(triad relation)를 사회의 기본 관계로 인식한 짐멜은 익명적이고 객관화된 문화의 이중적인 양가적 측면, 즉 소외감과 자유로움을 예리하게 파악했다. 교환을 통해 효용을 만족시키는 물화된 실체는 돈이다. 돈은 인간을 소외시키고 목표와 수단을 전도시키는 대상이지만 그 추상성과 익명성으로 인해 인간을 전통의 습속으로부터 해방시켜 자유를 가져다주기도 한다. 거대한 도시생활은 돈의 교환이 삶의 양식을 지배하는 공간이다. 이 도시생활의 익명성으로부터 자유를 얻기도 하지만, 인간은 스스로가 만든 객관화되고 물화된 객체로서의 문화에 종속된다. 짐

---

[3] 이는 하버마스가 말한 행정관료의 권력체계와 시장경제기업의 경제체계가 '생활세계를 식민화'하고 있는 과정으로도 설명될 것이다(하버마스, 2006).

멜은 도시의 긴박하고 과잉자극적인 삶이 도시인에게 신경증적인 증상을 가져다주고 마침내 현대 도시인은 '될 대로 되라'는 식의 권태로운(blase) 인간으로 변한다고 주장한 바 있다. 이때 짐멜 역시 자기주관성이 가득한 현대인의 모습을 비판적으로 바라보고 있다. 짐멜은 자기의 주관성에 함몰되어 객관화된 질서와 규범을 인지하지 않으려는 방종적 자아를 목도한 것이다(짐멜, 2005).

자기도취에 빠져 있는 사람은 외부의 사건을 자기의 욕구 및 욕망과 관련지어 이것이 나에게 무슨 의미가 있는가만을 묻는다. 특히 소비자본주의의 생활미학과 소비세속화로 인해 그들은 도덕적 성찰이나 의미를 직접적인 물질소비의 감각에서 찾으려는 경향이 있다.[4] 세네트는 공적 도시공간의 죽음과 함께 공적영역의 활동이 축소되면서 현대인은 개인의 자기존엄이나 시민으로서의 의무감, 사회세계와의 교섭이나 타자와의 친밀성이 사라지고 대신 자기와 외부세계 사이에 타당한 경계를 확립하지 못하는 성격파탄적 자기몰두에 빠진다고 말한다(세네트, 2002). 래시(Christopher Lasch) 역시 현대인을 자기도취적 인간으로 묘사한다. 이때 자아도취는 흥분과 열정, 때로 광기에 젖을 만큼의 몰입을 보이는 능동성과는 거리가 멀다. 자기도취형 인간은 현대사회의 위험과 불안정성을 의도적으로 외면하고, 자신의 활동을 극히 개인화된 생존전략에 집중시키는 인간, 즉 공공성을 자신의 삶에서 밀어내는 인간을 말한다. 이들은 자신의 외부세계에서 벌어지는 사회적인 이슈에는 관심이 없다. 이들은 사회적 환경을 통제하고 새로운 공적세계를 함께 만들 수 있다는 능동성, 혹은 희망을 포기한 채 순전히 개인적인 안위와 안락한 삶에 몰두한다. 그러고는 정신적, 신체적 자기수련으로 후퇴한다. 래시는 이런 상황을 '역사의 증발, 역사적 연속성의 상실과 관련짓는다'. 자기도취자는 만성적으로 따분해하고, 깊이 있게 서로에게 의존하기보다는 순간의 친밀한 관계, 감각적 자극만을 쉼 없이 추구한다.[5] 래시 역시 소

---

4 세네트는 결국 가능한 대안은 목소리의 힘이라고 말한다. 공동체의 연대와 저항밖에는 기대할 수 없다는 것이다. 그러기 위해서는 내가 필요한 사람이라는 긍정적 자존감을 가져야 한다(세네트, 2002).
5 사람들은 정신적 안전, 붙잡기 어려운 안녕감에 굶주린다고 말한다. 래시는 자기도취가 자기감탄 못지않게 자기증오의 요소도 갖고 있기 때문에 자기도취는 유아적 분노에 대한 방어이자, 자아가

비자본주의의 현대성이 이러한 자기도취의 '무대'가 된다고 말한다. 외모와 같은 아름다움을 추구하는 개인들은 성형, 다이어트 등과 개인의 인기에 매몰된 허구적 자아로 살아간다(래시, 2014).[6]

현대사회의 특징 중의 하나는 인간이 직접적으로 사물을 경험하기보다 다양한 인쇄매체의 정보를 통해 간접적으로 사건과 사물을 인지하고 평가하며 판단한다는 것이다. 간접적인 경험매개성이 높아지고 있는 것이다. 또한 전통적 삶의 특징이 장소귀속적이라면 현대사회는 화폐와 교통통신의 발달 등에 의해 탈장소성이 증대하는 경향을 보인다. 시공간은 장소로부터 분리되어 무한하게 확장되고, 사회관계 역시 장소성으로부터 분리된다. 기든스는 이를 '탈피기제'라 불렀다(기든스, 1997: 245). 이러한 삶의 변화 속에서 우리는 존재론적 불안을 경험하게 된다. 우리가 태어나 이 세상과 맺고 있던 기초적인 신뢰가 엷어지고 존재론적인 안전감이 점차 쇠퇴해간다.[7] 한마디로 현대사회는 '불안'의 사회이다. 불안은 상실감으로부터 발생한다. 탈주술화, 합리성의 증대로 인해 개인주의와 자유가 확대되지만 열정은 결핍되어 있다. 즉 무기력과 무관심주의가 강화되는데 자기이해관계를 넘어선 공동체나 사회문제에 대해 관심도 없고 의미부여도 하지 않는, 이해타산을 넘어선 배려가 없는 자세들이다(테일러, 2001). 인간은 도덕적 지평 속에서 태어나고 살아간다. 그는 이런 지평을 부정하는 태도를 나르시시즘적 태도라 부른다. 나르시시즘적 자아란 자기실현을 인생의 주요 가치로 삼고서 외재적인 도덕적 요구나 타인에 대한 진지한 의무에는 별로 관심을 두

전능하다는 환상으로 보상을 받으려는 시도라고 말한다. 자기도취적 인성은 타인의 욕구에 대해서는 어렴풋한 이해만을 가지고 있고, '나는 거대하다는 느낌'과 '나는 공허하다, 가짜다'라는 느낌이 서로 다툰다는 것이다.

6 소비를 표준화시키고 광고를 통해 취향을 형성하려는 소비자본주의가 이러한 자기도취 자아의 무대가 된다. 외모에 지배되는 소비자본주의에서 매력, 아름다움, 개인적 인기에 매몰된 자아들은 마치 거울에 둘러싸인 것처럼 살고 있다. 우리는 이 거울 속에서 흠 없이 사회적으로 평가받는 자아라는 외양을 찾고 있는 것이다(기든스, 1997: 280).

7 현대인은 존재론적 안정이나 실존을 위협하는 것들을 일상생활로부터 분리함으로써, 즉 다양한 감금과 배제 기제를 통해 범죄, 광기, 죽음, 질병 등에 대한 직접적인 접촉을 차단하려 하는데 이를 기든스는 "경험의 격리"라 부른다(기든스, 1997).

지 않는 생활태도이다. 즉, 자기폐쇄적이고 이기적인 태도이다. 현대인의 자아는 두 가지 경향이 나타나고 있는데 하나는 모든 의미지평을 무시하는 허무주의와 다른 하나는 자기중심적 나르시시즘적 경향이다. 문제는 바로 이 주관주의로의 침몰인데 자신의 완결성과 존엄성은 근대의 도구적, 원자론적 경향과 함께 파괴되고 오로지 자기중심적인 태도로 변해가고 있다(Taylor, 1992: 67).

이렇듯 많은 사상가들은 서구 현대사회의 자아를 제도의 유연화 및 소비자본주의의 미학화와 함께 공적인 활동과 타자성찰성이 쇠퇴함으로써 공적인 참여나 위험, 이슈보다는 개인의 안락과 평안에 몰두하는 자기도취 혹은 주관주의적 이기주의에 침몰된 자아로 묘사한다. 하지만 테일러는 이를 일관되게 부정적으로만 보지 않고 진정성에 대한 성찰과정이 존재한다고 보며 이를 통해 해결가능성의 희망을 논의하고 있다. 진정성은 인간의 옳고 그름을 따지고 묻는 도덕관념으로서 정서, 느낌, 마음의 소리, 즉 내면의 목소리이다. 그런데 이 진정성은 자기 자신에게 묻는 내면적 성찰의 형태를 띠고 있지만(신이나 이데아가 아니다) 타자와의 대화 없이는 불가능하다. 진정성이란 결국 '타자들과 함께 살아가야 함(ought to)'에 관한 성찰이다. 진정성은 자기중심적 나르시시즘을 극복하고 창조와 규율을 보듬어갈 수 있는, 타자와의 소통과 공동체성을 가능하게 하는 개방적 자아를 지향한다. 기든스 역시 스스로 진실해지는 것이야말로 자아실현의 도덕적 끈이라고 말한다. 개인의 성장은 우리 스스로를 진정 있는 그대로 이해하지 못하게 하는 감정적 장벽을 극복하는 데 달려 있다. 진정성, 이것은 하나의 도덕이다! 진정성은 어떤 보편적인 도덕적 기준을 감싸 안으며 친밀한 관계의 영역 내에서만 이루어지는 타인들과의 관계를 포함한다. 진정성은 '자신이 선하고 가치 있는 사람이라는 느낌'을 가질 때, 자신에 대한 사랑의 충만함을 느낄 때 형성된다(기든스, 1997: 148~149).[8]

자신에 대한 사랑의 충만함은 또한 타자와의 관계성, 즉 공공성에 대한 진지한 성찰을 포함한다. 그러나 타자로부터 자신이 무시, 경멸당하거나 나아가 자

---

8 이처럼 현대사회의 흐름과 자아를 단순히 부정적 현상으로만이 아니라 긍정적이고 희망적으로 보는 기든스의 시각은 "삶의 정치"라는 기획으로 나아가게 한다.

신이 자기를 무시하는 상황에서 진정성의 구현은 불가능하다. '인정의 부재 행위'인 무시는 진정성의 실현을 가로막는 장애물이다. 무시로부터 경멸과 혐오, 분노가 발생하고 상호 이해와 존엄을 추구하는 인정은 사라지고 만다. 무시를 당할 때 자아의 정체성과 존엄성이 파괴되는 위험을 경험하게 되고 진정성의 토양이 되는 자기충만은 사라진다.

상호 무시와 경멸, 배제의 행위가 거듭될 때 나와 타자는 평행선을 달리는 적개심과 무관심만이 증폭될 뿐이다. 무관심 나아가 적대적 정서가 주도하는 사회에서 개인은 타자를 의심과 회의의 눈초리로 바라보고, 사회는 가면과 위선으로 뒤덮인 불신의 대상으로 간주된다. 타자에 대한 신뢰와 우애, 헌신과 열정, 자신에 대한 '사랑의 충만함'은 점차 사라지고 냉소와 혐오의 감정이 지배하게 된다.

2. 냉소주의

거짓이 세상을 구성하고 있다(카프카, 2009)! 그러나 그 사실을 알면서도 모르는 척하거나 비웃음으로 냉대하고 외면하려 한다. 냉소주의는 타자에게 무관심을 표명함으로써 타자의 관심을 끌고 싶어 하는 역설적인 나르시시즘적 감정이다. 타자를 무시하거나 경멸하지 않고는 자신의 주체를 세울 수 없다는 열등한 자긍심의 표현이기도 하다. 나르시시즘은 자아가 타자를 욕망할수록 더욱 자신에게 빠져들기 때문에 나르시시즘이 커질수록 타자에 대한 무관심이 더욱 강하게 나타난다. 반면 냉소주의는 자아가 타자를 욕망할수록 타자에 대한 비웃음, 경멸이나 적대, 혐오 등의 감정으로 더 강력하게 표출된다.

냉소주의자는 현실로부터 주변화되었거나 소외되었거나 무기력한 열등감을 느끼는 자들이다. 겉으로 보기에 현실을 외면하는 듯한 냉소주의는 타자로부터의 인정을 갈망하는 자신의 욕망이 실현되지 않은 것에 대한 불만과 불신의 표현이다. 냉소주의자들은 자신이 타자로부터 무시와 모멸, 냉대의 대상이 되는 것을 두려워하기 때문에 반대급부로 타자를 무시하고 경멸하는 태도를 보인다.

이 타자에는 자신도 포함된다. 타자를 의도적으로 무시하거나 경멸함으로써 또 자신에게 권태를 느끼게 함으로써 자신의 처지를 정당화하려는 것이다. 그들은 타자의 결핍과 한계, 위선과 기만 등을 부각함으로써 자신의 약점을 은폐하려 한다. 자신을 무시하는 상황을 자신이 무시하는 상황으로 역전시킴으로써 자신의 자긍심을 회복하려 하고 자아에 최소한의 평안을 주려는 감정이기도 하다. 냉소주의는 피해의식의 산물로서 경쟁의 상황에서 상실한 자기의 처지를 정당화해가는 과정, 예를 들어 타자의 성취를 부당한 것, 불공정한 것, 박탈한 것으로 간주함으로써 타자 불인정을 통해 자신의 처지를 정당화하려는 욕망의 표현이다. 타자와의 경쟁에서 승리하고 싶은 열망, 주목을 받거나 공명을 얻고 싶은 욕망, 타자에 대한 질투와 시기가 냉소의 근원이 되기도 한다. 경멸과 마찬가지로 이 냉소는 권력을 소유한 집단이 이른바 약자에게 보내는 예도 있고, 힘없는 자들이 엘리트들이나 지배층 혹은 익명 사회를 향해 보내기도 한다.

 냉소주의의 특징 중의 하나는 사실(fact)이나 사회적 정의와 같은 진리의 존재를 인정하지 않거나 영원히 오지 않을 것이라고 회의를 보낸다는 것이다. 그중에서도 지식인들이나 엘리트들, 이른바 냉소적 계몽주의자들은 진리의 허구를 알면서도 모르는 척하면서 자신들의 입지를 확고히 하려는 경향이 있다. 슬로터다이크(Peter Sloterdijk)의 냉소적 계몽주의에 대한 예리하고도 흥미진진한 논의를 살펴보자. 그는 현대 서구사회의 냉소주의를 시대정신으로 본다. 즉, 냉소주의는 온전한 인류 발전을 기약했던 계몽주의의 이상사회가 현실적으로 파멸의 증후가 명백한 시대, 예컨대 전쟁, 테러, 환경파괴와 삶의 질, 평등, 인권 등이 불안정한 현대사회의 상황 속에서 등장하는 태도라고 말한다. 우리는 인류사회의 유토피아적 이상의 허무함을 보았다. 즉, 완전한 평등을 이룩하겠다는 공산주의나, 삶의 풍요로움을 보장하겠다는 자본주의 모두가 퇴색하고 오히려 인간의 자유와 평등을 밟아버리는 전체주의가 등장했던 현실을 보았고, 이에 대한 대안을 모색해보지만 그 역시 한계가 극히 자명하거나 심지어 의미가 없다는 것을 알게 되었다. 그런데도 그것을 계속 추구하는 것이 냉소주의 이성이라는 것이다. 의심과 회의의 산물인 냉소주의, 혹은 쌀쌀한 태도의 비웃음은 이성을 추구하지만 결국 이성을 신뢰하지는 않는다. 냉소주의는 희망과 열정을 보여주었던 계몽주의와 합리적 근대성에 대한 회의의 산물로서, '계몽된 허위의식'이다(슬로터다이크, 2005: 48). 살아남기 위해 '현실 수업'을 받아야 한다는 사실! 현실을 벗어나고 싶은데, 아예 무시하고 조롱하고 싶은데 그렇게 하기에는 용기가 없거나, 위험하므로 약간의 비꼼으로 이를 받아들이자는 태도가 냉소적 이성주의이다.[9]

그는 종교적 환상의 비판을 시도했던 계몽주의자들에게 눈을 돌린다. 계몽주의자들은 종교적 허구에 대해 비판을 가했지만, 슬로터다이크에 의하면 그들은 교묘하게 신의 실존의 문제를 건드리지 않고 사제 기만론을 설파한다. 계몽주의자들은 사제들이 종교를 억압적인 사회질서를 정당화하기 위해 이용한다고 비판하지만, 즉 이성의 이름으로 교활한 사기꾼인 사제들의 기만과 그 의식을 비판하지만 실은 이들 계몽주의자의 '속삭임'이 더욱 교활하다. 그들은 이데올로기, 종교적 의식 등이 사라져버리면 사회적 혼란이 올 것이라는 현실적 판단을 통해, 즉 이데올로기적 '환상'이 기존 사회질서의 유지에 얼마나 중요한 역할을 하고 있는가를 너무 잘 알고 있으므로 '민중'들에게 진실을 알리지 않는다는 것이다.[10] 그가 말한 대로 교활함을 더 높은 수준의 교활함으로 대처하는 것이 엘리트주의적인 냉소주의의 특징이다. 마르크스주의에 대한 신랄한 비판도 이어진다. 그가 보기에 풍자나 유머가 아닌 방법으로 중세 종교나 자본주의 상품 이데올로기를 매우 합리적이고 학문적인 이성으로 비판한 대표적인 학자군이 마르크스주의자들인데 그들 역시 자신의 교활함에 대해서는 모르고 있다. 즉, 사람들에게 희망의 언어였던 사회주의가 이데올로기가 되어버린 순간, 그들은 '진리를 말하면서 거짓말을 한다'는 것이다.[11] 도덕주의자들은 다른 사람들을

---

[9] 바로 이러한 자기보존의 냉소주의로 인해 바이마르 상황에서 파시즘의 이데올로기와 군인 냉소주의(문화심리적 분열 공포증, 퇴행적 자기주장과 차가운 이성의 역동성)가 친밀하게 합류했다.

[10] 그는 하이네(Heinrich Heine)가 이론과 풍자, 인식과 오락을 하나로 결합한 예술작품을 제시했다고 본다. 그의 「겨울동화」의 시를 인용한다. "지배자들이 어리석은 국민에게 부르게 한 노래, 나는 그 양식을 안다네. 그 텍스트를 안다네. 나는 작가 양반도 안다네. 그들이 몰래 포도주를 마시고는 물을 마신다고 사람들에게 설교하는 것도"(슬로터다이크, 2005: 92).

[11] 마르크스주의가 민족주의 등과 어우러져 전체주의를 정당화하는 이데올로기로 변질한 것에 대한

사회정의라는 이름 아래 비난함으로써 자신의 비도덕성을 은폐하려 한다. 슬로터다이크가 표현한 대로 "사람은 입으로 거짓을 말하지만, 이때 입 모양은 진리를 말한다". 이타주의의 언어 속에 이기주의가 숨어 있다. 한마디로 슬로터다이크가 고발한 것은 이성과 합리성에 근거했다고 하는 계몽주의의 교활함에 관한 것이었다. 계몽주의자들은 과학기술, 이성, 합리성으로 구축한 근대사회의 내면에 숨겨진 파국의 증후를 보았지만, 결코 그들의 이성을 포기하지 않았고, 그것을 교활하게 은폐한 채 '알았지만 모르는 척, 알면서도 모르는 척' 지극히 현실주의적인 생존의 원칙을 따르며 냉소주의적 태도를 보인다는 것이다.

그렇다면 냉소주의 이성에 반(反)하는 것은 무엇일까? 슬로터다이크는 냉소주의(cynicism)와 대비되는 태도로 견유주의(kynicism)적 태도를 강조한다. 견유주의(犬儒主義)는 글자 그대로 '개같이 노니는 철학자가 풍자와 해학, 인간의 신체적인 동물성의 표현 등을 통해 기존의 질서와 사상체계를 뒤흔들려는 사조'이다. 서양 철학계에서 이러한 견유주의의 선구자는 디오게네스(Diogenes)였다. 플라톤 부류의 이성주의 철학에 저항한 디오게네스는 스스로 많은 사람이 오가는 아테네의 시장통에서 대소변을 보고 심지어 자위행위까지 서슴지 않은, 그야말로 '개'처럼 굴었던 철학자였다. 젊은 알렉산더 대왕이 길거리에 누워 있는 디오게네스에게 소원 하나를 말하면 들어주겠노라 말했을 때 그는 "태양을 가리니 좀 비켜달라"고 했고, 밝은 대낮에 등불을 들고 시장을 두리번거리며 다니는 그에게 사람들이 무엇을 찾느냐고 묻자 "사람을 찾는다"라고 익살스럽게 대답한 인물로 알려져 있다. 슬로터다이크는 이런 디오게네스가 상징화하는 것은 관념화된 형이상학과 이성(계몽주의의 위선)에 대한 조롱과 경멸, 풍자를 통한 비판행위라는 것이고, 철학자는 '살아온 대로 말해야 한다'라는 메시지를 전해주는 사람이라고 평가한다(슬로터다이크, 2005: 204).[12]

거센 항의이기도 하다. 그는 해방이론과 물화이론의 복합체로서 그 이중구조를 비판한다.
12 모든 관념성은 물질화되어야 하고, 이론과 실천은 분리될 수 없다. 이를 슬로터다이크는 가난, 풍자와 동맹을 맺는 '낮은 이론'이라 부른다. 그 낮은 이론은 저항, 조롱, 몰염치, 뻔뻔함, 이성적 이상주의에 대한 오줌 누기 등의 제스처를 통해 드러난다. "견유주의자는 방귀를 뀌고, 똥을 누고,

계몽적 냉소주의, 혹은 냉소주의 이성이 현실을 슬쩍 비판하는 현실 타협적 자세라고 한다면, 이 현실적 타협은 대개 완전한 순응적 태도를 보이기보다 비웃음, 거리두기, 어쩔 수 없다는 듯의 표현으로 나타난다. 진실은 존재하지 않거나 아직 오지 않았다는 것이다. 사회정의와 진보의 외침 속에는 그 지도자들의 공명심이 숨어 있다는 사실, 집단주의의 헌신과 멸사봉공의 외침 속에는 그렇게 함으로써 권력과 부를 챙길 수 있는 사람들이 있다는 사실을 알아버리게 되는 순간 우리는 냉소주의자가 된다. 피해의식과 박탈감에 사로잡힌 사람들에게 세로토닌과 상담, 종교적 은총이 매우 부드러운 처방이라면, 사회정의는 강력한 처방전으로 이용된다. 도덕과 정의 앞에 누가 당당할 수 있는가? 누군가가 고통을 받고 있다면, 누군가가 평등하지 못하고 차별받고 있다면 이 사회는 온전하지 못한 것이고, 그렇기에 신의 이름이든 자유와 평등의 이름이든 정의의 외침은 불만과 아픔에 쌓인 이 세속의 모순에 메스를 가할 수 있는 강력한 무기이다. 그런데 이 정의의 이념이 정치가들이나 사회운동가 리더의 사익을 위해 '동원'된다는 것을 알게 된다면, 진실로 그들 개개인의 마음속에 체화된 의식이 아니라, 고뇌하는 신념으로서가 아니라, 자신들의 공명과 이해관계를 실현하기 위해 동원된다는 사실을 알아버린다면, 그들이 외치는 사회정의에 대해 냉소하지 않을 수 없다. 심지어 사회정의는 상품화의 대상이 되기도 한다. 『정의란 무엇인가』를 쓴 마이클 샌델(Michael Sandel)의 어마어마한 특강료와 출판비(특히 한국에서), 그의 공명을 보라. 마르크스의 자본론을 상품으로 판매하는 급진주의자! 소위 IMF 환란이 닥쳐오자 나라를 구해야 한다면서 서민들은 장롱 속에 놓아둔 금가락지를 걷었다. 그들은 아기 돌반지, 결혼반지, 선물 등을 기꺼이 '헌납'했다. 이후 몇 년이 지나 양극화의 시대가 찾아오고 사람들은 알게 되었다.[13] 부자들은 금 모으기에 동참하지 않았고 오히려 환란 속에서 급락한 부동

오줌을 싸고, 아테네 시장사람들이 붐비는 대로에서 자위행위를 한다. 그는 명성을 경멸하고 건축물에 입을 삐죽거리고 경의를 거절하고 날고기와 생야채를 먹고 태양 아래 누워 창녀들과 시시덕거리며 알렉산더 대왕에게 햇빛을 가리니 비켜달라고 말한다. 이러한 행위는 무엇을 말하는가?"(슬로터다이크, 2005: 208).

산의 매매를 통해, 주식투자형 투기를 통해, 환율의 차익을 통해 더 많은 부를 획득했다는 사실을, 사회정의는 특정한 집단을 위한 이데올로기에 지나지 않는다는 사실과 따라서 우리는 '각자도생(各自圖生)의 삶'을 살아야 한다는 사실을, 우리는 '속았다'라는 사실을 알게 되었다. 기득권을 차지한 사람들과 혹은 든든한 지위를 차지한 사람들이 주장하는 공동체적 정의의 외침은 결국은 그들만을 위한 것이라는 사실도 알게 되었다. 소비자본주의의 가시적 풍요함, 상냥한 속삭임으로 푸근한 상품세계로 초대하는 광고의 세계는 현실에 존재하지 않는다. 기업이 성장해야 노동자가 부자가 될 수 있다거나 부자가 더 부자가 되어야 가난한 자가 가난에서 벗어날 수 있다는 이른바 '낙수효과' 성장론은 불평등의 증대, 실업, 부익부 빈익빈의 양극화 현실 앞에 허상임이 밝혀지고 있다.

행복은 성적순이 아니라는 지식인의 외침은 그래도 어쩔 수 없이 행복이 성적순일 수밖에 없다는 현실 앞에서 회의가 생기고, "아프니까 청춘"이란 말은 청년실업과 불안 속에서 살아가고 있는 이 시대의 젊은이들에게 별로 달갑지 않은 위안일 뿐이다. 노력하는 자에게 그 대가가 주어진다는 공정사회의 이미지는 투기와 무임승차자들의 현실 앞에 허구임이 드러나고, 함께 조직을 위해 헌신하면 나에게도 보람되다는 말은 결국 '부익부 빈익빈'의 현실 앞에서 거짓임이 판명 난다. 사실과 가치, 이데올로기와 현실의 간극이 확연히 드러나는 사회, '경쟁'과 독식, 다원성의 차별(비정규직과 정규직, 대졸과 고졸, 강남과 비강남, 대기업과 중소기업, 백인과 기타 인종, 남성과 여성 등)이 심해지는 사회에서 냉소주의자는 늘어만 가고, 진정성의 가치는 옅어져만 간다. 냉소주의는 이러한 바탕 속에서 성장한다. "사회정의의 위선과 허구를…… 안다. 더 이상 희망 없음을…… 안다. 좋게 들리는 당신의 말이 현실에 맞지 않는다는 것을……." 그리고 이런 냉소주의는 속아본 경험에 의해 더욱 강화된다. "속아보아서 안다. 다만 알면서도 속을 뿐이다."¹⁴

---

13 이 양극화는 비단 경제적인 것만이 아니다. 문화적, 심리적인 현상으로까지 이어진다. 김문조(2008)를 보라.
14 이러한 냉소주의는 '모르면서 속는 것'과 대비된다. 허위의식 혹은 환상으로서의 이데올로기에 의

이러한 냉소주의적 태도는 음모론과 비난의 문화에 쉽게 젖어든다. 음모란 특정 집단의 권력자들이 그들의 이해관계를 위해 극히 제한된 수의 사람들에게만 정보를 공유한 후 어떤 사실을 날조하거나 왜곡시키는 행위이다(전상진, 2014). 음모론이란 어떤 현상이 합리적으로 설명되지 않을 때, 수긍하기 힘들 때, 믿기 어려울 때 불투명하거나 불합리한 가공의 사실을 만들어 그것을 진실로 믿게 하려는 것이다.[15] 표현의 자유가 보장되긴 했지만 신뢰가 실종된 사회에서 이러한 음모론이 판을 치는 경향이 있다. 대중들로부터 신뢰를 받지 못하는 집단은 '사실을 말해도 음모처럼 들린다'. 음모를 꾸민 집단들이 권력의 힘을 빌려 진실인 것처럼 공표했던 거짓이, 그래서 많은 대중들이 진실로 믿어왔던 '거짓'이 마침내 본모습을 드러낸 경우가 허다했던 한국사회에서는 (예컨대 간첩조작사건, 북풍공작 등) 음모론이 기승을 부린다. 권력집단이 유언비어, 풍문이라고 간주하면서 억압했던 당시의 '거짓'이 사실은 '진실'에 가까웠거나 진실이었다는 점이 밝혀지면서 의심과 회의가 팽배해진다. 자기편집증적인 증상으로서의 음모론이든, 나름대로 타당한 합리적 의심에 의한 음모론이든, 비리를 은폐하고 권력을 차지하기 위해 만든 음모론이든 음모론자들은 오로지 대상을 적과 동지로 구분하고, 적에 대해 무조건적인 경멸과 조롱, 냉소와 혐오의 태도로 일관한다.[16] 정론(正論)을 자처하며 오로지 자신들의 프레임으로 편집한 정보(심지어

해 지배된 사회에서 많은 대중들은 물화된 현실을 당연한 것으로 받아들이며 산다. 마르크스의 상품물신화론을 무의식이론으로 확대 전개한 지젝(Slavoj Zizek)의 논의가 매우 흥미롭다. 지젝(2013)을 볼 것.

15 예컨대 9.11 테러가 미국 수뇌부의 내부 모의였다는 음모론도 있다.
16 천안함 사태(2010년 3월 26일, 북한 어뢰잠수정의 공격으로 천안함이 침몰하여 승조원 46명이 사망한 사건)의 경우를 들여다보자. 당시 이명박 정부는 천안함 사태는 공해를 우회하여 남한수역에 침범한 북한 잠수정의 소행이라고 공식화하면서 천안함 폭침이라는 용어를 사용했다. 미국과 중국, 러시아가 공동 조사를 벌였고, 서로 모호한 입장을 취하는 가운데 국제공동조사반은 가해주체를 명시하지 않은 채로 천안함이 폭침되었다는 보고서를 발간했다. 천안함 사태는 사상검증의 리트머스 시험지처럼 작용했다. 당시 야권에서 지목한 한 헌법재판관 후보는 천안함의 '진실'에 대해 애매한 입장을 취한다고 하여 당시 보수여당인 새누리당으로부터 임명을 거부당하기도 했다. 하지만 버지니아 물리학과의 이승헌 교수와 해운전문가인 신상철 씨는 과학적 검증과 여러 정황증거를 내세워 북한어뢰정 폭침설에 반론을 제기했고, 신상철 씨는 명예훼손죄로 기소되어

왜곡과 날조된 정보), 자신만의 도덕적 열정에 사로잡힌 집단이 유포하는 가짜뉴스, 사이비 과학이 판치는 사회에서는 진실로 위장한 거짓이 활개를 친다.[17] 진실조차 신뢰할 수 없는 사회에서는 냉소주의와 음모론이 친화성을 갖게 되는 것이다.

인터넷 냉소주의와 혐오

냉소주의자들은 겉으로는 무관심한 듯하면서도 상대의 진정성을 묻는다. 당신이 하는 이야기가 과연 진솔한 것인가? 어떤 사적인 의도가 있지는 않은가? 냉소주의자들은 타자를 의심의 눈초리로 바라본다. 당신이 과연 진정성 있게 숭고한 대의명분을 추구하고 있는 자인가? 언행일치를 고뇌하는 지식인인가? 냉소주의자들은 숭고한 이념, 보편적 가치, 인류애 등을 외치는 정치인들이나 지식인들, 종교인들의 내면에 자신들 개개인의 이해관계가 숨어 있다고 판단한다. 민중의 역사 혹은 국익의 외침 속에는 권력에 대한 개인적인 욕망이 은폐되어 있고, 보편적 가치, 인류애, 사회정의의 담론 속에는 개인의 명예와 공명심에 대한 욕망이 숨어 있다고 의심한다. 보편의식을 소유한 담지자로서 역사의 주체임을 강변하던 노조의 지도자들이 노동귀족이 되어버리는 순간, 혁명의 꿈, 이상, 이념이 모두 허구라는 것을 알아버린다. 이 진실에 대한 의문에는 타자의 성취에 관한 것도 포함된다. 당신의 지위와 보상이 과연 노력과 땀, 실력과 업적으로 이룬 것인가? 더 이상 진리의 담론에 속지 않기 위해 우리는 스스로 냉소주의자가 되기도 한다. 냉소주의는 무관심한 듯한 표정을 짓지만 진정한 진실을 원하거나, 아니면 그것의 존재를 아예 인정하지 않으려 한다.[18] 다시 한 번

재판이 계류 중이다. 필자는 이 사건의 과정과 결말을 예의주시하고 있다. 이는 진실과 거짓, 과학과 정치권력, 합리적 의심과 반론의 자유, 대중의식의 변화와 음모론 등 매우 많은 것을 반추하게 하는 사건이기 때문이다.

17 바지니(Julian Baggini)는 과학이 오랫동안 믿어왔던 신념이 틀렸다는 것을 증명해왔지만 누군가에 의해 여전히 거짓이 진실로 생산되는 과정을 논의하고 있다. 바지니(2018)를 볼 것.
18 어떤 이들은 속는 것을 즐기는 자들도 있다. 가령 프로레슬링 같은 스토리텔링을 통해 대리만족

요약해보자. 자기의 욕망이 실현되지 않거나, 경쟁으로 휘몰린 상황에서 우리는 상대적 박탈감, 피해자의식, 억울함, 부당함을 느낀다. 자신을 '루저', '잉여자', '포기자' 등 희생자의 모습으로 묘사하면서 시대는 부당하고 공정하지 못한 규칙들과 기득권자들이 교묘히 만들어낸 거짓담론의 허구로 가득차 있다고 인식한다. 무한경쟁과 효율지상주의를 외치는 신자유주의시대의 계발된 인간이 되기 위해 열정을 다했고, 경쟁의 최전선에 뛰어들었지만 기대하는 보상은 주어지지 않는다. 사회는 정의롭지 못하고 공정하지도 않다. 진정성(진실)은 존재하지 않거나 좀처럼 다가오지 않는 것이다. 진정성에 대한 의심이 생기고 여기에 냉소주의가 자리를 잡는다.

타자로부터 인정받고 싶은 욕망이 좌절되고, 자신만이라도 자신을 인정해야 하는 열등감, 그리고 자존심을 유지하고 싶은 욕망은 타자에 대한 냉소로 표출된다. 냉소주의는 알면서도 모르는 척 궁상을 떨거나, 혹은 무관심과 '비웃음' 등의 미소로 드러나지만, 이를 넘어선 무차별적 증오와 적개심, 혐오와 분노로 이어지기도 한다. 냉소적 문법에서의 혐오는 내가 지키는 원칙을 스스로는 지키지 않으면서 나에게 여전히 원칙을 강요하는 존재, 즉 나에게 손해를 강요하는 존재, 나를 속이려 드는 존재에 대한 무차별적 복수로부터 시작한다(김민하, 2016: 273). 무관심을 표방하는 냉소주의자들은 그들의 권태를 벗어나기 위해서라도 곧 어떤 사건이 터지기를 원한다. 권태란 '일상생활에서의 도피열망과 회귀열망이 순환적으로 반복되는 감정이며 소리 없는 시간의 반복으로서, 기지개를 켜고 일어나려 하는 하품'과 같은 동작을 수반한다(투이, 2011). 어떤 냉소주의자들의 마음속에는 누군가를 공략해서 매장을 시키고 싶은 욕망이 꿈틀거리고, 그들은 증오와 일탈의 자극을 통해 권태를 벗어나고 싶어 한다. 냉소주의자들은 때로 격렬한 증오를 드러내지만 몰래 숨어서 분노를 표출하는 경향이 있다. 익명의 정보가 소통 가능한 SNS는 그들의 경멸과 분노를 매우 효율적으로 표출할 수 있는 안성맞춤의 수단이다. SNS와 같은 익명의 방어벽에 숨어 아이

을 느끼려 한다. 교묘하고 괴기한 몸짓, 과격한 몸동작 등 "속는 것을 즐기라는 정언명령에 자발적으로 복무하는 것이다"(김민하, 2016: 151).

콘과 비속어 등의 기표를 통해 냉소적 비난을 광범위하게 전파하고 증오와 적대의 혐오감정을 욕조 속의 잉크처럼 빠르게 확산시킨다. 특히 젊은이들의 좌절은 사회에 대한 냉소로 치환되고 이 냉소는 혐오, 분노, 비난으로 이어진다.

인간은 환경에 적응하는 생존본능을 가진 존재로서 긴 역사 동안 생존의 방식을 찾아왔고 생존을 위해 살아왔다. 생존은 유기체의 필연이며 본능이다. 그런데 이 생존이 하나의 이데올로기로 체계화된 생존주의 시대의 생존은 이와 차원이 다르다. 생존주의 시대의 생존은 '서바이벌'로서 게임의 규칙 속에서 무한대의 비정한 경쟁을 수행한 연후 살아남아야 하는 매우 절박한 것이다. 김홍중은 생존주의는 하나의 이데올로기로서 타자를 소거하지 않으면 자신이 존립할 수 없다는 극한 상태(no way out)의 사유방식이라고 말한다. 기존의 생존이 도태되더라도 가족, 친지, 친구 등의 연줄망으로 목구멍에 풀칠은 할 수 있는 데 반해 서바이벌 게임의 생존은 협동, 공존, 상생이 없다. 게임의 규칙이기 때문이다. 사회적 안전망이 부재한 광활한 야생의 숲에서 젊은이들은 '각자도생'의 길을 걸어가야 한다는 것을 잘 알고 있다(김홍중, 2015). 사는 것이 아니라 살아진다. 이러한 생존주의 시대에서는 타자성찰과 배려가 존재할 수 없다.

오늘날의 젊은 세대는 자신을 스스로 '패배자와 잃은 자(루저)', '잉여', '피로', '절벽', '88만 원', '흙수저' 등 다양한 희생자의 표상으로 부르며, 경쟁에서 밀려난 자신들을 스스로 주변화된 존재로 낙인찍고 현실을 비난함으로써 위안을 삼는다. 일부는 타자에 대한 비하와 공격의 언어를 쏟아내고, '비판'의 이름으로 타자에 대한 혐오, 분노와 비난을 서슴지 않는다. 이 언어소통의 장(場)에서는 저급한 단어와 상징, 은유, 비속어가 표현의 자유라는 이름으로 성행하고 랑그와 파롤은 일그러진다. 이 중의 일부는 극단주의적(극우-극좌적) 행태로 진화한다. 인터넷 커뮤니티인 '일베'와 '워마드'의 경우를 살펴보자. 일베 회원들은 정치적으로는 진보세력에 대해서, 지역적으로는 호남 지역과 호남 출신 사람들에 대해서, 성적으로는 여성이나 동성애자들에 대해서, 민족적으로는 조선족에 대해서 극도의 혐오감을 표출하며 폭력적인 언행을 일삼고 있다(이승원, 2016). 일베 회원이 진보세력을 '빨갱이'로 부르는 것은 예삿일이고, '좌빨(좌파 빨갱이)'과 더불어 '좌좀(좌파 좀비)'이라는 표현을 동원하여 공격하기도 한다. 그들은 호남 출신의 사람들을 '전라디언'이나 '홍어'로 지칭하며 조롱하고 호남 지역 전체를 비하하기도 한다. 이뿐만 아니라 그들은 5.18 민주화운동을 '폭동'으로 규정하여 비난하고 희생자들의 시신을 '홍어'로 빗대어 모욕하는 악행까지 일삼았다.[19] 일베 회원들의 악행은 여기서 멈추지 않고 4.16 세월호 참사의 희생자와 유족까지 공격하는 데 이르렀다. 일베 회원들은 세월호 희생자를 '어묵'에 비유하며 희생자들의 죽음을 조롱했고, 세월호 유가족들의 단식농성 현장으로 나와 '폭식 투쟁'을 진행하기도 했다.[20] 일베 회원들이 여성을 향해 혐오표현을 사용하는 것은 일상화되었다. 한국인 여성을 지칭할 때 '김치녀'라고 부르고, '~년', '창녀', '걸레'라는 비속어를 반복적으로 사용하는 것과 함께 여성의 성기를 비하하는 표현도 빈번히 사용하여 여성에 대한 혐오를 쏟아내고 있다. 그리고 '삼일한(여자는 삼일에 한 번씩 맞아야 한다)'이라는 말로 여성 일반에 대한 폭력성을 드러내거나, '꼴페미(꼴통과 페미니스트의 합성어)', '페미나치(페미니스트와 나치의 합성어)' 등의 이름을 붙여 공격하기도 한다. 또한 '느금마(느그 엄마)'라는 말로 상대를 공격할 뿐만 아니라 최근에는 '맘충(엄마를 뜻하는 mom과 蟲의 합성어)'이라는 단어를 사용하여 아이를 양육하는 여성들을 비난하기도 한다.

그런데 일베 회원들이 여성을 향해 혐오표현을 쏟아내는 것에 정면으로 맞서는 움직임이 일어나 온라인 커뮤니티를 중심으로 결집했다. 2015년에는 메갈리아(Megalia)가 탄생했고, 최근에는 워마드(WOMAD)를 중심으로 그 명맥이 유지되고 있다. 일베에서 나타난 여성혐오를 '미러링(mirroring)'하는 방식으로 운영되는 워마드는 남성혐오 성향이 짙게 나타난다. 일베에서 유행하는 '~노', '이기'

---

[19] 2013년 5월, 5.18 민주화운동 기념일에 즈음하여 일베의 한 회원은 게시판에 "아이고 우리 아들 택배 왔다"라는 제목으로 글을 게시했는데, 본문에는 5.18 민주화운동 희생자의 가족들이 관 앞에서 오열하는 모습이 담긴 사진과 함께 "착불이요"라는 글이 적혀 있었다. 그리고 "광주 홈쇼핑 장사 존나 잘되네"라는 제목으로 게시된 다른 글에는 5.18 민주화운동 희생자들의 관들이 일렬로 놓인 모습을 찍은 사진과 함께 "배달될 홍어들 포장완료된 거 보소"라는 글이 적혀 있기도 했다.
[20] 2015년 1월에 일베의 한 회원은 단원고 교복을 입은 상태로 어묵을 입에 물고 일베 회원임을 인증하는 손가락 자세를 취한 모습을 찍은 사진을 게시하며 "친구먹었다"라는 제목을 달아 사회적으로 공분을 일으키기도 했다.

등의 표현은 워마드에서도 쉽게 볼 수 있으며, 워마드 회원들은 기존에 여성을 향한 혐오표현으로 사용되었던 단어들을 변형하여 남성을 향한 혐오표현으로 사용하고 있다.[21] 하지만 워마드 회원들이 여성혐오를 '미러링'하여 맞받아치고 남성들을 마구잡이로 공격하는 모습은 많은 논란을 일으키고 있다. 2016년 8월에 워마드의 한 회원이 안중근 의사와 윤봉길 의사를 조롱하는 사진과 글을 게시했고 이로 인해 워마드를 비판하는 목소리가 거세진 바 있다. 2017년 11월에는 한 회원이 호주 남자 어린이를 상대로 성폭행을 저질렀다고 주장하는 글을 게시하고, 2018년 5월에는 누드크로키 수업에 참여한 남성 모델의 신체를 몰래 촬영한 사진이 워마드에 게시되어 사회적으로 큰 파장을 일으키기도 했다.[22]

비단 일베나 워마드처럼 극단적 진영에 있는 이들만이 아니다. 일반인들 역시 자신들의 정치적 이념이나 이해관계가 다른 '타자'에 대한 냉소와 혐오의 언어적 공격은 일베나 워마드보다 수위는 낮지만 유사한 모습을 보인다.[23] 속어와 비어, 욕설 등 상대를 비하, 비난하는 언어들이 특히 SNS를 통해 익명으로, 광범위하게 전파된다.

이러한 표현들은 과연 표현의 자유라는 이름으로 보장되어야 할까?(이 책의

---

21 예를 들어 '김치남', '냄져(남자)', '한남(한국남자)', '한남충(한남과 蟲의 합성어)', '한남유충(어린 한남충)', '느개비(느그 애비)', '숨쉴한(한국 남자는 숨 쉴 때마다 맞아야 한다)' 등의 표현이 있다.
22 이뿐만 아니라 워마드 회원들은 고(故) 성재기 남성연대 대표의 죽음을 조롱하는 표현인 '재기해'라는 말을 일상적으로 사용하고 있다. 그리고 차량이 전복되는 사고를 당해 사망한 고 김주혁 씨에게는 '전복 요정'이라는 수식어가 붙고, 고 노회찬 의원의 사망을 알리는 게시글에는 괴이한 댓글이 달려 있기도 했다. 예컨대 "ㅇㅇ는 멘탈이 개복치라서 폭력적인 거 같노. 좀 불리하면 징징거리고 싸튀하거나 재기해버린다 이기"라는 댓글이다. 이처럼 워마드 회원들은 반복적으로 고인을 모욕하는 언행을 일삼아 뭇사람들의 눈살을 찌푸리게 만들고 있다. 또한 그들은 남성뿐만 아니라 여성, 성소수자를 향해서도 '흉자(흉내와 남성의 성기를 뜻하는 비속어의 합성어로서 남성주의적 사고방식에 동조하는 여성을 지칭)', '똥꼬충(항문성교를 하는 남성 동성애자)', '젠퀴병자(트렌스젠더와 정신병자의 합성어)', '젠퀴벌레(트렌스젠더와 바퀴벌레의 합성어)'와 같은 혐오표현을 양산하여 주변으로부터 비판을 받고 있다.
23 진보진영을 자처하는 일군의 학생 시위대가 한 보수지식인의 은퇴 강연장에서 연사의 장례식을 연출하는가 하면 비속어로 구호를 외쳤다("[현장과 지면] '친조선 교수' 퇴임 강연에 학생들 기습 시위", ≪오마이뉴스≫, 2002. 6. 11).

제7장 2절 "혐오"를 참조할 것) 그들의 공격적 언사가 슬로터다이크가 말한 대로 이성의 기만을 뒤덮을 수 있는 디오게네스적인 견유주의일까? 과연 풍자와 해학의 카니발일까? 냉소와 견유, 경멸(무시)과 풍자, 혐오와 비난의 경계가 모호해지는 가운데 비웃음, 조롱, 진정성과 엄숙주의에 대한 경멸, 천박함이 그대로 노출되는 것이 과연 기득권자와 기존 질서에 저항하는 다중의 행위일까? 이들의 행태는 우리 사회를 심각한 반(反)지성주의로 몰아붙인다. 반지성주의란 한마디로 타자성찰이 불가능한 태도를 말한다. 반지성주의자들은 자신만의 신념, 편견, 지식, 이념에 사로잡혀 타자의 목소리나 차이에 대해서는 일말의 관심도 없고, 오로지 자신의 독단적 편견으로 옳고 그름을 판단해버리는 태도를 지닌 사람들이다. 그들은 이미 자신의 지식, 앎, 편견에 포화되어 있기 때문에 그들과 다른 것들을 수용할 수도 없고, 수용하려 들지도 않는다. 반지성주의자들의 대화 속에서는 설득, 양보, 조정 등의 상호적 과정을 찾아볼 수 없기 때문에 상대에 대한 강압적인 태도와 선동이 판을 친다. 반지성주의는 정보에 대한 왜곡과 거짓, 음모를 통한 우민화, 저급한 언어를 동원한 선동주의를 포함한다.[24]

디오게네스의 기행은 통일신라시대의 고승 원효(元曉)를 생각나게 한다. 원효는 요석공주와의 사이에 설총(薛聰)을 아들로 둔 승려로 의상과 함께 당나라 유학길에 올랐다가 도중에 깨달음을 얻어 유학을 포기하고 서라벌에 돌아와 권승(權僧)의 지위를 버리고 광대 같은 바닥 인생들과 어울리며 부처의 뜻을 설파했던 인물이다. 유가의 주지주의나 인위적인 삶보다는 무위(無爲)를 강조했던 장자 역시 또 다른 차원의 비합리주의자였다. '동물성', '땡초', '개차반' 같은 풍자와 해학은 장자에게서 찾아보기 힘들지만, 디오게네스와 비교하면 훨씬 절제된 풍류객의 모습을 보인 그는 아내의 죽음 앞에서 북을 치고 춤을 추는 기행을 보이기도 했다. 자연에서 태어나 자연으로 돌아가는 삶의 종언이 죽음이라면

---

[24] 필자는 한국사회에 급속히 확산되고 있는 반지성주의의 흐름에 촉각을 세우고 이에 대한 논의를 준비 중이다. 인터넷 냉소주의 뿐 아니라 이 책의 제7장에서 논의한 보수우파 개신교나 정치집단의 혐오정치는 반지성주의의 대표적인 사례이다. 호프스태터(2017), 윤태진(2017), 우치다 다쓰로(2016) 등을 참고할 것.

죽음은 축복이고 슬퍼할 대상이 아니라는 것이다. 조선시대의 풍자와 해학은 유교주의 이념으로 무장한 양반 지배세력을 경멸하고 무시하는 아래로부터의 카니발적 성격을 갖는다. 일례로 봉산탈춤과 같은 풍자와 해학을 통해 민중의 냉소주의도 주기적으로 표출될 수 있었다. 이들 풍자와 해학은 전복적이면서도 명랑하다. 그러나 오늘날 사이버 시대의 냉소와 혐오를 견유주의의 놀이로 볼 수 있겠는가?

제10장

친밀성과 감정노동

1. 친밀성과 조형적 감정

친밀성은 우애, 사랑, 배려, 공감, 이해와 같은 감정적 태도를 수반함으로써 '상대와의 관계 속에서 느끼는 편안한 감정'이다. 일차적으로 친밀성이 생산되고 유지되는 곳은 가족이다. 헤겔은 바로 사랑이라는 감정이 가족 유대의 핵이라고 지적한 바 있다(헤겔, 2008). 가족은 부부와 자녀의 갈등과 긴장도 존재하지만 은밀한 개인성(privacy)이 작용하는 곳이며 자녀에 대한 무조건적인 '아래 사랑'이 발현되는 곳이다. 우정은 이 친밀성이 좀 더 가족의 울타리로부터 벗어난 곳에서 형성된다. 물질적인 이해관계를 떠나 교류할 수 있도록 하는 감정, 그리고 '의리'와 같은 의무감이 강제적 규범이 아니라 자발적 배려 혹은 헌신으로 나타나는 감정이 우애이다. 보통 사회학자들이 1차 집단의 특징으로 부르는 또래집단에서 감지되는 감정이다.

친밀성은 남녀의 젠더관계 속에서, 그리고 특히 섹슈얼리티 관계 속에서 가장 잘 드러난다. 헤겔에 의하면 사랑을 매개로 남녀 간의 인정투쟁이 일어나는 곳이 가족이라면, 소유와 계약에 의해 인정투쟁이 발생하는 곳이 시민사회인데 시민사회는 이러한 사적영역의 친밀성을 배제하는 경향이 있다. 친밀성은 합리적 계약과 교환에 의해 나오는 것이 아니기 때문이다. 친밀성은 의례적 인상관리의 만남 속에서 생겨나는 형식적 감정도 아니다. 친밀성은 사적, 비공식적, 은밀한 관계 속에서 교환되는 감정이다. 그런데 개인적 영역(비공식적 영역)에 국한되던 친밀성이 현대사회에서는 공공영역, 공론의 장으로 나오게 되었다. 인간은 친밀한 관계에서 이전의 그들이 요구했던 것보다 더 큰 정서적 만족과 안전을 요구한다(기든스, 2001: 280). 섹슈얼리티의 친밀성이 근현대사회의 자아의 성장과 함께 사적인 영역을 넘어 공론장의 담론이 되고 있는 것이다. 전통적인 사회에서 여성은 매우 제한적인 성적 행위자, 즉 인구의 재생산 역할을 담당하거나 낭만성, 모성애를 지닌 주체로 대상화되어 있었다. 가부장주의와 정치권력에 의해 성은 규제의 대상이 되었고[1] 특히 여성에게 성은 임신의 공포와 가부장적 권력에 의해 오히려 걱정과 근심의 대상이었다. 그런데 현대에 이르러 피임 기술의 발달 등 임신과 상관없는 섹슈얼리티, 즉 인구의 재생산과 상관없는 섹스, 걱정과 두려움으로부터 해방된 섹슈얼리티가 가능하게 되었다. 임신과 출산이라는 재생산의 강박관념이 사라지고, 이른바 기든스가 "조형적 섹슈얼리티(plastic sexuality)"라 부르는 현상이 발생한 것이다. 이러한 해방으로 인해 여성들은 성적 선택권 확장이라는 자율성을 가지게 된 반면, 남성들은 여전히 신체적으로 강해야 한다는 포르노적인 강박관념과 열등감에 싸여 있다. 이는 민주화의 물결과 함께 여성의 지위가 높아진 것을 의미한다. 친밀성은 무엇보다 사람들이 서로 평등한 맥락에서 타자와 자기감정으로 의사소통하는 것이며 타자를 배려하는 자기선택적인 감정이다. 기든스가 말하는 친밀성은 "자아발전을 최우선으로 하고, 자유로운 선택, 균형과 상호성, 타협, 쌍방주도권, 욕구와 감정공유, 적절한 신뢰, 타자의 개성의 포용들을 포함한다(이영자, 2007: 79).

기든스의 논의를 잠깐 더 소개해보자. 기든스는 근대성과 함께 출현한 성의 해방과 친밀성의 증대 과정에서 마르쿠제(Herbert Marcuse) 등이 신랄히 비판한

---

[1] 그러나 푸코가 지적한 대로 성적 담론은 그 시대에도 매우 풍부하게 일어나고 있었다(푸코, 2009).

소비자본주의와 성의 상품화에 대해서도 좀 더 다른 가능성을 제시한다. 섹슈얼리티의 개방과 재생산으로부터의 해방은 세속화되고 합류(合流)적인 사랑의 추세라고도 불리는 방향으로 나가고 있다는 것이다. 비록 소비의 대상으로서 상품화된 것이라 하더라도 섹슈얼리티는 '진실의 고해이며 자아성찰의 기획'이다. 아울러 비정상적인 것으로 치부되던 성도착증, 동성애 등이 공론의 장에서 담론화됨으로써 다양성과 차이를 존중하고 인정하며 소수자 권리가 인정되는 추세에 놓여 있다. 이를 기든스는 친밀성의 혁명이라고까지 말한다. 이러한 친밀성은 진정성(자기진실성, 솔직함)을 드러낸다. 섹슈얼리티의 감정은 진정한 의사소통의 영역이다.[2] 부모, 자녀, 친구 등의 우정이나 합류적 사랑, 조형적 사랑 등에서 발견되는 친밀성 역시 급진민주주의적 기획이라는 것이다.

　그러나 필자가 보기에 유감스럽게도 친밀성은 남녀평등의 기획, 생활정치, 그리고 진정성의 표현의 방향으로만 나아가고 있는 것 같지 않다. 사적 지대에서 은밀하게 교류되던 친밀성이 공공의 장으로 등장할 때, 기든스가 분석한 측면도 분명 존재하지만, 그것은 시장의 상품으로 변형되어 '진정한 친밀성'과는 다른 얼굴을 보인다. 자본에 의해 친밀성을 재현하는 상냥함과 부드러움은 서비스 상품시장의 대상이 되고, 친밀성의 감정은 진정성을 상실한 채 위선적으로 조형화된다. 친밀성의 조형화는 비단 상품 영역뿐 아니라 정치, 문화 등 다양한 영역에 침투함으로써 인간관계를 더욱 '즉각적'으로 만들고 '표피화'[3]시키고 있다. 위장된 진정성으로서의 친밀성은 공론의 장에서 요청되는 타자성찰과 배려 또는 고프먼이 말한 대로 일상적인 공공의 장에서 수많은 익명적 사람들에게 요구되는 '예의 바른 무관심'과도 다르다. 진정성을 위장한 조형적 친밀성은 자본주의 기업에게는 이윤확충의 매개물로서 적극 활용되는 감정이다. 이는 다음 절에 논의할 감정노동에서 단적으로 드러난다. 시민에 대한 정치가와 관료

2　하버마스가 의사소통을 통해 공적 담론의 장에서의 숙의민주주의 기획을 고민했다면 기든스는 친밀성과 섹슈얼리티를 통해 민주주의의 일상성과 생활정치를 실현하고자 한다. 섹슈얼리티는 여전히 향수와 환상의 아우라를 가지고 있기 때문에 영성회복 운동의 에너지가 되기도 한다.
3　필자가 말하는 표피화란 매우 간단하고 단면적이며 무관심한 의례적 관계를 의미한다.

들의 위장된 친밀함은 통치성의 일부로 작동한다.[4] 메스트로비치(S. G. Meštrović)는 이러한 상황을 '탈감정화'라고 부른다. 다소 장황하지만 메스트로비치와 한때 한국사회에도 널리 회자되었던 보드리야르(Jean Baudrillard)의 논의를 소개해보도록 하자. 이미 소비자본주의를 경험하고 있는 한국사회를 진단하는 데 매우 요긴하기 때문이다.

조형적 감정사회

메스트로비치는 현대사회의 변동을 '탈(脫)감정' 현상을 통해 조명하고 있다. 그가 말하는 탈감정이란 다소 미묘한 의미를 담고 있는데 '감정을 벗어난' 혹은 감정과 대비되는 이성이나 그런 무엇이라기보다 현대사회의 독특한 감정, 즉 인위적으로 만들어진 '가공된 감정'을 지칭한다. 그 감정은 무엇일까?[5]

메스트로비치는 리스먼(David Riesman)의 저서 『고독한 군중』에서 언급된 타자지향성 인간(other-direction)을 재(再)맥락화하고 있다고 고백할 정도로 외부지향적인 인간성을 현대사회의 특징으로 보고 있다. 외부지향성 인간이란 타자

---

4 한편 친밀성은 이미 정치의 통치수단으로 사용되기도 했다. 한때 한국사회에서는 초중고생들 모두가 '국군장병 아저씨'에 대한 위문편지를 썼는데 위문편지 속에 익명적으로 작동하는 친밀성은 국가체계와 사회의 유대를 강화하는 역할을 하기도 했다. 또 친절과 상냥함을 내보이자는 '스마일' 운동이 전국적으로 전개되기도 했다. 친밀성은 국내 정치뿐 아니라 국제체제 간 유대와 동맹을 위해 동원되기도 한다. 특정 단체들이 주관하던 '펜팔' 운동을 생각해보라. 이러한 친밀성의 뒤에는 기존의 사회질서를 수용시키고 확대하려는 특정한 정치집단의 의도가 깔려 있다. 이에 대해 자세한 논의는 정승화(2017)를 참고할 것.

5 그는 자신의 감정사회론이 뒤르켐의 신성성에 대한 논의로부터 영향을 받았다고 말한다. 그에 의하면 뒤르켐이 말하는 신성한 것에 대한 집합열정이 파편화된 집단정체성으로 인해 더 이상 현대사회에서는 발견되지 않는다. 또한 그는 리처(George Ritzer)가 말한 사회의 '맥도널드화' 논의로부터 영향을 받았다고 말한다. 사회의 맥도널드화란 극한의 효율성과 합리화를 추구하는 현상을 말한다. 메스트로비치는 그 과정을 기계화의 승리라고 주장한다. 그는 또한 자신의 논의가 로젝(Chris Rojek)이 말하는 여가의 지성화와 관료제화에 대한 것으로부터 자극을 받았으며, 조지 오웰의 전체주의 사회론, 그리고 시뮬레이션 세계와 기표정치를 논의한 보드리야르의 논의에 큰 영향을 받았다고 말한다.

를 성찰하고 타자를 내면화하여 자신의 행동에 준거점으로 삼고, 나아가 타자의 곤궁함을 나에 대한 절대적 정언명령으로 여기며, 타자의 얼굴로 등장하는 타자윤리를 지향하는 존재와는 사뭇 다르다(메스트로비치, 2014). 그가 말하는 타자지향의 인간성이란 위선적 친밀성과 배려감으로 치장한, 오히려 내적으로는 "응어리진 분노와 친절"로 포장된 성격을 말한다. 오늘날의 외부지향성 인간은 내부적 자기준거의 성찰성이 사라져버린 인간이라는 것이다.[6]

메스트로비치는 한마디로 "심각한 문제들에 대한 무기력한 무관심과 천박한 감정적 반응"을 탈감정사회의 특징이라고 말한다(메스트로비치, 2014: 25). 전쟁, 테러, 빈곤, 가난, 인종차별, 정의 등 근본적으로 성찰하고 풀어내야 할 주제들이 얼마나 얄팍한 감정적 반응과 지독한 무관심에 휩싸여 있는가? 그가 제시하는 심각한 문제의 사례는 유고슬라비아의 해체와 함께 민족, 종교와 엇물려 격렬하게 발생했던, 일명 신(新)인종청소라 불린 보스니아 내전과 코소보 전쟁이었다. 이 전쟁들의 경우 미디어는 선정주의에 빠져 전쟁의 살육으로 인한 사람들의 고통을 외면한 채 전쟁광 밀로셰비치(S. Milosevic)와의 인터뷰, 회담, 심지어 그가 피아노를 치는 장면과 평화 계약안에 대해 감격 어린 연설을 하고 눈물을 흘리는 장면을 여과 없이 방영한다. '악어의 눈물'을 흘린 그는 미디어에 의해 오히려 '전쟁 스타'가 되었다. 오늘날 미디어는 사실에 입각한 정보가 아니라 감정을 판다. 이제 뉴스는 오락과 별 차이가 없다는 것이다. 더구나 문화산업은 진솔한 감정 대신 상품화되고 대량생산된 기계적 감정을 재생한다. 예컨대 진솔한 '동정심'(예: 유니세프 등의 ARS 전화모금)이 존재하지만 현대사회는 동정 피

---

[6] 메스트로비치는 서구사회의 근대성을 두 가지 경로로 나누고 있다. '근대성1'은 실증주의자, 기능주의자, 다윈주의자, 베버의 프로테스탄트 윤리나 엘리아스의 문명화 과정 등으로 상징화되는 진보와 기계에 대한 모더니스트들의 입장이다. 이러한 입장에서는 오늘날의 근대성 위기를 서구문명의 진보의 힘인 이성을 부활시킴으로써, 즉 계몽주의의 기획을 통해 극복하고자 한다. '근대성2'의 입장은 근대성이 가져다주는 "덧없이 쉽게 변하고 우연적이며 혼돈스럽고 허무주의적이며 카니발적인 무질서", 보들레르와 니체, 짐멜 등의 사상으로 대표되는 과정이다. 메스트로비치는 '근대성1'의 계몽주의 프로젝트를 주창하는 비판이론가들을 위조된 계몽주의로 비판한다. 그들은 감정의 역할을 무시하기 때문이다.

로감의 사회라고 할 정도로 많은 문화산업이 의도적으로 생성한 알맹이 없는 동정심으로 가득차 있다.

노한 과거의 숙은 감정의 유령들이 향수나 복고의 이름으로 시장에 등장하고 있다.[7] 필자는 이를 향수의 상품화라 칭한 적이 있다(김왕배 외, 2017). 어린이 프로그램, 치유프로그램, 토크쇼 등은 하나같이 친절하고 부드럽고 상냥한, 인위적으로 생성된, 시장 및 공명심(자기선전)과 연관된 감정을 연출한다. "오늘날 공중과 상호작용하는 거의 모든 사람들은 친절하다. 그렇지 않으면 그들은 사업을 망치거나 심지어 고소당할 수 있다"(메스트로비치, 2014: 97). 자신과 타자에 의해 단조롭고 기계적이며 대량생산되는 억압적인 친절함의 윤리가 성행하는 시대가 되었다는 것이 그의 진단이다. 이런 탈감정사회에서는 내부지향적인 열정, 권위, 양심과 성찰은 사라지고 승인받고자 하는 세속적이고 얄팍한 욕구만이 존재한다. 친절함은 오늘날 대표적인 타자지향적 감정이다. 때로 친절함은 매력적 감정으로 나타난다. 이는 감정뿐 아니라 신체적 외모, 언어, 말투, 눈맞춤, 옷, 대화길이 모두를 수반하며 타자만이 아니라 자기 자신을 조작하는 복잡한 행위와 연결되어 있다. 이제 친절함은 필수적이다. 상냥함과 부드러움, 친절함 등이 현대사회의 가공된 탈감정의 대표적인 속성이다. 사람들은 친절하고 부드러워야 한다. 하다못해 타 국가를 공격하는 전투병도 평화사절단의 일원처럼 보이도록 만든다. 생일을 맞이한 아이들은 '포장된 재미'를 느낀다. 카드, 풍선, 선물, 꽃. 마치 공산품처럼 표준화된 친밀함과 기쁨, 이는 마르쿠제가 상품에서 영혼을 발견하는 일차원적 인간의 '행복한 의식'과 상통한다. 이제 감정은 소비재가 되었다. 그런데 역설적으로 리스먼 같은 학자는 이러한 가식적 친절함 안에 응어리진 분노가 일고 있다고 진단한다(리스먼, 1999). 분노의 저변에는 자신이 상황을 변화시킬 수 없다는 좌절이나 '내막소식통형 인간(타자관계를 거부하고 자신하고만 관계하려는 인간)'의 특징인 냉소주의와 굴욕감과 모멸감 등이 쌓여 있다.

---

[7] 현대인의 순례지로 되어 있는 디즈니랜드(Disneyland)는 조작된 공동체이며 감정제조지이다.

이 같은 친절함에서 진정성을 느낄 수 있는가? 메스트로비치는 탈감정주의는 향수화된 전통과 내부지향적 과거로부터 과시적이고 소비적으로 상상된 감정을 이용하려 든다고 말한다. 박물관은 죽은 과거의 재생공간이며 재생산업이다(메스트로비치, 2014). 그에 의하면 한마디로 오늘날 사회는 진정성이 사라진 사회이다. 진정성을 결정하는 것은 진실(사실)이라기보다 자발적으로 우러나온 감정이다. 적어도 다른 사람을 즐기게 하기 위한 연출된 감정은 아니라는 것이다. 그런데 이러한 진정성마저 상품화로부터 자유로울 수 없다. 이 와중에 문화산업으로서의 진정성 산업이 등장하고 있다. 진정성을 가장한, 진정성에 목말라 있는 현대인들에게 탈감정화된 감정의 제공자로서, 이윤의 대상으로서 '진정성' 산업이 등장했다. 메스트로비치가 진정성 산업이라 부르는 이 영역을 필자의 관점에서는 '친밀성 산업'으로 불러도 좋을 듯하다.

진정성 산업의 슬로건은 우리 모두가 상처받은 '사회적 약자'라는 것이다. 우리는 존재론적 불안에 떨고 있으며 위험사회에 살고 있는 불안정한 존재이다. 예컨대 유명대학의 한 교수는 청춘은 아프다고 말한다. 상처, 트라우마, 고통, 약자의 감정, 잉여, 피로에 젖어 있는 절벽사회에서는 모두가 희생자이고 모두가 억울하다. 그들이 보기에 우리는 모두 병들어 있다! 각종 정신질환과 만성피로, 우울, 불안 및 신경장애가 우리를 둘러싸고 있다. 따라서 '고백실'이 부활하고 각종 치료요법이 등장한다.[8] 사회는 거대한 병원이 되고, 그에 따른 필연으로 치유를 수반하는 의료화가 진행되고 있다. 웰빙과 희망의 전도사들이 힐링 산업이라는 이름으로 등장하며 전문가는 우리 삶의 곳곳에 개입하고 있다. 오늘날 대표적인 진정성 산업 중 하나는 치료 요법, 소위 '트라우마 치유'라는 것이다. 메스트로비치는 현대 자본주의 사회의 인간관계는 위조된 감정으로 구성되어 있다고 신랄하게 비판한다. 그는 이를 감정의 맥도널드화라 부른다. "감정의 맥도널드화는 계몽주의 프로젝트, 치료요법, 문명, 공동체 모두를 예상대로 친절하게 보이게 만들고, 디즈니 식의 인위적인 진정한 것의 영역을 창조하는

---

8 이와 유사한 진단으로 푸레디(2013)를 참조하라.

것"(메스트로비치, 2014: 196)이다. 맥도널드는 효율성과 평균적인 속성, 계산, 통제 가치를 대변한다. "패스트푸드가 합리성의 모델이 되는 것처럼, 모든 사람이 자신의 차에서 안전벨트를 매야 하듯, 모든 사람은 사무실에서 감정벨트를 매야 한다. 사람들은 미리 결정된 규칙에 의해 감정교환을 해야 한다"(메스트로비치, 2014: 286).

또한 메스트로비치는 이 모든 탈감정의 과정을 현대사회의 기계화에 의한 발칸화(valcanization)의 과정으로 묘사한다. 발칸화란 유고슬라비아 해체 이후 민족과 종교 등으로 인해 '갈기갈기 찢어지고 파편화'된 발칸반도의 상황을 말한다. 그러나 발칸화는 인종뿐 아니라 젠더, 성적 취향이나 생활방식 등에 의한 영역화를 의미하기도 한다. 여기에 종교, 이념, 정치적 선호 등 다양한 변수를 넣어도 무방할 것이다. 발칸화된 사회에서의 탈감정현상은 서로에 대한 지독한 무관심 혹은 서로에 대한 지독한 혐오 내지는 증오, 때로는 지나친 친절함(가식화되고 위선적인 친절함)으로 나타난다. 결국 내부지향적 성찰성과 진지함, 신념, 정의 등에 대한 감정은 사라지고, 무엇이 옳고 그른지에 대한 분간이 없어진다. 그는 이러한 현상을 기계화의 승리, 즉 효율성과 관료제성, 판에 박히고 인위적이며 무정한 맥도널드화의 승리라고 본다.[9]

이와 같이 위장된 친밀함(진정성)은 물화된 인간관계의 산물이며 동시에 이러한 물화를 더욱 강화시키는 기능을 담당한다. 노동에 의한 생산물인 "탁자가 상품이 되는 순간, 즉 상품으로서의 교환가치를 획득하는 순간 우리의 머리 위에서 춤을 춘다"는 마르크스의 유명한 물상화론은 여전히 유효하지만 현대 소비자본주의 사회에서는 그것만으로 부족하다.[10] 화폐가 등장함으로써 이 물신화의 비밀이 더욱 강화되지만 또한 그것만으로도 현대 자본주의의 물신화의 총체적 메커니즘을 설명하기에는 부족하다. 생산보다는 소비가, 노동보다는 여가의

---

[9] 메스트로비치는 심리학과 경제학이 이미 계량화되고 효율화된 순응적 학문이라면 사회학은 여전히 '거친 서부'와 같았는데 사실 슬프게도 사회학 역시 점점 더 기계적이 되는 것 같다고 말한다(메스트로비치, 2014: 285).
[10] 마르크스의 『자본론 1』의 "상품" 장 참조.

의미가 강조되는 소비자본주의의 시대, 더구나 단순한 욕구만족을 위한 소비가 아니라 정신적 욕망, 이미지와 디자인의 소비 등을 강조하는 상품의 미학세계에서는 기호와 조형 감정이 매우 중요한 역할을 한다. 즉, '상품의 기호'와 '조형 감정'이 세계로부터 인간의 모습을 더욱 소원하게 만들고, 인간의 관계를 더욱 물신화시킨다. 잠시 보드리야르를 살펴보자. 소비사회의 이데올로기를 예리하게 분석한 보드리야르는 무한한 욕망체제로 변해가고 있는 소비사회의 소비가 단순히 재화의 사용이 아니라 재화와 서비스에 장착된 이미지/기호의 소비임을 부각시킨다. 그는 현대 자본주의를 제대로 보기 위해서는 마르크스가 분석한 상품의 이분법적 가치(사용가치와 교환가치), 그중에서도 시장에서의 교환가치만을 주목해서는 안 된다고 지적한다. 즉, 가치는 더 이상 상품을 생산하기 위해 투하된 노동력만으로 규정되는 것이 아니다. 이 세상은 온갖 이미지(기호)들로 구성되어 있다. 현실과 거리를 두고 있는 기호의 세계는 초현실적 세계이다. 그러나 사람들은 이 기호를 '사실 혹은 진실'로 받아들인다. 상품의 교환가치는 상품에 붙은 기호에 의해 증폭된다. 그 기호는 개별 상품의 교환(체계)을 초월하여 자신의 고유한 체계를 형성한다(보드리야르, 1992: 192). 그는 마르크스가 강조한 생산이라는 거울을 깨고 상징교환이라는 개념으로 재정립하고 있다. 사물은 더 이상 인간의 필요 욕구를 충족시키는 것이 아니라 상징적인 것을 만족시키는 것이다. 그는 사물의 사용가치의 소비가 아니라 사물이 상징적 기호로서 교환되는 과정에 눈을 돌렸다. 상징적 교환가치를 드러내는 물건-기호는 사물화된 관계의 성질을 띤다. 소비의 대상은 바로 물건-기호이다.[11] 따라서 물신숭배는 가치로서의 상품이 아니라 상품들의 상징을 드러내는 기호체계로서의 상품에 대한 숭배인 것이다.

보드리야르는 이러한 기호체제의 자본주의에서는 마침내 개인주의적 경향을 지니며 몰연대적이고 몰역사적 경향을 지니는, 서로에게 무관심한, 광고 메시

---

[11] 물신이라는 용어는 17세기에 등장하며 인공적이라는 의미를 가지고 있다. 라틴어 팍티키우스(facticius)에서 파생한 포르투갈어 페이티소(feitico)에서 유래한다. '~인 체하다', '모방하다', '포장하다', '장식하다', '인공적인', '가장된' 등의 의미이다.

지를 수용하는 '소비 자아'가 등장한다고 말한다.[12] 그래서 그는 상품이미지와 물신화를 생산하고 공고히 하는 광고나 대중미디어의 역할에 주목해야 한다고 말한다.[13] 기 드보르(Guy Debord)가 말한 '스펙터클'로 치장된 사회가 된 것이다(기 드보르, 2014). 보드리야르에 의하면 소비사회의 특징 중 하나는 재화와 서비스가 풍부하다는 것뿐이 아니라, 더 중요한 것은 모든 것이 서비스의 대상이 된다는 것, 즉 모든 소비가 '놀라울 정도로' 서비스 정신에 입각해 있다는 것이다. 현대의 소비자들은 이 서비스 "배려의 양지에서 피부를 불태우고 있다"(보드리야르, 1992: 245)고 말할 정도로 소비사회의 현대인은 배려의 성사 대상이 되어 있다. 일상화된 소비 속에 깊이 파고들어 있는 비공식적인 커뮤니케이션에서 중요한 것은 따스함, 배려, 동정심과 같은 "배려의 기호"이며 그 대표적인 것이 친절함과 미소를 통한 봉사의 자세이다. 보드리야르는 화폐로 교환되는 냉정한 인간관계를 이처럼 위장된 기호화된 인간관계가 뒤덮고 있고, 우리는 바로 이 위장된 기호를 소비한다는 것이다. 사람과 상품 사이에, 즉 실제로 친밀함이 존재하지 않는 곳에 광고가 파고들어 '속삭이면' 소비자는 드디어 그 위장된 친밀함을 소비하면서 실제라는 환영과 함께 주체로 호명되는 듯한 존재감과 즐거움을 느끼게 된다. 보드리야르는 따라서 거짓된 자발성, 가면을 쓴 퍼스낼리티의 연설, 계획된 감수성과 인간관계가 도처에서 범람한다고 말한다. "미소를 잃지 마라, 친절하라. 사방으로 뻗어나가는 이 상부구조는 사회적 교환의 기능을 담당하는 데 머무르지 않고, 현대의 테크노크라트적 사회의 철학 자체이며 가치체계가 되고 있다"(보드리야르, 1991: 247).

---

[12] 생산노동자들과 달리 이들은 뿔뿔이 고립되고 떨어져서 서로 무관심한 군중이 될 뿐이다. 소비대상은 소비자들을 어느 한 코드에 집단적으로 배정하지만, 그렇다고 해서 집단적인 연대를 불러일으키는 것은 아니다(보드리야르, 1991: 114). 광고는 가장 주목받을 만한 미디어인데 "개별적인 사물에 대해 말하면서 실질적으로 모든 사물을 예찬하고 개별적인 사물, 상표를 통해 총체로서의 사물, 사물과 상표의 총화로서의 세계에 대해 말하고 있다"(보드리야르, 1991: 181).

[13] 한편 소비사회에서 가장 아름다운 대상은 육체이다. "육체(특히 여성의 육체)가 광고, 대중문화 등 모두에 범람하고 있는데, 육체를 둘러싼 위생, 건강, 의료숭배, 젊음, 우아함, 여자다움, 섹시, 미용, 식이요법, 성형 그리고 쾌락의 신화, 잡지, 미디어 등 무수히 많은 산업, 서사, 이미지, 세계관, 사유방식 등이 부산물로 따라 다닌다"(보드리야르, 1991: 218).

소비자본주의에서의 사회성, 환하게 빛나는 배려, 따듯한 분위기는 자연발생적인 것이 아니라 제도적으로, 산업적으로 만들어진 것이기 때문에 그 사회적, 경제적 진실이 드러나지 않고 왜곡된 현상이 진실로 둔갑한다는 것이며 이 현상을 보드리야르는 체제의 심각한 모순이라고 지적한다. 예컨대 전통사회에서 매우 귀하고 값진 것으로 간주되었던 '봉사'는 소비사회에서 위장된 봉사로 전락한다. 그렇다면 사랑은 어떨까? 사랑이라는 친밀성이 어떻게 근대 자본주의와 밀접히 연관되어 있는지를 간파한 일루즈(Eva Illouz)는 이른바 감정자본주의의 등장과 함께 감정노동과 경제담론이 서로 혼합되면서 감정이 경제활동의 핵심적 요소가 되었다고 주장한다. 감정자본주의란 "감정담론들 및 실천들이 경제담론들과 실천들을 구성하는 문화, 한편으로는 정서가 경제적 행위의 본질적인 측면으로 변모하고 다른 한편으로는 가정생활(특히 중류계급의 감정생활)이 경제적 관계 및 경제적 교환의 논리를 따라가는 문화이다"(일루즈, 2010: 19). 경제적 태도는 흔히 차갑고 냉정한 효율성과 계산적인 합리성을 요구하므로 몰(沒)감정적인 것으로 간주되었지만 자본주의 사회에서의 중간계급의 삶은 이 양자가 밀접한 연관을 맺는다고 그녀는 말한다. 소통은 적절한 대인감정과 자신의 감정을 조율하는 것을 목적으로 하며 적절한 감정조율을 통해 다른 사람들과 협력하도록 한다(일루즈, 2010; 박형신, 2018a). 기업에서는 친밀성을 이용한 소통의 기술을 강조한다.[14] 감성경영은 조직 구성원들의 소통을 강화함으로써 조직 생산성을 높이려 하고, 이 소통의 기술을 연마하기 위해 성찰형 자아를 강조하는데 이 자아는 공감기술이나 감정이입기술의 계발을 목적으로 삼는다. 이른바 감정이입을 통해 타자의 복잡한 내면적 신호를 잘 해독할 수 있는 소통의 역량을 키운 '기업형 자아'가 요구된다는 것이다.[15] 후술하겠지만 감정은 또한 소비

---

14 일루즈는 이 감성경영의 사례를 메이요(G. E. Mayo)의 인간관계론을 적용한 호손의 공장실험에서 시행했던 노동자 면담법에서 찾는다.

15 감정지능(EI)이란 개념은 다른 사람의 감정을 점검하고 감정 간의 차이를 식별하며 얻어진 정보를 활용해 자신의 사고와 행위를 결정하는 능력이다. 감정지능은 자기인식, 감정관리, 동기부여, 감정이입, 관계 조율(감정의 서열화, 등급화, 계량화)을 가능하게 하는 능력으로서 아비투스의 한 형태이며, 문화자본과 사회자본의 경계선에 위치한 감정자본을 획득하게 한다(일루즈, 2010: 131).

자를 기업의 친밀한 '가족'으로 초대하여 소비를 중진하기 위한 노동행위의 대상이 되기도 한다. 바로 감정노동이다. 감정자본주의는 "사랑이라는 로맨스와 상품의 시장이 서로 교차하는 체제이다. 광고나 미디어의 이미지를 통해 상품은 로맨스화되고, 로맨스는 상품소비(특히 여가와 레저, 관광산업)를 통해(서만) 실현되도록 한다. 사랑과 자본주의는 '개인주의, 창조적 자기실현, 풍요의 유토피아를 희구'하며 결합한다"는 것이다(박형신, 2018a: 28).[16]

한국사회는 오랫동안 가부장적 권위주의 질서 속에서 감정의 표현보다는 절제를 강조하고, 무뚝뚝함, 거칢, 침묵, 체면과 같은 남성성의 태도가 우세한 사회였다. 민중을 권력의 채찍으로 위협하고 닦달하는 법가적인 패도(覇道)정치를 비판하고 인자한 덕성의 정치, 즉 인(仁)을 통해 백성들의 마음을 얻는 왕도의 정치를 유교 이념이 강조했지만 그 덕성 역시 위계적 서열로부터 하사되는 은전의 개념이 강했다. 또한 이념과 달리 권위주의적인 현실사회에서는 성, 나이, 지위 등의 위계적 관계에 의해 위엄과 순종의 감정표현(감정절제와 침묵)이 강조되었다. 가부장적 권위주의 문화 속에서 국가의 관료는 시민들에게, 기업은 소비자에게, 의사는 환자에게, 학교는 학생에게, 어른은 아이들에게 위계적인 권력과 감정표현을 행사했다. 그 감정표현은 무뚝뚝하거나 거친 태도, 화, 언어폭력을 수반하기도 했다. 그러나 언제부터인가 '아랫사람'들에 대한 친밀성, 즉 친절과 상냥함이 과잉화되었다고 할 정도로 풍성해지기 시작했다. 정치인들은 감상의 눈물과 함께 부드러운 모습을 보이고, 국가공무원들은 시민들에게 낮은 자세로 봉사하기 시작했으며, 의사들은 환자들에게 배려하는 모습을, 교사는 학생들에게 헌신하는 자세를 보이기 시작했다. 지면상 상술하기는 어렵지만 민주주의와 함께 권위주의의 쇠퇴, 자유와 평등 원리의 확산, 시민사회의 성장, 개

---

16 일루즈는 이를 로맨스 자본주의라 부르고 사랑 역시 경제적 불평등, 권력, 성 정체성을 놓고 싸움을 벌이는 각축장이라고 본다. 자본주의에서는 일부의 사람들이 다른 사람들보다 사랑받을 수 있는 더 큰 조건, 즉 시장의 역량을 갖고 있다. 기업에서 친밀성을 생산성의 감정으로 만들었다면, 섹슈얼리티의 친밀성 영역에서는 그것이 여성의 평등한 권력관계, 기본권이 보장되어야 한다는 문제를 부각시키게 되었다.

인주의와 인권의 확장, 상대적 남녀평등에 의한 친밀성의 확대과정이 그 배경이라 할 수 있을 것이다. 그러나 다른 한편에는 압축적인 산업화로 인해 급팽창한 시장과 소비사회의 등장이라고 하는 구조적 배경이 존재한다. 확대재생산을 위한 화폐자본의 순환은 대량생산된 상품의 가치절하(devaluation)를 막기 위해 상품유통과 대량소비가 원활하게 이루어져야 한다. 일부 학자들이 자본주의의 위기를 과소소비론의 입장에서 볼 정도로, 생산에 비해 상대적으로 소홀히 취급되었던 '소비'는 후기자본주의의 핵심적 주제로 떠올랐다. 오늘날 우리는 단순히 노동력을 재생산하기 위한 필요 욕구의 소비를 넘어 상품의 이미지와 상징적 가치에 대한 욕망을 소비하려 한다. 즉, 소비가 일상생활의 미학으로 자리 잡았다. 필자가 이미 『도시, 공간, 생활세계』에서 소개한 것처럼 한국사회는 1980년대 후반에서 1990년대 초에 소비자본주의 시대로 돌입했다고 해도 무방하다. 그동안의 값싼 임금에 기초한 수출주도형 산업화 시대에는 주요 소비가 한국사회의 '외부'에서 이루어졌다고 해도 과언이 아니지만 꾸준한 실질임금의 상승과 중산층의 성장으로 인해 내수시장이 급팽창했고, 소비를 재촉하는 광고, 신용카드, 유통업체 등이 폭발적으로 늘어났다. 한국사회가 상품의 디자인과 이미지가 강조되고 욕망이 소비를 통해 창조되는 사회로 진입한 것이다(김왕배, 2018a). 서구자본주의의 황금기라고 불리던 1960년대에 보드리야르를 비롯한 서구의 많은 학자들이 소비의 문제를 기호와 욕망, 문화산업 그리고 감정(노동) 등 다양한 현상에 걸쳐 바라보았고, 그들의 논의가 오늘날 한국사회에 새삼스럽게 등장하는 이유이기도 하다.

　소비사회에서는 소비자가 주체가 된다. 특히 대기업의 전자제품과 자동차 등의 소비가 급속히 보급되면서 소비자를 만족시키기 위한 '배달서비스'와 '애프터서비스'가 놀라울 만큼 체계화되었다. 콜센터의 상담직원과 애프터서비스 노동자는 '친절한, 너무나 친절한' 대기업의 대리인으로 등장한다. 모세혈관처럼 이어진 신속하고도 정확한 전자통신의 네트워크 속에 배달과 애프터서비스의 만족도에 대한 기업의 조사가 이루어지고(예컨대 기사방문 직후 만족도 조사를 위한 연락이 온다), 광고 미디어는 소비자의 권리와 영혼에 헌신하는 태도를 보인다. 특정한 개인들에게만 은밀하게 사용되었던 '사랑'이라는 친밀성의 감정은 마치 보편적 사랑으로 변신한 것처럼 모든 고객들에게 전달된다. 예컨대 "사랑합니다. 고객님, 무얼 도와드릴까요?"라는 상담원의 응대멘트와 같이 친밀성의 감정이 정치, 종교, 문화, 교육의 모든 영역으로 확장되어가고 있고 이 경향은 우리의 일상언어에서도 확인되고 있다. 조직은 시장교환과 비용산출의 원리, 예를 들어 투자 대 산출, 수요와 공급, 상품소비, 효율, 인적자본 그리고 모든 내용의 가격화로 측정되고 공공연하게 시장의 용어가 동원된다.[17] 이제 정치지도자도 '시민 소비자' 주체들의 한 표를 공급받아야 한다. 시민 소비자의 수요를 촉진하기 위한 미소와 상냥함, 적절한 감정의 교류가 필수적이다.[18] 관료들은 기업의 접점노동자(소비자를 직접 응대하는 감정노동자)와 마찬가지로 정책적 행위에 불만이 표출되지 않도록 '시민고객'에게 친절을 베풀어야 한다. 국가의 사회복지 체계에는 시장에서의 상품교환 원리가 그대로 반영되어 있다. 기업의 감정노동자들이 관리자로부터 매뉴얼을 공급받고 수행하듯이 공공기관, 공기업 등 공공영역의 근무자들도 국가의 명령에 따라 '친절'을 수행한다. 예를 들어, 지하철 역무원들은 종종 친절봉사 문구(무엇을 도와드릴까요?)가 쓰인 띠를 두르고 근무하며 아침에 시민들의 출근시간에 맞춰 출입구에 도열한 후 장미꽃송이를 선물하는 이벤트를 진행하기도 한다. 병원도 소비자로서의 환자의 수요를 촉진시켜야 한다. 당연히 부드러운 서비스 응대가 필수적이다. 의사의 실력과 권위는 의술이 아닌 친절함에서 오는 것이다. 교수도 학생들에게 친절한 미소를 지어야 한다. 이제 전문가들의 근엄한 표정, 무뚝뚝한 태도, 자긍심은 오만함으로 비쳐진다.

종교에서의 친밀성

'계율'과 '율법'은 종교 통치성의 골격이다. 세속의 쾌락과 욕망, 기쁨, 행복,

---

17 예를 들어 국가경영, 명품강의, 소비자학생, 교육상품과 같은 표현처럼 직간접적으로 시장의 용어가 쓰이고 있다.
18 대통령이나 후보자들 역시 상황에 따라 적당한 눈물을 흘려야 한다.

때로는 고민과 번뇌로부터 초월하기 위해 종교는 엄격한 수행과 절제, 즉 금욕주의적 태도를 강조했고, 이를 통해 구원, 해탈, 복과 같은 대가가 주어진다고 생각했다. 신의 언약을 지키는 자는 영생의 축복을 얻을 것이나 그 언약을 파기하는 자에게는 불의 심판이 내려질 것이다. 그들의 율법을 교란시키는 집단은 경멸스럽고 위험하며 혐오스러운 이단들이다. 비록 종교가 '사랑'을 표명하지만 그들 세계의 율법을 따르지 않으면 '불의 심판'을 받는다고 가르친다. 종교의 세계는 일반적으로 가부장주의적 질서 속에서 성장해왔다. 개신교가 신부를 거치지 않고 바로 신과 관계를 맺을 수 있다는 개인주의를 발전시켰다 하더라도, 또한 불교가 자신의 수행을 통해 열반의 경지에 도달한다고 가르치더라도, '신-목사 혹은 권승(權僧)-신도'의 위계는 특히 한국과 같은 가부장적 전통이 강한 사회에서는 여전히 견고하게 존속하고 있다.

신이 보여준 사랑에도 엄연히 위아래의 질서가 존재한다. '죄에 빠진 인간을 불쌍히 여기시고 사랑하사 독생자 예수를 세속의 땅'에 보냈고, 예수는 우리의 죄를 대속하여 십자가에 못박혔으므로 그 은혜는 갚고 갚아도 갚을 수 없는 영원한 부채로 남는다. '왼뺨을 맞으면 오른뺨까지 내어주고, 네 원수를 사랑하며 네 이웃을 네 몸같이 사랑하라'는 계명은 사랑이 엄숙한 정언명령의 의무로까지 이어지게 한다.[19] 사랑은 정의로운 윤리처럼 다소 긴장되고 짐스럽기까지 하다. 특히 한국사회와 같은 가부장주의 문화에서 기독교의 사랑은 평등의 원리이기보다는 하나님과 목회자 또는 교회라는 조직에 대한 순종의 윤리로 작동한다. 그러나 한국 개신교 교회의 가부장적 사랑은 언제부터인가 수평적 친밀성으로 변신하기 시작했다. '힘들고 지친 자'들을 따스하게 받아들이라는 사랑의 율법은 산업사회의 피로와 절망으로부터 상처받은 영혼의 치유 역할을 담당하게 되었다. 그리고 오늘날 교회에는 부드러움과 상냥함이 넘쳐난다. 고린도전서의 '사랑장'을 외우기보다 새로운 찬양곡 「당신은 사랑받기 위해 태어난 사람」

---

[19] 고린도전서 13장, 이른바 '사랑장'은 믿음, 소망, 사랑 중에서도 사랑이 으뜸임을 강조한다. 불교의 무상주보시(無相主布施) 또는 이타자리(利他自利)의 자비나, 유교의 인(仁)의 단서가 되는 측은지심(惻隱之心)의 감정을 상기해보라.

이 울려 퍼지고, 예배시간에는 기타와 드럼, 키보드, 부드러운 춤, 하트를 표현하는 율동이 성행한다. 눈물과 감동의 간증의 플롯은 신자유주의 시대의 성공신화와 유사하다. 폭력과 가난으로 어려운 가정에 태어났거나, 방탕한 생활을 했거나, 사업이 실패했거나, 병든 몸이 되어 아무런 희망 없이 살아가고 있을 때 우연한 계기로 하나님을 알게 되고, 이후 사업 번성, 건강한 몸, 혹은 새롭고 행복한 인생의 장을 얻었다는 식의 간증은 치유사역의 대표적인 플롯을 형성한다. 이웃에 대한 용서와 감사는 한없는 신의 은혜에 조금이나마 보답하는 길이다. 이러한 친밀성은 보수우파 기독교인들이 유포하는 소위 이단에 대한 혐오 및 적대와 또한 쌍을 이룬다.

상냥함과 미소는 조직의 생존과 연관되어 있다. 친밀한 관계에서 조심스럽게 사용되던 '사랑'이라는 언어가 국가, 기업, 교회, 학교 등 공중의 영역에서 일반적으로 사용된다.[20] 겉보기에는 서로가 돕지 않고는 살 수 없는 연대가 형성된 듯 보인다. '친절한, 너무나 친절한 친밀성'이다. 하지만 친밀한 언어 뒤에는 강력한 폭력이 행사되며 그 폭력은 위장된 친밀성 뒤에서 교묘히 은폐된다. 메스트로비치가 말한 것처럼 부시는 생명을 빼앗는 전쟁을 수행하면서도 부드러운 어조로 '평화유지군'을 보낸 것처럼 말한다. 관리자의 지시 아래 수행된 감정노동의 후유증으로 누군가는 자살을 하기도 한다. 무미건조한 사랑 뒤에서는 증오와 적대, 분노의 역설이 진행된다. 물신화된 사랑은 화폐와 권력의 이해관계의 매개가 사라지는 순간 물거품이 되어버린다. 공공의 영역에서 시민성으로 나타나는 '예의 바른 무관심', 타자의 영혼과 신체를 갈망하는 열정적인 사랑, 혹은 아가페적인 순수한 사랑, 다소 거칠지만 진솔한 감정의 시대는 인생의 무대 뒤로 사라진다. 자신과 타자를 자유로운 주체의 관계 속에서 드러나게 하는 진정한 친밀성, 측은지심과 인, 예수의 사랑과 붓다의 자비, 공화주의적 열정 등과는 상관없는 '조형된 감정으로서의 친밀성'이 충만해진 사회. 우리는 과연 진정성의 시대에 살아가고 있는가?

---

20 계산원은 "계산 도와드릴게요"라고 말함으로써 스스로를 은폐하고, 갑자기 익명화된다. 급기야 소비자가 지불하는 화폐(물질)에도 존경어가 붙는다. "5천 원이십니다!"

2. 감정노동 담론의 경합과 공존[21]

문제의 설정

인위적 감정으로 변조된 인간의 감정이 이윤추구의 대상으로 인지된 것은 이미 오래전의 일이다. '감성경영'이나 'EQ의 시대(감성품질관리의 시대)', '고객만족'과 '감성리더' 등의 용어에서 볼 수 있듯이 자본가들은 인간의 감정을 이윤과 생산성을 추구하기 위한 조직경영의 한 요소로 적극 활용해오고 있었다. 생산과 노동의 시대로부터 소비와 여가의 시대로, 생산자 시대로부터 소비자주권의 시대로 이행하는 서비스 중심의 후기산업사회에서 '감정'이 교환가치 및 사용가치를 높일 수 있는 요소로 인식되었던 것이다. 가족이나 1차 집단에서 발견되던 사적인 친밀성의 감정이 공공영역에서 재구성되고, 익명적 소비자에 대한 무한대의 친절과 미소, 상냥함이 조직경영의 신(新)전략으로 강조되었던 것이다(강내희, 2009).

인간의 상호작용 속에서 감정의 의례화에 대한 논의는 일찍이 고프먼과 같은 학자들 사이에서 주목을 받아왔지만 '감정'이 기업과 노동의 세계에서 본격적으로 다루어진 것은 감성경영 전략의 등장과 함께 혹실드(A. R. Hochschild)가 항공사 승무원에 대해 수행한 감정노동 연구를 통해서이다. 감정을 변형하고 주조하는 노동이 그 자체로 고유한 영역을 지니고 있는 노동으로 인정받기보다는 서비스업 노동의 부수적 측면으로 간주되어왔으나, 감정의 자본화에 대한 인식과 함께 그동안 은폐되었던 감정노동의 부불노동에 대한 문제뿐 아니라 감정노동자의 건강과 인권 등에 대한 관심이 높아지게 되었다(Ashforth and Humphrey, 1993; Grandey et al., 2013).

최근 한국사회에서도 감정노동에 대한 관심이 크게 늘어나고 있다(김왕배 외, 2012; 장경태·김왕배, 2016; 정진주 외, 2017). 언론계, 학계, 정치, 경제, 교육 분야

---

[21] 이 절의 내용은 필자가 김종우와 함께 쓴 「감정노동 담론의 경합과 공존」, ≪한국사회학≫[2016, 50(1)], 163~188쪽을 일부 수정한 것이다.

에서 감정노동에 대한 다양한 논의들이 진행되고 있고, 감정노동자들을 보호하기 위한 법안이 마련되고 있는가 하면, 감정노동을 측정하기 위한 지표를 개발하고 감정노동자의 인권 보호에 대한 정책을 수립하는 등 다양한 방안들이 제기되고 있다. 승무원, 콜센터 직원, 판매직, 간호사와 사회복지사 등은 물론 상담사, 보험설계사, 변호사, 의사 심지어 교사, 교수와 같은 전문직에 이르기까지 감정노동은 작업장 전반에 걸쳐 확산되는 현상으로 간주되고 있다. 항공사 간부의 승무원 폭행사건이나 대인업무의 스트레스로 목숨을 끊은 공무원의 자살도 이른바 '갑-을'이라는 위계관계에 내포된 감정노동 때문이라는 진단을 내리고 있다. 한국사회에서 감정노동은 기업주와 서비스 노동자 그리고 소비자들 사이의 수직적 위계관계로 인한 노동자들의 부정적 건강상태와 비도덕적 사회관계를 산출해내는 개념으로 정착되고 있는 것이다.[22]

하지만 감정노동의 정의와 범위가 모호한 만큼 이에 대한 시각들도 여러 층위로 나뉘고 있다. 따라서 감정노동이 광범위하게 통용되는 상황 속에서 감정노동의 용법이 어떠한 형태로 분리되어 있는지에 대한 메타적 분석이 필요한 시점이라고 할 수 있다. 즉, 감정노동에 대한 다양한 시각을 담고 있는 담론에 대한 분석이 요청된다는 것인데, 물론 담론 속에서 규정되는 실체는 현실의 실체를 반영하면서도 이와는 일정한 거리를 갖는다. 그러나 담론은 특정 대상에 대한 지식이 어떤 사회적 맥락하에서 어떤 계층, 계급, 성, 집단의 이해관계를 반영하는가를 보여줌으로써 각 집단들의 이데올로기와 지배/저항의 권력관계를 보여주기도 한다. 담론은 특정 지식에 대한 설명을 생산하는 언표들의 집합으로서 다양한 언어적, 상징적 텍스트로 얽혀 있으며 이러한 텍스트들의 교환, 갈등, 합의는 담론들 간의 동학을 보여준다(푸코, 2012a; Dijk, 1997; Keller, 2005).

---

22 한국사회에서는 2000년대 중반을 기점으로 감정노동과 관련된 보도와 연구가 활발하게 진행되기 시작했다. 특히 항공사 승무원 폭행 등의 이슈가 발생한 2013년 이후 관련 보도 및 연구들이 뚜렷한 증가세를 보이고 있는데 이러한 경향은 감정노동에 대한 사회적 관심이 지속적으로 증대되고 있음을 보여준다. 감정노동을 다루고 있는 신문기사는 2010년 17건에서 2013년 63건, 2014년 48건으로 증가했으며, 학술지 논문의 게재 수 역시 2004년 12건에서 2014년 214건으로 큰 폭으로 늘었다.

이 절에서는 감정노동에 대한 다양한 담론들을 의미연결망적 텍스트 분석을 통해 유형화하고, 유형들 사이의 내용을 비교분석해 보고자 한다. 학계, 언론, 기업, 노동계 등 여러 분야에서 다양하게 제기되었던 감정노동 관련 담론들을 분석대상으로 삼는다. 감정노동 수행주체의 전략적 행위나 감정노동의 결과, 예컨대 소진과 스트레스 등에 대한 다양한 경험적 조사연구들은 활발히 수행되고 있으나 담론으로서의 감정노동에 대한 접근은 거의 이루어지지 않고 있는데, 담론분석을 통해 감정노동에 대한 다양한 시각들을 발견하고, 나아가 시각들의 교차지점, 지배-저항의 권력관계, 이데올로기성의 문제를 캐볼 수 있을 것이다. 감정노동에 대한 이 절의 담론분석은 이러한 문제의식의 전초작업이라고 할 수 있다.

여기서 호칭하는 감정노동은 기업과 노동의 현장에서 조절, 관리, 표현되는 인간의 감정행위에 관한 것으로 경영과 노동의 측면에서 접근되고 있는 모든 것들을 의미한다. 즉, 여기서 사용되고 있는 감정노동이란 어휘는 감정노동수행자의 입장에서 정착되고 있는 협의의 개념뿐 아니라, 경영의 기업전략으로 개발한 감정 관련 현상들, 즉 '감정의 자본화와 노동화'에 관련된 것으로 감정경영 및 감정노동과 연관된 다양한 담론 모두를 포함한다. 이 절은 의미연결망 분석의 방법을 동원하여 감정노동의 프레임이 어떠한 범주들로 나뉘고, 감정노동에 대한 지식과 규범이 어떤 식으로 구분되어 있는지를 탐색해볼 것이다.

선행연구의 검토와 연구방법

감정노동의 개념

혹실드는 감정노동을 인간 본연의 속성인 감정 자체를 교환가치로 환원시켜 잉여가치를 추출하는 과정으로 설명한다. 그는 서비스업 종사자들의 감정관리(emotional work)가 감정노동(emotional labor)으로 변화하는 과정에 주목한다. 감정노동은 개인의 감정관리가 조직의 감정규범에 따라서 변형하고, 작업장 내에서 감정규범에 의해 변형된 감정을 통해 서비스를 제공하는 것을 의미한다. 이 지점에서 관습, 매너, 예의와 같은 사회적 규범에 의해 수행하는 일상적인 감

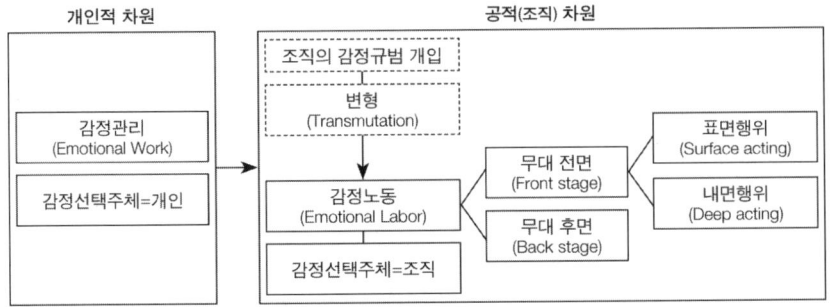

[그림 6] 감정노동 모델

정관리와 감정노동이 구분된다. 감정이 기업의 규범에 의해 반복적이고 압축적인 노동의 형태로 변화될 때 감정은 더 이상 개인의 영역에 머물러 있을 수 없다. 혹실드는 개인적 차원의 일상적 감정관리가 공적인 작업장 내의 감정노동으로 전이되는 과정을 설명하기 위해 '변형(transmutation)'이라는 연결고리를 제시한다(혹실드, 2009).[23]

개인의 감정관리가 조직이 제시하는 감정규범에 의해 변형되고, 노동자들은 조직의 의도에 의해 부여된 감정규범을 통해 감정을 통제하며 작업장에서 감정노동을 수행하게 된다. 혹실드에 따르면 감정노동은 외부로 드러나는 전면(front stage)과 밖으로 드러내지 않는 후면(back stage)으로 구분된다. 전면은 말 그대로 감정노동의 수행을 통해 서비스가 제공되는 현장을 의미하는데 항공기 승무원이 승객들에게 서비스를 제공하는 것이 이에 해당한다. 반면 후면은 전면에서 드러낼 수 없는 감정을 표현하는 일종의 피난공간과 같다. 연극배우들이 무대에서 연기를 하다가도 무대 후면에서는 원래의 자신으로 돌아오듯, 노동자들

---

23 혹실드는 일상적 감정관리가 감정노동으로 변화하는 과정을 "감정체계의 변형을 이야기하는 것은 …… 파티를 즐기려고 노력하는 개인적 차원의 행위와 고객을 위해 좋은 기분을 끌어올리는 것 같은 공적 차원의 행위 사이에 연결고리가 있다는 뜻이다"(혹실드, 2009: 36)라며 변형을 감정관리와 감정노동 사이의 연결고리로 설명한다. 보다 자세한 혹실드의 사회학적 관심에 대해서는 함인희(2014)를 참고할 것.

도 휴게 공간 등의 후면에서는 감정노동을 수행하지 않는 원래 노동자 자신의 모습을 드러낸다.

여기서 무대 전면은 다시 크게 표면행위(surface acting)와 내면행위(deep acting)로 구분된다(혹실드, 2009: 37). 표면행위는 감정의 내용보다는 상황의 규범에 맞는 감정표현의 형식에 초점을 둔다. 그 결과 겉으로 드러나는 감정과 실제 느끼고 있는 감정 사이의 괴리가 남아 있는 경향이 있다. 반면 내면행위는 '보여주기 위해서 보여주어야 하는 감정을 만들어내는 과정'을 포함한다. 지금 기분이 좋지 않을 때 이전의 즐거운 기억을 되새기며 어떻게든 즐거운 기분을 '만들어' 표현하는 경우라고 할 수 있다. 표면행위와 내면행위라는 두 가지 유형의 변형은 이러한 차이에도 불구하고 한 가지 공통점을 지니고 있다. 이 두 가지 변형이 감정노동이라는 형태로 상품화될 경우 일상생활의 감정관리와 달리 솔직한 자신의 감정이 주체와 분리된다는 것이다. 변형을 통해 조직 구성원들이 자신들이 선택할 수 있는 다양한 감정의 내용과 출구를 억제하고, 조직의 규범과 같은 제도적 기제 속으로 자신의 감정을 의탁하게 되는 것이다.

이와 같은 혹실드의 감정노동 이론이 소개된 1980년대 이후 사회학, 경영학 등의 사회과학 내에서도 감정노동과 관련된 다양한 연구들이 소개되기 시작했다. 이들 연구는 대부분 혹실드의 감정노동에 대한 정의를 토대로 감정노동의 영향에 대한 경험적인 연구에 치중하고 있다(Wharton, 2009). 한국의 경우 대중매체들은 감정노동에 대한 엄격한 정의보다는 일상적 상식에 준거하여 교환원, 마트 직원 등 개별 사례들을 중심으로 감정노동자들이 겪는 고충에 초점을 두고 보도하고 있다.[24]

---

[24] 2005년 8월 7일 KBS의 〈취재파일4321〉에서 "감정노동을 아시나요?"라는 제목으로 감정노동을 다루었는데 '감정노동'이란 표현이 지상파에서 등장한 스크립트로 확인할 수 있는 최초 방송이기도 하다. 이후 감정노동자의 근로환경과 직무상의 스트레스 문제를 본격적으로 다룬 방송은 2006년 8월 26일 방송된 SBS 〈그것이 알고 싶다〉였다. "웃다가 병든 사람들, 감정노동을 아십니까?"란 제목으로 방송된 에피소드를 통해 뉴스가 아닌 시사고발의 형식으로 감정노동에 대해 접근했다. 이후 TV 뉴스 보도와 시사교양 프로그램을 중심으로 감정노동의 사례 및 부작용에 대해 지속적으로 방송이 이루어진다. 또한 EBS 〈다큐프라임〉, "감정의 시대 2부: 감정의 주인"(2016. 12. 6)도 참조할 것.

오늘날 감정노동은 혹실드가 사례로 분석한 항공사 승무원과 같은 서비스 업종뿐만 아니라 의사와 변호사 등 전문직종에도 확산되고 있으며, 여성 근로자뿐 아니라 남성 근로자 및 자영업자들에게도 확산되고 있는 경향을 보인다. 또한 모든 노동행위에는 사실상 감정이 개입되어 있고, 서비스 노동자들과 소비자 사이에 여러 형태의 감정이 교환되기 때문에 일상에서의 감정관리와 노동현장에서의 감정관리의 경계가 매우 모호해지기도 한다. 또한 기업의 입장에서는 감정노동을 판매상승과 이윤창출, 소비자 주권인정 등 긍정적인 경영전략의 일환으로 접근하는가 하면, 노동의 입장에서는 위계적이고 폭력적인 관계, 감정노동자들의 소진(burn out)과 스트레스 등 부정적 측면에 초점을 두고 있다는 점에서 감정노동에 대한 평가 역시 양가적이다. 최근 여러 연구들은 노동자들의 감정조절 행위가 맥락에 따라 다양하게 이루어진다는 점을 부각시키고 있는데(김영진 외, 2012; 최우성, 2012; 류숙진, 2015; Butler et al., 2007; Pugh et al., 2011), 감정노동이 반드시 부정적 결과만을 산출하는 것이 아니라는 점을 강조하기도 한다. 즉, 일부 노동자들은 감정을 직업윤리의 측면에서, 그리고 승진과 인센티브 등을 위해 보다 자발적으로 조절하는 측면이 있다는 점이 동시에 논의되고 있다(Grandey et al., 2013).

'감성'경영에 대한 논의

한편, 감정 대신 '감성'이란 표현을 중심으로 구성된 논의의 영역을 검토할 필요가 있다. 공학이나 디자인, 경영학 등의 분야에서는 영어의 'emotion'이라는 어휘를 감정보다는 감성으로 번역하여 감성공학과 감성경영이란 표현을 주로 사용하고 있다. 1990년대 일본에서 소개된 감성공학의 개념을 필두로 감성경영, 감성과학이라는 표현은 경영학, 디자인, 의학, 로봇공학 등 산업과 연관된 영역에서 주로 사용되고 있다(정경운, 2011). 이 경우 감성은 산업현장에서 예측가능하고 측정할 수 있는 대상으로 취급되는데, 감성을 계량화할 수 있는 지표를 어떻게 구성할 것인지에 대한 논의가 핵심 쟁점이 되고 있다. 동시에 지식기반사회로의 이행과 함께 소비자의 소비패턴 변화에 대응하기 위한 대안적 경영전략으로 감성경영을 강조하는 연구에서는 감성을 새로운 마케팅 전략뿐만 아니라 새로운 조직관리의 요소로 이해하고 있다(윤은기, 1997; Dulewicz and Higgs, 2003).

감성과 경영을 접목하려는 시도는 소비자의 제품선호를 분석하는 연구(박종원·조영란, 1998; 정문영, 2001)로부터 감성지능이라는 형태로 기업조직 혁신을 위한 전략적 대안으로 논의되기에 이른다(이화용·장영철, 2004). 감성지능(EQ)과 감성리더십에 대한 서적이 소개된 2000년대 초반 이후 브랜드 마케팅 차원에서 논의되던 감성이 본격적으로 조직론의 영역에서 다루어지기 시작한다(골먼 외, 2003). 감성지능과 리더십 이론에 대한 연구는 감성지능이 조직의 리더가 구성원에게 미치는 영향에 대한 분석과 함께 조직성과에 미치는 효과에 대한 분석을 포괄하고 있다(Nikolaou and Tsaousis, 2002; Clarke, 2006). 감성지능과 조직관리의 접합을 통해 리더의 감성경영이 조직구성원의 직무역량에 미치는 영향을 다루기 시작하면서 감성은 조직의 리더뿐만이 아닌 구성원 전체가 혁신을 위해 받아들여야 할 요소로 자리매김한다.

기업의 브랜드와 제품에 대한 이미지를 제고하기 위한 감성경영의 원리는 소비자들을 직접 대면하는 '접점노동자'들에 대한 체계화된 훈련을 통해 조직운영과 광고, 소비 등 경영 전반으로 확장되는 경향을 보인다. 경영계에서는 감정노동이라는 표현을 거의 직접적으로 사용하고 있지 않지만, 고객만족, 친절 서비스 등의 전략 등을 통해 감정노동에서 요구하는 감정관리와 변형을 강조한다. 감정노동을 요구하는 기업 전략의 측면에서 감성경영은 필연적으로 감정노동의 핵심적 측면인 노동자에 대한 감정규칙의 부여와 훈련, 통제를 담고 있는 것이다. 결과적으로 감정노동의 효과 및 의미에 대한 해석은 크게 노동-자본의 두 가지 방향으로 나뉘어 논의되고 있음을 알 수 있다.

이와 밀접히 연관된 대표적인 두 가지 연구 가설은 감정노동에 대한 상이한 시각을 잘 보여준다. 먼저 소외가설(alienation hypothesis)은 감정노동을 수행하는 과정에서 행위자 본연의 감정이 노동과정에서 소외된다는 점에 초점을 맞춘다(Hochschild, 1981; Erickson and Ritter, 2001; Brotheridge and Grandey, 2002; Macdonald and Merrill, 2009; 고미라, 1995; 김상표·윤세준, 2002; 김왕배 외, 2012). 이들 연구에서는 집단적 규범에 의해 관리되는 감정노동은 노동과정 내에서 드러난 감정과 행위자의 주체적 의지가 분리되는 과정을 수반할 수밖에 없음을 지적한다. 감정노동의 규율효과에 대한 연구들은 감정노동이 근본적으로 행위자의 자율적 표현을 박탈하는 노동과정 속에 속박되어 있고, 그 결과 감정노동을 수행하는 행위자들은 소진, 불안, 우울 등의 부정적 정서를 감내해야만 하는 상황에 직면하게 된다고 주장한다(Butler et al., 2007).

이와 달리 안면환류가설(facial feedback hypothesis)은 감정노동의 자발적 내면화 및 감정노동의 원활한 수행을 위한 상황조절의 행위에 초점을 맞추고 있다(Wharton, 1993; Lopez, 2006; Pugh et al., 2011; 김영진 외 2012; 최우성, 2012). 안면환류가설은 비언어적 소통방식을 설명하는 이론 중 하나로, 상대의 얼굴 표정에 대한 반응이 행위자들의 감정을 형성하는 주요 신호 중 하나임을 강조하는 인지심리 분야의 이론이다(Buck, 1980; Izard, 1981). 안면환류가설은 인지심리학의 이론을 토대로 행위자의 의지에 따라 감정노동의 부정적 정서를 긍정적 정서로 조정할 수 있음을 보이고자 한다. 감정노동이 기업 등의 조직규범에 따라 강제된 감정표현이라도 그 과정에서 소비자의 긍정적 정서를 받아들이게 되면(feedback) 감정노동 수행자 역시 긍정적인 정서를 체험할 수 있다는 것이다. 이 가설에 입각한 감정노동에 대한 연구들은 근로자의 감정규범에 대한 내면화와 감정노동에 적합한 정체성 형성 과정을 강조하는 입장을 보인다.

연구방법

이 절에서는 사회언어학자인 페어클러프(N. Fairclough)에 의해서 체계화된 비판적 담론분석을 주목하고 있다. 페어클러프는 기존의 텍스트 담론분석이 사회적 맥락을 경시하는 점을 비판하고, 텍스트들 사이의 동학을 파악하기 위해 다양한 유형의 텍스트들이 공존하는 상호담론성(interdiscursive)의 개념을 제시한다(Fairclough, 2003a). 그가 강조하고 있는 상호담론성은 단순한 텍스트 내적 수준의 분석을 넘어서 텍스트들 간의 권력관계(헤게모니)와 담론적 실천(예를 들어 지배/저항)들 간의 관계를 해석할 수 있는 틀을 제공한다(Eve and Fairclough, 2002). 이러한 텍스트 외부의 맥락을 중점에 둔 접근은 담론을 담고 있는 텍스트의 사회적 맥락을 강조한다(Fairclough, 1989; 김왕배, 2009). 텍스트와 사회의 관계에 대한 논의들은 담론을 생산하는 집단들 간의 상호작용, 즉 구성적 속성을 강조하며, 특정한 담론을 집단의 헤게모니로 동원하려는 다양한 행위자들 간의 동학에 관심을 둔다(윤병철, 1998; 이기형, 2006; 박여성, 2012; Keller, 2005; Sandberg, 2006).[25]

감정노동 담론 유형의 범주화를 위해 여기서는 키워드 분석을 활용한 의미연결망 분석(semantic network analysis)을 실행했다. 의미연결망 분석은 텍스트 간 연결망을 통해 담론의 유형을 범주화하고 그 의미를 해석할 수 있는 유용한 방법이다. 여기서는 텍스트에 반영된 주요 개념을 키워드로 설정하고, 텍스트에서 추출한 키워드들 간의 관계망을 엮어낸 후, 어떤 키워드가 해당 담론의 중심에 놓여 있는지, 어떤 키워드 사이의 관계가 중점적으로 부각되는지를 도식으로 파악하고자 했다. 이 과정을 통해 기존의 담론분석에서 주로 사용하는 빈도분석의 한계를 극복하고자 했다. 빈도분석은 텍스트 장르에 따라 빈번하게 등장하는 어휘들이 과대하게 대표되거나, 중요한 키워드임에도 등장빈도가 낮아 과소하게 대표되는 문제가 발생할 가능성이 있다. 하지만 의미연결망 분석방법은 특정 단어가 아닌 '단어 간의 관계', 즉 어휘들 간의 관계와 밀도를 보여줄 수 있기 때문에 개념들 간의 유사성이나 차이점, 특정 담론을 구성하는 중심개념이 무엇인지 확인할 수 있는 장점을 가지고 있다.

여기에서는 학술지와 대중매체 보도, 기업에서 사용하는 직무매뉴얼 등 가능한 한 다양한 부문의 텍스트를 담론분석에 활용했다. 특히 언론에서 생산하는 텍스트는 특정 이슈에 대한 선택과 배제를 통해 특정 개념에 대한 의미를 재구성하고 창출하는 프레임을 제공한다(Goffman, 1974). 신문기사의 경우 감정노동 관련 기사가 처음 보도된 1996년부터 2014년까지 게재된 201건의 기사를 취합했다. 기사는 유료발행부수 상위 6개 전국일간지[26]로부터 추출했으며 분석에

---

25 그러나 지면상 이 글에서는 외부맥락성과의 연계성에 관한 분석은 접어두고 다양한 텍스트들 사이의 상호담론의 유형에 주목하기로 한다.
26 2013년 유료발행부수: 조선일보(1,294,239부), 중앙일보(811,083부), 동아일보(707,346부), 한겨레(200,831부), 경향신문(169,156부), 한국일보(158,848부). 한국ABC협회 '2014 매체별 정기공시' 결과.

사용한 기사는 중앙일간지 중 유료발행부수 순으로 조선일보, 동아일보, 중앙일보, 한겨레, 경향신문, 한국일보 등 6개 신문사에서 보도한 것들이다. 기사검색은 '감정노동', '감정', '노동' 세 가지 키워드를 조합하여 검색했으며 일부 '감성노동'으로 사용된 경우 및 '감정서비스노동' 등 감정과 노동이 변형되어 조합된 경우도 포함했다. 조선일보와 중앙일보는 해당 언론사 사이트에서 직접 기사를 검색했으며, 그 외의 신문사는 한국언론진흥재단의 기사통합검색서비스(KINDS)를 통해서 검색했다.[27]

학술지 논문은 한국교육학술정보원의 학술지 논문 데이터베이스로부터 감정노동을 주제어로 사용한 논문 중 278건의 논문을 선정했다. 논문은 학술정보연구서비스(RISS)를 통해서 구축된 학술지 논문DB를 활용했다.[28] 검색범주는 단행본과 학위논문을 제외한 한국연구재단(NRF) 등재 및 등재후보지에 게재된 학술지 논문에 한정했다. 학술지 논문들은 신문 기사에 대한 검색과 마찬가지로 '감정노동'이라는 검색어를 중심으로 '감정'과 '노동'이 함께 색인된 논문들을 검색하는 과정을 거쳐 취합되었다.

마지막으로 기업 등에서 사용 중인 직무매뉴얼 등을 분석대상으로 활용했다. 직무매뉴얼은 기업과 공공기관, 관공서에서 사용하는 직무교육 매뉴얼 중 감정노동에 해당하는 내용들을 취합하여 분석에 활용했다. 직무매뉴얼은 기업의 내부자료로서 현실적으로 자료취득이 매우 제한적이라는 한계가 있지만 감정노동을 어떻게 구성하고 노동자에게 습득시킬 것인지에 대해 규정하고 있는 자료이기 때문에 매우 중요하다.[29] 여기서는 기업과 공공기관에서 사용하는 직무교육 매뉴얼 중 감정노동에 해당하는 내용들을 취합하여 분석에 활용했다. 한편 넓은 의미에서 감정노동에 대한 경영 관련 교재나 전공서적 역시 담론의 영역에 속하기는 하지만 이 절의 연결망 분석자료에서는 직접 사용하지 않고 분석

---

27 한국언론진흥재단 기사통합검색서비스(http://www.kinds.or.kr).
28 한국교육학술정보원 학술정보연구서비스(http://www.riss.kr).
29 이 절의 분석에 사용한 직무매뉴얼 텍스트는 ○○백화점의 서비스매뉴얼 1종, 공공기관 서비스 업무매뉴얼 2종, 그 외 공사, 협회 등의 고객만족경영매뉴얼 2종으로 총 5종의 자료이다.

내용을 설명하기 위한 2차 자료로 참고했다.

검색어 선택의 경우 감정노동과 관련된 텍스트를 추출하는 과정에 초점을 맞추어 진행되었다. 그 결과 '감정노동', '감성노동', '감정', '감성', '노동'이 주요 검색어로 선정되었으며, 이들 검색어를 통해 추출한 결과 중 실제 감정노동을 다루고 있는 텍스트를 다시 선별하는 단계를 거쳐 텍스트를 취합했다. 분석을 위해 취합한 텍스트는 1차적으로 형태소 분석프로그램을 통해 추출되었으며, 형태소 분석프로그램[30]을 이용하여 해당 기사 내의 텍스트에서 사용된 명사들 중 가장 높은 가중치가 부여된 어휘들을 선별했다. 의미연결망 분석을 위해 키워드를 추출하는 과정에서 키워드의 중복과 동어반복, 무의미한 키워드의 추출, 연구자의 의도성 개입 등의 문제를 통제하기 위해 다음과 같은 방법을 사용했다. 첫째, 텍스트의 단위를 한정-기사의 경우 개별 기사, 학술지는 개별 논문 등-한 후 해당 텍스트에 대한 형태소 분석을 거쳐 기계적 알고리즘을 통해 추출한 키워드의 목록을 선별한다. 둘째, 이렇게 선별한 텍스트에서 실제 텍스트의 맥락이 제대로 반영되었는지, 중복된 어휘는 없는지, 동어반복적 어휘가 뒤섞여 있는지를 연구자가 검토하여 다시 키워드 목록을 수정한다. 셋째, 마지막으로 수정한 키워드 목록이 해당 텍스트의 주제와 방향성을 올바로 담고 있는지 연구자 2인의 검토를 통해 확인하여 키워드 목록을 확정한다. 최종적으로 추출한 단어들은 연결망 작성을 위해 한국어 내용분석 패키지인 KrKwic과 KrTitle[31]을 사용하여 매트릭스 형태로 변환했다(Park and Leydesdorff, 2004).

감정노동과 담론의 유형

감정노동 담론의 의미연결망과 유형화

[그림 7]은 위에서 논의한 연구방법을 동원하여 감정노동 텍스트의 키워드 사이의 관계와 그 강도를 글자의 크기로 표현한 것이다.

---

30 http://nlp.kookmin.ac.kr/HAM/kor/index.html
31 http://www.leydesdorff.net/software/korean/index.htm

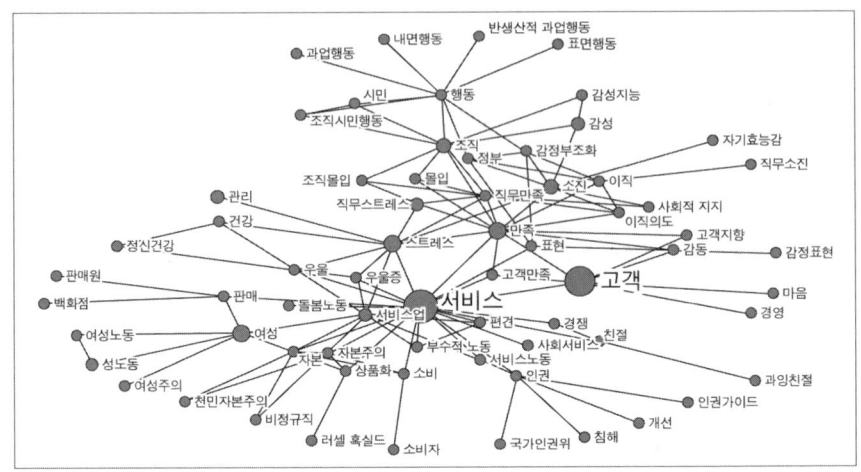

[그림 7] 감정노동 관련 키워드의 의미연결망
주: 본 연결망에는 전체 키워드 중 3회 이상 함께 연결된 키워드만을 표기했다.

키워드 사이의 연관을 하나의 연결망을 통해서 살펴보았을 때 '서비스'와 '고객'의 사이중앙성[32]이 높은 수준으로 나타나고 있는데 이는 '서비스'와 '고객'이라는 키워드가 감정노동 담론의 주요 키워드들을 연결하는 다리 역할을 하고 있음을 의미한다. 이와 함께 감정노동 담론이 크게 두 가지 차원으로 구분되어 있음을 확인할 수 있다. 서비스를 중심으로 배치된 키워드를 살펴보면 '자본주의', '여성', '상품화'와 연관된 키워드들이 상호 간에 밀접한 연관을 맺고 연결되어 있다. 이는 서비스를 중심으로 배치된 '자본주의', '여성', '상품화'에 대한 키워드들이 상호 간에 강하게 연결된 하나의 담론을 구성하고 있음을 의미한다.

이와 달리 고객과 연관된 키워드들은 '소진', '직무스트레스', '친절'과 같은 기업 내부의 담론과 연관된 키워드들을 중심으로 배치되어 있다. 감정노동을 통

---

32 사이중앙성(betweenness centrality)은 연결망의 한 노드(node)가 연결망 안의 다른 노드 사이에서 다른 노드들을 이어주는 수준을 의미한다(김용학, 2011). 사이중앙성이 높은 노드는 마치 브로커와 같다. 다른 노드들로부터 직접 연결되는 정도(degree centrality)가 낮더라도, 다른 노드들을 많이 매개한다면 높은 사이중앙성을 보여줄 수 있다. 이러한 특징 때문에 사이중앙성은 어떤 키워드가 다른 키워드를 매개하는 역할을 하는지 탐색하고자 할 때 용이한 지표이다.

해서 제공하는 서비스를 소비하는 주체를 고객으로 지칭하는 것은 주로 기업 내부에서 생산된 문서, 혹은 경영 관련 텍스트에서 나타나는 특징 중 하나이다. 더불어 감정노동은 여성성과 친절의 등치라는 젠더편향적 토대 위에서 논의되고 있다. 담론 내에서 '서비스업'과 '자본주의'라는 시장의 기제를 언급하며 상품으로서의 서비스가 상품화된 여성성과 맺는 관계에 주목하고 있음을 확인할 수 있다. 그리고 스트레스와 건강에 대한 쟁점 역시 감정노동으로 인한 직무스트레스, 우울증과 같은 심리적 건강에 대한 관심을 환기시키고 있으며, 이에 대한 치료와 관리라는 의료화 담론이 함께 제시되고 있다.

이어서 의미연결망을 구성한 키워드들 사이의 공출현빈도를 단어 간 밀도로 바꾸어 어떤 키워드들이 유사한 집합으로 묶일 수 있는지를 알아보기 위해 연결망 분석방법인 집합분석(faction analysis)을 실시했다. 일반적으로 같은 집합에 묶여 있는 키워드들은 텍스트 내에서 함께 나타나는 경우가 많아, 두 키워드가 의미하는 개념 사이의 관계가 높거나 유사성이 있는 것으로 해석할 수 있다. 물론 함께 등장하는 빈도가 높다는 것이 우연에 의한 효과일 수도 있으나, 텍스트의 분량이 늘어날수록 우연에 의해 공빈도가 높게 나타날 가능성은 줄어든다. 여기에서는 집합분석을 통해 총 열 개의 집합을 분류했다. 각 집합별로는 [표 11]과 같은 키워드가 추출되었다.

[표 11]에서 제시된 열 개의 영역은 상호 간의 연결이 긴밀한, 높은 밀도를 지닌 키워드들의 집합이다. 여기서는 상호 간의 밀도가 높은 큰 키워드의 집합을 담론의 유형으로 해석했다. 이 경우 담론 유형은 특정 텍스트들 간의 상호작용을 통해서 구성된 담론의 지향, 성격, 의도를 의미한다. 기본적으로 [표 11]에서 집합분석(faction analysis)을 통해 추출한 10가지 유형이 모두 각각의 정체성을 가지고 있는 영역이라고 할 수 있으나, 여기서는 이를 다시 3가지 영역으로 분류했다. 분류방법은 다음과 같다. ① 먼저 집합분석을 통해 전체 키워드를 10개의 유형으로 분류하고, ② 이렇게 분류한 10가지 유형 내의 키워드들의 사이중앙성(betweeness centrality)을 분석하여 사이중앙성이 높은 키워드(사이중앙성 40 이상)를 추출한 후, ③ 추출한 키워드들 사이의 거리를 근거로 거리가 가까운 키워드들을 묶어 10개의 영역들을 다시 유형화했다. 그 결과 크게 3가지 담론 유

[표 11] 감정노동 담론 유형화를 위한 키워드 영역분류

영역	키워드	분류
1	우울증, 우울, 백화점, 감정불일치, 여성주의, 존중, 판매직, 피로, 강제	성-인지적 담론
2	여성, 돌봄노동, 서비스노동, 사회서비스, 간호전문직, 감정관리, 사회복지, 산업화	
3	러셀 혹실드, 경쟁, 부수적 노동, 편견, 국가인권위, 과잉친절, 인권, 인격, 인권가이드	정치경제적 담론
4	관리, 정신건강, 치료, 콜센터, 건강, 정신노동, 노동화, 육체노동, 치유	
5	서비스업, 서비스 상품화, 자본주의, 비정규직, 천민자본주의, 노동자, 신자유주의, 여성노동, 민주주의, 소비자, 소외, 한국	
6	직무만족, 감정부조화, 이직의도, 조직몰입, 표면행위, 자기효능감, 감정고갈, 직무태도, 만족, 감정표현, 내면행위, 이직, 직무성과, 직무자율성, 표현규칙	경영담론
7	직무스트레스, 스트레스, 고객, 사회적 지지, 감성지능, 고객지향, 직무요구, 감성, 통제, 판매원, 안면환류가설, 고객지향성, 분노	
8	소진, 직무소진, 간호사, 가족, 조직시민행동, 직장, 내부마케팅, 임상간호사, 친사회적 행동, 호텔종업원	
9	고객만족, 감동, 진심, 경청, 친절, 공감, 마음, 긍정, 신속	
10	연기, 카지노, 가족윤리, 노인, 연예인, 조직유효성, 직무몰입, 직무특성	

형을 도출했다.

1, 2번 영역에 해당하는 키워드들은 주로 여성의 감정노동과 같은 젠더 이슈를 의미하는 키워드들을 중심으로 구성되어 있다. 여기서는 이 유형을 성-인지적 담론으로 분류했다. 1번 영역의 우울증에 대한 키워드와 감정불일치, 피로 등의 키워드가 여성주의, 판매직 등과 함께 등장한다는 점에서 이른바 감정노동자에게 부여된 성적 편견 및 그에 따른 부정적 정서의 문제 등과 같은 쟁점이 포함되어 있다고 볼 수 있다. 동시에 2번 영역의 경우 돌봄노동과 사회서비스, 복지, 간호 등의 키워드가 포함되어 있다는 점에서 가사와 돌봄과 같은 여성노동에 대한 기존의 인식을 통해 해석하려는 텍스트들이 포함되어 있다.

3, 4, 5번 영역은 주로 감정노동의 구조적 맥락에 대한 논의와 노동자 인권, 건강의 관점에서 감정노동에 접근하려는 키워드가 배치되어 있다. 이 영역들은 정치경제적 담론으로 유형화했다. 3번과 4번 영역은 감정노동에 대한 기존의 편견과 이에 따라 사각지대에 놓인 감정노동자의 권리침해 문제, 건강 문제를

다루는 키워드를 중심으로 구성되어 있다. 5번은 자본주의와 비정규직, 신자유주의 등 감정노동을 둘러싼 구조적 맥락에 초점을 맞추어, 감정노동의 이면에 놓인 사회적 불평등 문제를 분석하는 텍스트로 구성되어 있다.

6, 7, 8, 9번 영역은 감정노동 수행의 방법과 부작용 그리고 효과적인 관리를 위한 경영전략 등을 의미하는 키워드를 포함하고 있다. 이 영역은 경영담론에 해당하는 키워드로 분류했다. 6, 7, 8번 영역은 주로 감정노동에 대한 경영 부문의 학술지에서 주로 등장하는 키워드들로, 감정노동을 효과적으로 수행하기 위한 전략이나 감정노동 과정에서 나타나는 부정적 효과를 완화, 통제하기 위한 방법들을 논의하는 텍스트로 구성되어 있다. 9번은 주로 기업 및 공공기관 등의 직무교육 매뉴얼에 등장하는 개념들로, 현장에서 감정노동을 수행하기 위해 내면화해야 하는 가치들이 주로 배치되어 있음을 알 수 있다.

마지막으로 10번 영역은 등장 빈도가 낮거나 다른 키워드와의 연결점이 적은 잔여 영역의 특징을 보여주고 있다.

감정노동 담론유형의 특징

이제는 위의 유형화 작업을 토대로 다음 세 가지 담론 유형의 특징에 대해서 논의하고자 한다. 세 가지 담론 유형의 개괄적인 특징은, ① 감정노동의 젠더적 성격을 강조하는 성-인지적 담론, ② 감정노동을 수행하는 과정에서 발생하는 불평등과 위계의 문제에 초점을 맞추는 정치경제적 담론, ③ 감정노동을 효과적으로 수행하기 위한 전략을 중점적으로 논의하는 경영담론으로 구분된다. 이러한 감정노동에 대한 상이한 접근은 감정노동을 둘러싼 쟁점들을 어떠한 방식으로 인지하고 해석할 것인지에 대한 반응들과 연관되어 있다.

예를 들어 정치경제적 담론에서 서비스와 고객은 소비자와 감정노동을 수행하는 노동자 사이의 관계가 대등한 관계에서 출발하지 않고 상하 간의 강한 위계적 서열구조를 배태하고 있다는 점을 지적한다. 위계적 구조 속에서 기업이나 기관은 서비스 수혜자(소비자)의 권익을 증진하기보다 감정노동을 수행하는 노동자들의 희생을 감내하는 모습을 보여주는 데 초점을 맞추고 있는 것이다. 반면 경영담론 내에서 고객과 서비스는 말 그대로 고객에 대한 서비스가 핵심이다. 고객이 만족할 수 있는 친절한 감정노동자를 만들어내기 위한 기술과 이론들이 그 중심에 있다. 동일한 감정노동이라는 이슈를 중심으로 고객과 서비스라는 용어를 사용하지만 그 용법은 전혀 다르다는 것을 알 수 있다. 고객과 서비스가 감정노동의 주요 키워드로 나타났다는 점은 친절과 감동과 같은 정서적 상징들이 마케팅뿐만 아니라 판매, 유통과 같은 영역 전반에서 작동하고 있음을 보여준다. '고객만족'은 상품의 판매만이 아닌 판매와 구입과정 전반을 서비스의 영역으로 끌어들이는 개념이다. 무엇을 소비하느냐의 문제가 어떻게 소비하느냐의 문제로 변화함에 따라 감정노동자들에 대한 통제를 강조하고 이들 고객에 대한 대응을 오롯이 노동자 개인에게 맡기고 있다. 다음에서 개별 유형에 대한 내용을 좀 더 상술해보기로 한다.

(1) 성-인지적 담론

성-인지적(gender-sensitive) 담론은 감정노동자의 젠더적 특성을 중심으로, 노동시장 내에서 상대적 약자라고 할 수 있는 미숙련, 비정규직 여성근로자를 감정노동자로 고용하는 경향성에 대한 비판적 인식에서 출발한다. 이 담론 유형은 위 집합분석에서 1, 2번 영역에 해당하는 키워드를 담고 있다. 감정노동을 가족 내 행위자들 간의 감정관리, 고령화 및 출산율의 저하, 여성고용률의 증가와 더불어 대두되고 있는 노인복지, 아동보육과 같은 돌봄노동의 영역과 함께 논의하고 있다는 점도 이 담론의 특징이다.

성-인지적 담론 내에서 감정노동의 젠더편향성에 대한 비판이 이루어지는 방식은 가부장제에 대한 비판과 맥을 같이하고 있다. 즉, 이 담론유형은 감정노동자들이 경험하는 성차별적 편견과 위계적 권위로부터의 압력의 근원을 전통적인 남성 중심의 가부장제에서 찾고 있는 것이다. 이와 함께 가부장제의 성차별적 관점과 위계적 속성을 시장합리성의 확대에 의한 경쟁압력과 효율성의 담론에 대한 비판과 결합하고 있다는 점도 성-인지적 담론의 특징이다. 그 결과 텍스트의 내용은 '상냥하고', '부드러운' 여성의 일로 간주되는 간호사, 상담원, 항공승무원, 비서, 미용사 등 여성고용 비중이 큰 직무를 중심으로 감정노동자의 현실을 드러내는 방식으로 구성되고 있다(김경희·강은애, 2008).

감정노동의 젠더편향성에 대한 인식은 공적 담론의 영역에서도 찾아볼 수 있다. 국가인권위원회에서 발간한 감정노동자 인권가이드가 여성노동자를 구체적으로 지칭하고 있다는 점은 감정노동이 여성을 넘어서서 '여성성'을 담지하고 있음을 보여준다. 가이드에서는 다수의 사업주들이 여성이 남성에 비해 상냥하다고 인식하고 있으며 이 때문에 서비스업 부문에서 여성노동자를 더 선호한다고 명시하고 있다(국가인권위원회, 2011: 14). 그리고 사업주를 대상으로 실시한 조사결과를 인용하며 '여성은 남성에 비해 친절하고 상냥하다'는 여성성의 일반화된 관념을 여성과 감정노동을 결합할 수 있는 친화적 요인으로 지목하고 있다.

성-인지적 담론의 또 다른 특징은 혹실드가 제시했던 조직규범에 의한 감정관리의 개념과 일상생활에서 개인들에게 발생하는 감정관리의 개념이 혼용되고 있다는 점이다. 주로 여성들이 담당하는 가사와 같은 사적 영역의 노동을 공적 담론의 영역으로 끌어냄으로써 감정노동이 내포하고 있는 젠더편향적 차별을 강조하는 측면이 있다. 그러나 공적인 조직 부분의 감정노동의 범주를 가사와 같은 일상적 영역의 감정관리로 확장함으로써 사적노동으로 치부되던 가사노동이 작업장에서 이루어지는 공적인 노동과 분리될 수 없다는 점을 공론화하고자 하기도 한다.

(2) 정치경제적 담론

정치경제적 담론의 경우 소비자와 노동자, 기업으로 이어지는 구조적 관계에 더 많은 관심을 두고 있다. 이 담론유형의 경우 집합분석의 3, 4, 5번 영역에 해당한다. 정치경제적 담론은 감정노동을 둘러싼 행위자 사이의 관계가 합리적인 소통을 전제로 이어지지 않고 위계와 서열로 이루어진 수직적인 구조 내에서 불평등을 재생산하고 있다는 점에 주목한다. 정치경제적 담론은 감정의 교환가치화와 상품화를 통해 노동자 감정이 물화되는 과정을 기본적으로 계급관계로부터 파악하려는 경향이 강하다. 이 담론은 자본주의 시장경제의 부정적 측면에 대한 비판적 접근을 토대로 비정규직, 신자유주의, 감정의 상품화와 같은 이슈에 주목하고 있다. 이 유형의 담론을 구성하는 텍스트들은 노동시장의 유연화와 양극화에 따른 삶의 불안과 감정노동에 따른 인격의 박탈을 연관 지으며,

인간 본연의 감정영역에까지 시장합리성이 침투하는 자본주의 논리를 비판하고 있다.[33]

정치경제적 담론은 경제규모의 양적인 팽창 이면에 놓인 자본주의적 시장경제의 부작용을 통제하고 조정할 만한 사회적 규범과 제도의 부재에 대한 비판으로 이어지기도 한다. 이러한 비판적 관점은 감정노동의 특징이라고 할 수 있는 노동자와 자본가, 소비자의 위계적 관계에 대한 구조적 맥락을 지목하는데, 예를 들어 신자유주의적 노동시장유연화와 위계적이고 권위적인 형태의 고용조건이 감정노동자의 일방적 희생을 강요하는 구조적 요인이라는 것이다. 따라서 정치경제적 담론유형은 감정노동의 핵심이 '소비자-노동자' 간의 문제가 아니라 기업과 시장, 노동시장의 유연화와 고용불안정, 경영자와 노동자의 문제라는 점을 강조한다. 즉, 정치경제적 담론유형은 감정노동이 내재하고 있는 문제의 본질을 '자본과 노동'의 관계에서 탐색하고, 자본가들이 기업의 경영전략을 일방적으로 노동자들에게 전가하고 있다는 점을 부각시키고 있다.[34] 따라서 정치경제적 담론은 감정을 행위자의 내면세계에 은폐시킬 것이 아니라 공적인 노동과정으로 공론화할 것을 요청한다. 즉, 정치경제적 담론은 노동과정에서의 감정의 지출을 노동의 요소로서 간주하여 임노동으로 보상받아야 할 정당한 공적 노동행위로 인정해야 한다는 것이다.

(3) 경영담론

이 담론유형은 집합분석의 6, 7, 8, 9번 영역에 해당한다. 경영담론을 구성하

---

33 예를 들어 "소비로 자신의 존재를 증명하는 것이 화폐경제의 숙명이라고 하면 별 할 말이 없으나 자본주의, 그것도 신자유주의 체제 아래서 자신을 보호하려면 소비에서 자유로워지는 연습, 돈을 최소한으로 쓰고도 스스로 재미를 창출할 수 있는 사람이 되는 훈련이 필요하다고 생각했다. …… 서빙, 감정노동하는 비정규직으로 살면서 '천민자본주의'라는 단어에 대해 다시 생각하게 되었다"("신자유주의에 숨어 있는 지옥", 《경향신문》, 2010. 11. 15).

34 "대다수 기업들이 고객 제일주의를 부르짖으면서도 그 책임을 노동자의 '웃음'에 전가하면서 노동자가 느끼는 감정부조화의 비극이 시작됐다. 그럼에도 기업은 여전히 노동자들에게 고객에 대한 무조건적인 친절을 요구하는 것은 물론 친절강화교육 등으로 감정노동을 더욱 강화하고 있는 실정이다"("[H·story] 감정 노동자들의 비애", 《한국일보》, 2011. 3. 2).

는 주요 텍스트인 기업 내 서비스 매뉴얼 등에서 '감정노동'이란 표현은 거의 등장하지 않고 경영 관련 학술지와 논문 등에서 제한적으로 사용되고 있을 뿐이다. 하지만 감정노동의 핵심 요소인 감정관리와 규범화된 행동코드의 부여, 규율화 과정 등을 구체적으로 제시하고 있는 다양한 텍스트들이 발견되고 있다. 기업 서비스 매뉴얼은 감정노동의 구체적 내용을 체계적으로 구성하고 있는 텍스트라고 할 수 있다. 감정노동을 언급하지 않지만 감정노동을 구체화하며, 감정관리와 내면화의 논리를 노동자에게 교육시키는 이들 텍스트들을 경영관리 담론으로 유형화한 것은 이러한 이유 때문이다.

경영담론 내에서 핵심이 되는 단어는 오히려 감정노동이 아닌 감성경영과 고객만족경영(CS경영) 등과 같은 단어들이다. 고객만족은 상품의 판매만이 아닌 판매와 구입과정 전반을 서비스의 영역으로 끌어들이려 한다. 무엇을 소비하느냐의 문제가 어떻게 소비하느냐의 문제로 변화함에 따라 고객만족을 위한 서비스는 기업의 규범과 소비자의 요청 양자 사이에서 고도로 조직화된 연출을 시도하게 된다. 감정노동의 핵심적 쟁점인 인간적 가치의 시장화는 고객만족과 자기개발, 기업성장과 같은 시장담론과 함께 제시되는 특징을 보여주고 있다.

경영담론은 앞선 담론들과 달리 감정노동이 조직의 이윤에 가져올 수 있는 긍정적 측면이나 감정노동의 효과적 수행을 위한 전략, 직무수행 방식 등을 중점적으로 논의하고 있다. 이 담론은 감정노동을 기업 및 조직 경영합리성의 측면과 노동의 효과적 관리, 고객만족경영과 연관하여 서술하고 있다. 따라서 '감정규칙의 사사화(privatization)', 즉 기업이 요구하는 감정규칙을 노동자들이 적극적으로 내면화할 것을 강조한다. 이 담론으로부터 자본의 권력이 어떤 방식으로 노동자들에게 작동하고 정당화되고 있는지 확인할 수 있다(신경아, 2009).

감정노동은 고용관계뿐만 아니라 소비자와 판매자 사이에서 이중적으로 작동하고 있다. 감정노동에 대한 경영관리 담론은 경영담론이 노동계급에 대한 동의와 설득의 지배기제로서, 즉 작업장 정치의 한 요소로서 작동하고 있다는 기존의 연구들과도 유사하다(박해광, 2003). 이 담론 유형은 '고객'이란 표현을 빈번히 사용하면서 모든 가치의 최우선에 두고자 하는 지향성을 드러낸다. 특히 직무 관련 교육자료에서 자주 등장하는 역피라미드 관계는 고객우선과 만족의 가치를 가장 우선시하는 상징적 기호이다. 역피라미드는 기존의 기업문화에서 기업경영자, 관리자, 노동자, 소비자 순으로 내려오던 관계를 뒤집어, 피라미드의 가장 위에 고객을 올려놓는다. 역피라미드는 고객을 최상위, 종업원을 차상위에 두며 위계관계의 전복이라는 상징을 내포하고 있다. 경영문화 혁신이라는 명제는 최우선 가치인 고객만족의 실현을 위한 '접점노동자'의 의식변화를 무엇보다 강조하고 있다. 이 담론들은 고객 소비자와 그들을 대면하는 종업원 노동자 사이의 관계에 주목하면서 감정노동을 수행하는 접점노동자들의 태도 변화와 의지의 변화를 촉구하는 등 감정노동 수행의 정당성을 확보하는 방식을 사용하고 있다.

대표적인 사례가 감정노동을 수행하는 접점노동자들에게 '주인의식'을 요구하는 것이다.35 노동자들 스스로가 고객을 만났을 때 기업의 대표와 같은 관리자, 경영인의 인식과 정체성을 받아들일 것을 교육시킨다. 그러나 교육내용을 보면 노동자들의 권한에 따른 주인의식과는 거리가 먼 일방적인 규율 위주로 구성되어 있다. 즉, 현장에서 경험하는 실제 상황, 문제 발생 시의 감정관리에 대한 선택 권한 및 자기방어권과 같이 기업규범 차원의 제도적 장치에 대한 내용은 명시되어 있지 않고, 단지 노동자들 개인 차원의 변화를 요청하고 있는 것이다.

기업의 규율화에 따른 순응은 신체적 행동(접객을 위한 동작 등)뿐만 아니라 감정관리(분노, 슬픔 등의 부정적 감정의 억제)를 포함하는데 감정관리를 위한 공적 규범은 정체성 차원으로 개인화된다. 감정과 같은 신체의 반응을 노동자 스스로의 경영 정체성을 매개로 관리하는 과정은 성공적인 자기개발이라는 형태로 상징화된다. 조직규범의 체화와 성공적인 적응은 기업이 요구하는 감정노동의

---

35 경영담론의 해석을 위해 참고한 관련 교재에는 다음과 같은 내용이 있다. "고객에 대해서는 당신이 기업의 대표: 쇼핑하러 온 고객의 입장에서 생각하면 점포의 대표는 사장이 아니라 점두에서 실제로 자기를 상대해주는 한 사람의 종업원인 것이다. 따라서 그 종업원의 응대 여하에 따라서 점포의 우열이 결정되어버리는 것도 당연한 것이다. …… 이렇게 되니 종업원은 그야말로 점포의 대표이자 그 자체인 것이다"(원융희, 2012: 273).

이상형을 노동자들에게 심어주고 있는 것이다. 한마디로 기업의 조직과 제도라는 구조적 맥락에서 발생한 접점노동자들의 분노, 불안, 우울과 같은 부정적 정서는 노동자 개개인의 문제로 환원되며, 소비자의 만족과 이윤과 같은 긍정적 효과는 기업으로 귀속된다.

안면환류가설(facial feedback hypothesis)은 경영담론의 특징을 설명할 수 있는 이론이면서, 동시에 경영담론의 토대가 되는 이론으로 볼 수 있다. 이 이론에서는 고객과의 접점에 위치한 서비스 노동자의 감정노동이 노동자 스스로의 감정표현에 의해서 달라질 수 있음을 강조한다. 안면환류가설은 감정노동의 주요 쟁점으로 부각되는 감정관리의 문제를 감정노동수행자의 차원으로 축소시키고, 소진이나 소외와 같은 부정적 감정의 결과는 근본적으로 감정노동수행자의 부정적 피드백에 의해서 발생하는 것으로 이해한다. 이와 함께 감정노동자의 불안, 우울, 소진 등의 정서적 피해는 소비자의 미성숙한 태도 때문이라는 진단이 함께 제기된다. 소비자의 불만을 접수하는 과정에서 발생하는 분노, 욕설, 폭행 등의 부정적 정서를 오롯이 노동자 스스로가 감내해야 하는 것이며 이것을 프로의식과 같은 직업윤리의 차원으로 서술하고 있다.[36] 감정노동자들이 경험하는 부정적 정서는 악성민원과 폭력적인 태도로 노동자를 대하는 고객의 태도 때문에 발생하므로 근로자의 감정노동의 부작용을 해소하기 위해서는 소비자의 의식개선이 필수적이라는 것이다. 여기서 감정노동의 고용당사자인 기업은 제3자로 은폐되어 있으며, 감정노동의 부작용은 소비자와 노동자라는 두 행위자 사이에서 발생하는 문제처럼 인식된다.

---

[36] "감동 연출을 위한 요건: 클레임은 고객님의 응원가로 생각하라. …… 서비스에 승부를 건다는 투철한 프로의식"(○○백화점 서비스 매뉴얼 중), "사람을 만나고 의사소통하는 것이 직업이라면 사람과의 만남에서 오는 부담을 극복하고 자신의 감정까지도 통제할 수 있어야 한다. 그것이 프로와 아마추어의 차이이다"(정부부처 고객만족매뉴얼 중).

요약 및 전망

한국사회에서도 최근 감정노동에 대한 관심이 높아지면서 이와 관련된 담론들이 학계뿐 아니라 기업, 노동, 정치, 언론계 등에서 급속히 확대되고 있다. 이 절에서는 그동안 생성된 감정노동의 텍스트들을 의미론적 연결망 분석을 통해 유형화하고, 유형화된 담론의 내용과 특징들을 분석했다. 먼저 성-인지적 담론과 정치경제적 담론은 감정노동을 둘러싼 구조적 맥락과 젠더 불평등에 대한 비판을 주로 담고 있다. 감정노동에 대한 성-인지적 담론이 절과 미소 등을 수행하는 가부장적 통제와 여성성의 노동에 초점을 두는 반면, 정치경제담론은 자본주의 노동시장 유연화, 감정의 상품화에 따른 노동에 대한 위계적 통제의 측면에서 접근한다. 양자 모두 감정노동자의 소외와 인격박탈, 스트레스 등 부정적 측면을 집중 조명하고 있다. 이와 달리 정당화 담론으로 규정할 수 있는 경영담론은 감성경영, 고객만족, 접점노동자의 헌신, 기업브랜드, 소비자 중심 등의 용어를 통해 감정노동이 기업생산성과 효율성에 미치는 긍정적 역할을 강조한다. 경영담론은 감정노동이라는 어휘를 직접 제시하는 경우가 드물지만 실질적으로 감정의 자본화를 위해 소비자를 직접 대면하는 '접점노동자'들의 친절과 서비스를 강조하는 시각을 드러내고 있다.

이 글에서 직접 다루고 있지 않지만 담론 분석과정에서 몇 가지 특징들도 발견된다. 많은 텍스트들이 다양한 상호작용 속에서 감정을 관리해야 하는 행위와, 기본적으로 경영자의 매뉴얼에 의해 감정을 변형하고 상품화하는 감정노동의 행위에 대한 개념을 혼용하고 있다는 것이다. 혹실드는 이를 구분하려고 노력하고 있지만 현실세계에서는 양자의 경계가 불분명한 것도 사실이다. 특히 학문적 정의와 함께 연구를 수행하는 학계와 상식적 관점에서 세계를 이해하려고 하는 일반인들의 시각, 미디어 등에서는 이 두 가지 개념이 모호하게 쓰이고 있음을 알 수 있다.

또한 일부 학계의 비판담론은 감정노동의 문제를 다룰 때 기본적으로 소비자본주의하에서 감정을 자본화하려는 기업경영 전략이나 가부장주의적 성차별 구조를 심층적으로 보려는 데 비해,37 미디어 등에서 제기되는 일부 비판담론이나 경영담론은 감정노동의 문제를 접점노동자와 소비자의 문제로 집중화시키고 있다는 점이다. 경영담론은 더 나아가 고객에 대한 감정노동자들의 무제한적 인내와 돌봄, 친절을 하나의 직업윤리로까지 간주하는 경향이 있다. 감정노동의 핵심적 쟁점인 인간적 가치의 시장화는 고객만족과 자기개발, 기업성장과 같은 시장 담론과 뒤섞이고, 감정노동자의 소진이나 스트레스, 건강 등의 문제를 소위 '진상고객'으로 규정되는 '블랙컨슈머(black consumer)'와의 사이에서 발생하는 것으로 치환시키는 경향이 있다. 이들 담론은 감정노동의 구조적 조건을 들여다보기보다는 소비자의 자질문제나 감정노동자 개인의 역량문제로 감정노동의 문제를 보고 있다.

물론 감정노동자의 인격을 존중하는 시민의식의 고양도 필요하고 감정의 경영전략에 대응할 수 있는 노동자의 권리 역시 강화되어야 하지만, 인간 본연의 가치인 감정을 자본화하려는 자본주의의 구조적 변동에 대한 심층적인 분석과 실천대안이 요청된다고 할 것이다. 서비스산업의 확장에 따른 고객만족경영의 확산과 가족구조 변화에 따른 복지서비스 요구의 증대 등으로 감정노동은 광범위하게 확산되고 있고, 이에 대한 논의 역시 다양한 차원에서 제기될 것이다. 감정노동에 대한 이해와 대응은 더욱 복합적일 수밖에 없을 것이며 담론 간의 경쟁 역시 지속적으로 이루어질 것이다. 앞으로 이러한 담론들을 통해 감정노동자들의 삶이 공론의 장으로 부상하고, 그 문제의 본질에 대한 다양한 성찰도 이루어질 것으로 전망된다. 경합하고 있는 감정노동의 담론들 속에는 자본과 노동, 소비라는 삼각축에서 발생하는 갈등과 긴장, 소비자본주의의 지배이데올로기 등 매우 다양한 사회적 의미들이 담겨 있다고 할 것이다.

이 절은 감정노동에 대한 다양한 담론들의 유형을 발견하고자 하는 성격을 갖고 있다. 이러한 시도의 궁극적인 의도는 감정노동을 확산시키는 구조적이고 관계적인 사회적 과정, 그리고 감정노동으로 인해 야기되는 문제들을 해소하기 위한 대안을 제시해보려는 것이다. 그러기 위해서는 더 많은 연속적인 연구들

---

37 물론 감정노동의 다양한 사례에 대한 현장조사나 노동자들의 소진 및 스트레스 등에 초점을 둔 학계 논문들이 대부분이다.

이 진행되어야 한다. 담론들이 일반인들에게 어떻게 영향을 미치고 있는지, 경합, 공존하고 있는 담론들 중 지배담론은 무엇인지, 학계 담론과 미디어 담론의 차이는 무엇인지, 후기소비자본주의의 구조적 메커니즘이 어떤 방식으로 구체적인 감정노동을 야기하는지에 대한 폭넓은 연구들이 향후 필요하다.

제11장

이방인과 공화주의 도덕감정

1. 이동의 시대와 이방인의 도래

반드시 이동하라, 이것이 지금 우리 시대의 유행이고 법이고 흐름이다.[1]

사람과 사물이 기존의 경계를 넘어 유출되고 수많은 요소가 서로 부딪치며 조합함으로써 새로운 혼종적 삶의 방식이 등장하는 시대. 이미지, 지식, 정보의 이동이 증폭된 사회. 모바일 정보통신 기기를 이용하여 실시간적 공간(real-time space) 이동이 가능한 사회. 체제의 변화가 비가역적이고 비선형적인 사회. 복잡계와 프랙탈, 카오스적 (무)질서가 형성된 시대. 이 시대를 어리(John Urry)가 이미 묘사한 대로 '모빌리티의 시대'라 부르자.[2] 모빌리티의 시대에는 사물의 이동은 말할 것도 없고 다양한 부류의 사람들, 예컨대 이주민(이민자, 단기외국인 노동자, 국제결혼배우자), 해외 공관과 기업 상사 종사자, 유학생 및 어학 연수생,

---

[1] 어리(2014: 43)에서 재인용.
[2] 어리는 이동의 유형들과 패러다임에 대해 매우 탄탄한 논의를 시도한 바 있다(어리, 2014).

그들과 관련된 가족들, 관광객, 현대판 노예들(납치 유괴에 의한 매춘산업 종사자), 의료 서비스 여행자, 그리고 수천만 명이 넘을 것으로 추정되는 난민들이 부유 (浮游)하고 있다. 물론 인간의 이동 현상은 비단 어제오늘만의 일은 아니다. 호모사피엔스를 곧 호모모빌리티쿠스라고 해도 무방할 만큼 직립원인으로 태어난 인간은 애초부터 보행을 통해 장소를 옮겨 다녔다. 단, 오늘날 글로벌 돔으로 엮인 '제국'에서의 이동은 사이버 정보 기술에 의한 '네트워크'의 확장과 그 경로를 따른 '순간적' 정보이동으로 인해 다양한 유형의 집단이 더욱 다양한 방식으로 매우 빈번하고 빠른 속도로 움직인다는 것이다. 오늘날의 네트워크는 인간 대 인간의 관계망 차원을 넘어 인간과 사물 간의 네트워크(라투르, 2010)뿐 아니라 사물과 사물의 네트워크화로 진화하고 있다. 마르크스가 이미 초기 자본주의 시대의 특징을 '시간에 의한 공간의 소멸'로 진단한 바 있으나, '빛보다도 빠른 이윤사냥'이 벌어지고 있는 속칭 '카지노 자본주의'라 불리는 현대 자본주의에서는 실물의 교환에 앞서 정보와 주식 화폐 등의 허구적 가치가 교환되는 전 지구적 디지털 시장이 형성되어 있다. 가상공간의 확장과 그 안에서 벌어지는 다양한 실천들이 우리의 일상을 지배하는 사이버 시대의 '질주'가 더욱 가속화되고 있다.³

초고속으로 이동하는 시대는 '위험'과 '존재론적 불안'을 고조시키고 있다. 이 시대의 사회 물리적인 공간과 시간 변화의 경험을 바우만(Zygmunt Bauman)은 "흐름 속에 살아가고 있는 액체 근대"로 진단한 바 있다(바우만, 2009). 액체 근대를 넘어선 '휘발성의 근대' 또는 '기체근대'의 사회라 부르는 것이 더 타당하지 않을까 싶기도 하지만 말이다. 그러나 다른 한편에서는 속도사회와 경쟁, 가변성과 복잡성에 대응하려는 체계(system)의 단순성과 폐쇄성이 작동하고 있다. 마치 원심력에 대해 구심력이 반발하는 것처럼 조화되지 않은 요소들이 서로 부딪히며 갈등하고, 희소한 자원을 둘러싼 집단 간 배제의 힘들이 점차 노골화

---

3 비릴리오의 '속도와 정치'를 참고할 것. 이 질주는 단순한 시간개념뿐 아니라 경쟁을 포함한다. 한편, 지구 한편에서 정지된 곳과 더딘 곳의 공존, 비동시성의 동시성이 펼쳐지고 있는 공간의 병존 현상에 대해서도 주목해야 할 것이다(비릴리오, 2004).

되고 있다. 한편에서는 탈국민, 탈국가, 탈영토 현상, 그리고 이에 따른 다(多)중심성과 다변성, 복합적인 정체성 등 이른바 '탈(脫)화 현상'이 두드러지게 나타나고 있지만, 다른 한편에서는 이에 대한 반작용의 힘들이 작용하고 있다. 즉, 사람과 사물의 자연스러운 흐름을 막으려는 시도들, 그리고 이질적인 것들을 배제하고 추방하려는 시도들과 함께 '감시와 처벌'이 더욱 은밀하고도 체계적으로 이루어지고 있다. 일부 지역에서는 아예 국민국가의 진입 금지로 인해 더 나은 곳, 더 안전한 곳을 향해 자의 반 타의 반으로 삶의 터전을 떠난 사람들이 '표류'자가 되어 수용소 공간에 머물러 있기도 하다.

이방인과 디아스포라

이방인은 어느 특정한 공간의 영역에 '낯선 이'로 등장하는 자이다. 짐멜의 표현에 의하면 "오늘 와서 내일 가는 방랑자가 아니라 오늘 와서 내일 머무는 방랑자"이며, 처음부터 "그곳에서 나온 것이 아닌, 아니 나올 수 없는 특성들을 그 영역 안으로 끌어들이는 자", 즉 이질성을 대동하는 자이다. 즉, 아웃사이더와 적대자의 지위를 포함하여, 공존과 상호작용을 고민하게 하는 자인 것이다(짐멜, 2005: 79). 그의 말을 인용한다.

> 경제사 전반으로 볼 때 이들은 이동하는 무리, 즉 상인 또는 중개업자였다. 또한 이방인은 토지소유자가 아니다. 이는 곧 그들이 특정한 지역에 정주하는 자가 아니라는 말이다. 이방인은 가까움과 멂의 종합을 구현하기 위한 촉매제이기도 하며 …… 놀라운 개방성을 갖는 [존재자들로서] …… 그러나 흥미로운 점은 이방인의 거리감이 묘한 매력을 줄 수 있다는 것이다. 이방인은 일반적 특성(보편적 특성)을 가지고 있기보다는 우리와 특별한 차이점을 가지고 있다는 데 근거한다. 집단 내부의 사람들이 모두 동일한 속성을 가질 때(정체성을 가질 때) 사실상 통합되어 있다고 느끼면서도 차이의 부재는 매력을 상실한다. 집단 구성원들 결합의 특별한 구심적 성격이 상실되기 때문이다. 가장 친밀하면서도 가장 낯설 수 있는 관계가 에로틱한 것 아니겠는가? 열정의 단계에서 오로지 자신들의 사랑만이 가장 특수하

다고 생각하지만 (어떤 것과도 비교할 수 없는) 그 유일성의 감정이 사라지면 소외가 나타난다. …… 가까움과 멂의 다양한 조합을 통해 사회가 구성된다(짐멜, 2005: 81~82).

한마디로 이방인은 독특한 이질성을 지닌 유랑하는 자로서 낯설면서도 친밀함을 전달해줄 수 있는 매우 모호한 존재이며, 매력적인 차이를 지닌 존재이다. 그러나 이방인의 그 차이는 내집단의 우리를 긴장하게 하기도 하고, 두렵게 만들기도 한다.[4] 이방인은 그 이동성 때문에 바로 자신이 처한 곳을 초월하면서 동시에 다른 집단에 다시 편입되기를 원하는 존재이다. 이방인은 소요(逍遙)와 정착(定着)의 합일적 존재이며 그 양자의 오고감은 한 지점에 속해 있으나 영원히 갇혀 있지 않은, 즉 초월과 내재 사이의 오고감으로 가능하고, 이러한 이방인의 특성이 인간행위자의 모습에 그대로 적용 가능하다(김광기, 2005: 4). 인간의 초월성은 세계 개방적 존재, 지금 여기에 머무르지 않는 존재, 외재화하는 존재의 가능성을 포함한다. 인간은 '인생'이라는 거대한 무대 위에서 각자에게 주어진 역할을 맡게 되는데 자신에게 부여된 배역으로부터의 벗어남(초월)의 경험을 하게 된다. 인간은 끊임없이 새로운 경험에 대한 욕망, 즉 새로움을 찾아 헤매는 방랑벽의 욕망을 소유한 존재, 나그네 같은 이동 중의 존재이다. 이것이 인간의 초월성이라면 인간은 한편으로 제도적 존재, 인지적 준거틀(전형성)을 사용하는 존재, 일정한 성향으로서의 아비투스적 존재, 소속되기를 원하면서 인정받기를 원하는 존재(동질성과 이질성의 인정 희구), 즉 내재적 존재이기도 하다. 인간은 인정을 통한 사회적 위치, 달리 말하면 사회적 지도로 비유할 수 있는 사회세계 내에서의 확고한 위치를 원한다. 그러나 이방인은 이러한 확고한 위치를 박탈당한 자이다(김광기, 2005).

이동의 시대, 집을 떠나는 순간 우리는 서로에게 이방인이 된다. 초월성과 내

---

4 상품의 가치 역시 '거리'로 설명할 만큼 공간과 경계, 혹은 거리(distance)의 사회학자라 할 수 있는 짐멜의 평소 생각이 이방인에 대한 묘사에서도 잘 나타난다. 짐멜은 『돈의 철학』에서 다소 모호하지만 상품의 가치에 대해 독특한 설명을 하고 있다(짐멜, 2013).

재성을 지닌 이방인, 차이에 대한 묘한 매력을 선사하는 존재라 하더라도 이질성을 지닌 이방인은 기본적으로 경계의 대상이 되는 존재이다. 이방인에 대한 경계를 풀 수 없는 이유는 자칫 그 이방인이 나와 내집단을 오염시키거나 위험하게 할 수도 있다는 방어기제가 작동하기 때문이다. 그들은 나(내집단)의 경험을 공유하지 않은 자들로서 동일한 시조(始祖)를 가지지 않았고, 전쟁과 저항의 기억, 민속과 음악, 음식과 취향을 공유하지 않으며, 나의 신을 섬기지 않고, 내 세계관과 생활방식을 따르지 않는다. 바우만에 의하면 이방인과의 만남은 '과거가 없는 사건이며 대개 미래도 없는 사건'이다. 그들과는 역사적 시련, 동요, 기쁨, 즐거움 등 공동의 추억이라 할 것도 없기 때문이다(바우만, 2009). 또한 내가 이방인이 된다는 것은 타자와 '차이'의 삶을 산다는 것이다. 이방인은 소외, 차별, 머쓱함, 긴장 등의 불안정한 감정을 지닌 채 차이와 배제의 존재 상황을 겪고 있는 자들이다. 타인들이 '당연시하는(it is taken for granted)' 삶의 습속을 공유하지 못한 자로서 오랜 시간을 거쳐 형성된 언어와 습속으로부터 충분히 사회화되지 못한 자들이다. 그래서 이방인은 타자로부터 구성원의 자격을 박탈당하거나 또는 제한받거나, 자격의 경계선에서 머뭇거리는 자인 것이다.

이러한 이방인의 지위를 각인시키는 것은 언어이리라. 두말할 나위 없이 언어는 단순히 소통의 도구가 아니라 삶의 존재방식이며 내용이고, 하이데거의 말대로 '존재의 집'이다. 생활세계의 언어는 공기와 같은 것이어서 발화하는 순간 문법과 용어의 구조를 맞추려는 의도적 작업을 하지 않는 '자연스러운 실천'인 것이다. 공기를 마시거나 내뱉을 때마다 이를 의식적으로 해야 한다고 생각해보라. 숨을 쉬기 위한 숨막힘![5] 습속(아비투스, habitus)은 긴 시간을 두고 형성된, 역사성과 맥락성을 지닌 언어적 삶의 방식이다. 사람들은 습속의 한 형태인 전형(typication)을 통해 사회의 의미구조를 파악하고, 선대와 후대는 이 전형을

---

5 정현종 시인의 「모국어」를 볼 것. "저 아이들은 / 제가 나고 자란 땅의 말로 재잘거린다 / 저 아이들은 제 나라 말로 나눈 사랑의 말 속에 / 잉태되고 / 자란 동네 아침 공기와 저녁 / 연기 밴 말 / 여러 감정과 운명이 밴 말 속에서 자랐다. / 우리는 소리가 나오는 목구멍의 결정적인 운명과 함께 / 저 말을 하는 입의 기운과 함께 / 소리와 뜻 숨쉬는 온몸과 함께 살고 살고 또 살았다."

통해 만난다(Schutz, 1975). 전형은 살아가는 데 필요한 다양한 지식과 행위방식들, 상호작용의 의례들을 성글게 분류한 일종의 행위 지침이다. 즉, 자연스럽게 살아가기 위한 생활의 '레시피', 처방전 지식인 것이다(버거·루크만, 2013: 72). 이것이 없다면 공동체 구성원들 사이의 상호작용과 공존은 거의 불가능할 것이므로, 사람들은 이를 행위의 준거로 인용한다. 이 레시피를 공유한 집단의 성원들과 달리 그 레시피에 긴장을 느끼고 어색해하는 자가 이방인이다(김광기, 2014).

인간은 태어나 부모와 공동체로부터 자연스럽게 언어를 배우고 이를 통해 전형, 즉 삶의 레시피를 습득한다. 결과적으로는 너무나 자연스러워 문제시할 수조차 없는 그 습속은 대가 없이 배워진 것 같지만, 그러나 부단한 사회화의 노고가 있었다. 언어와 레시피를 배우기 위해 두뇌와 신체가 소비한 무한량의 에너지……. 유아기 때부터 보이지 않는 노력이 있었고 성인이 되어서조차 지속해서 그 레시피를 점검한다. 레시피는 또한 상식을 포함한다. 상식의 준거를 벗어난 사람을 우리는 비상식적인 사람, 비정상적인 자, 일탈하는 자로 규정하고, 때로 도덕과 법을 통해 강제하고 억압한다. 이방인은 한 집단의 공기와 같은 언어, 전형을 포함한 습속, 삶의 레시피를 결여한 존재이다. 이방인은 집단성원의 그 자연스러움이 전혀 자연스럽지 않기 때문에 '자연스러운, 너무나 자연스러운 습속'으로부터 거리감을 느끼고 주류 성원들로부터 배제된 자들이다. 때때로 주류인은 이방인의 이질적 속성을 특정한 범주로 유형화하고 그 유형을 차별을 위한 프레임으로 설정하기도 하는데, 이방인에게는 집단의 성원권을 제한하거나 적어도 성원이 되기 위한 까다로운 절차를 부여함으로써 그들의 진입을 차단하거나 유예시킨다. 차이를 넘어 차별의 대상이 되는 이방인 집단은 표준성을 벗어난 비정상성의 범주로 인지(취급, 판별)되기도 하고, 위계관계 속에서 '서벌턴(subaltern)'의 지위로 주변화되기도 한다. 또한 일부 이방인들은 아감벤이 말한 비식별영역의 존재자인 호모사케르의 범주로 묶이기도 한다.[6]

---

[6] "타인을 악마로 만들어 우리의 정체성을 만들고, 세를 규합하려는 집단들은 자기 내부의 존재론적 불확실성에 기초하고 있는 듯하다"(바우만, 2013). 이방인 집단을 정치적, 사회적으로 '구성'하여 이들을 자신들 삶의 기반을 오염시키는 위험한 생명체로 낙인찍고 극도의 혐오감정을 통해 소멸시

이방인의 민족집단을 잠정적으로 디아스포라(diaspora)라 하자. 누군가는 이미 '디아스포라 정치'의 시대가 도래했다고 말하면서, 디아스포라를 모국으로의 귀환을 염원하는 민족집단으로 규정하는 것은 고전적 견해에 지나지 않는다고 반박한다. 오늘날 디아스포라 연구가들은 그들 집단을 다양한 차원에서 복합적으로 바라볼 것을 주장한다. 예컨대 디아스포라들은 그들이 떠나온 고국과 그들이 정착한 국가의 정치, 경제, 문화, 계급, 인종, 가족적 상황들 등 매우 다양한 변수들의 조합에 따라, 고국으로 '돌아가고 싶거나 잠시 방문하고 싶거나, 혹은 결코 돌아가고 싶지 않아 하는' 다양한 감정상태를 지닌 집단들로 구성되기 때문이다.

디아스포라는 떠나 있는 자이기에 여전히 이방인의 흔적을 지울 수 없어 '혼돈의 질서'를 경험하고 있는 자들이기도 하다. 주류에 대한 디아스포라의 정체성은 여전히 모호하고 양면적이며 다변화하는 특징을 갖는다. 그들은 떠나온 나라의 민족들과 그들이 정착해온 나라의 사람들 사이에서 '곤혹스러운' 감정을 토로하기도 한다. 문화적인 민족적 동질성과 국민국가의 일원으로서의 이질성이 만나는, 부정합적 상황을 경험하는 것이다.[7]

그런데 외부로부터 흘러들어온 이방인은 기본적으로 우리의 안전을 위협하는 존재이고, 따라서 긴장을 늦출 수 없으며 때로 우리의 실존적 불안정을, 기든스의 표현에 의하면 존재론적 불안을 가중시키는 이질적 존재이다. 다시 한 번 이방인에 대한 바우만의 말을 인용한다.

> 다르고 낯선 외래의 타자를 멀찍이 두려는 노력, 소통하고 조정하는 충실한 필요를 사전에 없애는 결정은 사회적 유대관계에 새롭게 등장한 취약성과 유동성을 바탕으로 한 실존적 불확실성에 대한, 상상가능할 뿐 아니라 예측가능한 반응이

키려는 집단이 극우 보수주의자들이다. 이 책의 제7장 4절 "혐오 혹은 메스꺼움과 배제의 생명정치"를 참고할 것.
7 디아스포라의 정체성 등에 관한 연구는 이미 많이 나와 있으니 여기에서 상술할 필요는 없을 듯하다. 필자가 발표한 「디아스포라의 민족주의」(2016)를 참조할 것.

다. 확실히 그러한 결정은 오늘날 오염과 정화에 대한 우리의 편집증적 관심, 외부인들의 침입은 곧 개인의 안전의 위협이라고 여기는 경향…… 우리의 몸 주위에 남몰래 스며드는 외부인들은 마치 코와 입을 통해 신체로 들어오는 위협적인 이물질로 인식된다. 이 두 가지 모두 나(우리)의 체계로부터 그것을 추방하려는 유사한 욕구를 충동질한다(바우만, 2013: 177).

이러한 이질적 존재들이 빈번히 교류하고 만나는 이동의 시대, 즉 이방인들의 시대가 이미 도래해 있다면 우리는 어떠한 삶의 자세와 제도를 만들어갈 것인가?

2. 공화주의와 시민열정

이질성을 수반하는 이방인들과의 조우가 필연적이고 빈번해지는 이동의 시대. 그렇다면 어떠한 정치체제가 필요한가? 공화주의는 과연 이러한 이질성을 포용할 수 있는가? 공화(共和)란 글자 그대로 함께 일하며 살거나, 공동의 정치를 도모한다는 뜻이다. 공화주의에 대한 동양적 이상은 민(民)의 연대에 기초한 세계이다. 일찍이 『예기(禮記)』에서는 나와 남의 가족을 차별하지 않고, 노인과 홀아비와 과부와 어린아이 등 이른바 사회적 약자가 함께 더불어 살아가는 대동(大同)사회의 이념이 등장한다.[8] 공화주의 정치는 이러한 '나라 공동체'를 세우는 일이다. 오늘날 여러 국가가 자유민주주의 공화국, 사회민주주의 공화국, 인민민주주의 공화국 등과 같이 공화정을 국가체계의 골격으로 표방하고 있다.

---

8 『예기』 "예운(禮運)" 편에는 대동세계를 "대도(大道)가 행하여지는 세계로 천하가 공평무사하게 되며, 어진 자가 정치에 참여해 신의를 가르치고, 사람들이 자기 부모나 자식만을 귀히 여기지 않고 홀아비, 과부, 자식 없는 노인, 병든 자를 모두 부양하며, 남자는 일정한 직분을, 여자는 모두 시집을 가고, 남의 재물을 탐하지 않고 사회적 책임을 다하며, 아첨을 부리지 않아 간사한 모의가 사라져 도둑이나 폭력배들이 생기지 않는 사회"로 묘사한다.

공화를 여러 집단, 혹은 부족들이 함께하는 정치체제라고 하는 견해에서 접근한다면 그 역사는 대단히 길다. 공화정의 뿌리는 고대 그리스, 로마, 중세 이탈리아는 물론 인도의 불교국,[9] 한국의 신라 화백제도에서도 발견된다. 중앙집권적 관료제의 전통이 강했던 중국이나 조선의 경우 공화정에 대한 논의는 상대적으로 적어 보이지만, 구한말 이후 군민공치(君民共治)의 개념이 등장하고, 독립협회 등에서 주장한 입헌군주제에서 그 이념이 잠시 거론되기도 한다. 공화정의 이념은 국권이 탈취된 식민지 시기, 임시정부 헌장에서 공론화되고 공약화되었다. 조소앙의 삼균주의(三均主義)에 기초한 공화주의 이념은 해방 이후 대한민국 헌법의 기초가 되었고, 오늘날에 이르기까지 대한민국 헌법의 제1조 제1항은 대한민국의 국체를 "민주공화국"으로 표방하고 있다.[10]

최근 서구에서는 신(新)공화주의에 대한 논의가 고개를 들고 있고 한국에서 역시 공화주의 논쟁이 격렬하다. 수년 전 '국가공동체와 애국시민'의 실체와 가능성 등에 대해 몇몇 학자들이 날선 공방을 주고받은 바 있는데[11] 잠시 주춤하는 듯싶다가, 뜬금없이 박근혜 정권에 이르러 그녀가 말한 소위 '배신의 정치'의 당사자들 사이에 공화국에 대한 이념이 환기되었다.[12] 급기야 이른바 '최순실의 국정농단과 헌정유린 사태'를 맞이하여 민주주의와 공화정의 이념이 다시 큰 관심을 받았다. 군주제나 참주제에 반대하는 고전주의적인 공화정은 오히려 폐쇄적인 민족주의 혹은 국가공동체에 대해 헌신과 의무를 강조하는 우파적 애국감정으로 인해 구시대의 유물로 간주되기도 했다. 또한 민주주의의 지배체제가 보편화하면서 독재를 견제하기 위해 동원되었던 공화주의의 통치이념은 '민주주의'에 포함될 수 있다는 견해들이 나오면서 공화주의에 관한 관심이 줄어들기

---

9 기원전 6세기경 붓다가 출생한 사캬국은 공화정을 실시한 것으로 알려져 있다. 주로 인도의 히말라야 산맥과 갠지스 강 사이에 공화국들이 위치하고 있었다(닷사나야케, 1988).
10 조소앙의 삼균주의란 개인, 민족, 국가 간의 균등을 말한다. 조소앙의 삼균주의에 관해서는 홍선희(2014), 서희경(2012) 참조.
11 조계원(2009), 서동진(2011), 신진욱(2011), 양해림(2008) 등을 참조할 것.
12 박근혜 대통령으로부터 배신자로 지목받은 유승민 의원이 반박기자회견을 통해 공화국의 헌법정신을 거론했다.

도 했다. 하지만 신자유주의 시대의 파편화, 비공동체화, 비참여, 무관심, 그리고 다양한 집단들 간의 반목과 대립이 가속화되면서 공동체의 균열이 심각해지고 있다는 진단과 함께 세대, 집단, 인종, 계층, 정당 등 다양한 집단의 협치와 공영을 강조하는 '공화'의 의미에 관한 관심이 다시 일어나게 되었다.

구시대와 달리 다양한 인종, 집단 간의 이동이 활발해지면서 이들의 다양성(plurality)을 어떻게 공화정 안에 수용할 것인가에 대한 문제의식은 신공화주의 이념으로 발전하게 된다. 삶의 공동체적 기반을 불안하게 만드는 자본주의 시장화, 소유의 독점화에 대한 비판도 공화주의 이념을 재생시키고 있는 배경이 되고 있다. 일부 학자들은 공화정의 이념을 단순히 통치체로서의 정치영역에 국한하지 않고, 소유와 작업장 민주주의, 나아가 대안적 시장체제에 대한 논의를 통해 그 외연을 확장하고 있다. 즉 분배체제, 사회경제와 밀접하게 연관된 시민경제(civic economy)의 개념을 정치체제의 이념으로 도입하고 있다. 공화주의에 관한 다양한 논의와 입장에도 불구하고 공화주의를 구성하는 몇 가지 특징을 비지배(non-dominant), 시민적 덕성, 공동체성, 참여와 포섭, 그리고 시민경제 등으로 요약해볼 수 있을 것이다(김경희, 2009; 김종철, 2013; 심승우, 2015; 양해림, 2008; Pettit, 2008). 비지배란 권력집단에 의한 임의적이고 자의적인 구속으로부터 자유롭고, 오직 만민에게 평등한 법으로서만 구속될 수 있다는 원칙이다. 시민적 덕성이란 개인주의적인 욕구를 억제하고 공동체에 대한 결속, 매너, 교양 등 흔히 말하는 시민의식을 지칭한다. 공동체를 강조하는 공화주의 이념은 집단에 대한 헌신적 태도와 의무 등을 강조하는 경향이 있다. 나중에 다른 저작을 통해 밝히겠지만 필자는 시민적 덕성을 개개인이 공동체에 갖는 권리와 의무를 포괄하는 인권(의식)과 관용, 배려, 그리고 차이의 존중 등 자신과 타자에 대한 성찰적 역량으로 지칭하고자 한다. 참여는 선거는 물론 의사결정의 과정에 자신의 의견을 피력하고 상대방과의 소통을 거쳐 합의에 도달하려는 일련의 행위과정이다. 공화주의에서 참여는 어젠다에 대한 투표와 다수결 원칙 등의 형식적 참여 혹은 '얇은 참여'를 넘어서, 상대와의 소통을 통한 협의와 불완전하지만 잠정적 합의에 이르는 절차적 과정에의 개입을 의미한다. 합의를 통해 타자를 배제하는 것이 아니라 타자에게 동반자 혹은 협력자의 지위, 즉 포섭의 대상으로서 지위를 부여한다. 시민경제(civic economy)는 시장 불평등, 성장과 분배 등의 이슈 없이 다양한 집단의 협치와 공화는 불가능하다는 인식하에 대안적으로 제기된 개념이다. 기회의 균등과 결과의 적절한 분배, 성원들이 수용할 수 있는 적정 수준의 (불)평등, 공정성 등 이른바 '분배정의'의 난제를 회피하지 않고 적극적으로 수용하는 것이 신공화주의의 입장이다. 자산 소유 민주주의, 기본소득과 같은 보다 진보적인 소득분배, 작업장에서의 노동자의 참여, 노동시장 기회의 균등화 등이 공화주의 시민경제의 중요한 쟁점들이다.

공화주의의 이념은 역사적으로 합리적 이성을 강조하는 계몽적 정치철학에 의해서가 아니라 수사와 설득, 다소간의 선동 및 풍자, 저항, 느낌, 열망, 기억과 감정에 의해 고무되었다. 예를 들어 혁명 이후 탄생한 프랑스의 공화주의는 '피와 눈물', 고통과 저항, 무지와 열광, 쿠데타, 자유의 외침 등 길고 긴 험한 여정 끝에 자리를 잡을 수 있었다. 이념과 현실의 간극은 항상 존재한다. 비록 공화주의 이념이 포섭과 참여, 관용과 배려의 정신을 표방하고 있었지만 프랑스 혁명 이후 제5공화정에 이르기까지 현실은 당파 간, 계급 간, 세대 간의 끊임없는 긴장과 대립, 투쟁으로 점철됐다. 심지어 오늘날 프랑스 공화주의 안에서도 여전히 이슬람교도 여성들의 '히잡' 착용을 둘러싸고 '차이 존중파'와 '국가 동화주의자'들 간의 긴장이 해소되지 않고 있다. 이러한 대립에도 불구하고 관용과 포섭, 배려의 공화주의 이념은 프랑스인들의 역사적인 경험과 경험에 대한 기억, 그 기억에 대한 기억의 호출을 통해 사람들의 영혼 속에 자리한다. 이른바 '공화주의에 대한 문화론적 접근론자'들은 공화주의를 상징하는 언어(담론), 역사와 기억, 예술과 미학, 소통을 통해 형성되고 변화하는 체제에 주목한다. 예컨대 혁명기 프랑스인들의 자유에 대한 열정, '삼색기와 라 마르세예즈'로 대변되는 '프랑스 공화주의의 상징'들이 '프랑스 공화주의 공동체'에 대한 공통분모를 만드는 데 이바지해왔다는 것이다.[13]

공화주의는 사회정의에 대한 시민의 열정을 요구한다. 이성과 감정의 영역을

---

[13] 삼색기의 색을 둘러싼 당파들의 싸움, 「라 마르세예즈」의 가사의 첨삭 또는 각기 정치적인 국면들에서 서로 다른 목적을 가진 당파들의 선택적 애창을 참고할 것(노라 외, 2010).

분리하려는 사상가들과 달리 감정론자들은 시민들의 정념(감정)이 합리적 이성과 그 이성에 기반을 둔 심사숙고(deliberation)하는 행위와 대립하는 것이 아니라고 본다. 오히려 감정은 단순히 관조하고 사색하는 정태적 이성과 달리 행위를 불러일으키는 동인이 되고, 도덕적 판단의 작인(作因)이 되기도 한다. 감정으로서의 시민 열정, 즉 공동체에 대한 헌신적 태도, 의무(감), 관심 그리고 국가공동체에 대한 애국심으로 나타나는 시민 열정은 공화주의를 구성하는 에너지인 것이다.

오늘날 공화주의 이념은 인간과 인간뿐 아니라 인간과 비인간(사물)의 네트워크와 공존, 조화와 소통을 강조하기도 한다. 사물이 연대의 대상이 될 수 있는지의 가능성과 타당성에 대해서는 차후에 논의하기로 하더라도, 이른바 인간과 사물 동맹을 정치의 영역으로 포함할 것을 주장하는 라투르(Bruno Latour)의 '물(物)정치'에 대한 생각은 매우 흥미롭다. 그는 오로지 인간만이 관계를 형성한다고 하는 인간 중심의 오만한 사유를 벗어날 것을 주장하고 있다. 비(非)인간인 사물은 자연, 동물, 그리고 우리 앞에서 나와 관계하고 있는 수많은 기술체들, 예를 들어 컴퓨터, 스마트폰, 자동차, 오디오, 책, 연필, 모두를 포함한다. 이들과의 네트워크 없이 우리의 삶이 작동할 수 있을까? 그렇다면 인간이 남긴 지구온난화, 핵폐기물이나 쓰레기장, 무기와 테러, 유전공학과 인공지능의 문제 등을 정치의 어젠다로 끌어들이지 않을 수 없다.[14] 비록 그가 말한 대로 "의회 행정부 정치는 풍자와 유머가 넘쳐흘러도 모자랄 불구자들의 연회장"이라고는 하지만 말이다(라투르, 2010).

여하튼 공화주의 연대의 외연은 이처럼 사물에 이르기까지 확산하고 있다. 우리는 왜 공화주의를 논하는 것일까? 개인주의적 자유주의를 힐난하는 공화주의는 보수주의적 낭만주의, 종교적 관용주의, 감성적 연민주의 등과 같이 인간의 감정과 민족주의, 애국심 같은 공동체에 대한 열정을 강조하는 경향이 있다. 인간은 개별화되기를 요구하면서, 즉 개인적 욕망의 충족을 위해 경쟁에서 이

---

[14] 라투르의 비인간론의 관점으로 '비둘기'의 사례를 연구해본 김준수(2018)의 글을 참고하라.

기기 위한 노력을 경주하면서 다른 한편으로 생존에 대한 외부의 위협으로부터 자신을 보호하려 하는 본능을 가지고 있다. 자신들의 생존을 위협하고 부인하는 전쟁, 테러, 경제적 궁핍, 재난, 질병, 그리고 우리의 수명이 유한하다는 운명적 사실로 인해 인간은 자신을 보호해줄 '집단'을 필요로 한다. 우선적으로 우리는 의식과 신체의 결합체인 '몸'이 사라지는 것에 대한 공포와 두려움으로 인해 생래적으로 안전을 요청한다. 프로이트가 말한 대로 태어남과 동시에 운명적으로 발생하는 분리불안을 생각해보라. 인간은 본능적으로 '타자'에게 구원을 요청한다. 안전(security)에 대한 최소 욕구는 곧 생존의 욕구로서 이 욕구를 충족하고 보호해주는 대상은 자신이 속해 있는 '우리 집단'이다.

자신들의 이해관계를 교묘히 은폐한 통치집단의 이데올로기에 의한 것이든, 전쟁이나 재난과 같은 환란의 경험이나 두려움에 의한 자발적 동의에 의한 것이든 인간은 '거북이 등처럼 딱딱한 보호막'으로 둘러싸이길 원한다. 인간은 언어와 습속을 통해 '우리의 범주집단'인 공동체를 형성하고 공동체에 대한 헌신과 의무를 규정하고 규율한다. 인간 개개인의 유한성과 취약성을 보호해줄 집단 공동체를 '사회'라 하지 않았던가? 이 사회에 대한 개개인의 열정이 사라지면 사회는 사라지고, 사회가 사라지면 우리는 죽는다!15

유목민의 삶

공화주의는 다양성이 연대하고 공존하는, 즉 차이들을 조정하고 조화시켜 '동질음이 아닌 화음'을 만들어내는 일체성을 추구한다. 공화주의적 삶은 "이방인들이 지닌 낯선 면을 적대시하지 않고 그들의 습속과 언어를 존중하고, 폐기

---

15 뒤르켐은 개개인들이 얼마나 강력하게 사회에 결속되어 있으며, 다른 한편 사회와 모순적 충동을 일으키는지, 그러한 사회적 조건이 무엇인지에 대해 천착했다. 한마디로 그의 관심은 사회, 즉 도덕적 질서에 대한 개인들의 감정적 결착(attachment)이었던 것이다(김종엽, 1998). 사회화되든 교육을 통해 재생산되든 사회가 살기 위해서는 개인들에게 내면화된 도덕감정으로서의 집합열정이 살아남아야 한다. 사회화된 열정, 즉 개인들 마음속의 신념, 전통, 집단에 대한 열망마저 소멸되면 사회는 죽는다!(Schilling, 1997: 212). 사회가 죽으면 개인 또한 살아남기 힘들다.

하도록 강요하지 않으면서 그들과 교류하는 능력을 키우는 일이다"(바우만, 2009: 170). 현대 이동의 사회는 유목민적(nomadic) 삶과 그 잠재성을 높여가고 있다. 바우만에 의하면 유목민은 야만과 원초성, 미개함을 의미하고 정주민은 문명과 진보를 성취한 사람들로 비유되기 때문에 인류문명의 진보과정은 유목민에 대한 정주민의 승리와 지배과정이었다고 말한다. 그러나 오늘날 모빌리티의 시대에 인간은 다시 신(新)유목의 시대를 맞이하여, 어리 같은 학자는 오히려 유목민이 정주민에 대해 점차 우위를 차지하고 있다고 말한다. 특히 공간을 자유자재로 옮겨 다니는 '부재지주'의 행동반경이 더욱 확산되고 있다. 보이지 않게 은밀히 다가와 볼일을 보고 떠나는 스텔스 폭격기, 이를 조정하는 저 먼 공간의, 그러나 속도에 의해 이미 공간의 장애가 사라져 바로 우리 옆에 앉아 있는 '부재지주'들의 권력은 모빌리티 시대에 점차 강해지고 있다. 특히 한반도는 '부재지주'와 '마름', '머슴' 같은 이방인들이 수시로 다녀가는 곳이다.

그런데 우리 내부에는 한반도 밖의 이방인, 즉 외국인보다 더욱 이방인스러운 내부의 존재자들이 동일한 장소, 동일한 시간에 모였다 사라지고 있다. 동일한 장소를 서로 다른 공간의 차원으로 할당하여 사용하는 내부의 이방인 집단들. '비동시성의 동시성'이 벌어지고 있는 공간 속에서 그들 간의 소통은 절벽을 이루고 있다. 시민적 덕성, 참여, 비지배의 자유, 무엇보다 상대의 차이를 존중하고 이해하려는 타자성찰의 도덕감정, 느슨한 연대에 기초한 공화주의에 대한 기대는 그 절벽에 다다르는 순간 깊은 좌절의 늪에 빠진다. 이방인보다 더 이방인스러운 사람들, 서로에게 보내는 혐오스러운 언어들,[16] 맹신과 증오, 무지, 광기의 열정이 뒤덮인 곳에서 과연 공화주의가 가능할까? 도대체 누구를 상대로 소통하고 참여하고 배려하며 양보할 것인가? 최소한의 문법이 공유되지 않는 사람들을 어떻게 할 것인가?[17] 삶의 문법도 세계관도 달랐던 이방인을 혼신의

---

[16] 박근혜 대통령 탄핵 기간 중 광화문광장과 대한문 앞에서 탄핵 과정을 둘러싸고 나타난 광경이다. 필자의 간단한 인터뷰(2017. 2. 11) 중 대한문의 한 노인은 "저 빨갱이 새끼들, IS 대원 한 20명만 데려다가 모조리 총으로 갈겨대야 해"라고 말했으며 반대편 광화문 집회의 어느 청년은 "저 꼴통 같은 영감탱이들, 모두 얼어 뒈졌으면……" 하고 말했다.

힘을 다해 돌보았던 사마리아인처럼 득도(得道)라도 한 시민이 되어야 하는가? 도대체 누구를 어떻게 관용하고 환대하란 말인가?

관용과 환대의 '아포리아'

① 타자를 이해하고 차이를 존중하려는 태도는 '똘레랑스(tolerance)'의 이념 속에 잘 나타나 있다. 똘레랑스는 글자 그대로 절제와 인내(참음)를 통해 타자를 수용하는 태도이다. 즉, 자신의 이해관계를 타자에게 개방시키고, 타자의 입장을 포용할 뿐 아니라 타자와 함께 공동선을 추구하기 위해 화해, 존중하는 태도를 말한다. 알려진 바와 같이 똘레랑스는 16세기 프랑스에서 발생한 구교도에 의한 신교도 학살 이후 군주가 침묵의 인내를 보인 정치적 태도에서 비롯된 말이다.[18] 이후 똘레랑스는 개인들의 상호이해와 연대 및 신뢰에 기초한 공화주의의 기초가 되는 사상으로 발전했고, 오늘날 수동적 관용이 아니라 보다 적극적으로 타자와의 연대를 추구하는, 공존과 자유를 위한 민주주의의 무기로 표현되기도 한다.[19] 똘레랑스는 자신이 반대하는 것에 대한 무관심이 아니라 존중이기를 바라며, 나와 다른 신앙, 내가 잘못된 것이라고 믿는 견해들, 나에게 충격을 주는 행동들도 아무런 구속 없이 표현되어야 한다는 관용적 태도인 것

---

[17] 트럼프가 미국 대통령에 당선된 이후 미국 남부 어느 지역에서는 '샤이 트럼프' 백인들이 KKK단을 모방하면서 인종차별적 증오를 드러냈다. 흑인 청년들 역시 블랙파워를 외치며 대항한다. 백인과 흑인들이 서로 폭력을 가하며 하마들처럼 입을 벌리고 으르렁대고 있다.

[18] 1572년 성 바르톨로메오의 날에 구교도들이 신교도들 3천여 명을 무참하고 잔인하게 학살한 사건이 발생했는데 구교도들은 신교도들을 악의 화신으로 간주하여 신교도들에 대한 학살을 곧 악을 소멸하는 행위로 보았기 때문에 아무런 거부감이나 양심의 가책도 없었다. 이후 신앙은 신념체계이기 때문에 이단에 대한 인내가 어렵지만, 국가는 공익을 위해 똘레랑스를 보여야 한다는 견해들이 제기되었다.

[19] 그러기 위해서는 자신의 것을 양보하거나 협상의 자세를 보여야 한다. 이 때문에 혹자는 미국에서 발달한 개념, 즉 다양한 이익집단이 더 느슨하게 협상 혹은 무관심한 관계를 설정하는 자유민주주의의 톨러런스(tolerance)와 똘레랑스를 차이가 있는 개념으로 사용하기도 한다(하승우, 2003).

이다(사시에, 2010: 59).

똘레랑스 지지자들은 사상과 표현의 자유에 대한 탄압이 오히려 사회질서를 위태롭게 한다는 사실을 잘 인식하고 있었다. 박해받는 사람들은 "당연히 말해야 하고 행해야 한다고 생각하는 것을 죽음을 무릅쓰고 용기 있게 말하는 사람들이며 앵똘레랑스는 결국 용기 있게 말하는 사람들만 박해하기 때문에 오히려 미덕을 해친다"는 것이다. "미덕을 벌주는 폭력은 오히려 위선과 기만행위를 조장할 뿐이다. 참된 여론을 형성시키는 자유, 이성에 기초한 이러한 행위들은 보장되고 수용되어야 한다." "사상의 자유시장은 스스로 깨달은 개인들의 의견을 형성하게 하고 서로 다른 토론에 관한 취미와 습관이 다양성의 평화적 질서를 보장하며, 따라서 공공질서를 구성하는 것은 서로를 풍요롭게 하는 사상의 번성에 익숙하게 하는 것이다"(사시에, 2010: 159). 따라서 자유로운 사상의 표현을 허용하는 똘레랑스는 역사를 진보시키는 도구가 되었다.

이보다 앞서 종교적 마녀사냥식의 재판과 가혹한 형벌, 예컨대 사지를 수레로 찢어 죽이는 거열형을 반대하고 이성의 자유에 기초한 인간의 행복 증진을 외친 볼테르(Voltaire) 역시 종교적 불관용이 가져온 불행한 결과와 예수가 가르친 관용, 맹신과 신앙의 자유 등에 대해 세세한 논의를 전개했다(볼테르, 2001). 그는 인간의 자유와 존엄을 위해 종교적 광신과 편견 그리고 무자비한 형벌체제에 저항했다. 예수는 기실 이웃에 대한 무한대적 사랑과 온화함, 평화와 인내를 가르쳤지만, 타인을 구속하고 처벌함으로써 이득을 얻으려는 종교권력 집단은 오히려 종교의 이름으로 불관용을 행사하고 있다는 것이다.[20] 볼테르는 "인간이라 불리는 티끌들 사이에 존재하는 이 모든 사소한 차이들이 증오와 박해의 구실이 되지 않도록 해달라"고 기도했으며 사람들이 자신의 형제를 미워할 것이 아니라 폭압을 증오하게 하도록 해달라고 말했다(볼테르, 2001: 19 재인용). 볼테르가 공격한 것은 종교 그 자체라기보다 편견과 차별, 맹신에 젖어 타자의

---

20 신교도였던 칼리스에 대한 처형 이후 볼테르는 종교적 광신과 권력이 저지른 불관용을 깊이 성찰하게 되었고, 마침내 그 사건의 진실을 밝힌 후 명예를 회복시킨다. 그는 이를 자유를 위한 계몽의 승리라 불렀다.

차이를 수용하지 못하는 종교권력이었다.[21] 그리고 인권에 입각하여, 광신과 편견에 의한 진실 왜곡, 무자비한 고문과 조작, 사형제도, 잔혹한 처형방법, 피고인의 인권을 묵살하는 재판제도 등 당대의 제도를 통렬하게 비판했다. 앞서 말한 바와 같이 오늘날의 똘레랑스는 타자가 자신의 차이를 드러낼 자유를 허용하고 인정하는 태도와 정신을 지칭한다. 그리고 그 반대편의 대척점을 이루는 앵똘래랑스는 극단에 대한 불관용, 즉 타자의 의견과 견해를 절대 수용하지 않고 소멸시키려는 근본주의에 반대하는 견해로 변형되어 해석되어오기도 했다. 똘레랑스는 결국 타자의 사상과 행위양식을 인정하고 받아들이며 극단을 배격하는 태도인 것이다.

② 보편적 인간의 권리, 세계공화주의와 세계시민주의를 주장하는 사람들에게 관용과 환대는 그들의 목표를 달성하기 위한 매우 긴요한 수단이며 과정이다. 인간의 본질 속에 있는 이성, 특히 소통적 이성의 계몽성을 굳게 믿고 있는 하버마스는 세계시민으로서의 관용을 바탕으로 공화주의의 구축이 가능하다고 보고 있다. 그에게 공적 영역에서의 의사소통을 가능하게 하는 합리적 이성은 보편주의 의사소통을 통해 계몽주의 프로젝트를 달성시킬 수 있는 핵심 요소이다. 그에 의하면 우리는 이미 계몽된 사회에 사는 것은 아니지만 계몽의(계몽이 진행 중인) 시대에 살고 있으며, 합리적 이성에 바탕을 둔 의사소통, 그리고 이를 통한 심의와 합의를 통해 미완의 프로젝트를 완성할 수 있다. 그렇다면 이질적인 것을 소유한 이방인(또는 소수자들, 국가 내로 들어오려는 난민, 외국인)과의 소통은 어떻게 가능한가? 하버마스에게 이를 가능하게 하는 자원은 바로 '관용'이다. 관용은 타자를 배려하는 태도로서 비록 종교적인 온정주의적 흔적을 안고 있을 뿐 아니라 '은혜 베풀기' 등 가부장적 문화의 산물이긴 하지만, 그래서 관

---

21 볼테르는 중국의 청나라 황제 옹정제가 예수회를 추방한 것은 종교를 탄압해서가 아니라 그들 선교사가 다른 종교를 인정하지 않았기 때문이라고 말한다. 일본 역시 타 종교에 관대한 나라였음을 지적한다. 그러나 볼테르는 흑인에 대해서는 차별적 생각을 보임으로써 여전히 서구 중심적 시각을 벗어나지 못하고 있었다(하승우, 2003).

용의 울타리가 기존의 권위주의 통치체나 다수 국민에 의해 형성되기는 하지만 그렇다고 이를 폐기할 수는 없다고 주장한다. "왜냐하면 입헌국가는 전통적인 관용개념이 가지고 있는 가부장적 의미를 반대하고 있지만 (소수자의) 시민불복종과 저항을 헌법으로 보장하는 입헌국가—물론 이때 시민불복종은 비폭력방식을 통해 다수에게 호소하는 방식이어야 한다—는 시민 모두의 호혜적 평등과 상호인정을 통해 보다 포용적이고 도덕적인 공동체, 다시 말하면 관용의 한계를 넓히고 설정하는 합의의 과정을 보장하기 때문이다"(보라도리, 2004: 87). 이러한 관용을 통해 하버마스는 보편적 세계공화주의 또는 세계시민주의가 가능하다는 입장을 보인다.[22] 물론 다시 한 번 강조하건대 이 가능성은 합리적 이성과 의사소통론에 바탕을 두고 있다. 그의 보편적 세계시민론의 가능성은 칸트가 영구평화론에서 주장한 세계시민주의, 즉 지구의 공동소유에 의한 거주의 권리 등을 주장한 것과 맥을 같이한다(칸트, 2008). 그러나 그는 칸트의 윤리학인 정언명령이 상호주관적 소통이 아니라 독백의 수준에서 제기되고 있다고 지적한다. 즉, 칸트가 순수이성, 실천이성 등 이성의 역량을 강조하면서도 타자와의 소통의 이성을 보지 못했다는 것이다.

하버마스가 공화주의를 위해 관용을 긍정적으로 받아들였다면 데리다(Jacques Derrida)는 종교적 온정주의의 흔적을 안고 있는 관용은 타자(이방인, 소수자)를 평등하게 대우하기보다는 종속적이고 동화되어야 할 존재로 보기 때문에 타자의 차이점(이질성)을 제대로 이해하지 못한다고 보고 있다. 즉, 타자에 대해 일정하게 자격을 제한하고 규정하는 문턱이 존재하는 한 관용은 이방인에 대한 '절대적인 환대'와 다르다는 것이다. "관용의 담론은 종교적 뿌리를 지니고 있으며 늘상 은혜라도 베푸는 듯한 양보 같은 것으로 …… 늘 최강자의 논거 편에 있습니다. 주권은 오만하게 내려다보며 타자에게 …… 내 집에 너의 자리를 만들

---

22 하버마스는 테러리즘과의 전쟁을 선포하는 것은 곧 테러리즘을 인정하는 것이라고 주장하면서 오히려 테러리즘을 예방한다는 명분으로 국가체계에 의한 생활세계의 병영화가 진행되고 있다고 비판한다. 그러나 소통적 이성과 관용이 현실적으로 어떻게 가능한지는 여전히 추상적 단계에 머물러 있다(하버마스, 2006).

어주마, 그러나 이게 내 집이라는 것을 잊지 마……관용은 바로 이와 같은 주권의 선한 얼굴입니다"(보라도리, 2004: 232).

환대의 철학자로서의 데리다는 단호하게 관용은 환대와 다르거나 정반대라고 주장한다. 관용은 문턱을 내세워 제한을 설정한 후 국적, 언어, 문화, 관습을 공유하지 않는 외국인이나 이민자를 거부할 가능성을 가지고 있다(보라도리, 2004: 233). 물론 관용은 불관용보다 나은데 그러나 관용은 여전히 세심하게 따지는 환대, 감독하에 있는 환대, 자신의 주권에 집착하는 환대인 것이다. 관용을 넘어선 환대철학의 이념을 이해하기 위해서는 데리다가 레비나스(E. Lévinas)의 타자윤리학으로부터 영향을 받았다는 사실을 상기해볼 필요가 있다. 타자의 윤리학을 완성했다고 볼 수 있는 레비나스는 타자는 "얼굴로 현현하는 절대적인 존재자"로서 "존재자인 나는 타자의 볼모"라고까지 주장한다(레비나스, 1996; 강영안, 2005). 나는 타자의 인질이다! 이방인에 대한 절대적 환대, 무조건적인 순수 환대를 주장하는 데리다 역시 그와 비슷한 입장을 취한다. 초대를 받았든 아니든 자신에게로 문득 다가오는 이방인은 이방인의 문제, 즉 환대의 문제를 '나'에게 부과하는 손님이다. 절대적인 환대의 권리를 주장할 수 있는 이방인이 도래했을 때 이방인의 이방인(자신)은 이름과 주소를 묻지 않고, 신원증명을 요구하지 않으며, "나의-집을 개방하고, 성을 가진 이방인에게만 아니라 이름 없는 미지의 절대적 타자에게도 장소를 내줄 것을, 그리고 그에게 상호성(계약 맺기)을 요구하지도 말고 그의 이름조차 묻지 말 것을 필수적으로 내세운다"(데리다, 2004: 71).

도래하는 이방인에게 자기의 공간을 내어주고, 아예 집의 열쇠까지 내주라는 정언명령을 수행해야 하는 집주인은 나아가 "집 문간에서 지평선에 솟아나는 것을 보게 될 이방인을 구원자의 등장이라도 되듯 가슴 졸이며 기다리고, 어서 들어오시오, 모시게 되어 몹시 행복합니다라며 바삐 소리지르는 기다림의 자세를 보이라"는 것이다(데리다, 2004: 133). 즉, 이방인이 도래하는 즉시 국민국가 속으로 맞아들이고 즉각 시민권을 부여함으로써 국민국가는 출생(지)을 따지는 곳이 아니라 그가 죽음을 맞이할 곳으로 봉사해야 한다는 것이다. 그런데 다른 한편 역설적으로 데리다는 오늘날 환대에 대한 고찰은 가족적인 것과 비가족적인 것 사이에서, 이방인과 비이방인 사이에서, 시민과 비시민 사이의 경계에서 이루어질 수밖에 없다고 말한다. 그는 다시 환대의 문지방, 혹은 엄밀한 경계가 존재한다고 말한다. 다시 말하면 이방인에 대한 절대적 환대에 대해 환대한 이방인을 선별하는 필요성과 권리의 법들, 즉 자기-집에 대한 지상권의 소유자로서 "주인 측은 환대받을 권리를 부여하기로 결심한 이들을 선택할 필요성, 선출한 필요성, 선별할 필요성, 선정할 필요성"이 있다(데리다, 2004: 89). 주인은 환대, 접대, 제공되는 환영을 엄밀하고 제한적인 사법권에 맡겨야 하며, 환대의 권리나 비호의 권리를 부여받지 못한 경우 이방인은 손님으로 맞이할 수 없다. 그가 만약 그 권리 없이 주인의 집에 들어오면 그는 몰래 들어온 비합법적 기생자, 억지 손님으로서 추방되거나 체포당해 마땅하다(데리다, 2004: 92). 말장난처럼 들리는 이 모순성에서 데리다는 환대의 절대성과 환대의 조건성, 즉 절대적 환대와 조건부적 환대의 부딪힘을 딜레마적 현실로 인정하고자 한다.[23] 그는 이러한 모순의 문제를 해결하거나 어떤 편을 드는 것 같지는 않고 다만 '난제'로 남겨두는 것 같다. 이 양자는 이질적인 동시에 분리불가능한 것이다! 그런데도 그는 순수 환대에 대한 사유 없이는 환대 일반의 개념을 갖지 못할 것이며 타자에 대한, 타자의 타자성에 대한 관념, 초대받지 않고 들어오는 타자의 삶에 대한, 타자와 더불어 살아가는 방식에 대한 관념도 갖지 못할 것이라고 말한다. 환대는 또한 법적이지도 정치적이지도 않지만 그 조건이며, 환대 없는 윤리는 존재할 수 없다고 말한다(보라도리, 2004: 235).

브라운(W. Brown) 역시 관용에 대해 비판적이다. 그는 관용이 문화제국주의 전략에 지나지 않는다고 거칠게 주장한다. 인간이 무엇인가를 관용한다는 것은 필연적으로 관용을 받는 상대보다 정치적, 경제적, 사회문화적으로 우월하다는 것을 재현하는 것이다. 관용은 탈정치화하는 것이며,[24] 임시방편적이고 부드러운 겸손함으로 우월한 차이들을 관리하는 것으로(역동적인 대리 보충이라고도

---

23 "결국, 환대의 두 법체계, 유일무이한 법과 법들은 동시에 모순적이고 이율배반적이며 또한 분리 불가능하다. 두 법체제는 서로를 함유하며 서로를 배제한다"(데리다, 2004: 106).
24 따라서 관용이란 포용이라는 부드러운 가면을 쓴 권력행위이다(브라운, 2010: 59).

부른다) 자발적 미덕이라기보다는 생명 통치의 전략이라는 것이다(브라운, 2010: 37). 나아가 관용은 초월적이고 보편적인 원칙과 미덕이 아니라 행위주체와 대상에 따라 다양한 역사적, 지리적 변형태를 갖는 담론이자 통치성이다(브라운, 2010: 22). 한마디로 관용은 주권 권력으로부터 통치성의 요소로 변화했다. 브라운은 "사람들에게 법을 부과하는 문제라기보다 사물들을 배치하는 문제, 즉 법보다는 전술들을 적용하는 문제인데 …… 관용은 푸코가 말한 전체화하면서 개별화하는 통치의 효과를 낳고 있다"고 말한다(브라운, 2010: 177).

관용과 환대의 문제는 타자의 이질성으로부터 야기되는 긴장과 갈등을 어떻게 해소하고 조율할 것인가의 문제, 즉 사회연대와 공화주의 정치체제를 어떻게 구성할 것인가 하는 의제(議題)로 직결된다. 사회는 다양한 삶의 방식과 가치관, 이념들의 '차이'들로 구성되어 있다. 집단들 간의 '차이'의 속성은 내재적인 것이 아니라 관계론적 차원에서 만들어진 것이다. 우리는 흔히 집단 간 차이의 속성들을 선험적으로 이미 주어진 것으로 구분하고 이를 다른 집단과 단절적으로 이해하려는 경향이 있다. 하지만 한 집단은 항상 다른 집단과의 상대적인 비교, 관계적인 맥락 속에서 특유의 속성을 갖는다. 따라서 '누구나' 서로에게 상대적이다. 차이를 지닌 집단을 절대화된 타자로 대상화하여 특정 속성을 지닌 집단으로 범주화한 후 배제하는 것이 폭력이다. 주류사회의 기득권을 지닌 집단이 자신들의 규범적 지표를 가지고 타자를 측정하고 판단하여, 이를 벗어나는 집단의 행위를 일탈과 범죄로 규정하고 이들을 배제—거리두기로부터 처벌, 박멸 등—하는 것은 더 큰 폭력이다.[25]

'차이의 정치(the politics of difference)'는 개인이나 집단의 차이를 인정하고 존중하며, 또한 자신이 인정받고 존중받으려는 시민사회의 권리운동이자 구체적인 정책을 수립하려는 정치행위이다(Young and Danielle, 2011). 이러한 차이의 정치를 가능하게 하는 것은 무엇일까?[26] 관용 혹은 환대일 것이다.[27] 그러나 어

---

[25] 하나의 주류문화에 다양한 소수집단들의 사고방식과 행위양식을 흡수시키려는 동화주의(assimilation) 역시 차이를 무시하는 것이다. 집단 간 차이는 공공의 영역에서 그 나름의 인정을 받아야 한다.

느 지점을 선택하기란 쉬운 일이 아니다. 기독교문명과 이슬람문명, 세계 여러 나라의 이민자들과 난민, 다양한 민족들이 직접 살을 맞대고 부딪혀온 유럽사회, 보수주의와 마르크스주의의 대립, 세계대전과 제노사이드, 인종차별과 테러 등 극단의 갈등을 겪어온 유럽사회에서 제기된 관용과 환대의 태도를 오늘날 우리 사회의 현실에 직접 적용하기는 머뭇거려진다. 굳이 논의하자면 필자는 관용의 제국주의적인 우월성을 경계하면서 관용의 필요성에 대해 어느 정도 동의한다. 그러나 현실적으로 데리다가 말한 절대적 환대를 받아들이기는 어렵다. 예컨대 '제주도에 불쑥 나타난 예멘 난민 오백 명에 대해 즉시 시민권을 부여하고 자리를 내어주라는 환대의 정언명령'을 따라야 하는가?[28] 인간은 어느 곳이나 이동하고 정착할 권리가 있다는 추상적이고 보편적인 인권의 명제를 글귀 그대로 받아들여야 할 것인가? 이방인이 수반하는 이질성에 대한 낯섦과 긴장, 거리두기의 태도는 당연한 일이다. 더구나 서유럽의 열강들처럼 제국주의 통치를 해본 적도 없고 다민족, 다인종이 공존하는 전통을 가져본 적도 없는, 오히려 피식민지, 분단, 전쟁의 역사 속에서 단일민족의 정체성으로 지탱해온 우리의 현실 속에서 그 전환이 가능한 것이며 바람직한 것인가? 비록 그 단일민족의 정체성이 과장되었거나 세계시민공화국을 위해 극복해야 할 것이라 하더라도 말이다. 이방인에 대한 즉각적 환대는 일단 유예시키는 것이 필요할 듯하다. 관용이든 환대든 모두 이방인에 대한 신원조회는 필요하다. 다만 필자는 조회를 위한 국가와 시민사회의 장치가 이방인에 대한 혐오와 차별과 배제를 작동

---

26 하버마스가 말한 의사소통이나 롤스가 주장한 공공적 이성과 중첩적 합의에 의한 심의민주주의는 차이의 정치에 대해 많은 함의를 주고 있다. 장동진(2012)을 참조할 것.

27 김광기는 하버마스나 데리다를 비교하면서 이들 모두가 관용 혹은 환대의 구체적 작동메커니즘에 대한 논의를 결여하고 있으며, 유토피아적 환상을 투사하고 있는 것은 아닌지를 묻고, 오히려 그들의 논의가 이방인에게 독이 될 수 있다고 경고한다. 김광기(2014)를 참조하라.

28 2018년 제주도에 난민 500여 명이 입국했으며 이 중 486명이 난민신청을 했는데 339명은 일 년 동안의 인도적 체류허가를 받았고 나머지 인원은 결정이 보류되었다. 한국은 1992년 「난민지위에 관한 협약」에 비준을 했고 2012년 아시아 최초로 난민법을 제정했다. 그러나 예멘 난민이 집단으로 들어오자 난민 인정에 대한 찬반 양론이 거세졌다.

시키지 말아야 한다는 점을 강조할 것이다. 필자는 신원조회의 과정에서 '배려'를 주문한다. 배려란 주체의 신체와 마음을 건강하게 하려는 애씀이다. 배려는 타자와 자아를 인정하는 태도이며 상호 존중을 포함한다. 배려는 나 자신을 비롯하여 주류인 사람들과 주류가 아닌 사람들, 예컨대 장애인, 동성애자, 난민, 이주민, 비정규 불안정노동자, 아동, 노인 등의 소수자나 사회적 약자에 대한 보살핌의 태도이기도 하다. 또한 배려는 세계관과 이념을 달리하는 타자, 내부의 이방인에 대한 최소한의 예의이기도 하다.[29] 세계시민공화주의로 가는 여정에서 관용, 절대적 환대(혹은 절대적 타자), 대상을 가리지 말고 내어주라는 불교의 무상주보시(無相住布施)의 정신과 현실 사이에서 신중한 입장을 취하는 상황은 매우 곤혹스럽다. 필자는 잠정적으로 이를 '아포리아(aporia: 난제)'로 놓아둔다. 이 난제는 국민국가(민족)와 애국심에 대한 아포리아적 상황으로 이어진다.

국민국가와 애국심의 '아포리아'

오늘날 다양한 공동체 중에서도 민족이라는 큰 공동체가 법과 통치의 결합체, 즉 법을 통한 폭력의 독점체로서 구성해낸 공동체가 바로 '국가'이다. 권리와 의무체로서의 시민권을 획득한 성원으로 구성된 집단이 국민국가이다. 민족국가—때로 국민국가라는 용어가 적합하다—의 성원이 되기 위해 우리는 객관적으로 표상화된 시민권의 지위—권리와 의무가 포함된다—를 취득해야 하고, 국가 정

---

[29] 푸코는 글쓰기, 독서, 자기 절제, 수련, 경청 등을 통한 자기와의 관계를 구축하는 일, 즉 나는 누구인가라는 인식이 아니라 나를 무엇으로 만들 것인가에 대한 실천개념으로서 자기배려를 주장했다(푸코, 2007). 하이데거는 포괄적 의미의 보살핌이라는 용어를 동원한다. 존재가능성을 실현시키는 보살핌은 자신에 대한 배려, 공존자로서의 타자에 대한 고려, 그리고 보유하고 지킨다는 의미 등을 포함한다. 보살핌은 나와 타자 등의 존재자를 존재하게 함으로써, 즉 모든 존재자가 자유공간의 개방성에 자신을 열어놓고 존재하게 하는 사유와 행위를 말한다. 사물(thing) 속으로 응결된 하늘과 대지, 신과 죽음의 사방(四方)의 세계 속에 자신과 타자를 존재하게 하는 개방적 태도를 의미하기도 한다. 보살핌은 세계에 대한 배려, 타자에 대한 고려, 사방세계의 지킴과 존재를 존재하도록 하는 태도로 과학기술이나 권력에 의해, 혹은 선점적인 특권적 지위와 권력을 통해 타자를 지배하고자 하는 것과는 정반대의 지향적 사유이며 행위이다(강학순, 2002).

체성을 가져야 한다. 국가는 단순한 협동조합이 아니고, 티켓 발매소가 아니다. 국가는 행정권, 군사권, 조세권, 통제권을 지닌 가장 강력한 폭력을 독점한 체계적 관료체이며, 앤더슨이 말한 '상상의 공동체'처럼 성원들의 사유와 감정, 책임, 의무행위가 중첩된 통치체이다. 바로 이 국가가 외부의 위협으로부터 인민을 보호하는 방패가 되기도 하고, 리바이어던과 같은 괴물이 되어 개인을 억압하기도 하며, 뱀파이어처럼 등장하여 인민의 피를 빨아대기도 한다. 민족주의/애국심 그리고 국가는 이방인/디아스포라와 정체성과 분리될 수 없는 개념군이며 실체들이다. 그 개념군은 법과 통치, 개인의 자유, 의무와 권리, 정체성, 보편적 인권과 특수한 시민권, 탈국가경계시대의 세계시민(권)의 문제 등 매우 껄끄럽고 거추장스러운 난제들을 포함하고 있다. 탈국가화 시대, 디지털 이동의 시대, 복잡계 이론의 시대에 민족(주의), 애국심 등은 매우 낡고 시대착오적인 현상으로 간주될 수 있다. 국민국가의 팽창기에 '근육질'을 추구하던 민족주의의 광기는 민족중흥의 이름으로 개인의 자유를 억압하고, 괴물 국가를 키워대는 자양분이 되기도 했다. 또한 민족주의는 식민지 민중을 핍박하던 제국주의의 원천이 되기도 했고, 발칸반도에서 벌어졌던 것처럼 '인종청소'의 동기가 되기도 했다.

누군가는 민족주의가 어느 한 집단에 운명처럼 지워진 것이라면 애국심은 국가에 대해 다소간의 선택의지와 개방 가능성을 갖는 태도라고 말한다. 다인종 세력들을 하나의 국민국가 통치체로 연합하기 위해서는 언어와 습속의 동질성을 강조하는 민족주의보다 국민국가에 대한 정치이념적 정체성을 부양하기 위해 인공적 감정으로서의 애국심이 더욱 강조되기도 했다(스미스, 2012).[30] 민족주의 광기가 휩쓸던 시대, 유태인 학살과 제국의 전쟁을 바라보았던 바우만 같은 학자는 민족주의나 애국심이나 모두 같은 것으로서 이방인 혹은 소수자들의 '차이'를 억압하고 말살하려는 전체주의적 관념체로 본다. 그래서 그는 민족주의니 애국심이니 하는 것들은 오늘날 다양한 집단의 조화로운 일체성을 추구하

---

[30] 이방인은 이러한 민족주의와 애국심으로부터 일정한 거리감을 느끼는 자들이다. 이방인으로서의 디아스포라는 정주민들의 민족주의와 애국심 앞에서 매우 곤혹스럽고 낯설다.

는 공화주의의 요소가 될 수 없다고 주장한다. 폐쇄적 민족주의나 애국심은 전체주의의 토대가 되기 쉽다. 광기 어린 민족주의 집단은 타자를 '적과 동지'라는 오로지 하나의 관념적 회로만을 가지고 판단한다. 바우만이 말한 대로 그들은 '전체'를 이루기 위해 식인전략, 즉 포식자로서 이방인을 삼켜 먹어버리거나, 혹은 토하거나 뱉어버리는 박멸 전략을 구사한다. 전자는 이방인에 대한 동화정책일 것이고, 후자는 거리두기로부터 인종청소에 이르는 배제전략일 것이다.

식민지 전체주의의 유산, 가부장주의와 분단, 반공국시의 현실 앞에서 민족주의와 애국심은 무언가 선뜻 접근하기 어렵고 받아들이기 껄끄러운 '아포리아(aporia)' 현상을 일으킨다. 개인의 희생을 통해 민족집단의 번영을 강조하고, 불완전국가에 충성을 맹세하게 하는 '그 어떤 메커니즘'이 우리를 곤혹스럽게 만들고 있는 것이 사실이다. 유독 민족주의와 애국심이 강조되는 한국사회는 보수 정권이나 자본화된 언론, 관변단체 등 우파보수주의 연합체의 과잉 안보이데올로기와 억압장치의 산물이기도 하다. 그러나 한편 그것만으로 환원시킬 수 없는 우리 역사의 특수한 사정을 감안해볼 필요가 있다. 그 역사적 특수성이란 치열했던 역사적 사건들 속에 누적되어온 다양한 삶의 유산들, 즉 가족주의, 이동, 가난, 욕망, 신앙, 교리, 교육 그리고 무엇보다도 식민지, 분단, 전쟁 경험, 상실, 인정욕구 등이 총체적으로 누적되어 발현된 것이리라. 이 특수한 맥락성에서 민족과 애국심은 쉽게 파기할 대상은 아니지 않은가?

한국사회에서 시민사회 담론이 겨우 한 세대에 걸쳐 진행되고 있다는 점을 상기한다면 국가와 정권(정부), 사회와 개인을 분리하여 서로 대상화하지 못하고 국가, 민족, 정부, 사회, 개인을 '국가'라는 하나의 동일체로 흡착시켜버리는 민족주의/애국주의는 국가와 민족에 대한 맹신과 폭력으로 변하기 쉽다. 더구나, 누차 말한 것처럼, 우리가 경계하는 극우적인 민족주의/애국심은 타자성찰과 차이를 부정하는 전체주의적 동질성의 성격을 갖는다. 이방인들과 조화로운 공동체를 강조하는 공화주의의 중요한 에너지원이면서 동시에 가장 저해가 되는 요인이 민족주의와 애국심이다. 그러나 민족주의와 애국심이 인류 역사에서 전체성만을 키워낸 것은 아니다. 보편적 인권과 세계공화주의, 글로벌 시민을 외치는 탈식민주의자들이나 아나키스트의 관점에서 본다면 '그것'들은 분명 위험한 고안물일 수 있지만, 민족주의/애국심은 공동체적 안전과 타자공생의 원리가 된다는 점에서 버려야 할 폐기의 대상만은 아닌 듯싶다. 지금은 식상하게 들릴지 모르나 오히려 제국의 세력과 독재통치로부터의 해방을 위해 민족과 애국은 투쟁의 상징이 되기도 했다. 오로지 민족의 해방을 위해 살신성인을 마다하지 않았던 '우국충절'의 열사들, 해방 이후 우리가 원하지 않았던 한반도의 분단, 그래서 언젠가 필연적으로(물론 최근 일부 집단과 세대는 통일의 필연성에 대해 회의적인 태도를 보이기도 하지만) 통일의 의무를 짊어진 우리에게 '민족'은 아직 떠나버릴 때가 아니다. 우리는 또한 민주주의 국가를 위해 독재정권을 반민중, 반민주, 반민족의 집단으로 규정하기도 했다. 실질적 민주화가 결핍되어 있고 분단이 지속되고 있는 한(그래서 한반도의 운명이 강자들의 논리에 휘둘리고 있는 한), 적어도 우리에게는 '민족'은 폐기의 대상이라기보다는 안고 가야 할 유효한 대상이며 숙제이다(이 책의 제6장 4절 "우국과 애국 사이에서"를 보라).

애국심은 어떠한가? 5.18 항쟁 당시 온몸을 태극기로 감싸며 민주주의를 외치던 저항군의 애국심을 어떻게 볼 것인가? 혹자는 월드컵이나 올림픽 역시 국가주의의 산물이라고 은근히 힐난하기도 하지만 시청 앞 광장에서 "대~한민국"을 외치며 흥겨워하는 월드컵 응원단의 집단적인 축제를 그렇게만 볼 수 있을 것인가? 요약하건대 민족주의와 애국심을 당장 폐기하기보다는 그것들을 개방성, 다원성, 상호소통성, 보편성, 세계성, 그리고 세계공화주의로 나아가는 도정에 세워야 할 것이다. 즉 '두터운 시민권', '포용적 시민권' 그리고 공동체에 대한 책임과 의무를 더해, 시민들의 공동체로 국가를 키워내야 한다.[31]

---

[31] 또한 민족주의와 애국심은 공동체의 전통과 습속에 대한 다소간의 존중과 예의를 표한다는 점에서 과거와의 단절을 요청하는 혁신보다는 보수성의 성격이 짙다. 그렇다고 해서 그 자체가 문제일 수는 없다.

3. 타자성찰과 공감의 힘, 도덕감정

시민적 덕성에 기초한 관용과 배려, 공동체에 대한 존경과 의무, 참여와 시민경제 등의 총체인 공화주의는 연대 속에 가능하다. 무엇이 이 연대를 가능하게 할 것이며 이 연대의 정당성은 어떻게 확보할 것인가? 앞서 말한 바와 같이 열정은 공화주의 연대를 고무하는 감정이다. 그러나 도덕감정에 기반을 두지 않은 열정은 자칫 광기의 폭력으로 이어지기 쉽다. 도덕감정은 한마디로 타자성찰을 가능하게 하고, 타자성찰을 통해 구성된 감정이다. 필자는 이미 다른 글에서 도덕감정의 본원적 요체를 공동체에 대한 부채의식과 감사 그리고 죄책감의 연대 감정이라 부른 적이 있다. 부채의식은 '나'가 공동체로부터 태어났다는 그 원초적 사실 때문에 '싫고 좋음의 선호나 옳고 그름의 판단'을 떠나 현상학적인 존재론으로부터 발생하는 필연적인 감정이다. 자기 존재의 말소를 원하지 않는 한 존재는 누군가에게 부채를 지는 사건이며, 공동체가 제공하는 배경적 신뢰에 기초한 부채의식은 되갚음의 의무를 수행하지 못할 때 죄책감으로 전환된다. 감사는 상대방에게 되갚음의 부담을 지우는 일로써 개개인들을 연결하는 원초적 감정이다(김왕배, 2012).

필자는 또한 도덕감정의 핵심적 요인으로 '공감'에 주목한 바 있다. 도덕감정이 타자성찰을 근간으로 하고 있고, 공감은 호혜적 교환의 토대 또는 그물망이라 할 수 있는 '사회연대' 구축을 위한 행위동기가 되기 때문이다. 그런데 공감에 대한 논의는 동서양의 진영에서 매우 다차원적으로 진행되어오고 있기 때문에 하나의 개념 틀로 묶기가 어렵다. 크게는 공감을 동감, 동정, 교감 등과 구분해서 사용할 것을 주장하는 입장과 공감을 동감과 동정을 포괄하는 개념으로 해석하는 입장이 서로 대응하고 있다. 필자는 일단 공감은 '상상력 혹은 감정이입을 통해 타자의 입장에서 타자가 느끼는 감정, 태도, 상황을 인지하고 재생하려는 감정'으로서 추체험적 감정이입이라고 하는 사회과학의 방법론적 속성과 함께(예컨대 해석학적 입장들) 타자이해와 동정의 발로라고 하는 윤리적 토대가 된다는 점을 강조하고자 한다. 혹자는 공감을 독일어의 'einfühlung', 영어의 'empathy'로서 나를 근거로 감정이입을 통해 타자를 이해하는 것으로 본다면 때로 타자의 고통을 즐기는 사디즘의 원리로도 작용할 수 있기 때문에 공감보다는 동감(sympathy)이라는 용어나 혹은 '진정한 공감'이라는 용어를 쓸 것을 주장하기도 한다. 동감이야말로 타자의 체험에 직접 참여하여 타자를 사랑하거나 연민, 동정하는 감정상태를 포함하기 때문에 진정한 연대와 신뢰 등을 구축할 수 있는 적합한 감정용어라는 것이다. 필자는 다양한 논자들의 구분에도 불구하고, 일단 여기서는 도덕감정의 원초적 감정인 부채의식과 죄책감이 결국 타자성을 지향한다는 점을 상기하면서 공감이란 용어를 쓸 것이다.

동양의 유교적 공감론의 근본을 이루는 것은 자신의 처지를 헤아려 타자를 이해한다는 의미를 안고 있는 '서(恕)'인데, 서의 위상에 대한 논의 역시 매우 분분하다. 유교의 이념 중에서도 가장 으뜸인 덕목은 인(仁)이다. 인을 구성하고 있는 핵심요소 중의 하나인 서는 성실성과 진정성을 의미하거나 혹은 보편적 도덕규범을 의미하기도 하는 충(忠)과 함께 쓰이는데, 이 양자의 관계성을 둘러싸고 다양한 학자들의 논의가 부딪히고 있는 것이다(황태연, 2014; 홍성민, 2016; 박원재, 2008; 이상익·강정인, 2004; 이향준, 2010).[32]

공감에 대한 유교적 관점을 좀 더 논의해보자. 공감의 윤리성은 동양사상의 전통 속에 매우 강하게 나타난다. 타자를 나 자신과 동일한 인격체로 강조하는 사유는 우주삼라만상의 이치, 즉 도(道)가 누구에게나 다 있다고 보는 유교의 근본 입장에서 잘 나타난다.[33] 인간에게는 네 가지 기본적인 감정, 즉 인의예지의 단서가 되는 측은지심, 수오지심, 시비지심, 사양지심이 자리하고 있는데 그중에서도 주자(朱子)는 인(仁)을 으뜸[一元]이라고 보았다. 인의 구성요소는 효제충서(孝悌忠恕)인데 타인과의 감정교류에 가장 핵심적인 요인을 충서(忠恕)로 보고 있다. 심지어 충서는 유교의 정신을 관통하는 요소, 즉 하나의 이치로 모든 것

---

32 황태연은 유교이념을 관통하는 원리로서 '서'를 강조하면서 서구사상에서 등장했던 수많은 갈래의 공감개념과 진화생물학, 뇌과학 등의 연구 성과들을 종합하여 자신의 독특한 공감론을 전개하고 있다.
33 불교에서 역시 누구에게나 붓다의 심성이 존재한다고 본다. 노장사상가들은 도(道)는 아무 곳에나 다 존재하고 있다고 주장한다.

을 꿰뚫는다는 '일이관지(一以貫之)'로서 유교의 근간을 이룬다는 것이다.34 한 마디로 유교에서 타자를 이해하는 가장 기본적인 감정은 '충서'이다. 충은 임금에 대한 무조건적 복종이나 국가에 대한 헌신적 태도를 말한다기보다 원래 진심과 정성을 다해 타자를 대하는 진정성과 성실성을 의미한다. 공자는 "말을 할 때는 항상 충을 생각하라(言思忠)"라고 말한다.35

공자의 인(仁)의 사상에는 타자에 대한 관용, 베풂, 배려야말로 올곧은 실천이라는 사유가 배어 있다. 또한 인은 사심을 버리는 것이다. 인이란 무엇인가를 물었을 때 공자는 극기복례(克己復禮), 즉 사심을 버리고 공공의 목적을 추구하는 자세라 답했다(박성규, 2005: 120).36 공자는 어질지 못하면 예가 무슨 소용이 있느냐고 반문하면서 내면의 덕성(진실, 신실, 어짊)을 통해 타자를 이해하고 받드는 것이 도라고 말한다. 자기 마음을 미루어 남을 헤아림(推己及人), 자기가 싫은 것을 남에게 시키지 않음(己所不欲, 勿施於人)이 곧 인을 실천하는 능근취비(能近取譬)의 원리이다.37 인은 멀리 있는 것이 아니라 가까이 있는 것인데 '추기급인'이 바로 충서의 도이다. 충서의 도는 말하기는 쉬워도 실행하기는 어렵다. 그 까닭은 인간에게 사심이 있어 자신의 이익을 우선하기 때문이다. 자기가 싫은 것을 남에게 시키지 말도록 한다는 말은 자기가 서고 싶으면 남도 세워주고, 자기가 통하고 싶으면 남도 통하게 해주라는 것이고, 이러한 소통은 사심을 없애는 극기복례를 통해 가능하다는 것이다(『論語』, 2005: 122).

다시 말하지만 유교사상에서 타자이해와 공감의 핵심적 요인은 충서이다. 이

---

34 子曰 參乎 吾道一以貫之 曾子曰 唯(論語 里仁), 曰 非也 予一以貫之(論語 衛靈公).
35 충(忠)이라는 문자는 도를 의미하는 중심(中)을 변함없이 붙잡는다(心)는 것을 뜻한다. 임금이나 부모, 친구에 대한 맹목적 충성은 이에 해당하지 않는다.
36 "공자가 말하였다. 윗자리에 있으면서 관용을 모르고, 예를 행하면서 경건하지 못하고, 상례에 임하면서 슬퍼하지 않는다면 그런 사람은 더 이상 볼 것이 없다(曰, 居上不寬, 爲禮不敬, 臨喪不哀, 吾何以觀之哉)". 공자의 중용적 사상은 감정의 중심을 잡는 태도, 즉 중절(中節)에 잘 나타난다(哀而不傷, 樂而不淫).
37 能近取譬 可謂仁之方也已(論語 雍也). 능근취비란 "가까이 있는 것으로부터 깨달음을 얻어 다른 사람을 이해한다"는 뜻이다.

충서를 유교사상의 전체를 관통하는 것(一以貫之)으로 본 황태연은 적극적으로 이를 공감이론으로 조망한다. 그는 스스로의 이론을 공감론적 해석학으로 지칭하고, 동서고금의 감정사상과 이론, 철학, 진화론, 뇌과학, 생물학, 사회학 등 전 영역에 걸쳐 합당한 공감이론의 정립을 위한 길고도 먼 학문적 여행을 시도한다. 그는 자연과학에 빗댄 실증주의는 물론 관념적 해석학, 즉 상상 속의 입장바꾸기, 상상적 자기전치, 언어소통적 관점인계, 사유이입적 재현, 시뮬레이션 등 온갖 유형의 사변적 '역지사지(易地思之)' 개념에 기초하는 이해를 공감의 사이비로 간주한다. 역지사지는 근본적으로 불가능한 것이어서 본질적으로 자기기만적이라는 것이다(황태연, 2014: 38). 필자는 그의 논의에 상당 부분 동감하면서도 그의 논의가 역지사지나 감정이입을 협소하게 사용하고 있다는 점은 지적해두고자 한다.

일부 학자들은 공감 논의를 위해 흄의 감정이론, 후설의 현상학, 셸러 등의 다양한 공감이론을 재조명해보고 있다. 수년 전 한국에서는 공감학의 조명시대라 부를 수 있을 정도로 철학계, 사회학계 등에서 이에 대한 관심이 증폭되었다. 공감학은 뇌과학의 발달로 인한 거울뉴런의 발견과 함께 학제 간 연구의 주제가 되고 있기도 하다.[38] 그 세세한 내용 역시 이 글의 범위를 벗어난다. 다만 앞서 말한 대로 도덕감정이 타자성찰성을 토대로 한다는 점에서 공감의 상호주관성, 즉 생활세계에서 주체들의 상호성에 의해 구성된다는 점을 강조하고자 한다.[39] 공감의 사회적 구성에 대한 이론적 자원으로는 후설의 생활세계, 미드(G. H. Mead)의 상징적 상호작용론과 호네트(A. Honneth)의 인정론 등이 있다. 필자가 중요하게 여기는 것은 '어디까지의 공감'인가 하는 공감의 적정선의 문제이다. 애덤 스미스(Adam Smith)의 도덕감정론의 논의가 이 문제에 대한 해답의 단

---

[38] 생물학에서의 거울뉴런의 발견은 '공감'능력의 실제를 더욱 확산시키는 계기가 되고 있기도 하다. 박인철(2012), 소병일(2014), 이승훈(2012), 양선이(2011) 등을 참고할 것.
[39] 필자는 공감을 단순히 철학적이고 추상적인 논의 차원이 아니라 '사회성'으로 보려는 입장과 공감의 사회적 조건에 주목할 것이다. 참조로 동감이란 용어를 쓸 것을 권하면서 동감의 사회적 조건으로서 시민결사체의 참여, 인문학 등의 교육 등을 강조한 이승훈(2012)의 글이 매우 유익하다.

서를 주고 있다. 내가 타자의 입장에 서서 보았을 때 충분히 그의 행위(감정)가 이해되고, 그 결과를 수긍할 수 있다면, 또한 타자의 입장에 서서 나의 감정을 보았을 때 타자가 수긍할 것이라는 판단이 선다면 나의 감정행위는 옳은 것이다. 즉, 내가 상상의 방관자인 제3자의 입장에 서서 나의 혹은 타자의 감정상태를 "시인(是認)"할 때 그 공감이 바로 도덕감정이 된다. 따라서 도덕감정이란 "나와 타자의 행위를 제3자의 방관자의 입장에 서서 이해해보고, 그 행위를 적정하다고 인정하는 공감"을 말한다. 이 공감이 옳고 그름, 혹은 수용과 비수용을 판단하는 도덕적 기준이다(스미스, 2009). 도덕감정은 타자지향의 태도로부터 발생하는 감정이다. 타자지향을 할 수 있다는 것은 타자의 입장에 서서 나를 바라본다는 것을 의미한다. 타자지향이 일방적 관계가 아니라 상호 교호적 관계이며(나로부터 타자로 지향하는 '나 → 타자'뿐 아니라 타자가 나를 지향하는 '타자 → 나'), 따라서 그 타자는 보편적 존재로 나의 의식 속에 존재한다. 사회심리학자인 쿨리(C. H. Cooley)는 이런 식으로 형성된 자아를 "거울자아"라 불렀다. 거울자아란 내 안에 타자가 존재하여(그 타자는 익명적인 사회이다) 그 타자의 거울을 통해 나를 들여다본다는 것이다. 자아를 생물학적 현상으로서가 아니라 사회적 과정의 산물로 바라본 미드(G. H. Mead)는 이러한 거울이 되는 타자를 일반화된 타자(generalized others)라 명했다(미드, 2010). 자아(self)는 주관적 자아(I)와 객관적 자아(ME)로 구성되는데, 객관적 자아는 바로 사회적 관계를 통해 형성되는 자아이다. 미드는 이러한 객관적 자아는 상징(언어)을 통한 상호작용의 사회적 과정을 통해 속에서 형성된다고 본다. 아이들이 소꿉장난을 하는 과정에서 타자의 역할을 맡아보게 되고, 그러한 놀이를 통해 타자이해, 즉 타자의 입장에서 자신을 들여다보는 일을 하게 되는데, 이 타자는 이제 익명적인 일반화된 타자로 발전하고 그 일반화된 타자에 의해 자신을 바라봄으로써 자신의 행위를 조절하고 통제하는 자아를 형성한다.[40]

---

[40] 프로이트의 슈퍼에고와 비교해보자. 프로이트는 자아체계가 본능적 욕구인 이드(id), 사회적인 양심과 도덕이 내면화된 슈퍼에고(superego), 그리고 이 양자를 조절하는 에고(ego)로 구성된다고 말한다. 슈퍼에고는 도덕의 산물, 즉 문명의 산물인데 인간의 자유 본능을 억압하는 기능을 한다.

도덕감정이란 이처럼 나와 타자의 변증적인 상호지향적 태도를 말한다. 이는 타자를 돕고 자비로움을 베풀어야 한다는 이타심을 바로 의미하는 것은 아니다. 도덕감정은 타자의 입장을 이해하고, 그 입장에 서서 타자와 자신을 평가하며, 그 평가의 적정선을 공감할 때 발생한다. 흔히 애덤 스미스는 이기심을 옹호한 학자로 간주된다. 하지만 그가 말하는 이기심은 타자(제3자)의 입장에서 공감이 가는 한도 내에서의 이기심이므로, 타자의 이해를 해치거나 몰이해하는 개별주의적 이기주의의 태도와는 거리가 먼 개념이다. 인간이 소유한 이기심대로 행동하되 타자의 입장에 서서 공감될 수 있는 이기심을 보인다면, 자기의 필요를 해소하려는 이기적 욕구를 서로 간의 교환행위를 통해 해소할 수 있다면, 그것이 곧 공동선을 이루게 되고 그 공동선이야말로 전체의 도덕이 되지 않겠는가라는 것이 그의 생각이었다(스미스, 2009).[41]

필자가 이미 발표했던 글을 참조하면서 도덕감정을 다시 한 번 요약해보겠다. 도덕감정의 원초적 속성은 부채의식과 죄책감이다. 이는 도덕감정의 주체는 타자성—타자성찰이든 타자직관이라 부르든—과 운명적인 공동체를 전제로 존립한다는 것을 의미한다. 그리고 이 타자성의 확립과정은 상상력, 감정이입 등을 포함한 '공감'을 바탕으로 이루어진다. 이러한 도덕감정이야말로 '나-타자-나-타자-' 등으로 이어지는 공적 인간들의 상호 '신뢰와 연대'를 이룩해낼 수 있는 실천의 힘, 즉 인지와 판단과 평가와 실천을 추동하는 에너지인 것이다.[42] 도덕감정은 타자에 대한 상상적 공감을 통해 타자를 이해할 뿐 아니라, 사회정의의 규준을 어긴 타자와 자신을 질책하는 양심이기도 하며, 모순과 빈곤, 부조리

---

41 이러한 그의 생각은 최대다수의 최대행복을 누리자는 공리주의나 실증주의적 과학주의자들과는 차이가 있다. 필자는 스미스의 이기심을 자리(自利)로 표현하는 것이 옳을 것으로 본다. 이기심이라는 표현 자체에는 자신에게만 도움이 되는, 혹은 자신의 이해관계만을 위해 타인의 입장을 무시하는 태도와 행위라는 뉘앙스가 강하기 때문이다.

42 여기에서 특별히 연대에 관심을 두어야 할 필요가 있다. 연대에는 가족 및 친구 등의 관계에서와 같이 일반적으로 친밀성에 근거한 연고주의적 유대, 지역이나 조직 등의 공동체 연대, 국가차원의 연대 등의 유형이 존재한다. 연대에 대한 심도 있는 논의 역시 차후의 과제이지만 여기에서는 다만 익명적 관계에 의한 공동체 차원의 연대에 주목한다. 연대에 대해 강수택(2012), 촐(2008), Crow(2002) 등을 참조할 것.

한 권력에 대한 공분을 불러일으키는 감정이기도 하다. 즉, 도덕감정은 정의에 반하는 행위를 보고 분노하고, 정의의 위반에 대해 수치심을 느낄 수 있는 감정이다.43 이 감정이야말로 연대의 기본을 이룬다. 그러나 필자는 그 연대의 성격을 다중 시민들이 '십시일반'하여 느슨하게 만들 것을 권고하고 있다. "십시일반의 느슨한 연대!" 필자는 이러한 도덕감정에 의해 가능한 느슨한 연대의 실천행위가 곧 이방인에 대한 포용을 가능하게 하며 오늘날 신공화주의의 기초가 될 것으로 기대하고 있다.

십시일반의 느슨한 연대

공화주의는 이방인들의 조화로운 연합체이다. 비지배의 자유(임의적 국가권력이나 지배집단의 구속으로부터의 자유로서 오로지 누구에게나 평등하게 적용되는 법의 구속과 법에의 순종), 시민의 덕성(인권, 관용, 배려, 책임, 사적인 욕구로부터 공적 사안의 분별 등), 참여(소통을 통한, 표명을 통한, 심의를 통한 의사결정의 참여 및 선거, 합의와 협의 과정에의 개입), 포섭과 시민경제(자산 소유 민주주의, 작업장 참여, 노동조건의 개선과 기본소득과 같은 부의 분배)를 기반으로 하는 공화주의 사회체(social embodiment)의 기초는 사회연대이다. 이 연대를 구축하는 것은 공동체의 전통을 존중하고 공동체에 대한 시민적 열정을 도모하는 도덕감정이다. 시민적 열정은 타자에 관한 관심과 배려, 공동체에 대한 적정한 헌신적 태도 등을 포함한다. 이러한 연대는 도덕감정에 의해 작동되며 또한 도덕감정은 연대를 통해 배양된다. 부채의식과 죄책감의 복합 순환체, 타자이해와 성찰을 핵심으로 하는 도덕감정은 공화주의 연대를 만들어내고 변화시키며 지속시키는 에너지이다.

---

43 도덕감정의 근본이 타자성찰의 감정이라고 했을 때 유교의 가치인 '서(恕)'와 '수오지심(羞惡之心)'은 도덕감정의 기본감정이다. 필자는 이미 「도덕감정: 부채감과 감사, 죄책감의 연대」(2012)라는 논문에서 그 계보를 애덤 스미스의 도덕감정론과 뒤르켐의 도덕적 열정이 잇는 것으로 보고 추적해보았다. 현재 필자는 도덕감정을 유교의 '서(恕), 헤아림'의 관점에서 파악하려는 글을 준비 중이다.

그렇다면 도덕감정을 어떻게 배양할 것이며, 누구와 무엇을 어떻게 연대할 것인가? 도덕감정으로 작동되면서 동시에 도덕감정을 부양하는 사회연대의 정치적, 경제적, 문화적 조건들은 무엇인가? "십시일반의 느슨한 연대", 그것은 도덕감정과 호혜적 교환에 기초한 것이며, 오늘날 소시민으로서의 '회색인'이 살아가는 방식이기도 하고 삶의 지혜이기도 하다. 필자는 이를 '십시일반(十匙一飯)에 의한 일반적(혹은 익명적) 호혜와 느슨한 연대'라고 표현한 바 있다. 십시일반의 호혜는 사회의 익명적 구성원들이 자신의 현실적인 삶의 이해관계 또는 형편에 대한 별다른 압박 없이 공동체를 보호하고 지탱하는 교환으로서, 나와 타자에게 이득이 돌아가는 사회적 안전망(social support network)을 구축하기 위한 실천전략이기도 하다(김왕배, 2013). 우리 대부분은 소시민으로 살아간다. 이른바 군자(君子)와 대인(大人), 의인(義人)들의 삶을 존경하되, 그들처럼 사는 것은 선택이지 의무는 아니다. 이러한 소시민들이 자신의 사적 영역의 자산(예컨대 시간, 노력, 재능, 자산 등)의 작은 부분을 호혜적 교환에 의해 '조금씩 내어 십시일반'한다면, 그러나 그것들이 모여 공공의 영역에서 의미심장한 효과를 낸다면, 즉 '나의 부담은 작지만, 총체적 효과는 매우 크게 나타난다면' 연대전략은 성공적이다.

    작은 것들의 조합이 큰 효과를 나타내는 일련의 집합과정을 설명하기 위해 '전체는 부분의 합 이상의 것(sui generis)', 복잡계, 프랙탈, 네트워크와 이른바 '창발론(emergence)', 나비효과, 임계점, 경로의존 등의 모델들이 동원될 수 있을 것이다. 그렇다면 '작은 것들의 모임'인 십시일반의 실천이 새로운 제도와 윤리를 만들어내는 '큰 힘'이 어떻게 가능할 것인가? 필자는 도덕감정에 의해 추동되는 십시일반의 느슨한 연대가 호혜성의 원리를 바탕으로 어떻게 정치, 경제, 교육 등의 부문에서 새로운 유형의 대안사회를 가능하게 하는지를 모색해보고 있다. 여기에서는 간략하게 그 원리를 소개하는 것으로 그친다. 뒤르켐은 사회의 고유한 속성으로서 발현성의 원리를 제시한 바 있다. 사회라는 거대한 유기체는 개개인으로 구성되어 있지만, 개개인으로 환원되지 않는 그 자체만의 발현적 속성, 즉 '전체는 부분의 합 이상(sui generis)'을 지닌다고 말한다. 네트워크의 조합의 원리 역시 작은 것들의 총합이 큰 힘을 낼 수 있다는 것을 시사하고 있다. 네트워크로 연결된 개개인의 교류의 힘은 단순한 개개인의 힘을 합한 것이 아니라 조합된 힘을 발현하기 때문이다. 즉, 한 사람이 1의 힘을 가지고 있다고 했을 때 그 힘의 합은 단순한 더하기(+)가 아닌, 조합(nCr), 혹은 그 이상의 힘 ($nCr+\alpha$)으로 발현된다(김왕배, 2018: 73).

십시일반의 느슨한 연대는 참여자들의 쌍방향적 정보교환과 참여가 이루어질 때 활성화될 수 있다. 스마트폰이나 SNS와 같은 정보통신기술의 발달로 인해 개개인들이 정보 생산과 유통에 참여함으로써 사회적인 이슈를 설정하고 해결을 모색하는 운동의 진화가 이루어지고 있는가 하면[44] '크라우드펀딩(crowd funding)'과 같이 소셜미디어나 인터넷 등의 매체를 통한 창업은 물론 공익프로젝트, 문화, 예술 콘텐츠를 위한 새로운 자원동원방식 역시 네트워크의 확산성과 유연성을 바탕으로 하고 있다.[45] 이러한 참여와 운동은 기존의 지도자집단 중심 혹은 장소성 중심의 사회운동과는 다른 인식과 원리, 과정을 전제로 한다. 이른바 탈중심성, 탈방향성, 탈예측성, 탈조직성과 비선형적이고 비대칭적인 복잡계의 특징을 가지고 있다.[46] 물론 자연계 현상을 설명하는 복잡계론을 인간의 세계에 그대로 적용하기에는 많은 한계가 있다. 하지만 이 개념을 가설적

---

[44] '팟캐스트(podcast)'에서 볼 수 있듯이 개개인들이 정보생산과 유통을 담당하고, 트위터(twitter)를 이용한 의견교환 등이 이루어짐으로써 기존의 대형 미디어가 독점하던 정보의 내용이나 유포에 대항하여 다중들이 의제(議題)를 설정한다. 최근 유튜브(YouTube)의 확산도 획기적이다. 그러나 이러한 정보통신의 발달로 인해 앞에서 필자가 우려한 대로 거짓정보와 반지성적 태도, 냉소와 혐오 등의 부정적 감정 등이 걸러지지 않은 채 유포되고 있기도 하다.
[45] 크라우드펀딩이란 '대중으로부터 자금을 모은다'는 뜻이며 소셜미디어나 인터넷 등의 매체를 활용해 자금을 모으는 방식으로서 새로운 창업을 위한 자원확보수단으로 많이 사용된다. 최근에는 공익 프로젝트나 문화, 예술 콘텐츠를 위한 지원수단으로 이용되고 있다. 이는 주로 온라인을 통해 이루어지며 집단지성을 활용한다(윤지훈, 2014).
[46] 잘 알려진 '나비효과'의 원리를 간단히 소개해보자. 나비효과란 개념은 기상학자 로렌츠가 고안한 것으로 브라질 아마존 강에서 서식하는 나비의 날갯짓이 미국 본토에서 불어 닥치는 토네이도의 원인으로 작용할 수 있다는 가설이다. 수많은 성분, 요소, 원자들이 유기적으로 접합되어 있는 세계는 비대칭적이고 비선형적인 하나의 계(system)를 구성하고 있는데, 이들의 복잡한 역동성과 불안정성으로 인해 자연세계의 현상을 예측하기란 불가능하다. 이에 대해 최준섭(2004), 복잡계 이론에 대한 소개서로는 윤영수·채승병(2008), 한준(2017) 참조.

으로나마 사회시스템에 적용해본다면 네트워크화된 미시적 차원의 개인 행위들이 그 내부의 질서와 외부의 자극에 의해 공진화(共進化)함으로써 사회적으로 큰 변화를 일으킬 수 있는 힘으로 발현될 수 있다는 추론이 가능할 것이다.[47]

마크 그래노베터(Mark Granovetter)는 네트워크 이론에서의 '약한 연결의 힘(the strength of weak ties)'에 대해 논의한 바 있다. 그는 직업을 구할 때나 새로운 정보를 찾을 때 약한 사회적 연결망이 강한 친분의 관계보다 더 장점을 가지고 있다고 말한다(Granovetter, 1973). 십시일반의 느슨한 연대의 발현적 힘과 개방성, 그리고 익명성으로 확장될 수 있는 가능성을 시사하는 논의라고 할 수 있다. 물론 이러한 느슨한 혹은 약한 연대가 효과적인 힘을 발현하기 위해서는 조건이 필요하다.[48] 바라바시(Alberto-Laszlo Barabasi)에 의하면 소수의 링크(link)를 가진 대부분의 노드(node, 지점)들은 몇몇 허브(hub)들에 의해 연결되어 있는데 바로 이 허브가 노드들을 연결시켜줌으로써 거대하고 복잡한 네트워크를 형성한다(바라바시, 2002). 사회구성원의 개개인은 약한 힘을 가지고 있지만 소수의 허브 역할을 하는 구성원들을 중심으로 결집될 수 있는데, 허브와의 결합을 통해 십시일반의 연대가 보다 효과적으로 그물망을 확대시키고 집단적으로 큰 힘을 낼 수 있는 것이다.

혁명의 시대와 변혁을 지향하는 거대서사의 시대는 지난 듯하다. 무한경쟁시

---

[47] 예컨대 최근의 한국사회의 변동을 설명해보자. 박근혜 대통령 탄핵을 가져온 광화문 시위는 기존 사회운동처럼 특정한 구심점을 중심으로 연대한 것이 아니라 다양한 영역, 즉 다양한 직업, 연령, 계층 등에 속한 개별적 행위자들이 십시일반한 사례이다. 비예측적이고 불규칙하며 비대칭적인 요소들 간의 상호작용을 통해 광범위한 연대가 일어났다. SNS를 통한 하야촉구 서명, 소집단들의 시위참여, 입장표명, 평화시위를 표방하는 촛불과 스티커 붙이기, 집회용품 나누기, 미술, 음악, 춤추기, 환호성, 가면무도회와 같은 축제와 놀이를 통해 각계각층의 사람들이 집회에 참여하고 탄핵에 동조했다. 물론 좀 더 체계적인 분석이 이뤄져야 하겠지만 디지털 미디어와 복잡게 이론상의 공진화 개념을 끌어올 수 있는 현상이라 볼 수 있다.

[48] 연대를 통해 큰 힘을 발휘할 수 있는 원리는 또한 원자들 간의 화학반응의 하나인 '공유결합'의 원리 속에서도 시사점을 발견할 수 있다. 공유결합은 외부환경의 변화에도 쉽게 분리되지 않는 상생의 힘을 발생시킨다. 원자들은 8개의 전자를 가지고 있을 때 안정화되는 경향이 있는데(Octet rule) 다른 원자의 전자를 공유하여 궤도를 마저 채우거나 자신의 전자를 다른 원자에 내어줌으로써 그 궤도를 비워버리려 한다. 이 과정에서 나타나는 화학적 반응이 이온결합과 공유결합이다.

장의 압박, 수없이 떠도는 정보와 이미지, 물화된 세계 속에서 개별화되고 파편화되는 관계들, 이동과 유연성이 증대하고 삶의 불안정이 높아지는 시대, 우리에게는 연대를 통한 사회적 토대가 보다 절실하게 요청된다. 삶의 방식과 조건들을 달리하며 살아가는 개개인들은 사회변화를 실천할 수 있는 관심과 자원동원의 역량 모두가 다르다. 그러나 다양한 차이 속에서도 '최소공배수' 혹은 '최대공약수'적인 삶의 공통성을 찾아내고 합의할 수 있다. 개개인들의 사소한 실천이 느슨한 연결의 힘으로 발현되는 것이 십시일반의 연대이다. 느슨한 연대는 특정 집단의 폐쇄적 관계를 벗어나 익명적 사람들과의 교류를 가능하게 한다. 우리가 필요로 하는 것은 궁극적으로 익명적 연대가 아닌가?

특수한 개체는 가라타니 고진(柄谷行人)이 말한 대로 '단독성(singularity)'의 존재로 남되, 그 관계성의 발현적 총합은 단독성의 안전을 보장하는 방호막(사회안전망)이 되고 단독자들을 위한 삶의 에너지로 전환될 것이다. 이른바 '느슨한 연대에 의한 십시일반론'은 투쟁과 혁명, 변혁의 거대서사와 엘리트 중심의 지도자론의 한계를 극복한다. 그 총체는 사적인 것, 혹은 프라이버시의 자유를 보장하면서 공공체, 즉 소통의 공공영역, 신뢰, 공유의 자산 등으로 이루어지는 삶의 영역을 만들어내고, 그 일원이 되는 개개인은 공동체로부터 사적 자유와 안전을 보장받고 확장한다.

도덕감정에 의한 느슨한 십시일반론의 연대전략은 신공화주의 체제 안에서 다양한 이방인들을 합주할 수 있게 한다. 이방인을 하나의 동질적 공동체의 집단으로 융화시키려 하거나 배제하려는 것은 이방인을 전적으로 박멸시키려는 시도와 마찬가지로 위험한 전체주의적 발상에 지나지 않는다. 그들의 것은 그들의 몫으로, 나의 것은 나의 몫으로 놓아두되, 그들과 나(타자-나)의 십시일반을 통해 형성한 공공영역 안에서의 의식적/무의식적, 친분적/익명적 관계 맺음이 공화주의 사회체제의 골격이 될 수 있다.

기약

우리는 모두 집을 떠난 혹은 떠나는 누군가의 디아스포라들이며 이방인이다.

우리는 모두 자신의 존재조차 낯선 이방인이다. 순전히 태양빛 때문에 살인을 저질렀다고 증언하는 카뮈(A. Camus)의 '이방인' 뫼르소(Meusault)는 재판과정과 사형절차를 밟아가는 자신을 스스로 바라보면서 부조리한 세계를 낯설어한다. 하물며 으스스한 불안 같은 것이 밀물처럼 도래하고, 삶의 사회적 조건들이 균열되면서 존재론적 불안이 더욱 커지고 있는 고도의 모빌리티 시대에야……. 도피할 것인가? 외면할 것인가? 제3의 지대를 찾아 떠나다가 자살한 이명준, 혁명보다 '사랑과 시간'을 선택한 회색인 독고준의 삶은 '더구나 분단된' 한국사회의 불안정한 존재자들의 전형이기도 하다. 외지인, 아웃사이더, 에일리언 같은 낯섦, 나 자신마저 나에게 이방인일 수밖에 없는 현실 속에서 과연 '공화주의 도덕감정', '십시일반에 의한 느슨한 연대'의 사회는 하나의 대안으로서 가능한 시나리오가 될 수 있을까?

이방인이 '나'의 외부에 대상화된 타자라면 나는 나로부터 대상화된 타자가 아닐까? 나의 낯섦은 어디서 오는 것일까? 타자의 이질성은 나 스스로가 안고 있는 속성의 반영이 아닐까? 『이방인, 신, 괴물』의 저자 커니(Richard Kearney)의 주장에 따르면 타자의 이질성은 무의식체계 속에서 미끄러져 나가는 억압된 욕망의 투사이다. 지킬 박사와 하이드처럼 이방인은 분열된 자아의 친숙함에 대응되는 기묘한 낯섦이며(uncanny), 이방인이 두렵다면 나와 다르기 때문이 아니라 사실은 우리 자신보다 더 우리와 닮았기 때문이다. 내가 미워하는 것은 가면을 쓴 나 자신이며, 공포와 전율을 느끼는 신 혹은 악마화된 타자는 곧 나의 거울이다(커니, 2016: 135). 이방인의 이질성은 나의 한 자아가 다른 자아를 특정 대상에게 투사한 것이다. 결국, 이질성은 나의 무의식의 심연에서 나온 것이다. 내 안에 나의 이방인이 존재한다.

나는 언젠가 이 세상을 죽음으로 마감하고 사라지는 이방인이다. 역사와 시대의 구조라는 연극무대에서 많은 연기자들과 함께 대본을 읽고 행위를 하면서 가시적이거나 비가시적으로, 직접적이거나 간접적으로 거미줄 같은 관계망 속에 걸려 있는 존재인 것이다.

나(필자)는 도덕감정을 통한 온전한 공화주의의 수립을 통해 이방인과 나의 공존 가능성을 타진해보고자 했다. 도덕감정은 타자성에 대한 비판적 해석을 수행하는 감정이다. 타자를 나로 환원시켜 동일성 안으로 흡수하거나 접근 불가능한 대상으로 쫓아버리지 않기 위해 비판적 해석학으로서의 도덕감정은 타자와의 접촉을 끊임없이 고민한다. 편견, 혹은 전(前)-이해는 타자이해를 시도하려는 출발점이다. 문제는 편견을 없애는 것이 아니라 그 편견적 가치를 개방하여 내놓고 타자와의 교류와 점검을 통해 그 편견의 특수성이 보편적/일반적 타당성을 획득하도록 해석적 순환의 과정을 밟는 일이다.[49] 이런 의미에서 해석학은 단순히 인문사회과학의 방법론으로서뿐 아니라 정치적 실천성을 갖는 철학으로 등장한다. 나는 이를 잠정적으로 도덕감정의 해석학적 역량이라 부르고자 한다.

실존의 근거는 개인이다. 다만 관계론적 개인, 공동체적 개인이라는 점에서 개체론적 개인주의와는 다른 개인이다. 피할 수 없는 타자와의 관계성에 놓여 있다면 나는 타자와 정면으로 맞대응할 수밖에 없다. 나는 역사와 시대의 자식이다. 어차피 나는 숙명적으로 분단국가의 유산을 고스란히 안고 태어난 '존재자'이다. 또한 나는 누구도 피할 수 없는 공동체의 관습과 지평 속에서 태어났으며, 나의 선대가 만들어놓은 구조와 관계성에서 벗어날 수 없는 존재이다. 분노, 한숨, 부채감, 후회, 증오, 혐오, 투정, 걱정, 죄책감과 미안함, 서운함, 절벽사회와 피로사회, 아픈 청춘, 실업, 하찮은 사회적 안전망과 무한대적 경쟁, 이기주의, 게임, 투기, 불공정, 그리고 수없이 많은 요설(饒舌과 妖說)들로 뒤덮인 사회 속의 존재자이다. 존재론적 불안은 형이상학의 관념이 아니다. 대안 없는 사회적 '불안'은 타자에 대한 성찰과 차이에 대한 수용의 목소리를 거부하고 자신(가족, 집단, 국민국가)의 생존과 번영을 위한 이기주의적인 목소리를 부채질한다. 특히 자신을 절대화하고 타자를 용인하지 않는 근본주의는 사회의 '불안' 속에서 번성한다. 정의의 강박중에 사로잡힌 진보주의자들이나 타자의 다름을 자신의 세계관으로 환원시켜버리거나 배제해버리려는 근본주의 보수집단은 자신들의 목적을 달성하기 위해 즉자적인 욕망을 신체적, 상징적, 언어적, 구조적 폭력

---

[49] 필자는 특히 현상학적 해석학자인 가다머(H.-G. Gadamer)와 리쾨르(P. Ricœur)에 주목한다. 가다머(2012), 리쾨르(2012) 참조.

을 통해 표출하려 든다. 그러나 커니의 말대로 타자의 윤리학은 흑백의 문제가 아니라 회색의 문제이다. 그렇다고 상대주의를 미리 설정하는 것이 아니라 가능한 한 더 정의롭게 판단할 수 있도록, 더 사려 깊게 판단할 수 있도록 타자와의 교감과 성찰을 강조하는 것이다(커니, 2016: 148). 해석의 대상인 타자 속에는 객관화된 자신이 포함되므로 해석학적 도덕감정은 곧 내 삶의 문제로서 십시일반에 의한 느슨한 연대를 추구하는 신공화주의 이상을 추구하는 힘이기도 하다.

사회는 일련의 법, 제도, 담론, 이데올로기, 권력, 통치성 등으로 구성된 '장치'이다.[50] 그러나 동시에 우리가 태어나고 죽어가는 삶의 원초성과 수없이 다양한 관계들, 감정의 편린(片鱗)들이 전개되는 생활세계의 공간이기도 하다. 우리는 그 '장치'의 아래가 아니라 위에 서서 견고한 바닥에 균열을 낼 수 있는 담지자이다. 필자는 십시일반의 느슨한 연대와 그것을 가능하게 하는 도덕감정에서 그 힘의 원천을 찾아보려 하고 있다. 존재에 대한 성찰감정으로서의 도덕감정은 나와 타자의 삶에 대한 반추를 통해 비자유와 무시로부터 발생하는 분노, 수치, 증오, 비애와 고통, 혐오, 조형적 진실성과 냉소주의로 우리의 삶을 맥질하고 있는 '장치'에 균열을 내게 하는 힘이다. 필자는 굳이 도덕감정이라는 용어 앞에 '자유주의'라는 형용사를 덧붙이고자 한다. 통념적으로 '도덕'이란 용어가 집단주의적이고 공동체적이며 진부하고 케케묵은 교리나 규범, 윤리를 지칭하는 경향이 있는 듯하기 때문이다. 도덕감정은 계몽과 엄숙함을 강조하는 이성과는 다르다. 일부 사회변혁의 주도집단들이 요구하는 높은 수준의 도덕성과 지나친 부채감이 오히려 대중들의 공동체적 참여를 제한함으로써 사회 전반에 도덕감정이 결핍되는 역설적 상황이 발생하고 있다. 우리는 장치를 해체하고 재구성하려는 힘이 특정한 소수에게 집중되는 것을 경계하면서 다수의 동의를 통해 갱신할 수 있는 에너지의 흐름에 주목한다. 십시일반의 느슨한 연대를 추

---

50 푸코는 일련의 법, 담론, 제도, 과학적 언술, 명제 등으로 구성된 형성물을 장치라 불렀는데 아감벤은 이를 더욱 확장하여 생명체들의 몸짓, 의견, 담론을 포획, 지도, 규정, 차단, 주조, 제어, 보장하는 모든 것을 장치라고 규정한다. 감옥, 정신병원, 학교, 공장 등 권력과 명백히 접속되어 있는 것과 문학, 철학, 컴퓨터, 휴대전화, 언어 등도 이에 포함된다고 말한다(아감벤·양창렬, 2010: 33).

동시키는 도덕감정은 특정 집단의 구심성과 배타성, 이데올로기성과 높은 진입 장벽을 허문다. 도덕감정을 구현하는 일은 인류사회의 영원한 숙제일지도 모를 개인의 욕망과 공동선의 조화, 중도 지점을 찾아가게 하는 삶의 미학인 것이다.

참고문헌

가다머, 한스게오르크(Hans-Georg Gadamer). 2012. 『진리와 방법: 철학적 해석학의 기본 특징들 1, 2』. 이길우 외 옮김. 문학동네.
강내희. 2009. 「소비자본주의와 텍스트의 정치」. ≪문화/과학≫, 59: 53~78.
강상중. 2004. 『내셔널리즘』. 이산.
강수택. 2012. 『연대주의: 모나디즘 넘어서기』. 한길사.
강영안. 2005. 『타인의 얼굴: 레비나스의 철학』. 문학과지성사.
강은숙. 2012. 「5.18 시민군 기동타격대원의 생애사를 통해 본 사회적 트라우마티즘 형성 과정」. ≪기억과 전망≫, 26: 269~308.
_____. 2014. 「'5·18 사람'으로 살아간다는 것: 5·18 시민군 기동타격대원의 생애사」. 김동춘·김명희 외. 『트라우마로 읽는 대한민국: 한국전쟁에서 쌍용차까지』. 역사비평사.
강인철. 2005. 「한국 개신교 반공주의의 형성과 재생산」. ≪역사비평≫, 40~63.
강지웅 외. 2006. 『우리들의 현대 침묵사』. 해냄.
강학순. 2002. 「하이데거의 보살핌에 관한 현상학적 존재사유」. 한국현상학회. 『보살핌의 현상학』. 철학과현실사. 142~175.
갤러거, 숀(Shaun Gallagher)·단 자하비(Dan Zahavi). 2013. 『현상학적 마음: 심리철학과 인지과학 입문』. 박인성 옮김. b.
게일린, 윌러드(Willard Gaylin). 2009. 『증오: 테러리스트의 탄생』. 신동근 옮김. 황금가지.
경향신문 특별취재팀. 2010. 『세계금융위기 이후: 신자유주의를 딛고 다른 사회를 상상하다』. 한스미디어.
고미라. 1995. 「감정노동의 개념화를 위한 일 연구」. ≪여성학논집≫, 12: 370~371.
고프먼, 어빙(Erving Goffman). 2009. 『스티그마: 장애의 세계와 사회적응』. 윤선길·정기현 옮김. 한신대학교출판부.
골먼, 대니얼(Daniel Goleman)·리처드 보이애치스(Richard E Boyatzis)·애니 맥키(Annie McKee). 2003. 『감성의 리더십』. 장석훈 옮김. 청림출판.
국가인권위원회. 2011. 『여성 감정노동자 인권가이드: 실천을 위한 사업주 안내서』. 국가인권위원회.
굿윈, 제프(Jeff Goodwin)·제임스 재스퍼(James M. Jasper)·프란체스카 폴레타(Francesca Polletta) 엮음. 2012. 『열정적 정치: 감정과 사회운동』. 박형신·이진희 옮김. 한울.

권혁률. 2015. 「[교계 포커스] 한국교회는 '동성애'와 전쟁 중」. ≪기독교사상≫, 680: 224~230.
기 드보르(Guy Debord). 2014. 『스펙터클의 사회』. 유재홍 역. 울력.
기든스, 앤서니(Anthony Giddens). 1997. 『현대성과 자아정체성: 후기 현대의 자아와 사회』. 권기돈 옮김. 새물결.
_____. 2001. 『현대 사회의 성 사랑 에로티시즘: 친밀성의 구조변동』. 배은경·황정미 옮김. 새물결.
김경희. 2009. 『공화주의』. 책세상.
김경희·강은애. 2008. 「돌봄노동의 상품화를 통해 본 모성과 노동」. ≪담론201≫, 10(4): 71~106.
김광기. 2005. 「'이방인'과 인간행위자: '초월'과 '내재' 사이」. ≪한국사회학≫, 39(5): 1~26.
_____. 2012. 「관용과 환대 그리고 이방인: 하버마스와 데리다를 중심으로」. ≪현상과 인식≫, 36(4): 141~170.
_____. 2014. 『이방인의 사회학』. 글항아리.
김귀옥. 1999. 「아래로부터 반공 이데올로기 허물기: 정착촌 월남인의 구술사를 중심으로」. ≪경제와 사회≫, 43: 234~261.
_____. 2008. 「한국전쟁기 강화도에서의 대량학살사건과 트라우마」. ≪제노사이드 연구≫, 3: 13~65.
김나미. 2015. 「한국 개신교 우파의 젠더화된(Gendered) 동성애 반대 운동」. ≪말과활≫, 7호.
김도훈. 2016. 『이슬람의 진출 앞에 선 대한민국』. 리버사이더스북스.
김동문. 2017. 『우리는 왜 이슬람을 혐오할까?』. 선율.
김동춘. 2000. 『전쟁과 사회: 우리에게 한국전쟁은 무엇이었나?』. 돌베개.
김동춘·김명희 외. 2014. 『트라우마로 읽는 대한민국: 한국전쟁에서 쌍용차까지』. 역사비평사.
김명언·노연희. 1998. 「실직자의 정서적, 인지적, 신체와 반응 및 대처활동」. 한국심리학회. 『98연차대회 학술발표논문집』, 843~861.
김명희. 2012. 「한국사회 자살현상과 『자살론』의 실재론적 해석」. ≪경제와 사회≫, 96: 288~327.
_____. 2014. 「외상의 사회적 구성: 한국유가족들의 가족트라우마와 복합적 과거청산」. ≪사회와 역사≫, 101: 311~352.
_____. 2016. 「한국 이행기 정의의 감정동학에 대한 사례연구: 웹툰 『26년』을 통해 본 5.18 부인(denial)의 감정생태계」. ≪기억과 전망≫, 34: 55~101.
김문조. 2008. 『한국사회의 양극화: 97년 외환위기와 사회불평등』. 집문당.
김민하. 2016. 『냉소사회: 냉소주의는 어떻게 우리 사회를 망가뜨렸나』. 현암사.
김병국·박효종·김용민·함재봉. 1999. 『한국의 보수주의』. 인간사랑.
김보경. 2014. 「누가 역사를 부인하는가: 5·18 과거청산 부인의 논리와 양산」. 김동춘·김명희 외. 『트라우마로 읽는 대한민국: 한국전쟁에서 쌍용차까지』. 역사비평사.
김상웅. 1996. 「청맥에 참여한 60년대 지식인들의 민족의식」. ≪말≫(6월호), 165~169쪽.
김상표·윤세준. 2002. 「감정노동」. ≪연세경영연구≫, 39(2): 205~234.
김석. 2012. 「애도의 부재와 욕망의 좌절」. 『민주주의와 인권』, 12(1): 57~83.
김성례. 2002. 「구술사와 기억: 여성주의 구술사의 방법론적 성찰」. ≪한국문화인류학≫, 35(2): 31~64.
김성보. 2009. 「남북국가 수립기 인민과 국민 개념의 분화」. ≪한국사연구≫, 144: 69~95.

김영범. 1998. 「집합기억의 사회사적 지평과 동학」. 지승종 외. 『사회사연구의 이론과 실제』. 한국정신문화연구원.
_____. 1999. 「집단학살과 집합기억: 그 역사화를 위하여」. ≪제주≫, 4(3): 21~36.
김영진·허양례·최동희. 2012. 「연구논문: 항공사 종사자의 근무형태에 따른 감정노동이 고객 지향성에 미치는 영향」. ≪호텔관광연구≫, 44: 286~298.
김왕배. 2001. 『산업사회의 노동과 계급의 재생산: 일상생활 세계의 불평등에 대한 성찰』. 한울아카데미.
_____. 2002. 「기업구조조정에 대한 생존자의 인식과 조직신뢰」. ≪경제와 사회≫, 54: 139~161.
_____. 2009. 「양극화와 담론의 정치」. ≪언론과 사회≫, 17(3): 78~115.
_____. 2010. 「신뢰, 갈등의 해소를 위한 사회자본」. 김정희 외. 『현대사회문제론』. 파란마음.
_____. 2011. 「'호혜경제'의 탐색과 전망」. ≪사회와 이론≫, 19: 177~213.
_____. 2012. 「박태준의 국가관과 사회관」. 송복 외. 『박태준 사상, 미래를 열다』. 아시아.
_____. 2016. 「디아스포라의 민족주의: 미주 한인 후예들의 정체성 형성을 중심으로」. 김명희 외. 『전통의 변주와 연대』. 한국문화사.
_____. 2017a. 「언어, 감정, 집합행동: 탄핵반대 '태극기'집회의 사례를 중심으로」. ≪문화와 사회≫, 25: 7~59.
_____. 2017b. 「혐오 혹은 메스꺼움과 배제의 생명정치」. ≪사회사상과 문화≫, 20(1): 111~149.
_____. 2018a. 『도시, 공간, 생활세계』. 한울아카데미.
_____. 2018b. 「도덕감정과 호혜경제」. ≪사회사상과 문화≫, 21(1): 1~35.
_____. 2019. 「세대갈등과 인정투쟁」. 포스코박태준미래연구소. 『막힌 사회와 비상구들』. 아시아.
김왕배·이경용. 2005. 「기업구조조정과 생존자들의 사회심리적 건강」. ≪한국사회학≫, 39(4): 70~100.
김왕배·이경용·이가람. 2012. 「감정노동자의 직무환경과 스트레스」. ≪한국사회학≫, 46(2): 123~149.
김왕배·박형신·정미량·이창호·홍성민·정수남·김남옥·길태숙. 2017. 『향수 속의 한국 사회』. 한울아카데미.
김용학. 2011. 『사회연결망분석』. 박영사.
김정훈·조희연. 2003. 「지배담론으로서의 반공주의와 그 변화: '반공규율사회'의 변화를 중심으로」. 조희연 편. 『한국의 정치사회적 지배담론과 민주주의 동학: 한국 민주주의와 사회운동의 동학(3)』. 함께읽는책.
김종곤. 2013. 「역사적 트라우마 개념의 재구성」. ≪시대와 철학≫, 24(4): 37~64.
김종군. 2013. 「전쟁 체험 재구성 방식과 구술 치유 문제」. ≪통일인문학논총≫, 56: 35~61.
김종엽. 1998. 『연대와 열광』. 창작과비평사.
김종철. 2013. 「공화적 공존의 전제로서의 평등」. ≪헌법학연구≫, 19(3): 1~38.
김주환. 1990. 「한국전쟁 중 북한의 대남한 점령정책」. 최장집 편. 『한국전쟁연구』. 태암.
김주환. 2018. 「말의 힘과 사회적 주술의례」, ≪문화와 사회≫, 26(3): 355~412.
김준기. 2013. 『영화로 만나는 치유의 심리학: 상처에서 치유까지: 트라우마에 관한 24가지 이야기』. 시그마북스.

김준수. 2018. 「한국의 발전주의 도시화와 '국가-자연'의 관계 재조정: 감응의 통치를 통해 바라본 도시 비둘기」. ≪공간과 사회≫, 63: 55~100.
김진균·정근식. 1990. 「광주 5월민중항쟁의 사회경제적 배경」. 한국현대사사료연구소. 『광주 5월 민중항쟁: 광주 5월민중항쟁 10주년 기념 전국학술대회』. 풀빛.
김진혁. 2014. "'종북 프레임' 이면에 공포와 불안이 있다."(2014. 3. 3) 한국기자협회.
김진호. 2016. 「'1990년' 이후 한국 개신교의 정치세력화 비판」. ≪진보평론≫, 67: 53~77.
김찬호. 2014. 『모멸감: 굴욕과 존엄의 감정사회학』. 문학과지성사.
김태형. 2013. 『트라우마 한국사회』. 서해문집.
김한우·김명언. 1999. 「실직자의 심리적 경험: 주요 사건의 효과와 대처가정」. 『99한국심리학회학술발표대회 발표논문집』.
김해김씨 종친회. 1991. 『김해김씨경파통회보(金海金氏京派統會譜)』. 배영출판.
김현경. 2015. 『사람, 장소, 환대』. 문학과지성사.
김현주. 2011. 「≪제국신문≫에 나타난 혼인제도와 근대적 파트너십」. ≪한국근대문학연구≫, 23: 123~160.
김현준. 2017. 「개신교 우익청년 대중운동의 형성」. ≪문화과학≫, 91: 60~83.
김형효. 1992. 「고통에 대한 형이상학적 성찰」. 한국정신문화연구원. 『악이란 무엇인가: 철학, 종교에서 본 악과 고통의 문제』, 189~222쪽.
김혜경. 2002. 「가족/노동의 갈등구조와 가족연대 전략을 중심으로 본 한국가족의 변화와 여성」. ≪가족과 문화≫, 14: 31~52.
김홍중. 2015. 「서바이벌, 생존주의, 그리고 청년 세대」. ≪한국사회학≫, 49(1): 179~212.
김훈. 2007. 『남한산성』. 학고재.
나간채. 1997. 『민주주의와 인권』. 전남대학교 5.18연구소.
나종석. 2009. 「정치적인 것의 본질과 칼 슈미트의 자유주의 비판」. ≪헤겔연구≫, 25: 227~255.
_____. 2017. 「일본의 황도유학과 한국의 국가주의적 충성관의 탄생」. 『대동민주 유학과 21세기 실학』. 도서출판b.
너스바움, 마사(Nussbaum, Martha). 2015. 『혐오와 수치심: 인간다움을 파괴하는 감정들』. 조계원 옮김. 민음사.
노라, 피에르(Nora, Pierre)·라울 지라르데(Raoul Girardet)·미셸 보벨(Michel Vovelle)·앙투안 프로(Antoine Prost)·자크 오주프(Jacques Ozouf)·모나 오주프(Mona Ozouf)·크리스티앙 아말비(Christian Amalvi). 2010. 『기억의 장소 1: 공화국』. 김인중·유희수 옮김. 나남.
노성숙. 2016. 「5·18 트라우마와 치유」. ≪신학전망≫, 194: 207~254.
노진철. 2011. 『불확실성 시대의 위험사회학』. 한울아카데미.
니체, 프리드리히(Friedrich Wilhelm Nietzsche). 2009. 『도덕의 계보』. 강태원 옮김. 다락원.
다마지오, 안토니오(Damasio Antonio). 1999. 『데카르트의 오류』. 김린 옮김. 논출판그룹.
_____. 2007. 『스피노자의 뇌: 기쁨, 슬픔, 느낌의 뇌과학』. 임지원 옮김. 사이언스북스.
다윈, 찰스(Charles Darwin). 2014. 『인간과 동물의 감정 표현』. 김홍표 옮김. 지식을만드는지식.
대우자동차 노동조합. 2002. 『공장으로 돌아가자』. 대우자동차 노동조합.
대통령비서실. 1973. 『박정희대통령연설문집: 제8대 편』.

데리다, 자크(Jacques Derrida). 2004. 『환대에 대하여』. 남수인 옮김. 동문선.
데카르트 르네(René Descartes). 2013. 『정념론』. 김선영 옮김. 문예출판사.
뒤르켐, 에밀(Émile Durkheim). 1992. 『종교 생활의 원초적 형태』. 노치준·민혜숙 옮김. 민영사.
_____. 2012. 『사회분업론』. 민문홍 옮김. 아카넷.
들뢰즈, 질(Gilles Deleuze)·펠릭스 가타리(Felix Guattari). 2003. 김재인 옮김. 『천 개의 고원』. 새물결.
딧사나야케, 피야세나(Piyasena Dissanayake). 1988. 『불교의 정치철학』. 도서출판 대원정사.
라이트, 에릭 올린(Erik Olin Wright). 1985. 『국가와 계급구조』. 김왕배·박희 옮김. 화다출판사.
라이히, 빌헬름(Wilhelm Reich). 2012. 『파시즘의 대중심리』. 황선길 옮김. 그린비.
라투르, 브루노(Bruno Latour). 2010. 『인간·사물·동맹: 행위자네트워크 이론과 테크노사이언스』. 홍성욱 옮김. 이음.
래시, 크리스토퍼(Christopher Lasch). 2014. 『진보의 착각: 당신이 진보라 부르는 것들에 관한 오해와 논쟁의 역사』. 이희재 옮김. Humanist.
러너, 거다(Gerda Lerner). 2004. 『가부장제의 창조』. 강세영 옮김. 당대.
럽턴, 데버러(Deborah Lupton). 2016. 『감정적 자아: 나의 감정은 사회에서 어떻게 만들어지는가』. 박형신 옮김. 한울아카데미.
레비나스, 에마뉘엘(Emmanuel Lévinas). 1996. 『시간과 타자』. 강영안 옮김. 문예출판사.
_____. 2003. 『존재에서 존재자로』. 서동욱 옮김. 민음사.
레이코프, 조지(George Lakoff). 2006. 『삶으로서의 은유』. 노양진·나익주 옮김. 박이정.
_____. 2010. 『도덕, 정치를 말하다』. 손대오 옮김. 김영사.
롤스, 존(John Rawls). 2003. 『정의론』. 황경식 옮김. 이학사.
루만, 니클라스(Niklas Luhmann). 2007. 『사회체계이론 1』. 박여성 옮김. 한길사.
류대영. 2009. 「최근 한국사회의 종교, 정치, 권력: 한국 기독교 뉴라이트의 이념과 세계관」. ≪종교문화비평≫, 15: 43~73.
류현수. 2012. 『보이지 않는 위협, 종북주의』. 살림.
류숙진. 2015. 「보험사의 감정노동 관리와 노동자 반응」. ≪한국사회학≫, 49(1): 213~258.
리스먼, 데이비드(David Riesman). 1999. 『고독한 군중』. 이상률 옮김. 문예출판사.
리쩌허우(李澤厚). 2004. 『역사본체론』. 황희경 옮김. 들녘.
리쾨르, 폴(Ricœur, Paul). 2012. 『해석의 갈등』. 양명수 옮김. 한길사.
마르쿠제, 허버트(Herbert Marcuse). 1990. 『1차원적 인간』. 차인석 옮김. 삼성출판사.
_____. 2004. 『에로스와 문명: 프로이트 이론의 철학적 연구』. 김인환 옮김. 나남.
마르크스, 슈테판(Stephan Marks). 2009. 『나치즘, 열광과 도취의 심리학: 그들은 왜 히틀러에게 매혹되었는가』. 신종훈 옮김. 책세상.
마르크스, 카를(Karl Marx). 2001. 『자본론: 정치경제학 비판 제1권』. 김수행 옮김. 비봉출판사.
만하임, 카를(Karl Mannheim). 2012. 『이데올로기와 유토피아』. 임석진·송호근 옮김. 김영사.
민희. 2018. 「감정으로 정치 보기」. 은용수 엮음. 『감정의 세계, 정치』. 사회평론.
메를로퐁티, 모리스(Maurice Merleau-Ponty). 2002. 『지각의 현상학』. 류의근 옮김. 문학과지성사.
메스트로비치, 스테판(Stjepan Gabriel Meštrović). 2014. 『탈감정사회』. 박형신 옮김. 한울.

모로오카 야스코(師岡康子). 2015. 『증오하는 입: 혐오발언이란 무엇인가』. 조승미·이혜진 옮김. 오월의봄.
무까이 마사아끼(向井雅明). 2017. 『라깡 대 라깡』. 서울: 새물결.
미드, 조지(Mead, George). 2010. 『정신 자아 사회: 사회적 행동주의자가 분석하는 개인과 사회』. 나은영 옮김. 한길사.
민성길. 2009. 『화병연구』. 엠엘커뮤니케이션.
민족의 화해와 평화를 위한 종교인모임. 2014. 『'세월호 이후, 우리 사회는 어떻게 거듭날 것인가' 자료집』.
바라바시, 알베르토-라슬로(Alberto-Laszlo Barabasi). 2002. 『링크: 21세기를 지배하는 네트워크 과학』. 동아시아.
바렐라, 프란시스코(Francisco Varela)·에반 톰슨(Evan Thompson)·엘리노어 로쉬(Eleanor Rosch). 2013. 『몸의 인지과학』. 석봉래 옮김. 김영사.
바바렛, 잭(Jack Barbalet). 2007. 『감정의 거시사회학: 감정은 사회를 어떻게 움직이는가?』. 박형신·정수남 옮김. 일신사.
_____. 2009. 『감정과 사회학』. 박형신 옮김. 이학사.
바우만, 지그문트(Zygmunt Bauman). 2009. 『액체근대』. 이일수 옮김. 강.
_____. 2013. 『현대성과 홀로코스트』. 정일준 옮김. 새물결.
바지니, 줄리안(Julian Baggini). 2018. 『진실사회, 거짓은 어떻게 누구에 의해 진실이 되는가?』. 서울: 예문아카이브.
박권일. 2014. 「종북몰이의 내적 논리」. ≪황해문화≫, 82: 48~64.
박근서. 2012. 「소통환경의 변화와 복잡계이론」. ≪커뮤니케이션 이론≫, 8(2): 65~98.
박명규. 1997. 「역사적 경험의 재해석과 상징화: 동학농민전쟁의 기념물」. ≪사회와 역사≫, 51: 41~74.
박명림. 1996. 『한국전쟁의 발발과 기원』. 나남출판.
박미해. 2010. 『유교 가부장제와 가족, 가산』. 아카넷.
박선웅. 2007. 「의례와 사회운동: 6월 항쟁의 연행, 집합열광과 연대」. ≪한국사회학≫, 41(1): 26~56.
박성규. 2005. 「공자 '논어' 토픽맵에 기초한, 철학 고전 텍스트들의 체계적 분석 연구와 디지털 철학 지식지도 구축」. 서울대학교 철학사상연구소.
박소진. 2017. 『신자유주의시대의 교육풍경: 가족, 계급, 그리고 전 지구화』. 올림.
_____. 2018. 「세월호 참사를 통한 폭력과 신자유주의에 대한 재사유」. ≪문화와 사회≫, 26(3): 147~185.
박여성. 2012. 「[특집: 개념사의 이론 지평] 개념사 연구: 역사서술과 언어학의 상호작용─구조의미론, 원형의미론 및 텍스트언어학을 중심으로」. ≪개념과 소통≫, 9: 33~90.
박영신. 2005. 「'운동 문화'의 사회학」. ≪사회이론≫, 27: 57~92.
박원재. 2008. 「감성, 규범 그리고 공동체: 자유주의의 피안에 대한 유학적 탐색」. 『한국연구재단(NRF) 연구성과물』.
박인철. 2012. 「공감의 현상학: 공감의 윤리적 성격에 대한 후설과 쉘러의 논의를 중심으로」. ≪철학연구≫, 99: 101~145.
박정석. 2002. 「전쟁과 '빨갱이'에 대한 집단기억 읽기」. ≪역사비평≫, 59: 336~362.
박정희. 1971. 『민족의 저력』. 광명출판사.
박종원·조영란. 1998. 「IMF 시대 소비자 행동의 특성에 대한 실증 연구」. ≪경영논총≫, 42(1): 133~156.
박종헌. 1999. 「한국사회 중산층 가족의 가장 실직에 따른 적응과 갈등」. 서울대학교 석사학위논문.
박종홍. 1998. 『박종홍 전집』. 민음사.
박찬승. 2000. 「한국전쟁과 진도 동족마을 세등리의 비극」. ≪역사와 현실≫, 38: 274~308.
_____. 2014. 『민족, 민족주의』. 소화.
박해광. 2003. 『계급, 문화, 언어: 기업공간에서의 의미의 정치』. 한울아카데미.
박현선. 2017. 「태극기집회의 대중심리와 텅 빈 신화들」. ≪문화과학≫, 91: 106~133.
박형신. 2014. 「감정자본주의와 사랑」. ≪사회사상과 문화≫, 30: 39~82.
_____. 2018a. 『에바 일루즈』. 커뮤니케이션북스.
_____. 2018b. 「집합행위와 감정」. ≪정신문화연구≫, 41(2): 161~195.
박형신·정수남. 2015. 『감정은 사회를 어떻게 움직이는가: 공포 감정의 거시사회학』. 한길사.
박홍주. 1994. 「판매여직원의 감정노동에 관한 일 연구: 서울시내 백화점 사례를 중심으로」. ≪여성학논집≫, 11: 294~296.
방연상. 2013. 「탈근대적 선교신학의 주체를 향하여: 엠마누엘 레비나스의 사상을 중심으로」. ≪실천신학≫, 63: 253~279.
백기복·송복·최진덕·김왕배·전상인. 2012. 『박태준 사상, 미래를 열다』. 도서출판 아시아.
버거, 피터(Berger Peter)·토마스 루크만(Thomas Luckmann). 2013. 『실재의 사회적 구성: 지식사회학 논고』. 하홍규 옮김. 문학과지성사.
베버, 막스(Max Weber). 1983. 『사회경제사』. 조기준 옮김. 삼성출판사.
_____. 2017. 『직업으로서의 정치』. 이상률 옮김. 문예출판사.
벡, 울리히(Ulrich Beck). 1997. 『위험사회: 새로운 근대(성)를 향하여』. 홍성태 옮김. 새물결.
보나노, 조지(George Bonanno). 2010. 『슬픔 뒤에 오는 것들: 상실과 트라우마 그리고 슬픔의 심리학』. 박경선 옮김. 초록물고기.
보드리야르, 장(Jean Baudrillard). 1991. 『소비의 사회: 그 신화와 구조』. 이상률 옮김. 문예출판사.
_____. 1992. 『기호의 정치경제학 비판』. 이규현 옮김. 문학과지성사.
보라도리, 지오반나(Giovanna Borradori). 2004. 『테러 시대의 철학: 하버마스, 데리다와의 대화』. 손철성·김은주·김준성 옮김. 문학과지성사.
볼테르(Voltaire). 2001. 『관용론』. 송기형·임미경 옮김. 한길사.
브라운, 웬디(Wendy Brown). 2010. 『관용: 다문화제국의 새로운 통치전략』. 이승철 옮김. 갈무리.
비릴리오, 폴(Paul Virilio). 2004. 『속도와 정치』. 이재원 옮김. 그린비.
사시에, 필리프(Philippe Sassier). 2010. 『민주주의의 무기, 똘레랑스: 반성과 성찰을 넘어 공존과 자유를 위해 행동하라』. 홍세화 옮김. 이상북스.
사이드, 에드워드(Edward W. Said). 2000. 『오리엔탈리즘』. 박홍규 옮김. 교보문고.
서광선 엮음. 1988. 『恨의 이야기』. 보리.

서광스님. 2016. 『현대 심리학으로 풀어본 유식 30송』. 불광출판사.
서동진. 2011. 「혁신, 자율, 민주화 … 그리고 경영」. ≪경제와 사회≫, 89: 71~104.
서수경. 2002. 「근대 모성담론을 통해 본 한국 가족정책의 방향」. *Family and Environment Research*, 40(8): 137~152.
서희경. 2012. 『대한민국 헌법의 탄생: 한국 헌정사, 만민공동회에서 제헌까지』. 창비.
석승혜·장안식. 2017. 「극우주의 프레임과 감정 정치: 언어네트워크방법론을 통한 일베커뮤니티 분석」. ≪한국사회≫, 18(1): 3~42.
석현호. 1997. 「불평등과 공정성: 이론들의 연계」. 석현호 편. 『한국사회의 불평등과 공정성』. 나남출판.
세네트, 리처드(Richard Sennett). 2002. 『신자유주의와 인간성의 파괴』. 조용 옮김. 문예출판사.
셸러, 막스(Max Scheler). 2014. 『동감의 본질과 형태들』. 조정옥 옮김. 아카넷.
소병일. 2010. 「욕망과 정념을 중심으로 본 칸트와 헤겔의 차이」. ≪범한철학≫, 59: 223~255.
_____. 2014. 「공감과 공감의 윤리적 확장에 관하여」. ≪철학≫, 118: 197~225.
손호철. 1990. 「국가자율성, 국가능력, 국가강도, 국가경도: 개념 및 용법에 대한 비판적 고찰」. ≪한국정치학회보≫, 24: 213~244.
송호근. 2006. 『한국의 평등주의, 그 마음의 습관』. 삼성경제연구소.
슈미트, 칼(Carl Schmitt). 2010. 『정치신학: 주권론에 관한 네 개의 장』. 김항 옮김. 그린비.
_____. 2012. 『정치적인 것의 개념』. 김효전·정태호 옮김. 살림.
쉴링, 크리스(Shilling Chris). 2000. 『몸의 사회학』. 임인숙 옮김. 나남출판.
스미스, 애덤(Adam Smith). 2009. 『도덕감정론』. 박세일·민경국 옮김. 비봉.
스미스, 앤서니(Anthony D. Smith). 2012. 『민족주의란 무엇인가: 근대주의를 넘어선 새로운 모색』. 강철구 옮김. 용의숲.
슬로터다이크, 페터(Peter Sloterdijk). 2005. 『냉소적 이성 비판 1』. 이진우·박미애 옮김. 에코리브르.
_____. 2017. 『분노는 세상을 어떻게 지배했는가: 기억하라, 분노하라 그리고 행동하라』. 이덕임 옮김. 이야기가있는집.
신경아. 2009. 「감정노동의 구조적 원인과 결과의 개인화」. ≪산업노동연구≫, 15(2): 223~256.
신석진·김정엽·이상민·안창민. 2015. 『진보정치, 미안하다고 해야 할 때』. 생각비행.
심승우. 2015. 「신자유주의 시대와 공화주의 시민경제(Civic Economy)의 모색」. ≪시민과 세계≫, 27: 137~169.
신진욱. 2007. 「사회운동의 연대 형성과 프레이밍에서 도덕감정의 역할」. ≪경제와 사회≫, 73: 203~243.
_____. 2008. 「보수단체 이데올로기의 개념 구조, 2000~2006」. ≪경제와 사회≫, 78: 163~193.
_____. 2011. 「광주항쟁과 애국적 민주공화주의의 탄생: 저항적 시민사회의 정체성 구성에 대한 구조해석학적 분석」. ≪한국사회학≫, 45(2): 58~90.
아감벤, 조르조(Giorgio Agamben). 2008. 『호모 사케르: 주권 권력과 벌거벗은 생명』. 박진우 옮김. 새물결.
아감벤, 조르조(Giorgio Agamben)·양창렬. 2010. 『장치란 무엇인가』. 도서출판 난장.

안병철·임인숙·정기선·이장원. 2001. 『경제위기와 가족』. 미래인력연구센터총서. 생각의나무.
알렉산더, 제프리(Jeffrey Alexander). 2007. 『사회적 삶의 의미: 문화사회학』. 박선웅 옮김. 한울.
알린, 슈타인(Stein Arlene). 2012. 「수치심을 느낀 사람들의 복수: 기독교 우파의 감정문화전쟁」. 제프 굿윈 외. 『열정적 정치: 감정과 사회운동』. 박형신·이진희 옮김. 한울아카데미.
앨런, 존(Jon G. Allen). 2014. 『트라우마의 치유』. 권정혜 외 옮김. 서울: 학지사.
양선이. 2011. 「공감의 윤리와 도덕규범」. ≪철학연구≫, 95: 153~179.
양옥경. 2000. 「한국 가족개념에 관한 질적 연구」. ≪한국가족복지학≫, 6: 69~99.
양해림. 2008. 「한국사회에서 공화주의의 이념은 부활할 수 있는가?: 공화주의의 정치철학적 고찰」. ≪시대와 철학≫, 19(1): 7~46.
양현아. 2002. 「호주제도 위헌소송에 관한 법사회학적 고찰」. ≪한국사회학≫, 36(5): 201~229.
_____. 2011. 『한국 가족법 읽기: 전통, 식민지성, 젠더의 교차로에서』. 창비.
어리, 존(John Urry). 2014. 『모빌리티』. 강현수·이희상 옮김. 아카넷.
엄찬호. 2011. 「역사와 치유: 한국현대사의 트라우마를 중심으로」. ≪인문과학연구≫, 29: 401~429.
엄한진. 2004. 「우경화와 종교의 정치화: 2003년 '친미반북집회'를 중심으로」. ≪경제와사회≫, 63: 85.
엘리아스, 노르베르트(Norbert Elias). 1996. 『문명화과정 1』. 박미애 옮김. 한길사.
엥겔스, 프리드리히(Friedrich Engels). 2011. 『가족, 사유재산, 국가의 기원』. 김대웅 옮김. 두레.
염미경. 2001. 「전쟁연구와 구술사: 아래로부터의 한국전쟁연구를 위한 새로운 방법론」. ≪동향과 전망≫, 51: 210~237.
오수성·신현균·조용범. 2008. 「5·18 피해자들의 만성 외상 후 스트레스와 정신건강」. ≪한국심리학회지≫, 25(2): 59~75.
오승용. 2008. 「국가폭력과 가족의 피해: '인혁당 재건위' 사건을 중심으로」. ≪담론 201≫, 10(4): 199~238.
오웰, 조지(Orwell, George). 2014. 『1984』. 이기한 옮김. 펭귄클래식코리아.
우실하. 2012. 『3수 분화의 세계관』. 소나무.
우치다 다쓰루(內田樹). 2016. 『반지성주의를 말하다: 우리는 왜 퇴행하고 있는가』. 김경원 옮김. 이마.
원융희. 2012. 『고객서비스테크닉』. 백산.
유민석. 2015. 『혐오발언에 기생하기: 메갈리아의 반란적인 발화』. ≪여/성이론≫, 33: 126~152.
유영희. 2009. 「도덕적 감정과 일반적 감정」. 한국사상사연구회. 『조선유학의 개념들』, 238~268.
유인호. 1975. 『한국 농지제도의 연구』. 백문당.
유철인. 2004. 『인류학과 지방의 역사: 서산사람들의 삶과 역사인식』. 아카넷.
윤노빈. 1988. 『신성철학』. 학민사.
윤병철. 1998. 「현상학적 지식사회학」. 『사회과학연구』. 5: 91~102.
윤보라·임옥희·정희진·시우·루인·나라. 2015. 『여성혐오가 어쨌다구?: 벌거벗은 말들의 세계』. 현실문화.
윤상우. 2006. 「한국 발전국가의 형성·변동과 세계체제적 조건, 1960~1990」. ≪경제와 사회≫, 72: 69~94.

윤영수·채승범. 2008. 『복잡계 개론』. 삼성경제연구소.
윤은기. 1997. 「사이버경제 환경과 하트경영」. ≪經營情報≫, 8(2): 47~55.
윤정로. 1991. 「계급구조와 재생산이론: 부르디외의 이론」. 『사회계층: 이론과 실제』. 서울대학교 사회학연구회 편. 서울: 다산출판사, 40~52쪽.
윤태진. 2017. 「시민의 시대와 반지성주의」. ≪문화과학≫, 91: 236~247.
윤택림. 1994. 「기억에서 역사로: 구술사의 이론적, 방법론적 쟁점들에 대한 고찰」. 『한국문화인류학』, 25: 273~294.
윤택림. 2003. 『인류학자의 과거여행: 한 빨갱이 마을의 역사를 찾아서』. 역사비평사.
윤형숙. 2002. 「[구술사와 기억] 한국전쟁과 지역민의 대응: 전남의 한 동족마을의 사례를 중심으로」. ≪한국문화인류학≫, 35(2): 3~29.
이건혁. 2002. 「미디어 프레임이 부정 감정, 정치냉소, 그리고 정치 효능성에 미치는 영향」. ≪한국언론학보≫, 46(3): 252~288.
이경훈. 1998. 『이광수의 친일문학연구』. 태학사.
이구형. 1998. 「감성과 감정의 이해를 통한 감성의 체계적 측정 평가」. ≪감성과학≫, 1(1): 113~122.
이기형. 2006. 「담론분석과 담론의 정치학」. ≪언론과 사회≫, 14(3): 106~145.
이대환. 2016. 『박태준 평전』. 아시아.
이매뉴얼, 리키(Ricky Emanuel). 2003. 『불안』. 김복태 옮김. 이제이북스.
이병수. 2011. 「분단 트라우마의 유형과 치유방향」. ≪인문과학논총≫, 52: 47~70.
이병욱·김성해. 2013. 「담론복합체, 정치적 자본, 그리고 위기의 민주주의」. ≪미디어, 젠더 & 문화≫, 28: 71~111.
이봉희. 1996. 『보수주의』. 민음사.
이상익·강정인. 2004. 「동서양 사상에 있어서 政治의 正當性의 비교」. ≪정치사상연구≫, 9: 83~110.
이상호. 1994. 「부르디외의 새로운 사회이론: '하비투스'와 '상징질서'를 중심으로」. ≪언론과 사회≫, 5: 79~115.
이성식·전신현. 1995. 『감정사회학』. 한울아카데미.
이세동 옮김. 2011. 『대학 중용』. 을유문화사.
이수자. 1997. 「한국의 산업화와 유교적 가부장주의」. ≪한·독사회과학논총≫, 7: 261~281.
이승원. 2016. 「그들은 어떻게 '일베충'이 되었는가」. 『한국사회학회 2016년 후기 사회학대회 논문집』, 258~268.
이승훈. 2012. 「다양성, 동감, 연대성」. ≪사회사상과 문화≫, 25: 5~34.
이영자. 2007. 「가부장제 가족의 자본주의적 재구성」. ≪현상과 인식≫, 31(3): 72~94.
이용기. 2002. 「구술사의 올바른 자리매김을 위한 제언」. ≪역사비평≫, 58: 364~384.
이재경. 2004. 「한국 가족은 '위기'인가?」. ≪한국여성학≫, 20(1): 229~244.
이재승. 2010. 『국가 범죄』. 앨피.
_____. 2011. 「화해의 문법: 시민정치의 관점에서」. ≪민주법학≫, 46: 123~158.
이재열·김동우. 2004. 「이중적 위험사회형 재난의 구조」. ≪한국사회학≫, 38(3): 143~176.
이종원. 2011. 「거듭나야 할 동성애 혐오증: 『예수가 사랑한 남자』를 읽고」. ≪제3시대≫, 25: 19~25.
이종탁. 2009. 「아직 끝나지 않은 외침, "함께 살자!": 쌍용차투쟁의 교훈과 과제」. ≪노동사회≫,

146: 20~26.
이찬수 외. 2011. 『종교근본주의』. 모시는사람들.
이창재. 2010. 「분노의 유형과 기원에 대한 정신분석적 접근」. ≪인간연구≫, 19: 107~154.
이철. 2010. 「사회적 외상의 문화적 차원에 대한 문화사회학적 연구: 용사참사 사건을 중심으로」. ≪신학사상≫, 149: 127~161.
이향준. 2010. 「도덕적 상상력」. 『범한철학』, 57: 33~60.
이화용·장영철. 2004. 「감성지능이 조직 유효성에 미치는 영향에 관한 연구」. ≪기업윤리연구≫, 8: 123~141.
이해영. 2004. 『칼 슈미트의 정치사상』. ≪21세기 정치학회보≫, 14(2): 1~25.
이현송. 1987. 「한국 대자본가의 형성 및 구조에 대한 일고찰」. ≪사회와 역사(구 한국사회사학회 논문집)≫, 8: 278~333.
이현지. 2005. 「탈현대적 가족 여가를 위한 구상」. ≪사회사상과 문화≫, 12: 161~181.
이희영. 2005. 「사회학 방법론으로서의 생애사 재구성: 행위이론의 관점에서 본 이론적 의의와 방법론적 원칙」. ≪한국사회학≫, 39(3): 120~148.
일루즈, 에바(Eva Illouz). 2010. 『감정 자본주의』. 김정아 옮김. 돌베개.
임명헌. 2017. 『잉여와 도구』. 도서출판 정한책방.
임홍빈. 2014. 『수치심과 죄책감: 감정론의 한 시도』. 바다출판사.
자레스키, 엘리(Eli Zaretsky). 1983. 『자본주의와 가족제도』. 김정희 옮김. 한마당.
자하비, 단(Dan Zahavi). 2017. 『후설의 현상학』. 박지영 옮김. 한길사.
장경섭. 2002. 「'사회투자가족'의 위기: 세계화, 가족문화, 학력투쟁」. ≪한국사회과학≫, 24(1): 143~170.
장경태·김왕배. 2016. 「감정노동과 인권」. ≪사회연구≫, 30: 9~45.
장동진. 2012. 『심의민주주의: 공적 이성과 공동선』. 박영사.
장미승. 1990. 「북한의 남한점령정책」. 한국정치연구회 정치사분과. 『한국전쟁의 이해: 한국전쟁 발발 40주년 논집』. 역사비평사.
장상환. 1984. 「농지개혁과정에 관한 실증적 연구(上): 충남 서산군 근흥면의 실태조사를 중심으로」. ≪경제사학≫, 8: 195~272.
_____. 1996. 「한국전쟁기 진주지역의 사회변동」. ≪경상사학≫, 12: 95~128.
재스퍼, 제임스(James M. Jasper). 2016. 『저항은 예술이다: 문화, 전기, 그리고 사회운동의 창조성』. 박형신·이혜경 옮김. 한울아카데미.
전상진. 2014. 『음모론의 시대』. 서울: 문학과지성사.
전성표. 2006. 「배분적 정의, 과정적 정의 및 인간관계적 정의의 관점에서 본 한국인들의 공평성 인식과 평등의식」. ≪한국사회학≫, 40(6): 92~127.
정수복. 2012. 『한국인의 문화적 문법: 당연의 세계 낯설게 보기』. 생각의 나무.
전인권. 2006. 『박정희 평전: 박정희의 정치사상과 행동에 관한 전기적 연구』. 이학사.
정기선. 2000. 「청소년의 인터넷 사용의 사회심리적 영향」. ≪정보사회와 미디어≫, 2: 183~207.
정경운. 2011. 「학문 분야별 "감성" 코드접근 방식에 대한 고찰: 감성 평가와 감성어휘 목록을 중심으로」. ≪감성연구≫, 2: 39~55.

정근식. 1992. 「한국전쟁과 지방사회의 갈등」. 한국사회학회 편. 『한국전쟁과 한국사회변동』. 풀빛.
_____. 2007. 「광주민중항쟁에서의 저항의 상징 다시 읽기: 시민적 공화주의를 중심으로」. ≪기억과 전망≫, 16: 143~183.
정문영. 2001. 「소비자관여의 감성적 측면이 구매행동에 미치는 영향」. ≪산학경영연구≫, 14: 211~235.
정석구. 2013. "분열과 대결 조장하는 '종북 프레임'." ≪한겨레≫(2013. 10. 9).
정선기. 1998. 「일상적 활동과 생활양식: 사회불평등 연구의 문화이론적 전환」. 현택수 외. 『문화와 권력: 부르디외 사회학의 이해』. 나남출판.
정수남·김정환. 2017. 「잠재적 청년실업자'들의 방황과 계급적 실천」. ≪문화와 사회≫, 23: 195~264.
정승화. 2017. 「'우정(友情)'이라는 심리전」, ≪동방학지≫, 181: 193~222.
정영태. 2011. 『파벌: 민주노동당 정파 갈등의 기원과 종말』. 이매진.
정운현. 2011. 『정이란 무엇인가: 한국인의 마음 그 몹쓸 사랑』. 책보세.
정원희. 2014. 「한국개신교의 동성애 논쟁과 사회적 실천: 감정의 동학과 의례를 중심으로」. ≪한국사회학≫, 48(2): 165~202.
정정훈. 2014. 「혐오와 공포 이면의 욕망-종북 담론의 실체」. ≪우리교육≫, 255: 96~103.
정지우. 2014. 『분노사회: 현대사회의 감정에 관한 철학에세이』. 이경.
정진상. 1994. 「한국전쟁과 계급구조의 변동, 경남 진양군 두 마을 사례연구」. 한국산업사회연구회. 『계급과 한국사회』. 한울.
정진주. 2014. 「우리는 소모품이 아니다: 쌍용차 사례를 통해 본 정리해고와 사회적 배제」. 김동춘·김명희 외. 『트라우마로 읽는 대한민국: 한국전쟁에서 쌍용차까지』. 역사비평사.
정진주 외. 2017. 『감정노동의 시대, 누구를 위한 감정인가?』. 한울아카데미.
정철희·고동현·박병영·박선웅·신진욱. 2007. 『상징에서 동원으로: 1980년대 민주화운동의 문화적 동학』. 이학사.
정해구·김동욱·김준·김창진·박미경. 1990. 『광주민중항쟁연구』. 사계절출판사.
정향진. 2003. 「감정의 민속심리학과 정치성: 중산층 미국인들의 "화(anger)" 모델을 중심으로」. ≪한국문화인류학≫, 36(2): 109~141.
정혜경. 1999. 「한국근현대사 구술자료의 간행현황과 자료가치」. ≪역사와 현실≫, 33: 315~336.
정혜신. 2013. 『당신으로 충분하다』. 푸른숲.
정호기. 2003. 「광주민중항쟁의 '트라우마티즘'과 기념공간」. ≪경제와 사회≫, 58: 121~145.
제러미, 월드론(Waldron Jeremy). 2017. 『혐오표현, 자유는 어떻게 해악이 되는가?』. 홍성수·이소영 옮김. 이후.
조계원. 2009. 「한국 사회와 애국심: 공화주의적 애국심의 검토」. ≪시민과 사회≫, 16: 211~225.
_____. 2018. 「'땅콩회항' 사건에 나타난 세 가지 분노와 사회관계: 지위-권력의 불평등을 중심으로」. ≪경제와 사회≫, 118: 306~338.
조기준. 1991. 『한국자본주의 발전사』. 대왕사.
조영엽. 2015. 「동성애, 사형제도, 한반도 통일정책」.
조은. 2000. 「가족사를 통해 본 사회 구조 변동과 계급 이동」, ≪사회와 역사≫, 58: 107~160.
조은·조성윤. 2004. 「한말 서울 지역 첩의 존재 양식: 한성부 호적을 중심으로」. ≪사회와 역사≫,

65: 74~102.
조현연. 2000. 『한국 현대 정치의 악몽: 국가 폭력』. 책세상.
조희연. 1989. 「80년대 사회운동과 사회구성체 논쟁」. 박현채·조희연 편. 『한국사회구성체논쟁 (I)』. 서울: 한울.
조혜인. 2002. 「공동체적 토대 위의 참된 자유/사회학과 유교에서 찾아 본 나란한 인식」. ≪사회과학연구≫, 10: 173~193.
조혜정. 1988. 『한국의 여성과 남성』. 문학과지성사.
존슨, 마크(Mark Johnson). 2012. 『몸의 의미: 인간 이해의 미학』. 김동환·최영호 옮김. 동문선.
주디스, 버틀러(Butler Judith). 2016. 『혐오발언: 너와 나를 격분시키는 말 그리고 수행성의 정치』. 유민석 옮김. 알렙.
지라르, 르네(René Girard). 2000. 『폭력과 성스러움』. 김진식·박무호 옮김. 민음사.
지젝, 슬라보예(Slavoj Zizek). 2013. 『이데올로기의 숭고한 대상』. 이수련 옮김. 새물결.
진실화해위원회. 2010. 『종합보고서 I: 위원회의 연혁과 활동 종합권고』.
짐멜, 게오르그(Georg Simmel). 2005. 『짐멜의 모더니티 읽기』. 김덕영·윤미애 옮김. 새물결.
_____. 2013. 『돈의 철학』. 김덕영 옮김. 길.
채정민·김종남. 2004. 「북한이탈주민의 상대적 박탈감과 심리적 적응」. ≪한국심리학회지: 사회 및 성격≫, 18(1): 41~63.
촐, 라이너(Rainer Zoll). 2008. 『오늘날 연대란 무엇인가: 연대의 역사적 기원, 변천, 그리고 전망』. 최성환 옮김. 한울아카데미.
최규련. 1999. 「실직자 가족의 문제와 대처, 우울감 및 심리문제 해결지원요구도」. ≪한국가정관리학회지≫, 17(3): 47~61.
최기숙. 2014. 「춘향전을 둘러싼 조선시대 감정 유희: 감정의 복합성, 순수성 이념화」. 『감성사회: 감성은 어떻게 문화 동력이 되었나』. 글항아리.
최기숙·소영현 외. 2017. 『집단감성의 계보』. 앨피.
최명기. 2012. 『트라우마 테라피: 심리학, 상처입은 마음을 어루만지다』. 좋은책만들기.
최봉영. 1998. 「한국인과 정(情)의 세계」. ≪겨레얼≫, 4: 40~57.
최우성. 2012. 「호텔신입종사원의 감정노동이 조직적응에 미치는 영향: 직업정체성의 조절효과를 중심으로」. ≪관광경영연구≫, 52: 341~363.
최원. 2016. 『라캉 또는 알튀세르』. 서울: 도서출판 난장.
최장집·서중석·이종범·조희연·김민석. 1989. 「광주항쟁의 역사적 성격과 80년대의 반미자주화투쟁」. ≪역사비평≫, 5: 47~75.
최재석. 1986. 「한국사회사에서의 한 제도의 통시적 추구」. ≪동방학지≫, 51: 1~34.
최정기. 2008. 「국가폭력과 트라우마의 발생 기제: 광주 '5·18' 피해자를 대상으로」. ≪경제와 사회≫, 77: 58~78.
최정운. 2012. 『오월의 사회과학』. 오월의봄.
최종렬. 2009. 『사회학의 문화적 전환: 과학에서 미학으로, 되살아난 고전 사회학』. 살림.
최준섭. 2004. 「자연현상의 소고, 카오스이론과 나비효과」. ≪기계저널≫, 44(2): 100~101.
최현석. 2012. 『인간의 모든 감정: 우리는 왜 슬프고 기쁘고 사랑하고 분노하는가』. 서해문집.

최현정. 2014. 「잔혹 속의 투쟁: 고문 피해 생존자의 삶과 회복」. 김동춘·김명희 외. 『트라우마로 읽는 대한민국: 한국전쟁에서 쌍용차까지』. 역사비평사.
카스텔, 마뉴엘(Manuel Castells). 2014. 『네트워크 사회의 도래』. 김묵한·박행웅·오은주 옮김. 한울.
카프카, 프란츠(Franz Kafka). 2009. 『변신/시골의사』. 전영애 옮김. 민음사.
칸트, 임마누엘(Immanuel Kant). 2008. 『영구 평화론: 하나의 철학적 기획』. 이한구 옮김. 서광사.
_____. 2009. 『실천이성비판』. 백종현 옮김. 아카넷.
칼훈, 크레이그(Craig Chalhoon). 「감정을 제자리에 위치시키기」. 제프 굿윈·제임스 재스퍼·프란체스카 폴레타 엮음. 『열정적 정치』. 박형신·이진희 옮김. 파주; 한울아카데미, 74~92쪽.
캇시러, 에른스트(Ernst Cassirer). 2013. 『국가의 신화』. 최명관 옮김. 창.
커니, 리처드(Richard Kearney). 2016. 『이방인, 신, 괴물: 타자성 개념에 대한 도전적 고찰』. 이지영 옮김. 개마고원.
커밍스, 브루스(Bruce Cumings). 1986. 『한국전쟁의 기원』. 김자동 옮김. 일월서각.
케인, 앤.(Kane, Anne). 2009. 「사회운동과정에서 감정 발견하기: 아일랜드 토지개혁운동의 은유와 서사」. 제프 굿윈 외. 『열정적 정치』. 박형신·이진희 옮김. 한울아카데미.
켐퍼(Kemper, Theodore). 2012. 「사회운동감정에 대한 구조적 접근방식」 굿윈(Jeff Goodwin)·재스퍼(James M. Jasper)·폴레타(Francesca Polletta) 엮음, 『열정적 정치: 감정과 사회운동』. 박형신·이진희 옮김. 한울.
콜린스, 랜들(Randall Collins). 2009. 『사회적 삶의 에너지: 상호작용 의례의 사슬』. 진수미 옮김. 한울아카데미.
크로포트킨, 표트르 알렉세예비치(Pyotr Alekseyevich Kropotkin). 2005. 『만물은 서로 돕는다: 크로포트킨의 상호부조론』. 김영범 옮김. 르네상스.
크리스테바, 줄리아(Julia Kristeva). 2001. 『공포의 권력』. 서민원 옮김. 동문선.
_____. 2004. 『검은 태양: 우울증과 멜랑콜리』. 김인환 옮김. 동문선.
_____. 2006. 『정신병, 모친살해, 그리고 창조성: 멜라니 클라인』. 박선영 옮김. 서울: 도서출판 아난케.
터너, 브라이언(Bryan Turner). 2002. 『몸과 사회』. 임인숙 옮김. 몸과마음.
테일러, 찰스(Charles Taylor). 2001. 『불안한 현대사회: 자기중심적인 현대 문화의 곤경과 이상』. 송영배 옮김. 이학사.
투렌, 알랭(Alain Touraine) 1994. 『탈산업사회의 사회 이론: 행위자의 복귀』. 조형 옮김. 이화여자대학교 출판부.
투이, 피터(Peter Toohey). 2011. 『권태』. 이은경 옮김. 미다스북스.
파농, 프란츠(Frantz Fanon). 2014. 『검은 피부, 하얀 가면』. 노서경 옮김. 문학동네.
페어클러프, 노먼(Norman Fairclough). 2011. 『언어와 권력: 담화 텍스트 화용 연구』. 김지.
폴레트, 빅토리아(Follette, Victoria M.)·재클린 피스토렐로(Jacqueline Pistorello). 2014. 『외상의 치유 인생의 향유: 트라우마의 수용전념치료』. 유성진·김진숙 외 옮김. 서울: 학지사.
푸레디, 프랭크(Frank Furedi). 2013. 『공포 정치: 좌파와 우파를 넘어서』. 박형신·박형진 옮김. 이학사.

_____. 2016. 『치료요법 문화』. 박형신 옮김. 한울아카데미.
푸코, 미셸(Michel Foucault). 2007. 『주체의 해석학』. 심세광 옮김. 동문선.
_____. 2009. 『성의 역사, 제1권 서론』. 고광식 옮김. 다락원.
_____. 2012a. 『담론의 질서』. 이정우 옮김. 중원문화.
_____. 2012b. 『생명관리정치의 탄생』. 심세광·전혜리·조성은 옮김. 난장.
_____. 2016. 『감시와 처벌』. 오생근 옮김. 나남.
프레이저, 제임스 조지(Frazer James George). 2003. 『황금가지』. 이용대 옮김. 한겨레출판.
프로이트, 지그문트(Sigmund Freud). 1976. 『정신분석입문』. 장병림 옮김. 박영사.
_____. 1998. 『억압, 증후, 그리고 불안』. 황보석 옮김. 서울: 도서출판 열린책들.
_____. 2013. 『집단심리와 자아분석』. 이상률 옮김. 지도리.
_____. 2014. 『꿈의 해석: 무의식의 세계를 열어젖힌 정신분석의 보고』. 이환 옮김. 돋을새김.
_____. 2017. 『문명 속의 불안』. 성해영 옮김. 서울: 서울대학교 출판부.
프롬, 에리히(Erich Fromm). 2012. 『자유로부터의 도피』. 김석희 옮김. Humanist.
하버마스, 위르겐(Jürgen Habermas). 2006. 『의사소통행위이론 1: 행위합리성과 사회합리화』. 장춘익 옮김. 나남출판.
하승우. 2003. 『희망의 사회윤리 똘레랑스』. 책세상.
하이데거, 마르틴(Martin Heidegger). 2016. 『존재와 시간』. 전양범 옮김. 동서문화사.
하홍규. 2018. 「감정, 삶, 사회: 감정사회학 이론들」. 서울대학교 국제문제연구소. 『감정의 세계, 정치』. 사회평론.
한건수. 2003. 「'타자만들기': 한국사회와 이주노동자의 재현」. ≪비교문화연구≫, 9(2): 157~193.
한국구술사연구회. 2005. 『구술사: 방법과 사례』. 선인.
한준. 2017. 「사회과학에서의 복잡계 연구: 창발과 적응 지형을 중심으로」. New Physics: Sae Mulli, 67(5): 524~529.
한지희. 1996. 「국민보도연맹의 조직과 학살」. ≪역사비평≫, 37: 290~308.
한채윤. 2016. 「왜 한국 개신교는 '동성애'를 증오하는가?」. ≪인물과 사상≫, 213: 114~127.
한형성. 2012. 「비판회계학의 마르크스주의 시각에서 본 쌍용자동차(주) 사례연구」. ≪마르크스주의 연구≫, 9(2): 82~105.
함인희. 2014. 「일상의 해부를 위한 앨리 혹실드의 개념 도구 탐색」. ≪사회와 이론≫, 25: 297~330.
함한희. 2000. 「구술사와 문화연구」. ≪한국문화인류학≫, 33(1): 3~25.
허먼, 주디스(Judith Herman). 2012. 『트라우마: 가정폭력에서 정치적 테러까지』. 최현정 옮김. 열린책들.
허쉬만, 앨버트(Albert Hirschman). 1994. 『열정과 이해관계』. 김승현 옮김. 나남.
헤겔, 게오르그 빌헬름 프리드리히(Georg Wilhelm Friedrich Hegel). 2008. 『법철학』. 임석진 옮김. 한길사.
호네트, 악셀(Axel Honneth). 2011. 『인정투쟁: 사회적 갈등의 도덕적 형식론』. 문성훈·이현재 옮김. 사월의책.
호퍼, 에릭(Eric Hoffer). 2011. 『맹신자들: 대중운동의 본질에 관한 125가지 단상』. 이민아 옮김. 궁리.

호프스태터, 리처드(Richard Hofstadter). 2017. 『미국의 반지성주의』. 유강은 옮김. 교유서가.
호르크하이머(Max Horkheimer)·아도르노(Theodor Adorno). 2001. 『계몽의 변증법』. 김유동 옮김. 서울: 문학과지성사.
혹실드, 앨리 러셀(Alie Russell Hochschild). 2009. 『감정노동: 노동은 우리의 감정을 어떻게 상품으로 만드는가』. 이가람 역. 이매진.
홍선희. 2014. 『조소앙의 삼균주의 연구』. 부코.
홍성민. 2016. 『감정과 도덕: 성리학의 도덕 감정론』. 소명출판.
홍성수. 2018. 『말이 칼이 될 때: 혐오표현은 무엇이고 왜 문제인가?』. 어크로스.
홍인숙. 2009. 「첩의 인정투쟁: 근대계몽기 매체를 통해 본 '첩' 재현과 그 운동성」. ≪한국고전여성문학연구≫, 18: 519~554.
홍준표·박제균·고정애·서의동·주영진·장진모. 2017. "[홍준표 자유한국당 대표] 파격적인 혁신 통해 보수우파 대통합 이룰 것." ≪관훈저널≫, 59(4): 286~324.
황병주. 2000. 「특집/민중, 희생자인가 공범자인가」 박정희 시대의 국가와 '민중'」. ≪당대비평≫, 12: 46~68.
황석영·이재의·전용호. 2017. 『죽음을 넘어 시대의 어둠을 넘어: 광주 5월 민중항쟁의 기록』. 창비.
황태연. 2014. 『감정과 공감의 해석학 1, 2』. 청계출판사.
후설, 에드문트(Edmund Husserl). 2011. 『시간의식』. 이종훈 옮김. 한길사.
_____. 2012. 『순수현상학과 현상학적 철학의 이념들 1: 순수현상학의 일반적 입문』. 이종훈 옮김. 한길사.
_____. 2013. 『순수현상학과 현상학적 철학의 이념들 2: 구성에 대한 현상학적 연구』. 이종훈 옮김. 한길사.
흄, 데이비드(David Hume). 2008. 『인간 본성에 관한 논고: 실험적 추론 방법을 도덕적 주제들에 도입하기 위한 시도, 제3권 도덕에 관하여』. 이준호 옮김. 서광사.

Aaronson, D., & D. G. Sullivan. 1998. "The decline of job security in the 1990s: Displacement, anxiety, and their effect on wage growth." *Economic Perspectives-Federal Reserve Bank of Chicago*, 22: 17~43.
Aberle, D. F. 1962. *A Note on Relative Deprivation Theory as Applied to Millenarian and Other Cult Movements*. The Hague: Mouton.
Abraham, H. J. 1968. *The Judicial Process: An introductory analysis of the courts of the United States, England, and France*. New York: Oxford University Press.
Abu-Lughod, L. 1985. "A community of secrets: The separate world of Bedouin women." *Signs: Journal of Women in Culture and Society*, 10(4): 637~657.
Abu-Lughod, Lila, and Catherine A. Lutz. 2009. "Emotion, discourse, and the politics of everyday life." in Jennifer Harding and Deidre E Pribram(eds.). *Emotions: A Cultural Studies Reader*. New York: Routledge, pp. 100~112.
Ahmed, S. 2014. *The Cultural Politics of Emotion*. Edinburgh University Press.
Alberti, F. B. 2010. *Matters of the heart: History, medicine, and emotion*. Oxford University

Press.

Alexander J., R. Eyerman, B. Giesen, N. J. Smelser and P. Sztompka. 2004. *Cultural Trauma and Collective Identity*. University of California Press.

Alexander, Jeffrey C. 2004. "Cultural Pragmatics: Social Performance Between Ritual and Strategy." *Sociological Theory*, 22(4): 527~573.

Allen, Barbara, and Lynwood Montell. 1981. *From Memory to History: Using oral sources in local historical research*. American Association for State and Local History.

Alonso, Ana Maria. 1988. "The Effects of Truth: Re-presentations of the past and imaging of community." *Journal of Historical Sociology*, 1(1), 33~53.

Althusser, Louis. 1971. *Lenin and Philosophy and Other Essays*. Monthly Review Press.

American Psychiatric Association. 1952. *Mental Disorders*. American Psychiatric Association Mental Hospital Service.

Amsden, A. H. 1992. *Asia's Next Giant: South Korea and late industrialization*. Oxford University Press.

Arnold, M. B. 1960. "Emotion and personality." *Psychological Aspects*. Vol. I.

Ashforth, B. E., and R. H. Humphrey. 1993. "Emotional Labor in Service Roles: The influence of identity." *Academy of Management Review*, 18(1): 88~115.

Averill, J. R. 1968. "Grief: Its nature and significance." *Psychological Bulletin*, 70(6): 721.

_____. 1980. "A constructivist view of emotion." *Theories of Emotion*, pp. 305~339.

_____. 1985. "The social construction of emotion: With special reference to love." in *The Social Construction of the Person*, pp. 89~109. Springer.

Bandelow, B. 2008. "The medical treatment of obsessive-compulsive disorder and anxiety." *CNS Spectrums*, 13(S14): 37~46.

Barbalet, J. M. 1999. "Boredom and social meaning." *The British Journal of Sociology*, 50(4): 631~646.

Baumeister, R. F., & K. D. Vohs. 2007. *Encyclopedia of Social Psychology*. Sage.

Baumeister, R. F., K. D. Vohs & D. M. Tice. 2007. "The strength model of self-control." *Current Directions in Psychological Science*, 16(6): 351~355.

Beamish. Tomas D., Harvey Molotch & Richard Flacks. 1995. "Who Supports the Troops? Vietnam, The Gulf War, And the Making of Collective Memory." *Social Problems*, 42(3): 344~360.

Beck, A. T. 1967. *Depression: Clinical, experimental, and theoretical aspects*. University of Pennsylvania Press.

Benford, Robert D. 1997. "An Insider's Critique of the Social Movement Framing Perspective." *Sociological Inquiry*, 67(4): 409~430.

Benford, Robert D., and Scott A. Hunt. 1995. "Dramaturgy and Social Movements: The Social Construction and Communication of Power." *Sociological Inquiry*, 62(1): 36~55.

Berkowitz, L. 1993. *Aggression: Its causes, consequences, and control*. Mcgraw-Hill Book

Company.
Bernhard, B., and I. Kirkbusch(eds.). 1991. "Health, Promotion Research: Toward a new social epidemiology." *WHO Regional Publications*, European Series, no. 37.
Bernice, A., B. A. Pescosolido, J. K. Martin, J. D. McLeod and A. Rogers(eds.). 2011. *Handbook of the Sociology of Health, Illness, and Healing*. New York, Springer.
Bernstein, Basil. 1975. *Class, Codes and Control: Applied studies towards a sociology of language*. Psychology Press.
_____. 2003. *Applied Studies Towards a Sociology of Language*. London, New York: Routledge.
Bhabha, H. K. 1990. "Interrogating identity: The postcolonial prerogative." *Anatomy of Racism*, pp. 183~209.
Bies, R. J., & T. M. Tripp. 1998. "Revenge in organizations: The good, the bad, and the ugly."
Boiger, M., & B. Mesquita. 2012. "The construction of emotion in interactions, relationships, and cultures." *Emotion Review*, 4(3): 221~229.
Bologh, R. W. 1979. *Dialectical Phenomenology*. Routledge & Kegan Paul.
Bonanno, G. A., & A. D. Mancini. 2008. "The human capacity to thrive in the face of potential trauma." *Pediatrics*, 121(2): 369~375.
Bourdieu, P. 1989. "*Social space and symbolic power*." *Sociological Theory*, 7(1): 14~25.
_____. 1990. *The Logic of Practice*. Stanford University Press.
Bowlby, J. 1980. *Attachment and Loss*. New York: Basic Books.
Brotheridge, Céleste M., and Alicia A. Grandey. 2002. "Emotional Labor and Burnout: Comparing Two Perspectives of 'People Work'." *Journal of Vocational Behavior*, 60(1): 17~39.
Brown, R. P. 2004. "Vengeance is mine: Narcissism, vengeance, and the tendency to forgive." *Journal of Research in Personality*, 38(6): 576~584.
Buck, Ross. 1980. "Nonverbal Behavior and the Theory of Emotion: The Facial Feedback Hypothesis." *Journal of Personality and Social Psychology*, 38(5): 811~824.
Butler, Emily A., Tiane L. Lee and James J. Gross. 2007. "Emotion Regulation and Culture: Are the Social Consequences of Emotion Suppression Culture-specific?" *Emotion*, 7(1): 30~48.
Calhoun, C., & R. C. Solomon. 1984. *What is an emotion?: Classic readings in philosophical psychology*. Oxford University Press.
Cameron, K. S., S. J. Freeman & A. K. Mishra. 1993. "Downsizing and redesigning organizations." *Organizational Change and Redesign*, pp. 19~63.
Carpenter, S., & A. G. Halberstadt. 1996. "What makes people angry? Laypersons' and psychologists' categorisations of anger in the family." *Cognition & Emotion*, 10(6): 627~656.
Carstensen, L. L., J. Graff, R. W. Levenson & J. M. Gottman. 1996. "Affect in intimate relationships: The developmental course of marriage." In *Handbook of Emotion, Adult Development, and Aging*, pp. 227~247.
Carnoy, M. 2014. *The State and Political Theory*. Princeton University Press.
Charmaz, K. 1997. *Grief and Loss of Self: In the unknown country—Death in Australia, Britain*

and the USA. Palgrave Macmillan.

Charmaz, K., & M. J. Milligan 2007. *Grief.* In "Handbook of the sociology of emotions." pp. 516~543. Springer.

Clark, C. 1997. *Misery and Company: Sympathy in everyday life*. University of Chicago Press.

Clarke, N. 2006. "Developing Emotional Intelligence Through Workplace Learning: Findings from a case study in healthcare." *Human Resource Development International*, 9(4): 447~465.

Clarke, S., P. Hoggett & S. Thompson(Eds.). 2006. *Emotion, Politics and Society*. Springer.

Cole R. E. 1993. "Learning from learning theory: Implications for quality improvement of turnover, use of contingent workers, and job rotation policies." *Quality Management Journal*, 1: 9~25.

Cornelius, R. R. 2000. *Theoretical approaches to emotion*. In ISCA Tutorial and Research Workshop(ITRW) on Speech and Emotion.

Corr, C. A. 2002. "Revisiting the concept of disenfranchised grief." *Disenfranchised Grief: New directions, challenges, and strategies for practice*, pp. 39~60.

Cose, E. 1993. *The rage of a privileged class: Why are middle-class Blacks angry? Why should America care*. New York: HarperPerennial.

Craig, A. D. 2002. "How do you feel? Interoception: the sense of the physiological condition of the body." *Nature Reviews Neuroscience*, 3(8): 655.

Crow, G. 2002. *Social Solidarities: Theories, identities and social change*. Open University Press.

Davis, C. F. 1990. "The evidential force of religious experience." *Religious Studies*, 26(4): 544~546.

Day, A., M. N. Nakata & K. Howells(eds.). 2008. "Anger and Indigenous Men: Understanding and responding to violent behaviour." Federation Press.

Denzin, N. K. 1984. "Toward a phenomenology of domestic, family violence." *American Journal of Sociology*, 90(3): 483~513.

_____. 2009. *On Understanding Emotion*. Transaction Publishers.

Dijk, Teun A. van. 1997. *Discourse as Structure and Process*. SAGE.

Doka, K. J. 2002. *Disenfranchised Grief: New directions, challenges, and strategies for practice*. Champaign Research Press.

Dulewicz, Victor, and Malcolm Higgs. 2003. "Leadership at The Top: The Need for Emotional Intelligence in Workplace." *International Journal of Organizational Analysis*, 11(3): 193~210.

Durkheim, E. 2008. *The Elementary Forms of the Religious Life*. Courier Corporation.

Ekman, P. 1973. *Darwin and Facial Expression: A century of research in review*. Ishk.

Emcke, C. 2016. *Gegen den Hass*. S. Fischer Verlag.

Emerson, Richard M. 1981. "Social Exchange Theory." in M. Rosenberg and Ralph H. Turner(eds.). *Social Psychology: Sociological Perspectives*. New York: Basic Bookis, Inc, Publishers, pp. 31~65.

Erickson, R. J., and C. Ritter. 2001. "Emotional Labor, Burnout, and Inauthenticity: Does Gender

Matter?" *Social Psychology Quarterly*, 64(2): 146~163.
Eve, Chiapello., and Norman Fairclough. 2002. "Understanding the New Management Ideology: A Transdisciplinary Contribution from Critical Discourse Analysis and New Sociology of Capitalism." *Discourse & Society*, 13(2): 185~208.
Eyerman, Ron. 2013. "Social Theory and Trauma." *Acta Sociologica*, 56(1): 41~53.
Eyerman, Ron, and Andrew Jamison. 1998. *Music and Social Movements: Mobilizing Traditions in the Twentieth Century*. New York: Cambridge University Press.
Fairclough, N. 1989. *Language and Power*. Longman.
_____. 2003. *Analysing Discourse: Textual Analysis for Social Research*. Routledge.
Faulkner, J., M. Schaller, J. H. Park & L. A. Duncan. 2004. "Evolved disease-avoidance mechanisms and contemporary xenophobic attitudes." *Group Processes & Intergroup Relations*, 7(4): 333~353.
Feldman D. C., & W. H. Turnley. 1995. "Underemployment Among Recent Business College Graduates." *Journal of Organizational Behavior*, 16(6): 671~706.
Firth, A., 1995. *The Discourse of Negotiation: Studies of Language in the Workplace*. Oxford.
Fitness, J. 2000. "Anger in the workplace: an emotion script approach to anger episodes between workers and their superiors, co-workers and subordinates." *Journal of Organizational Behavior: The International Journal of Industrial, Occupational and Organizational Psychology and Behavior*, 21(2): 147~162.
Foucault, M. 1981. *Power/knowledge*. Cantheon Books.
Gamson, W. A. 1988. "Constructionist approach to mass media and public opinion." *Symbolic Interaction*, 11: 161~174.
Giddens, A. 1981. *A Contemporary Critique of Historical Materialism*. London: The Macmillan Press Ltd.
_____. 1991. *Modernity and Self Identity*. Stanford University Press.
Gilbert, J. 2008. "Against the Commodification of Everything." *Cultural Studies*, 22(5): 551~566.
Gilbert, N. 2006. "When does social simulation need cognitive models." *Cognition and Multi-agent Interaction: From cognitive modeling to social simulation*, pp. 428~432.
Gillis, J. R. 1994. "Memory and identity: The history of a relationship." *Commemorations: The politics of national identity*, p. 8.
Giltin, T. 1980. *The Whole World is Watching: Mass media in the making and unmaking of the new left*. LA: University of California Press.
Goelitz, A., & A. Stewart-Kahn. 2013. *From Trauma to Healing: A Social Worker's Guide to Working with Survivors*. Routledge.
Goffman, Erving. 1972. *Relations in Public: Microstudies of the Public Order*. New York : Harper & Row.
_____. 1974. *Frame Analysis: An essay on the organization of experience*. Harvard University Press.

_____. 2009. *Stigma: Notes on the management of spoiled identity.* Simon and Schuster.

_____. 2017. *Interaction Ritual: Essays in face-to-face behavior.* Routledge.

Goodwin, J., J. M. Jasper & F. Polletta. 2004. "Emotional dimensions of social movements." *The Blackwell companion to social movements*, pp. 413~432.

_____(eds.). 2009. *Passionate Politics: Emotions and social movements.* University of Chicago Press.

Goody, Jack. 1961. "Religion and Ritual: the Definitional Problem." *The British Journal of Sociology*, 12(2): 142~164.

Gordon, S. L. 1989. "Institutional and impulsive orientations in selectively appropriating emotions to self." *The Sociology of Emotions: Original essays and research papers*, pp. 115~135.

Gramsci, A. 1971. *Selections from the Prison Notebook.* International Publisher.

Grandey, Alicia, James Diefendorff and Deborah E. Rupp. 2013. *Emotional Labor in the 21st Century.* Routledge Academic.

Granovetter, Mark S. 1973. "The Strength of Weak Ties." *American Journal of Sociology*, 78: 1360~1380.

Grewe, O., F. Nagel, R. Kopiez & E. Altenmüller. 2007. "Listening to music as a re-creative process: Physiological, psychological, and psychoacoustical correlates of chills and strong emotions." *Music Perception*, 24(3): 297~314.

Griffiths, V. 1995. *Adolescent Girls and Their Friends: A feminist ethnography.* Avebury.

Gurr, T. R. 1970. *Why Men Rebel.* Princeton University Press.

Gurvitch, Georges. 1990. "Variaties of Social-time." John Hassard(eds.). *The Sociology of Time.* Houndmills, Basingstoke, Hampshire: Palgrave Macmillan.

Hacker, P. M. S. 2009. "The Conceptual Framework for the Investigation of Emotions." in Ylva Gusfafsson, Camilla Kronqvist & Michael McEachrane(eds.). *Emotions and Understanding: Wittgensteinian Perspectives.* Palgrave-Macmilan.

Haidt, J., C. McCauley & P. Rozin. 1994. "Individual differences in sensitivity to disgust: A scale sampling seven domains of disgust elicitors." *Personality and Individual Differences*, 16(5): 701~713.

Halbwachs, M. 1992. *On Collective Memory.* University of Chicago Press.

Hall, S.(Ed.). 1996. *Modernity: An introduction to modern societies.* Blackwell Publishing.

Harding, J., & E. D. Pribram. 2009. *Emotions: A cultural studies reader.* Routledge.

Harré, R.(Ed.). 1986. *The Social Construction of Emotions.* Blackwell.

Heise, D. R. 1979. *Understanding Events: Affect and the construction of social action.* CUP Archive.

Heise, D. R., & B. Weir. 1999. "A test of symbolic interactionist predictions about emotions in imagined situations." *Symbolic Interaction*, 22(2): 139~161.

Hirsch, H. 1995. *Genocide and the Politics of Memory: Studying death to preserve life.* Univ of North Carolina Press.

Hochschild, A. R. 1979. "Emotion work, feeling rules, and social structure." *American Journal of Sociology*, 85(3): 551~575.

Hochschild, J. L. 1981. *What's fair?: American beliefs about distributive justice*. Harvard University Press.

Homans, G. C. 1961. *Social Behavior*. New York: Harcourt, Brace and World.

Hunt, E. K. 2002. *History of Economic Thought: A Critical Perspective*. Routledge.

Irvine, J. T. 1990. *Registering Affect: Heteroglossia in the linguistic expression of emotion*. in C. A. Lutz & L. E Abu-Lughod. *Language and the Politics of Emotion*, pp. 126~161.

Izard, C. E. 1971. *The Face of Emotion*. Appleton-Century-Crofts.

_____. 1978. *Human Emotions*. New York: Plenum Press.

_____. 1981. "Differential Emotions Theory and The Facial Feedback Hypothesis of Emotion Activation: Comments on Tourangeau and Ellsworth's The Role of Facial Response in The Experience of Emotion." *Journal of Personality and Social Psychology*, 40(2): 350~354.

Jasper, J. M. 1998. "The emotions of protest: Affective and reactive emotions in and around social movements." In *Sociological Fórum*, 13(3): 397~424.

Johnson, S. M. 2012. *The Practice of Emotionally Focused Couple Therapy: Creating connection*. Routledge.

Keller, Reiner. 2005. "Analysing Discourse: An Approach From the Sociology of Knowledge." *Forum: Qualitative Social Research*, 6(3).

Keltner, D. 2003. "Expression and the Course of Life: Studies of Emotion, Personality and Psychopathology from a Social-Functional Perspective." *Annals of the New York Academy of Sciences*, 1000(1): 222~243.

Kemper, T. D. 1987. "How many emotions are there? Wedding the social and the autonomic components." *American Journal of Sociology*, 93(2): 263~289.

_____. 1990. *Social Structure and Testosterone: Explorations of the socio-bio-social chain*. Rutgers University Press.

Kim, Eun Mee. 1988. "From Dominance to Symbiosis: State and Chaebol in Korea." *Pacific Focus*, 3(2): 105~121.

Kim, Wang-Bae. 2000. "Rethinking Korean Developmental Model: From Miracle to Mirage?" in *The Urgent Future of Korea: Crisis and Opportunity*. North Park University.

Klein, M. 1952. *Some Theoretical Conclusions Regarding the Emotional Life of the Infant*. Developments in psycho-analysis.

Kochman, T. 1981. *Black and White Styles in Conflict*. University of Chicago Press.

Krause, R. 2008. "Fuzzy neural network." *Scholarpedia*, 3(11): 6043.

Krumhuber, E. G., & A. S. Manstead. 2009. "Can Duchenne smiles be feigned? New evidence on felt and false smiles." *Emotion*, 9(6): 807.

Kubal, Timothy J. 1998. "The Presentation of Political Self." *The Sociological Quarterly*, 39(4): 539~554.

Lakoff, G., & Z. Kövecses. 1987. "The cognitive model of anger inherent in American English." *Cultural Models in Language and Thought*, pp. 195~221.

Langness, L. L., & G. Frank. 1981. *Lives: An anthropological approach to biography*. Chandler & Sharp Publishers.

Larrain, J. 1980. *The Concept of Ideology*. Hutchinson University Library.

Lawler, E. J. 2001. "An affect theory of social exchange." *American Journal of Sociology*, 107(2): 321~352.

Lawyer, E. J., & S. R. Thye. 2007. "Social Exchange Theory of Emotions." in Jan E. Stets and Jonathan H. Turner(eds.). Handbook of Sociology of Emotions 2007. New York: Springer, pp. 295~320.

Lawler, E. J., & J. Yoon. 1998. "Network structure and emotion in exchange relations." *American Sociological Review*, 63: 871~894.

Lazarus, R. S. 1991. "Cognition and motivation in emotion." *American Psychologist*, 46(4): 352.

LeDoux, J. E. 2000. "Emotion circuits in the brain." *Annual Review of Neuroscience*, 23(1): 155~184.

Lemke, T. 2015. *Foucault, governmentality, and critique*. Routledge.

Lewin-Epstein, N., A. Kaplan & A. Levanon. 2003. "Distributive justice and attitudes toward the welfare state." *Social Justice Research*, 16(1): 1~27.

Lewinsohn, P. M. 1974. "A behavioral approach to depression." *Essential Papers on Depression*, pp. 150~172.

Lewis, H. B. 1971. *Shame and Guilt in Neurosis*. New York: International University Press, Inc.

Lewis, Michael. 2008. "Self-Conscious Emotions: Embarrassment, Pride, Shame and Guilt." in Michael Lewis, Jannette M. Haviland-Jones and Lisa Feldman Barrett(eds.). *Handbook of Emotions*. New York: The Guilford Press, pp. 742~756.

Lewis, M., J. M. Haviland-Jones & L. F. Barrett(eds.). 2010. *Handbook of Emotions*. Guilford Press.

Lofland, John. 1981. "Collective behavior: The elementary forms." in Morris Rosenberg & Ralph H. Turner. *Social Psychology: Sociological perspectives*. Basic Books, pp. 411~446.

_____. 1991. *Protest: Studies of Collective Behavior and Social Movements*. New Bruswick, London: Transaction Publishers.

Lopez, Steven H. 2006. "Emotional Labor and Organized Emotional Care." *Work and Occupations*, 33(2): 133~160.

Lupton, D. 1998. *The Emotional Self: A sociocultural exploration*. Sage.

_____. 2015. "The pedagogy of disgust: the ethical, moral and political implications of using disgust in public health campaigns." *Critical Public Health*, 25(1): 4~14.

Luthans, B. C., & S. M. Sommer. 1999. "The impact of downsizing on workplace attitudes: Differing reactions of managers and staff in a health care organization." *Group & Organization Management*, 24(1): 46~70.

Lutz, C. A. 1996. "Engendered Emotion: Gender, Power, and the Rhetoric of Emotional Control." *The Emotions: Social, cultural and biological dimensions*, p. 151.

Lutz, C. A., & L. E. Abu-Lughod. 1990. *Language and the Politics of Emotion*. Editions de la Maison des Sciences de l'Homme.

Macdonald, Cameron, and David Merrill. 2009. "Intersectionality in the Emotional Proletariat." in Marek Korczynski and Lynne Macdonald. 2009. *Service Work: Critical Perspectives*. Routledge.

Manstead, A. S., M. E. Hewstone, S. T. Fiske, M. A. Hogg, H. T. Reis & G. R. Semin. 1995. *The Blackwell Encyclopedia of Social Psychology*. Blackwell Reference/Blackwell Publishers.

Marx, K. 1976. *The German Ideology: Including theses on Feuerbach and introduction to the critique of political economy*. Pyr Books.

Matsumoto, D., D. Keltner, M. N. Shiota, M. O'sullivan and M. Frank. 2008. "Facial Expressions of Emotion." in M. Lewis, J. M. Haviland-Jones and L. F. Barrett. *Handbook of Emotions*. The Guilford Press.

McKinney, K. D., & J. R. Feagin. 2003. "Diverse perspectives on doing antiracism: The younger generation." *White Out: The continuing significance of racism*, pp. 233~252.

Middleton, David, and Derek Edwards(ed.). 1990. *Collective Remembering*. Sage.

Miliband, R. 1970. "The capitalist state: reply to Nicos Poulantzas." *New Left Review*, 59(1): 53~60.

Miller, C., B. Wanning, J. Beard & A. Knapp. 2010. "Social Epidemiology." in N. M. Rickles, A. I. Wertheimer & M. C. Smith. *Social and Behavioral Aspects of Pharmaceutical Care*. Jones & Bartlett Publishers.

Miller, I. 1997. *The Anatomy of Disgust*. Harvard University Press.

Minsky, R. 1996. *Psychoanalysis and Gender: An introductory reader*. Routledge.

Murcott, A. 1983. *Sociology of Food and Eating*. Gower.

Navarrete, C. D., & D. M. Fessler. 2006. "Disease avoidance and ethnocentrism: The effects of disease vulnerability and disgust sensitivity on intergroup attitudes." *Evolution and Human Behavior*, 27(4): 270~282.

Nerone, J. 1989. "Professional history and social memory." *Communication*, 11(2): 89.

Neustadter, Roger. 1992. "Political Generations and Protest: The Old Left and the New Left." *Critical Sociology*, 19(3): 37~55.

Nikolaou, Ioannis, and Ioannis Tsaousis. 2002. "Emotional Intelligence in Workplace: Exploring Its Effects on Occupational Stress and Organizational Commitment." *International Journal of Organizational Analysis*, 10(4): 327.

Noer, D. M. 1993. *Healing the Wounds: Overcoming the Trauma of layoffs and Revitalizing Downsized Organizations*. Josssey-Bass Publishers.

Nora, P. 1989. "Between memory and history: Les lieux de mémoire." *Representations*, pp. 7~24.

Oatley, K., & J. M. Jenkins. 1996. *Understanding Emotions*. Blackwell publishing.

Ochsner, K. N., S. A. Bunge, J. J. Gross & J. D. Gabrieli. 2002. "Rethinking feelings: an FMRI study of the cognitive regulation of emotion." *Journal of Cognitive Neuroscience*, 14(8): 1215~1229.

Pang, S. Y. 2015. "African Black Experience and Hermeneutics." ≪신학논단≫, 82: 39~64.

Panksepp, Jaak. 2005. *Affective Neuroscience: The Foundation of Human and Animal Emotions*. Network: Oxford University Press.

Parekh, B. 2006. "Hate speech." *Public Policy Research*, 12(4): 213~223.

_____. 2012. "Is there a case for banning hate speech?" *The Content and Context of Hate Speech: Rethinking regulation and responses*, pp. 37~56.

Park, H. W., and L. Leydesdorff. 2004. "Understanding the KrKwic: A computer program for the analysis of Korean text." *Journal of the Korean Data Analysis Society*, 6(5): 1377~1387.

Pedersen, A., S. Clarke, P. Dudgeon & B. Griffiths. 2005. "Attitudes toward Indigenous Australians and Asylum Seekers: The role of false beliefs and other social-psychological variables." *Australian Psychologist*, 40(3): 170~178.

Perrucci C., R. Perrucci, D. Targ & H. Targ. 1988. *Plant Closings: International context and social costs*. Aldine de Gruyter.

Pettit, P. 2008. "Republican Freedom: Three Axioms, Four Theorems." in Cecile Laborde and John Maynor(eds.). *Republicanism and Political Theory*. Oxford: Blackwell.

Plutchik, Robert. 1980. "A General Psychoevolutionary Theory of Emotion." in Robert Plutchik and Henry Kellerman(eds.). *Emotion: Theory, Research, and Experience*, vol. 1. New York: Academic Press, pp. 3~33.

_____. 1987. "Evolutionary bases of empathy." *Empathy and Its Development*, 1: 38~46.

Polletta, F., & J. M. Jasper. 2001. "Collective identity and social movements." *Annual Review of Sociology*, 27(1): 283~305.

Poulantzas, N. 1976. *The Capitalist State: A reply to Miliband and Laclau*. New Left Review, 95(1): 63~83.

Pratt, Lois. 1994. "Business Temporal Norms and Bereavement Behavior." in R. Fulton and R. Bendiksen(eds.). *Death and Identity*. Philadelpia Charles Press. pp. 263~287.

Probyn, E. 2004. "Everyday shame." *Cultural Studies*, 18(2-3): 328~349.

Pugh, S. Douglas, Markus Groth and Thorsten Hennig-Thurau. 2011. "Willing and Able to Fake Emotions: A closer examination of the link between emotional dissonance and employee well-being." *Journal of Applied Psychology*, 96(2): 377~390.

Reboul, Olivier. 1994. Language et Idéologie,

Robbins, D. 1991. *The Work of Pierre Bourdieu: Recognizing society*. Westview Pr.

_____. 2000. "Bourdieu in England." in *Pierre Bourdieu*, Volume 3. Derek Robbins(ed.). London: Sage, pp. 345~364.

Runciman, W. G. 1966. *Relative Deprivation & Social Justice: Study attitudes social inequality in*

     20th century England. Institute of Community Studies.

Russell, J. A. 2003. "Core affect and the psychological construction of emotion." *Psychological Review*, 110(1): 145.

Said, E. 1978. *Orientalism: Western representations of the Orient*. Pantheon.

Sandberg, Sveinung. 2006. "Fighting Neo-liberalism with Neo-liberal Discourse: ATTAC Norway, Foucault and Collective Action Framing 1." *Social Movement Studies*, 5(3): 209~227.

Schechner, Richard. 1977. *Essays on Performance Theory, 1970~1976*. New York: Drama Book Specialists.

Scheff, T. J. 1988. "Shame and conformity: The deference-emotion system." *American Sociological Review*, pp. 395~406.

_____. 1994. *Bloody Revenge: Emotions, Nationalism, and War*. Westview Press.

Scheff, T., & S. Retzinger. 2001. *Emotions and Violence: Shame and rage in destructive conflicts*. iUniverse.

Schilling, Chris. 1997. "Emotions, embodiment and the sensation of society." *The Sociological Review*, 45(2): 195~219.

Schlenker J. A, & B. A. Gutek. 1987. "Effects of role loss on work-related attitudes." *Journal of Applied Psychology*, 72: 286~293.

Schmidt S. R., & S. Svorny. 1998. "Recent Trends in Job Security and Stability." *Journal of Labor Research*, 19(4): 647~668.

Schmitt, C. S., & C. Clark. 2006. "Sympathy." In *Handbook of the Sociology of Emotions*, pp. 467~492. Springer.

Schuman, H., & C. Rieger. 1992. "Collective Memory and Collective Memories." *In Theoretical Perspectives on Autobiographical Memory*, pp. 323~336. Springer.

Schutz, A. 1975. *On the Phenomenology and Social Relation*. H. Wangner(ed.). The University of Chicago Press.

Schwartz, Barry. 1991a. "Iconography and Collective Memory: Lincoln's Image in the American Mind." *The Sociological Quarterly*, 32(3): 301~319.

_____. 1991b. "Social change and collective memory: the democratization of George Washington." *American Sociological Review*, 56(2): 221~236.

_____. 1997. "Collective Memory and History: How Abraham Lincoln Became a Symbol of Racial Equality." *The Sociological Quarterly*, 38(3): 469~494.

Scott, J. W. 1995. *Language, Gender, and Working-Class History*. Oxford University Press.

Shepelak, N. J. 1989. "Ideological stratification: American beliefs about economic justice." *Social Justice Research*, 3(3): 217~231.

Shiota, M. N., S. L. Neufeld, W. H. Yeung, S. E. Moser & E. F. Perea. 2011. "Feeling good: autonomic nervous system responding in five positive emotions." *Emotion*, 11(6): 1368.

Shott, S. 1979. "Emotion and social life: A symbolic interactionist analysis." *American Journal of Sociology*, 84(6): 1317~1334.

Silverman, C. 1968. "The epidemiology of depression: A review." *American Journal of Psychiatry*, 124(7): 883~891.

Skarlicki, D. P., & R. Folger. 1997. "Retaliation in the workplace: The roles of distributive, procedural, and interactional justice." *Journal of Applied Psychology*, 82(3): 434.

Smelser, N. J. 2011. *Theory of Collective Behavior*. Quid Pro Books.

Smith-Lovin, L. 1995. "The sociology of affect and emotion." *Sociological Perspectives on Social Psychology*, pp. 118~148.

Snow, D. A., & R. D. Benford. 1992. "Master frames and cycles of protest." *Frontiers in Social Movement Theory*, pp. 133, 155.

Snow, D. A., E. B. Rochford Jr., S. K. Worden & R. D. Benford. 1986. "Frame alignment processes, micromobilization, and movement participation." *American Sociological Review*, pp. 464, 481.

Sokoloff, Natalie J. 1980. *Between Money and Love: The Dialectics of Women's Home and Market Work*. New York: Praeger.

Solomon, Robert. 1993. *The Passions: Emotions and Meaning of Life*. Hackett Publishing Company.

_____. 2008. "The Philosophy of Emotions." in M. Lewis, J. M. Haviland-Jones and L. F. Barrett (eds.). *Handbook of Emotions*. New York: The Guilford Press, pp. 3~16.

Stern, D. N. 1985. *The Interpersonal World of the Infant: A view from psychoanalysis and developmental psychology*. Karnac Books.

Stearns, C., and P. Stearns. 1986. *Anger: The Struggle for Emotional Control in America's History*. Chicago, IL: University of Chicago Press.

Stets, J., and H. J. Turner. 2008. "The Sociology of Emotions." in M. Lewis, J. M. Haviland-Jones, and F. Barret. *Handbook of Emotions*. The Guilford Press, pp. 32~46.

Stouffer, S. A., A. A. Lumsdaine, M. H. Lumsdaine, R. M. Williams Jr., M. B. Smith, I. L. Janis & L. S. Cottrell Jr. 1949. *The American Soldier: Combat and its aftermath*, Vol. 2. Princeton University Press.

Stroebe, M. 1997. "From mourning and melancholia to bereavement and biography: An assessment of Walter's new model of grief." *Mortality*, 2(3): 255~262.

Tangney, J. P., & R. L. Dearing. 2002. *Emotions and Social Behavior*. Shame and Guilt Press.

Taussig, Michael T. 1987. *Shamanism, Colonialism, and the Wild Man: a Study in Terror and Healing*. Chicago: The University of Chicago Press.

Taylor, C. 1992. *The Ethics of Authenticity*. Harvard University Press.

Thoits, P. A. 1989. "The sociology of emotions." *Annual Review of Sociology*, 15(1): 317~342.

Timmermann, W. K. 2005. "The Relationship between Hate Propaganda and Incitement to Genocide: A New Trend in International Law Towards Criminalization of Hate Propaganda?" *Leiden Journal of International Law*, 18(2): 257~282.

Tomkins, S. S. 1963. *Affect, imagery, consciousness: The negative affects: Anger and fear* (Vol.

2). Springer Pub Co.

Townsend, E. 2014. "Hate speech or genocidal discourse? An examination of Anti-Roma sentiment in contemporary Europe." *PORTAL Journal of Multidisciplinary International Studies*, 11(1).

Townsend, P. 1979. *Poverty in the United Kingdom: A survey of household resources and standards of living.* Univ of California Press.

_____. 1987. "Deprivation." *Journal of Social Policy*, 16(2): 125~146.

Turner, A. 2000. "Embodied ethnography: Doing culture." *Social Anthropology*, 8(1): 51~60.

Turner, J., & J. E. Stets. 2005. *The Sociology of Emotions.* Cambridge University Press.

_____. 2007. *Handbook of the Sociology of Emotions.* Springer.

Turner, J. H. 2007. *Human Emotions: A sociological theory.* Routledge.

Turner, Ralph H., and Lewis M. Killian. 1972. *Collective Behavior.* Englewood Cliffs: Prentice-Hall.

Usui, C., & R. Colignon. 1996. "Corporate restructuring: converging world pattern or societally specific embeddedness?" *Sociological Quarterly*, 4: 351~378.

Vansina, J. 1980. "Memory and oral tradition." *The African Past Speaks*, pp. 262~269.

Voydanoff, P. 1990. "Economic distress and family relations: A review of the eighties." *Journal of Marriage and the Family*, 52: 1099~1115.

Wachtel, N. 1990. "Introduction." in Marie-Noelle Bourguet, Lucette Valensi, Nathan Wachtel. *Between Memory and History.* Harwood Academic Publishers.

Walzer, M. 2006. *Politics and Passion: Toward a more egalitarian liberalism.* Yale University Press.

Wasielewski, P. L. 1985. "The emotional basis of charisma." *Symbolic Interaction*, 8(2): 207~222.

Westervelt, S. D. 1998. *Shifting the Blame: How victimization became a criminal defense.* Rutgers University Press.

Wharton, A. S. 1993. "The Affective Consequences of Service Work: Managing Emotions on the Job." *Work and Occupations*, 20(2): 205~232.

_____. 2009. "The Sociology of Emotional Labor." *Annual Review of Sociology*, 35: 147~165.

Whittier, Nancy. 2009. *The Politics of Child Sexual Abuse: Emotion, Social movements, and the State.* New York: Oxford University Press.

Williams, S. 2000. "Reason, emotion and embodiment: is 'mental' health a contradiction in terms?" *Sociology of Health & Illness*, 22(5): 559~581.

Young, Iris Marion, and Danielle S. Allen. 2011. *Justice and the Politics of Difference.* Princeton: Princeton University Press.

자료

광주광역시 5.18사료편찬위원회. 2016. "5.18민주화운동."
나라사랑자녀사랑운동연대 팸플릿, 2015.
다큐멘터리 〈오월愛〉(감독 김태일). 2011.

≪말≫, "해방 후 최대의 양민참극, 보도연맹사건", 1988년 12월호.
5.18민주화운동기록관. 2017. "세계인권기록유산과 5.18".
Columbia University Library. 2007. http://www.columbia.edu/cu/lweb/indiv/oral/
EBS. 2016. 12. 6. 〈다큐프라임〉, "감정의 시대 2부: 감정의 주인".
____. 2018. 12. 6. 〈다큐 시선〉, "나는 해고자입니다".
KBS 1TV. 2013. 〈다큐극장〉, "광주 33년, 5.18의 기억".

찾아보기

[숫자·영문]
1차 감정 43, 45
2차 감정 45
4.16연대 239
5.18 광주항쟁 156

[ㄱ]
가부장적 권위주의 438
가부장제 247
가부장주의 246, 248, 250
가족의 분노 139
감성경영 443, 449
감정 34
감정 아비투스 83, 86
감정 트랩 292
감정경험 40
감정과 언어 73
감정군 41
감정모델 80
감정발흥 77
감정실재론 67
감정의 '표층과 경계' 79
감정의 구조적 효과성 80
감정의 기억 87
감정의 담론 376
감정의 사회성 81
감정의 현상학 76
감정적 반응 117
감정적 아비투스 82~83
감정적 이해 86
감정조율 437
감정프레임 177
강박신경증 212
게임 논리 83

격분 151
견유주의 416
경멸 297
경영담론 460
고객만족 458
고문 298
고착 177
고통 218, 221, 285
공감 493~494
공동체 153
공동체 관계 141
공분 122, 160, 162
공통감정 45
공포 149, 151, 155
공포와 두려움 207
공화주의 474, 477
공화주의 도덕감정 467
과거청산 164
과소소비설 129
과잉담론화 177
관용 481, 484~495
광주항쟁 155, 158, 217
괴로움 219
교감신경계 171
교환이론적 접근 71
구별짓기 87
구술과 증언 185
구술생애사 181
구조적 접근 69
구조조정 122, 125
국가범죄 164
국가부도 127
국가비상사태 276
국가유기체론 272

찾아보기 537

국가의식 272
국가제일주의적 태도 277
국가중심세력 405
국가폭력 146
국민교육헌장 275
국정농단 301
군중의 기쁨 393
권력 111
권태 410
그때 지금 105
근원 인상 92
금융위기 131
기독교 근본주의자 175
기본감정 49
기생충 360
기억 104, 181, 229
기억의 고착과 재생 199
기억의 재생 185
기억의례 237
기호 435

[ㄴ]
나르시시즘적 퇴행 211
낙수효과 418
낙인 141, 241, 348, 384
남성 혐오 314
내면행위 447
냉소주의 413
네트워크 500
뇌 활성화 56
뇌과학 51
뉴라이트 319
느낌(feeling) 38, 53

[ㄷ]
다윈 303
담론 130, 376
대한문 집회 396
도덕감정 493, 498
도덕적 해이 127
동성애 326, 384

동성애 반대 330
동성애 합법화 328
동성애자 331
동의에 기초한 지배 178
두려움 149, 151, 167, 171~172
두려움과 공포 335
두려움의 전이 205
디아스포라 469, 473
디오게네스(Diogenes) 416, 425
디지털 시장 468
똘레랑스 481~482

[ㄹ]
리비도 62~63, 217

[ㅁ]
만성적 수치심 292
망각의 기제 243
매국 270
멜랑콜리 305
모델 150, 286, 298
모델과 수치 300
모빌리티 467
무시 300~301
무시와 모멸감 301
문화론적 접근 72
문화적 공명 370
문화적 규칙 130
물신화 436
물화 409
미디어 131
미러링 423
민족 270
민족국가 275
민족주의/애국심 492
민족중흥 275

[ㅂ]
박멸의 대상 348
박정희 274
반공 보수성 177

반공 보수주의 177
반공 이데올로기 178
반공국시 178
반공규율국가 202
반공병영사회 203
반공자유민주주의국가 355
반동분자 194
반동성애 활동 329
반인권적 138
발전주의 국가 273
발화 내 언어수행 316
발화 후 효과성 316
방관자 144, 160, 161, 370
배려 489, 495
보국 162, 277
보국 이념 278
보도연맹 195, 197
보복 148
보수 개신교단체 320
보수성 180
보수언론 139
복고 432
복수 163, 195, 198, 345, 421
복수의 감정 164
부국강병 279, 280
부채의식 493, 498
분노 108, 142, 386
분노감정 114, 397
분노군 감정 109
분노의 귀인 119
분위기(mood) 35
불공정 115
불만 118
불순분자 178
불안 167, 463
불안 담론 175
불안과 두려움의 권력화 175
불안과 두려움의 상품화 176
불안과 두려움의 전략화 175
불안장애 169
불평등 경험 117

비가시화 293
비공식적 결사 266
비난 422
비난할당 386
비애 152, 209, 213, 215
비인간(사물)의 네트워크 478
빨갱이 141, 191, 358, 422

[ㅅ]
사단칠정론 27
사회 안전망 128
사회구성주의 66~67
사회생물학적 접근 49
사회성 264
사회연대 231, 499
사회운동 370
사회적 감정 117, 305
사회적 낙인 152
사회적 신뢰 228
사회적 애도 218
사회적 효과 87
사회진화론 272
사회학적 접근 64
산업재해 244
살상 195, 197
상대적 박탈감 115~116, 118
상상된 공동체 390
상실 208
상실에 대한 근심 173
상징교환 435
상징적 상호작용 68
상징적 상호작용론 65
상징적 폭력 83
생명정치 349
생애사 183
생존자 125
생존자 증후군 123
서(恕) 408, 494
선동 312
성-인지적 담론 458
성스러운 폭력 344

찾아보기 539

성차별의 관행 247
세계 금융위기 128
세속적 근대성 334
세월호 사건 395
세월호 집회 241
세월호 참사 232
세월호 참사 국민대책회의 238
세월호 트라우마 233
세월호특별법 238
소멸 307
소시오패스 54
소외가설 449
수치 150, 286
수치감 149, 290
수치심 150, 289, 291, 336
수치의 정치학 294
숙주 360
스트레스 126
슬픔의 사회성 208
슬픔의 서사 295
시간 87
시간 의식 90
시간현상학 90
시공간의 거리화 176
시민경제 477
시민열정 474
신공화주의 499
신뢰 143, 228
신자유주의 127
신체 99
신체(Leib) 100
신체도식 101~102
신체동작 77
신체상 102
신체적 경험 79
신체적 신호 77
신체적 증상 53
신체화 80
신체화된 감정 97
심리치료 227
심리학적 사회구성주의적 관점 60

심리학적 접근 57
십시일반의 느슨한 연대 500~501
쌍용자동차 126

[ㅇ]
아나키스트 281
아드레날린 171
아비투스 83
아픔 219
안면환류가설 450, 463
애국 268, 277
애국국민 381
애국시민 382
애국심 273, 277, 491
애도 155, 215~216
애착 대상의 상실 216
액체 근대 468
양극화 118, 417~418
언어 374, 471
언어와 감정 310
얼굴표정 49
연대 143
열광 281
열등감 281~292
염려증 169
예지(豫持, protention) 92
오리엔탈리즘 299
오염물질 312
오이디푸스 콤플렉스 62, 168
오인과 편견 223
오피니아 계통 54
우국 268, 271
우울 211, 463
우울증 212
우익 198
우파개신교 집단 318, 333
우파보수주의 358
우회적 수치 293
울혈 165
원초적 감정 43
원한 160

원한감정 119
위험 174
위험사회 244
유교원리 252
유목민 480
유신헌법 275
유연화 407
유태인 363
유태인 박해 348
음모 202
음모론 419
의례 121
의례밀도 372
의례적 접근 70
의료모델 213
의미 프레임 369
의미연결망 380
의미연결망 분석 399, 451
이단 336, 354
이방인 467, 470, 472, 480, 491, 503
이슬람 175
이질성 173, 308
이차적 감정 43
이차적 기억 95
이행기 정의 164
인정 392
인정욕구 397
인정의 부재 112
인정투쟁 427
인종차별 112
인종차별금지 310
인종차별주의 299
인지의 경제 308
인지적 관점 58
인터넷 냉소주의 420
일등국가 276
일차적 감정 44
일차적 기억 95
입의 거부 306

[ㅈ]
자긍심 288, 290, 390, 392
자기혐오 305
자살 139, 140, 263
자아도취 410
자율신경계 56
장소성 411
적대감 109, 297
적의 109
적폐 239, 244
전이(轉移, transferring) 227
전쟁 177
절대공동체 153
절대적 환대 488
정당성 113
정동(情動, affect) 34, 37
정리해고 122, 125, 131, 135
정서(情緖) 34, 37
정신분석 62
정신분석학 211
정신적 고통 171
정치경제적 담론 459
제국주의 269
제임스주의적 관점 58
조형적 감정 430, 435
존재론적 불안 411
종교근본주의 332
종교 근본주의자 307
종교적 도그마 307
종말론 120
종북좌파 313, 359~360
좌우익 대립 191
좌익 198, 206
좌익분자 193
좌파혐오 318
죄의식 171, 279, 288
죄책감 498
주정적 애국주의 272
주체(subject) 184
준전시체제 276
증오발언 311

지금 103
지금 시간 92
지위 111~112
지평 91
지평지향성 94
지향 93
지향성 30
진실규명 229
진정성 407
진정성 산업 433
진화생물학적 57
진화심리학 59
집단감정 63
집단열광 369
집단의 심리 63
집단의례 229
집단정체성 182
집단폭력 348
집합감정 369
집합기억 182
집합열정 153, 154
집합행동 368, 373, 403
집합흥분 369

[ㅊ]
차별화 118
차이 487
차이의 정치 487
참여와 연대 239
채권자 162
채무자 162
책임귀속 229, 232
책임규명 158
천황 272
천황군국주의관 276
첩 260, 262
촛불집회 379, 394
충(蟲) 312
치료요법 433
치유 218
치유공간 이웃 237

치유와 회복의 권리 238
친밀성 427, 429, 440

[ㅌ]
탄기국 390, 404
탄핵 389
탄핵 반대 태극기 집회 378
탈국가화 284
탈근대 가족화 현상 252
탈피기제 411
태극기 284, 323
태극기 집회 385
테러리스트 308
트라우마 141, 167, 218, 224, 226
트라우마의 사회학적 접근 226
트라우마의 치유 227

[ㅍ]
파업 138
파업노동자 138
파지(把持, retention) 92, 95
퍼포먼스 371
페미니즘 247
편도 53
편도체 55, 57
편집증 120
편집증적 적대감 64
포괄적 차별금지법 319
폭력 150
표면행위 447
표면화된 수치 293
표정과 감정 51
표정연구 50
표현의 자유 316
프레임 131
프레임 가교화 370
프로이트, 지그문트(Sigmund Freud) 62, 211
피해보상 229
피해의식과 박탈감 417

[ㅎ]
학살 148, 297, 311
학살피해자 225
한국 보수주의 177
한국전쟁 180
한혐류 309
해고노동자 140
행동주의 감정론 52
향수 432
헤게모니 131
현상학 103
현장투쟁 133
혐오 302, 304, 326, 420, 422
혐오(증오)발언 311
혐오감정 337
혐오군 304
혐오발언 310, 377
혐오와 메스꺼움 304, 307, 342

혐오의 이웃감정 306
혐오집단 362
혐오표현 313, 316
혜성의 꼬리 92
호모사케르 350, 351
호모포비아 342
화 114
화병 266
환대 481, 485, 486
회복적 정의론 161
회한 266
흄, 데이비드(David Hume) 29
희생물 345
희생양 메커니즘 347
희생자집단 125
희생제물 345
희생제의 353

지은이 **김왕배**

현재 연세대학교 사회학과 교수로 재직 중이다. 연세대학교 사회학과를 졸업하고 동 대학원에서 사회학 전공으로 박사학위를 받은 후 버클리 대학교 동아시아연구소의 객원연구원으로 있던 중 시카고 대학교의 사회학과 조교수로 초빙되어 동아시아 정치경제, 한국학, 도시공간과 사회 이론 등을 가르쳤다. 주요 연구 분야는 대안사회를 위한 호혜경제, 인권, 감정사회학이다.

저서로는 『산업사회의 노동과 계급의 재생산』(2001), 『세월호 이후의 사회과학』(2016, 공저), 『향수 속의 한국사회』(2017, 공저), 『도시, 공간, 생활세계』(2018, 개정판) 등이 있고, 역서로는 『국가와 계급 구조』(1985), 『자본주의 도시와 근대성』(1995, 공역) 등이 있다. 주요 논문으로는 「맑스주의 방법론과 총체성」(1997), 「노동중독」(2007), 「자살과 해체사회」(2010), 「호혜경제의 탐색과 전망」(2011), 「도덕감정: 부채의식과 감사, 죄책감의 연대」(2013), 「언어, 감정, 집합행동」(2017), 「혐오 혹은 매스꺼움과 배제의 생명정치」(2017) 외에도 감정노동, 정리해고, 사회자본, 인권 등에 관련된 다수의 논문이 있다.

한울아카데미 2144

감정과 사회
감정의 렌즈를 통해 본 한국사회

ⓒ 김왕배, 2019

지은이 | 김왕배
펴낸이 | 김종수
펴낸곳 | 한울엠플러스(주)
편집책임 | 배소영

초판 1쇄 발행 | 2019년 3월 25일
초판 3쇄 발행 | 2021년 3월 25일

주소 | 10881 경기도 파주시 광인사길 153 한울시소빌딩 3층
전화 | 031-955-0655
팩스 | 031-955-0656
홈페이지 | www.hanulmplus.kr
등록번호 | 제406-2015-000143호

Printed in Korea.
ISBN 978-89-460-7144-5 93330 (양장)   978-89-460-6622-9 93330 (무선)

* 책값은 겉표지에 표시되어 있습니다.
* 이 도서는 강의를 위한 무선판을 따로 준비했습니다. 강의 교재로 사용하실 때는 본사로 연락해주십시오.